구속사의 관점에서 본

구약성경 파노라마

에스겔

개정판

구속사의 관점에서 본

에스겔 파노라마(개정판)

초　판 2003년 3월 24일
개 정 판 2022년 5월 10일

지 은 이 유도순
펴 낸 이 유효성
펴 낸 곳 머릿돌

등록번호 제17-240호
등록일자 1997년 5월 20일
주　소 경기도 성남시 분당구 성남대로 30, 501호
Mobile 010-9472-8327
http://cafe.daum.net/gusoksa
E-mail yoodosun@hanmail.net/ yoohs516@hanmail.net,

총　판 기독교출판유통
주　소 경기도 파주시 월동면 통일로 620번길128
(031-906-9191)

ISBN 978-89-87600-89-5

디 자 인 참디자인(02-3216-1085)

구속사의 관점에서 본

구약성경 파노라마

유도순 지음

24

에스겔

개정판

머릿돌

머리말

선지서의 기록목적이 무엇인가?

열여섯 명의 문서 선지자들은 모두가 예루살렘의 멸망 전후(前後)에 세움받은 자들이라는 점입니다. 이들로 기록하게 하신 선지서를 통해서 말씀하시려는 바가 무엇인가?

선지서에는 공통점(共通點)이 있습니다.

첫째는 죄를 책망하고 심판을 경고한 일입니다. 그러나 예루살렘의 심판을 막은 선지자는 한 사람도 없습니다. 이는 무엇을 말씀해주는가? 율법의 행위로 하나님 앞에 의롭다 하심을 얻을 육체가 없다(롬 3:20)는 점입니다.

둘째는 한결같이 메시아를 통한 회복을 약속하고 있습니다.

그러므로 선지서의 기록목적은,

첫째로 전적타락, 전적무능을 깨닫게 하여

둘째로 그리스도께로 인도하기 위해서 기록되었습니다.

부활하신 주님은 의심하는 제자들에게 "이에 모세와 모든 선지자의 글로 시작하여 모든 성경에 쓴바 자기에 관한 것을 자세히 설명하시니라”(눅 24:27) 합니다. 그들은 말했습니다.

“우리에게 성경을 풀어주실 때에 우리 속에서 마음이 뜨겁지 아니하더냐”(눅 24:32).

저는 성령께서 선지서를 기록하게 하신 목적(目的)대로,
그리고 주님께서 선지서를 사용하신 본(本)대로,
예수 그리스도와 복음을 증언하기 위해서 이 책을 썼습니다.

47장에는 ‘성전 문지방 밑에서 물이 나와서
발목과 무릎과 허리에 오르고
그 물이 가득하여 헤엄칠 만한 물이 되어서
모든 생물이 살고 또 고기가 심히 많으리니
달마다 새 실과를 맺게 한다’는 말씀이 있습니다.

복음이 선포되는 강단(講壇)으로부터
은혜의 강수가 흘러나와서 심령들이 소성하고
달마다 새 열매를 맺는데, 이 책이 도움 되시기를 기원합니다.

우리교회
원로목사 유 도 순

Contents

에스겔 파노라마

에스겔서 파노라마

주제 : 그 성읍의 이름을 여호와삼마라 하리라

에스겔은 바벨론 왕 느부갓네살이 예루살렘을 침공하여 여호야긴 왕과 "예루살렘의 모든 백성과 모든 지도자와 모든 용사 만 명"(왕하 24:14)을 사로잡아 갈 때 그 포로 중의 한 사람이었습니다. 에스겔은 "부시의 아들 제사장"(1:3) 신분(身分)이라고 말씀합니다. 그런데 하나님께서는 그를 사로잡혀간 자들을 위한 "선지자(先知者)"로 세우신 것입니다.

에스겔서는 세 부분으로 되어있습니다.

① 1-24장은 이스라엘의 죄를 책망하며 심판을 경고하는 내용이고,

② 25-32장은 하나님을 대적한 여러 나라에 대한 심판예언이고,

③ 33-48장까지는 회복하여주실 것을 약속하시는 말씀으로 되어있습니다.

이를 좀 더 크게 요약하면, 1-32장은 인간이 행한 거짓되고 배은망덕한 일에 대한 심판이고, 33-48장은 하나님이 행해주실 회복인데 이는 전적인 은혜요 복음입니다. 오직 여기에 소망이 있다는 말씀입니다.

에스겔은 하나님으로부터 "인자야 내가 너를 이스라엘 족속의 파수꾼으로 세웠으니 너는 내 입의 말을 듣고 나를 대신하여 그들을 깨우치라"는 "파수꾼"으로 세움을 받았습니다. 그런데 "파수꾼의 사명"이 두 번(3:17, 33:7) 주어지고 있다는 점입니다. 이는 무의미한 반복이 아니라 그에게 부여된 사명이 상반된 임무이기 때문입니다.

㉠ 첫 번 파수꾼의 사명은 "네 입을 벌리고 내가 네게 주는 것을 먹으라 하시기로 내가 보니 보라 한 손이 나를 향하여 펴지고 보라 그 안에 두루마리 책이 있더라 그가 그것을 내 앞에 펴시니 그 안팎에 글이 있는데 그 위에 애가(哀歌)와 애곡(哀哭)과 재앙의 말이 기록되었더라"(2:8-10), 즉 "예루살렘이 멸망하리라"는 심판을 경고하는 일이고

㉡ 두 번째 파수꾼의 사명은 "성이 함락"(33:21)된 이후에, "내가 한 목자를 그들 위에 세워 먹이게 하리니 그는 내 종 다윗이라"(34:23) 한 "예루살렘이 회복되리라"는 회복을 대언하는 임무였던 것입니다.

두 번 주어진 파수꾼의 사명

죄를 책망하며 심판을 경고하는 전반부의 임무가 "선지자"(先知者)적인 사명이었다면, 위로하며 회복을 말씀하는 후반부는 "제

사장"(祭司長)적인 사명이었던 것입니다. 예레미야 선지자에게도 "보라 내가 오늘 너를 여러 나라와 여러 왕국 위에 세워 네가 그 것들을

㉠ 뽑고 파괴하며 파멸하고 넘어뜨리며

㉡ 건설하고 심게 하였느니라"(렘 1:10)고 상반(相反)된 임무가 주어졌습니다.

이점이 중요한 것은 이 시대의 파수꾼들에게도 "하나님의 진노가 나타납니다"하는 심판의 경고와 "하나님의 의가 나타났습니다"(롬 1:17,18)하는 복음을 함께 증언해야 할 사명이 주어졌기 때문입니다. 먼저 죄를 책망하면서 심판을 경고하는 선지자적인 사명이 무엇인가?

선지자적인 사명

"파수꾼"이란 깨어 경계하다가 적의 내침(來侵)이 있게 되면 나팔을 불어서 경고하는 자입니다. 그런데 에스겔이 경고해야 할 공격해오는 적은 놀랍게도 "하나님"이라는 사실입니다. 에스겔은 자신이 본 하나님의 이상을 "내가 본 환상 곧 전에 성읍을 멸(滅)하러 올 때 보던 환상같다"(43:3)라고 증언합니다. 무슨 뜻인가? 하나님께서 바벨론의 군사를 거느리고 예루살렘을 멸하기 위하여 오신다는 도저히 믿을 수 없는 경고를 해야 하는 것이 에스겔의 임무였던 것입니다.

하나님은 예레미야 선지자를 통해서도 경고하시기를 "나는 네 대적(對敵)이라"(렘 21:13) 하십니다. 그러면 바로의 노예였던 자들을 유월절 양의 피로 구속하여 자기 백성으로 삼으신 그들에게

하나님께서 어찌하여 대적이 되신단 말인가? “내게 이르시되 인자야 내가 너를 이스라엘 자손 곧 패역한 백성, 나를 배반하는 자에게 보내노라 그들과 그 조상들이 내게 범죄하여 오늘까지 이르렀나니 이 자손은 얼굴이 뻔뻔하고 마음이 굳은 자니라”(2:3-4) 한 배신자가 되었기 때문입니다. 예레미야 선지자를 통해서도 “유대인과 예루살렘 주민 중에 반역이 있도다”(렘 11:9) 하십니다. 에스겔서에 자주 등장하는 “패역”이란 말의 원래의 뜻은 반역(叛逆)이라는 말입니다.

그러면 이스라엘이 하나님을 반역했다는 구체적인 사실이 무엇인가? 에스겔을 환상 중에 예루살렘 성전으로 데리고 가서 반역하는 광경을 보여주시는데, “장로 중 칠십 명과 여인들과 제사장 스물다섯 명”(8:11,14,16)이 우상숭배 하는 모습을 보여주십니다. 제사장 신분인 에스겔이 “여호와의 성전을 등지고 낯을 동쪽으로 향하여 동쪽 태양에게 경배”(8:16)하고 있는 스물다섯 명의 제사장들의 모습을 보면서 얼마나 충격을 받았을 것인가? 예루살렘이 심판당한 치명적인 죄가 우상숭배요, 우상숭배란 하나님을 반역하는 죄 곧 하나님께서 아브라함과 다윗에게 세워주신 메시아 언약(言約)을 배반한 죄임을 명심해야 합니다. 신구약을 막론하고 멸망에 이르는 치명적인 죄는 구속 주되시는 그리스도를 배척하는 죄입니다.

이렇게 된 책임(責任)이 누구에게 있는가? “인자야 너는 이스라엘의 예언하는 선지자들에게 경고하여 예언하라” 하십니다. “이스라엘아 너의 선지자들은 황무지에 있는 여우같으니라"(13:2, 4), "그들이 내 백성을 유혹하여 평강이 없으나 평강이 있다 함이라 어떤 사람이 담을 쌓을 때에 그들이 회칠을 하는도다, 두어 움큼 보리와 두어 조각 떡을 위하여 나를 내 백성의 영혼을 사냥"(13:10,19) 한다고 그 책임이 선지자들에게 있다고 하십니다. 하나님으로부터 선지자의 사명 받은 에스겔이 하나님께서 선지자들을 가리켜 "여우같은 선지자들, 담에 회칠하는 자들, 백성의 영혼을 사냥하는 자들"이라 하심을 대하면서 얼마나 두렵고 떨렸을 것인가? 이점을 예레미야 선지자로 말씀하시기를 "이 땅에 무섭고 놀라운 일이 있도다 선지자들은 거짓을 예언하며 제사장들은 자기 권력으로 다스리며 내 백성은 그것을 좋게 여기니 마지막에는 너희가 어찌하려느냐"(렘 5:30-31) 하십니다. 어느 시대를 막론하고 백성들이 멸망하게 되는 책임은 지도자들에게 있다는 점을 명심해야 하겠습니다.

예루살렘이 이 지경에 이르렀다면 "끝났도다 이 땅 사방의 일이 끝났도다 이제는 네게 끝이 이르렀나니 내가 내 진노를 네게 나타내어 네 행위를 심판하고 네 모든 가증한 일을 보응하리라 내가 너를 불쌍히 여기지 아니하며 긍휼히 여기지도 아니하고 네 행위대로 너를 벌하여 너의 가증한 일이 너희 중에 나타나게 하리니 내가 여호와인 줄 너희가 알리라, 재앙이로다 비상한 재앙이로다 볼지어다 그것이 왔도다 끝이 왔도다 끝이 왔도다 끝이 너에게 왔도다 볼지어다 그것이 왔도다"(7:2-6)고 심판할 수밖에 없다는 말씀입니다.

그리하여 "나로 내 성소를 멀리 떠나게 하느니라"(8:6) 하십니다. 8-11장에는 예루살렘을 심판하시기 전에 성전을 떠나시는 하나님의 모습이 묘사되어 있는데,

㉠ "여호와의 영광이 그룹에서 올라와 성전 문지방에 이르니
㉡ 문지방을 떠나 동문에 머물고
㉢ 동쪽 산(감람산)에 머무르고
㉣ 갈대아에 있는 사로잡힌 자 중에 이르시더니"(10:4,19, 11:23-24) 라고 마치 떨어지지 않는 발걸음을 떼어 놓듯 하는 모습으로 묘사되어 있습니다.

어디로 떠나시는가? "그들이 도달한 나라들에서 내가 잠깐 그들에게 성소(聖所)가 되리라"(11:16)는 경이로운 말씀을 대하게 됩니다. 무슨 뜻인가? 솔로몬의 성전이 바벨론으로 옮겨진다는 뜻인가? 아닙니다. 반역하다 바벨론으로 추방당하는 자기 백성들을 따라가시겠다는 말씀입니다. 그러다가 70년의 복역(服役)이 끝나면 그들을 데리고 다시 돌아오시겠다는 하나님의 마음을 이상을 통해서 계시하신 말씀입니다. 그러므로 전반부는 "하나님이 너희와 함께 계시지 않는다"는 경고이고, 후반부는 "여호와께서 너희와 함께 계신다"는 "여호와삼마"인 것입니다. 이것이 에스겔이 "예루살렘이 멸망하리라"고 나팔을 불어야 할 선지자적인 임무입니다. 그러면 위로와 회복을 말씀하는 제사장적인 임무가 무엇인가?

제사장적인 임무

"그 성이 함락되었다"는 33:21절이 분기점(分岐點)이 되어서 그 이하(33-48장)는 회복의 말씀입니다. 그렇다면 "그 성이 함락되었다"는 소식은 절망인가? 소망인가? 인간 중심으로 보면 절망이지만 하나님 중심으로 보면 하나님께서 하시는 일에는 실패나 후퇴는 없고 오직 구속 사역을 묵묵히 추진(推進)해 나가시는 전진뿐입니다.

그러면 "그 성이 함락되었다"는 사건이 어떻게 구속사의 전진(前進)이 되는가? 그들은 메시아언약을 배반하고 우상을 숭배하면서도 "예루살렘 성(城)과 성전"(聖殿)이라는 "그것"을 믿고 성전이 있는 한 절대로 멸망하지 않는다고 장담하고(렘 28장) 있었던 것입니다. 그래서 예레미야 선자로 하여금 성전 문에 서서 "너희는 이것이 여호와의 성전이라, 여호와의 성전이라, 여호와의 성전이라 하는 거짓말을 믿지 말라"(렘 7:4)고 외치게 하셨던 것입니다. 하나님은 그들의 우상이 되어버린 예루살렘 성과 성전을 깨뜨려 버리셔야 했던 것입니다. 그리고 "남은 자"를 돌아오게 하셔서 구원계획을 이루어나가시려는 것입니다.

예루살렘의 멸망과 성전의 파괴를 통해서 계시하시려는 바가 이것이 전부인가? 선지서를 기록하여 후대에 전해준 문서(文書) 선지자(先知者)는 모두가 예루살렘이 심판당하기 전후(前後)해서 세움을 받은 자들이라는 점을 유념해야 합니다. 왜냐하면 예루살렘의 멸망을 통해서 계시하시려는 바가 있기 때문입니다. 질문입니다. 예루살렘이 멸망하고 성전이 불탔다는 것은 실패인가? 아닌가? 하나님께서 하시는 일에는 실패란 없습니다. 예루살렘의 멸망, 성전이 불에 탐, 백성들이 포로 됨을 신약성경에서는 "율법으로는 죄를 깨달음이니라"(롬 3:20)고 말씀합니다. 다시 말하면 "자력구원의 불가능성을 깨닫고 그리스도만을 의뢰하게 하심"이 됩니다. 이점이 선지서를 상고할 때 놓쳐서는 안 되는 요점입니다. 왜냐하면 "병든 자라야만 의원을 찾기" 때문입니다. 이것이 "그 성이 함락되었다"는 말에 함의(含意)되어 있는 절망을 뛰어넘는 소망 곧 구속사적 의미입니다.

이런 맥락에서 선지서에는 사로잡혀간 자들을 바벨론으로부터 돌아오게 하시겠다는 이스라엘의 회복과 그리스도를 통한 만민(萬民)의 구원이 복합적(複合的)인 계시로 나타나고 있는 것입니다. 하나님은 출애굽을 통해서 영적 출애굽을 예시(豫示)해주셨듯이 "출바벨론"을 통해서 사탄의 포로가 돌아오게 될 복음시대를 예시하시려는 것입니다. 왜냐하면 하나님께서 이루시려는 바가 출애굽도, 출바벨론도 아닌 "네 씨로 말미암아 천하 만민이 복을 얻으리니"(창 22:18) 하신 만민의 구원계획이기 때문입니다. "하나님은 다만 유대인의 하나님이시냐 또한 이방인의 하나님은 아니시냐 진실로 이방인의 하나님도 되시느니라"(롬 3:29) 합니다.

이를 어떻게 이루시는가?

㉠ "내가 한 목자를 그들의 위에 세워 먹이게 하리니 그는 내 종 다윗이라, 내 종 다윗은 그들 중에 왕이 되리라"(34:23-24) 하십니다. 목자와 왕으로 세움을 받을 자가 "그는 내 종 다윗이라" 하시는데, "다윗"은 수백 년 전에 죽은 사람입니다. 그렇다면 "목자와 왕이면서

종"인 분이 누군가? 이는 명백한 다윗의 자손으로 오실 메시아 예언인 것입니다.

㉡ "내가 또 그들과 화평의 언약을 맺고"(34:25) 하십니다. 이점을 37:26절에서는 "내가 그들과 화평의 언약을 세워서 영원한 언약이 되게 하고"

㉢ "내 성소를 그 가운데 세워서 영원히 이르게 하리니"라고 "영원"(永遠)이 강조되어 있는데, "영원한 언약"이란 일방적인 은혜 언약 곧 새 언약을 가리킵니다. 만일 행위언약인 율법을 가리키는 것이라면 "영원한 언약"이라 말씀하지 않으셨을 것입니다. 왜냐하면 인간의 연약으로 말미암아 파하여질 것을 아시기 때문입니다. 또 "영원한 성전"이란 스룹바벨 성전도, 헤롯 성전도 아닙니다. 그것들은 또 폐하여졌기 때문입니다.

이점이 36장에서는 더욱 밝혀지고 있습니다.

㉠ "내가 너희를 여러 나라 가운데에서 인도하여 내고 여러 민족 가운데에서 모아 데리고 고국 땅에 들어가서"

㉡ "맑은 물을 너희에게 뿌려서 너희로 정결하게 하되"

㉢ "또 새 영을 너희 속에 두고 새 마음을 너희에게 주되, 또 내 영을 너희 속에 두겠다"(36:24-27) 하십니다.

이것이 율법으로 가능하여지는 일이란 말인가? 이는 복음시대에 이루어질 영원한 언약으로 만이 가능해질 말씀입니다.

이점이 마른 뼈의 계시를 통해서도 나타납니다. 에스겔에게 골짜기에 마른 뼈가 가득한 것을 보여주십니다. 그리고 물으시기를 "이 뼈들이 능히 살겠느냐" 하십니다. "이에 내가 그 명령대로 대언하였더니 생기(生氣)가 그들에게 들어가매 그들이 곧 살아나서 일어나 서는데 극히 큰 군대더라"(37:10) 합니다.

이 계시가 1차적으로는 바벨론 포로가 귀환할 것을 가리킨다 하여도 궁극적으로는 "허물과 죄를 죽었던" 심령들이 성령의 거듭남으로 회복되게 될 것을 가리킵니다. 이 장면을 "여호와 하나님이 땅의 흙으로 사람을 지으시고 생기를 그 코에 불어 넣으시니 사람이 생령이 되니라"(창 2:7) 한 장면과 대조해보십시오. 이는 명백한 재창조(再創造)의 역사인 것입니다. 이점을 시편 102:18절에서는 "이 일이 장래 세대를 위하여 기록되리니 창조함을 받을 백성이 여호와를 찬양하리로다" 합니다.

그리하여 40장 이하에서는 성전이 회복되고 떠나셨던 "하나님의 영광이 동쪽에서부터 오는데, 여호와의 영광이 동문을 통하여 성전으로 들어가고, 여호와의 영광이 성전에 가득하더라"(43:2-5)고 돌아오는 광경이 묘사되어 있습니다. 그리고 성전 "문지방 밑에서 물이 흘러나오는데"(47장) 바닷물이 되살아나고, 강 좌우의 나무가 실과를 맺되 달마다 새 실과를 맺으리라 합니다. 그리고 결론은 "그 성읍의 이름을 여호와삼마라 하리라" (48:35) 합니다. "여호와께서 거기 계시다", 이것이 하나님나라 건설입니다. 이 "여호와삼마"가 계시록에 이르러, "하나님의 장막이 사람들과 함께 있으매 하나님이 그들과 함께 계시리니 그들은 하나님의 백성이 되고 하나님은 친히 그들과 함께 계셔서"(계 21:3)에서 완성되는 것입니다. 이것이 에스겔이 대언해야 할 제사장적인 회복의 메시지입니다.

하나님의 주권

에스겔서의 가장 두드러진 특징 중 하나는 하나님의 주권(主權)입니다. 왜냐하면 당시의 상황이 예루살렘은 멸망하고 성전은 불에 타고 백성들은 죽거나 포로로 끌려가는 절망적인 상황이었기 때문입니다. 그리하여 어떤 자는 절망하고, 어떤 자는 의심하고, 어떤 자는 반항하는 일이 벌어지게 되는 것입니다. 이럴 경우 대두되는 것은 정의로운 하나님은 과연 계신가? 하는 "신정론"(神正論)입니다. 그러므로 에스겔서에는 "나를 여호와 하나님인 줄 알리라"는 하나님의 "인지 공식어구"가 70번 이상 나타납니다.

㉠ "내가 너를 불쌍히 여기지 아니하며 긍휼히 여기지도 아니하고 네 행위대로 너를 벌하여 네 가증한 일이 너희 중에 나타나게 하리니 내가 여호와인 줄을 너희가 알리라"(7:4), 예루살렘에 대한 심판도 여호와인 줄 알게 하시기 위해서요,

㉡ "내가 그들을 이방인 가운데로 흩으며 여러 나라 가운데에 헤친 후에야 내가 여호와인 줄을 그들이 알리라"(12:15), 포로 되어 가게 하심도 여호와인 줄 알게 하시기 위함이요,

㉢ "내가 그들의 멍에의 나무를 꺾고 그들을 종으로 삼은 자의 손에서 그들을 건져낸 후에 내가 여호와인 줄을 그들이 알겠고"(34:27), 포로에서 귀환하게 하심도 여호와인 줄 알게 하시기 위해서라고 말씀하십니다. 특별계시인 성경은 물론 자연도, 역사도, 재난도 모두가 하나님을 알게 하시려는 자기계시인 것입니다.

하나님의 주권이 가장 강조되어 있는 곳이 36장입니다. "그러므로 너는 이스라엘 족속에게 이르기를 주 여호와께서 이같이 말씀하시기를 이스라엘 족속아 내가 이렇게 행함(바벨론에서의 귀환)은 너희를 위함이 아니요 너희가 들어간 그 여러 나라에서 더

럽힌 나의 거룩한 이름을 위함이라"(36:22) 하십니다. 이는 그들을 사랑하지 않는다는 그런 뜻이 아닙니다.

㉠ 첫째는 돌아오게 할 자격이나 공로가 그들에게 있어서가 아니라는 뜻입니다. 그래서 "이스라엘 족속아 너희 행위로 말미암아 부끄러워하고 한탄할지어다"(36:32) 하시는 것입니다.

㉡ 궁극적으로는 36:20-23절 안에는 하나님의 이름이 "더러워졌다"는 말이 다섯 번(20,21,22,23,23)이나 등장한다는 점입니다.

그들로 말미암아 하나님의 거룩하신 이름이 더럽힘을 받았다는 것입니다. 그러므로 하나님의 구원계획은 "여러 나라 가운데서 더럽혀진 이름 곧 너희가 그들 가운데에서 더럽힌 나의 큰 이름을 내가 거룩하게 할지라"(23) 하신, 하나님의 이름과 영예가 걸려있다는 점을 명심해야 하는 것입니다. 이 점에서 기억해야 할 점은 하나님은 자기 백성을 에덴서 잃어버리셨다는 점과 그러므로 더럽혀진 하나님의 명예가 온전히 회복되는 것은 에덴에서 추방당한 아담의 후예들이 돌아와야 한다는 점입니다. 이처럼 하나님의 구원계획에는 하나님의 거룩하신 이름과 명예가 걸려있다는 점을 인식한다는 것은 중요한 요점이 됩니다. 이는 하나님의 구원계획은 반드시 이루어진다는 확신을 줍니다. 그리고 우리로 하여금 "먼저 그의 나라와 그의 의를 구하게" 합니다.

이런 맥락에서 에스겔서에서는 눈물이나 애통함을 찾아볼 수 없습니다. 심지어 예루살렘의 멸망을 상징적으로 보여주기 위해서, 하나님께서 에스겔 선지자의 사랑하는 아내를 졸지에 취하여 가셨을 때도 "너는 슬퍼하거나 울거나 눈물을 흘리거나 하지 말라"(24:16)는 명을 받게 됩니다. 왜 그래야만 하는가? 예루살렘이 멸망하고 성전이 불에 타버린 상황에서 "제사장이면서 선지자"인 에스겔마저 울고 있다면 백성들은 누구에게 위로를 받고 어디서 소망을 찾을 것인가?

하나님은 어떤 경우에도 "제사장은 머리를 풀거나 옷을 찢어서는 안 된다"(레 10:6, 21:10)고 명하셨습니다. 하나님을 섬기는 제사장이 머리를 풀거나 옷을 찢어 절망을 나타낸다는 것은 하나님 자신을 부인하는 불신앙의 행위이기 때문입니다. 아론의 아들 나답과 아비후가 직사했을 때, 모세는 아론에게 "머리를 풀거나 옷을 찢지 말라 그리하여 너희가 죽음을 면하고 여호와의 진노가 온 회중에게 미침을 면하게 하라"(레 10:6)고 황급히 말했던 것입니다.

형제여, 지금 하나님의 성전은 어디에 있으며, 하나님의 영광은 어디에 충만한지 알고 계십니까? 교회가 하나님의 성전이고, "너희 몸은 너희가 하나님께로부터 받은바 너희 가운데 계신 성령의 전인 줄을 알지 못하느냐"(고전 6:19) 하십니다. 에스겔서를 통해서 우리에게 말씀하시려는 바가 무엇인가? "그들은 그렇게 하다가 심판받았으니 너희는 이렇게 하지 말라"는 교훈이 우선하는 것이 아닙니다.

㉠ 자신이 죄인이라는 자력구원의 불가능성을 깨닫고
㉡ 구원은 오직 그리스도의 대속을 의지할 것뿐이라는 오직 복음, 오직 은혜입니다.
㉢ 그리고 이 은혜를 입은 자에게는 하나님의 이름이 결부되어 있다는 정체성(正體性)을 깨닫고 하나님께 영광을 돌리는 삶을 살아야 한다는 결단입니다.

에스겔 1장 개관도표

주제 : 에스겔에게 임한 여호와의 말씀

에스겔의 소명	1-3 1 서른째 해 넷째 달 초닷새에 내가 그발 강 가 사로잡힌 자 중에 있을 때에 ① **하늘이 열리며 하나님의 모습이 내게 보이니** 2 여호야긴 왕이 사로잡힌 지 오 년 그 달 초닷새라 3 갈대아 땅 그발 강 가에서 **여호와의 말씀이 부시의 아들 제사장 나 에스겔에게 특별히 임하고** **여호와의 권능이 내 위에 있으니라**
네 생물과 네 바퀴 환상	4-21 4 내가 보니 북쪽에서부터 폭풍과 큰 구름이 오는데 그 속에서 불이 번쩍번쩍하여 빛이 그 사방에 비치며 그 불 가운데 단 쇠 같은 것이 나타나 보이고 5 그 속에서 ② **네 생물의 형상이 나타나는데** 그들의 모양이 이러하니 그들에게 사람의 형상이 있더라 6 그들에게 각각 네 얼굴과 네 날개가 있고 7 그들의 다리는 곧은 다리요 그들의 발바닥은 송아지 발바닥 같고 광낸 구리 같이 빛나며 8 그 사방 날개 밑에는 각각 사람의 손이 있더라 그 네 생물의 얼굴과 날개가 이러하니 9 날개는 다 서로 연하였으며 갈 때에는 돌이키지 아니하고 일제히 앞으로 곧게 행하며 10 그 얼굴들의 모양은 넷의 앞은 사람의 얼굴이요 넷의 오른쪽은 사자의 얼굴이요 넷의 왼쪽은 소의 얼굴이요 넷의 뒤는 독수리의 얼굴이니 11 그 얼굴은 그러하며 그 날개는 들어 펴서 각기 둘씩 서로 연하였고 또 둘은 몸을 가렸으며 12 ③ **영이 어떤 쪽으로 가면 그 생물들도 그대로 가되 돌이키지 아니하고 일제히 앞으로 곧게 행하며** 13 또 생물들의 모양은 타는 숯불과 횃불 모양 같은데 그 불이 그 생물 사이에서 오르락내리락 하며 그 불은 광채가 있고 그 가운데에서는 번개가 나며 14 그 생물들은 번개 모양 같이 왕래하더라 15 내가 그 생물들을 보니 그 생물들 곁에 있는 땅 위에는 바퀴가 있는데 그 네 얼굴을 따라 하나씩 있고 16 그 바퀴의 모양과 그 구조는 황옥 같이 보이는데 그 넷은 똑같은 모양을 가지고 있으며 그들의 모양과 구조는 바퀴 안에 바퀴가 있는 것 같으며 17 그들이 갈 때에는 사방으로 향한 대로 돌이키지 아니하고 가며 18 그 둘레는 높고 무서우며 그 네 둘레로 돌아가면서 눈이 가득하며 19 그 생물들이 갈 때에 바퀴들도 그 곁에서 가고 그 생물들이 땅에서 들릴 때에 바퀴들도 들려서 20 영이 어떤 쪽으로 가면 생물들도 영이 가려 하는 곳으로 가고 바퀴들도 그 곁에서 들리니 이는 생물의 영이 그 바퀴들 가운데에 있음이니라 21 그들이 가면 이들도 가고 그들이 서면 이들도 서고 그들이 땅에서 들릴 때에는 이들도 그 곁에서 들리니 이는 생물의 영이 그 바퀴들 가운데에 있음이더라
보좌 위의 사람같은 이	22-28 22 그 생물의 머리 위에는 수정 같은 궁창의 형상이 있어 보기에 두려운데 그들의 머리 위에 펼쳐져 있고 23 그 궁창 밑에 생물들의 날개가 서로 향하여 펴 있는데 이 생물은 두 날개로 몸을 가렸고 생물도 두 날개로 몸을 가렸더라 24 생물들이 갈 때에 내가 그 날개 소리를 들으니 많은 물 소리와도 같으며 전능자의 음성과도 같으며 떠드는 소리 곧 군대의 소리와도 같더니 그 생물이 설 때에 그 날개를 내렸더라 25 그 머리 위에 있는 궁창 위에서부터 음성이 나더라 그 생물이 설 때에 그 날개를 내렸더라 26 그 머리 위에 있는 궁창 위에 보좌의 형상이 있는데 그 모양이 남보석 같고 ④ **그 보좌의 형상 위에 한 형상이 있어 사람의 모양 같더라** 27 내가 보니 그 허리 위의 모양은 단 쇠 같아서 그 속과 주위가 불 같고 내가 보니 그 허리 아래의 모양도 불 같아서 사방으로 광채가 나며 28 그 사방 광채의 모양은 비 오는 날 구름에 있는 무지개 같으니 이는 ⑤ **여호와의 영광의 형상의 모양이라 내가 보고 엎드려 말씀하시는 이의 음성을 들으니라**

1장

에스겔에게 임한 여호와의 말씀

[3]갈대아 땅 그발 강가에서 여호와의 말씀이 부시의 아들 제사장 나 에스겔에게 특별히 임하고 여호와의 권능이 내 위에 있으니라.

1장의 중심점은 "에스겔에게 임한 여호와의 말씀", 즉 에스겔이 선지자로 소명(召命) 받는 내용입니다. 언제, 어디서, 누구로부터 부르심을 받았는가를 분명히 밝히고(1-3) 있는데, 이는 자신의 소명에 대한 진실성을 나타내기 위한 것으로 여겨집니다. 도표에서 보시면 "에스겔에게 임한 여호와의 말씀"을 중심으로,

① "하늘이 열리고 하나님의 모습"(1)을 보이십니다.

② "네 생물의 형상이 나타나고, 바퀴"가 부각되어 있는데

③ "신이 가려는 대로 앞으로 곧게 행함"으로 "생물과 바퀴"가

행차(行次)하시는 하나님을 시종 드는 자로 등장합니다.

④ "사람 모양 같더라" 하는 분이 등장하는데

⑤ "여호와의 영광의 형상"이라 합니다. 그가 누군가? 1장은 계시록 4장과 상응합니다.

㉠ 하늘이 열리고(1, 계4:1)

㉡ 보좌가 있는데(26, 계4:2)

㉢ 사자 · 소 · 사람 · 독수리 얼굴을 한 네 생물이 있고(10, 계4:6)

㉣ 무지개 같은 영광이 보좌에 둘려(28, 계4:3) 있는 것이 상응합니다.

그리고 에스겔이 "보좌의 형상 위에 한 형상이 있어 사람의 모양 같더라"(26) 한 분을 계시록 5장에서는 그분이 "유다 지파의 사자 다윗의 뿌리"(5:5)라고 말씀합니다. 이를 세 단원으로 나누어 상고하겠습니다.

첫째 단원(1–3) **에스겔의 소명**
둘째 단원(4–21) **네 생물과 네 바퀴 환상**
셋째 단원(22–28) **보좌 위의 사람 같은 이**

첫째 단원(1–3) 에스겔의 소명

여호와의 보좌

"서른째 해 넷째 달 초닷새에 내가 그발 강가 사로잡힌 자 중에 있을 때 하늘이 열리며 하나님의 모습이 내게 보이니"(1).

① 첫째 단원의 중심점은 "에스겔의 소명"입니다.

㉠ "서른째 해 넷째 달 초닷새에"(1상) 합니다. 에스겔이 말하는 "서른

째 해"가 어떤 연대를 가리키는 것인지 단정할 수는 없으나 에스겔의 나이로 보는 설이 가장 가능성이 있다고 여겨집니다. 왜냐하면 에스겔은 레위인으로 제사장 신분(身分)인데 "회막의 일"을 시작하는 나이가 삼십 세부터(민 4:1)였기 때문입니다. 그러니까 제사장으로 공직을 수행할 나이에 사로잡힌 자들을 위한 선지자(先知者)로 소명 받았다는 뜻이 됩니다. 그래서

㉡ "내가 그발 강가 사로잡힌 자 중에 있을 때"(1중) 합니다.

② 핵심은 "하늘이 열리며 하나님의 모습이 내게 보이니"(1하)에 있습니다. 에스겔이 이처럼 연대와 장소를 소상하게 밝히고 있는 의도가 무엇인가? 첫째는 자신의 소명(召命)과 받은바 계시의 진실성과 확실성을 드러내기 위해서입니다. 이점이 "여호야긴 왕이 사로잡힌 지 오년 그달 초닷새라"(2)고 소명 받은 날짜를 이중적(二重的)으로 밝히고 있는 데서 드러납니다. 또한 "갈대아 땅 그발 강가에서"(3상)라고 소명 받은 장소(場所)도 1절에 이어 재차 언급하는 의도가 진술의 진실성을 강조하기 위해서인 것입니다. 이만하면 믿겠느냐는 뜻이 암시되어 있는 것입니다. 왜냐하면 그때나 오늘이나 하나님의 말씀에 대한 불신풍조가 있기 때문입니다.

③ "여호와의 말씀이 부시의 아들 제사장 나 에스겔에게 특별히 임하고 여호와의 권능이 내 위에 있으니라"(3) 합니다. 이를 정리하면,

㉠ "하늘이 열리고"

㉡ "하나님의 모습이 내게 보이니"(1)

㉢ "여호와의 말씀이··· 특별히 임하고"

㉣ "여호와의 권능이 내 위에 있으니라"(3) 합니다. 에스겔은 이렇게 소

명 받았습니다.

둘째 단원(4–21) 네 생물과 네 바퀴 환상

"영이 어떤 쪽으로 가면 생물들도 영이 가려 하는 곳으로 가고 바퀴들도 그 곁에서 들리니 이는 생물의 영이 그 바퀴들 가운데에 있음이니라"(20).

① 둘째 단원의 중심점은 "네 생물과 네 바퀴의 환상"에 있습니다. 그러나 놓쳐서는 안 될 점은 1장의 중심점이 "생물 · 바퀴" 등에 있는 것이 아니라 "보좌와 영광"(26-28)에 있다는 점입니다. 그러므로 "생물과 바퀴"에 대한 묘사가 현란하다 하여도 이는 어디까지나 보좌에 계신 하나님을 시종 드는 역할일 뿐입니다. 이 점을 놓치지 말아야 합니다. 왜냐하면 지금 하나님을 시종 드는 자는 생물이 아니라 바로 성도들인 "우리"이기 때문입니다.

② "내가 보니 북쪽에서부터 폭풍과 큰 구름이 오는데 그 속에서 불이 번쩍번쩍하여 빛이 그 사방에 비치며 그 불 가운데 단쇠 같은 것이 나타나 보이고 그 속에서 네 생물의 형상이 나타나는데 그들의 모양이 이러하니 그들에게 사람의 형상이 있더라"(4-5) 합니다. 핵심은 "북쪽에서부터 폭풍과 큰 구름이 온다"는데 있습니다. 이는 "네 생물"에 대한 묘사가 아니라,

㉠ 오고 계시는 하나님의 현현입니다. 그런데 어찌하여

㉡ "북쪽에서부터 폭풍과 큰 구름"이 온다고 묘사하고 있는가?

이는 자기 백성을 심판하러 오시기 때문입니다. 이 광경을

43:3절에서는 "그 모양이 내가 본 환상 곧 전에 성읍을 멸(滅)하러 올 때에 보던 이상 같고" 합니다. "예레미야 선지자에게도 "끓는 가마의 면이 북에서부터 기울어져"(렘 1:13) 있는 것을 보여주십니다. 이는 바벨론을 들어서 심판하실 것을 예시(豫示)해주고 있는 것입니다.

③ 에스겔서는 크게 세 부분으로 나누어져 있는데,

㉠ 제1부(1-24장)는 유다와 예루살렘에 대한 심판경고요

㉡ 제2부(25-32장)는 이스라엘을 괴롭힌 열방에 대한 심판경고입니다. 언제나 하나님의 심판은 "하나님의 집"에서 시작하여 대적을 심판하시는 순서로 진행됩니다. 그리고

㉢ 제3부(33-48장)는 회복에 대한 예언인데 단순한 포로에서 귀환을 뜻하는 것이 아니라, 궁극적인 회복인 메시아 왕국에 대한 비전입니다. 그런데 먼저는 유다와 예루살렘이 심판당하게 될 것입니다.

하나님의 집에서 심판을 시작할 때가 되었나니

① 6-14절은 "생물"에 대한 묘사인데, "그 속에서 네 생물의 형상이 나타나는데 그들의 모양이 이러하니 그들에게 사람의 형상이 있더라 그들에게 각각 네 얼굴과 네 날개가 있고"(5-6) 합니다. 이 점에서 먼저 유념해야 할 점이 있는데,

㉠ 성경은 땅의 일을 말씀하고 있는 것이 아니라 하늘의 일이요(요 3:12)

㉡ 하나님의 계시를 인간의 언어를 통해서 표현하고 있다는 점입니다. 그러므로 이런 상징적인 묘사를 문자적으로 해석하려고 일일이 그 의미를 부여하려 한다면 혼란과 미궁에 빠질 수 있습니다.

② 선지자는 나중에 가서 "그룹들이 올라가니 그들은 내가 그

발 강가에서 보던 생물이라, 그들이 그룹인 줄을 내가 아니라"(10:15,20)고, 생물의 정체(正體)가 "그룹"임을 밝혀주고 있습니다. 이로 볼 때 "생물"은 하나님을 시종 드는 특별한 임무를 가진 천사들로 여길 수 있습니다. 성경은 "모든 천사들은 섬기는 영으로서 구원받을 상속자들을 위하여 섬기라고 보내심이 아니냐"(히 1:14)고 말씀합니다.

③ 계시록에도 "네 생물"에 대한 기사가 있는데 "어린 양의 아내"가 등장하자 네 생물은 자취를 감추고(계 19:4,7) 맙니다. 왜냐하면 세세토록 하나님을 섬길 자녀들이 나타났기 때문입니다. 그러므로 "생물"에 대한 기사를 통해서 하나님의 자녀요 주의 종 된 우리가 하나님의 나라와 그의 의를 위해서 어떻게 시종 들어야 하는가를 교훈해 줍니다. 생물에 대한 묘사는 특히 "사명 자"들이 명심해야 할 점이라 하겠습니다.

㉠ 첫째는 "날개로, 몸을 가렸더라"(11,23)는 말씀인데, 이는 의심할 여지가 없는 겸비(謙卑)를 나타냅니다. 이사야가 본 스랍들에게는 여섯 날개가 있어서, "그 둘로는 자기의 얼굴을 가리었고 그 둘로는 자기의 발을 가리었고 그 둘로는 날며"(사 6:2) 합니다. 섬기는 자의 첫째 자세는 겸비입니다.

㉡ 둘째는 "영이 어떤 쪽으로 가면 그 생물들도 그대로 가되 돌이키지 아니하고 일제히 앞으로 곧게 행하며"(12) 한 점인데, "돌이키지 아니하고"(12,17)라는 말씀은 후퇴(後退)하지 않음을 가리킵니다. 성경은 "뒤로 물러가면 내 마음이 그를 기뻐하지 아니하리라"(히 10:38) 하십니다.

㉢ 셋째는 "일제히 앞으로 곧게 행하며"(12,9)한 행동인데, "돌이키지 아니할 뿐만이 아니라, 곧게 행함"은 섬김의 중요한 원리라 하겠습니다.

ㄹ 넷째는 “그 생물들은 번개 모양같이 왕래하더라”(14)하는 점인데, 이는 명령을 시행하는데 있어서 신속(迅速)한 민첩성을 나타냅니다. 달란트 비유에서 주님은 “바로 가서 장사했다”(마 25:16)고 말씀합니다.

④ 그렇다면 “바퀴”는 무엇에 대한 상징일까 하는 점입니다. 1장 안에는 “행(行)하다, 또는 가려면”이라는 말이 열세 번(9,9,12,12,14,17,17,19,19,20,21,21,24) 이상 등장합니다. 뒤에 가서 보게 될 것입니다만, 하나님은 “주의 영이 나를 들어 하나님의 영의 환상 중에 데리고 갈대아에 있는 사로잡힌 자 중에 이르시더니”(11:24)하고, 주의 종을 대동하시고 바벨론으로 행차하시는 하나님으로 계시되어 있습니다. 이런 맥락에서 기동력을 나타내는 “날개와 바퀴”가 강조되어 있는 것으로 여겨집니다. 인간이 이해할 수 있는 방식으로 표현한 것입니다. 그래서 “그 때에 그룹들이 날개를 드는데 바퀴도 그 곁에 있고 이스라엘 하나님의 영광도 그 위에 덮였더니(11:22) 합니다.

⑤ “바퀴”에 대한 언급은 다니엘서에도 나타나는데, “보좌(寶座)는 불꽃이요 그의 바퀴는 타오르는 불이며”(단 7:9) 합니다. 그러니까 보좌가 이동할 때 필요한 장치인 셈이죠. 이 점에서 이사야가 본 하나님의 보좌와 에스겔이나 다니엘에게 나타내신 보좌에 차이가 있다는 점입니다.

ㄱ 이사야 선지자는 “내가 본즉 주께서 높이 들린 보좌에 앉으셨는데”(사 6:1)라고 좌정(坐定)해 계시는 정적(靜的)인 하나님으로 계시하신 반면

ㄴ 에스겔 1장에는 “북쪽에서부터 폭풍과 큰 구름이 오는데(4), 영이 어떤 쪽으로 가면”(12,20)하고, 행차(行次)하시는 동적(動的)인 하나

님으로 계시하고 있다는 점입니다. 이는 계시하시는 시대적인 상황(狀況)이 이사야 당시와는 다르기 때문으로 여겨집니다.

행차하시는 하나님

① 행차하시는 하나님은 다윗에게 세워주신 언약에도 나타납니다. 다윗에게는 성전(聖殿)을 건축하려는 소원이 있었습니다. 하나님은 말씀하십니다. "내가 이스라엘 자손을 애굽에서 인도하여 내던 날부터 오늘날까지 집에 살지 아니하고 장막과 성막 안에서 다녔나니"(삼하 7:6) 하십니다. "성전과 성막"의 차이가 무엇인가? 성전은 움직일 수 없는 부동산(不動産)이지만 성막은 간편하게 이동을 할 수 있는 동산(動産)이라는 점입니다. 그러므로 "하나님이여 주의 백성 앞에서 앞서 나가사 광야에서 행진(行進)하셨을 때"(시 68:7)라고 출애굽 때에도 성막에 거하시면서 백성 앞에서 행진하시는 야전군 사령관으로 계시되어 있는 것입니다.

② 그런데 에스겔서에서는 백성들의 배은망덕으로 인하여 예루살렘 성전에 계시던 하나님께서 바벨론으로 행차를 하시려는 것입니다. 그래서 "영이 어떤 쪽으로 가면 생물들도 영이 가려 하는 곳으로 가고 바퀴들도 그 곁에서 들리니 이는 생물의 영이 그 바퀴들 가운데에 있음이니라"(20) 하는 것입니다. "생물과 바퀴"가 "신"에 의하여 지배받으며 명령에 전적으로 복종하는 것

으로 나타나 있습니다. 그러니까 주의 종 된 우리는 생물처럼 섬기며 또는 바퀴처럼 뜻을 받드는 자가 되어야 한다는 말씀이 됩니다.

셋째 단원(22–28) **보좌 위의 사람 같은 이**

"그 머리 위에 있는 궁창 위에 보좌의 형상이 있는데 그 모양이 남보석 같고 그 보좌의 형상 위에 한 형상이 있어 사람의 모양 같더라"(26).

① 셋째 단원의 중심점은 "보좌의 형상 위에 사람 같은 이"에 있습니다.

㉠ "그 생물의 머리 위에는 수정 같은 궁창의 형상이 있어 보기에 두려운데 그들의 머리 위에 펼쳐져 있고"(22) 합니다. 하늘을 뜻하는 "궁창"이라는 말이 네 번 등장하면서 그 광경(22-25)이 묘사되어 있는데

㉡ "그 궁창 밑에 생물들의 날개가 서로 향하여 펴있는데 이 생물은 두 날개로 몸을 가렸고 저 생물도 두 날개로 몸을 가렸더라"(23)고 생물도 보입니다.

② 그런데 궁창이나 생물이 중요한 것이 아니라,

㉠ "궁창 위에 보좌"(26)가 있다는 것과 보좌가 빈 보좌가 아니라

㉡ "그 보좌의 형상 위에 한 형상이 있어 사람의 모양 같더라(26하) 한 "사람 모양 같은 분"으로 초점(焦點)이 모아지고 있는 것입니다.

그분이 누군인가? 26-28절의 묘사를 볼 때 하나님이심을 깨닫게 됩니다. "내가 보니 그 허리 위의 모양은 단 쇠 같아서 그 속과 주위가 불같고 내가 보니 그 허리 아래의 모양도 불같아서 사방으로 광채가 나며 그 사방 광채의 모양은 비 오는 날 구름에 있는 무지개 같으니 이는 여호와의 영광의 형상의 모양이라"(27-28상) 합니다.

③ 26-28절 세 절 안에 "형상"이라는 말이 네 번, "모양"이라는

말이 네 번 나옵니다. 에스겔은 분명 보좌 위에 앉으신 분을 뵈었다(26하)고 말씀합니다. 볼 수 없는 하나님을 뵈었다면 볼 수 있도록 "나타내셨기" 때문인데 그 형상이 "사람의 모양" 같더라는 것입니다. 그러면 이분이 누구신가?

④ 이를 구속사라는 맥락으로 보면 "본래 하나님을 본 사람이 없으되 아버지 품속에 있는 독생하신 하나님이 <나타내셨느니라>(요1:18), 그는 보이지 아니하는 하나님의 형상이시요"(골 1:15) 한 "그리스도" 시라는 결론에 이르게 됩니다. 볼 수 없는 하나님께서 "임마누엘" 하셔서 볼 수 있도록 나타내신다는 것이 성경의 일관된 증언입니다. 에스겔과 함께 포로 중에서 부름을 받은 다니엘에게도 "내가 또 밤 환상 중에 보니 인자같은 이가 하늘 구름을 타고 와서 옛적부터 항상 계신 이에게 나아가 그 앞으로 인도되매"(단 7:13)라고 그리스도를 계시하시는 장면이 나옵니다.

⑤ "내가 보고 곧 엎드려 말씀하시는 이의 음성을 들으니라"(28하)고 1장은 마치고 있습니다. 말씀하신 내용을 2장에서 상고하게 될 것입니다. 이것이 "에스겔에게 임한 여호와의 말씀"입니다.

⑥ 묵상해보겠습니다.

㉠ 1-3절에 나타난 에스겔의 소명에 대해서

㉡ 4-21절에 나타난 "생물과 바퀴"를 통한 본받을 점에 대해서

㉢ 26절의 "사람 모양 같더라" 한 분이 누구신가에 대해서.

에스겔 2:1-3:3절 개관도표

주제 : 이 두루마기를 먹고 이스라엘 족속에게 고하라

듣든지 아니 듣든지 고하라	1-7 1 그가 내게 이르시되 인자야 네 발로 일어서라 내가 네게 말하리라 하시며 2 그가 내게 말씀하실 때에 ① **그 영이 내게 임하사 나를 일으켜 내 발로 세우시기로** 내가 그 말씀하시는 자의 소리를 들으니 3 이르시되 인자야 내가 너를 이스라엘 자손 곧 패역한 백성 ② **나를 배반하는 자에게 보내노라** 그들과 그 조상들이 내게 범죄하여 오늘까지 이르렀나니 4 이 자손은 얼굴이 뻔뻔하고 마음이 굳은 자니라 내가 너를 그들에게 보내노니 너는 그들에게 이르기를 주 여호와의 말씀이 이러하시다 하라 5 그들은 패역한 족속이라 그들이 듣든지 아니 듣든지 그들 가운데에 선지자가 있음을 알지니라 6 인자야 너는 비록 가시와 찔레와 함께 있으며 전갈 가운데에 거주할지라도 그들을 두려워하지 말고 그들의 말을 두려워하지 말지어다 그들은 패역한 족속이라도 그 말을 두려워하지 말며 그 얼굴을 무서워하지 말지어다 7 그들은 심히 패역한 자라 그들이 ③ **듣든지 아니 듣든지 너는 내 말로 고할지어다**
네게 주는 것을 먹으라	2:8-3:3 8 인자야 내가 네게 이르는 말을 듣고 그 패역한 족속 같이 패역하지 말고 ④ **네 입을 벌리고 내가 네게 주는 것을 먹으라 하시기로** 9 내가 보니 보라 한 손이 나를 향하여 펴지고 보라 그 안에 두루마리 책이 있더라 10 그가 그것을 내 앞에 펴시니 그 안팎에 글이 있는데 그 위에 ⑤ **애가와 애곡과 재앙의 말이** 기록되었더라 3:1 또 그가 내게 이르시되 인자야 너는 발견한 것을 먹으라 **너는 이 두루마리를 먹고 가서 이스라엘 족속에 게 말하라 하시기로** 2 내가 입을 벌리니 그가 그 두루마리를 내게 먹이시며 3 내게 이르시되 인자야 내가 네게 주는 이 두루마리를 네 배에 넣으며 네 창자에 채우라 하시기에 내가 먹으니 그것이 내 입에서 달기가 꿀 같더라

2:1-3:3 절

이 두루마기를 먹고 이스라엘 족속에게 고하라

> [3:1]또 그가 내게 이르시되 인자야 너는 발견한 것을 먹으라 너는 이 두루마리를 먹고 가서 이스라엘 족속에게 말하라 하시기로

본 문단(2:1-3:3)은 에스겔의 사명을 말씀하는 내용인데, 중심점은 "이 두루마기를 먹고 이스라엘 족속에게 고하라"에 있습니다. 1장이 "여호와의 말씀이 임하고, 여호와의 권능이 내 위에 있으니라"(1:3) 한 소명(召命)이라면, 2장은 "네 입을 벌리고 내가 네게 주는 것을 먹으라"(8)고 사명(使命)을 주셔서, "보내노라"(3)고 파송하시는 내용입니다. "먹으라"는 말이 다섯 번, "보내노라"는 말이 두 번 등장합니다. 도표를 보시면 "이 두루마기를 먹고

이스라엘 족속에게 고하라"는 말씀을 중심으로,

① 여호와의 "신이 에스겔에게 임하고"

② "나를 배반하는 자에게 보내노라"

③ "듣든지 아니 듣든지 고하라" 하십니다.

④ "입을 벌리고 네게 주는 것을 먹으라" 하신 책의 내용을

⑤ "애가와 애곡과 재앙의 말이 기록되었더라"고 진술합니다. 이것이 대의입니다. 잊지 않고 기억해야 할 점은 1-24장의 내용이 죄를 책망하고 심판을 경고하는 내용이라는 점입니다. 이를 두 단원으로 나누어 상고하겠습니다.

첫째 단원(1–7) **듣든지 아니 듣든지 고하라**
둘째 단원(8–3:3) **네게 주는 것을 먹으라**

첫째 단원(1–7) 듣든지 아니 듣든지 고하라

"그들은 패역한 족속이라 그들이 듣든지 아니 듣든지 그들 가운데에 선지자가 있음을 알지니라"(5).

① 첫째 단원의 중심점은 "듣든지 아니 듣든지 고하라"는데 있습니다. 하나님의 말씀을 맡은 자의 사명은,

㉠ 주어진 말씀을 가감이 없이 그대로 선포하는 일입니다. "한 말도 감하지 말라"(렘 26:2) 하십니다. 어찌하여 가감(加減)을 하게 되는가? 자신의 지혜로 설득하려는 무모함 때문입니다.

㉡ 그래서 "듣든지 아니 듣든지 고하라" 하십니다. 왜 이렇게 고해야 하는가? "그는 죄악 중에서 죽으려니와 너는 네 생명을 보존하리

라"(3:19), 즉 전도자로서의 책임을 다하는 것이기 때문입니다. 이점을 사도 바울은 "이는 모든 입을 막고 온 세상으로 하나님의 심판 아래 있게 하려 함이라"(롬 3:19), 즉 "입을 막고" 유구무언(有口無言)이 되게 하기 위해서라는 것입니다.

② "그가 내게 이르시되 인자야 일어서라"(1상) 하십니다. 1장 마지막 절은 "내가 보고 곧 엎드렸다"(1:28)고 말씀했는데, 언제까지 엎드려 있기만 하면 되는 것이 아닙니다. "일어서라", 일어나야 하고 "내가 네게 말하리라"(1하), 명령을 받들어야 하는 것입니다.

③ "말씀하실 때에 그 신이 내게 임하사"(2상) 합니다. 여기서 말씀하는 "신(神)"이란 성령을 가리킵니다. 이는 신구약을 막론하고 증언(證言)의 사역이 성령의 사역임을 나타냅니다. "나를 일으켜 내 발로 세우시기로 내가 그 말씀하시는 자의 소리를 들으니 내게 이르시되 인자야 내가 너를 이스라엘 자손 곧 패역한 백성, 나를 배반하는 자에게 보내노라"(2하-3) 하십니다. 에스겔이 하나님의 말씀을 전해야 할 "이스라엘"을 어떤 자들이라 말씀하시는가?

㉠ "패역한 백성"

㉡ "나를 배반하는 자"(3)라 하십니다.

④ "패역한 백성, 배반자"란 어떤 의미인가? 이는 뜻이 분명하게 "반역(叛逆)"이라 함이 좋을 것입니다. 왜냐하면 여기에 사활(死活)이 걸려있는 요점이 있기 때문입니다. 이스라엘이 멸망 당하고 포로로 끌려가게 된 원인이 "반역", 즉 우상을 숭배했기 때문이데 여기서 멈춰서는 안 됩니다. 왜냐하면 무엇을 배반하고 우상을 숭배했는가를 분명하게 드러내야 하는 것입니다. 그들은

"메시아언약"을 우상으로 바꿔치기를 했던 것입니다. 그래서 심판받아 멸망한 것입니다. 신구약을 막론하고 죽고 사는 문제가 메시어 언약을 믿느냐 여부에 달려있다는 점에 확고해야 합니다. 하나님과의 바른 관계는 메시아언약 안에서만이 가능한데 이것이 잘못되기 때문에 대인관계인 윤리에서도 불의를 행하게 되는 것입니다.

반역은 메시아언약을 배반한 죄

① 이점이 다니엘의 기도에도 나타납니다.

㉠ "우리는 이미 범죄하여 패역하며 행악하며 반역하여 주의 법도와 규례를 떠났다"(단 9:5)고 참회합니다. 에스겔 선지자의 선임자라 할 수 있는 예레미야 선지자를 통해서도

㉡ "유대인과 예루살렘 거민 중에 반역(叛逆)이 있도다, 그들이 내 말 듣기를 거절한 자기들 선조의 죄악으로 돌아가서 다른 신들을 섬겼은즉 이스라엘 집과 유다 집이 내가 그 조상들과 맺은 언약을 깨뜨렸도다"(렘 11:9-10) 하십니다. "조상들과 맺은 언약"이란 모세로 주신 언약이 아닙니다. "너희 조상들에게 한 맹세는 그들에게 젖과 꿀이 흐르는 땅을 주리라 한 언약"(렘 11:5), 즉 아브라함에게 세워 주신 메시아언약입니다.

② "이 자손은 얼굴이 뻔뻔하고 마음이 굳은 자니라"(4상) 하십니다.

㉠ "얼굴이 뻔뻔하다" 하심은 그러면서도 "우리가 구원을 얻었나이다"(렘 7:10)하고, "완악한 말로 나를 대적하고도 이르기를 우리가 무슨 말로 주를 대적하였나이까"(말 3:13)고 항변하기 때문입니다.

㉡ "마음이 굳은 자"라 하심은, "너희 조상들이 애굽 땅에서 나온 날부

터 오늘까지 내가 내 종 선지자들을 너희에게 보내되 끊임없이 보내었으나 너희가 나에게 순종하지 아니하며 귀를 기울이지 아니하고 목을 굳게하여 너희 조상들보다 악을 더 행했기"(렘 7:25-26) 때문입니다. 또 있습니다. "내가 배역한 이스라엘이 간음을 행하였으므로 내가 그를 내쫓고 그에게 이혼서까지 주었으되 그의 반역한 자매 유다가 두려워하지 아니하고 자기도 가서 행음함을 내가 보았노라"(렘 3:8), 즉 북 왕국 이스라엘이 심판당하여 멸망하는 것을 보고도 회개하지 않았다는 것입니다. 얼마나 "뻔뻔스럽고 강퍅한" 자들인가!

③ "내가 너를 그들에게 보내노니 너는 그들에게 이르기를 주 여호와의 말씀이 이러하시다 하라 그들은 패역한 족속이라 그들이 듣든지 아니 듣든지 그들 가운데에 선지자가 있음을 알지니라"(4하-5) 하십니다. 그렇습니다. 그들은 에스겔의 심판경고를 들으려 하지 않았습니다. 그러나 경고하신 대로 예루살렘이 함락된(33:21) 이후에야 그들 가운데 선지자 있은 줄을 알게 되었던 것입니다. 때는 이미 늦었지만 말입니다.

선지자를 보내신 줄을 알리라

① "인자야 너는 비록 가시와 찔레와 함께 있으며 전갈 가운데에 거주할지라도 그들을 두려워하지 말고 그들의 말을 두려워하지 말지어다 그들은 패역한 족속이라도 그 말을 두려워하지 말며 그 얼굴을 무서워하지 말지어다"(6) 하십니다. 6절 한 절 안에는 "두려워 말라, 무서워 말라"는 격려가 무려 4번이나 강조되어 있습니다. 이 말씀이 1차적으로는 에스겔에게 하시는 말씀입니다

만, 성령께서는 이를 기록하게 하시고 보존하셨다가 지금 형제에게 하시는 말씀임을 명심해야 합니다. 그들을 "가시 · 찔레 · 전갈"에 비유하는 의도가 무엇인가? 악하기 때문입니다. 그런데 "가시 · 찔레 · 전갈"이란 가까이하지 않고 건드리지 않으면 위험이 없습니다. 그들을 향하여 "심판과 멸망"을 경고하기 때문에 찔리고 물리게 되는 것입니다. 그래서 전도자가 전하지 않거나 가감을 하게 되는 것입니다.

② "그들을 두려워하지 말고 그들의 말을 두려워하지 말지어다 그들은 패역한 족속이라도 그 말을 두려워하지 말며 그 얼굴을 무서워하지 말지어다, 그들은 심히 패역한 자라 그들이 듣든지 아니 듣든지 너는 내 말로 고할지어다"(6-7)고 거듭거듭 강조하십니다. 형제가 증언한 복음이 열매로 결실이 되지 못했다고 해서 헛수고를 한 것은 아닙니다. "듣든지 아니 듣든지" 전하라 하십니다. 왜냐하면 "심판 날에 모든 입을 막기"(롬 3:19) 위해서입니다. 즉 "나에게 복음을 전해주는 사람이 없었습니다"고 변명하지 못하게 하기 위해서라는 말씀입니다. 그래서 "듣든지 아니 듣든지" 전해야 하는 것입니다.

둘째 단원(8–3:3) **네게 주는 것을 먹으라**

"너 인자야 내가 네게 이르는 말을 듣고 그 패역한 족속같이 패역하지 말고 네 입을 벌리고 내가 네게 주는 것을 먹으라 하시기로"(8).

① 둘째 단원의 중심점은 "네게 주는 것을 먹으라"는데 있습니

다. 예레미야 선지자에게는 "여호와께서 그의 손을 내밀어 내 입에 대시며 내게 이르시되 보라 내가 내 말을 네 입에 두었노라"(1:9) 하십니다. 그리하여 예레미야 선지자는 "내가 주의 말씀을 얻어먹었사오니 주의 말씀은 내게 기쁨과 내 마음의 즐거움이오나"(렘 15:16)라고 말했습니다. 전도자란 다른 사람에게 전하기에 앞서서 먼저 자신이 말씀을 받아먹어야 하는 것입니다. 이점을 사도 바울은 "그로 말미암아 우리가 은혜와 사도의 직분을 받아"(롬 1:5)라고 표현합니다. 먼저 "은혜"를 받고 "직분"을 감당하는 것이 바른 순서라는 말씀입니다. 설교자 자신이 복음에 대한 확신과 감사와 감격이 없다면 무슨 감화력이 있겠는가?

② "너 인자야 내가 네게 이르는 말을 듣고 그 패역한 족속같이 패역하지 말고 네 입을 벌리고 내가 네게 주는 것을 먹으라 하시기로"(8), 그들의 배은망덕이 얼마나 컸으면 "패역"이라는 말이 3, 5, 6, 7, 8절에 모두 나옵니다. "패역(悖逆)"의 사전적 의미는 "인륜에 어긋나고 나라에 반역함"입니다. 그래서 하나님은 "내 소유가 숲속의 사자같이 되어서 나를 향하여 그 소리를 내므로, 내 소유가 내게 대하여는 무늬 있는 매"(렘 12:8-9)와 같이 되었다고 말씀하십니다. 사자같이 덤벼들고 육식조(무늬있는 매) 같이 뜯어먹으려고 덤벼든다는 것입니다. 이것이 패역입니다. 그런데 에스겔에게 "패역한 족속같이 패역하지 말라"는 말은 너 자신도 "나는 못합니다"고 불순종하지 말라는 뜻입니다.

③ "내가 보니 보라 한 손이 나를 향하여 펴지고 보라 그 안에 두루마리 책이 있더라, 그가 그것을 내 앞에 펴시니 그 안팎에 글이 있는데 그 위에 애가와 애곡과 재앙의 말이 기록되었더

라"(9-10) 합니다. 이것이 에스겔이 패역한 족속들에게 선포해야 할 내용입니다. 전도자가 먼저 전해주어야 하는 메시지는 죄를 책망하고 심판을 경고하는 일입니다. 그래서 "애가 · 애곡 · 재앙의 말"이라 합니다. 그 후에 "내가 한 목자를 그들의 위에 세워 먹이게 하리니 그는 내 종 다윗이라"(34:23)는 소망을 말씀하는 것입니다. 예레미야 선지자의 사명도 "그것들을 뽑고 파괴하며 파멸하고 넘어뜨리며" 한 후에 "건설하고 심게 하였느니라"(렘 1:10) 하십니다.

애가 · 애곡 · 재앙의 말

① "또 그가 내게 이르시되 인자야 너는 발견한 것을 먹으라 너는 이 두루마리를 먹고 가서 이스라엘 족속에게 말하라 하시기로"(3:1), 2장에 이어 3장에서도

㉠ "먹으라" 그리고

㉡ "가서"

㉢ "고하라" 하십니다.

"내가 입을 벌리니 그가 그 두루마리를 내게 먹이시며, 내게 이르시되 인자야 내가 네게 주는 이 두루마리를 네 배에 넣으며 네 창자에 채우라 하시기에 내가 먹으니 그것이 내 입에서 달기가 꿀 같더라"(2-3) 합니다. "먹으라, 네 배에 넣으라, 네 창자에 채우라"(3)는 말씀을 유념해야 합니다. 그래야 "그 배에서 생수의 강이 흘러나게"(요 7:38) 될 것이기 때문입니다. 그리고 은혜는 받을 때 "꿀"처럼 단 것입니다.

② 이 장면이 계시록에서 사도 요한에게 재연되고 있는 것을

보게 됩니다.

㉠ "펴 놓인 책을 가지라"

㉡ "먹어 버리라"

㉢ "네 배에서는 쓰나 네 입에서는 꿀같이 달리라"

㉣ "네가 많은 백성과 나라와 방언과 임금에게 다시 예언하여야 하리라"(계 10:11) 하십니다.

③ 그러므로 에스겔의 사명과 요한의 사명은 이제 오늘의 전도자들에게 적용이 되는 것입니다. 왜냐하면 오늘날은 "패역한 백성, 배반자, 뻔뻔하고 마음이 강팍한 자"가 에스겔 당시보다도 더욱 많기 때문입니다.

㉠ 먼저 "꿀같이 단 복음 진리의 말씀을 받아먹어야 합니다.

㉡ 그리고 두려워 말고 무서워 말고,

㉢ 듣든지 아니 듣든지 전해야 할 사명"이 형제에게 있다는 말씀입니다.

이것이 "이 두루마기를 먹고 이스라엘 족속에게 고하라" 하신 에스겔에게 주어진 "사명"입니다.

④ 묵상해보겠습니다.

㉠ 받아먹고 창자에 채운 말씀이 자신에게 있는지에 대해서

㉡ 기쁜 소식과 함께 애곡과 재앙도 전해주고 있는지에 대해서

㉢ 듣든지 아니 듣든지 전하지 못하고 있다면 그 원인이 어디에 있는지에 대해서.

에스겔 3장 개관도표

주제 : 에스겔을 사로잡힌 자를 위한 파수꾼으로 세우심

사로잡힌 자에게 전하라	4-11 4 그가 또 내게 이르시되 인자야 ① **이스라엘 족속에게 가서 내 말로 그들에게 고하라** 5 너를 언어가 다르거나 말이 어려운 백성에게 보내는 것이 아니요 이스라엘 족속에게 보내는 것이라 6 너를 언어가 다르거나 말이 어려워 네가 그들의 말을 알아 듣지 못할 나라들에게 보내는 것이 아니니라 내가 너를 그들에게 보냈다면 그들은 정녕 네 말을 들었으리라 7 그러나 ② **이스라엘 족속은 이마가 굳고 마음이 굳어** 네 말을 듣고자 아니하리니 이는 내 말을 듣고자 아니함이니라 8 보라 내가 그들의 얼굴을 마주보도록 네 얼굴을 굳게 하였고 그들의 이마를 마주보도록 네 이마를 굳게 하였으되 9 ③ **네 이마를 화석보다 굳은 금강석 같이 하였으니** 그들이 비록 반역하는 족속이라도 두려워하지 말며 그들의 얼굴을 무서워하지 말라 하시니라 10 또 내게 이르시되 인자야 내가 네게 이를 모든 말을 너는 마음으로 받으며 귀로 듣고 11 ④ **사로잡힌 네 민족에게로 가서 그들이 듣든지 아니 듣든지 그들에게 고하여** 이르기를 주 여호와의 말씀이 이러
파수군의 사명과 책임	12-21 12 때에 ⑤ **주의 영이 나를 들어올리시는데** 내가 내 뒤에서 크게 울리는 소리를 들으니 찬송할지어다 여호와의 영광이 그의 처소로부터 나오는도다 하니 13 이는 생물들의 날개가 서로 부딪치는 소리와 생물 곁의 바퀴 소리라 크게 울리는 소리더라 14 주의 영이 나를 들어올려 데리고 가시는데 내가 근심하고 분한 마음으로 가니 여호와의 권능이 힘 있게 나를 감동시키시더라 15 이에 내가 델아빕에 이르러 그 사로잡힌 백성 곧 그발 강 가에 거주하는 자들에게 나아가 그 중에서 두려워 떨며 칠 일을 지내니라 16 칠 일 후에 여호와의 말씀이 내게 임하여 이르시되 17 인자야 **내가 너를 이스라엘 족속의 파수꾼으로 세웠으니** 너는 내 입의 말을 듣고 나를 대신하여 그들을 깨우치라 18 가령 내가 악인에게 말하기를 너는 꼭 죽으리라 할 때에 네가 깨우치지 아니하거나 말로 악인에게 일러서 그의 악한 길을 떠나 생명을 구원하게 하지 아니하면 그 악인은 그의 죄악 중에서 죽으려니와 내가 ⑥ **그의 피 값을 네 손에서 찾을 것이고** 19 네가 악인을 깨우치되 그가 그의 악한 마음과 악한 행위에서 돌이키지 아니하면 그는 그의 죄악 중에서 죽으려니와 너는 네 생명을 보존하리라 20 또 의인이 그의 공의에서 돌이켜 악을 행할 때에는 이미 행한 그의 공의는 기억할 바 아니라 내가 그 앞에 거치는 것을 두면 그가 죽을지니 이는 네가 그를 깨우치지 않음이니라 그는 그의 죄 중에서 죽으려니와 **그의 피 값은 내가 네 손에서 찾으리라** 21 그러나 네가 그 의인을 깨우쳐 범죄하지 아니하게 함으로 그가 범죄하지 아니하면 정녕 살리니 이는 깨우침을 받음이며 너도 네 영혼을 보존하리라하시다 하라
입을 닫고 여시는 하나님	22-27 22 여호와께서 권능으로 거기서 내게 임하시고 또 내게 이르시되 일어나 들로 나아가라 내가 거기서 너와 말하리라 하시기로 23 내가 일어나 들로 나아가니 여호와의 영광이 거기에 머물렀는데 내가 전에 그발 강 가에서 보던 영광과 같은지라 내가 곧 엎드리니 24 주의 영이 내게 임하사 나를 일으켜 내 발로 세우시고 내게 말씀하여 이르시되 너는 가서 네 집에 들어가 문을 닫으라 25 너 인자야 보라 무리가 네 위에 줄을 놓아 너를 동여매리니 네가 그들 가운데에서 나오지 못할 것이라 26 내가 네 혀를 네 입천장에 붙게 하여 ⑦ **네가 말 못하는 자가 되어** 그들을 꾸짖는 자가 되지 못하게 하리니 그들은 패역한 족속임이니라 27 그러나 내가 너와 말할 때에 **네 입을 열리니** 너는 그들에게 이르기를 주 여호와의 말씀이 이러하시다 하라 들을 자는 들을 것이요 듣기 싫은 자는 듣지 아니하리니 그들은 반역하는 족속임이니라

3 장

에스겔을 사로잡힌 자를 위한 파수꾼으로 세우심

[17]인자야 내가 너를 이스라엘 족속의 파수꾼으로 세웠으니
너는 내 입의 말을 듣고 나를 대신하여 그들을 깨우치라.

3장의 중심점은 하나님께서 에스겔을 "사로잡힌 자를 위한 파수꾼으로 세웠다"는데 있습니다. 이를 문맥적으로 보면 1장은 소명(召命)이요, 2장에서는 사명(使命)이 주어지고, 3장에서는 파송(派送)하는 문맥입니다. 도표를 보시면 "사로잡힌 자를 위한 파수꾼으로 세웠다"는 말씀을 중심으로,

① "내 말로 그들에게 고하라"

② 그들은 "이마가 굳은 백성이다"

③ 그래서 네 이마를 "금강석"같이 하였으니
④ "사로잡힌 자에게 가라" 하십니다. 이 사역을 위하여
⑤ "주의 신"이 함께 하시고
⑥ 전하지 않으면 "그 피 값을 네게서 찾겠다"하시고
⑦ 선지자의 "입을 열고 닫으심"이 하나님께 있다고 하십니다.
다시 상기시킵니다만 1-24장의 내용이 죄를 고발하면서 심판을 경고하는 내용이라는 점입니다. 이를 세 단원으로 나누어 상고하겠습니다.

첫째 단원(4-11) **사로잡힌 자에게 고하라**
둘째 단원(12-21) **파수꾼의 사명과 책임**
셋째 단원(22-27) **입을 닫고 여시는 하나님**

첫째 단원(4-11) 사로잡힌 자에게 고하라

"사로잡힌 네 민족에게로 가서 그들이 듣든지 아니 듣든지 그들에게 고하여 이르기를 주 여호와의 말씀이 이러하시다 하라 하시더라"(11).

① 첫째 단원의 중심점은 "사로잡힌 자에게 고하라"는데 있습니다. 1-2장을 통해서 준비를 시키신 에스겔을 드디어 파송하시는데, 이방인에게 보내시는 것이 아니라 "가라, 사로잡힌 네 민족에게로" 파송하시는 내용입니다. "보낸다"는 말이 네 번(5,5,6,6) 강조되어 있습니다. "전파하는 자가 없이 어찌 들으리요 보내심

을 받지 아니하였으면 어찌 전파하리요"(롬10:14-15) 합니다. "그가 또 내게 이르시되 인자야 이스라엘 족속에게 가서 내 말로 그들에게 고하라 너를 언어가 다르거나 말이 어려운 백성에게 보내는 것이 아니요 이스라엘 족속에게 보내는 것이라" (4-5) 하십니다. 6절에서도 거듭 "너를 언어가 다르거나 말이 어려워 네가 그들의 말을 알아듣지 못할 나라들에게 보내는 것이 아니니라"(6상) 하십니다.

② 이렇게 말씀하시는 하나님의 마음을 아시겠습니까? 선민 이스라엘이 얼마나 패역한가를 드러내기 위해서입니다. 이점이 "내가 너를 그들(방언이 다른 이방인)에게 보냈다면 그들은 정녕 네 말을 들었으리라"(6하) 하는데서 드러납니다.

㉠ "패역한 백성, 나를 배반한 자, 뻔뻔한 자"(2:3-4)란 불신자가 아닙니다.

㉡ "두려워 말라, 무서워 말라"(2:6) 하심은 바벨론 사람들을 염두에 두고 하는 말씀이 아닙니다.

㉢ 듣든지 아니 듣든지 전하라 하심은 하나님을 모르는 불신자들에게 그렇게 하라는 말씀이 아닙니다. "사로잡힌 네 민족" (11), 즉 선민 이스라엘이라는데 대해서 형제의 깨달음은 무엇입니까?

③ "그러나 이스라엘 족속은 이마가 굳고 마음이 굳어 네 말을 듣고자 아니하리니 이는 내 말을 듣고자 아니 함이니라"(7) 하십니다. 그러므로 선지자가 선포하는 메시지는 에스겔의 말이 아니라 "주 여호와의 말씀이 이러하시다 하라"(11하) 하시는 하나님의 말씀인 것입니다.

주님께서도 칠십 인을 파송하시면서, "너희 말을 듣는 자는 곧 내 말을 듣는 것이요 너희를 저버리는 자는 곧 나를 저버리는 것이요 나를 저버리는 자는 나 보내신 이를 저버리는 것이라"(눅 10:16) 하십니다. 이 말씀에는 전도자의 영광스러움과 책임이 수반하는 것입니다. "에스겔의 말을 듣는 것이 하나님의 말씀을 듣는 것"이라니 얼마나 영광스러운가? 그러나 여기에는 가감 없이 그리고 혼잡 됨이 없이 순전함으로 전해야 한다는 책임이 따르는 것입니다. 만일 회중에게 영합하기 위해서 "여호와의 말씀"에 가감을 한다면 다름 아닌 거짓 선지자가 되기 때문입니다.

방언이 다른 자에게 보내는 것이 아니다

① "내가 그들의 얼굴을 마주 보도록 네 얼굴을 굳게 하였고 그들의 이마를 마주 보도록 네 이마를 굳게 하였으되, 네 이마를 화석보다 굳은 금강석같이 하였으니 그들이 비록 반역하는 족속이라도 두려워하지 말며 그들의 얼굴을 무서워하지 말라"(8-9) 하십니다.

㉠ 그들은 "얼굴과 이마가 굳은 자들"이라 말씀합니다. 그러나

㉡ "그들의 이마를 대하도록 네 이마를 굳게 하였으되 네 이마로 화석보다 굳은 금강석같이 하였다"고 말씀합니다.

"에스겔"이란 뜻은 "하나님이 강하게 하신다"는 뜻인데, 이름 그대로 굳게 하시되 굳은 "화석보다 더 강한 금강석(金剛石)같이", 그 이상은 없는 그렇게 굳게 해주시겠다는 것입니다. 그러면 에스겔의 이마와 그들의 이마가 부닥치면 누구의 이마가 깨지겠는가?

② 예레미야 선지자에게도 "보라 내가 오늘날 너로 온 땅과 유다 왕들과 그 족장들과 그 제사장들과 그 땅 백성 앞에 견고한

성읍 · 쇠기둥 · 놋 성벽이 되게 하였다"(렘 1:18)고 말씀합니다. 그러면 그들이 예레미야를 파하려고 부닥치면 누가 깨지겠는가? 주님은 말씀하십니다. "이 돌 위에 떨어지는 자는 깨지겠고 이 돌이 사람 위에 떨어지면 그를 가루로 만들어 흩으리라"(마 21:44). 이상의 말씀에 근거하여 확신하게 되는 것은 오늘의 전도자의 이마도 금강석같이 하셨고 놋 성벽이 되게 하셨다는 믿음입니다.

③ "또 내게 이르시되 인자야 내가 네게 이를 모든 말을 너는 마음으로 받으며 귀로 듣고, 사로잡힌 네 민족에게로 가서 그들이 듣든지 아니 듣든지 그들에게 고하여 이르기를 주 여호와의 말씀이 이러하시다 하라"(10-11) 하십니다. 이 점에서 하나님께서 선지자의 이마를 금강석같이 굳게 하시고, 쇠기둥 · 놋 성벽이 되게 해주시는 의도가 분명하게 드러납니다. 이는 그들을 두려워하거나 무서워함이 없이 하나님께 받은 말씀을 담대히 증언하게 하기 위해서입니다. 그러면 이렇게까지 강조하시는 의도가 무엇인가?

④ 그들은 "패역한 자요, 배신자요, 강팍한 자요, 뻔뻔한 자"들이기 때문입니다. 예루살렘에 있을 때에도 "내 종 선지자들을 너희에게 보내되 끊임없이 보내었으나 너희가 나에게 순종하지 아니하며 귀를 기울이지 아니"(렘 7:25)하던 자들입니다. 그러다가 포로가 된 이 마당에 어찌하여 선지자의 이마를 금강석같이 하여 또 파송하신단 말인가? 결론부터 말씀드리면 하나님은 아브라함과 이삭과 야곱에게 언약하신 "구원계획"을 포기하실 수 없으시기 때문입니다. 하나님은 용광로로 금을 제련하듯이 불같은 환난

을 통해서 찌꺼기를 걸러내고 "남은 자"를 추리셔서 이들을 돌아오게 하심으로 구원계획을 이루어나가시려는 것입니다.

⑤ 왜 이렇게 하셔야 하는가? 사탄에 의하여 파괴당한 하나님의 나라 회복에는 하나님의 거룩하신 이름과 명예가 걸려있음을 인식해야 합니다. 하나님은 말씀하십니다. "내가 이렇게 행함은 너희를 위함이 아니요 너희가 들어간 그 여러 나라에서 더럽힌 나의 거룩한 이름을 위함이라 여러 나라 가운데서 더럽힘을 받은 이름 곧 너희가 그들 가운데에서 더럽힌 나의 큰 이름을 내가 거룩하게 할지라"(36:22-23). 또 말씀하십니다. "내가 나를 위하며 내가 나를 위하여 이를 이룰 것이라 어찌 내 이름을 욕되게 하리요 내 영광을 다른 자에게 주지 아니하리라"(사 48:11). 하나님은 지금 이를 이루어나가고 계시는 중입니다. 그래서 "사로잡힌 네 민족에게로 가서 그들이 듣든지 아니 듣든지 그들에게 고하라" 하시는 것입니다.

둘째 단원(12-21) **파수꾼의 사명과 책임**

"네가 악인을 깨우치되 그가 그의 악한 마음과 악한 행위에서 돌이키지 아니하면 그는 그의 죄악 중에서 죽으려니와 너는 네 생명을 보존하리라"(19).

① 둘째 단원의 중심점은 "파수꾼의 사명" 곧 책임에 있습니다. 파수꾼이 적이 침략하는 것을 보면서도 나팔을 불지 않는다면 책임이 없단 말인가? 전하라 하신 여호와의 말씀을 전해주지

않아서 죽게 되면 “그 피 값을 네 손에서 찾을 것”(18)이라 하십니다. 이런 전도자의 사명과 책임이 33장에서 문자적으로 반복되고 있습니다. 이는 그만치 중요하기 때문일 것입니다.

② “때에 주의 영이 나를 들어 올리시는데”(12상) 합니다. “주의 영이 나를 들어 올리셨다”(12상), 즉 증언의 사명은 궁극적으로 “주의 영” 곧 성령의 사역인 것입니다.

㉠ 하나님께서 “일어서라” 하시니, “그 영이 나를 일으켜 세우”(2:1-2, 3:24)십니다.

㉡ “사로잡힌 자에게 가라” 하시니, “주의 영이 나를 들어 올려”(11-12,14) 데리고 가십니다.

㉢ 그렇다면 “너는 받는 것을 먹으라” 하시니, “그가 두루마리를 내게 먹여주신”(1-2) 분도 “주의 영”의 사역으로 보아야 할 것입니다. 이처럼 성령은 “하나님께서 우리에게 은혜로 주신 것들을 알게 하려 하심”(고전 2:12) 즉 증언하는 사역입니다.

㉣ “주의 영이 나를 들어 올리시는”(12) 것과 결부하여 “생물들과 바퀴”(13)가 등장하는 것은 마치 요셉이 아버지 야곱을 모셔오기 위해서 보낸 “수레”(창 45:27)를 연상하게 되는데, 선지자를 태우기 위한 방편으로 등장합니다.

주의 신의 사역

① “주의 영이 나를 들어 올려 데리고 가시는데 내가 근심하고 분한 마음으로 가니 여호와의 권능이 힘 있게 나를 감동시키시더라”(14) 합니다. 에스겔 선지자에게 “근심과 분한 마음”이 생긴 까닭이 무엇일까요? “여호와의 권능에 힘 있게 감동된” 선지자가 근심하고 분한 마음이 들었다면 이는 자기 백성의 “패역 · 반역

· 뻔뻔스러움"에 대한 분한 마음이요, 심판당할 것에 대한 근심으로 보아야 할 것입니다.

사도 바울도 그리스도를 배척한 동족으로 말미암아 "큰 근심과 고통"(롬 9:2)하는 마음이 있었습니다. 이는 12절의 "영광을 찬송할지어다"와 대조됩니다. 하나님의 영광을 찬양해야 할 하나님의 백성들이 이마가 굳고 마음이 강퍅하게 되었다는 것을 생각할 때 "근심과 분한 마음"이 들었을 것입니다.

② "이에 내가 델아빕에 이르러 그 사로잡힌 백성 곧 그발 강가에 거주하는 자들에게 나아가 그중에서 두려워 떨며 칠 일을 지내니라"(15) 합니다. 사로잡힌 자들에게 가서 "애가와 애곡과 재앙"(2:10)을 전할 것을 생각할 때 에스겔의 마음이 어떠했겠는가? "칠 일 후에 여호와의 말씀이 내게 임하여 이르시되, 인자야 내가 너를 이스라엘 족속의 파수꾼으로 세웠으니 너는 내 입의 말을 듣고 나를 대신하여 그들을 깨우치라(16-17) 하십니다.

③ 그리고 두 가지 경우를 들어서 파수꾼의 책임을 말씀하십니다. 먼저 "악인"의 경우입니다.

㉠ "가령 내가 악인에게 말하기를 너는 꼭 죽으리라 할 때에 네가 깨우치지 아니하거나 말로 악인에게 일러서 그의 악한 길을 떠나 생명을 구원하게 하지 아니하면 그 악인은 그의 죄악 중에서 죽으려니와 내가 그의 피 값을 네 손에서 찾을 것이고"(18), 즉 책임을 네게 묻겠다 하십니다.

㉡ "네가 악인을 깨우치되 그가 그의 악한 마음과 악한 행위에서 돌이키지 아니하면 그는 그의 죄악 중에서 죽으려니와 너는 네 생명을 보존하리라"(19), 즉 책임을 면하리라 하십니다.

④ 다음은 "의인"의 경우입니다.

㉠ "또 의인이 그의 공의에서 돌이켜 악을 행할 때에는 이미 행한 그의 공의는 기억할 바 아니라 내가 그 앞에 거치는 것을 두면 그가 죽을지니 이는 네가 그를 깨우치지 않음이니라 그는 그의 죄 중에서 죽으려니와 그의 피 값은 내가 네 손에서 찾으리라"(20).

㉡ "그러나 네가 그 의인을 깨우쳐 범죄하지 아니하게 함으로 그가 범죄하지 아니하면 정녕 살리니 이는 깨우침을 받음이며 너도 네 영혼을 보존하리라"(21) 하십니다.

말씀을 맡은 자의 책임

① 패역한 자들에게 전도자가 말해줘야 하는 것이 무엇인가를 주목하시기 바랍니다. 왜냐하면 오늘날 우리가 행하고 있는 방법과 다르기 때문입니다. "너는 꼭 죽으리라"(18)고 말하라 하십니다. 33:8절에서도 "너는 반드시 죽으리라" 하라 하십니다. 그리고 이것은 진실입니다. 그에게 복음을 전해주지 않으면, "너는 꼭, 너는 반드시" 멸망할 자인 것입니다. 그런데 이는 하기 쉬운 말도 듣기 좋은 말도 아닙니다. 그러므로 이렇게 말할 수 있는 자는 이마가 "금강석"(9)같이 굳은 사람만이 할 수 있는 말입니다. 우리는 그들의 마음을 상하게 할까 봐 "좋으신 하나님, 하나님은 당신을 사랑합니다"고 적당히 타협합니다.

② 아닙니다. 하나님께서 "너는 내 입의 말을 듣고 나를 대신하여 그들을 깨우치라"한 말씀은 "너는 꼭 죽으리라"(17-18)는 말임을 명심하십시다. 이렇게 하는 것이 영적인 공격(攻擊)입니다. 패역한 자의 이마와 전도자의 이마가 부딪히는 순간입니다. 그 영혼을 구원하든지 내가 뺨을 맞든지 그 현장에서 결판(決判)

을 내는 것입니다.

③ 그것은 미련한 방법이라고 말할 것입니다. 그런데 이것이 사도행전적인 전도방법이기도 합니다. 사도들이 단시일(短時日) 내에 그토록 넓은 지역에 복음을 편만(遍滿)하게 전파할 수 있었던 것은 도전적인 말을 했기 때문입니다. 전도란 사람의 일도 아니요, 사람의 말로 설득하는 것이 아닙니다. "주의 영" 곧 성령의 역사입니다. 이를 알았기에 사도 바울은 "하나님께서 전도의 미련한 것으로 믿는 자들을 구원하시기를 기뻐하셨도다"(고전 1:21)고 말씀합니다. 왜 복음을 전해주어야 하는가?

㉠ "하나님의 진노가 나타나기"(롬 1:18) 때문입니다. 그러므로 무엇이라 경고해야 하는가?

㉡ "다만 네 고집과 회개하지 아니한 마음을 따라 진노의 날 곧 하나님의 의로우신 심판이 나타나는 그 날에 임할 진노를 네게 쌓는도다"(롬 2:5), 즉 믿지 않으면 "너는 꼭 죽으리라"(18)고 경고해야 할 사명이 전도자들에게 있다는 것입니다.

결판을 내는 전도

① 이렇게 깨우치지 않으면 "그 악인은 그의 죄악 중에서 죽으려니와 내가 그의 피 값을 네 손에서 찾을 것이라"(18하)고 말씀합니다. 이 말씀을 믿고 그대로 준행한 사람이 바울입니다. "그들이 대적하여 비방하거늘 바울이 옷을 떨면서 이르되 너희 피가 너희 머리로 돌아갈 것이요 나는 깨끗하니라 이후에는 이방인에게로 가리라(행 18:6), 오늘 여러분에게 증언하거니와 모든 사람의 피에 대하여 내가 깨끗하니, 이는 내가 꺼리지 않고 하나님의

뜻을 다 여러분에게 전하였음이라"(행 20:25-27)고 말할 수 있었던 것입니다.

② 그런데 더욱 어려운 일이 있습니다. 그것은 "또 의인이 그 의에서 돌이켜 악을 행할 때에는"한 경우입니다. "의인"이란 경건한 자, 예를 들면 왕 · 제사장 · 선지자, 요즘 말로 하면 목사 · 장로 · 노회장 · 총회장이라 할 수 있습니다. 그런데 "그 의에서 돌이키면" 어제의 의가 그를 구원하지 못한다는 것입니다.

역사서를 상고해보면 시작할 때 혹 선했던 "왕 · 제사장 · 선지자"들도 만년에 이르러 "악으로 돌이키는" 경우를 보게 됩니다. 그들을 찾아가서 그의 잘못을 직고(直告)한다는 것은 참으로 어려운 일입니다. 사무엘이 사울 왕에게 "여호와께서 왕을 버려 이스라엘의 왕이 되지 못하게 하셨음이니이다"(삼상 15:26)한 것이나, 나단이 다윗에게 "당신이 그 사람이라"(삼하 12:7)고 직고한 것이 이런 경우입니다.

③ 그런데 오늘의 전도는 어떠합니까? "좋으신 하나님, 하나님은 당신을 사랑하십니다. 오늘 축제가 있으니 꼭 한 번만 와 보시라"고 통 사정합니다. 그들은 아무런 경고를 받은 바도 없고 결단을 해야 할 절박한 문제도 주어지지 않은 것입니다. 이것은 "파수꾼의 사명과 책임"을 올바로 수행하는 일이 아닙니다.

셋째 단원(22–27) 입을 닫고 여시는 하나님

"그러나 내가 너와 말할 때에 네 입을 열리니 너는 그들에게 이르기

를 주 여호와의 말씀이 이러하시다 하라 들을 자는 들을 것이요 듣기 싫은 자는 듣지 아니하리니 그들은 반역하는 족속임이니라"(27).

① 셋째 단원의 중심점은 "선지자의 입을 닫고 여시는 하나님"에 있습니다. 본 단원의 내용은 그 뜻을 분명히 알 수 없어서 해석이 구구합니다. 해석하는 열쇠는 본문에 세 번 등장하는 하나님의 행사를 나타내는 "내가"(22,26,27)에 있다 하겠습니다. 22-27절을 요약하면,

㉠ "들로 나아가라

㉡ 네 집에 들어가 문을 닫으라

㉢ 내가 거기서 너와 말하리라

㉣ 벙어리가 되게 하리라

㉤ 네 입을 열리니" 하는 하나님의 주권적인 행사에 있습니다. 이를 통해서 깨닫게 되는 바가 무엇인가?

② 전도자가 사람들에게 가서 하나님의 말씀을 "대신"(17) 전하기 위해서는 먼저 말씀을 들어야 하는데, "들"에서 "네 집에 들어가 문을 닫으라" 하신 골방에서 들으라는 뜻으로 여겨집니다. 하나님은 모세를 시내 광야에서 이렇게 훈련하셨고, 바울도 회심한 후에 "또 나보다 먼저 사도 된 자들을 만나려고 예루살렘으로 가지 아니하고 아라비아(광야)로 갔다가 다시 다메섹으로 돌아갔노라"(갈 1:17)고 말씀합니다.

③ 에스겔은 하나님께서 "들로 나아가라" 하시면 나갔고, "네 집에 들어가 문을 닫으라" 하시면 그대로 순종했습니다. 이는 주의 종은 온전히 하나님께 매인 자가 되어야 한다는 점입니다. 주님이시라도 "내가 아무것도 스스로 할 수 없노라, 내가 하늘로서

내려온 것은 내 뜻을 행하려 함이 아니요 나를 보내신 이의 뜻을 행하려 함이니라"(요 5:30, 6:38) 하십니다.

④ 그런데 26절에서는 "내가 네 혀를 네 입천장에 붙게 하여 네가 말 못하는 자가 되어 그들을 꾸짖는 자가 되지 못하게 하리니" 즉 입을 닫으리라 하시고, 27절에서는 "그러나 내가 너와 말할 때에 네 입을 열리니" 하심은 무슨 뜻인가? 이는 선지자를 훈련하시는 장면으로 여겨집니다. 하나님의 대언(代言)자는 말씀에 매인 자가 되어야 한다는 점입니다. 벙어리 되게 하실 때에는 벙어리가 되고, 입을 여실 때는 목에 칼이 들어와도 담대히 말해야 한다는 말씀입니다.

⑤ 이점을 주님의 경우에서도 보는 바입니다. "대제사장이 일어나서 예수께 묻되 아무 대답도 없느냐 이 사람들이 너를 치는 증거가 어떠하냐 하되 예수께서 잠잠하시거늘" 하고 벙어리 같이 하셨습니다. 그러나 "네가 하나님의 아들 그리스도인지 우리에게 말하라 예수께서 이르시되 네가 말하였느니라, 이후에 인자가 권능의 우편에 앉은 것과 하늘 구름을 타고 오는 것을 너희가 보리라"(마 26:62,63-64)고 담대히 증언하셨던 것입니다. 이를 알았기에 사도 바울은 "또 나를 위하여 구할 것은 내게 말씀을 주사 나로 입을 열어 복음의 비밀을 담대히 알리게 하옵소서 할 것이니 이 일을 위하여 내가 쇠사슬에 매인 사신이 된 것은 나로 이 일에 당연히 할 말을 담대히 하게 하려 하심이라"(엡 6:19-20) 합니다.

말씀에 매인 자

① "인자야 보라 무리가 네 위에 줄을 놓아 너를 동여매리니 네가 그들 가운데에서 나오지 못할 것이라"(25) 하십니다. 이는 에스겔이 선지자의 사명을 감당하기 위해서 "해를 얼마나 받아야 할 것을"(행 9:16) 말씀함입니다. 이점이 두 번 언급하시는 "그들은 패역한 족속"(26, 27)이라는 말씀에 나타납니다. "너는 그들에게 이르기를 주 여호와의 말씀이 이러하시다 하라 들을 자는 들을 것이요 듣기 싫은 자는 듣지 아니하리니 그들은 반역하는 족속임이니라"(27하) 하십니다.

② 본문의 에스겔은 백부장의 말대로 "가라 하면 가고 오라 하면 오나이다"한 전적으로 복종하는 자로 나타납니다. 이를 대하면서 각성하게 되는 것은 "여호와의 말씀이 이러하시다"고 당연히 전해야 할 말씀은 전하지 않고 혼잡 된 말만 쏟아냄으로, 설교의 공해를 일으키고 있지 않나 자책하게 됩니다. 이것이 "내가 너를 이스라엘의 파수꾼으로 세웠다"는 말씀입니다.

③ 묵상해보겠습니다.

㉠ 패역하고 이마가 굳은 자들이 하나님의 백성들이라는 점에 대해서

㉡ 말씀을 맡은 자의 사명과 책임에 대해서

㉢ 입을 닫고 여시는 하나님에 대해서.

에스겔 4장 개관도표

주제 : 포위당하고 포로 될 행위계시

예루살렘 포위	1-3 1 너 인자야 토판을 가져다가 그것을 네 앞에 놓고 한 성읍 곧 **예루살렘을 그 위에 그리고** 2 **그 성읍을 에워싸되** 그것을 향하여 사다리를 세우고 그것을 향하여 흙으로 언덕을 쌓고 그것을 향하여 진을 치고 그것을 향하여 공성퇴를 둘러 세우고 3 또 철판을 가져다가 너와 성읍 사이에 두어 철벽을 삼고 ① **성을 포위하는 것처럼 에워싸라** 이것이 이스라엘 족속에게 징조가 되리라
죄악을 담당하라	4-8 4 너는 또 왼쪽으로 누워 이스라엘 족속의 죄악을 짊어지되 네가 눕는 날수대로 그 죄악을 담당할지니라 5 내가 그들의 범죄한 햇수대로 네게 날수를 정하였나니 곧 삼백구십 일이니라 너는 이렇게 ② **이스라엘 족속의 죄악을 담당하고** 6 그 수가 차거든 너는 **오른쪽으로 누워 유다 족속의 죄악을 담당하라** 내가 네게 사십 일로 정하였나니 하루가 일 년이니라 7 너는 또 네 얼굴을 에워싸인 예루살렘 쪽으로 향하고 팔을 걷어 올리고 예언하라 8 내가 줄로 너를 동이리니 네가 에워싸는 날이 끝나기까지 몸을 이리 저리 돌리지 못하리라
부정한 떡을 먹으리라	9–17 9 너는 ③ **밀과 보리와 콩과 팥과 조와 귀리를 가져다가 한 그릇에 담고 너를 위하여 떡을 만들어** 네가 옆으로 눕는 날수 곧 삼백구십 일 동안 먹되 10 너는 음식물을 달아서 하루 이십 세겔씩 때를 따라 먹고 11 물도 육분의 일 힌씩 되어서 때를 따라 마시라 12 너는 그것을 보리떡처럼 만들어 먹되 그들의 목전에서 인분 불을 피워 구울지니라 13 또 여호와께서 이르시되 내가 여러 나라들로 쫓아내어 흩어 버릴 이스라엘 자손이 거기서 이같이 부정한 떡을 먹으리라 하시기로 14 내가 말하되 아하 주 여호와여 나는 영혼을 더럽힌 일이 없었나이다 어려서부터 지금까지 스스로 죽은 것이나 짐승에게 찢긴 것을 먹지 아니하였고 가증한 고기를 입에 넣지 아니하였나이다 15 여호와께서 내게 이르시되 보라 쇠똥으로 인분을 대신하기를 허락하노니 너는 그것으로 떡을 구울지니라 16 또 내게 이르시되 인자야 내가 예루살렘에서 의뢰하는 양식을 끊으리니 백성이 근심 중에 떡을 달아 먹고 두려워 떨며 물을 되어 마시다가 17 떡과 물이 부족하여 피차에 두려워 하여 떨며 그 죄악 중에서 쇠패하리라

4장

포위당하고 포로 될 행위계시

[6]그 수가 차거든 너는 오른쪽으로 누워 유다 족속의 죄악을 담당하라 내가 네게 사십 일로 정하였나니 하루가 일 년이니라

4장은 선지자로 세움을 받은 에스겔의 첫 사역입니다. 4장의 중심점은 "예루살렘이 포위당하고 백성들이 포로 될 행위계시"에 있습니다. 이 점에서 주목하게 되는 것은 선지자의 사역이 "말씀"으로 시작하는 것이 아니라, "행위 계시" 즉 행동으로 시작되고 있다는 점입니다. 왜냐하면 우리는 "말만 하고 행하지 아니하며 또 무거운 짐을 묶어 사람의 어깨에 지우되 자기는 이것을 한 손가락으로도 움직이려 하지 아니하는"(마 23:3-4) 경향이 있기 때문입니다. 도표를 보시면 벽돌에 그린 "예루살렘"을 중심으로,

① 예루살렘이 포위당하게 될 것과

② 포로가 될 것과

③ 심한 기근을 당하게 될 것을 행위계시를 통해서 보여주십니다.

지금 바벨론에 사로잡혀 온 자들의 최대의 희망은 예루살렘이 하나님의 능력으로 승리하여 자신들이 신속히 돌아가게 될 것이라는 데 있습니다. 이점이 거짓 선지자 하나냐의 말을 통해서 드러나는데, "만군의 여호와 이스라엘의 하나님이 이같이 말씀하시기를 내가 바벨론 왕의 멍에를 꺾었느니라, 2년 안에 다시

이곳으로 되돌려 오리라"(렘 28:2-3), 즉 돌아오게 할 것이라고 장담했습니다. 그러나 예레미야는 "바벨론에서 70년이 차면 내가 너희를 돌보고, 너희를 이곳으로 돌아오게 하리라"(렘 29:10)고 예언했으니 백성들이 누구의 말을 더욱 좋아했겠습니까? 지금 하나님은 에스겔의 행위계시를 통해서 누구의 말이 옳은지 답변하고 계시는 셈입니다. 에스겔서는 크게 세 부분으로 나누어지는데 첫째 문단(1-24장)에서 죄와 심판을 말씀하시고, 셋째 문단(33-48장)에서 회복을 말씀하신다는 점을 염두에 두시기 바랍니다. 이를 세 단원으로 나누어 상고하겠습니다.

첫째 단원(1–3) **예루살렘이 포위당할 행위계시**

둘째 단원(4–8) **백성들이 포로 될 행위계시**

셋째 단원(9–17) **기근을 당하게 될 행위계시**

첫째 단원(1–3) **예루살렘이 포위당할 행위계시**

"이것이 이스라엘 족속에게 징조가 되리라"(3하).

① 첫째 단원의 중심점은 "예루살렘이 적군에 의하여 포위당할 것에 대한 행위계시"입니다.

㉠ "너 인자야 토판을 가져다가 그것을 네 앞에 놓고 한 성읍 곧 예루살렘을 그 위에 그리고"(1), 즉 넓적한 돌에 예루살렘을 그리라 하십니다.

㉡ "그 성읍을 에워싸되 그것을 향하여 사다리를 세우고 그것을 향하여 흙으로 언덕을 쌓고 그것을 향하여 진을 치고 그것을 향하여 공성퇴를 둘러 세우라"(2) 하십니다. 이는 적군이 난공불락의 예루살렘 성을 포위하고 공격할 것에 대한 모형입니다.

② 그런데 "또 철판(전철)을 가져다가 너와 성읍 사이에 두어 철벽을 삼고 성을 포위하는 것처럼 에워싸라"(3상) 하심은 무슨 뜻인가?

㉠ "철판"은 고기를 굽는 전철과 같은 것인데

㉡ 이 철판을 "너와 (예루살렘)성읍 사이에 두라" 하심은 하나님과의 관계가 어떤 상태에 있는가? 즉 철판으로 가로막히듯 굳게 막혀있음을 나타냅니다. 그래서 "철성(鐵城)을 삼으라" 하시는 것입니다. 성안에 있는 자들은 "누가 내려와서 우리를 치리요 누가 우리의 거처에 들어 오리요 하거니와 (하나님은) 나는 네 대적이라"(렘 21:13)는 두려운 말씀을 하십니다.

㉢ "이것이 이스라엘 족속에게 징조가 되리라"(3하), 이것이 선지자가 행위계시를 통하여 보여준 예루살렘이 포위당할 상징입니다.

둘째 단원(4–8) 백성들이 포로 될 행위계시

"그 수가 차거든 너는 오른쪽으로 누워 유다 족속의 죄악을 담당하라 내가 네게 사십일로 정하였나니 하루가 일년이니라"(6).

① 둘째 단원의 중심점은 백성들이 포로가 될 것에 대한 행위계시입니다.

㉠ "너는 또 왼쪽으로 누워 이스라엘 족속의 죄악을 짊어지되 네가 눕는 날수대로 그 죄악을 담당할지니라"(4) 하십니다. 그러면 얼마 동안을 누워있어야 하는가?

㉡ "내가 그들의 범죄한 햇수대로 네게 날수를 정하였나니 곧 삼백구십일이니라 너는 이렇게 이스라엘 족속의 죄악을 담당하라"(5) 하십니다. 핵심은 "담당"(擔當)하라는 말씀인데 그러니까 선지자에게 백성들이 당할 고난을 행위계시로 보여주라는 뜻입니다.

② "그 수가 차거든 너는 오른쪽으로 누워 유다 족속의 죄악을 담당하라 내가 네게 사십일로 정하였나니 하루가 일년이니라"(6) 하십니다. 이스라엘은 북 왕국을 가리키고, 유다는 남 왕국을 가리키는데 대조가 나타납니다. 이스라엘의 죄악은 좌편으로 눕는 것으로 나타내고, 유다의 죄악은 우편으로 누어 담당하라 하십니다.

③ 그런데 여기 두 가지 난제가 있습니다.

㉠ 첫째는 "하루가 일 년이니라"(6하) 하시니까 범죄한 햇수가 북 왕국은 390년이 되고 남 왕국은 40년이란 것이 되는데, 이 기간이 언제부터 언제까지를 가리키는가 하는 문제와

㉡ 둘째는 "죄를 담당하라"는 말씀이 무엇을 가리키는가 하는 점입니다.

④ 북이스라엘은 여로보암이 다윗 언약을 배반하고 북 왕국을

세워 금송아지 우상을 섬길 때부터 잘못된 나라입니다. 그러므로 "390년"은 그때부터 앗수르에 의하여 심판 당할 때까지의 전 기간을 상징하는 것으로 볼 수 있습니다. 그러면 남쪽 유다는 어찌하여 40일이라 하시는가? 북 왕국은 시작부터 잘못이 되어 선한 왕이 한 사람도 없는 반면, 유다는 악한 왕도 있었지만 메시아언약을 계승한 왕국이기 때문에 북 왕국의 1/10쯤 되는 40년이라 한 것이 아니겠는가? 어떻든 390+40=430년, 애굽에서 종살이를 한 기간(출 12:40)과 일치한다는 점은 참고할만합니다.

그들의 범죄한 햇수대로

① 다음은 "죄악을 담당하라"는 의미인데 행위계시는 이스라엘 백성들이 포로가 될 것의 상징임이 분명합니다. 그런데 어찌하여 선지자에게 네 번이나 "죄악을 담당하라"(4,4,5,6)고 말씀하시는가? 이 점에서 에스겔이 "제사장"(1:3)이라는 점을 유념해야 합니다. 제사장의 임무가 무엇인가? "여호와께서 아론에게 이르시되 너와 네 아들들과 네 조상의 가문은 성소에 대한 죄를 함께 담당할 것이요 너와 네 아들들은 너희의 제사장 직분에 대한 죄를 함께 담당할 것이니라"(민 18:1, 출 28:38)고 말씀하셨습니다.

② 이처럼 죄를 담당한 구약의 제사장들은 "그리스도께서 장래 좋은 일의 대제사장으로 오사, 염소와 송아지의 피로 하지 아니하고 오직 자기의 피로 영원한 속죄를 이루사 단번에"(히 9:11-12) 우리 죄를 담당하실 것에 대한 예표임을 깨닫게 됩니다. 3절에서 "또 철판을 가져다가 너와 성읍 사이에 두어 철벽을 삼

으라" 한 경우는 선지자가 하나님의 대리자(代理者)로 등장하는데, "백성들의 죄를 담당하라"(4,5,6)는 경우에서는 백성들의 죄를 대신(代身)하여 고난 당하실 그리스도를 예표하는 자로 등장한다는 말씀입니다.

③ "너는 또 네 얼굴을 에워싸인 예루살렘 쪽으로 향하고 팔을 걷어 올리고 예언하라, 내가 줄로 너를 동이리니 네가 에워싸는 날이 끝나기까지 몸을 이리저리 돌리지 못하리라"(7-8) 하십니다. 몸을 결박당한 채 움직이지도 못하고 430일을 누워있어야 할 고통을 생각해 보십시오. 여기서 "우리의 질고를 지고 우리의 슬픔을" 대신 당하고 있는 고난의 종의 모습이 더욱 선명하게 부각이 됩니다. 그리고 이 말씀이 우리에게는 말씀을 맡은 자들이란 성도들의 죄악까지를 대신 담당하는 심정으로 임해야 한다는 점을 깨우침을 받습니다. 성경은 말씀합니다. "너희를 인도하는 자들에게 순종하고 복종하라 그들은 너희 영혼을 위하여 경성하기를 자신들이 청산할 자인 것같이 하느니라 그들로 하여금 즐거움으로 이것을 하게 하고 근심으로 하게 하지 말라 그렇지 않으면 너희에게 유익이 없느니라"(히 13:17). 이것이 "백성들이 포로 될 행위계시"입니다.

셋째 단원(9–17) 기근을 당하게 될 행위계시

"또 여호와께서 이르시되 내가 여러 나라들로 쫓아내어 흩어 버릴 이스라엘 자손이 거기서 이같이 부정한 떡을 먹으리라 하시기로"(13).

① 셋째 단원의 중심점은, "포로 된 자들이 당하게 될 기근"에 있습니다.

㉠ "너는 밀과 보리와 콩과 팥과 조와 귀리를 가져다가 한 그릇에 담고 너를 위하여 떡을 만들어 네가 옆으로 눕는 날수 곧 삼백구십 일 동안 먹되"(9) 하십니다. 이는 조잡한 잡곡식인데

㉡ "너는 음식물을 달아서 하루 이십 세겔씩 때를 따라 먹고"(10) 한 것은 그나마 배불리 먹을 수 없는 것을 나타내고

㉢ "눕는 날 수 곧 390일"이란 이스라엘의 죄를 담당하는 날수입니다.

② "물도 육분의 일 힌씩 되어서 때를 따라 마시라"(11) 하십니다. 이는 기근만이 아니라 기갈(飢渴)을 당하게 될 것을 나타내는데 "너는 그것을 보리떡처럼 만들어 먹되 그들의 목전에서 인분 불을 피워 구울지니라"(12) 하십니다. 왜 이렇게 하라 하시는가? "또 여호와께서 이르시되 내가 여러 나라들로 쫓아내어 흩어버릴 이스라엘 자손이 거기서 이같이 부정한 떡을 먹으리라"(13) 하십니다.

③ "내가 말하되 아하 주 여호와여 나는 영혼을 더럽힌 일이 없었나이다 어려서부터 지금까지 스스로 죽은 것이나 짐승에게 찢긴 것을 먹지 아니하였고 가증한 고기를 입에 넣지 아니하였나이다"(14)고 호소합니다. "여호와께서 내게 이르시되 보라 쇠똥으로 인분을 대신하기를 허락하노니 너는 그것으로 떡을 구울지니라"(15) 하십니다.

④ "또 내게 이르시되 인자야 내가 예루살렘에서 의뢰하는 양식을 끊으리니 백성이 근심 중에 떡을 달아 먹고 두려워 떨며 물을 되어 마시다가, 떡과 물이 부족하여 피차에 두려워하여 떨며 그 죄악 중에서 쇠패하리라"(16-17) 하십니다. 이는 포로 된 자들

만이 아니라 예루살렘에 남아있는 자들도 기근과 기갈을 당하게 될 것을 나타냅니다.

⑤ 에스겔 선지자의 첫 사역은 예루살렘이 포위당하게 될 것과 백성들이 포로가 될 것과 기근과 기갈을 당하게 될 것을 행위계시를 통해서 보여주는 일이었습니다. 그것은 백성들이 당할 고난·기근·기갈을 대신 담당하며 맛보는 일이었습니다. 선지자는 말로 한 것이 아니라 행위로 보여주었다는 점을 상기해야만 하겠습니다. 이것이 "예루살렘이 포위당하고 포로 될 행위계시" 입니다. 이제는 형제가 이 사역을 담당해야 할 주의 종임을 명심해야 하겠습니다.

⑥ 묵상해보겠습니다.

㉠ 행위계시를 통해서 보여주신 것이 무엇인가에 대해서
㉡ 선지자에게 백성의 죄를 대신 담당케 하심에 대해서
㉢ 선지자의 사역이 행위로 시작되고 있다는 점에 대해서.

에스겔 5장 개관도표

주제 : 가증한 일로 성소를 더럽힌 죄에 대한 징벌

머리털깎는 상징	1-4 1 너 인자야 너는 날카로운 칼을 가져다가 삭도로 삼아 ① **네 머리털과 수염을 깎아서 저울로 달아 나누어 두라** 2 그 성읍을 에워싸는 날이 차거든 너는 터럭 **삼분의 일은 성읍 안에서 불사르고** **삼분의 일은 성읍 사방에서 칼로 치고 또** **삼분의 일은 바람에 흩으라** 내가 그 뒤를 따라 칼을 빼리라 3 너는 터럭 중에서 ⑤ **조금을 네 옷자락에 싸고** 4 또 그 가운데에서 얼마를 불에 던져 사르라 그 속에서 불이 이스라엘 온 족속에게로 나오리라
이방인보다 악한 선민	5-9 5 주 여호와께서 이와 같이 이르시되 이것이 곧 예루살렘이라 내가 ② **그를 이방인 가운데에 두어 나라들이 둘러 있게 하였거늘** 6 ③ **그가 내 규례를 거슬러서 이방인보다 악을 더 행하며** 내 율례도 그리함이 그를 둘러 있는 나라들보다 더하니 이는 그들이 내 규례를 버리고 내 율례를 행하지 아니하였음이니라 7 그러므로 나 주 여호와가 말하노라 너희 요란함이 너희를 둘러싸고 있는 이방인들보다 더하여 내 율례를 행하지 아니하며 내 규례를 지키지 아니하고 너희를 둘러 있는 이방인들의 규례대로도 행하지 아니하였 느니라 8 그러므로 나 주 여호와가 말하노라 나 곧 내가 너를 치며 이방인의 목전에서 너에게 벌을 내리되 9 네 모든 가증한 일로 말미암아 내가 전무후무하게 네게 내릴지라
기근 온역 흩으심의 징벌	10-17 10 그리한즉 네 가운데에서 아버지가 아들을 잡아먹고 아들이 그 아버지를 잡아먹으리라 내가 벌을 네게 내리고 너희 중에 남은 자를 다 사방에 흩으리라 11 그러므로 나 주 여호와가 말하노라 내가 나의 삶을 두고 맹세하노니 **네가 모든 미운 물건과 모든 가증한 일로 내 성소를 더럽혔은즉** **나도 너를 아끼지 아니하며 긍휼을 베풀지 아니하고 미약하게 하리니** 12 너희 가운데에서 삼분의 일은 전염병으로 죽으며 기근으로 멸망할 것이요 삼분의 일은 너의 사방에서 칼에 엎드러질 것이며 삼분의 일은 내가 사방에 흩어 버리고 또 그 뒤를 따라 가며 칼을 빼리라 13 이와 같이 내 노가 다한즉 그들을 향한 분이 풀려서 내 마음이 가라앉으리라 내 분이 그들에게 다한즉 나 여호와가 열심으로 말한 줄을 그들이 알리라 14 내가 이르되 또 너를 황무하게 하고 ④ **너를 둘러싸고 있는 이방인들 중에서 모든 지나가는** **자의 목전에 모욕 거리가 되게 하리니** 15 내 노와 분과 중한 책망으로 네게 벌을 내린즉 너를 둘러싸고 있는 이방인들에게 네가 수치와 조롱거리 가 되고 두려움과 경고가 되리라 나 여호와의 말이니라 16 내가 멸망하게 하는 기근의 독한 화살을 너희에게 보내되 기근을 더하여 너희가 의뢰하는 양식을 끊을 것이라 17 내가 기근과 사나운 짐승을 너희에게 보내 외롭게 하고 너희 가운데에 전염병과 살륙이 일어나게 하고 또 칼이 너희에게 임하게 하리라 나 여호와의 말이니라

5장

가증한 일로 성소를 더럽힌 죄에 대한 징벌

> [11]그러므로 나 주 여호와가 말하노라 내가 나의 삶을 두고 맹세하노니 네가 모든 미운 물건과 모든 가증한 일로 내 성소를 더럽혔은즉 나도 너를 아끼지 아니하며 긍휼을 베풀지 아니하고 미약하게 하리니

5장의 중심점은 “가증한 일로 성소를 더럽힌 죄에 대한 징벌”에 있습니다. 5장에서 주목해야 할 점은 예루살렘이 이처럼 심판당할 죄가 무엇인가를 비로소 드러내신다는 점입니다. 그것은 “모든 미운 물건과 모든 가증한 일로 성소를 더럽혀(11), 이방인보다 악을 더 행했기”(6) 때문이라 하십니다. “미운 물건, 가증한 일”은 우상숭배를 가리키는데 메시아언약을 우상으로 바꿔치기했

다는 것입니다. 그렇다면 선민에 대한 하나님의 징벌은 사랑하심에 정비례하여 더 중한 심판을 받을 수밖에 없는 것입니다. 도표를 보시면 "성소를 더럽힌 일"을 중심으로,

① "네 머리털과 수염을 깎아서 삼등분하여 불사르고, 칼로 치고, 바람에 흩으라" 하십니다. 이는 4장에서부터 시작된 행위계시의 계속입니다. 예루살렘이 어떤 곳인가?

② "그를 둘러 있는 나라들"(5), 즉 예루살렘을 열방의 중심이 되게 하셨다고 말씀하십니다. 왜냐하면 이것이 메시아 왕국의 모형이기 때문입니다. 그런데

③ "둘러 있는 이방인들에게 도리어 능욕당하게 될 것"이라 하십니다. 그런 중에서도

④ "터럭 조금을 가져 옷자락에 싸라" 하심은 남은 자가 있게 될 것을 나타냅니다. 5장도 죄를 고발하고 내용입니다. 이를 세 단원으로 나누어 상고하겠습니다.

첫째 단원(1–4) **머리털과 수염을 깎는 상징**
둘째 단원(5–9) **이방인보다 더욱 악한 선민**
셋째 단원(10–17) **기근 전염병 흩으심의 징벌**

첫째 단원(1–4) 머리털과 수염을 깎는 상징

"너 인자야 너는 날카로운 칼을 가져다가 삭도로 삼아 네 머리털과 수염을 깎아서 저울로 달아 나누어 두라"(1).

① 첫째 단원의 중심점은, "머리털과 수염을 깎는 행위계시"에 있습니다. 하나님은 에스겔의 머리털과 수염을 깎아서 저울에 달아 삼등분(三等分)하라 명하십니다. 이 행위계시에서도 에스겔은 백성들을 대신(代身)하고 있습니다. 본래 "제사장들은 머리털을 깎아 대머리 같게 하지 말며 자기의 수염 양쪽을 깎지 말라"(레 21:5) 하셨습니다. "머리털과 수염을 미는" 일은 나병 환자에게 하는 규례(레 14:9)입니다.

② 암몬 왕 하눈이 다윗이 보낸 조문객들의 "수염을 깎아"(삼하 10:4) 돌려보낸 사건이 있었는데, 이를 크게 부끄러운 일로 여겨 수염이 자라기까지 성에 들어오지 못하게 하였습니다. 그런데 하나님께서 제사장인 에스겔의 머리털과 수염을 밀라 하심은 "제사장 나라"인 이스라엘을 이방의 수치와 조롱거리가 되게 하실 것에 대한 상징이었던 것입니다. "저울에 달라" 하심은 이 예언의 진실성과 정확성을 나타냅니다. 이와 결부하여 기억해야 할 점은 우리 죄로 말미암아 "나를 때리는 자들에게 내 등을 맡기며 나의 수염을 뽑는 자들에게 나의 뺨을 맡기며 모욕과 침 뱉음을 당하여도 내 얼굴을 가리지 아니하였느니라"(사 50:6) 한 그리스도의 수난을 생각하게 합니다.

③ "그 성읍을 에워싸는 날이 차거든 너는 터럭 삼분의 일은 성읍 안에서 불사르고 삼분의 일은 성읍 사방에서 칼로 치고 또 삼분의 일은 바람에 흩으라 내가 그 뒤를 따라 칼을 빼리라"(2) 하십니다. 이에 대한 해설이 셋째 단원에 있는데, 삼분의 일은 "성읍 안에서" 죽고, 삼분의 일은 "성읍 사방에서 적의 칼에 죽고", 즉 도망가다가 죽게 되고 삼분의 일은 "바람에 흩으라", 즉

사로잡혀가게 될 것을 나타냅니다.

④ 그런데

㉠ "너는 터럭 중에서 조금을 네 옷자락에 싸라"(3) 하심은 남은 자가 있을 것을 나타냅니다. 다음 장에서도 "이방 중에 남아있는 자가 있게 할지라"(6:8) 하십니다.

㉡ 그런데 "조금"이라 하십니다. 그리고 "또 그 가운데에서 얼마를 불에 던져 사르라"(4) 하심은 "남은 자" 중에서도 또 추리시겠다는 뜻이 됩니다.

이점을 이사야 선지자는 "여호와께서 사람들을 멀리 옮기셔서 이 땅 가운데 황폐한 곳이 많을 때까지니라, 그 중에 십 분의 일이 아직 남아있을지라도 이것도 황폐하게 될 것이나 밤나무와 상수리나무가 베임을 당하여도 그 그루터기는 남아있는 것같이 거룩한 씨가 이 땅의 그루터기니라"(사 6:12-13)고 예언합니다. "남은 자"의 교리가 신약에 이르러서도, "이제도 은혜로 택하심을 따라 남은 자가 있느니라"(롬 11:5) 합니다. 이것이 "머리털과 수염을 깎는 상징"의 의미입니다.

둘째 단원(5–9) **이방인보다 더욱 악한 선민**

"그가 내 규례를 거슬러서 이방인보다 악을 더 행하며 내 율례도 그리함이 그를 둘러 있는 나라들보다 더하니 이는 그들이 내 규례를 버리고 내 율례를 행하지 아니하였음이니라"(6).

① 둘째 단원의 중심점은 "이방인보다 더욱 악한 선민"에 있습니다. 그러면 어떤 면에서 이방인보다 더욱 악한가 하는 점입니

다. 둘째 단원은

㉠ "주 여호와께서 이와 같이 이르시되"(5상) 하고 시작되는데 "행위계시"로 보여주시던 하나님은 이제 "말씀"(7,8,11)을 통해서 대언(代言)하게 하십니다.

㉡ "내가 그를 이방인 가운데에 두어 나라들이 둘러있게 하였거늘"(5) 하십니다. 이는 열방이 부러워하고 흠모할 중심으로 삼으셨다는 말씀입니다.

② 이점에 대해서 모세는 진술하기를 "너는 여호와 네 하나님의 성민이라 네 하나님 여호와께서 지상 만민 중에서 너를 자기 기업의 백성으로 택하셨나니 여호와께서 너희를 기뻐하시고 너희를 택하심은 너희가 다른 민족보다 수효가 많기 때문이 아니니라 너희는 오히려 모든 민족 중에 가장 적으니라 여호와께서 다만 너희를 사랑하심으로 말미암아 또는 너희의 조상들에게 하신 맹세를 지키려 하심으로 말미암아"(신 7:6-8)라고 말씀합니다.

③ "열방으로 둘러있게 했다"는 말씀은 신약교회에도 적용되는데, 주님은 "너희는 세상의 빛이라 산 위에 있는 동네가 숨겨지지 못할 것이요 사람이 등불을 켜서 말 아래에 두지 아니하고 등경 위에 두나니 이러므로 집안 모든 사람에게 비치느니라"(마 5:14-15) 하십니다. "산 위에 있는 동네, 등경 위에 두나니"한 말씀을 유념해야 합니다. 그리스도인들이란 모든 불신자들이 주목하고 우러러보게 되는 등불과 같다는 말씀입니다. 그러니까 태양을 중심으로 태양계가 회전하듯 세계의 중심이 교회라는 뜻입니다.

④ 그런데 "그가 내 규례를 거슬러서 이방인보다 악을 더 행하며 내 율례도 그리함이 그를 둘러있는 나라들보다 더하니 이는

그들이 내 규례를 버리고 내 율례를 행하지 아니하였음이니라"(6) 하십니다. "규례(規例)와 율례(律例)"라는 말을 세 번(6,6,7) 반복적으로 강조하고 있는데 이를 엄격히 구별하기는 어렵지만 이를 분별해야 구약교회의 심판을 예표로 하여 현대교회의 바라볼 수 있습니다.

㉠ "규례(規例)"가 대인관계에서 지켜야 할 윤리라면

㉡ "율례(律例)"는 하나님과의 관계에서 지켜야 할 제사제도라 할 수 있습니다.

신구약을 막론하고 성경은 두 관계성으로 되어있는데, 그것은 "하나님 사랑과 이웃 사랑"입니다. 하나님과의 바른 관계가 깨어지게 되면 이웃과의 관계도 잘못되게 마련입니다.

⑤ "내 율례를 행하지 아니하고" 도리어 "네 모든 가증한 일"(9,11)을 행했다는 것이 무엇을 의미하는가? 여기서 말씀하는 "가증한 일"은 우상숭배입니다. 즉 메시아언약을 우상으로 바꿔치기한 것을 가리킵니다. 예루살렘이 "전무후무"(9) 한 심판을 당하게 된 근본 원인이 윤리적인 문제보다 메시아언약을 "가증한 일로", 즉 우상으로 바꿔치기했기 때문임을 명심해야 합니다. 왜냐하면 이것이 그의 나라와 그의 의보다 축복이나 만사형통을 선호하는 현대교회의 병폐이기 때문입니다. 하나님은 그리스도를 통해서 "천하만민이 복을 얻으리라"고 "복"을 주시려는데, 그들은 우상을 통해서 복을 받으려 했던 것입니다.

규례와 율례를 행치 아니함

① 이점이 "너희를 둘러있는 이방인들의 규례대로도 행하지 아

니하였느니라"(7하)는 말씀에 나타납니다. 어찌하여 이방인과 결부해서는 "율례"는 빼고 "규례"만 말씀하는가? 이방인 즉 불신자들에게도 이웃과의 관계에서 지켜야 할 "윤리"는 있습니다. 그러나 하나님과 바른 관계를 유지할 "규례" 즉 메시아언약(제사제도)은 없기 때문입니다.

② 그런데 선민 이스라엘은 "이방인보다 더 악하여 이방인의 규례대로도 행하지 아니하였느니라", 즉 이방인의 윤리 수준에도 미치지 못하고 있다는 말씀입니다. 그 원인이 어디에 있는가? 하나님과의 관계가 잘못되었기 때문입니다. 바울은 고린도 교회를 향해서 "그런 음행은 이방인 중에서도 없는 것이라"(고전 5:1)고 이방인보다도 더욱 타락했음을 책망하고 있는데, 고린도 교회가 그처럼 타락한 원인이 어디에 있는가? 바울이 전해준 복음을 망각하고 거짓 선생들의 가르침을 좇았기 때문입니다.

③ "그러므로 나 주 여호와가 말하노라 나 곧 내가 너를 치며 이방인의 목전에서 너에게 벌을 내리되, 네 모든 가증한 일로 말미암아 내가 전무후무하게 네게 내릴지라"(8-9) 하십니다. 다시 강조합니다만 "전무후무"한 징벌을 당하게 된 주원인(主原因)이 "가증한 일", 즉 아브라함과 다윗에게 세워주신 메시아언약을 망각하고 우상을 숭배했기 때문인 것입니다.

④ 그리고 "그들에게 일어난 이런 일은 본보기가 되고 또한 말세를 만난 우리를 깨우치기 위하여 기록되었느니라"(고전 10:11)고 말씀하는데, 이 거울에 비춰진 현대교회의 모습은 어떠한가? 우리는 하나님의 아들이 인간의 몸을 입고 오셔서 죽으시고 다시 사심으로 이루어 놓으신 복음을 보수하고 있는가? 자랑하고 있는

가? 그리하여 윤리적으로 세상의 빛과 소금의 역할을 감당하고 있다고 말할 수 있는가? 이것이 "이방인보다 더욱 악한 선민"입니다.

셋째 단원(10–17) 기근 전염병 흩으심의 징벌

"내가 기근과 사나운 짐승을 너희에게 보내 외롭게 하고 너희 가운데에 전염병과 살륙이 일어나게 하고 또 칼이 너희에게 임하게 하리라 나 여호와의 말이니라"(17).

① 셋째 단원은 첫째 단원에 대한 해설입니다. 중심점은 "기근 · 전염병 · 흩으심의 징벌"을 당하게 되리라는 데 있습니다. 하나님은 에스겔에게 머리털과 수염을 깎아서 저울에 달아 삼등분하라 명하셨는데(1-2),

㉠ "너희 가운데에서 삼분의 일은 전염병으로 죽으며 기근으로 멸망할 것이요

㉡ 삼분의 일은 너의 사방에서 칼에 엎드러질 것이며

㉢ 삼분의 일은 내가 사방에 흩어 버리고 또 그 뒤를 따라가며 칼을 빼리라"(12) 하십니다.

② 어찌하여 이런 징벌을 당하게 되는가? 11절을 주목하시기 바랍니다. "그러므로 나 주 여호와가 말하노라 내가 나의 삶을 두고 맹세하노니 네가 모든 미운 물건과 모든 가증한 일로 내 성소를 더럽혔은즉 나도 너를 아끼지 아니하며 긍휼을 베풀지 아니하고 미약하게 하리니"하고 그 원인을 말씀합니다. 므낫세는 "여호와의 성전에 제단들을 쌓고 또 여호와의 성전 두 마당에 하늘

의 일월성신을 위하여 제단들을 쌓고 또 자기의 아들을 불 가운데로 지나게 하는"(왕하 21:4-6) 가증한 일을 저질렀던 것입니다. 이것이 "미운 물건과 모든 가증한 일로 내 성소를 더럽혔다"는 뜻입니다. "성소 · 제사장 · 제물" 등은 모두가 그리스도께서 이루실 구속사역에 대한 일면을 예표하고 있습니다. 이를 더럽게 여겼다면 심판 외에 달리는 소망이 없는 것입니다.

③ 이런 말씀을 대하면서 심중에 생각하기를 우리는 우상을 숭배하지 않노라고 무관한 것으로 여깁니다. 왜냐하면 예배당 내에 우상도 없고 우상 앞에 절하지도 않았기 때문입니다. 그러나 구약시대의 우상은 "형상"으로 나타나지만 신약시대의 우상은 "마음"에 있음을 명심해야 합니다. 바울은 골로새 성도들에게 "탐심은 우상숭배니라 이것들을 말미암아 하나님의 진노가 임하느니라"(골 3:5-6)고 말씀합니다. 14:3절을 보십시오. 마음을 감찰하시는 하나님은 장로들을 향해서 "자기 우상을 마음에 들인" 자들이라 하십니다.

④ "그리한즉 네 가운데에서 아버지가 아들을 잡아먹고 아들이 그 아버지를 잡아먹으리라 내가 벌을 네게 내리고 너희 중에 남은 자를 다 사방에 흩으리라"(10) 하십니다. 이런 경고는 이미 모세를 통하여(신 28:53,64) 하신 바요, 예레미야 선지자를 통해서도 경고(렘 19:9)하신 바입니다. 이처럼 메시아언약을 배척함은 치명적인 범죄요, 자기 자식의 고기를 먹으리라 하신 인간이 상상할 수 있는 극한적(極限的)인 징벌인 것입니다.

⑤ "이와 같이 내 노가 다한즉 그들을 향한 분이 풀려서 내 마음이 가라앉으리라 내 분이 그들에게 다한즉 나 여호와가 열심으

로 말한 줄을 그들이 알리라"(13) 하십니다. "그들을 향한 분이라" 하심을 의아하게 생각할 수도 있습니다. 그것은 앞에서 말씀한 "가증한 일"에 대한 인식부족 때문입니다. 하나님이 이루어나 가시는 것이 무엇인가? "하나님의 사랑이 우리에게 이렇게 나타난 바 되었으니 하나님이 자기의 독생자를 세상에 보내심은 그로 말미암아 우리를 살리려"(요일 4:9)는 것입니다. 그런데 복음을 우상으로 바꿔치기하다니! 그러므로 "분이 풀려서 내 마음이 시원하리라" 하심은 그만큼 우리를 사랑하신다는 다른 표현인 것입니다.

⑥ "나 여호와가 열심으로 말한 줄을 그들이 알리라"(13하) 하시는데 하나님을 아는 데는 두 가지 방도를 통해서 뿐입니다. 하나는 임마누엘 하신 그리스도, 곧 복음을 통해서입니다. 그런데 복음을 배척하는 자들에게는 어떻게 알리시는가? 그 방도가 "심판"입니다. 이것이 "가증한 일로 성소를 더럽힌 죄에 대한 징벌"입니다.

⑦ 묵상해보겠습니다.

㉠ 머리털과 수염을 깎는 상징에 함의된 의미에 대해서

㉡ 이방인보다 더욱 악하다는 규례와 율례의 분별에 대해서

㉢ 이런 징벌을 당하게 되는 근본원인에 대해서.

에스겔 6장 개관도표
주제 : 하나님을 알게 하시려는 징벌

우상을 훼파하리라	1-7 1 여호와의 말씀이 내게 임하여 이르시되 2 인자야 너는 이스라엘 산을 향하여 그들에게 예언하여 3 이르기를 이스라엘 산들아 주 여호와의 말씀을 들으라 주 여호와께서 산과 언덕과 시내와 골짜기를 향하여 이같이 말씀하시기를 나 곧 내가 칼이 너희에게 임하게 하여 너희 산당을 멸하리니 4 ② **너희 제단들이 황폐하고 분향제단들이 깨뜨려질 것이며** 너희가 죽임을 당하여 너희 우상 앞에 엎드러지게 할 것이라 5 이스라엘 자손의 시체를 그 우상 앞에 두며 너희 해골을 너희 제단 사방에 흩으리라 6 내가 너희가 거주하는 모든 성읍이 사막이 되게 하며 산당을 황폐하게 하리니 이는 너희 제단이 깨어지고 황폐하며 너희 우상들이 깨어져 없어지며 너희 분향제단들이 찍히며 너희가 만든 것이 폐하여지며 7 또 너희가 죽임을 당하여 엎드러지게 하여 내가 여호와인 줄을 너희가 알게 하려 함이라
남은 자가 있게 하리라	8-10 8 그러나 너희가 여러 나라에 흩어질 때에 내가 너희 중에서 칼을 피하여 이방인들 중에 ④ **살아 남은 자가 있게 할지라** 9 너희 중에서 살아 남은 자가 사로잡혀 이방인들 중에 있어서 나를 기억하되 그들이 음란한 마음으로 나를 떠나고 음란한 눈으로 우상을 섬겨 나를 근심하게 한 것을 기억하고 스스로 한탄하리니 이는 그 모든 가증한 일로 악을 행하였음이라 10 그 때에야 그들이 **나를 여호와인 줄 알리라** 내가 이런 재앙을 그들에게 내리겠다 한 말이 헛되지 아니하니라
칼 기근 온역으로 심판	11-14 11 주 여호와께서 이같이 이르시되 너는 손뼉을 치고 발을 구르며 말할지어다 오호라 이스라엘 족속 이 ① **모든 가증한 악을 행하므로** 마침내 칼과 기근과 전염병에 망하되 12 ③ **먼 데 있는 자는 전염병에 죽고 가까운 데 있는 자는 칼에 엎드러지고** 남아 있어 에워싸인 자는 **기근에 죽으리라 이같이 내 진노를 그들에게 이룬즉** 13 그 죽임 당한 시체들이 그 우상들 사이에, 제단 사방에, 각 높은 고개 위에, 모든 산 꼭대기에, 모든 푸른 나무 아래에, 무성한 상수리나무 아래 곧 그 우상에게 분향하던 곳에 있으리니 내가 여호와인 줄을 너희가 알리라 14 내가 내 손을 그들의 위에 펴서 그가 사는 온 땅 곧 광야에서부터 디블라까지 황량하고 황폐하게 하리니 내가 여호와인 줄을 그들이 알리라

6장

하나님을 알게 하시려는 징벌

[7]또 너희가 죽임을 당하여 엎드러지게 하여 내가 여호와인 줄을 너희가 알게 하려 함이라

6장의 중심점은 "나를 여호와인 줄 알게 하려 함이라"에 있습니다. 이 말씀이 네 번 강조되어 있습니다. 에스겔서 전체로는 "여호와인 줄 알리라"는 말씀이 70회 정도 나옵니다. 이를 여호와 "인지 공식어구"라 말합니다. 본문에는 "우상 · 산당 · 제단 · 분향제단" 등 우상숭배와 관련된 말이 열세 번이나 나옵니다. 우상은 파하고 숭배하던 자들은 심판하시겠다는 것이 6장의 내용입니다. 도표를 보시면 "나를 여호와인 줄 알리라"는 말씀을 중심으로,

① 심판당할 근본원인이 "가증한 악" 때문임을 말씀하면서

② "제단, 분향제단들이 깨뜨려지리라" 하고

③ 먼데 있는 자, 가까이 있는 자, 남아 있는 자, 세 부분으로 징벌하시겠다 말씀합니다.

④ 그런 중에서도 "남은 자가 있게 할지라" 하십니다.

이제 5장에서 말씀한 "내 규례를 버리고 내 율례를 행하지 아니하였음이니라"(5:6)는 뜻이 무엇을 의미하는지 밝히 드러납니다. 메시아언약을 보수하고 있는 자들이 우상숭배를 할 수 있단 말인가? 그러므로 내용은 우상숭배의 척결이지만 핵심은 "나를 여호와인 줄 알게 하려 함이니라"에 있습니다.

성경은 궁극적으로 하나님을 알게 하시려는 자기계시입니다. 그런데 여호와인 줄 아는 방도는 "메시아언약"을 통해서 뿐이라는 진리입니다. 복음을 믿지 않고 배척하는 자들에게는 어떻게 알게 하신단 말인가? 그 방편이 심판입니다. "때에 사람의 말이 진실로 의인에게 갚음이 있고 진실로 땅에서 판단하시는 하나님이 계시다 하리로다"(시 58:11)고 말씀합니다. 이를 세 단원으로 나누어 상고하겠습니다.

첫째 단원(1–7) **산당 · 제단 · 분향제단들이 깨뜨려지리라**
둘째 단원(8–10) **그러나 남은 자가 있게 하리라**
셋째 단원(11–14) **칼과 기근과 전염병으로 망하리라**

첫째 단원(1–7) 산당 · 제단 · 분향제단들이 깨뜨려지리라

"너희 제단들이 황폐하고 분향제단들이 깨뜨려질 것이며 너희가 죽임을 당하여 너희 우상 앞에 엎드러지게 할 것이라"(4).

① 첫째 단원의 중심점은 "산당 · 제단 · 분향제단들이 깨뜨려지리라"는데 있습니다.

㉠ "여호와의 말씀이 내게 임하여 이르시되, 인자야 너는 이스라엘 산을 향하여 그들에게 예언하여 이르기를 이스라엘 산들아 주 여호와의 말씀을 들으라 주 여호와께서 산과 언덕과 시내와 골짜기를 향하여 이같이 말씀하시기를 나 곧 내가 칼이 너희에게 임하게 하여 너희 산당을 멸하리니"(1-3) 하십니다.

㉡ 어찌하여 "산을 향하여 예언하라" 하시는가? 이는 "너희 산당을 멸하리라" 하심에 나타나듯이 "산"들이 우상숭배의 본거지(13)였기 때문입니다.

② 어찌하여 하나님의 백성들이 우상숭배에 빠지게 되는가? 그것은 분명합니다. "언약"(복음)을 망각한 기복신앙 때문입니다. 그들은 말합니다. "우리와 우리 선조와 우리 왕들과 우리 고관들이 유다 성읍들과 예루살렘 거리에서 하던 대로 하늘의 여왕에게 분향하고 그 앞에 전제를 드리리라 그때에는 우리가 먹을 것이 풍부하며 복을 받고 재앙을 당하지 아니하였더니 우리가 하늘 여왕에게 분향하고 그 앞에 전제 드리던 것을 폐한 후부터는 모든 것이 궁핍하고 칼과 기근에 멸망을 당하였느니라"(렘 44:17-18).

③ 여기서 주목하게 되는 것은 "너희 산당을 멸하리니" 하신 산당(山堂)"입니다. 6절에서도 "산당으로 황폐하게 하리니" 하십니다. "산당"이란 우상의 제단을 가리키는 말인데 이스라엘 백성들이 산당에서 제사를 드리게 된 역사적인 배경(背景)을 보면 블레셋에게 빼앗겼던 하나님의 법궤가 돌아와서 기럇여아림에 있는 아비나답의 집에 있을 때부터입니다. 다윗이 "우리가 우리 하나

님의 궤를 우리에게로 옮겨오자 사울 때에는 우리가 궤 앞에서 묻지 아니하였느니라"(대상 13:3) 한 것을 보면, 사울이 왕으로 있던 40년간은 언약궤가 망각상태에 있었음을 알게 됩니다. 이 시기에 백성들이 기복을 위해서 산당제사를 행한 것으로 여겨집니다. 그러므로 다윗이 왕으로 있던 기간에는 "산당 제사"의 기사가 전혀 나타나고 있지 아니함을 보게 됩니다.

우상숭배의 온상이 된 산당

① 다윗이 죽은 후로 메시아언약의 빛이 희미해지자 산당제사가 다시 고개를 든 것으로 여겨지는데 솔로몬이 일천 번제를 드린 곳도 산당입니다. "그때까지 여호와의 이름을 위하여 성전을 아직 건축하지 아니하였으므로 백성들이 산당에서 제사했다"(왕상 3:2) 합니다. 이점을 구속사라는 맥락에서 볼 때 이는 어디까지나 과도기적으로 하나님께서 용인하셨을 뿐이지 정도(正道)는 아니라는 점입니다.

② 모세는 죽기 전에 행한 설교에서 "유월절 제사를 네 하나님 여호와께서 네게 주신 각 성에서 드리지 말고 오직 네 하나님 여호와께서 자기의 이름을 두시려고 택하신 한 곳"(신 16:5-6, 12:11)에서 드리라고 명합니다. 왜냐하면 그 "한 곳"이 바로 하나님께서 아브라함에게 이삭을 번제로 드리라고 지시하신 곳이요, 다윗이 준비해 놓은 오르난의 타작마당이요, 그리하여 솔로몬이 그 터에 성전을 세운 곳이요(대하 3:1), 곧 그리스도께서 단번에 이루실 구속에 대한 예표이기 때문입니다.

③ 역사서는 여호와 보시기에 정직히 행한 왕들이라도, "오직 산당을 제하지 아니하였다"(왕하 12:3, 14:4, 15:4,35)는 말을 반복적으로 말씀하고 있습니다. 그러다가 히스기야 왕 때에 이르러서야 "여러 산당을 제하며 주상을 깨뜨리며 아세라 목상을 찍으며 모세가 만들었던 놋뱀을 이스라엘 자손이 이때까지 향하여 분향하므로 그것을 부셔버리는"(왕하 18:4) 것을 보게 됩니다. 그런데 그의 아들 므낫세가 "그 부친 히스기야의 헐어버린 산당(山堂)을 다시 세웠던"(왕하 21:3) 것입니다. 이를 요시야 왕이 "옛적에 유다 왕들이 세워서 유다 모든 고을과 예루살렘 사면 산당에서 분향하며 우상을 섬기게 한 제사장들을 폐하고, 산당의 제사장들은 예루살렘 여호와의 단에 올라가지 못하게"(왕하 23:5,9) 했던 것입니다.

오늘의 산당은 무엇인가?

① 모세가 만든 "놋 뱀"이 우상으로 둔갑하듯 하나님께서 과도기적으로 용인하셨던 산당도 우상의 본거지가 되고 말았던 것입니다. 이 점에서 유념해야 할 점은 구약교회는 우상숭배를 하면서 동시에 하나님께 제물도 부지런히 드렸다는 점입니다. 이점을 23:39절에서는 "그들이 자녀를 죽여 그 우상에게 드린 그 날에 내 성소에 들어와서 더럽혔다"고 말씀합니다. 그러니까 성전에서 번제도 드리고, 산당에 가서 우상을 숭배하는 일도 했던 것입니다. 한마디로 혼합종교(混合宗教)가 되었다(왕하 17:33)는 말씀입니다. 그 원인이 어디에 있는가? 메시아언약을 망각하게 되면 자

기중심적인 기복신앙에 빠져서 혼합종교가 되고 마는 것입니다. 이점이 현대교회가 명심해야 할 점입니다.

② "내가 너희가 거주하는 모든 성읍이 사막이 되게 하며 산당을 황폐하게 하리니 이는 너희 제단이 깨어지고 황폐하며 너희 우상들이 깨어져 없어지며 너희 분향제단들이 찍히며 너희가 만든 것이 폐하여지며"(6) 하십니다. 6절 안에는 "산당 · 제단 · 우상 · 분향제단"이 있습니다. 이를 다 깨뜨리시겠다는 것입니다. 그리고 "또 너희가 죽임을 당하여 엎드러지게 하여 내가 여호와인 줄을 너희가 알게 하려 함이라"(7) 하십니다. 우상은 깨뜨리고 섬기던 자들은 살육을 당하여 해골이 너희 제단 사방에 흩어지리라 하십니다.

③ 첫째 단원의 결론은 무엇인가? "내가 여호와인 줄을 너희가 알게 하려 함이라"(7하)에 있습니다. 이점에 있어서 설명이 필요합니다. 어찌하여 "하나님인 줄 알게 하려 함"이라 하지 않고 "여호와"라 하시는가? 모세가 하나님께 "너희 조상의 하나님이 나를 보내셨다 하면 그의 이름이 무엇이냐"라고 물으면 무엇이라 말하리이까 하고 물었을 때, 그때 하신 말씀이 "아브라함의 하나님, 이삭의 하나님, 야곱의 하나님 여호와라 하라"(출 3:13-15) 하셨습니다. 그러므로 "여호와"는 "언약"과 결부된 언약 백성들에게 하사하신 칭호입니다.

④ 이런 맥락에서 "여호와인 줄 알게 하려 함이라"는 말씀은, "메시아언약을 알게 하려 함"이란 뜻과 맥을 같이 하는 것입니다. 창세기 15:6절에 "아브람이 <여호와를 믿으니> 여호와께서 이를 그의 의로 여기시고" 합니다. 이는 아브라함이 메시아언

약을 믿었다는 뜻입니다. 그래서 바울은 "아브라함에게 복음을 전했다"(갈 3:8)고 말씀하는 것입니다.

⑤ 본 단원이 현대교회에 하시는 경고가 무엇인가? 앞에서 언급한 "산당예배"의 잘못을 통해서 오늘의 예배가 혼합종교화 되어가고 있지 아니한가 하는 각성입니다. 우리는 열심히 하나님께 예배를 드립니다. 그래서 모든 것이 정상적(正常的)이고 잘 되어 가는 것으로 착각하게 됩니다. 우리가 드리는 예배 즉 찬양 · 기도 · 헌금 · 설교 등에는 순수한 복음진리에 근거한 것이 아닌 혼합종교화 한 부분이 많이 있음을 부인하지는 못할 것입니다. 형제에게는 "산당"이 없습니까?

둘째 단원(8–10) **그러나 남은 자가 있게 하리라**

"그러나 너희가 여러 나라에 흩어질 때에 내가 너희 중에서 칼을 피하여 이방인들 중에 살아남은 자가 있게 할지라"(8).

① 둘째 단원의 중심점은, "그러나 남은 자가 있게 하리라"에 있습니다. "여러 나라에 흩어질 때에, 이방 중에 살아남은 자가 있게 하겠다"고 말씀합니다. 왜 그렇게 하시는가? 본 단원은 "그러나"(8상) 하고 시작이 됩니다. 그러나 진멸치는 아니하리라는 말씀입니다. 솔로몬의 우상숭배로 말미암아 나라를 빼앗으실 때에도 "그러나, 나의 종 다윗과 나의 뺀 예루살렘을 위하여 한 지파"(왕상 11:12-13)를 남겨주시겠다고 말씀합니다. 왜냐하면 다윗에게 세워주신 메시아언약과 "나의 뺀 예루살렘", 즉 하나님의

이름과 영광을 위해서 구속사역을 포기하실 수 없기 때문입니다.

② "너희 중에서 살아남은 자가 사로잡혀 이방인들 중에 있어서 나를 기억하되"(9상) 하십니다. 포로로 사로잡혀가서는 무엇을 기억한단 말인가? 형제는 시험을 당할 때 무엇을 기억하십니까? 하나님 언약의 말씀을 기억하게 되는 것입니다. 이를 망각하고 "그들이 음란한 마음으로 나를 떠나고 음란한 눈으로 우상을 섬겨 나를 근심하게 한 것을 기억하고 스스로 한탄하리니 이는 그 모든 가증한 일로 악을 행하였음이라"(9하) 하십니다. 우상숭배를 행하여 하나님을 근심케 한 일을 가슴을 치며 회개하게 되리라는 말씀입니다. 모두가 그렇게 된다는 것이 아닙니다. "남은 자"만이 한탄하면서 돌아오게 되리라는 말씀입니다.

③ 다니엘 9장에 그 장면이 나오는데, "내가 금식하며 베옷을 입고 재를 덮어쓰고 주 하나님께 기도하며 간구하기를 결심하고 내 하나님 여호와께 기도하며 자복하여 이르기를 크시고 두려워할 주 하나님, 주를 사랑하고 주의 계명을 지키는 자를 위하여 언약을 지키시고 그에게 인자를 베푸시는 자시여 우리는 이미 범죄하여 패역하며 행악하며 반역하여 주의 법도와 규례를 떠났사오며"(단 9:3-5)라고 참회합니다. 하나님은 말씀하십니다. "내가 여호와인 줄 아는 마음을 그들에게 주어서 그들이 전심으로 내게 돌아오게 하리니 그들은 내 백성이 되겠고 나는 그들의 하나님이 되리라"(렘 24:7).

④ "그때에야 그들이 나를 여호와인 줄 알리라 내가 이런 재앙을 그들에게 내리겠다 한 말이 헛되지 아니하니라"(10) 하십니다. "헛되지 아니하리라", 즉 징벌한 것이 헛수고가 되지 않게 된다

는 뜻입니다. 징계의 목적이 여기에 있는 것입니다. 본 단원의 결론도 "그들이 나를 여호와인 줄 알리라"는 말씀임을 주목하시기 바랍니다. 인간이 얼마나 거짓된가를 보십시오.

㉠ 징벌당해야 비로소 깨닫는다는 점입니다. 그런데 이런 사람도 소수요
㉡ 대부분은 징벌을 당하면서도 회개할 줄을 모른다는 점입니다.

이를 알았기에 다윗은 "너희는 무지한 말이나 노새같이 되지 말지어다 그것들은 재갈과 굴레로 단속하지 아니하면 너희에게 가까이 가지 아니하리로다"(시 32:9)고 경계합니다.

셋째 단원(11–14) **칼과 기근과 전염병으로 망하리라**

"주 여호와께서 이같이 이르시되 너는 손뼉을 치고 발을 구르며 말할지어다 오호라 이스라엘 족속이 모든 가증한 악을 행하므로 마침내 칼과 기근과 전염병에 망하되"(11).

① 셋째 단원은 첫째 단원의 상론이라 할 수 있는데, 중심점은 "칼과 기근과 전염병으로 망하리라"는데 있습니다. 근본원인이 무엇인가? 변함없이 "모든 가증한 일" 때문입니다. 하나님은 에스겔에게,

㉠ "손뼉을 치고 발을 구르며 말할지어다" 하십니다. 이는
㉡ "오호라 이스라엘 족속"이라 말씀함과 같이 그들에게 임할 참혹한 환란 때문입니다.

얼마나 이마가 굳고 마음이 강퍅했으면 손뼉을 치고 발을 구르며 말하라 하시겠는가? 형제도 "손뼉을 치고 발을 구르며" 설교하고 싶은 그런 답답하고 안타까운 심정이었겠지요?

② "오호라 이스라엘 족속이 모든 가증한 악을 행하므로 마침내 칼과 기근과 전염병에 망하되"(11하) 하십니다.

㉠ "먼데 있는 자는 전염병에 죽고"

㉡ "가까운데 있는 자는 칼에 엎드러지고"

㉢ "남아있어 에워싸인 자는 기근에 죽으리라"(12) 하십니다.

5:2, 12절에서도 1/3씩 세 부분으로 말씀하셨는데 이는 심판의 확실성을 나타냅니다. 그래도 거짓 선지자들은 "그들이 내 백성의 상처를 심상히 고쳐주며 말하기를 평강하다, 평강하다"(렘 6:14)라고 말했던 것입니다.

③ "이같이 내 진노를 그들에게 이룬즉 그 죽임 당한 시체들이 그 우상들 사이에, 제단 사방에, 각 높은 고개 위에, 모든 산꼭대기에, 모든 푸른 나무 아래에, 무성한 상수리나무 아래 곧 그 우상에게 분향하던 곳에 있으리니 내가 여호와인 줄을 너희가 알리라"(12하-13) 하십니다. 셋째 단원의 결론도 "너희가 나를 여호와인 줄 알리라"는 말씀임을 명심하시기 바랍니다.

④ 이는 무엇을 말씀해주고 있는가? 설교란 다름이 아니라 하나님을 알게 하는, 즉 "하나님의 구원계획 · 언약 · 사랑 · 긍휼 · 자비 · 오래 참으심" 등을 알게 하는 것이 중심주제임을 말씀해줍니다. 그런데 말씀을 맡은 자들이 이 사명을 감당하지 않았기 때문에 "내 백성이 지식이 없으므로 망하는도다"(호 4:6)고 탄식하시면서 재앙을 통해서 알리시려는 것입니다. 그러므로 "내가 내 손을 그들의 위에 펴서 그가 사는 온 땅 곧 광야에서부터 디블라까지 황량하고 황폐하게 하리니 내가 여호와인 줄을 그들이 알리라"(14)는 말씀으로 6장은 마치고 있습니다. 징벌은 하나님을 알

게 하시려는 방편입니다. 이것이 "하나님을 알게 하시려는 징벌" 입니다.

⑤ 묵상해보겠습니다.

㉠ 산당의 기원과 우상숭배에 빠지는 원인에 대해서

㉡ "그러나 남은 자가 있게 하리라"에 대해서

㉢ "여호와인 줄 알리라"에 대한 구속사적 의미에 대해서.

에스겔 7장 개관도표

주제 : 가증한 죄로 인하여 종말에 이름

행위대로 심판하심	1-9 1 또 여호와의 말씀이 내게 임하여 이르시되 2 너 인자야 주 여호와께서 이스라엘 땅에 관하여 이같이 말씀하셨느니라 끝났도다 이 땅 사방의 일이 끝났도다 3 이제는 네게 끝이 이르렀나니 내가 내 진노를 네게 나타내어 네 행위를 심판하고 네 모든 가증한 일을 보응하리라 4 내가 너를 불쌍히 여기지 아니하며 긍휼히 여기지도 아니하고 네 행위대로 너를 벌하여 네 가증한 일이 너희 중에 나타나게 하리니 내가 여호와인 줄을 너희가 알리라 5 ① **주 여호와께서 이같이 이르시되 재앙이로다, 비상한 재앙이로다 볼지어다 그것이 왔도다** 6 **끝이 왔도다, 끝이 왔도다 끝이 너에게 왔도다 볼지어다 그것이 왔도다** 7 이 땅 주민아 정한 재앙이 네게 임하도다 때가 이르렀고 날이 가까웠으니 요란한 날이요 산에서 즐거이 부르는 날이 아니로다 8 이제 내가 속히 분을 네게 쏟고 내 진노를 네게 이루어서 ② **네 행위대로 너를 심판하여 네 모든 가증한 일을 네게 보응하되** 9 내가 너를 불쌍히 여기지 아니하며 긍휼히 여기지도 아니하고 네 행위대로 너를 벌하여 너의 가증한 일이 너희 중에 나타나게 하리니 나 여호와가 때리는 이임을 네가 알리라
은과 금이 구원치 못함	10-22 10 볼지어다 그 날이로다 볼지어다 임박하도다 정한 재앙이 이르렀으니 몽둥이가 꽃이 피며 교만이 싹이 났도다 11 포학이 일어나서 죄악의 몽둥이가 되었은즉 그들도, 그 무리도, 그 재물도 하나도 남지 아니하며 그 중의 아름다운 것도 없어지리로다 12 때가 이르렀고 날이 가까웠으니 사는 자도 기뻐하지 말고 파는 자도 근심하지 말 것은 진노가 그 모든 무리에게 임함이로다 13 파는 자가 살아 있다 할지라도 다시 돌아가서 그 판 것을 얻지 못하리니 이는 묵시가 그 모든 무리에게 돌아오지 아니하고, 사람이 그 죄악으로 말미암아 자기의 목숨을 유지할 수 없으리라 하였음이로다 14 그들이 나팔을 불어 온갖 것을 준비하였을지라도 전쟁에 나갈 사람이 없나니 이는 내 진노가 그 모든 무리에게 이르렀음이라 15 밖에는 칼이 있고 안에는 전염병과 기근이 있어서 밭에 있는 자는 칼에 죽을 것이요 성읍에 있는 자는 기근과 전염병에 망할 것이며 16 도망하는 자는 산 위로 피하여 다 각기 자기 죄악 때문에 골짜기의 비둘기들처럼 슬피 울 것이며 17 모든 손은 피곤하고 모든 무릎은 물과 같이 약할 것이라 18 그들이 굵은 베로 허리를 묶을 것이요 두려움이 그들을 덮을 것이요 모든 얼굴에는 수치가 있고 모든 머리는 대머리가 될 것이며 19 그들이 그 은을 거리에 던지며 그 금을 오물 같이 여기리니 이는 여호와 ③ **내가 진노를 내리는 날에 그들의 은과 금이** 능히 그들을 건지지 못하며 능히 그 심령을 족하게 하거나 그 창자를 채우지 못하고 오직 죄악의 걸림돌이 됨이로다 20 그들이 그 화려한 장식으로 말미암아 교만을 품었고 또 그것으로 가증한 우상과 미운 물건을 만들었은즉 내가 그것을 그들에게 오물이 되게 하여 21 타국인의 손에 넘겨 노략하게 하며 세상 악인에게 넘겨 그들이 약탈하여 더럽히게 하고 22 내가 또 내 얼굴을 그들에게서 돌이키리니 그들이 내 은밀한 처소를 더럽히고 포악한 자도 거기 들어와서 더럽히리라
지도자들의 죄	23-27 23 너는 쇠사슬을 만들라 이는 피 흘리는 죄가 그 땅에 가득하고 포악이 그 성읍에 찼음이라 24 내가 극히 악한 이방인들을 데려와서 그들이 그 집들을 점령하게 하고 강한 자의 교만을 그치게 하리니 그들의 성소가 더럽힘을 당하리라 25 패망이 이르리니 그들이 평강을 구하여도 없을 것이라 26 환난에 환난이 더하고 소문에 소문이 더할 때에 그들이 ④ **선지자에게서 묵시를 구하나 헛될 것이며 제사장에게는 율법이 없어질 것이요 장로에게는 책략이 없어질 것이며** 27 **왕은 애통하고 고관은 놀람을 옷 입듯 하며** 주민의 손은 떨리리라 내가 그 행위대로 그들에게 갚고 그 죄악대로 그들을 심판하리니 내가 여호와인 줄을 그들이 알리라

7 장

가증한 죄로 인하여 종말에 이름

3이제는 네게 끝이 이르렀나니 내가 내 진노를 네게 나타내
어 네 행위를 심판하고 네 모든 가증한 일을 보응하리라

7장의 중심점은 "가증한 죄로 인하여 종말에 이르렀다"는 말씀에 있습니다. "죄가 그 땅에 가득하고 포악이 그 성읍에 찼음이라"(23) 합니다. 홍수심판도 "죄악이 세상에 가득함"(창 6:5), 즉 꽉 찼을 때 폭발하듯 한 것이며, 가나안 땅을 아브라함의 자손에게 주시겠다고 말씀하실 때도 "이는 아모리 족속의 죄악이 아직 가득차지 아니함이니라"(창 15:16), 그래서 4백 년 후에야 주시겠다고 말씀하셨던 것입니다. 그런데 예루살렘이 죄악으로 가득하고 강포가 찼다는 것입니다. 하나님은 "그의 백성과 그 거하시는 곳을 아끼사 부지런히 그의 사신들을 그 백성에게 보내어 이르셨

으나 그의 백성이 하나님의 사신들을 비웃고 그의 말씀을 멸시하며 그의 선지자를 욕하여 여호와의 진노를 그의 백성에게 미치게 하여 회복(恢復)할 수 없게 하였다"(대하 36:15-16)고 말씀합니다. 회복할 수 없게 된 죄가 무엇인가? "가증한 일, 곧 우상숭배"입니다. 그러므로 도표를 보시면 "가증한 일"을 중심으로,

① "끝이 왔도다, 끝이 왔도다 끝이 너에게 왔도다 볼지어다 그것이 왔도다"(6)고 선언하시면서

② "네 행위대로 심판"하시겠다 하십니다.

③ 진노의 날에는 은과 금이 건지지 못할 것이며

④ 이렇게 된 책임이 선지자 · 제사장 · 장로 · 왕 · 방백들과 같은 지도자에게 있음을 지적하십니다. 7장에서 예루살렘의 종말을 가리키는 "Doomsday clock"은 몇 분 전을 가리키고 있는가? 이 말씀이 우리에게는 최후심판에 대한 경계로 적용됩니다. 이를 세 단원으로 나누어 상고하겠습니다.

첫째 단원(1–9) **행위대로 심판하리라**
둘째 단원(10–22) **은과 금이 구원치 못하리라**
셋째 단원(23–27) **선지자, 제사장, 장로의 죄악**

첫째 단원(1–9) 행위대로 심판하리라

"내가 너를 불쌍히 여기지 아니하며 긍휼히 여기지도 아니하고 네 행위대로 너를 벌하여 네 가증한 일이 너희 중에 나타나게 하리니 내가 여호와인 줄을 너희가 알리라"(4).

① 첫째 단원의 중심점은 "행위대로 심판하여 보응하리라"에 있습니다. 본 단원에는 "행위대로"라는 말과 "가증한 일"이라는 말이 각각 네 번(3,4,8,9)씩 등장합니다.

㉠ "네 행위를 심판하고 네 모든 가증한 일을 보응하리라"(3)

㉡ "네 행위대로 너를 벌하여 네 가증한 일이 너희 중에 나타나게 하리니"(4)

㉢ "네 행위대로 너를 심판하여 네 모든 가증한 일을 네게 보응하되"(8)

㉣ "네 행위대로 너를 벌하여 너의 가증한 일이 너희 중에 나타나게 하리니"(9) 하십니다.

② 다시 강조합니다만 그들의 치명적인 죄가 윤리적인 죄에 있는 것이 아니라, 네 번 다 "가증한 일"이라고 말씀합니다. "가증한 일"이란 말이 에스겔서 전체로는 약 50번이나 등장합니다. 가증한 일은 우상숭배입니다. 예루살렘이 심판당한 죄가 윤리적인 차원이 아니라, 신학적인 문제 때문이라는 점입니다. 즉 메시아언약을 배반했기 때문이라는 말씀입니다. 이점에 확고히 해야 합니다. 그렇지 않으면 선지서를 통해서 윤리적인 교훈만을 말할 뿐 증언하시려는 메시아언약을 놓치게 되어 현대교회의 신학적인 오류를 깨닫지 못하게 되기 때문입니다.

③ 그들이 하나님 앞에 용납할 수 없는 가증한 일을 행했기 때문에 하나님께서도 "네 가증한 일이 너희 중에 나타나게 하리니"(4,9)하십니다. 이는 "네 모든 가증한 일로 인하여 내가 전무후무한 재앙을 내리겠다"(5:9)는 선고입니다. 이는 하나님의 심판이 어째서 정당한가를 드러냅니다. 그래서 3절에서는 "네 행위를 심판하고, 보응하리라"하십니다.

가증한 일을 보응하리라

① 또한 첫째 단원에는

㉠ "재앙"이라는 말이 세 번(5,7)

㉡ "끝이 났다"는 선언이 일곱 번(2,2,3,6,6,6,6)이나 등장합니다.

이는 심판의 불가피성과 임박함을 나타냅니다. 우리는 지금 옛날이야기하고 있는 것이 아닙니다. 왜냐하면 하나님의 구원계획은 최후심판이라는 종말을 향해서 달리고 있기 때문입니다. 최후심판은 "비상한 재앙"입니다. 그리고 시대적인 징조로 볼 때, "볼지어다 임박하도다"고 선포하지 않을 수 없는 시점에 이르렀습니다.

② 그러므로 명심해야 할 점은, 세 번이나 말씀하시는 "너희가 나를 여호와인 줄 알리라"(4,9,27)는 말씀입니다. 에스겔서에는 "너희가 여호와인 줄 알리라"는 말씀이 무려 70번 정도 등장합니다. 에스겔서는 이 한 말씀을 하기 위해서 기록되었다 해도 과언이 아닙니다. 그리고 하나님이 우리의 여호와이심을 알아야 할 만큼 알기만 한다면 무엇을 더 바랄 것이 있단 말인가! 여기에는 두 가지 방도가 있는데, 첫째는 "은혜"(복음)를 통해서 여호와를 알기를 원하십니다. 그러나 이를 거부하고 가증한 일을 자행하는 자에게는 "심판"을 통해서 알게 하실 수밖에 없다는 점을 명심해야 합니다. 이것이 "행위대로 심판"하심입니다.

둘째 단원(10-22) **진노의 날에 은과 금이 구원치 못하리라**

"그들이 그 은을 거리에 던지며 그 금을 오물 같이 여기리니 이는 여호와 내가 진노를 내리는 날에 그들의 은과 금이 능히 그들을 건지지 못하며 능히 그 심령을 족하게 하거나 그 창자를 채우지 못하고 오직 죄악의 걸림돌이 됨이로다"(19).

① 둘째 단원의 중심점은 "진노의 날에 은과 금이 구원치 못하리라"에 있습니다. 하나님으로 진노를 유발하게 한 치명적인 죄는 우상숭배요, 우상숭배를 하게 된 원인은 "은과 금"으로 상징된 기복신앙 때문입니다. 은과 금은 2500년 전의 이야기가 아니라 모든 세대가 추구하는 가치(價値)이기도 합니다.

② 그러므로 "진노의 날에 은과 금이 구원치 못하리라"는 말씀은 오늘의 우리에게도 경계가 됩니다. 왜냐하면 우리 앞에는 최후심판이 다가오고 있고, 그날에는 은과 금이 구원치 못할 것이기 때문입니다. 그리고 이 기복신앙이 한국교회의 가장 큰 병폐로 여겨지기 때문에 이 주제를 심각하게 살펴보아야 하겠습니다.

㉠ "그들이 그 은을 거리에 던지며 그 금을 오물같이 여기리니 이는 여호와 내가 진노를 내리는 날에 그들의 은과 금이 능히 그들을 건지지 못하며 능히 그 심령을 족하게 하거나 그 창자를 채우지 못하고"(19상) 합니다. 이점은 스바냐 선지자도 "여호와의 큰 날이 가깝도다 가깝고도 빠르도다 여호와의 날의 소리로다 용사가 거기서 심히 슬피 우는도다"하면서, "그들의 은과 금이 여호와의 분노의 날에 능히 그들을 건지지 못할 것이며"(습 1:14,18)라고 경고합니다. 건지지 못하는 것만이 아니라 도리어 본문은,

㉡ "오직 죄악의 걸림돌이 됨이로다"(19하) 합니다.

③ 어떻게 죄악에 빠지게 하였는가?

㉠ "그들이 그 화려한 장식으로 말미암아 교만을 품었고"(20상)

㉡ "또 그것으로 가증한 우상과 미운 물건을 만들었기"(20) 때문이라고 말씀합니다.

물질적인 풍요가 사치 방종하게 하였고 우상을 만들게 하였다는 것입니다. 신약성경도 경고합니다. "들으라 부한 자들아 너희에게 임할 고생으로 말미암아 울고 통곡하라 너희 재물은 썩었고 너희 옷은 좀먹었으며 너희 금과 은은 녹이 슬었으니 이 녹이 너희에게 증거가 되며 불같이 너희 살을 먹으리라 너희가 말세에 재물을 쌓았도다"(약 5:1-3)고 경고하심이 남의 이야기란 말인가?

죄악에 빠지는 물질

① "볼지어다 그 날이로다 볼지어다 임박하도다 정한 재앙이 이르렀으니 몽둥이가 꽃이 피며 교만이 싹이 났도다"(10) 합니다. 이에 대한 해석이 구구합니다만 "정한 재앙이 이르렀다 하면서 몽둥이가 꽃이 피며 교만이 싹났도다"고 말씀하는 것으로 볼 때 이는 어떤 인물이 등장할 것을 가리키는 것이 아니라, "심판의 때"가 이르렀음을 알리는 징조로 여겨집니다. 개나리꽃이 피면 봄이 왔다는 징조이듯 말입니다. 그래서 교만이 싹났도다 하는 것이 아니겠는가?

② 본 단원에는 "진노"가 세 번(12,14,19) 등장합니다.

㉠ "때가 이르렀고 날이 가까웠으니 사는 자도 기뻐하지 말고 파는 자도 근심하지 말 것은 진노가 그 모든 무리에게 임함이로다"(12) 합니다. 이 말씀도 재물과 결부되는 말씀인데 가난으로 인하여 전답을

팔아야 하는 사람은 근심하게 되고, 사는 사람은 기뻐하는 것이 통념인데 예루살렘이 심판당할 날이 목전에 이르게 되었는데 이런 "근심 · 기쁨"이 무슨 소용이 있단 말이냐는 뜻입니다.

㉡ "들이 나팔을 불어 온갖 것을 준비하였을지라도 전쟁에 나갈 사람이 없나니 이는 내 진노가 그 모든 무리에게 이르렀음이라"(14) 합니다. "준비하였을지라도"라는 말은 군비(軍備)를 가리킵니다. 그들은 여호와 하나님을 의뢰하지 않고 군사와 병거를 의지했습니다. 그런데 "진노"의 날에 무용지물이 되고 만다는 것입니다.

③ "내가 또 내 얼굴을 그들에게서 돌이키리니 그들이 내 은밀한 처소를 더럽히고 포악한 자도 거기 들어와서 더럽히리라"(22) 합니다. 22절에는 "더럽힌다"는 말이 두 번 나오는데,

㉠ 먼저는 하나님의 백성들 자신이, "모든 미운 물건과 모든 가증한 일(우상)로 하나님의 성소"(5:11)를 더럽혔다는 점을 유념해야만 합니다. 그리하여 하나님께서도

㉡ "강포한 자도 거기 들어와서 더럽히리라", 즉 바벨론의 군사들이 짓밟아 더럽히도록 내어주신다는 것입니다.

㉢ "내가 또 내 얼굴을 그들에게서 돌이키리니", 즉 하나님은 떠나십니다. 떠나시는 장면을 뒤에 가서 보게 될 것입니다. 하나님께서 "얼굴을 돌이키신다"는 말은 무엇에 비할 수 없는 비극입니다. 반면 복음이란 "그 얼굴로 네게 비취사 은혜 베푸심"(민 6:25)인 것입니다.

④ 주님은 "다니엘의 말한 바 멸망의 가증한 것이 거룩한 곳에 선 것을 보거든"(마 24:15) 하셨습니다. 그래서 사람들은 재림 직전에 적그리스도가 나타나서 거룩한 성전을 더럽히게 될 것이라 말합니다. 저는 다니엘서를 상고하다가 놀라운 사실을 발견하게 되었습니다. 적그리스도가 등장하여 거룩한 곳에 서게 되는 것은 하나님의 힘이 모자라서가 아니라, "그의 악으로 말미암아 백성

이 매일 드리는 제사가 넘긴 바 되었고, 내어준 바 된다"(단 8:12-13)는 사실입니다. 하나님의 백성들이 먼저 성전을 더럽혔기 때문에 적그리스도에게 내어준 바 된다는 것입니다. 왜 그렇게 하시는가? "남은 자"를 추리시기 위해서 입니다.(다니엘 파노라마 참고). 에스겔서에서도 동일한 말씀을 하시는 것입니다. "적그리스도"는 하나님의 진노의 몽둥이 역할로 등장하게 되고 "진노의 날에 은과 금이 구원치 못하리라".

셋째 단원(23–27) **선지자 · 제사장 · 장로의 죄악을 심판함**

"환난에 환난이 더하고 소문에 소문이 더할 때에 그들이 선지자에게서 묵시를 구하나 헛될 것이며 제사장에게는 율법이 없어질 것이요 장로에게는 책략이 없어질 것이며"(26).

① 셋째 단원의 중심점은 종교지도자들인 "선지자 · 제사장 · 장로의 죄악"을 심판하겠다는데 있습니다. 예루살렘이 멸망하고, 성전이 불에 타고, 백성들이 사로잡혀가는 이런 전무후무 할 진노를 당하게 된 것이 누구의 책임이란 말인가? 본문에서는 암시적으로 말씀하고 있습니다만 변명의 여지가 없는 종교지도자들의 책임인 것입니다.

㉠ "선지자에게서 묵시를 구하나 헛될 것이며"
㉡ "제사장에게는 율법이 없어질 것이요"
㉢ "장로에게는 책략이 없어질 것이며"(26) 합니다. 즉 은혜가 떠나게 되리라는 말씀입니다. 왜 이런 지경에 이르게 되는가?

② 다음 장에서 은밀하게 행하고 있는 그들의 가증한 일을 보게 될 것입니다. 미가 선지자는 "그들의 우두머리들은 뇌물을 위하여 재판하며 그들의 제사장은 삯을 위하여 교훈하며 그들의 선지자는 돈을 위하여 점을 치면서도 여호와를 의뢰하여 이르기를 여호와께서 우리 중에 계시지 아니하냐 재앙이 우리에게 임하지 아니하리라 하는도다"(미 3:11)고 신랄하게 책망하고 있습니다. 이럴 경우 우리는 그들은 "거짓 선지자다"라고 옆으로 밀어놓습니다. 아닙니다. "거짓 선지자"란 말이 어디 있는가? 이는 어제의 참 선지자가 오늘의 거짓 선지자로 전락할 수 있다는 경계가 됩니다. 둘째 단원에 말씀한 "내가 진노를 베푸는 날에 그 은과 금이 능히 그들을 건지지 못한다"한 말씀이 누구보다도 종교지도자들에게 해당되는 경고입니다. 신약성경에서도 "바리새인들은 돈을 좋아하는 자들이라 이 모든 것을 듣고 비웃거늘"(눅 16:14) 합니다. 형제도 비웃을 겁니까?

③ "왕은 애통하고 고관은 놀람을 옷 입듯 하며 주민의 손은 떨리리라 내가 그 행위대로 그들에게 갚고 그 죄악대로 그들을 심판하리니 내가 여호와인 줄을 그들이 알리라"(27) 하십니다. 이것이 "가증한 일로 인하여 종말에 이르게 되었다"는 경고입니다. 우리는 지금 예루살렘에 대한 심판경고를 상고하고 있습니다.

㉠ 하나님은 지치시지도 않으신다는 생각이 듭니다. 왜냐하면 경고하시되 부지런히 반복적으로 경고하고 있으시기 때문입니다.

㉡ 경고하신 대로 예루살렘은 두 번(바벨론과 로마)이나 심판을 당했습니다. 그렇다면 이제는 이 경고가 누구를 향한 경고로 다가오는가 하는 점입니다.

㉢ 7장도 "나를 여호와인 줄 알리라"(27)고 마치고 있는데, "그러므로

우리가 여호와를 알자 힘써 여호와를 알자"(호 6:3)고 호소하지 않을 수 없습니다. 이것이 "가증한 죄로 인하여 종말에 이름"입니다.

⑤ 묵상해보겠습니다.

㉠ 가증한 행위가 무엇인가에 대해서

㉡ 은과 금이 구원치 못하리라 말씀하는 의도에 대해서

㉢ 이 경고가 누구를 위한 경고인가에 대해서.

에스겔 8장 개관도표

주제 : 하나님을 떠나시게 하는 가증한 일

투기를 격발케 하는 우상	1-6 1 여섯째 해 여섯째 달 초닷새에 나는 집에 앉았고 유다의 장로들은 내 앞에 앉아 있는데 주 여호와의 권능 이 거기에서 내게 내리기로 2 내가 보니 불 같은 형상이 있더라 그 허리 아래의 모양은 불 같고 허리 위에는 광채가 나서 단 쇠 같은데 3 그가 손 같은 것을 펴서 내 머리털 한 모숨을 잡으며 주의 영이 나를 들어 천지 사이로 올리시고 하나님의 환상 가운데에 나를 이끌어 예루살렘으로 가서 안뜰로 들어가는 북향한 문에 이르시니 거기에는 질투의 우상 곧 ④ **질투를 일어나게 하는 우상의 자리가 있는 곳이라** 4 이스라엘 하나님의 영광이 거기에 있는데 내가 들에서 본 모습과 같더라 5 그가 내게 이르시되 인자야 이제 너는 눈을 들어 북쪽을 바라보라 하시기로 내가 눈을 들어 북쪽을 바라보 니 제단문 어귀 북쪽에 그 질투의 우상이 있더라 6 그가 또 내게 이르시되 인자야 이스라엘 족속이 행하는 일을 보느냐 그들이 여기에서 크게 가증한 일을 행하여 **나로 내 성소를 멀리 떠나게 하느니라** 너는 다시 다른 큰 가증한 일을 보리라 하시더라
담안의 우상숭배	7-13 7 그가 나를 이끌고 뜰 문에 이르시기로 내가 본즉 담에 구멍이 있더라 8 그가 내게 이르시되 인자야 너는 이 담을 헐라 하시기로 내가 그 담을 허니 한 문이 있더라 9 또 내게 이르시되 들어가서 그들이 거기에서 행하는 가증하고 악한 일을 보라 하시기로 10 내가 들어가 보니 각양 곤충과 가증한 짐승과 이스라엘 족속의 모든 우상을 그 사방 벽에 그렸고 11 이스라엘 족속의 ① **장로 중 칠십 명이 그 앞에 섰으며** 사반의 아들 야아사냐도 그 가운데에 섰고 각기 손에 향로를 들었는데 향연이 구름 같이 오르더라 12 또 내게 이르시되 인자야 이스라엘 족속의 장로들이 각각 그 우상의 방안 어두운 가운데에서 행하는 것을 네가 보았느냐 그들이 이르기를 여호와께서 우리를 보지 아니하시며 여호와께서 이 땅을 버리셨다 하느니라 13 또 내게 이르시되 너는 다시 그들이 행하는 바 다른 큰 가증한 일을 보리라 하시더라
여호와의 전을 등지고 있는 자	14-18 14 그가 또 나를 데리고 여호와의 전으로 들어가는 북문에 이르시기로 보니 거기에 ② **여인들이 앉아 담무스를 위하여 애곡하더라** 15 그가 또 내게 이르시되 인자야 네가 그것을 보았느냐 너는 또 이보다 더 큰 가증한 일을 보리라 하시더라 16 그가 또 나를 데리고 여호와의 성전 안뜰에 들어가시니라 보라 여호와의 성전 문 곧 현관과 제단 사이에서 ③ **약 스물다섯 명이 여호와의 성전을 등지고 낯을 동쪽으로 향하여 동쪽 태양에게 예배하더라** 17 또 내게 이르시되 인자야 네가 보았느냐 유다 족속이 여기에서 행한 가증한 일을 적다 하겠느냐 그들 이 그 땅을 폭행으로 채우고 또 다시 **내 노여움을 일으키며** 심지어 나뭇가지를 그 코에 두었느니라 18 **그러므로** 나도 분노로 갚아 불쌍히 여기지 아니하며 긍휼을 베풀지도 아니하리니 그들이 큰 소리로 내 귀에 부르짖을지라도 내가 듣지 아니하리라

8장

하나님을 떠나시게 하는 가증한 일

> 6그가 또 내게 이르시되 인자야 이스라엘 족속이 행하는 일을 보느냐 그들이 여기에서 크게 가증한 일을 행하여 나로 내 성소를 멀리 떠나게 하느니라 너는 다시 다른 큰 가증한 일을 보리라 하시더라

8장은 전체가 가증한 우상숭배를 폭로하는 내용입니다. “가증한 일”이라는 말이 일곱 번(6,6,9,10,13,15,17)이나 나옵니다. 그리하여 핵심은 “나로 내 성소를 멀리 떠나게 하느니라”(6)에 있습니다. 누가 가증한 일을 행하는가? 도표를 보시면 “나로 성소를 떠나게 하느니라”를 중심으로,

① 70명의 장로(11)와

② 여인들(14)과

③ 25명의 제사장들이 우상숭배 하는 광경을 폭로하십니다.

그들 중에는 "사반의 아들 야아사냐도 그 가운데 있는 것"(11)을 보았다고 지적함으로 우리 가슴을 철렁하게 합니다. 그들은 성전 담 안에서 은밀한 중에 이런 일을 행하고 있었지만 담을 헐게 하시어(8) 구멍을 통해서 볼 수 있게 하십니다.

④ 그리하여 하나님의 "질투를 일어나게" 하고 급기야 떠나시게 한다는 것입니다.

8장에서는 들어나지 않고 있는 내면의 죄를 폭로하십니다. 이 광경을 보여주시는 의도가 무엇인가? 본문을 통해서 우리에게 하시고자 하는 말씀은 현대교회의 담을 헐고 구멍을 통해서 들여다 볼 때, "너희에게는 이런 가증한 일이 없느냐"는 물음입니다. 이를 세 단원으로 나누어 상고하겠습니다.

첫째 단원(1-6) **질투를 일어나게 하는 우상**
둘째 단원(7-13) **구멍을 통해 본 담 안의 우상숭배**
셋째 단원(14-18) **노를 격동하는 우상숭배**

첫째 단원(1-6) 질투를 일어나게 하는 우상

"그가 손 같은 것을 펴서 내 머리털 한 모숨을 잡으며 주의 영이 나를 들어 천지 사이로 올리시고 하나님의 환상 가운데에 나를 이끌어 예루살렘으로 가서 안뜰로 들어가는 북향한 문에 이르시니 거기에는 질투의 우상 곧 질투를 일어나게 하는 우상의 자리가 있는 곳이라"(3).

① 첫째 단원의 중심점은 “질투를 일어나게 하는 우상”에 있습니다.

㉠ “여섯째 해 여섯째 달 초닷새에 나는 집에 앉았고 유다의 장로들은 내 앞에 앉아 있는데 주 여호와의 권능이 거기에서 내게 내리기로 내가 보니 불같은 형상이 있더라 그 허리 아래의 모양은 불같고 허리 위에는 광채가 나서 단 쇠 같은데” (1-2) 합니다.

㉡ 2절의 묘사와 1:26-28절을 대조해보시기 바랍니다. 같은 “형상”임을 보게 됩니다. 그렇다면 1장에서 말씀한 바와 같이 “불같은 형상”이 성자 하나님의 현현으로 볼 수 있습니다.

② 이점을 강조하는 의도는 지금 하나님은 그리스도를 통한 구속사역을 이루어나가시는 중인데 구약교회는 메시아언약을 배척하고 우상숭배를 했는데, 현대교회는 어떠한가를 돌아보기 위해서입니다. 이사야 선지자만이 메시아 예언의 선지자가 아닙니다. 뒤에 가서 보게 됩니다만 에스겔 선지자도 그리스도를 증언하는데 초점을 맞추고 있습니다. 그리고 모든 선지서는 공통적으로 메시아를 통한 회복을 약속하고 있습니다. 이런 관목으로 3절을 보면,

㉠ 하나님의 이상과

㉡ 불같은 형상(그리스도)과

㉢ 주의 영, 즉 성삼위 하나님의 역사하심을 보게 되는 것입니다.

③ “그가 손 같은 것을 펴서 내 머리털 한 모숨을 잡으며 주의 영이 나를 들어 천지 사이로 올리시고 하나님의 환상 가운데에 나를 이끌어 예루살렘으로 가서”(3상) 합니다. 지금 바벨론에 사로잡힌 자 중에 있는 에스겔을 들어 올려 예루살렘으로 데리고 가셨다는 것입니다. 그것도 이런 환상이 장로들이 에스겔을 찾아

왔을 때 임했다는 것입니다. 왜냐하면 그곳에서 행해지고 있는 가증한 일을 보여주기 위해서입니다. "안뜰로 들어가는 북향한 문에 이르시니 거기에는 질투의 우상 곧 질투를 일어나게 하는 우상의 자리가 있는 곳이라"(3하) 합니다.

성삼위 하나님의 사역

① "질투의 우상"이라함은 우상의 이름이 아니라 하나님의 "질투를 일어나게 하는 우상"이라는 뜻입니다. "너는 다른 신에게 절하지 말라 여호와는 질투라 이름하는 질투의 하나님임이니라(출 34:14), 그런데 여수룬이 기름지매 발로 찼도다 네가 살찌고 비대하고 윤택하매 자기를 구원하신 하나님을 버리고 자기를 구원하신 반석을 업신여겼도다 그들이 다른 신으로 그의 질투를 일으키며 가증한 것으로 그의 진노를 격발하였도다"(신 32:15,16) 합니다.

② 성전 문 앞에 세워놓은 "투기의 우상"이란, 므낫세 왕이 "자기가 만든 아로새긴 아세라 목상을 전에 세웠더라"(왕하 21:7) 한 것을 가리킬 것입니다. "이스라엘 하나님의 영광이 거기에 있는데 내가 들에서 본 모습과 같더라 그가 내게 이르시되 인자야 이제 너는 눈을 들어 북쪽을 바라보라 하시기로 내가 눈을 들어 북쪽을 바라보니 제단 문 어귀 북쪽에 그 질투의 우상이 있더라"(4-5), 이는 3절에 대한 상론입니다.

③ "그가 또 내게 이르시되 인자야 이스라엘 족속이 행하는 일을 보느냐 그들이 여기에서 크게 가증한 일을 행하여 나로 내 성

소를 멀리 떠나게 하느니라"(6상), 떠나게 한다고 말씀하십니다. 솔로몬이 성전을 건축하여 봉헌기도를 드렸을 때 "여호와의 영광이 그 전에 가득하니 여호와의 영광이 여호와의 전에 가득하므로 제사장이 그 전에 능히 들어가지 못하였고"(대하 7:1-2) 한 하나님의 영광이 성전이 불에 타기 전에 떠나시려는 것입니다. 어디로? 자기 백성들이 사로잡혀간 바벨론으로! 그러므로 하나님의 "투기 · 질투"는 하나님 사랑의 또 다른 표현이요, 이는 동전 앞뒤와 같은 것입니다. 그런데 본 단원은 "너는 다시 다른 큰 가증한 일을 보리라 하시더라"(6하)고 마치고 있습니다. "사람은 다 거짓되되 오직 하나님은 참되시다 할지어다"(롬 3:4)라고 고백할 것밖에 없습니다.

둘째 단원(7–13) **구멍을 통해 본 담 안의 우상숭배**

"그가 나를 이끌고 뜰 문에 이르시기로 내가 본즉 담에 구멍이 있더라"(7).

① 둘째 단원의 중심점은, "구멍을 통해 본 (성전)담 안의 우상숭배하는 광경"에 있습니다.

㉠ 이 "구멍"은 우상 숭배자들의 비밀통로로 여겨집니다.

㉡ "그가 내게 이르시되 인자야 너는 이 담을 헐라 하시기로 내가 그 담을 허니 한 문이 있더라"(8) 합니다.

② "또 내게 이르시되 들어가서 그들이 거기에서 행하는 가증하고 악한 일을 보라 하시기로 내가 들어가 보니"(9-10상), 어떤

광경이 벌어지고 있는가? "각양 곤충과 가증한 짐승과 이스라엘 족속의 모든 우상을 그 사방 벽에 그렸고 이스라엘 족속의 장로 중 칠십 명이 그 앞에 섰으며"(10하-11상) 합니다. 이는 기절할 노릇입니다.

③ 장로 70인이란 "너는 아론과 나답과 아비후와 이스라엘 장로 70인과 함께 여호와에게로 올라와 멀리서 경배하고"(출 24:1) 한데서 알 수가 있듯이 구약교회의 공회원(公會員)들을 가리킵니다. 이들이 구멍을 통해서 들락거리며 담 안에서 은밀하게 우상을 숭배하고 있다니 에스겔이 얼마나 대경실색했을 것인가?

④ 그런데 에스겔이 보니 그중에는 "사반의 아들 야아사냐도 그 가운데에 섰고 각기 손에 향로를 들었는데 향연이 구름 같이 오르더라"(11하) 하는 것이 아닌가!

"사반"은 요시야 왕의 개혁운동 때에 서기관(왕하 22:3)을 한 사람인데, 에스겔이 말하는 "사반"이 그 사람을 가리키는 것이라면, 그의 아들 "야아사냐"는 예레미야 선지자를 도운(렘 29:3) 사람입니다. 그들 중에 사반의 아들의 얼굴도 보이더라는 것입니다. 그러면 그도 타락했단 말인가?

내 얼굴은 보이지 않는가?

① "또 내게 이르시되 인자야 이스라엘 족속의 장로들이 각각 그 우상의 방안 어두운 가운데에서 행하는 것을 네가 보았느냐",

㉠ "그들이 이르기를 여호와께서 우리를 보지 아니하시며

㉡ 이 땅을 버리셨다 하느니라"(12) 합니다.

70인 장로들이 숭배했다는 "각양 곤충과 가증한 짐승과 이스라

엘 족속의 모든 우상"이 문자적으로 그렇게 했다는 것인지, 아니면 "각양 곤충과 가증한 짐승"이 애굽을 상징하는 것으로 그들이 하나님을 의뢰하지 않고 애굽의 구원을 의존한 것을 가리키는 것인지 이론이 있는데 단정하기 어렵습니다. 그런데 문자적이든 아니든 장로들이 하나님 중심이 아닌 "우상숭배"에 빠져있다는 점만은 분명하다는 점입니다.

② 후설에 더 가능성이 있는 것은 선지자들은 한결같이 앗수르나 애굽을 의뢰하는 것을 책망하고 있기 때문입니다. 이사야 선지자는 "도움을 구하러 애굽으로 내려가는 자들은 화 있을진저 그들은 말을 의지하며 병거의 많음과 마병의 심히 강함을 의지하고 이스라엘의 거룩하신 자를 앙모하지 아니하며 여호와를 구하지 아니하나니"(사 31:1, 30:2, 36:6)라고 책망했습니다. 호세아 선지자는 "에브라임은 어리석은 비둘기같이 지혜가 없어서 애굽을 향하여 부르짖으며 앗수르로 가는도다"(호 7:11)고 책망합니다.

③ 8장의 내용은 우리를 전율케 합니다. 현대교회를 밖이 아니라 구멍을 통해서,

㉠ 담 안에서

㉡ "어두운 가운데서"

㉢ 하나님이 보지 못하시는 양 여기고 행하고 있는 일들을 들여다본다면 어떤 광경일까 하는 생각 때문입니다.

또한 우리의 마음을 들여다본다면 어떻게 되겠는가? 가증한 일을 행하고 있는 사람들 중에 내 얼굴도 끼어있는 것은 아닌가 하는 자책 때문입니다. 하나님은 "또 내게 이르시되 너는 다시 그들이 행하는 바 다른 큰 가증한 일을 보리라"(13)고 둘째 단원은

마치고 있습니다.

셋째 단원(14–18) **여호와의 전을 등지고 있는 자들**

"그가 또 나를 데리고 여호와의 성전 안뜰에 들어 가시니라 보라 여호와의 성전 문 곧 현관과 제단 사이에서 약 스물다섯 명이 여호와의 성전을 등지고 낯을 동쪽으로 향하여 동쪽 태양에게 예배하더라"(16).

① 셋째 단원의 중심점은 "여호와의 전을 등지고 있는 자들"에 있습니다. 여호와의 전을 등지고 있는 자들이 누구란 말인가?

㉠ 먼저 "그가 또 나를 데리고 여호와의 전으로 들어가는 북문에 이르시기로 보니 거기에 여인들이 앉아 담무스를 위하여 애곡하더라"(14) 합니다. "담무스는 생명의 아들"이라는 뜻으로 식물을 생육하게 하는 신으로 여겼다고 합니다. 그리하여 식물이 시드는 가을이 되면 죽는 것으로 여겨 그를 위하여 애곡을 했다는 것입니다.

㉡ 여인들은 "자신과 자녀들을 위하여"(눅 23:28), 즉 죄를 애통해하고 있는 것이 아니라 우상의 죽음을 애통하고 있는 것입니다. 우상숭배는 남자들만이 아니라 여인들(렘 44:15)이 더욱 극성을 부렸을 법합니다. 이들도 "여호와의 전을 등지고 있는 자들"입니다. "그가 또 내게 이르시되 인자야 네가 그것을 보았느냐 너는 또 이보다 더 큰 가증한 일을 보리라 하시더라"(15). 더 큰 가증한 일이 무엇인가?

② "그가 또 나를 데리고 여호와의 성전 안뜰에 들어 가시니라 보라 여호와의 성전 문 곧 현관과 제단 사이에서 약 스물다섯 명이 여호와의 성전을 등지고 낯을 동쪽으로 향하여 동쪽 태양에게

예배하더라"(16) 합니다. 에스겔은 여인들이 애곡하는 바깥뜰에서 "여호와의 전 안뜰"로 안내되어, "전 문 앞 현관과 제단 사이"에서 약 스물다섯 명을 보았다면 이들은 제사장들임이 분명합니다. 제사장들이

㉠ "여호와의 전을 등지고

㉡ 낯을 동으로 향하여

㉢ 동방 태양에 경배하더라"는 것은 메시아언약을 배신(背信)한 것을 극명하게 보여줍니다.

요시야 왕은 "바알과 해와 달과 열두 궁성과 하늘의 모든 별에게 분향하던 제사장들을 폐한"(왕하 23:5) 바 있습니다.

여호와의 단을 등진 제사장들

① 하나님은 선지자에게

㉠ 칠십 명의 장로와

㉡ 여인들과

㉢ 스물다섯 명의 제사장들이 우상을 숭배하는 광경을 보여주셨습니다.

이는 대표적으로 보여주신 것일 뿐 "유다여 너의 신들이 너의 성읍 수와 같도다"(렘 2:28) 하심같이 총체적으로 우상숭배에 빠졌던 것입니다. 그렇다면 이는 만회(挽回)할 수 없게 된 것입니다.

② "또 내게 이르시되 인자야 네가 보았느냐 유다 족속이 여기에서 행한 가증한 일을 적다 하겠느냐 그들이 그 땅을 폭행으로 채우고 또다시 내 노여움을 일으키며 심지어 나뭇가지를 그 코에 두었느니라"(17) 하십니다.

㉠ "나뭇가지를 그 코에 두었다"는 뜻은 태양을 숭배할 때에 콧김으로 인하여 태양을 더럽힐까 보아 행하는 의식이라고 합니다. 이 지경에 이르렀다면

㉡ "강포로 채우고, 노를 격동"시킨 것이 됩니다.

③ 이렇게 된 원인이 어디에 있는가?

㉠ 메시아언약을 망각하고 기복신앙에 빠졌기 때문입니다. 이것이 누구의 책임이란 말인가?

㉡ 이는 변명의 여지가 없는 제사장 · 선지자 · 장로와 같은 지도자들의 책임입니다.

8장에는 "가증한 일"이라는 말이 일곱 번이나 등장하면서 "가증한 일, 큰 가장한 일(8:13), 더 큰 가증한 일"하고 가증함이 증폭(增幅)해가고 있습니다.

④ 마지막 절은 "그러므로"하고 시작되는데 "그러므로 나도 분노로 갚아 불쌍히 여기지 아니하며 긍휼을 베풀지도 아니하리니 그들이 큰 소리로 내 귀에 부르짖을지라도 내가 듣지 아니하리라"(18) 하십니다. 이는 하나님의 심판이 어째서 정당한가를 나타내는 말씀입니다. 이것이 "하나님을 떠나시게 하는 가증한 일들"입니다.

⑤ 이 점에서 명심해야 할 점은 신약의 우상은 어떤 형상(形象)에 있는 것이 아니라 "탐심은 우상숭배니라" 함과 같이 "마음"에 도사리고 있다는 점입니다. 그렇다면 현대교회는 설교자와 장로와 권사와 집사와 모두가 복음은 등지고, 얼굴만 축복을 향하여 경배하고 있는 것은 아닌지 깊이 고민해야 할 것입니다. 이것이 "하나님을 떠나시게 하는 가증한 일"입니다.

⑥ 묵상해보겠습니다.

㉠ 투기를 격발케 하는 우상에 대해서

㉡ 여호와의 전을 등지고 있는 장로, 제사장들에 대해서

㉢ 구멍을 통해 본 담 안의 현대교회의 실상에 대해서.

에스겔 9장 개관도표

주제 : 놋 제단에서 갈라지는 구원과 심판

일곱 명의 사자	1-2 1 또 그가 큰 소리로 내 귀에 외쳐 이르시되 이 성읍을 관할하는 자들이 각기 죽이는 무기를 손에 들고 나아오게 하라 하시더라 2 내가 보니 **여섯 사람이** 북향한 윗문 길로부터 오는데 각 사람의 손에 ① **죽이는 무기를 잡았고 그 중의 한 사람은 가는 베 옷을 입고 허리에 서기관의 먹 그릇을 찼더라** **그들이 들어와서 놋 제단 곁에 서더라**
내 성소에서 시작하라	3-8 3 그룹에 머물러 있던 이스라엘 하나님의 영광이 성전 문지방에 이르더니 여호와께서 그 가는 베 옷을 입고 서기관의 먹 그릇을 찬 사람을 불러 4 여호와께서 이르시되 너는 예루살렘 성읍 중에 순행하여 그 가운데에서 행하는 ② **모든 가증한 일로 말미암아 탄식하며 우는 자의 이마에 표를 그리라** 5 그들에 대하여 내 귀에 이르시되 너희는 그를 따라 성읍 중에 다니며 불쌍히 여기지 말며 긍휼을 베풀지 말고 쳐서 6 늙은 자와 젊은 자와 처녀와 어린이와 여자를 ③ **다 죽이되 이마에 표 있는 자에게는 가까이 하지 말라 내 성소에서 시작할지니라 하시매 그들이 성전 앞에 있는 늙은 자들로부터 시작하더라** 7 그가 또 그들에게 이르시되 너희는 성전을 더럽혀 시체로 모든 뜰에 채우라 너희는 나가라 하시매 그들이 나가서 성읍 중에서 치더라 8 그들이 칠 때에 내가 홀로 있었는지라 엎드려 부르짖어 이르되 아하 주 여호와여 예루살렘을 향하여 분노를 쏟으시오니 이스라엘의 남은 자를 모두 멸하려 하시나이까
행위대로 갚으리라	9-11 9 그가 내게 이르시되 이스라엘과 유다 족속의 죄악이 심히 중하여 그 땅에 피가 가득하며 그 성읍에 불법이 찼나니 이는 그들이 이르기를 여호와께서 이 땅을 버리셨으며 여호와께서 보지 아니하신다 함이라 10 그러므로 내가 그들을 불쌍히 여기지 아니하며 긍휼을 베풀지 아니하고 ④ **그들의 행위대로 그들의 머리에 갚으리라 하시더라** 11 보라 가는 베 옷을 입고 허리에 먹 그릇을 찬 사람이 복명하여 이르되 주께서 내게 명령하신 대로 내가 준행하였나이다 하더라

9장

놋 제단에서 갈라지는 구원과 심판

[2]내가 보니 여섯 사람이 북향한 윗문 길로부터 오는데 각 사람의 손에 죽이는 무기를 잡았고 그 중의 한 사람은 가는 베옷을 입고 허리에 서기관의 먹 그릇을 찼더라 그들이 들어와서 놋 제단 곁에 서더라

9장의 중심점은 "놋 제단에서 갈라지는 구원과 심판"에 있습니다. 우리는 8장에서 총체적으로 우상숭배에 빠진 것을 보았습니다. 그런데 9장에 이르러 "그 가운데서 행하는 모든 가증한 일로 인하여 탄식하며 우는 자들"(4)도 있음을 보게 됩니다. 이들이 남은 자요, 그들의 "이마에 표하라" 하십니다. 홍수심판 당시도, 소돔 고모라의 유황불 심판에도, 유월절의 밤에도 멸망만 있었던 것이 아니라 구원 얻은 자들이 있었습니다. 그러면 어떤 기준에 의해서 생사(生死)가 갈라졌는가? 도표에서 보는 바대로 "놋 제

단"을 중심으로,

① "살육하는 기계를 잡은 자와 먹 그릇을 찬 사람"이 등장하여

② "이마에 표하는 구원(救援)과 살육하는 심판"(審判)이 시행되고

③ "내 성소(聖所)에서 시작하라" 하시면서

④ "그 행위대로 갚아 주리라" 하십니다.

그러면 "놋 제단"에서 갈라지게 되는 "구원과 멸망"의 구속사적 의미가 무엇인가? 이는 에스겔서에 나타난 갈보리 십자가입니다. 이를 세 단원으로 나누어 상고하겠습니다.

첫째 단원(1–2) **일곱 명의 사자**

둘째 단원(3–8) **내 성소에서 시작하라**

셋째 단원(9–11) **행위대로 갚으리라**

첫째 단원(1–2) 일곱 명의 사자

"또 그가 큰 소리로 내 귀에 외쳐 이르시되 이 성읍을 관할하는 자들이 각기 죽이는 무기를 손에 들고 나아오게 하라 하시더라"(1).

① 첫째 단원의 중심점은 "일곱 명의 사자"에게 부여된 사명에 있습니다.

㉠ "그가 큰 소리로 내 귀에 외쳐 이르시되"(1상) 합니다. "큰 소리로" 외쳤다는 것은 중대(重大)한 메시지이기 때문입니다.

㉡ 계시록에도 “큰 음성”으로 말씀하는 것이 열네 번 정도 등장하는데 모두 중요한 장면에서입니다. 예를 들면 “또 불을 다스리는 다른 천사가 제단으로부터 나와 예리한 낫 가진 자를 향하여 큰 음성으로 불러 이르되 네 예리한 낫을 휘둘러 땅의 포도송이를 거두라”(계 14:18)고, 계시록에서도 심판이 제단(祭壇)으로부터 시행됩니다. 그리고 “일곱째 천사가 그 대접을 공중에 쏟으매 큰 음성이 성전에서 보좌로부터 나서 이르되 되었다”(계 16:17) 하고 마치게 됩니다.

② 이처럼 에스겔서에서도 큰 소리로 외쳐 말하기를 “이 성읍을 관할하는 자들이 각기 죽이는 무기를 손에 들고 나아오게 하라”(1하)고 명하십니다. “내가 보니 여섯 사람이 북향한 윗 문 길로부터 오는데 각 사람의 손에 죽이는 무기를 잡았고 그중의 한 사람은 가는 베 옷을 입고 허리에 서기관의 먹 그릇을 찼더라”(2상) 합니다. 이 점에서 유념할 점은 등장하는 인물의 합이 여섯 사람이 아니라,

㉠ 여섯 사람은 “살륙하는 기계”를 잡은 자요

㉡ 한 사람은 “서기관의 먹 그릇을 찬” 자로 합이 일곱 사람으로 보아야 할 것입니다.

③ 중요한 것은 “그들이 들어와서 놋 제단 곁에 서더라”(2하)는 점입니다. 외람된 말씀을 드려야만 하겠습니다. 제가 “구속사의 관점”으로 성경을 강해하면서 때로는 약해지고 심지어 “이 책을 펴내야 할 의미와 가치가 있는가” 하는 회의에 빠질 때도 있었습니다. 그러다가도 이런 대목, 즉 “그들이 들어와서 놋 제단 곁에 서더라”는 점을 다른 강해서들이 주목하지 않고 무시해버리는 경향이 있는 것을 보고는 “증언해야 한다”는 확신을 가지고 계속해왔습니다. “그들이 들어와서 놋 제단 곁에 서더라”는 말씀

은 9장의 핵심이요, 사활이 걸려있는 말씀이기 때문입니다. 그러면 이점이 어떤 의미가 있는가?

놋 제단 곁에 서더라

① 구약성경을 해석할 때 문자만을 고집하는 문자주의자들이 있습니다. 그렇게 한다면 예수가 그리스도이심을 부인하는 유대인 학자 같은 해석되고 맙니다. 구약은 "언약 · 예언 · 모형 · 그림자 · 예표" 등으로 주어졌습니다. 이것이 예수 그리스도로 말미암아 성취되어 밝히 드러난 것입니다. 그러므로 구약성경은 새 언약의 빛을 받아 해석해야 그 신령한 의미를 깨닫게 되는 것입니다. 그렇다면 "그들이 들어와서 놋 제단 곁에 서더라" 한 "놋 제단(祭壇)"이 무엇에 대한 상징인가? 이를 깨닫는 것은 어려운 일이 아닙니다. 다만 복음에 둔감하기 때문에 무시하게 되는 것일 뿐입니다.

② "놋 제단"의 식양(式樣)은 출애굽기 27:1-8절에 나옵니다. 그리고 성경의 용례로 "놋"은 심판을 상징하는 것으로 제물을 잡아 "번제 · 속죄제" 등으로 불사르는 곳입니다. 그러므로 "놋 제단"은 그리스도께서 담당하신 갈보리 십자가를 상징하는 것입니다. 그러므로 "놋 제단"은 "산당 · 제단 · 우상 · 분향제단"(6:4-7) 등과 날카롭게 대조됩니다. 그들은 "놋 제단"을 버리고 "산당"에 가서 제사를 지낸 것입니다. 그렇다면 "구원과 심판"을 시행할 사자들이 "놋 제단 곁에 서더라" 한 의미도 분명해지는 것입니다.

③ "구원과 멸망"은 "놋 제단"으로 상징된 그리스도의 대속적인 죽으심을 믿느냐 믿지 않느냐에 의하여 갈라지게 된다는 말씀입니다. 그런데 "장로 · 제사장"들은 여호와의 전을 등지고 우상을 향해서 경배하고 있었습니다. 이는 한마디로 메시아언약을 망각했다는 증거인 것입니다. 이로 말미암아 소수의 남은 자만이 "탄식하며 울고" 있었던 것입니다.

메시아언약을 망각한 자들

① 놋 제단으로 상징된 그리스도의 십자가는 우리의 죄를 자기 아들에게 대신 심판하신 하나님의 의로우심을 나타내신 사건임을 유념해야 합니다. 그러므로 십자가는 하나님의 무한한 사랑과 진노가 함께 나타난 곳이요, 구원과 멸망이 갈라지는 분기점이 되는 곳입니다. 그러므로 메시아언약을 배척하고 우상을 숭배한 그들은 자신이 행한 일에 대해서 자신이 책임(責任)을 질 수밖에 없는 것입니다. 이점을 나타내기 위해서 "그들이 들어와서 놋 제단 곁에 서더라"고 말씀하는 것입니다.

② 그런데 역사서에서 아하스 왕이 하나님의 명하신 식양대로 만든,

㉠ 놋 제단을 옮기고

㉡ "다른 제단"을 만들어

㉢ "그 위에 제사를 드렸다"(왕하 16:10-14)는 기록을 대하게 됩니다.

이는 명백히 복음을 변개(變改)한 다른 복음이었던 것입니다. 그런데 이 일에 이의를 제기하지 않고 그대로 복종한 사람이 다름 아닌 이사야 선지자가 가장 신임(信任)했던 제사장 우리야(왕

하 16:10, 사 8:2)였다는 점은 우리에게 경각심을 갖게 합니다. 아론의 아들 나답과 아비후가 여호와의 명하시지 않은 다른 불(번제단의 불이 아닌)을 담아 분향하다가 즉사한 것도 이 때문입니다.

③ 번제단을 통한 계시는 계시록에도 등장합니다.

㉠ "또 다른 천사가 와서 제단 곁에 서서 금향로를 가지고 〈제단의 불〉을 담아다가 땅에 쏟으매 우레와 음성과 번개와 지진이 나더라"(계 8:3,5) 합니다. "제단의 불"은 그리스도께서 하나님의 진노를 대신 담당하신 번제단의 불인데 이를 믿지 않는다면 하나님의 진노를 자신이 받을 수밖에 없음을 보여주고 있습니다.

㉡ "또 내가 들으니 〈제단이 말하기를〉 그러하다 주 하나님 곧 전능하신이시여 심판하시는 것이 참되시고 의로우시도다 하더라"(계 16:7) 합니다. 어찌하여 "제단(祭壇)"이 하나님의 심판이 참되고 의로우시다 말하는가? 그 번제단은 우리 대신 자기 아들을 대속제물로 내어주신 제단이기 때문입니다. 그래서 "놋 제단에서 갈라지는 구원과 심판"이 9장의 주제가 될 수 있는 것입니다.

둘째 단원(3–8) **내 성소에서 시작하라**

"늙은 자와 젊은 자와 처녀와 어린이와 여자를 다 죽이되 이마에 표 있는 자에게는 가까이하지 말라 내 성소에서 시작할지니라 하시매 그들이 성전 앞에 있는 늙은 자들로부터 시작하더라"(6).

① 둘째 단원의 중심점은 "내 성소에서 시작하라"는데 있습니다. 심판은 먼저 교회를 심판하고, 불신자들을 심판하는 순서로

진행될 것입니다. 이렇게 하시는 것은 하나님은 공의로우시기 때문입니다. 교회 안에는 알곡만 있는 것이 아니라 가라지도 섞여 있기 때문입니다. 그래서 주님은 "둘 다 추수 때까지 함께 자라게 두라 추수 때에 내가 추수꾼들에게 말하기를 가라지는 먼저 거두어 불사르게 단으로 묶고 곡식은 모아 내 곳간에 넣으라 하리라"(마 13:30) 하십니다.

② "그룹에 머물러 있던 이스라엘 하나님의 영광이 성전 문지방에 이르더니 여호와께서 그 가는 베 옷을 입고 서기관의 먹 그릇을 찬 사람을 불러 여호와께서 이르시되 너는 예루살렘 성읍 중에 순행하여 그 가운데에서 행하는 모든 가증한 일로 말미암아 탄식하며 우는 자의 이마에 표를 그리라"(3-4)고 명하십니다.

㉠ "서기관의 먹 그릇을 찬 사람"이란 하나님의 말씀을 필사(筆寫)하는 자를 가리키는데, 그의 임무는 일점일획의 오류(誤謬)가 없이 기록하는 것이 생명입니다.

㉡ 그에게 "이마에 표하라"는 임무를 맡긴 것은 한치의 과오가 없는 정확성을 나타내기 위해서입니다. 이점을 아모스 선지자를 통해서는 "내가 명령하여 이스라엘 족속을 만국 중에 체질(까부르기를)하기를 곡식을 체질함같이 하려니와 그 한 알갱이도 땅에 떨어지지 아니하리라"(암 9:9) 하십니다.

③ 아무 사람의 이마에 표하는 것이 아닙니다.

㉠ "그 가운데에서 행하는 모든 가증한 일로 말미암아 탄식하며 우는 자의 이마에 표를 그리라" 하십니다. 그 "가증한 일"이란 8장에서 보여주신 우상숭배를 가리킵니다. 그런데 이들이

㉡ "탄식하며 우는 자"라 한 것을 보면 이들은 우상숭배에 참여하지 않은 자들임이 명백합니다. 이런 자들이야말로 "그러나 내가 이스라엘 가운데 칠천 명을 남기리니 다 바알에게 무릎을 꿇지 아니하고 다

바알에게 입 맞추지 아니한 자니라"(왕상 19:18) 하신 "남은 자"인 것입니다. 어느 시대나 남은 자는 있는 것입니다.

가증한 일로 탄식하며 우는 자

① 그렇다면 서기관이 먹으로 "이마에 표하는" 일이 문자적으로 이루어진단 말인가? 아닙니다. 8-9장은 에스겔에게 환상으로 보여주신 장면입니다. 그러면 "모든 가증한 일로 인하여 탄식하며 우는 자의 이마에 표하라" 하신 구약적인 표현이 신약의 성도들에게는 어떻게 이루어지는가? "그 안에서 너희도 진리의 말씀 곧 너희의 구원의 복음을 듣고 그 안에서 또한 믿어 약속의 성령으로 인치심을 받았으니"(엡 1:13) 한 성령에 의해서 구별이 되는 것입니다.

② "그가 또한 우리에게 인치시고 보증으로 우리 마음에 성령을 주셨느니라"(고후 1:22) 합니다. 계시록 7장에도 인치는 장면이 나오는데, 계시록을 해석할 때 유념해야 할 점은 구약적인 표현을 그대로 차용하고 있다는 점입니다. 그러므로 이를 문자적으로 볼 것이 아니라 신약의 빛을 받아 해석해야 합니다. 이런 맥락에서 인을 치는 역사는 "복음전파"를 통해서 이루지는 것입니다.

③ 이 점에서 주목하게 되는 것은 인을 치는 사명을 맡은 한 사람만이 "가는 베 옷을 입었다"고 말씀한다는 점입니다. 이 세마포는 제사장의 옷(출 29장)입니다. 그렇다면 이 한 분은

㉠ "하나님의 일에 자비하고 신실한 대제사장이 되어 백성의 죄를 속량하려 하심이라"(히 2:17) 하실 그리스도의 예표로 볼 수 있습니다.

그리고 계시록에서 어린 양의 신부에게 세마포를 입게 하는(계 19:8) 것을 보는데, 그렇다면

㉡ "세마포를 입고 서기관의 먹 그릇을 차고 그 가운데서 행하는 모든 가증한 일로 말미암아 탄식하며 우는 자의 이마에 인을 치는 사명"이 그리스도의 구속으로 말미암아 증인들에게 맡겨졌다는 엄청난 사명감을 깨닫게 됩니다. 이 엄중한 사명을 주님은 ㉢ "아버지께서 나를 보내신 것같이 나도 너희를 보내노라, 너희가 누구의 죄든지 사하면 사하여질 것이요 누구의 죄든지 그대로 두면 그대로 있으리라"(요 20:21, 23) 말씀하시는 것입니다.

복음전파를 통해서 이루어짐

① "그들에 대하여 내 귀에 이르시되 너희는 그를 따라 성읍 중에 다니며 불쌍히 여기지 말며 긍휼을 베풀지 말고 쳐서 늙은 자와 젊은 자와 처녀와 어린이와 여자를 다 죽이되 이마에 표 있는 자에게는 가까이하지 말라 내 성소에서 시작할지니라 하시매 그들이 성전 앞에 있는 늙은 자들(장로)로부터 시작하더라"(5-6) 합니다. 계시록에서도 "오직 이마에 하나님의 인침을 받지 아니한 사람들만 해하라"(계 9:4) 하십니다.

㉠ "성소에서 시작"을 합니다.

㉡ "늙은 자"란, 칠십 명의 장로(8:11), 스물다섯 명의 제사장(8:16)으로부터 시작했음을 나타냅니다.

② 이 환상이 1차적으로는 예루살렘이 심판당할 때 바벨론에 의하여 응하여졌으나, 이 말씀이 우리에게 적실성이 있는 것은 최후심판의 예표가 되기 때문입니다. "그가 또 그들에게 이르시되 너희는 성전을 더럽혀 시체로 모든 뜰에 채우라 너희는 나가

라 하시매 그들이 나가서 성읍 중에서 치더라 그들이 칠 때 내가 홀로 있었는지라 엎드려 부르짖어 이르되 아하 주 여호와여 예루살렘을 향하여 분노를 쏟으시오니 이스라엘의 남은 자를 모두 멸하려 하시나이까"(7-8)고 부르짖습니다.

③ 에스겔 선지자가 "오호라" 한 것은 예루살렘이 당할 심판 때문이 아니라 "남은 자"를 위해서입니다. "남은 자"가 없게 된다면 어떻게 될 것인가? 하나님의 언약은 폐하여지고 하나님의 나라건설은 중단이 된단 말인가? 그리고 우리는 소돔과 고모라같이 되고 말 것인가? 아닙니다. "이마에 표하라" 하심은 남은 자가 있게 하시겠다는 말씀입니다. 왜냐하면 36:22절을 보십시오. "그러므로 너는 이스라엘 족속에게 이르기를 주 여호와께서 이같이 말씀하시기를 이스라엘 족속아 내가 이렇게 행함은 너희를 위함이 아니요 너희가 들어간 그 여러 나라에서 더럽힌 나의 거룩한 이름을 위함이라" 하십니다. 무슨 뜻인가? 하나님의 구원계획에는 하나님의 거룩하신 이름이 걸려있기 때문에 "남은 자"를 통해서 기필코 이루시고야 만다는 확신입니다. 본 단원을 통해서 우리가 심각하게 고민해야 할 점은 우리에게 위임하여주신 성도들은 모두가 성령의 인을 맞은 자, 즉 거듭났는가 하는 점입니다.

셋째 단원(9-11) 행위대로 갚으리라

"그러므로 내가 그들을 불쌍히 여기지 아니하며 긍휼을 베풀지 아니하고 그들의 행위대로 그들의 머리에 갚으리라 하시더라"(10).

① 셋째 단원의 중심점은 "행위대로 갚으리라"는 말씀에 있습니다. "행위대로"라는 말은 7장의 핵심 단어 중 하나(7:3,4,8,9,27)였는데, "내가 그 행위대로 그들에게 갚고 그 죄악대로 그들을 국문한즉 그들이 나를 여호와인 줄 알리라"(7:27) 하셨습니다. 최후심판 때에도 "바다가 그 가운데서 죽은 자들을 내주고 또 사망과 음부도 그 가운데에서 죽은 자들을 내주매 각 사람이 자기의 행위대로 심판을 받고"(계 20:13) 합니다.

② "그가 내게 이르시되 이스라엘과 유다 족속의 죄악이 심히 중하여 그 땅에 피가 가득하며 그 성읍에 불법이 찼나니 이는 그들이 이르기를 여호와께서 이 땅을 버리셨으며 여호와께서 보지 아니하신다 함이라"(9) 합니다. 예루살렘의 심판은 단번에 이루어진 것이 아니라 3차에 걸쳐서 이루어졌습니다. 이는 그들에게 회개할 기회를 주셨다는 뜻이 됩니다. 그런데 1차 침공당하고는 어떻게 반응했는가? "여호와께서 이 땅을 버리셨으며 보지 아니하시니" 우상이나 의지하자고 했다는 것입니다.

③ 하나님은 유다보다 먼저 앗수르를 들어서 북이스라엘을 심판하셨습니다. 그 후에 유다는 130년간의 유예기간을 주셨지만 "반역한 자매 유다가 두려워하지 아니하고 자기도 가서 행음함을 내가 보았노라(렘 3:8), 그 아우 오홀리바가 이것을 보고도 그의 형보다 음욕을 더하며 그 형의 간음보다 그 간음이 더 심하므로 그의 형보다 더 부패하여졌느니라"(겔 23:11) 합니다.

④ "그러므로 내가 그들을 불쌍히 여기지 아니하며 긍휼을 베풀지 아니하고 그들의 행위대로 그들의 머리에 갚으리라"(10) 하시는 것입니다. "아껴보지 아니하며, 긍휼을 베풀지 아니하겠다"

하심은 그들의 범죄가 얼마나 중하고 치명적인가를 나타냅니다. 그러므로 이를 통해서 우리의 죄 값이 얼마나 중했으면 그 대가를 치루기 위해 "자기 아들을 아끼지 아니하시고 내어주셔야만" 해결할 수 있었는가를 기억해야 합니다.

⑤ "가는 베옷을 입고 허리에 먹 그릇을 찬 사람이 복명하여 가로되 주께서 내게 명하신 대로 내가 준행하였나이다 하더라"(11) 하고 9장은 마치고 있습니다. 이점을 구속사라는 지평에서 보게 되면 어떤 의미가 되는가? 심판은 과거완료(過去完了)가 아닙니다.

㉠ 놋 제단의 심판이 자기 아들을 대속제물로 내어주신 십자가에서 이루어졌으며

㉡ 구원과 심판으로 갈라지게 되는 것은 최후심판 때에 온전히 성취된다는 점을 유념해야 합니다. 이것이 "놋 제단에서 갈라지는 구원과 심판"입니다.

⑥ 묵상해보겠습니다.

㉠ "놋 제단 곁에 섰더라"는 구속사적 의미에 대해서

㉡ 이마에 표하라는 구속사적 의미에 대해서

㉢ 내 성소에서 시작하라는 뜻에 대해서.

에스겔 10장 개관도표

주제 : 성전을 떠나시는 하나님의 영광

숯불을 성읍 위에 쏟으라

1-17
1 이에 내가 보니 그룹들 머리 위 궁창에 남보석 같은 것이 나타나는데 그들 위에 보좌의 형상이 있는 것 같더라
2 하나님이 가는 베 옷을 입은 사람에게 말씀하여 이르시되 너는 그룹 밑에 있는 바퀴 사이로 들어가 그 속에서
③ **숯불을 두 손에 가득히 움켜 가지고 성읍 위에 흩으라** 하시매
그가 내 목전에서 들어가더라
3 그 사람이 들어갈 때에 그룹들은 성전 오른쪽에 서 있고 구름은 안뜰에 가득하며
4 **여호와의 영광이 그룹에서 올라와 성전 문지방에 이르니 구름이 성전에 가득하며 여호와의 영화로운 광채가 뜰에 가득하였고**
5 그룹들의 날개 소리는 바깥뜰까지 들리는데 전능하신 하나님이 말씀하시는 음성 같더라
6 하나님이 가는 베 옷을 입은 자에게 명령하시기를 바퀴 사이 곧 그룹들 사이에서 불을 가져 가라
하셨으므로 그가 들어가 바퀴 옆에 서매
7 그 그룹이 그룹들 사이에서 손을 내밀어 그 그룹들 사이에 있는 불을 집어 가는 베 옷을 입은 자의
손에 주매 그가 받아 가지고 나가는데
8 그룹들의 날개 밑에 사람의 손 같은 것이 나타나더라

9 내가 보니 그룹들 곁에 네 바퀴가 있는데 이 그룹 곁에도 한 바퀴가 있고 저 그룹 곁에도 한 바퀴가
있으며 그 바퀴 모양은 황옥 같으며
10 그 모양은 넷이 꼭 같은데 마치 바퀴 안에 바퀴가 있는 것 같으며
11 그룹들이 나아갈 때에는 사방으로 몸을 돌리지 아니하고 나아가되 몸을 돌리지 아니하고 그 머리 향한
곳으로 나아가며

12 그 온 몸과 등과 손과 날개와 바퀴 곧 네 그룹의 바퀴의 둘레에 다 눈이 가득하더라
13 내가 들으니 그 바퀴들을 도는 것이라 부르며
14 그룹들에게는 각기 네 면이 있는데 첫째 면은 그룹의 얼굴이요 둘째 면은 사람의 얼굴이요 셋째는
사자의 얼굴이요 넷째는 독수리의 얼굴이더라
15 그룹들이 올라가니 그들은 내가 그발 강 가에서 보던 생물이라
16 그룹들이 나아갈 때에는 바퀴도 그 곁에서 나아가고 그룹들이 날개를 들고 땅에서 올라가려 할 때에도
바퀴가 그 곁을 떠나지 아니하며
17 그들이 서면 이들도 서고 그들이 올라가면 이들도 함께 올라가니 이는 생물의 영이 바퀴 가운데에 있음
이더라

동문에 머문 영광

18-22
18 ① **여호와의 영광이 성전 문지방을 떠나서 그룹들 위에 머무르니**
19 **그룹들이 날개를 들고 내 눈 앞의 땅에서 올라가는데** 그들이 나갈 때에 바퀴도 그 곁에서
함께 하더라 그들이 여호와의 전으로 들어가는
② **동문에 머물고 이스라엘 하나님의 영광이 그 위에 덮였더라**
20 그것은 내가 그발 강 가에서 보던 이스라엘의 하나님 아래에 있던 생물이라 그들이 그룹인 줄을 내가
아니라
21 각기 네 얼굴과 네 날개가 있으며 날개 밑에는 사람의 손 형상이 있으니
22 그 얼굴의 형상은 내가 그발 강 가에서 보던 얼굴이며 그 모양과 그 몸도 그러하며 각기 곧게 앞으로
가더라

10장

성전을 떠나시는 하나님의 영광

[4]여호와의 영광이 그룹에서 올라와 성전 문지방에 이르니 구름이 성전에 가득하며 여호와의 영화로운 광채가 뜰에 가득하였고

10장의 중심점은 "성전을 떠나시는 하나님의 영광"에 있습니다. 떠나시는 광경을 정리해보면, 8:6절에서 "그들이 여기서 크게 가증한 일을 행하여 나로 내 성소를 멀리 떠나게 하느니라"고 말씀하셨는데,

① "(지성소)그룹에 머물러 있던 이스라엘 하나님의 영광이 올라 성전 문지방에 이르더니"(9:3, 10:4)

② "여호와의 영광이 성전 문지방을 떠나서"(18)

③ "여호와의 전으로 들어가는 동문에 머물고"(19)

④ 그리하여 11장에 가서 "성읍 동편 산(감람산)에 머물고"(11:23)

⑤ "갈대아에 있는 사로잡힌 자 중에 이르시더니"(11:24)라고 묘사되어 있습니다. 그런데 떠나시기 전에

⑥ "보좌"로부터 베옷 입은 사람에게 "숯불을 두 손에 가득히 움켜가지고 성읍 위에 흩으라"(2)고 명하십니다.

이는 예루살렘의 심판을 상징합니다. 10장에서 드디어 하나님의 이름을 두시려고 택하신 예루살렘을 떠나시는 광경을 목격하게 됩니다. 이를 두 단원으로 나누어 상고하겠습니다.

첫째 단원(1–17) **숯불을 성읍 위에 흩으라**
둘째 단원(18–22) **동문에 머문 여호와의 영광**

첫째 단원(1–17) **숯불을 성읍 위에 흩으라**

"하나님이 가는 베 옷을 입은 사람에게 말씀하여 이르시되 너는 그룹 밑에 있는 바퀴 사이로 들어가 그 속에서 숯불을 두 손에가득히 움켜가지고 성읍 위에 흩으라 하시매 그가 내 목전에서 들어가더라"(2).

① 첫째 단원의 중심점은 "숯불을 성읍 위에 흩으라" 하심에 있는데 이는 심판을 의미합니다. 누구에게 이렇게 명하시는가? "가는 베 옷을 입은 사람"에게 명하십니다. "가는 베 옷을 입은 사람"은 다름 아닌 "허리에 서기관의 먹 그릇을 차고 놋 제단 곁

에 서더라"(9:2) 한 사람입니다. 좀 더 상기시키면 "예루살렘 성읍 중에 순행하여 그 가운데에서 행하는 모든 가증한 일로 말미암아 탄식하며 우는 자의 이마에 표를 그리라"(9:4), 즉 인을 치라는 사명을 맡은 자입니다. 그에게 10장에서는 "너는 그룹 밑에 있는 바퀴 사이로 들어가 그 속에서 숯불을 두 손에 가득히 움켜 가지고 성읍 위에 흩으라"(2)고 명하시는 것입니다. 하나님의 보좌는 "그룹들 위에"(1) 있고, 진노의 숯불은 "그룹들 밑에" 있는 것으로 나타납니다.

② "숯불을 성읍 위에 흩으라" 하심은 예루살렘에 임할 심판을 상징하는데 이는 예루살렘이 바벨론에 의해 멸망 당한 심판이 하나님의 섭리 가운데 시행이 된다는 점을 나타내는 것입니다. 7절에 보면 "그룹들 사이에서 손을 내밀어, 불을 취하여 베옷 입은 자에게 주는" 것을 보게 됩니다.

③ 이 "숯불"은 9:2절에서 말씀한 "놋 제단", 즉 백성의 죄를 대신하여 제물이 불사름을 당하던 불일 것입니다. 계시록에서도 "천사가 향로를 가지고 제단의 불을 담아다가 땅에 쏟으매 우레와 음성과 번개와 지진이 나더라"(계 8:5)고 재앙이 임하는 것을 보게 됩니다. "번제단"의 대속의 은혜를 거부하는 자들은 자신이 진노를 받을 수밖에 없는 것입니다.

그런데 이 "숯불"을 살육하는 기계를 잡았던 여섯 사람에게 주는 것이 아니라 "가는 베 옷을 입고 서기관의 먹 그릇을 차고, 가증한 일로 말미암아 탄식하며 우는 자의 이마에 표를 그리라"(9:4) 하신 "한 사람"에게 준다는 사실입니다. "가는 베 옷을 입은" 한 사람은 참 대제사장이신 그리스도를 예표하고, 주님의 구속으로 말미암아 그의 증인들로 적용이 된다고 말했습니다. 주님은 "아버지께서 아무도 심판하지 아니하시고 심판을 다 아들에게 맡기셨다"(요 5:22)고 말씀하시고, "너희가 누구의 죄든지 사하면 사하여질 것이요 누구의 죄든지 그대로 두면 그대로 있으리라"(요 20:23)고 말씀하십니다. 복음 전도자의 사명이 "이마에 표"하는 임무와, "숯불을 성읍 위에 흩으라" 하신 "구원과 심판"의 양면성이 있다는 점을 각성하게 됩니다.

그룹들 사이에서 불을 취하라

① "여호와의 영광이 그룹에서 올라와 성전 문지방에 이르니 구름이 성전에 가득하며 여호와의 영화로운 광채가 뜰에 가득하였고"(4) 합니다. 4-8절을 순서적으로 보면,

㉠ "여호와의 영광이 그룹에서 올라와 성전 문지방에 임하는" 떠나시는 것이 먼저이고

㉡ "가는 베옷을 입은 자가 불을 받아가지고 나가는 것"(7)이 뒤따르게 됩니다. 그러니까 영광이 충만하였던 성전이 불타기 전에 "이가봇", 즉 여호와의 영광은 이미 떠나셨음을 나타냅니다.

② "그룹들이 올라가니 그들은 내가 그발 강가에서 보던 생물이라"(15) 합니다. 1장에서 보았던 "생물"이 여기서는 "그룹"으로 표현되어 다시 등장하고 있는 것은 하나님의 떠나심을 시종들기 위해서입니다. 물론 인간이 이해할 수 있는 신인(神人) 동형적인 표현으로 하는 말씀입니다. 그래서 "그룹들이 나아갈 때에는 바퀴도 그 곁에서 나아가고 그룹들이 날개를 들고 땅에서 올라가려 할 때에도 바퀴가 그 곁을 떠나지 아니하며 그들이 서면 이들도

서고 그들이 올라가면 이들도 함께 올라가니 이는 생물의 영이 바퀴 가운데에 있음이더라"(16-17) 합니다.

③ 본 단원을 통해서 깨닫게 되는 가장 비극적인 일은 예루살렘이 멸망하고, 성전이 불에 타고, 백성들이 사로잡혀간다는 물리적인 것에 있는 것이 아니라, 하나님의 영광의 떠나심에 있다는 점입니다. 이를 알았기에

㉠ 하나님의 법궤를 블레셋에게 빼앗겼을 때 "이가봇"(삼상 4:21-22)이라 말하였고

㉡ 예레미야 선지자는 "처녀 시온의 모든 영광이 떠나감이여"(애 1:6,2) 하고 물리적인 예루살렘의 멸망이 아니라 하나님의 영광이 떠나심을 슬퍼했던 것입니다.

④ 그렇다면 "너희가 하나님의 성전인 것과 하나님의 성령이 너희 안에 계시는 것을 알지 못하느냐"(고전 3:16) 하신 말씀은 얼마나 복된 말씀인가? 그런데 명심해야 할 점은 이처럼 영광스러운 교회가 "네 곤고한 것과 가련한 것과 가난한 것과 눈먼 것과 벌거벗은 것을 알지 못하도다"(계 3:17) 하신 불쌍한 상태로 전락할 수도 있다는 점입니다. 이는 불신자의 상태를 나타내는 것으로 복음을 잃어버리게 되면 이와 같이 되고 만다는 것입니다. 그러므로 10장의 말씀이 옛날이야기가 아닌 우리의 경계가 되는 것입니다.

둘째 단원(18–22) **동문에 머문 여호와의 영광**

"그룹들이 날개를 들고 내 눈앞의 땅에서 올라가는데 그들이 나갈

때에 바퀴도 그 곁에서 함께 하더라 그들이 여호와의 전으로 들어가는 동문에 머물고 이스라엘 하나님의 영광이 그 위에 덮였더라"(19).

① 둘째 단원의 중심점은, 예루살렘을 떠나시는 하나님의 영광이 "동문에 머문"데 있습니다. 회복을 말씀하는 43:4절에서는 떠나셨던 "여호와의 영광이 동문(東門)으로 말미암아 전으로 들어가는" 것을 보게 됩니다.

㉠ "그룹에서 올라 성전 문지방에 임하여 있던"(4)

㉡ "여호와의 영광이 성전 문지방을 떠나서 그룹들 위에 머무르니"(18) 합니다. 말하자면 집 문을 나서서 수레에 올라타는 모습으로 묘사되어 있습니다.

② "그룹들이 날개를 들고 내 눈앞의 땅에서 올라가는데"(19상), 드디어 출발합니다. "그들이 나갈 때에 바퀴도 그 곁에서 함께 하더라 그들이 여호와의 전으로 들어가는 동문에 머물고 이스라엘 하나님의 영광이 그 위에 덮였더라"(19하). 어찌하여 단번에 떠나시지 않고 "동문에 머물고"라고 말씀하는가? 11:23절에서는 "성읍 중에서부터 올라가서 성읍 동편 산에 머물고" 합니다. 이처럼 "머물고, 머물고" 하는 말씀에 나타난 하나님의 마음이 어떠하신가를 어찌 생각하지 않을 수 있단 말인가?

③ 이점이 선지서에는 생생하게 묘사되어 있습니다.

㉠ "여호와의 말씀이니라 배역한 자식들아 돌아오라 나는 너희 남편임이니라"(렘 3:14) 하십니다.

㉡ "여인이 어찌 그 젖 먹는 자식을 잊겠으며 자기 태에서 난 아들을 긍휼히 여기지 않겠느냐 그들은 혹시 잊을지라도 나는 너를 잊지 아니할 것이라"(사 49:15) 하십니다.

④ 그런데 그들은 어떻게 보답했는가요?

㉠ "그들이 여기서 크게 가증한 일을 행하여 나로 내 성소를 멀리 떠나게 하느니라"(8:6) 하십니다. "구멍"으로 들락거리며 담 뒤에서 하나님이 보지 못하시는 양 장로와 제사장들이 온갖 가증스러운 일을 행하고 있는 것을 보았습니다.

㉡ "여호와께서 또 내게 이르시되 유다 인과 예루살렘 주민 중에 반역이 있도다"(렘 11:9) 하십니다. 하나님을 축출하고 "금송아지 우상"을 자신들을 애굽에서 인도하여 낸 신으로 모셔 들이려는 음모를 꾸미고 있다는 말씀입니다.

㉢ 그리하여 "내가 내 집을 버리며 내 소유를 내던져 내 마음으로 사랑하는 것을 그 원수의 손에 넘겼나니"(렘 12:7), 그리고 떠나시는 하나님의 발걸음이 어찌 "머물고, 머물고" 하지 않겠는가?

⑤ 그렇다면 하나님은 어디로 떠나신단 말인가?

"주의 영이 나를 들어 하나님의 영의 환상 중에 데리고 갈대아에 있는 사로잡힌 자 중에 이르시더니"(11:24) 합니다. 하나님은 "내가 비록 그들을 멀리 이방인 가운데로 쫓아내어 여러 나라에 흩었으나 그들이 도달한 나라들에서 내가 잠깐 그들에게 성소가 되리라"(11:16) 하십니다. 즉 배은망덕한 자들이 사로잡혀간 바벨론으로 따라가시는 것을 보게 됩니다. 이것이 우리가 믿는 하나님 아버지의 사랑이요, 발걸음이 떨어지지 않아 "머물고, 머물고" 하시는 하나님의 마음입니다. 이것이 "성전을 떠나시는 하나님의 영광"입니다.

⑥ 묵상해보겠습니다.

㉠ 세마포를 입은 자의 인치는 사역과 숯불을 성읍 위에 쏟는 사명의 양면성에 대해서

㉡ 예루살렘을 떠나시며 머물고, 머물고 하시는 하나님의 마음에 대해서

㉢ 인간의 배은망덕에 대해서.

에스겔 11장 개관도표

주제 : 열방에서 그들에게 잠깐 성소가 되리라

불의를 품고 악한 꾀를 베푸는 지도자들

1-13
1 그 때에 주의 영이 나를 들어올려서 여호와의 전 동문 곧 동향한 문에 이르시기로 보니
그 문에 사람이 스물다섯 명이 있는데 내가 그 중에서 앗술의 아들 야아사냐와 브나야의 아들 블라댜를
보았으니 그들은 백성의 고관이라
2 그가 내게 이르시되 인자야 이 사람들은 불의를 품고 이 성 중에서 ① **악한 꾀를 꾸미는 자니라**
3 그들의 말이 집 건축할 때가 가깝지 아니한즉 이 성읍은 가마가 되고 우리는 고기가 된다 하나니
4 그러므로 인자야 너는 그들을 쳐서 예언하고 예언할지니라

5 여호와의 영이 내게 임하여 이르시되 너는 말하기를 여호와의 말씀에 이스라엘 족속아 너희가
이렇게 말하였도다 너희 마음에서 일어나는 것을 내가 다 아노라
6 너희가 이 성읍에서 많이 죽여 그 거리를 시체로 채웠도다
7 그러므로 주 여호와께서 이같이 말씀하셨느니라 이 성읍 중에서 너희가 죽인 시체는 그 고기요 이 성읍은
그 가마인데 너희는 그 가운데에서 끌려 나오리라
8 나 주 여호와가 말하노라 너희가 칼을 두려워하니 내가 칼로 너희에게 이르게 하고
9 너희를 그 성읍 가운데에서 끌어내어 타국인의 손에 넘겨 너희에게 벌을 내리리니
10 너희가 칼에 엎드러질 것이라 내가 이스라엘 변경에서 너희를 심판하리니
너희는 내가 여호와인 줄을 알리라

11 이 성읍은 너희 가마가 되지 아니하고 너희는 그 가운데에 고기가 되지 아니할지라
내가 너희를 이스라엘 변경에서 심판하리니
12 너희는 내가 여호와인 줄을 알리라 너희가 내 율례를 행하지 아니하며 규례를 지키지 아니하고
너희 사방에 있는 이방인의 규례대로 행하였느니라 하셨다 하라
13 이에 내가 예언할 때에 브나야의 아들 블라댜가 죽기로 내가 엎드려 큰 소리로 부르짖어 이르되
오호라 주 여호와여 이스라엘의 ② **남은 자를 다 멸절하고자 하시나이까 하니라**

모아 데리고 돌아오리라

14-25
14 여호와의 말씀이 내게 임하여 이르시되
15 인자야 예루살렘 주민이 네 형제 곧 네 형제와 친척과 온 이스라엘 족속을 향하여 이르기를
너희는 여호와에게서 멀리 떠나라 이 땅은 우리에게 주어 기업이 되게 하신 것이라 하였나니
16 그런즉 너는 말하기를 주 여호와의 말씀에 내가 비록 그들을 멀리 이방인 가운데로 쫓아내어
여러 나라에 흩었으나 그들이 도달한 나라들에서 내가 잠깐 그들에게 성소가 되리라 하셨다 하고
17 너는 또 말하기를 주 여호와의 말씀에 **내가 너희를 만민 가운데에서 모으며 너희를 흩은 여러 나라 가운**
③ **데에서 모아 내고 이스라엘 땅을 너희에게 주리라 하셨다 하라**
18 그들이 그리로 가서 그 가운데의 모든 미운 물건과 모든 가증한 것을 제거하여 버릴지라
19 ④ **내가 그들에게 한 마음을 주고 그 속에 새 영을 주며** 그 몸에서 돌 같은 마음을 제거하고 살처럼
부드러운 마음을 주어
20 내 율례를 따르며 내 규례를 지켜 행하게 하리니 ⑤ **그들은 내 백성이 되고 나는 그들의 하나님이 되리라**
21 그러나 미운 것과 가증한 것을 마음으로 따르는 자는 내가 그 행위대로 그 머리에 갚으리라 나 주 여호와의
말이니라
22 그 때에 그룹들이 날개를 드는데 바퀴도 그 곁에 있고 이스라엘 하나님의 영광도 그 위에 덮였더니
23 여호와의 영광이 성읍 가운데에서부터 올라가 성읍 동쪽 산에 머무르고
24 주의 영이 나를 들어 하나님의 영의 환상 중에 ⑥ **데리고 갈대아에 있는 사로잡힌 자 중에 이르시더니**
내가 본 환상이 나를 떠나 올라간지라
25 내가 사로잡힌 자에게 여호와께서 내게 보이신 모든 일을 말하니라

11장

열방에서 그들에게 잠깐 성소가 되리라

[16]그런즉 너는 말하기를 주 여호와의 말씀에 내가 비록 그들을 멀리 이방인 가운데로 쫓아내어 여러 나라에 흩었으나 그들이 도달한 나라들에서 내가 잠깐 그들에게 성소가 되리라 하셨다 하고

11장의 중심점은 "열방에서 그들에게 잠깐 성소가 되리라"는데 있습니다. 이는 성전을 떠나시는 하나님께서 바벨론으로 추방당하는 자기 백성들을 따라가시겠다는 뜻입니다. 이것이 우리가 믿는 하나님 아버지의 마음입니다. 도표를 보시면 "잠깐 그들에게 성소가 되리라"는 말씀을 중심으로,

① "불의를 품고 악한 꾀를 꾸미는 자"들을 심판할 것을 말씀

하시니

② 선지자는 "이스라엘의 남은 자를 다 멸절하고자 하시나이까"고 호소합니다. 하나님은 추방하시는 것이 끝이 아니라

③ "여러 나라 가운데서 모아 이스라엘 땅으로 데리고 오겠다"

④ "한마음과 새 영을 주겠다"

⑤ "그들은 내 백성이 되고 나는 그들이 하나님이 되리라" 하십니다. "한마음, 새 영을 주리라" 하심은 의문이 아니라 복음입니다. 이를 위해서

⑥ "갈대아에 있는 사로잡힌 자 중에 이르시더니" 즉 따라가시는 하나님, 우리는 입을 봉할 뿐입니다. 이를 두 단원으로 나누어 상고하겠습니다.

첫째 단원(1–13) **불의를 품고 악한 꾀를 베푸는 지도자들**

둘째 단원(14–25) **모아 데리고 돌아오리라**

첫째 단원(1–13) **불의를 품고 악한 꾀를 베푸는 지도자들**

"그가 내게 이르시되 인자야 이 사람들은 불의를 품고 이 성 중에서 악한 꾀를 꾸미는 자니라"(2).

① 첫째 단원의 중심점은 "불의를 품고 악한 꾀를 베푸는 지도자들"에 있습니다. "그 때에 주의 영이 나를 들어 올려서 여호와의 전 동문 곧 동향한 문에 이르시기로 보니 그 문에 사람이 스물다섯 명이 있는데 내가 그중에서 앗술의 아들 야아사냐와 브나

야의 아들 블라댜를 보았으니 그들은 백성의 고관이라"(1) 합니다. 8:11절에서도 우상숭배 하는 자 중에 "사반의 아들 야아사냐도 있더라" 한 에스겔은 이번에는 자신이 잘 아는 지도자 "야아사냐와 블다랴"를 보았다고 말합니다. 이렇게 말씀하는 것은 이것이 단순한 환상이 아니라 실제 상황임을 나타내기 위해서입니다.

② 하나님께서는 "이 사람들은 불의를 품고 이 성 중에서 악한 꾀를 꾸미는 자니라"(2) 하시는데 누가 그러하다는 것입니까? 어찌하여 "악한 꾀를 꾸미는 자"라 하시나요? "불의"란 백성들을 파멸로 이끌었기 때문이요, "악한 꾀"란 바벨론을 배신하고 애굽에게 원군을 청한 것을 가리키는 것일 수도 있습니다. "그들의 말이 집 건축할 때가 가깝지 아니한즉 이 성읍은 가마가 되고 우리는 고기가 된다 하나니"(3) 합니다. 이는 당시 사람들에게 잘 알려진 격언과 같은 말로 여겨지는데, 오늘의 우리들은 무슨 뜻인지 분명치 않습니다. 그러나 문맥적으로 볼 때 그 의미는 포로로 끌려가지 않고 예루살렘에 남아있는 자신들은 안전하다고 여겼다는 그런 뜻일 것입니다.

③ "여호와의 영이 내게 임하여 이르시되 너는 말하기를 여호와의 말씀에 이스라엘 족속아 너희가 이렇게 말하였도다 너희 마음에서 일어나는 것을 내가 다 아노라"(5) 하십니다. 나라와 백성들이 이런 지경에 이른 것이 누구의 책임인가? "너희가 이 성읍에서 많이 죽여 그 거리를 시체로 채웠도다 그러므로 주 여호와께서 이같이 말씀하셨느니라 이 성읍 중에서 너희가 죽인 시체는 그 고기요, 이 성읍은 그 가마인데 너희는 그 가운데에서 끌려

나오리라”(6-7) 하십니다. 즉 지도자들에게 책임을 물으시겠다는 말씀입니다.

④ 그래서 하나님은 “너희를 그 성읍 가운데에서 끌어내어 타국인의 손에 넘겨 너희에게 벌을 내리리니(9), 이 성읍은 너희 가마가 되지 아니하고 너희는 그 가운데에 고기가 되지 아니할지라 내가 너희를 이스라엘 변경에서 심판하리니”(11), 즉 안전하지 못하리라 하십니다. “너희가 칼에 엎드러질 것이라 내가 이스라엘 변경에서 너희를 심판하리니 너희는 내가 여호와인 줄을 알리라”(10) 하십니다.

⑤ 다시 말씀드립니다만 그들을 어찌하여 “불의를 품고 악한 꾀를 베푸는 자”들이라 하시는가? 하나님의 뜻은 생각지 아니하고 자신들의 뜻만을 내세우려 하기 때문입니다. “이에 내가 예언할 때에 브나야의 아들 블라댜가 죽기로 내가 엎드려 큰 소리로 부르짖어 이르되 오호라 주 여호와여 이스라엘의 남은 자를 다 멸절하고자 하시나이까”(13) 하고 호소합니다. “남은 자를 멸하고자 하신다”, 남은 자가 없게 하시면 하나님의 나라건설을 포기하신다는 말입니까? 아닙니다. 이에 대한 답변을 둘째 단원에서 듣게 될 것입니다.

둘째 단원(14–25) **모아 데리고 돌아오리라**

“너는 또 말하기를 주 여호와의 말씀에 내가 너희를 만민 가운데에서 모으며 너희를 흩은 여러 나라 가운데에서 모아 내고 이스라엘 땅을 너희에게 주리라 하셨다 하라”(17).

① 둘째 단원의 중심점은 "모아 데리고 돌아오리라"는데 있습니다. 하나님은 이제 예루살렘을 떠나십니다. 어디로 가시는가? 사로잡혀가는 자기 백성들을 따라가시려는 것입니다. 그리하여 그곳에서 "잠깐 성소", 즉 그들과 함께 계시면서 돌보셨다가 때가 차면 "모아 데리고 돌아오리라"는 말씀입니다. 그들이 어찌하여 포로가 되었는가? 하나님을 배신하고 반역을 했기 때문입니다. 그런 배은망덕한 자들을 따라가시겠다니 이보다 황공한 말씀은 달리는 없습니다.

② "여호와의 말씀이 내게 임하여 이르시되 인자야 예루살렘 주민이 네 형제 곧 네 형제와 친척과 온 이스라엘 족속을 향하여 이르기를 너희는 여호와에게서 멀리 떠나라 이 땅은 우리에게 주어 기업이 되게 하신 것이라 하셨나니"(14-15), 무슨 뜻인가? 예루살렘에 남아있는 자들은 생각하기를 사로잡혀간 자들은 하나님께 죄를 지어 벌을 받는 자들이고, 남아있는 자신들은 안전하다고 여겼다는 것입니다. 우리도 마찬가지입니다. 어떤 형제에게 시련이 닥치면 속으로 "저 사람은 죄를 지어서 벌을 받는다"라고 정죄합니다. 그러면 자신은 죄가 없다는 말이 아닌가?

회개할 줄 모르는 구제불능

① 하나님은 말씀하십니다. "그런즉 너는 말하기를 주 여호와의 말씀에 내가 비록 그들을 멀리 이방인 가운데로 쫓아내어 여러 나라에 흩었으나 그들이 도달한 나라들에서 내가 잠깐 그들에게 성소가 되리라"(16). 그러면 어떻게 되는가? 도리어 예루살렘

에 있는 잔존(殘存)자들이 버림을 당한 자들인 셈입니다. 이점이 예레미야 24장에 나옵니다. 하나님은 "좋은 무화과와 악하여 먹을 수 없는 무화과" 두 광주리를 예레미야에게 보여주시면서, "내가 이곳에서 옮겨 갈대아인의 땅에 이르게 한 유다 포로를 이 좋은 무화과같이 보아 좋게 할 것이라"(렘 24:1-5) 하십니다.

② 착각하지 말아야 할 것은 사로잡혀간 자들이 "좋은 무화과"라는 뜻이 아니라는 점입니다. 나쁜 무화과, 짐승에게 내어줄 수 밖에 없는 먹을 수 없는 무화과입니다. 그런데 이들을 주권적으로 "좋은 무화과"가 되게 하시겠다는 말씀입니다. 어떻게 말입니까? 불같은 시련을 통해서 "내가 여호와인 줄 아는 마음을 그들에게 주어서 그들이 전심으로 내게 돌아오게 하리니 그들은 내 백성이 되겠고 나는 그들의 하나님이 되리라"(렘 24:7)고 하나님께서 좋은 무화과가 되게 하시겠다는 말씀입니다.

③ 이것이 어떻게 가능하여지는가? "내가 그들에게 한마음을 주고 그 속에 새 영을 주며 그 몸에서 돌 같은 마음을 제거하고 살처럼 부드러운 마음을 주어 내 율례를 따르며 내 규례를 지켜 행하게 하리니 그들은 내 백성이 되고 나는 그들의 하나님이 되리라"(19-20) 하십니다. 문제의 핵심이 어디에 있는지 주목해 보시기 바랍니다. 19절 한 절 속에서 세 번이나 강조하고 있는 "마음"이 문제입니다. 타락했다는 것은 하나님 중심에서 "자기중심"이 되었다는 것입니다. 그리하여 마음 상태가, "만물보다 거짓되고 심히 부패한 것은 마음이라"(렘 17:9) 하십니다.

지금 우리는 옛날이야기를 하고 있는 것이 아닙니다. "말씀이 육신이 되어 우리 가운데 거하시매(장막을 치시니) 우리가 그의 영광을 보니 아버지의 독생자의 영광이요 은혜와 진리가 충만하더라"(요 1:14) 한 "임마누엘" 사건도 다름 아닌 사탄의 포로가 된 우리를 찾아오셔서 "성소"가 되어주신 사건이었던 것입니다. 찾아오신 것만이 아니라 대속제물이 되어주심으로 "한마음, 새 영"을 주시려는 것입니다. 그런 후에 "내가 너희를 위하여 거처를 예비하러 가노니 가서 너희를 위하여 거처를 예비하면 내가 다시 와서 너희를 내게로 영접하여 나 있는 곳에 너희도 있게 하리라"(요 14:2-3)고 우리를 영접하러 다시 오시겠다 하십니다. 이에 대한 감사와 감격이 우리에게 있는가?

④ 하나님은 홍수심판 후에 "다시는 모든 생물을 홍수로 멸하지 아니할 것이라"고 말씀하셨습니다. 그러면 다시는 죄를 범하지 않게 되리라는 말씀인가요? 아닙니다. "이는 <사람의 마음>의 계획하는 바가 어려서부터 악함이라"(창 8:21, 9:11), 즉 홍수심판을 열 번, 천 번을 내린다하여도 자력구원(自力救援)이 불가능하기 때문이라는 것입니다. 성경은 말씀합니다. "구스인이 그 피부를, 표범이 그 반점을 변할 수 있느냐 할 수 있을진대 악에 익숙한 너희도 선을 행할 수 있으리라"(렘 13:23). 이를 신약적으로 말한다면 "그러므로 율법의 행위로 그의 앞에 의롭다 하심을 얻을 육체가 없다"(롬 3:20)는 말씀입니다. 그럼에도 불구하고 교훈으로 표범의 반점을 변하게 할 수 있는 양 여기고 있다니 참으로 답답합니다.

자력구원의 불가능성

① 그래서 하나님이 행해주시겠다는 것입니다.

㉠ “내가 그들에게 한마음을 주고

㉡ 그 속에 새 영을 주며

㉢ 그 몸에서 돌 같은 마음을 제거하고 살처럼 부드러운 마음을 주어”(19) 이루시겠다는 것입니다.

이점을 예레미야 선지자를 통해서는 “여호와의 말씀이니라 그러나 그날 후에 내가 이스라엘 집과 맺을 언약은 이러하니 곧 내가 나의 법을 그들의 속에 두며 그들의 마음에 기록하여 나는 그들의 하나님이 되고 그들은 내 백성이 될 것이라”(렘 31:33) 하십니다. “새 영을 주며, 한마음”을 준다는 말씀은 “새 언약” 곧 복음인 것입니다.

② 기독교는 사람을 개선(改善)시키는 종교가 아닙니다. 거듭나게 하는, 즉 다시 태어나게 하는 중생(重生)입니다. “진실로 진실로 네게 이르노니 사람이 물과 성령으로 나지 아니하면 하나님 나라에 들어갈 수 없느니라(요 3:5), 그가 그 피조물 중에 우리로 한 첫 열매가 되게 하시려고 자기의 뜻을 따라 진리의 말씀으로 우리를 낳으셨느니라(약 1:18), 그리스도 안에서 일만 스승이 있으되 아버지는 많지 아니하니 그리스도 예수 안에서 복음으로써 너희를 낳았음이라”(고전 4:15) 하십니다. “스승”은 교훈하나 “아버지”로 다시 태어나게 하는 것이 우선입니다.

③ 이런 맥락에서 “너는 또 말하기를 주 여호와의 말씀에 내가 너희를 만민 가운데에서 모으며 너희를 흩은 여러 나라 가운데에서 모아 내고 이스라엘 땅을 너희에게 주리라 하셨다 하라” (17) 하십니다. 이 말씀이 1차적으로는 70년 후에 “남은 자”를 데리고 돌아오시겠다는 말씀이지만, 궁극적인 성취는 주님께서 말씀하신

바 "주의 성령이 내게 임하셨으니 이는 가난한 자에게 복음을 전하게 하시려고 내게 기름을 부으시고 나를 보내사 포로 된 자에게 자유를, 눈먼 자에게 다시 보게 함을 전파하며 눌린 자를 자유롭게 하고 주의 은혜의 해를 전파하게 하려 하심이라"(눅 4:18-19)에서 성취될 예언인 것입니다.

한마음, 새 영을 주리라

① 이 점에서 구속사의 지평(地平)에 나타난 하나님의 구원섭리를 말씀드려야 하겠습니다. 상고하고 있는 본문은 예루살렘이 멸망 당하기 직전에 하나님께서 떠나시는 문맥입니다. 그런데 이런 문맥에서 "회복, 새 언약" 즉 복음을 말씀하는 의도가 무엇인가? 질문을 드리겠습니다. 지금 하나님이 떠나시는 것이 실패(失敗)인가 아닌가? 다시 질문을 드립니다. 예수 그리스도께서 십자가에 달려 죽으신 것이 실패(失敗)인가 아닌가? 아닙니다. 하나님에게는 실패란 없습니다. 이를 가리켜 "영원부터 만물을 창조하신 하나님 속에 감추어졌던 비밀(祕密)의 경륜"(엡 3:9)이라 말씀합니다. 표면적인 포로귀환을 통해서 영적 포로귀환을 계시하시려고 허용하신 것입니다.

② 먼저 구약의 역사가 예루살렘이 멸망하고 백성들이 포로로 끌려가는 것으로 끝나는 것을 통해서 계시하시려는 바가 무엇인가?

㉠ 가공할만한 죄(罪)의 결과와

㉡ 자력구원의 불가능(不可能)성을 깨닫게 하여

㉢ 궁극적으로는 오직 구원은 그리스도의 구속(救贖)으로 말미암음뿐임

을 계시하기 위해서입니다.

③ 그러므로 선지서의 기록(記錄)목적에 확고히 해야 합니다. 구약시대에는 많은 선지자들이 있었습니다. 예를 들면 "나단 · 엘리야 · 엘리사"같은 선지자들도 있었는데 이들은 말씀을 기록하여 후대에 전해주지 않았습니다. 그런데 하나님께서는 예루살렘의 멸망을 전후(前後)해서 열여섯 명의 "문서(文書)선지자들"을 세우셨다는 점입니다. 그러면 예루살렘의 멸망과 선지서는 어떤 연관이 있는가? 선지서에는 공통점(共通點)이 있는데,

㉠ 죄를 책망하고 심판을 경고합니다. 그러나 예루살렘의 멸망을 막은 선지자는 한 사람도 없었습니다. 이는 인간의 행위로는 구원을 얻을 수 없음을 말해줍니다. 그런데 선지자들은 한결같이

㉡ 회복을 약속하고 있습니다. 그러면 회복이 옛 언약의 율법으로 가능하여진단 말인가? 만일 가능하다면 근원적으로 예루살렘이 멸망 당하지도 않았을 것입니다.

㉢ 그러므로 선지서들은 새 언약, 즉 그리스도를 통한 회복을 증언하고 있는 것입니다. 성경은 말씀합니다. "이 복음은 하나님이 선지자들을 통하여 그의 아들에 관하여 성경에 미리 약속하신 것이라"(롬 1:2). 이것이 선지서를 기록하신 하신 목적입니다.

선지서의 기록목적

① 그러므로 예루살렘이 멸망하고, 그리스도께서 십자가에 못 박히셨다는 것은 실패도 아니요, 힘이 모자라서가 아니라 하나님의 지혜요, 감추어졌던 비밀이었던 것입니다. 주님은 대답하십니다. "그러나 내가 너희에게 실상을 말하노니 내가 떠나가는 것이

너희에게 유익(有益)이라"(요 16:7). 어찌하여 그리스도께서 죽으시는 것이 유익이라 하시는가? 한 알의 밀이 땅에 떨어져서 죽지 않으면 죄인들이 살 수 있는 길이 열리지 않기 때문입니다. 어찌하여 예루살렘의 멸망이 유익인가? 만일 예루살렘이 멸망하지 않고, 성전이 불에 타지 않고, 백성들이 포로가 되지 않았다면 죄를 영영 모르게 되어 구원에 이를 수 없었을 것입니다. 율법의 기능이 그러하듯이 예루살렘의 멸망은 죄인들을 그리스도에게로 인도하는 초등교사 역할을 하고 있는 것입니다.

② 하나님의 아들이 자기 땅에 오셨을 때, 백성들이 열광적인 환영을 했어야 마땅합니다. 원초적으로 인류의 시조인 아담 하와가 불순종하지 않았어야 합니다. 그러나 하나님의 뜻은 이 모두를 허용하신 것입니다. 왜 그런가? "사탄을 알고, 죄를 알고, 인간의 거짓됨"을 알게 하시기 위해서입니다. 오늘날 신학적인 혼돈은 이를 모르고 부정하는 데서 야기된 것들입니다. 자유주의 신학은 마귀를 부정하고 원죄를 부인하며 인간은 점점 선(善)해간다고 말합니다. 이는 하나님을 대적하는 사탄의 간계입니다.

③ 인류의 시조가 에덴에서 하나님을 배신한 사건, 바로의 노예였던 자신들을 구원하여 주신 하나님을 반역한 사건, 하나님이 세상을 이처럼 사랑하사 독생자를 보내주셨는데 그를 십자가에 못을 박아 죽였다는 사건은, 사탄의 사악함과 인간의 거짓됨을 백일하에 드러내고 있습니다. 하나님은 이를 통해서 자신의 죄성(罪性)을 깨닫기를 원하시는 것입니다.

④ 인간의 사악함과 대조적으로 원복음을 주신 하나님, 아브라함과 다윗에게 언약을 세워주신 하나님, 배신하고 반역함에도 불

구하고 언약하신 바를 중단하거나 포기함이 없이 시작하신 바를 묵묵히 이루어 나오신 하나님, 한 마디로 "사람은 다 거짓되되 오직 하나님은 참되시다 할지어다"(롬 3:4), 이를 알기를 원하시는 것입니다. 이를 깨닫고 고백적인 삶을 살아가고 있는 사람들이 그리스도인들입니다.

오직 하나님은 참되시다

① 이를 달리 표현하면 에스겔서에서 수도 없이 강조하고 있는 "너희가 나를 여호와인 줄 알리라"(10,12)는 하나님을 알게 하시려는 것입니다. 아담 하와가 금단의 열매를 먹었다는 것은 하나님을 알아야 할 만큼 알지 "못했다"는 증거입니다. 선민 이스라엘이 우상을 숭배한 것은 여호와를 "몰랐다"는 증거입니다. 그리스도를 십자가에 못을 박은 것은 하나님을 "몰랐기" 때문입니다. 지금도 그리스도인이라 하면서 이 모양 이 꼴인 것은 하나님도 복음도 알아야 할 만큼 알지를 못하기 때문입니다. 그러므로 중요한 것은 "새 언약, 한마음, 새 영" 즉 복음으로 거듭나는 일입니다.

② 그러므로 11장의 핵심은 "그들은 내 백성이 되고 나는 그들의 하나님이 되리라"(20)는 말씀에 있습니다. 이는 성경 전체의 중추적(中樞的)인 주제(主題)입니다. 왜냐하면 하나님은 자기 백성을 잃어버리셨으며 구속사역이란 "잃어버린 자기 백성을 찾아 하나님의 나라를 회복하는 운동"이기 때문입니다. 그리하여 마지막 책 계시록에 이르러 "하나님이 그들과 함께 계시리니 그들은 하

나님의 백성이 되고 하나님은 친히 그들과 함께 계셔서"(계 21:3) 하고 완성이 될 말씀이기 때문입니다.

③ 예루살렘이 멸망하고 성전은 불에 타고 백성들은 포로가 되는 절망적인 상황에서 하나님의 구원계획은 어떻게 가능하여지는가? 이런 맥락에서 하나님께서 자기 백성들에게 배척당하여 예루살렘을 떠나는 장면은, 그리스도께서 자기 백성들에게 배척당하여 떠나게 될 장면의 예표가 되는 것입니다. 또한 자기 아들에게 반역을 당한 "다윗이 감람산 길로 올라갈 때 그의 머리를 그가 가리고 맨발로 울며 가는"(삼하 15:30) 장면을 생각해 보시기 바랍니다. 주님께서도 감람산 길에서 "오늘 평화에 관한 일을 알았더라면 좋을 뻔하였거니와 지금 네 눈에 숨겨졌도다 날이 이를지라 네 원수들이 토둔을 쌓고 너를 둘러 사면으로 가두리라"(눅 19:41-43)고 우시면서 말씀하셨습니다.

④ 본문에서도 "여호와의 영광이 성읍 가운데에서부터 올라가 성읍 동쪽 산에 머무르고 주의 영이 나를 들어 하나님의 영의 환상 중에 데리고 갈대아에 있는 사로잡힌 자 중에 이르시더니"(23-24)하고 떠나가시는 것을 보게 됩니다. 다시 강조합니다만 하나님은 실패하지 않으십니다. 또한 중단하지도 않으십니다. "남은 자"를 데리고 돌아오심으로 시작하신 것을 또한 이루시는 하나님이십니다. "사람은 다 거짓되되 오직 하나님은 참되시다 할지어다"(롬 3:4). 이것이 "열방에서 그들에게 잠깐 성소가 되리라"는 의미입니다.

⑤ 묵상해보겠습니다.

㉠ 인간의 거짓됨과 하나님의 참되심에 대해서
㉡ 선지서의 기록목적에 대해서
㉢ "떠나심"에 함축된 구속사적 의미에 대해서.

에스겔 12장 개관도표

주제 : 왕과 백성들이 포로 될 것의 묵시

멸망과 포로 될 것의 예조	1-20 1 또 여호와의 말씀이 내게 임하여 이르시되 2 인자야 네가 반역하는 족속 중에 거주하는도다 그들은 볼 눈이 있어도 보지 아니하고 들을 귀가 있어도 듣지 아니 하나니 그들은 반역하는 족속임이라 3 인자야 너는 ① **포로의 행장을 꾸리고 낮에 그들의 목전에서 끌려가라** 네가 네 처소를 다른 곳으로 옮기는 것을 그들이 보면 비록 반역하는 족속이라도 혹 생각이 있으리라 4 너는 낮에 그들의 목전에서 네 포로의 행장을 밖에 내놓기를 끌려가는 포로의 행장 같이 하고 저물 때에 너는 그들의 목전에서 밖으로 나가기를 포로되어 가는 자 같이 하라 5 너는 그들의 목전에서 ② **성벽을 뚫고 그리로 따라 옮기되** 6 캄캄할 때에 그들의 목전에서 어깨에 메고 나가며 얼굴을 가리고 땅을 보지 말지어다 이는 내가 너를 세워 이스라엘 족속에게 징조가 되게 함이라 하시기로 7 내가 그 명령대로 행하여 낮에 나의 행장을 끌려가는 포로의 행장 같이 내놓고 저물 때에 내 손으로 성벽을 뚫고 캄캄할 때에 행장을 내다가 그들의 목전에서 어깨에 메고 나가니라 8 이튿날 아침에 여호와의 말씀이 또 내게 임하여 이르시되 9 인자야 이스라엘 족속 곧 그 반역하는 족속이 네게 묻기를 무엇을 하느냐 하지 아니하더냐 10 너는 그들에게 말하기를 주 여호와의 말씀에 **이것은 예루살렘 왕과 그 가운데에 있는 이스라엘 온 족속에 대한 묵시라 하셨다 하고** 11 또 말하기를 나는 너희 징조라 내가 행한 대로 그들도 포로로 사로잡혀 가리라 12 무리가 성벽을 뚫고 행장을 그리로 가지고 나가고 그 중에 왕은 어두울 때에 어깨에 행장을 메고 나가며 눈으로 땅을 보지 아니하려고 자기 얼굴을 가리리라 하라 13 내가 또 내 그물을 그의 위에 치고 내 ③ **올무에 걸리게 하여 그를 끌고 갈대아 땅 바벨론에 이르리니** 그가 거기에서 죽으려니와 그 땅을 보지 못하리라 14 내가 그 호위하는 자와 부대들을 다 사방으로 흩고 또 그 뒤를 따라 칼을 빼리라 15 내가 그들을 이방인 가운데로 흩으며 여러 나라 가운데에 헤친 후에야 내가 여호와인 줄을 그들이 알리라 16 ④ **그러나 내가 그 중 몇 사람을 남겨** 칼과 기근과 전염병에서 벗어나게 하여 그들이 이르는 이방인 가운데에서 자기의 모든 **가증한 일을 자백하게 하리니** 내가 여호와인 줄을 그들이 알리라 17 여호와의 말씀이 또 내게 임하여 이르시되 18 인자야 너는 ⑤ **떨면서 네 음식을 먹고 놀라고 근심하면서 네 물을 마시며** 19 이 땅 백성에게 말하되 주 여호와께서 예루살렘 주민과 이스라엘 땅에 대하여 이르시기를 그들이 근심하면서 그 음식을 먹으며 놀라면서 그 물을 마실 것은 이 땅 모든 주민의 포악으로 말미암아 땅에 가득한 것이 황폐하게 됨이라 20 사람이 거주하는 성읍들이 황폐하며 땅이 적막하리니 내가 여호와인 줄을 너희가 알리라 하셨다 하라
더디지 않고 응하리라	21-28 21 여호와의 말씀이 또 내게 임하여 이르시되 22 인자야 이스라엘 땅에서 이르기를 ⑥ **날이 더디고 모든 묵시가 사라지리라 하는** 너희의 이 속담이 어찌 됨이냐 23 그러므로 너는 그들에게 이르기를 주 여호와께서 이같이 말씀하시기를 내가 이 속담을 그치게 하리니 사람이 다시는 이스라엘 가운데에서 이 속담을 사용하지 못하리라 하셨다 하고 또 그들에게 이르기를 날과 모든 묵시의 응함이 가까우 니 24 이스라엘 족속 중에 허탄한 묵시나 아첨하는 복술이 다시 있지 못하리라 하라 25 나는 여호와라 내가 말하리니 내가 하는 말이 다시는 ⑦ **더디지 아니하고 응하리라** 반역하는 족속이여 내가 너희 생전에 말하고 이루리라 나 주 여호와의 말이니라 하셨다 하라 26 여호와의 말씀이 또 내게 임하여 이르시되 27 인자야 이스라엘 족속의 말이 그가 보는 묵시는 여러 날 후의 일이라 그가 멀리 있는 때에 대하여 예언하였다 하느니라 28 그러므로 너는 그들에게 이르기를 주 여호와의 말씀에 나의 말이 하나도 다시 더디지 아니할지니 내가 한 말이 이루어지리라 나 주 여호와의 말이니라 하라

12 장

왕과 백성들이 포로 될 묵시

> [10]너는 그들에게 말하기를 주 여호와의 말씀에 이것은 예루살렘 왕과 그 가운데에 있는 이스라엘 온 족속에 대한 묵시라 하셨다 하고

12장의 중심점은 "왕과 백성들이 포로 될 것의 묵시"에 있습니다. 12장에서 또다시 선지자의 행위계시가 나타나는데, 도표를 보시면 "왕과 백성들이 포로 될 것의 묵시"라는 말씀을 중심으로,

① "행장을 꾸리고 이사하되" 즉 피난을 가려고
② 성벽을 뚫고 도망하나
③ 올무에 걸리게 하여 바벨론으로 사로잡혀가게 될 것이다
④ "그러나 몇 사람을 남기시리라" 합니다.

⑤ 떨면서 음식을 먹게 될 것과
⑥ 그들은 예언이 더디고 응함이 없다고 말하나
⑦ "더디지 아니하고 응하리라" 하십니다.

그때에야 나를 여호와인 줄 알리라 하십니다. 아! "나를 여호와인 줄 알리라"고 목말라 외치시는 하나님의 마음을 누가 알리요. 이 행위계시는 아직 예루살렘이 건재할 때 주어진 것입니다. 이를 두 단원으로 나누어 상고하겠습니다.

첫째 단원(1–20) **멸망과 포로 될 것의 묵시**
둘째 단원(21–28) **더디지 아니하고 응하리라**

첫째 단원(1–20) **포로 될 것의 묵시**

"또 말하기를 나는 너희 징조라 내가 행한 대로 그들도 포로로 사로 잡혀 가리라"(11).

① 첫째 단원의 중심점은, "포로 될 것의 묵시"에 있습니다. "또 여호와의 말씀이 내게 임하여 이르시되 인자야 네가 반역하는 족속 중에 거주하는도다 그들은 볼 눈이 있어도 보지 아니하고 들을 귀가 있어도 듣지 아니하나니 그들은 반역하는 족속임이라"(1-2) 하십니다.

㉠ 그들의 눈이 볼 수 있도록 반복적으로 행위계시를 통해서 보여주고
㉡ 그들의 귀가 들을 수 있도록 반복적으로 말씀으로 경고를 해도 "얼굴이 뻔뻔하고 마음이 강퍅한 자"(2:4)가 되어 보지도 듣지도 않는

다는 말씀입니다.

② 그래도 다시 한번,

㉠ "인자야 너는 포로의 행장을 꾸리고 낮에 그들의 목전에서 끌려가라 네가 네 처소를 다른 곳으로 옮기는 것을 그들이 보면 비록 반역하는 족속이라도 혹 생각이 있으리라"(3) 하십니다. 그리하여

㉡ "너는 낮에 그들의 목전에서 네 포로의 행장을 밖에 내놓기를 끌려가는 포로의 행장같이 하고 저물 때에 너는 그들의 목전에서 밖으로 나가기를 포로되어 가는 자같이 하라"(4) 하십니다. 그리고

㉢ "너는 그들의 목전에서 성벽을 뚫고 그리로 따라 옮기되 캄캄할 때에 그들의 목전에서 어깨에 메고 나가며 얼굴을 가리고 땅을 보지 말지어다 이는 내가 너를 세워 이스라엘 족속에게 징조가 되게 함이라"(5-6) 하십니다. 이 말씀대로 순종하여 행하고 있는 선지자의 이상한 행동을 보면서도 그들은 깨닫지를 못했단 말인가? 무엇보다 하나님의 간절한 마음을 모른단 말인가?

③ "이튿날 아침에 여호와의 말씀이 또 내게 임하여 이르시되 인자야 이스라엘 족속 곧 그 반역하는 족속이 네게 묻기를 무엇을 하느냐 하지 아니하더냐 너는 그들에게 말하기를 주 여호와의 말씀에 이것은 예루살렘 왕과 그 가운데에 있는 이스라엘 온 족속에 대한 묵시라"(8-10)고 전하라 하십니다.

④ 13절에서 "내가 또 내 그물을 그의 위에 치고 내 올무에 걸리게 하여 그를 끌고 갈대아 땅 바벨론에 이르리니"하시는데, 이는 선지자의 행위계시를 통하여 보여주신 대로 시드기야 왕이 도망가다가 붙들리게 됨으로 문자적으로 성취되었던 것입니다. 그리고 "그 땅을 보지 못하리라"(13하)는 뜻은 눈을 뻄을 당하게 될 것을 가리킵니다. 그런 "후에야 그들이 나를 여호와인 줄 알리라"(15,16) 하시는데, 이 묵시대로 그대로 응하고야 말았던 것

입니다.

⑤ 16절은 "그러나" 하고 시작됩니다. "그러나 내가 그중 몇 사람을 남겨 칼과 기근과 전염병에서 벗어나게 하여 그들이 이르는 이방인 가운데에서 자기의 모든 가증한 일을 자백하게 하리니" 하십니다. 이들이 남은 자요, 좋은 무화과 같이 되게 하실 자들인 것입니다. 이것이 "멸망과 포로 될 것의 묵시"입니다.

포위되어 두려워 떨 것의 묵시

① 하나님은 또 하나의 묵시를 보여주라고 명하십니다. "여호와의 말씀이 또 내게 임하여 이르시되 인자야 너는 떨면서 네 음식을 먹고 놀라고 근심하면서 네 물을 마시며"(18) 하십니다. 선지자는 사람들이 보는 앞에서,

㉠ 떨면서 음식을 먹고

㉡ 놀라고 근심하면서 물을 마시는" 역할극을 했을 것입니다. 하나님은 유치원 어린이들이라도 알아들을 수 있도록 경계하십니다.

② "이 땅 백성에게 말하되 주 여호와께서 예루살렘 주민과 이스라엘 땅에 대하여 이르시기를 그들이 근심하면서 그 음식을 먹으며 놀라면서 그 물을 마실 것은 이 땅 모든 주민의 포악으로 말미암아 땅에 가득한 것이 황폐하게 됨이라 사람이 거주하는 성읍들이 황폐하며 땅이 적막하리니 내가 여호와인 줄을 너희가 알리라 하셨다 하라"(19-20), 얼굴이 뻔뻔하고 마음이 강퍅한 자들이 선지자의 행위계시를 보면서 미친 것으로 여겼는가? 아니면 깨달았단 말인가?

둘째 단원(21–28) **더디지 아니하고 응하리라**

"인자야 이스라엘 땅에서 이르기를 날이 더디고 모든 묵시가 사라지리라 하는 너희의 이 속담이 어찌 됨이냐"(22).

① 둘째 단원의 중심점은 "예언이 더디지 아니하고 속히 응하리라"는 말씀에 있습니다. 왜 이렇게 말씀하시는가? 강팍한 그들은 말하기를,

㉠ "예언의 성취가 더디고

㉡ 모든 묵시가 응함이 없다"고 말했기 때문입니다. 즉 에스겔의 예언이 맞지 않는다는 뜻입니다.

② "여호와의 말씀이 또 내게 임하여 이르시되,

㉠ 그러므로 너는 그들에게 이르기를 주 여호와께서 이같이 말씀하시기를 내가 이 속담을 그치게 하리니 사람이 다시는 이스라엘 가운데에서 이 속담을 사용하지 못하리라 하셨다 하고(23상)

㉡ 또 그들에게 이르기를 날과 모든 묵시의 응함이 가까우리라"(23하) 하십니다. 예루살렘이 멸망하던 날 선지자를 조롱하던 "속담은 그치게" 되었을 것입니다.

③ 그리고 "이스라엘 족속 중에 허탄한 묵시나 아첨하는 복술이 다시 있지 못하리라 하라"(24) 하십니다.

㉠ "허탄한 묵시

㉡ 아첨하는 복술"이란 거짓 선지자들이 점치듯 하면서, 백성들에게 영합하기 위해서 "평강하다, 평강하다"고 말한 것을 가리킵니다.

거짓 선지자들에 대한 책망과 경고는 다음 장 한 장을 할애하여 말씀하시는 것을 보게 될 것입니다. 그들이 "더디다, 응함이 없다"한 것은 에스겔이 전하는 말이 믿을만한 것이 못되는 거짓

말이라는 뜻인데, "나는 여호와라 내가 말하리니 내가 하는 말이 다시는 더디지 아니하고 응하리라 반역하는 족속이여 내가 너희 생전에 말하고 이루리라 나 주 여호와의 말이니라 하셨다 하라"(25) 하십니다.

④ 본 단원에는 "여호와의 말씀"이라는 말이 일곱 번(21,23,25, 25,26,28,28)이나 강조되어 있습니다. 예언과 경고는 에스겔의 이름으로 선포된 것이 아닙니다. "여호와"의 이름으로 공포된 것임을 강조하십니다. 그리고 하나님이 세워주신 "언약 · 예언"은 일점일획의 어긋남도 없이 다 성취되었습니다. 그러므로 "여호와의 말씀이 또 내게 임하여 이르시되 인자야 이스라엘 족속의 말이 그가 보는 묵시는 여러 날 후의 일이라 그가 멀리 있는 때에 대하여 예언하였다 하느니라 그러므로 너는 그들에게 이르기를 주 여호와의 말씀에 나의 말이 하나도 다시 더디지 아니할지니 내가 한 말이 이루어지리라 나 주 여호와의 말이니라 하라"(26-28)고 거듭거듭 여호와의 이름으로 경고하십니다.

⑤ 이처럼 기롱하는 무리들은 초대교회 당시에도 있었습니다. "이르되 주께서 강림하신다는 약속이 어디 있느냐 만물이 처음 창조될 때와 같이 그냥 있다하니, 진실이라면 약속이 왜 이리 더디냐"(벧후 3:3-9)고 조롱했습니다. 그리고 오늘날이 더욱 심각합니다. 불신자들만이 아니라 현대주의 신학자들은 그리스도의 "동정녀 탄생과 육체적인 부활과 종말적인 재림"을 신화로 여기고 부인합니다. 하나님은 하박국 선지자를 통해 말씀하십니다. "이 묵시는 정한 때가 있나니 그 종말이 속히 이르겠고 결코 거짓되지 아니하리라 비록 더딜지라도 기다리라 지체되지 않고 반드시

응하리라"(합 2:3). 이제 하나 남은 약속은 주의 재림(再臨)입니다. "재림"은 구속사역의 마침표입니다. 구원계획에는 여호와의 명예가 걸려있는 것입니다. 그러므로 시작하시고 이제까지 이루어 오신 하나님께서 또한 완성(完成)하실 것을 확신하는 것입니다. 이것이 "왕과 백성들이 포로 될 묵시"입니다.

⑥ 묵상해보겠습니다.

㉠ 두 가지 행위계시에 대해서

㉡ 강퍅한 그들이라도 "혹 생각이 있으리라(3), 무엇이라 하지 아니하더냐"(8) 하시는 하나님의 마음에 대해서

㉢ 둘째 단원에 "여호와의 말씀"이라는 말이 몇 번이나 등장하는지와 그 진실성에 대해서.

에스겔 13장 개관도표

주제 : 혼잡하게 하는 말씀의 가공할만한 결과

여우 같은 선지자	1-9 1 여호와의 말씀이 내게 임하여 이르시되 2 인자야 너는 **이스라엘의 예언하는 선지자들에게 경고하여 예언하되** **자기 마음대로 예언하는 자에게 말하기를 너희는** 여호와의 말씀을 들으라 3 주 여호와의 말씀에 본 것이 없이 자기 심령을 따라 예언하는 어리석은 선지자에게 화가 있을진저 4 이스라엘아 너의 선지자들은 ① 황무지에 있는 여우 같으니라 5 너희 선지자들이 성 무너진 곳에 올라가지도 아니하였으며 이스라엘 족속을 위하여 여호와의 날에 전쟁에서 견디게 하려고 성벽을 수축하지도 아니하였느니라 6 여호와께서 말씀하셨다고 하는 자들이 허탄한 것과 거짓된 점괘를 보며 사람들에게 그 말이 확실히 이루어지기를 바라게 하거니와 그들은 여호와가 보낸 자가 아니라 7 너희가 말하기는 여호와의 말씀이라 하여도 내가 말한 것이 아닌즉 어찌 허탄한 묵시를 보며 거짓된 점괘를 말한 것이 아니냐 8 그러므로 주 여호와께서 이같이 말씀하셨느니라 너희가 허탄한 것을 말하며 거짓된 것을 보았은즉 ⑤ **내가 너희를 치리라** 주 여호와의 말씀이니라 9 그 선지자들이 허탄한 묵시를 보며 거짓 것을 점쳤으니 내 손이 그들을 쳐서 내 백성의 공회에 들어오지 못하게 하며 이스라엘 족속의 호적에도 기록되지 못하게 하며 이스라엘 땅에도 들어가지 못하게 하리니 너희가 나를 여호와인 줄 알리라
담에 회칠하는 선지자	10-16 10 이렇게 칠 것은 그들이 내 백성을 유혹하여 평강이 없으나 평강이 있다 함이라 ② **어떤 사람이 담을 쌓을 때에 그들이 회칠을 하는도다** 11 **그러므로 너는 회칠하는 자에게 이르기를** 그것이 무너지리라 폭우가 내리며 큰 우박덩이가 떨어지며 폭풍이 몰아치리니 12 그 담이 무너진즉 어떤 사람이 너희에게 말하기를 그것에 칠한 회가 어디 있느냐 하지 아니하겠느냐 13 그러므로 나 주 여호와가 말하노라 내가 분노하여 폭풍을 퍼붓고 내가 진노하여 폭우를 내리고 분노하여 큰 우박덩어리로 무너뜨리리라 14 회칠한 담을 내가 이렇게 허물어서 땅에 넘어뜨리고 그 기초를 드러낼 것이라 담이 무너진즉 너희가 그 가운데에서 망하리니 나를 여호와인 줄 알리라 15 이와 같이 내가 내 노를 담과 회칠한 자에게 모두 이루고 또 너희에게 말하기를 담도 없어지고 칠한 자들도 없어졌다 하리니 16 이들은 예루살렘에 대하여 예언하기를 평강이 없으나 평강의 묵시를 보았다고 하는 이스라엘의 선지자들이니라 주 여호와의 말씀이니라
영혼을 사냥하는 선지자	17 너 인자야 너의 백성 중 ③ **자기 마음대로 예언하는 여자들에게 경고하며 예언하여** 18 이르기를 주 여호와의 말씀에 사람의 영혼을 사냥하려고 손목마다 부적을 꿰어 매고 키가 큰 자나 작은 자의 머리를 위하여 수건을 만드는 여자들에게 화 있을진저 너희가 어찌하여 ④ **내 백성의 영혼은 사냥하면서 자기를 위하여는 영혼을 살리려 하느냐** 19 너희가 두어 움큼 보리와 두어 조각 떡을 위하여 나를 내 백성 가운데에서 욕되게 하여 **거짓말을 곧이** **듣는** 내 백성에게 너희가 거짓말을 지어내어 죽지 아니할 영혼을 죽이고 살지 못할 영혼을 살리는도다 20 그러므로 나 주 여호와가 이같이 말하노라 너희가 새를 사냥하듯 영혼들을 사냥하는 그 부적을 내가 너희 팔에서 떼어 버리고 너희가 새처럼 사냥한 그 영혼들을 놓아 주며 21 또 너희 수건을 찢고 내 백성을 너희 손에서 건지고 다시는 너희 손에 사냥물이 되지 아니하게 하리니 내가 여호와인 줄을 너희가 알리라 22 내가 슬프게 하지 아니한 의인의 마음을 너희가 거짓말로 근심하게 하며 너희가 또 악인의 손을 굳게 하여 그 악한 길에서 돌이켜 떠나 삶을 얻지 못하게 하였은즉 23 너희가 다시는 허탄한 묵시를 보지 못하고 점복도 못할지라 **내가 내 백성을 너희 손에서 건져내리니** ⑥ **내가 여호와인 줄을 너희가 알리라 하라**

13장

혼잡하게 하는 말씀의 가공할만한 결과

[2]인자야 너는 이스라엘의 예언하는 선지자들에게 경고하여 예언하되 자기 마음대로 예언하는 자에게 말하기를 너희는 여호와의 말씀을 들으라

13장은 전체가 선지자(先知者)에 관한 내용입니다. “선지자”란 말이 여섯 번(2,3,4,5,9,16) 등장하는데, 중심점은 “자기 마음대로 예언하는 자”, 즉 말씀을 곡해하는 가공할만한 결과에 있습니다. 예루살렘이 멸망하고 성전이 불타며 백성들이 사로잡혀가게 된 원인이 어디에 있는가? 8장 전체를 통해서 그 원인이 메시아언약을 버리고 우상을 숭배했기 때문임을 말씀했습니다. 그러면 그렇게 된 책임이 누구에게 있는가? 13장 전체를 통해서 하나님의 말

씀을 맡은 선지자에게 있음을 고발하고 있는 것입니다. 그런데 유념할 점은 본문에는 "거짓 선지자"란 말이 한마디도 없다는 점입니다. 제가 알고 있기로는 에스겔서만이 아니라 구약성경 전체를 보아도 딱 한 번(슥 13:2) 등장합니다. 이는 무엇을 말해주고 있느냐 하면 거짓 선지자가 따로 있는 것이 아니라 누구든지 하나님의 말씀을 곡해(曲解)하면 거짓 선지자가 되어 그 영향은 가공(可恐)할만한 결과를 초래한다는 경고입니다.

신약시대에 이르러서도 주님께서 친히 경계하셨고, 서신서를 기록하게 한 목적 중 하나가 거짓 선생들에 대한 경계입니다. 그러므로 이 문제는 중대하고 심각하게 다루어야 합니다.

도표를 보시면 "너는 이스라엘의 예언하는 선지자를 쳐서 예언하라"는 말씀을 중심으로,

① "황무지에 있는 여우 같은 선지자"

② "담에 회칠하는 선지자"라 하십니다.

③ 그런 선지자들은 "영혼을 사냥하는 자"라 하시면서

④ "내가 너희를 치리라"

⑤ 그리하여 "내 백성을 너희 손에서 건져내리라" 하십니다.

이를 세 단원으로 나누어 상고하겠습니다.

첫째 단원(1–9) **여우같은 선지자**

둘째 단원(10–16) **담에 회칠하는 선지자**

셋째 단원(17–23) **영혼을 사냥하는 선지자**

첫째 단원(1–9) 여우같은 선지자

"이스라엘아 너의 선지자들은 황무지에 있는 여우같으니라"(4).

① 첫째 단원의 중심점은, "여우 같은 선지자"에 있습니다. 다시 상기시킵니다만 본문과 같은 말씀을 대할 때 이들은 "거짓 선지자"요, 나는 아니라는 식으로 접근하기 쉽습니다. 그런데 성경은 그냥 선지자라 말씀하고 있다는 점입니다. 그러면 그들이 어찌하여 "거짓 선지자"인가? 본문에는 "거짓된 것, 거짓말"이라는 말이 여섯 번(6,7,8,19,19,22)이나 등장합니다. 거짓말을 하기 때문입니다. 우리는 "어느 학교출신, 어느 교단소속"을 내세웁니다. 그리고 이것이 참 목회자라는 보증이라도 되는 양 말합니다. 아닙니다. 시금석은 "진리의 말씀을 옳게 분별"(딤후 2:15)하여 바르게 증언하고 있느냐 여부에 있는 것입니다.

② 13장은 "여호와의 말씀이 내게 임하여 이르시되 인자야 너는 이스라엘의 예언하는 선지자들에게 경고하여 예언하되 자기 마음대로 예언하는 자에게 말하기를 너희는 여호와의 말씀을 들으라"(1-2)고 시작됩니다.

㉠ 3절에서는 "주 여호와의 말씀에 본 것이 없이 자기 심령을 따라 예언하는 어리석은 선지자에게 화가 있을진저" 하십니다. "자기 심령을 따라 예언한다"는 경고는, 본문을 읽고는 "자기 생각 · 사상 · 주장" 등 온갖 혼잡 된 말을 늘어놓고 있는 현대교회의 설교 풍조(風潮)에 경종이 된다고 하겠습니다.

㉡ "기록된 말씀"에 근거(根據)를 두지 않고 자기 마음대로 설교하면 거짓 선지자라는 것입니다. 17절에서도 "자기 마음대로 예언하는 여자들에게 경고하라"고 재차 명하십니다.

③ 그런 자들은 "이스라엘아 너의 선지자들은 황무지에 있는 여우 같으니라"(4) 하십니다. 여우는 간교함의 상징인데 황무지에 있는 여우라 했으니, 누구의 통제도 받지 않는 제멋대로 하는 것을 가리킵니다. "설교"는 자칫하면 치외법권(治外法權)과 같아서 감독이나 통제에서 벗어나 자기 좋을 대로 하기 쉽습니다. 그렇게 한다면 "황무지의 여우"가 되는 것입니다. 아가서에서는 "우리를 위하여 여우 곧 포도원을 허는 작은 여우를 잡으라 우리의 포도원에 꽃이 피었음이라"(아 2:15) 합니다. 우리 마음이 찔림을 받지 않습니까?

④ "너희 선지자들이 성 무너진 곳에 올라가지도 아니하였으며 이스라엘 족속을 위하여 여호와의 날에 전쟁에서 견디게 하려고 성벽을 수축하지도 아니하였느니라"(5) 합니다. "성 무너진 곳"이 당시의 예루살렘 실정이었는데 "성벽을 수축하지 않았다"는 것은 그에 대한 대비(對備)하지 않았다는 말씀입니다. 즉 죄와 심판을 경고하지 않았다는 것입니다. 3장의 말씀대로 하면, "파수꾼이 깨우치지 않았다, 나팔을 불지 않았다"는 것입니다. 도리어 "평강하다, 평강하다"(10,16, 렘 6:14) 하는 듣기에 좋은 말만 했다는 것입니다. 예레미야애가 2:14절을 보십시오. "네 선지자들이 네게 대하여 헛되고 어리석은 묵시를 보았으므로 네 죄악을 드러내어서 네가 사로잡힌 것을 돌이키지 못하였다 그들의 거짓 경고와 미혹하게 할 것만 보았도다"고 예루살렘이 멸망하게 된 원인과 책임이 선지자들 곧 지도자들에게 있다고 지적합니다.

미혹하게 할 것만 본 선지자

① "여호와께서 말씀하셨다고 하는 자들이 허탄한 것과 거짓된 점괘를 보며 사람들에게 그 말이 확실히 이루어지기를 바라게 하거니와 그들은 여호와가 보낸 자가 아니라"(6) 하십니다. 6-9절에는 거짓 선지자의 특성과 그에 대한 심판이 있는데 먼저 특성(特性)을 정리해보면,

㉠ "여호와께서 말씀하셨다"(6상)고 하나님의 이름을 빙자한다,

㉡ "허탄한 말을 한다", "허탄"이란 말이 네 번(6,7,8,9) 강조되어 있습니다.

㉢ "거짓말"(6,7,8,9)을 한다

㉣ "점괘를 보며", "점괘"라는 말이 세 번(6,7,9) 강조되어 있는데 점쟁이 노릇을 한다, 이점을 미가 선지자는 "제사장은 삯을 위하여 교훈하며 그들의 선지자는 돈을 위하여 점을 친다"(미 3:11)고 책망합니다.

㉤ 어리석은 "사람들에게 그 말이 확실히 이루어지기를 바라도록"(6) 기만한다

㉥ "거짓말을 곧이듣는 내 백성"(19중), 즉 성도들은 허탄한 거짓말을 "곧이듣고" 아멘, 아멘 한다는 것입니다.

㉦ 그러나 "여호와가 보낸 자가 아니라" 하십니다.

㉧ "내가 말한 것이 아니라, 너희가 말하기는 여호와의 말씀이라 하여도 내가 말한 것이 아닌즉 어찌 허탄한 묵시를 보며 거짓된 점괘를 말한 것이 아니냐"(7), 이것이 거짓 선지자의 특성인데

㉨ 가공할만한 결과는 "죽지 아니할 영혼을 죽인다"(19)는데 있습니다.

② 다음은 그들이 받게 될 심판(審判)입니다.

㉠ "내 손이 그들을 쳐서"(8,9)

㉡ "공회에 들어오지 못하게 하며"(9), 즉 하나님의 공동체 일원이 되지 못하게 하고

ⓒ "호족에도 기록되지 못하게 하며"

ⓡ "이스라엘 땅에도 들어가지 못하게 하리니" 하십니다. "호적"은 생명책으로, 이스라엘 땅(가나안)은 영원한 천국으로 적용이 됩니다.

③ 이점을 주님은 "그 때에 내가 그들에게 밝히 말하되 내가 너희를 도무지 알지 못하니 불법을 행하는 자들아 내게서 떠나가라 하리라"(마 7:23) 하십니다. 이것이 "여우 같은 선지자"의 특성과 받을 형벌입니다.

둘째 단원(10–16) **담에 회칠하는 선지자**

"이렇게 칠 것은 그들이 내 백성을 유혹하여 평강이 없으나 평강이 있다 함이라 어떤 사람이 담을 쌓을 때에 그들이 회칠을 하는도다"(10).

① 둘째 단원의 중심점은, "담에 회칠하는 선지자"에 있습니다. 본 단원에는 "회칠"이라는 말이 다섯 번(10,11,12,14,15)이나 나옵니다. 회칠한다는 뜻은 "외식 · 가장 · 이중성" 등을 가리킵니다. 주님께서도 "화 있을진저 외식하는 서기관들과 바리새인들이여 회칠한 무덤 같으니 겉으로는 아름답게 보이나 그 안에는 죽은 사람의 뼈와 모든 더러운 것이 가득하도다"(마 23:27)고 책망하셨습니다. "이렇게 칠 것은 그들이 내 백성을 유혹하여 평강이 없으나 평강이 있다 함이라"(10상), 이것이 회칠하는 것입니다. 목회자 세미나에서 어느 강사가 큰 비결이라도 알려주듯이 "축복하는 설교만 해라 그러면 교회가 부흥한다"는 말을 들은 기억이

납니다.

② "어떤 사람이 담을 쌓을 때에"(10하) 하며 목회를 "담을 쌓는 것"에 비유합니다. "담"이란 5절에서 말씀한 성벽과 같아서 유사시(有事時)를 위한 준비를 의미합니다. 주님은 "깨어 있으라 어느 날에 너희 주가 임할는지 너희가 알지 못함이니라 너희도 아는 바니 만일 집주인이 도적이 어느 시각에 올 줄을 알았더라면 깨어 있어 그 집을 뚫지 못하게 하였으리라 이러므로 너희도 준비하고 있으라 생각하지 않을 때에 인자가 오리라"(마 24:42-44) 하십니다. 이것이 "담을 쌓을 때에"란 의미입니다.

③ 그런데 그 담이 견고한 것이 아니라, "담을 쌓을 때 그들이 회칠을 한다", 즉 결정적인 순간에 무너지고 말 가짜 담, 기만하는 담을 쌓고 있다는 것입니다. "그러므로 너는 회칠하는 자에게 이르기를 그것이 무너지리라 폭우가 내리며 큰 우박덩이가 떨어지며 폭풍이 몰아치리니 그 담이 무너진즉 어떤 사람이 너희에게 말하기를 그것에 칠한 회가 어디 있느냐 하지 아니하겠느냐"(11-12) 하십니다.

㉠ "폭우 · 우박덩이 · 폭풍"에 견디지 못하고
㉡ "무너지리라, 무너지리라" 거듭 경고합니다.
㉢ "그것에 칠한 회가 어디 있는냐", 즉 그날에 아무런 도움이 되지 못한다는 것입니다.

④ 신약성경에서도 "만일 누구든지 금이나 은이나 보석이나 나무나 풀이나 짚으로 이 터 위에 세우면" 하고 목회를 건축(建築)에다 비유합니다. 거론한 건축자재가 여섯 가지나 되지만 불에 타는 것과 타지 않는 두 가지뿐입니다. "그날이 공적을 밝히리니 이는 불로 나타내고 그 불이 각 사람의 공적이 어떠한 것을 시험

할 것임이니라 만일 누구든지 그 위에 세운 공적이 그대로 있으면 상을 받고 누구든지 공적이 불타면 해를 받으리니"(고전 3:13-15) 합니다. "누구든지"라는 말을 세 번이나 반복함으로 예외(例外)가 없음을 강조합니다. 달리 말하면 누구든지 거짓 교사가 될 수 있다는 경고입니다.

⑤ "그러므로 나 주 여호와가 말하노라 내가 분노하여 폭풍을 퍼붓고 내가 진노하여 폭우를 내리고 분노하여 큰 우박덩어리로 무너뜨리리라"(13) 하십니다. 한 절 안에 여호와의 "분노, 진노, 분노"가 있습니다. 그리고 "폭풍 · 폭우 · 큰 우박덩이"가 있습니다. 그리하여 "퍼붓고, 무너뜨리리라" 하십니다. 누구에게 이렇게 하시겠다는 경고인가? 하나님의 분노를 사고, 허망하게 무너질 담을 쌓고 있는 선지자들에게 내리시겠다는 말씀입니다. 그러나 백성들은 회칠하는 말을 "곧이듣고(19), 좋게 여기니 그 결국에는 너희가 어찌 하려느냐"(렘 5:31)고 탄식합니다.

⑥ "회칠한 담을 내가 이렇게 허물어서 땅에 넘어뜨리고 그 기초를 드러낼 것이라 담이 무너진즉 너희가 그 가운데에서 망하리니 나를 여호와인 줄 알리라 이와 같이 내가 내 노를 담과 회칠한 자에게 모두 이루고 또 너희에게 말하기를 담도 없어지고 칠한 자들도 없어졌다 하리니 이들은 예루살렘에 대하여 예언하기를 평강이 없으나 평강의 묵시를 보았다고 하는 이스라엘의 선지자들이니라 주 여호와의 말씀이니라"(14-16) 하십니다. 우리는 그 결정적인 순간에 무너지고 말 담을 쌓으면서 회칠을 하고 있는 자들은 아닌가? 숫자만을 추구하여 불에 탈 나무 · 풀 · 짚으로 건축하고 있지 않은지 심각하게 고민해야 할 것입니다. 이것이 "담

에 회칠하는 선지자"의 종말입니다.

셋째 단원(17–23) **영혼을 사냥하는 선지자**

"그러므로 나 주 여호와가 이같이 말하노라 너희가 새를 사냥하듯 영혼들을 사냥하는 그 부적을 내가 너희 팔에서 떼어 버리고 너희가 새처럼 사냥한 그 영혼들을 놓아주며"(20).

① 셋째 단원의 중심점은 "영혼을 사냥하는 선지자"에 있습니다. 본 단원은 "너 인자야 너의 백성 중 자기 마음대로 예언하는 여자들에게 경고하며 예언하여"(17) 하고 시작됩니다. 그러니까 이런 선지자 중에는 "여자"도 있었다는 것입니다. 그러나 남자냐 여자냐 하는 것이 중요한 것이 아니라 이들이 "영혼을 사냥하는 자들"이라는 점입니다.

② 본 단원에는 "사냥"한다는 말이 무려 여섯 번(18,18,20,20,20,21)이나 등장합니다. 그것도 영혼을 사냥한다니 얼마나 끔찍한 말인가? "이르기를 주 여호와의 말씀에 사람의 영혼을 사냥하려고 손목마다 부적을 꿰어 매고 키가 큰 자나 작은 자의 머리를 위하여 수건을 만드는 여자들에게 화 있을진저"(18상) 하십니다. 여선지자들은 무녀들처럼 치장을 했던 모양입니다.

③ 그리하여 "너희가 어찌하여 내 백성의 영혼은 사냥하면서 자기를 위하여는 영혼을 살리려 하느냐(18하), 너희가 두어 움큼 보리와 두어 조각 떡을 위하여 나를 내 백성 가운데에서 욕되게 하여 거짓말을 곧이듣는 내 백성에게 너희가 거짓말을 지어내어

죽지 아니할 영혼을 죽이고 살지 못할 영혼을 살리는도다”(19) 합니다. 여기서 깨닫게 되는 것은,

㉠ 말씀을 맡은 자들의 설교에 영혼이 죽고 사는 문제가 걸려있다는 것과

㉡ 그런데 거짓 선지자들은 “두어 웅큼 보리와 두어 조각 떡”을 위해서 이 엄청난 과오를 범하고 있다는 것과

㉢ 이는 자신들만을 욕되게 하는 것이 아니라 “나를 내 백성 가운데서 욕되게 하는”, 즉 하나님의 참되심을 모독하는 일이며

㉣ 미련한 백성들은 영혼을 사냥하는 “거짓말을 곧이듣고” 있다는 점입니다.

㉤ “내 백성의 영혼은 사냥하면서 자기를 위하여는 영혼을 살리려 하느냐(18하)는 뜻은 자기 먹고 살기 위해서 영혼을 잡아먹는다는 그런 뜻입니다.

거짓말을 곧이듣는 우매한 백성

① “내가 슬프게 하지 아니한 의인의 마음을 너희가 거짓말로 근심하게 하며 너희가 또 악인의 손을 굳게 하여 그 악한 길에서 돌이켜 떠나 삶을 얻지 못하게 하였은즉”(22) 합니다. 여기 “의인과 악인”이 등장하는데,

㉠ “의인”이란 경건한 자, 9장의 말씀대로 하면 “모든 가증한 일로 인하여 탄식하며 우는 자”(9:4)를 가리키는데 그들의 “마음을 너희가 거짓말로 근심하게했다”는 것입니다. 즉 의로운 마음이 상함을 받는다는 뜻입니다.

㉡ “악인”이란 가증한 일, 즉 메시아언약을 버리고 우상을 숭배하는 자들을 가리킵니다. “또 악인의 손을 굳게 하여 그 악한 길에서 돌이

켜 떠나 삶을 얻지 못하게 하였다", 즉 그들이 하고 있는 일이 옳은 것인 양 잘못 깨닫고 회개할 수 있는 기회를 빼앗았다는 뜻입니다.

② "그러므로 나 주 여호와가 말하노라

㉠ 너희가 새를 사냥하듯 영혼들을 사냥하는 그 부적을 내가 너희 팔에서 떼어 버리고

㉡ 너희가 새처럼 사냥한 그 영혼들을 놓아주며(20)

㉢ 내가 내 백성을 너희 손에서 건져 내리니"(23하) 하십니다. "또 너희 수건을 찢고 내 백성을 너희 손에서 건지고 다시는 너희 손에 사냥물이 되지 않게 하리니 내가 여호와인 줄을 너희가 알리라"(20-21) 하십니다. 거짓 선지자에 대한 경고는 34장에 또 나오는데 거기서도 "자기만 먹는 이스라엘의 목자들은 화 있을진저, 목자들을 대적하여 내 양 떼를 그들의 손에서 찾으리니"(34:2,10) 하십니다.

③ 어떻게 찾으시려는가? 에스겔서의 중심주제, 나아가 성경의 중심적인 해답이 여기에 있다고 하겠습니다.

㉠ "내가 한 목자를 그들의 위에 세워 먹이게 하리니" 하십니다. 그 "한 목자"가 누군가?

㉡ "그는 내 종 다윗이라 그가 그들을 먹이고 그들의 목자가 될지라"(34:23) 하십니다. 다윗은 죽은 지 이미 수백 년이 되었는데 이는 명백한 메시아 예언입니다. 주님은 말씀하십니다. "나는 선한 목자라 선한 목자는 양들을 위하여 목숨을 버리거니와"(요 10:11), 즉 그리스도의 죽으시고 다시 사심을 통해서 잃어버린 자기 백성들을 다시 찾으신다는 것입니다.

④ 거짓 선지자에 대한 경고인 본 장에만도, "여호와인 줄 알리라"(9,14,21,23)는 말씀을 네 번이나 하십니다. 어찌하여 설교자가 강단에서 "자기 마음대로" 설교하게 되는가? 하나님을 알아

야 할 만큼 알지를 못하기 때문입니다. 어찌하여 성도들이 영혼을 사냥하는 말을 "좋게 여기고 곧이듣게" 되는가? 하나님을 모르기 때문입니다. 성경은 하나님을 알게 하시려는 자기 계시입니다. 말씀을 통해서 하나님을 알지를 않는다면 심판을 통해서야 알게 될 것입니다. 형제는 어느 편을 택하시겠습니까? 이것이 "여우같은 선지자, 회칠하는 선지자, 영혼을 사냥하는 선지자에 대한 경고"입니다. 그렇다면 에스겔 13장이 현대교회와는 무관하다, 나와는 상관이 없다고 말할 수 있단 말인가? 이것이 "혼잡하게 하는 말씀의 가공할만한 결과"입니다.

⑤ 묵상해보겠습니다.

㉠ "여우 같은 선지자"에 대해서

㉡ "회칠하는 선지자"에 대해서

㉢ "영혼을 사냥하는 선지자"에 대해서

㉣ "좋게 여기고 곧이듣는 백성"의 무지에 대해서.

에스겔 14장 개관도표

주제 : 우상을 마음에 품고 있는 자들

마음을 돌이켜 우상을 떠나라	1-11 1 이스라엘 장로 두어 사람이 나아와 내 앞에 앉으니 2 여호와의 말씀이 내게 임하여 이르시되 3 인자야 이 사람들이 **자기 우상을 마음에 들이며 죄악의 걸림돌을 자기 앞에 두었으니** 그들이 내게 묻기를 내가 조금인들 용납하랴 4 그런즉 너는 그들에게 말하여 이르라 나 주 여호와가 말하노라 이스라엘 족속 중에 그 우상을 마음에 들이며 죄악의 걸림돌을 자기 앞에 두고 **① 선지자에게로 가는 모든 자에게** 나 여호와가 **그 우상의 수효대로 보응하리니** 5 이는 이스라엘 족속이 다 그 우상으로 말미암아 나를 배반하였으므로 내가 그들이 마음먹은 대로 그들을 잡으려 함이라 6 그런즉 너는 이스라엘 족속에게 이르기를 주 여호와의 말씀에 ③ **너희는 마음을 돌이켜 우상을 떠나고** 얼굴을 돌려 모든 가증한 것을 떠나라 7 이스라엘 족속과 이스라엘 가운데에 거류하는 외국인 중에 누구든지 나를 떠나고 자기 우상을 마음에 들이며 죄악의 걸림돌을 자기 앞에 두고 ② **자기를 위하여 내게 묻고자 하여 선지자에게 가는 모든 자**에게는 나 여호와가 친히 응답하여 8 그 사람을 대적하여 그들을 놀라움과 표징과 속담 거리가 되게 하여 내 백성 가운데에서 끊으리니 내가 여호와인 줄을 너희가 알리라 9 ④ **만일 선지자가 유혹을 받고 말을 하면** 나 여호와가 그 선지자를 유혹을 받게 하였음이거니와 내가 손을 펴서 내 백성 이스라엘 가운데에서 그를 멸할 것이라 10 선지자의 죄악과 그에게 묻는 자의 죄악이 같은즉 각각 자기의 죄악을 담당하리니 11 이는 이스라엘 족속이 다시는 미혹되어 나를 떠나지 아니하게 하며 다시는 모든 죄로 스스로 더럽히지 아니하게 하여 그들을 내 백성으로 삼고 나는 그들의 하나님이 되려 함이라 주 여호와의 말씀이니라
예루살렘 심판의 정당성	12-23 12 여호와의 말씀이 또 내게 임하여 이르시되 13 인자야 가령 어떤 나라가 불법을 행하여 내게 범죄하므로 내가 손을 그 위에 펴서 그 의지하는 양식을 끊어 기근을 내려 사람과 짐승을 그 나라에서 끊는다 하자 14 ⑥ **비록 노아, 다니엘, 욥, 이 세 사람이 거기에 있을지라도** 그들은 자기의 공의로 자기의 생명만 건지리라 나 주 여호와의 말이니라 15 가령 내가 사나운 짐승을 그 땅에 다니게 하여 그 땅을 황폐하게 하여 사람이 그 짐승 때문에 능히 다니지 못하게 한다 하자 16 비록 이 세 사람이 거기에 있을지라도 나의 삶을 두고 맹세하노니 그들도 자녀는 건지지 못하고 자기만 건지겠고 그 땅은 황폐하리라 주 여호와의 말씀이니라 17 가령 내가 칼이 그 땅에 임하게 하고 명령하기를 칼아 그 땅에 돌아다니라 하고 내가 사람과 짐승을 거기에서 끊는다 하자 18 비록 이 세 사람이 거기에 있을지라도 나의 삶을 두고 맹세하노니 그들도 자녀는 건지지 못하고 자기만 건지리라 나 주 여호와의 말이니라 19 가령 내가 그 땅에 전염병을 내려 죽임으로 내 분노를 그 위에 쏟아 사람과 짐승을 거기에서 끊는다 하자 20 비록 노아, 다니엘, 욥이 거기에 있을지라도 나의 삶을 두고 맹세하노니 그들도 자녀는 건지지 못하고 자기의 공의로 자기의 생명만 건지리라 주 여호와의 말씀이니라 21 주 여호와께서 이같이 이르시되 내가 나의 ⑤ **네 가지 중한 벌 곧 칼과 기근과 사나운 짐승과 전염병을** 예루살렘에 함께 내려 사람과 짐승을 그 중에서 끊으리니 그 해가 더욱 심하지 아니하겠느냐 22 그러나 그 가운데에 피하는 자가 남아 있어 끌려 나오리니 곧 자녀들이라 그들이 너희에게로 나아오리니 너희가 그 행동과 소행을 보면 내가 예루살렘에 내린 재앙 곧 그 내린 모든 일에 대하여 너희가 위로를 받을 것이라 23 너희가 그 행동과 소행을 볼 때에 그들에 의해 위로를 받고 내가 예루살렘에서 행한 모든 일이 이유 없이 한 것이 아닌 줄을 알리라 주 여호와의 말씀이니라

14장

우상을 마음에 품고 있는 자들

[3]인자야 이 사람들이 자기 우상을 마음에 들이며 죄악의 걸림돌을 자기 앞에 두었으니 그들이 내게 묻기를 내가 조금인들 용납하랴

14장의 중심점은 "우상을 마음에 품고 하나님께 나아온 자들"에 있습니다. 이점을 3, 4, 7절 세 번이나 반복적으로 강조하고 있는 것은 누구에게나 그럴 가능성이 있고 잘못의 핵심이 마음에 있음을 드러내기 위해서입니다. 이런 자들이 누군가? 장로들(1), 백성들(4), 이스라엘 족속과 거류하는 이방인들(7), 즉 전부가 그러하다는 것입니다. "우상을 마음에 품은 자"라 하심은 좌우에 날 선 검이 되어 우리들의 마음을 찌르는 말씀으로 다가옵니다. 도표를 보시면 "우상을 마음에 품고 있는 자들"이,

① 선지자에게 묻기 위해서 나아왔습니다. 무엇을 묻기 위해서 인가?

② "자기를 위하여"라는 것입니다. 그들을 향해서 최우선적으로

③ "너희는 마음을 돌이켜 우상을 떠나라"

④ 만일 "선지자가 유혹을 받고 말을 하면" 그를 멸하리라 말씀하시면서

⑤ "네 가지 중한 벌을 내리리라"

⑥ "노아 · 욥 · 다니엘" 이 세 사람이 거기 있다고 해도 그들만 구원을 얻으리라 하십니다. 본문은 예배와 기도를 드리기 위해 하나님 앞에 나아가는 우리의 마음과 동기(動機)가 어떠한가를 점검하게 합니다. 이를 두 단원으로 나누어 상고하겠습니다.

첫째 단원(1-11) **마음을 돌이켜 우상을 떠나라**
둘째 단원(12-23) **예루살렘 심판의 정당성**

첫째 단원(1-11) 마음을 돌이켜 우상을 떠나라

"그런즉 너는 이스라엘 족속에게 이르기를 주 여호와의 말씀에 너희는 마음을 돌이켜 우상을 떠나고 얼굴을 돌려 모든 가증한 것을 떠나라"(6).

① 첫째 단원의 중심점은 "마음을 돌이켜 우상을 떠나라"는데 있습니다. 서론에서 말씀드린 대로 본 단원에는 "자기 우상을 마

음에 들이며 죄악의 걸림돌을 자기 앞에 두었다"는 말씀이 세 번(3,4,7)이나 강조되어 있습니다. 마음에 우상이 도사리고 있고, 죄악이 하나님과 사이를 가로막고 있다는 것입니다. 그러고도 하나님께 묻고자 나아온다는 것입니다.

㉠ 첫째로, "이스라엘 장로 두어 사람이 나아와 내 앞에 앉으니"(1), 즉 장로들이 선지자를 찾아온 것입니다. 이럴 경우 우리는 그들의 외모를 보지만 중심을 보시는 하나님의 말씀이 무엇인가? "여호와의 말씀이 내게 임하여 이르시되 인자야 이 사람들이 자기 우상을 마음에 들이며 죄악의 걸림돌을 자기 앞에 두었으니 그들이 내게 묻기를 내가 조금인들 용납하랴"(2-3)고 말씀하십니다.

㉡ 둘째로, "그런즉 너는 그들에게 말하여 이르라 나 주 여호와가 말하노라 이스라엘 족속 중에 그 우상을 마음에 들이며 죄악의 걸림돌을 자기 앞에 두고 선지자에게로 가는 모든 자에게 나 여호와가 그 우상의 수효대로 보응하리니"(4) 하십니다. "이스라엘 조속"이란 백성들을 가리키는데 장로들이 "마음에 우상을 품고 하나님께 나아오는" 것을 백성들로 그대로 따라 한다는 것입니다.

㉢ 셋째로, "이스라엘 족속과 이스라엘 가운데에 거류하는 외국인 중에 누구든지 나를 떠나고 자기 우상을 마음에 들이며 죄악의 걸림돌을 자기 앞에 두고 자기를 위하여 내게 묻고자 하여 선지자에게 가는 모든 자에게는 나 여호와가 친히 응답하여"(7), 즉 이스라엘 족속들이 하는 대로 거류하는 외인(外人)들까지도 그대로 따라 한다는 뜻입니다.

이점을 심각하게 받아야 함은 이것이 현대교회의 자화상(自畵像)이 아닌가 하는 위기의식 때문입니다. "장로", 즉 지도자들 마음에 우상을 들이게 되면, 성도들이 우상을 마음에 들이게 되고, 교회에 처음 나온 자(외인)들도 이렇게 하는 것이 예수 믿는 규례인 양 먼저 믿는 사람들이 하는 것을 보고 그대로 따라한다는 그런 뜻이기 때문입니다.

② 이에 대해서 하나님의 말씀이 무엇인가?

㉠ "내가 조금인들 용납하랴"(3하)

㉡ "나 여호와가 그 우상의 수효대로 보응하리니"(4하)

㉢ "이는 이스라엘 족속이 다 그 우상으로 말미암아 나를 배반하였으므로 내가 그들이 마음먹은 대로 그들을 잡으려 함이라"(5)

㉣ "나 여호와가 친히 응답하여 그 사람을 대적하여 그들을 놀라움과 표징과 속담 거리가 되게 하리라"(7하-8) 하십니다. 그들은 축복받으러 나아오지만 "심판"으로 응답받게 된다는 말씀입니다.

③ 그러면 "마음에 우상을 품고 하나님께 나아온다"는 구체적인 의미가 무엇인가 하는 점입니다. 한마디로 "자기(自己)를 위하여"(7) 라고 대답합니다. 타락했다는 것은 하나님 중심에서 자기중심(自己中心)이 되었음을 가리킵니다. 이는 사도 바울이 "너는 이것을 알라 말세에 고통하는 때가 이르러 사람들이 자기를 사랑하며 돈을 사랑하며, 쾌락을 사랑하기를 하나님 사랑하는 것보다 더하며"(딤후 3:1-4)한 상태를 가리킵니다. "자기 잘되고, 사업 잘되고, 축복받고, 만사형통하고"를 위해서 나아오는 것이 다름 아닌 "자기 우상을 마음에 들이며 죄악의 걸림돌을 자기 앞에 두고 자기를 위하여 내게 묻고자 하여 선지자에게 가는 모든 자"(7)라는 점을 심각하게 받아야 할 점입니다.

현대교회의 자화상

① 이에 대한 처방이 무엇인가? "그런즉 너는 이스라엘 족속에

게 이르기를 주 여호와의 말씀에 너희는 마음을 돌이켜 우상을 떠나고 얼굴을 돌려 모든 가증한 것을 떠나라"(6), "돌이키라, 떠나라" 하십니다. 왜냐하면 "이는 이스라엘 족속이 다 그 우상으로 인하여 나를 배반하였기"(5) 때문이라는 것입니다. 이 점에서 예루살렘이 멸망에 이르게 된 치명적인 죄가 우상숭배라는 점을 명심해야 합니다. 이를 야고보서의 표현대로 하면 "오직 각 사람이 시험을 받는 것은 자기 욕심에 끌려 미혹됨이니 욕심이 잉태한즉 죄를 낳고 죄가 장성한즉 사망(死亡)을 낳느니라"(약 1:14-15)는 말씀이 됩니다.

② "우상을 마음에 품었다"는 지적은 구약시대는 말할 것도 없거니와 신약시대의 안목으로 보아도 놀라운 말씀입니다. 우상(偶像)하면 어떤 형상(形象)으로 생각합니다. 그리고 밖에 있는 것으로 여기고 있으나 하나님은 "네 마음 안에 도사리고 있다" 하시는 것입니다. 이를 알았기 사도 바울은 "그러므로 땅에 있는 지체를 죽이라 곧 음란과 부정과 사욕과 악한 정욕과 탐심이니 탐심(貪心)은 우상숭배니라"(골 3:5)고 경계한 것입니다.

③ "우상을 마음에 품었다"는 심각성을 깨닫기 위해서 좀 더 생각해 보아야 하겠습니다. 하나님께서는 성전을 건축하는 솔로몬에게 "두 번"이나 "다른 신을 섬겨 그것을 경배하면 내 이름을 위하여 내가 거룩하게 구별한 이 성전이라도 내 앞에서 던져버리리니"(왕상 9:6-7) 하셨습니다. "다른 신과 성전"을 결부해서 말씀하신다는 점을 주목하시기 바랍니다. 왜냐하면 "성전"이라는 건물이 우상화될 수 있기 때문입니다. 블레셋과의 싸움에서 패하자 "여호와의 언약궤를 실로에서 우리에게로 가져다가 우리 중에

있게 하여 그것으로 우리를 우리 원수들의 손에서 구원하게 하자"(삼상 4:3)고 말했다는 점을 상기하기 바랍니다.

그들은 살아계시는 하나님을 의지한 것이 아니라 "법궤"를 우상화했던 것입니다. 하나님은 예레미야 선지자에게 여호와의 집 문에 서서 "너희는 이것이 여호와의 성전이라, 여호와의 성전이라, 여호와의 성전이라 하는 거짓말을 믿지 말라"(렘 7:4)고 외치라 하십니다. 왜냐하면 성전을 우상시했기 때문입니다. 하나님은 경고하신 대로 솔로몬의 성전을 "던져버리셨던" 것입니다.

유대인들이 그토록 자랑한 "할례"를 생각해 보는 것이 도움이 될 것입니다. 율법의 대명사라 할 수 있는 모세는 "너희는 마음에 할례를 행하고 다시는 목을 곧게 하지 말라"(신 10:16)고 말씀하고 신약성경은 "할례는 마음에 할지니 신령에 있고 의문에 있지 아니한 것이라"(롬 2:29)고 말씀하기 때문입니다. 신앙의 좌소(座所)는 마음인 것입니다. 그런데 할례를 받아야 구원을 얻는다고 주장하는 자들은 놀랍게도 "할례"라는 우상을 마음에 품은 자들이 되었던 것입니다.

"우상을 마음에 품었다"는 심각성을 깨닫게 되었습니까? 하나님은 "아무 육체도 하나님 앞에서 자랑하지 못하게 하려, 세상의 천한 것들과 멸시받는 것들과 없는 것들을 택하셨다"(고전 1:28-29)고 말씀하는데 부지 중 예배당이 교인 숫자 · 재물 · 학위 등의 우상이 될 수 있다는 심각성을 깨닫게 됩니다.

그러므로 성경은 "모든 지킬만한 것 중에 더욱 네 마음을 지키라 생명의 근원이 이에서 남이니라"(잠 4:23)고 말씀합니다. 그렇습니다. 영적 전쟁이란 인간의 마음을 차지하려는 두 세력 간의 싸움이라 할 수 있습니다. 하나님께서는 "내 아들아 네 마음을 내게 주며"(잠 23:26) 하십니다. 그런데 우리들의 마음에 우상이 도사리고 있는 것은 아닌가? 다윗은 기도하기를,

하나님이여 나를 살피사
내 마음을 아시며
나를 시험하사
내 뜻을 아옵소서
내게 무슨 악한 행위가 있나 보시고
나를 영원한 길로 인도하소서(시 139:23-24) 라고 간구합니다.

하나님이여 나를 살피사 내 마음을 아시며

① 하나님이 보신 장로들의 중심에,
㉠ "자기 우상을 마음에 들이고"
㉡ "죄악의 거치는 것을 자기 앞에 두었으니"
㉢ "그들이 내게 묻기를 내가 조금인들 용납하랴" 하시는데 이렇게 말씀하시는 하나님이 우리가 믿는 동일한 하나님이십니다.

그렇다면 하나님 앞에 나아가는 우리들의 마음을 보실 때 어떤 상태일 것인가는 누구보다 자신들이 잘 알 것입니다.

② "만일 선지자가 유혹을 받고 말을 하면"(9상), 추측컨대 에스겔을 찾아왔던 장로들이 책망만 받고 다른 (거짓)선지자를 찾아간 것이 아닌가 여겨집니다. 만일 그랬다면 그들은 에스겔 선지자와는 달리 듣기에 좋은 말만 했을 것입니다. 그런데 "나 여호와가 그 선지자를 유혹을 받게 하였음이거니와"(9중) 하시는데

무슨 뜻인가? 이는 그가 하는 대로 "내어버려 두셨다"(롬 1:24,26)는 뜻입니다. 왜냐하면 "이는 내가 뜻을 돌이키기에 염증이 났기"(렘 15:6) 때문이라 하십니다. 그러므로 하나님이 간섭하기를 단념하시고 방치(放置)하신다는 것은 비극적인 일인 것입니다. 그에게는 "내가 손을 펴서 내 백성 이스라엘 가운데에서 그를 멸할 것이라"(9하) 하신 심판만이 기다리고 있을 뿐입니다.

③ "선지자의 죄악과 그에게 묻는 자의 죄악이 같은즉 각각 자기의 죄악을 담당하리니"(10) 하십니다.

㉠ 미혹하는 말을 하는 선지자와

㉡ 미혹하는 선지자에게 묻는 자의 죄악이 같다 하십니다. 이렇게 쌍벌죄로 다루심은

㉢ "이는 이스라엘 족속으로 다시는 미혹하여 나를 떠나지 않게 하며 다시는 모든 범죄함으로 스스로 더럽히지 않게" 하기 위해서라 하십니다.

이점을 예레미야서에서는 "이 땅에 무섭고 놀라운 일이 있도다 선지자들은 거짓을 예언하며 제사장들은 자기 권력으로 다스리며 내 백성은 그것을 좋게 여기니 마지막에는 너희가 어찌하려느냐"(렘 5:30-31)고 경계하십니다.

④ 본 단원을 마치기 전에 1-8절을 상기해야 하겠습니다.

㉠ "장로 두어 사람"(1)이 선지자를 찾아왔습니다. 잘한 일입니다.

㉡ 하나님께 "묻기 위해서"(3), 즉 기도하기 위해서입니다. 더 잘한 일입니다. 그렇다면 무엇이 문제인가? 3-7절 안에는 마음이 다섯 번(3,4,5,6,7)이나 나옵니다. 어떤 마음을 품고 나아왔는가? 나아온 동기와 목적이 어디에 있는가 하는 것이 문제입니다. "이 백성이 입술로는 나를 공경하되 마음은 내게서 멀도다 사람의 계명으로 교훈 삼아 가르치니 나를 헛되이 경배하는도다"(마 15:8-9) 하신

ⓒ "마음"이 문제라는 점을 명심해야 하겠습니다. 하나님께 나아오는 성도들의 마음에 "자기를 위하여"라는 우상이 도사리고 있는 것은 아닌가? 그 원인은 변명의 여지가 없는 "사람의 계명으로", 즉 사람들이 듣기 좋아하는 대로 가르치는 지도자들의 책임인 것입니다.

치료책이 무엇인가?

① 그러면 치료책이 무엇인가? 하나님께서 "내가 그들에게 한 마음을 주고 그 속에 새 영을 주며 그 몸에서 돌 같은 마음을 제거하고 살처럼 부드러운 마음을 주어 내 율례를 따르며 내 규례를 지켜 행하게 하리니 그들은 내 백성이 되고 나는 그들의 하나님이 되리라"(11:19-20), 이것이 해답이요 치료책입니다. 그리스도인들이란 "새 영, 새 마음"을 가진 자들입니다. 성경은 "육신을 따르는 자는 육신의 일을, 영을 따르는 자는 영의 일을 생각하나니"(롬 8:5)라고 말씀합니다. "육신을 따르는 자와 영을 따르는 자"가 대조(對照)되어 있는데, 이는 "불신자와 신자, 거듭나지 못한 자와 거듭난 자"의 특성을 대조적으로 하는 말씀입니다. "새 영, 새 마음"을 받은 자, 즉 거듭난 자는 필연적(必然的)으로 "영의 일"을 생각하기 마련이라는 것입니다. 그래서 "육신의 생각은 사망이요 영의 생각은 생명과 평안이니라 육신의 생각은 하나님과 원수가 되나니 이는 하나님의 법에 굴복하지 아니할 뿐 아니라 할 수도 없음이라 육신에 있는 자들은 하나님을 기쁘시게 할 수 없느니라"하는 것입니다. 그러므로 "누구든지 그리스도의 영이 없으면 그리스도의 사람이 아니라"(롬 8:6-9)고 단언합니다.

② 하나님이 이루시려는 궁극적인 목표가 무엇인가? "그들을

내 백성으로 삼고 나는 그들의 하나님이 되시려"(11하)는데 있습니다. 이스라엘을 애굽에서 인도해내신 목적도 "너희를 내 백성으로 삼고 나는 너희 하나님이 되리니"(출 6:7)에 있었고, 이제 반역한 저들을 징벌한 후에 돌아오게 하시려는 목적도 "그들로 내 백성을 삼고 나는 그들의 하나님이 되려 함이니라" 하십니다. 이는 인간의 행위로는 불가능함을 아시기에 "새 영, 새 마음"(36:26)을 너희에게 주어 이루시겠다는 것이 선지서가 제시하는 해답입니다. 그렇다면 인간의 응답은, "마음을 돌이켜 우상을 떠나라(6), 메시아언약 안으로 돌아오라는 믿음입니다.

둘째 단원(12–23) **예루살렘 심판의 정당성**

"비록 노아 · 다니엘 · 욥, 이 세 사람이 거기에 있을지라도 그들은 자기의 공의로 자기의 생명만 건지리라 나 주 여호와의 말이니라"(14).

① 둘째 단원의 중심점은 "예루살렘 심판의 정당성"에 있습니다. 지금 에스겔은 바벨론에서 이 말씀을 대언하고 있는데 사로잡혀 온 자들은 예루살렘은 절대로 멸망하지 않고, 자신들도 곧 돌아가게 될 줄로 생각하고 있었던 것입니다. 왜냐하면 거짓 선지자들이 그렇게 충동(렘 28:3)했기 때문입니다. 그리하여 하나님 앞에 항복(降伏)하고 회개하는 것이 아니라 성전이 구원해주리라 여겼던 것입니다. 이에 대해 하나님은 답변하시기를 "여호와의 말씀이 또 내게 임하여 이르시되 인자야 가령 어떤 나라가 불법을 행하여 내게 범죄하므로 내가 손을 그 위에 펴서 그 의지하는

양식을 끊어 기근을 내려 사람과 짐승을 그 나라에서 끊는다 하자"(12-13). 이럴 경우, "비록 노아 · 다니엘 · 욥, 이 세 사람이 거기에 있을지라도 그들은 자기의 공의로 자기의 생명만 건지리라 나 주 여호와의 말이니라"(14) 하십니다.

② "가령 내가 사나운 짐승을 그 땅에 다니게 하여 그 땅을 황폐하게 하여 사람이 그 짐승 때문에 능히 다니지 못하게 한다 하자 비록 이 세 사람이 거기에 있을지라도 나의 삶을 두고 맹세하노니 그들도 자녀는 건지지 못하고 자기만 건지겠고 그 땅은 황폐하리라 주 여호와의 말씀이니라"(15-16)고 거듭 경계하십니다.

③ "가령 내가" 하는 구조가 네 번(13,15,17,19) 강조되어 있는데,

㉠ "칼이 그 땅에 임하게 하고(17)

㉡ 그 땅에 전염병을 내려" 징벌하실 때에(19)

㉢ "비록 노아 · 다니엘 · 욥이 거기에 있을지라도 나의 삶을 두고 맹세하노니 그들도 자녀는 건지지 못하고 자기의 공의로 자기의 생명만 건지리라 주 여호와의 말씀이니라"(20) 하십니다. "자기만 건지리라"는 말씀이 네 번(14,16,18,20) 강조되어 있습니다.

문제는 이렇게 말씀하는 의도가 무엇인가 하는 점입니다. "노아 · 다니엘 · 욥" 등을 거론하시는 것을 보면, 그들이 아브라함이 우리 조상이다, 다윗이 우리의 왕이시라고 들먹이면서 예루살렘은 안전하리라고 여겼기 때문일 것입니다. 그러나 하나님은 대리(代理)구원은 없다고 말씀하십니다.

대리구원은 없다

① 여기서 주목하게 되는 것은 "더욱 심하지 아니하겠느냐"(21하)라는 말씀입니다. 왜 더욱 심하리라 하시는가? 다른 나라, 다른 도성이 이런 기준(基準)에 의하여 심판받는다는 것이 정당(正當)하다면 예루살렘은 "더욱 심하지 않겠느냐", 즉 더욱 심판받아 마땅하다는 것입니다. 많이 받은 자에게는 많이 달라고 하실 것이라는 뜻입니다. 네 번의 예시 중에서 두 번째 언급부터는 "나라 대신, 자녀"를 언급하시면서 자녀도 구원하지 못하리라(16,18,20) 하심을 주목하게 됩니다. 사로잡혀온 자들은 예루살렘에 있는 자녀들의 안전에 관심했기 때문일 것입니다.

② "그러나 그 가운데에 피하는 자가 남아있어 끌려 나오리니 곧 자녀들이라"(22상) 하십니다. 여기 말씀하는 "남은 자"는 6:8절에서 약속한 남은 자나, 에스겔이 호소한 남은 자(9:8, 12:16)가 아닙니다. 그들의 자녀들이 끌려 나오리라는 뜻입니다. 예루살렘 심판의 정당성을 말씀하는 14장은 "너희가 그 행동과 소행을 볼 때에 그들에 의해 위로를 받고 내가 예루살렘에서 행한 모든 일이 이유 없이 한 것이 아닌 줄을 알리라 주 여호와의 말씀이니라"(23) 하고 마치고 있습니다. "너희가 위로를 받을 것이라"(22) 하시는 "위로"란, 예루살렘을 심판하시는 것이 어째서 정당한가를 깨닫게 되리라, 다시 말하면 하나님께서 우리를 왜 이처럼 심판하시는가, 풀리지 않았던 문제에 해답을 얻으리라는 뜻입니다.

③ 다시 말씀드립니다만 "그 행동과 소행"이라는 말이 두 번 언급되어 있는데,

㉠ 끌려온 자들의 "행동과 소위"가 회개하는 모습이 아니라 오만방자했던 모양입니다. 이를 목격하게 될 때

㉡ "내가 예루살렘에서 행한 모든 일이 이유없이(無故) 한 것이 아닌 줄을 알리라"는 말씀입니다. 이것이 "예루살렘 심판의 정당성"입니다.

14장은 "이스라엘 장로 두어 사람이 나아와 내 앞에 앉으니"(1)하고 시작되어 "내가 예루살렘에서 행한 모든 일이 이유없이 한 것이 아닌 줄을 알리라 주 여호와의 말씀이니라"(23)고 마치고 있습니다. 14장을 마치기 전에 깊이 생각할 점은 "장로 두어 사람이 나아와 내 앞에 앉으니" 한 장로들의 중심을 감찰하신 하나님께서 한국교회를 보실 때 어떤 모습일까? 목사 · 장로와 같은 지도자들의 "마음에 우상을 품고" 있는 것은 아닌가? 예배드리려 나아가는 나 자신의 동기와 목적이 어디에 있는가 돌아보게 합니다. 이것이 "우상을 마음에 품고 있는 자들"입니다.

④ 묵상해보겠습니다.

㉠ 예배드리러 나아가는 내 속에 자기중심적인 우상이 도사리고 있지는 아니한가?

㉡ 하나님과 사이에 회개하지 않은 "죄악의 걸림돌"(4)이 있지는 아니한가?

㉢ 부모의 믿음으로 자식들이 구원을 얻으리라 생각하고 있지는 아니한가?

에스겔 15장 개관도표
주제 : 땔감이 될 수밖에 없는 예루살렘

포도나무의 나은 것이 무엇이냐	1-5 1 여호와의 말씀이 내게 임하여 이르시되 2 인자야 포도나무가 모든 나무보다 나은 것이 무엇이랴 숲속의 여러 나무 가운데에 있는 그 ① **포도나무 가지가 나은 것이 무엇이랴** 3 그 나무를 가지고 무엇을 제조할 수 있겠느냐 그것으로 무슨 그릇을 걸 못을 만들 수 있겠느냐 4 **불에 던질 땔감이 될 뿐이라** 불이 그 두 끝을 사르고 그 가운데도 태웠으면 제조에 무슨 소용이 있겠느냐 5 ② **그것이 온전할 때에도 아무 제조에 합당하지 아니하였거든** **하물며 불에 살라지고 탄 후에 어찌 제조에 합당하겠느냐**
그들이 범법함이니라	6-8 6 그러므로 주 여호와께서 이같이 말씀하셨느니라 내가 수풀 가운데에 있는 포도나무를 불에 던질 땔감이 되게 한 것 같이 ③ **내가 예루살렘 주민도 그같이 할지라** 7 내가 그들을 대적한즉 그들이 그 불에서 나와도 불이 그들을 사르리니 내가 그들을 대적할 때에 내가 여호와인 줄 너희가 알리라 8 내가 그 땅을 황폐하게 하리니 ④ **이는 그들이 범법함이니라** 나 주 여호와의 말이니라 하시니라

15장

땔감이 될 수밖에 없는 예루살렘

[2]인자야 포도나무가 모든 나무보다 나은 것이 무엇이랴 숲속의 여러 나무 가운데에 있는 그 포도나무 가지가 나은 것이 무엇이랴

15장의 중심점은 "땔감이 될 수밖에 없는 예루살렘"에 있습니다. 이는 14장 마지막에서 "예루살렘에 행한 모든 일이 이유 없이한 것이 아닌 줄 알리라"(14:23) 한 말씀에 대한 해설(解說)이라 할 수 있습니다. 15장은 "포도나무가 모든 나무보다 나은 것이 무엇이랴"(2)는 질문을 던짐으로 시작되는데, 이렇게 물으시는 의도가 무엇인가? 포도나무는 선민 이스라엘 곧 교회에 대한 상징입니다. "포도나무"가 다른 나무보다 나은 점은 열매를 맺기 때문인데 만일 열매를 맺지 못한다면 "땔감"이 될 수밖에 없다는

점을 드러내기 위해서 질문을 하시는 것입니다. 이 질문은 교회가 다른 사회단체들보다 나은 점이 무엇인가? 하나님의 택하심을 받은 성도들이 불신자들보다 나은 점이 무엇인가 자문하게 됩니다. 도표를 보시면 "불에 던질 땔감이 될 뿐이라"는 말씀을 중심으로,

① "포도나무가 나은 것이 무엇이냐" 물으시면서

② 온전할 때도 목제로는 쓸모가 없는데 불에 탄 후에 제조에 소용이 있겠느냐 하십니다. 그리고 결론은

③ "내가 예루살렘 주민도 그같이 할지라"

④ "이는 그들이 범법함이니라"하십니다.

이처럼 15장도 "예루살렘에 행한 모든 일이 이유 없이한 것이 아닌 줄 알리라"(14:23)한 심판하시는 하나님의 의로우심에 대한 변증입니다. 이 말씀은 우리에게 "너희도 만일 회개하지 아니하면 다 이와 같이 망하리라"(눅 13:5)는 말씀으로 다가옵니다. 이를 두 단원으로 나누어 상고하겠습니다.

첫째 단원(1–5) **포도나무의 나은 것이 무엇이냐**
둘째 단원(6–8) **그들이 범법함이니라**

첫째 단원(1–5) 포도나무의 나은 것이 무엇이냐

"인자야 포도나무가 모든 나무보다 나은 것이 무엇이랴 숲속의 여러 나무 가운데에 있는 그 포도나무 가지가 나은 것이 무엇이랴"(2).

① 첫째 단원의 중심점은 "포도나무의 나은 것이 무엇이냐"에 있습니다. 15장은 "여호와의 말씀이 내게 임하여 이르시되 인자야 포도나무가 모든 나무보다 나은 것이 무엇이랴 숲속의 여러 나무 가운데에 있는 그 포도나무 가지가 나은 것이 무엇이랴" (1-2)하는 질문으로 시작됩니다. 형제는 많은 종류의 나무들 중에 포도나무의 나은 점이 무엇인지 알고 있습니까? 이에 대한 답이 사사기에 있습니다. "나무들이 또 포도나무에게 이르되 너는 와서 우리 위에 왕이 되라 하매 포도나무가 그들에게 이르되 하나님과 사람을 기쁘게 하는 내 포도주를 내 어찌 버리고 가서 나무들 위에 우쭐대리요 한지라"(삿 9:12-13). 포도나무의 존재(存在) 이유는 "새 술을 내는" 열매를 맺힘에 있는 것 외에 아무 것도 없는 것입니다. 이 질문은 "나는 포도나무요 너희는 가지라"(요 15:5) 하신 "포도나무 가지" 즉 성도가 다른 사람들 보다 나은 점이 무엇인가 하는 질문으로 다가옵니다.

② 이스라엘은 "하나님과 사람을 기쁘게" 하기 위한 제사장 나라로 택함을 받은 선민입니다. 이사야로 말씀하시기를 "땅을 파서 돌을 제하고 극상품 포도나무를 심었도다 그 중에 망대를 세웠고 그 안에 술 틀을 팠도다 좋은 포도 맺기를 바랐더니 들 포도를 맺었도다"(사 5:2) 하십니다. 예레미야 선지자를 통해서도 "내가 너를 순전한 참 종자 곧 귀한 포도나무로 심었거늘 내게 대하여 이방 포도나무의 악한 가지가 됨은 어찌 됨이냐"(렘 2:21) 하십니다. 주님은 말씀하십니다. "무릇 내게 붙어있어 열매를 맺지 아니하는 가지는 아버지께서 그것을 제거해 버리시고 무릇 열매를 맺는 가지는 더 열매를 맺게 하려 하여 그것을 깨끗하게 하

시느니라”(요 15:2).

③ 만일 포도나무가 “하나님과 사람을 기쁘게 하는 열매”를 맺지 못한다면, “그 나무를 가지고 무엇을 제조할 수 있겠느냐 그것으로 무슨 그릇을 걸 못을 만들 수 있겠느냐 불에 던질 땔감이 될 뿐이라 불이 그 두 끝을 사르고 그 가운데도 태웠으면 제조에 무슨 소용이 있겠느냐”(3-4) 하십니다. 그렇습니다. “그것이 온전할 때에도 아무 제조에 합당하지 아니하였거든 하물며 불에 살라지고 탄 후에 어찌 제조에 합당하겠느냐”(5), “불에 살라지고 탄 후”란 심판을 가리키는데 온전할 때도 “제조”용으로는 쓸모가 없는데 하물며 불에 탄 후에는 더욱 그러하다는 것입니다. 이는 예루살렘을 심판하심이 어째서 정당한가를 말씀하고 있습니다.

둘째 단원(6–8) **그들이 범법함이니라**

“그러므로 주 여호와께서 이같이 말씀하셨느니라 내가 수풀 가운데에 있는 포도나무를 불에 던질 땔감이 되게 한 것같이 내가 예루살렘 주민도 그같이 할지라”(6).

① 둘째 단원의 중심점은 “그들이 범법(犯法)함이니라”에 있습니다. 이는 포도나무가 불에 타 쓸모없는 땔감이 되게 된 원인(原因)을 말씀합니다. “범법함이니라”는 말씀은 열매만을 맺지 못한 것이 아니라 “불이 포도나무에서 나와서”(삿 9:15) 하나님을 사르고자 반역했음을 가리킵니다. “내가 그 땅을 황폐하게 하리니 이는 그들이 범법함이니라 나 주 여호와의 말이니라 하시니라”(8).

② 그래서 그들이 행한 대로, "내가 그들을 대적한즉 그들이 그 불에서 나와도 불이 그들을 사르리니"(7상) 하십니다. 주님은 말씀하십니다. "사람이 내 안에 거하지 아니하면 가지처럼 밖에 버려져 마르나니 사람들이 그것을 모아다가 불에 던져 사르느니라"(요 15:6). 구약교회가 심판당하게 된 원인도 메시아언약 안에 거(居)하지 않았기 때문임을 명심해야 합니다.

③ "내가 그들을 대적할 때에 내가 여호와인 줄 너희가 알리라"(7) 하십니다. 예레미야 21:13절에 하나님은 "나는 네 대적이라" 하십니다. 누구를 향해서 하시는 말씀인가? "유다인과 예루살렘 주민 중에 반역이 있도다"(렘 11:9) 하신 반역자에게 하시는 선언입니다. 그들이 무엇을 반역했는지 아십니까? 메시아언약을 배반하고 우상을 숭배한 것을 가리킵니다. 이스라엘은 언약 백성입니다. 이를 통해서 하나님의 사랑 · 은혜 · 신실하심을 알았어야 할 선민입니다. 그러나 이에 반역한 족속이 되자 하나님은 징벌을 통해서 깨닫게 하시려는 것입니다. 이것이 "땔감이 될 수밖에 없는 예루살렘"입니다. 15장을 상고하면서 어떤 마음이 드셨습니까? 우리를 택하시고 구속하시고 자녀로 삼아주신 하나님의 기대하심이 무엇인가를 각성하게 합니다. 하나님의 자녀 된 나 자신이 불신자보다 나은 것이 무엇인가? 과연 나 자신은 그리고 한국교회는 복음을 보수하면서 "내가 거룩하니 너희도 거룩할지니라" 하신 성별을 지키고 있는가? 자문(自問)하게 합니다. 이것이 "땔감이 될 수밖에 없는 예루살렘"입니다.

④ 묵상해보겠습니다.

㉠ 15장의 비유를 들어 말씀하시려는 바가 무엇인가에 대해서
㉡ 이스라엘을 선민으로 삼으신 목적에 대해서
㉢ 포도나무 가지가 된 자신에게 불신자보다 나은 점이 무엇인가에 대해서.

에스겔 16:1-34절 개관도표

주제 : 이런 일은 전무후무하니라

버려진 자를 왕후로 삼음

1 또 여호와의 말씀이 내게 임하여 이르시되
2 인자야 **예루살렘으로 그 가증한 일을 알게 하여**
3 이르기를 주 여호와께서 예루살렘에 관하여 이같이 말씀하시되 네 근본과 난 땅은 가나안이요
네 아버지는 아모리 사람이요 네 어머니는 헷 사람이라
4 네가 난 것을 말하건대 네가 날 때에 네 배꼽 줄을 자르지 아니하였고 너를 물로 씻어 정결하게 하지 아니하였고 네게 소금을
뿌리지 아니하였고 너를 강보로 싸지도 아니하였나니
5 아무도 너를 돌보아 이 중에 한 가지라도 네게 행하여 너를 불쌍히 여긴 자가 없었으므로 네가 나던 날에
네 몸이 천하게 여겨져 ① **네가 들에 버려졌느니라**
6 내가 네 곁으로 지나갈 때에 네가 피투성이가 되어 발짓하는 것을 보고 네게 이르기를 너는 피투성이라도 살아 있으라 다시
이르기를 ② **너는 피투성이라도 살아 있으라 하고**
7 내가 너를 들의 풀 같이 많게 하였더니 네가 크게 자라고 심히 아름다우며 유방이 뚜렷하고 네 머리털이 자랐으나 네가 여전히
벌거벗은 알몸이더라
8 내가 네 곁으로 지나며 보니 네 때가 사랑을 할 만한 때라 내 옷으로 너를 덮어 벌거벗은 것을 가리고
네게 맹세하고 언약하여 너를 내게 속하게 하였느니라 나 주 여호와의 말이니라
9 내가 물로 네 피를 씻어 없애고 네게 기름을 바르고
10 수 놓은 옷을 입히고 물돼지 가죽신을 신기고 가는 베로 두르고 모시로 덧입히고
11 패물을 채우고 팔고리를 손목에 끼우고 목걸이를 목에 걸고
12 코고리를 코에 달고 귀고리를 귀에 달고 ③ **화려한 왕관을 머리에 씌웠나니**
13 이와 같이 네가 금, 은으로 장식하고 가는 베와 모시와 수 놓은 것을 입으며 또 고운 밀가루와 꿀과
기름을 먹음으로 극히 곱고 형통하여 ④ **왕후의 지위에 올랐느니라**
14 네 화려함으로 말미암아 네 명성이 이방인 중에 퍼졌음은 내가 네게 입힌 영화로 네 화려함이 온전함이라
나 주 여호와의 말이니라라

왕후의 지위에서 음부로 전락함

15 그러나 ⑤ **네가 네 화려함을 믿고 네 명성을 가지고 행음하되 지나가는 모든 자와 더불어 음란을 많이 행하므로**
네 몸이 그들의 것이 되도다
16 네가 네 의복을 가지고 너를 위하여 각색으로 산당을 꾸미고 거기에서 행음하였나니 ⑥ **이런 일은 전무후무하니라**
17 네가 또 내가 준 금, 은 장식품으로 너를 위하여 남자 우상을 만들어 행음하며
18 또 네 수 놓은 옷을 그 우상에게 입히고 나의 기름과 향을 그 앞에 베풀며
19 또 내가 네게 주어 먹게 한 내 음식물 곧 고운 밀가루와 기름과 꿀을 네가 그 앞에 베풀어 향기를 삼았나니 과연 그렇게
하였느니라 주 여호와의 말씀이니라
20 또 네가 나를 위하여 낳은 네 자녀를 그들에게 데리고 가서 드려 제물로 삼아 불살랐느니라
네가 네 음행을 작은 일로 여겨서
21 나의 자녀들을 죽여 우상에게 넘겨 불 가운데로 지나가게 하였느냐
22 네가 어렸을 때에 벌거벗은 몸이었으며 피투성이가 되어서 발짓하던 것을 기억하지 아니하고
네가 모든 가증한 일과 음란을 행하였느니라
23 주 여호와의 말씀이니라 ⑦ **너는 화 있을진저 화 있을진저** 네가 모든 악을 행한 후에
24 너를 위하여 누각을 건축하며 모든 거리에 높은 대를 쌓았도다
25 네가 높은 대를 모든 길 어귀에 쌓고 네 아름다움을 가증하게 하여 모든 지나가는 자에게 다리를 벌려
심히 음행하고
26 하체가 큰 네 이웃 나라 애굽 사람과도 음행하되 심히 음란히 하여 내 진노를 샀도다
27 그러므로 내가 내 손을 네 위에 펴서 네 일용할 양식을 감하고 너를 미워하는 블레셋 여자 곧 네 더러운 행실을 부끄러
워하는 자에게 너를 넘겨 임의로 하게 하였거늘
28 네가 음욕이 차지 아니하여 또 앗수르 사람과 행음하고 그들과 행음하고도 아직도 부족하게 여겨
29 장사하는 땅 갈대아에까지 심히 행음하되 아직도 족한 줄을 알지 못하였느니라
30 주 여호와의 말씀이니라 네가 이 모든 일을 행하니 이는 방자한 음녀의 행위라 네 마음이 어찌 그리 약한지
31 네가 누각을 모든 길 어귀에 건축하며 높은 대를 모든 거리에 쌓고도 값을 싫어하니 창기 같지도 아니하도다
32 그 남편 대신에 다른 남자들과 내통하여 간음하는 아내로다
33 사람들은 모든 창기에게 선물을 주거늘 오직 너는 네 모든 정든 자에게 선물을 주며 값을 주어서 사방에서 와서 너와 행음하게
하니
34 네 음란함이 다른 여인과 같지 아니함은 행음하려고 너를 따르는 자가 없음이며 또 네가 값을 받지 아니하고
도리어 값을 줌이라 그런즉 다른 여인과 같지 아니하니라

16:1-34 절

이런 일은 전무후무하니라

[2]인자야 예루살렘으로 그 가증한 일을 알게 하여

16장의 중심점은 "예루살렘으로 가증한 일을 알게 하라"는데 있습니다. 그들이 메시아언약을 버리고 우상숭배를 하고 있다는 것이 얼마나 가증스러운 죄인가를 알게 하라는 뜻입니다. 심령이 강퍅해진 자들은 여간해서는 알지도 깨닫지도 못합니다. 그러므로 16장의 내용은 원색적(原色的)인 표현으로 이스라엘의 죄를 고발하고 있습니다. 도표를 보시면 "예루살렘으로 가증한 일을 알게 하라"는 말씀을 중심으로,

① 그들은 본래 "버림당한" 사생자였다고 말씀합니다.

② 그런데 왕이 지나가다가 "피투성이라도 살라"하고 구원하여

③ "화려한 면류관을 씌워서"

④ "왕후"로 삼았다는 것입니다.

⑤ 그런데 그가 교만하여 "간음을 많이 행하니"

⑥ "이런 일은 전무후무 하니라" 합니다.

⑦ 그리하여 "화 있을진저, 화 있을진저"하는 것입니다.

이처럼 말씀하시는 하나님의 의도가 무엇인가? 말라기서는 하나님께서 죄를 지적하시면 "언제, 어떻게 그랬느냐"고 대들 듯이 대꾸하는 것이 다섯 번 정도 등장합니다. 성경을 상고하다 보면 한 가지 공통점을 발견하게 되는데, 그것은 잘못하면서도 잘못을 모르고 있다는 점입니다. 물론 제 자신도 예외는 아닙니다. 죄를 모르면 하나님의 전적인 은혜인 복음을 필요 없는 것으로 여기게 되는 것입니다. 이 우매무지가 메시아언약을 우상과 바꾸게 했고 그리스도를 배척하여 십자가에 못을 박게 했으며 현대교회는 복음을 축복과 바꿔버린 것입니다. 16장에는 하나님의 "사랑과 미움" 즉 애증(愛憎)이 동시에 나타납니다. 16장을 분량 상 두 문단(1-34, 35-63)으로 나누어 상고하겠습니다.

첫째 단원(1–14) **버려진 자를 왕후로 삼음**

둘째 단원(15–34) **왕후의 지위에서 음부로 전락함**

첫째 단원(1–14) **버려진 자를 왕후로 삼음**

"네가 난 것을 말하건대 네가 날 때에 네 배꼽 줄을 자르지 아니하였고 너를 물로 씻어 정결하게 하지 아니하였고 네게 소금을 뿌리지 아니하였고 너를 강보로 싸지도 아니하였나니"(4).

① 첫째 단원의 중심점은 "버려진 자를 왕후로 삼았다"는데 있습니다. 16장에는 버림당한 "너"라는 말과 그를 긍휼히 여기셔서 왕후로 삼으신 "나"라는 대명사(代名詞)가 계속적으로 등장합니다. 누가 버려진 자였는가? "예루살렘으로 그 가증한 일을 알게 하라"(2) 하신 "예루살렘"의 근본이 그러하다는 것입니다. 어찌하여 "이스라엘에 관하여"라 하지 않고 "예루살렘에 관하여"라 말씀하시는가? 사로잡혀온 자들이 믿고 의지하는 것이 하나님이 아니라 "예루살렘에 있는 성전"을 우상같이 믿고 있었기 때문입니다. 그래서 예레미야 선지자에게 "너희는 이것이 여호와의 성전이라 여호와의 성전이라 여호와의 성전이라 하는 거짓말을 믿지 말라"(렘 7:4)고 외치라 하셨습니다.

② 엘리 제사장 당시 이스라엘이 블레셋에게 패하여 군사 사천 명 가량이 죽자 "여호와의 언약궤를 실로에서 우리에게로 가져다가 우리 중에 있게 하여 그것으로 우리를 우리 원수들의 손에서 구원하게 하자"(삼상 4:2-3)고 말했습니다. 주목하십시오. "그것으로, 구원하게 하자"고 말하고 있는 것을! 그들은 여호와로 구원하시게 하자 한 것이 아니라 "그것"이라는 법궤를 미신적(迷信的)으로 믿고 있었던 것입니다. 그들은 모세가 만든 "놋 뱀"도 경배의 대상으로 삼았던 자들입니다. 그들은 하나님과 그의 언약은 믿지 않으면서 "예루살렘, 성전"이라는 그것을 믿고 있었던 것입니다. 필경 그들은 앗수르 군대가 예루살렘을 공격해 왔다가 십팔만오천 인이 하루아침에 시체가 된(사 37:36) 일을 들먹이고 있었을 것입니다.

③ 그래서 하나님은 그들이 의뢰하고 있는바, 즉 우상으로 전

락한 예루살렘 도성을 폐허로 만들고, 성전을 불태워 버리시려는 것입니다. 그래서 "인자야 예루살렘으로 그 가증한 일을 알게 하라"(1-2) 하십니다.

④ 이렇게 말씀하신 후에 3-5절에서 그들의 근본(根本)을 드러내십니다. "네 근본과 난 땅은 가나안이요 네 아버지는 아모리 사람이요 네 어머니는 헷 사람이라"(3하) 하십니다. 무슨 뜻인가? "예루살렘과 이스라엘", 두 "근본"을 말씀하십니다.

㉠ 예루살렘은 본래 "거룩한 땅"이 아니었습니다. 다윗 왕 때까지도 여부스 사람의 지배(삼하 5:6-7)하에 있었습니다. 그런데 다윗이 이를 정복하고 하나님의 언약궤를 옮겨옴으로, "터가 높고 아름다워 온 세계가 즐거워함이여 큰 왕의 성 곧 북방에 있는 시온 산이 그러하도다"(시 48:2) 한 "큰 왕의 성"이 되어 거룩한 도성이 된 것입니다. 그런데 하나님을 반역한 이제 무슨 의미가 있단 말인가?

㉡ 또한 이스라엘도 "거룩한 백성"이 아니었습니다. 열두 지파의 조상들이 된 야곱의 열두 아들들이 태어난 성분을 생각해 보십시오. 부끄럽기 한이 없습니다. 그렇다면 이스라엘도 "아모리 사람, 헷 사람"과 다를 바 없는 족속입니다. 또한 그들은 애굽에서 대대로 종노릇하던 노예 신분이었습니다. 이런 자들을 유월절 어린 양의 피로 구속하여 하나님의 백성으로 삼아주신 것입니다. 이점을 본문에서는 "네가 난 것을 말하건대 네가 날 때에 네 배꼽 줄을 자르지 아니하였고 너를 물로 씻어 정결하게 하지 아니하였고 네게 소금을 뿌리지 아니하였고 너를 강보로 싸지도 아니하였나니 아무도 너를 돌보아 이 중에 한가지라도 네게 행하여 너를 불쌍히 여긴 자가 없었으므로 네가 나던 날에 네 몸이 천하게 여겨져 네가 들에 버려졌느니라"(4-5)고 원색적으로 표현하고 있는 것입니다.

다윗도 메시아언약을 세움 받은 후 여호와 앞에 들어가 앉아서

"주 여호와여 나는 누구이오며 내 집은 무엇이기에 나를 여기까지 이르게 하셨나이까"(삼하 7:18)고 자신의 근본을 고백했습니다.

출생 성분

① 6-14절은 그런 무가치한 자에게 하나님께서 어떤 은총을 베푸셨는가를 말씀하는 내용인데 크게 두 방면으로 나타납니다. 먼저는 "너는 피투성이라도 살라"고 살려주신 일입니다. "내가 네 곁으로 지나갈 때 네가 피투성이가 되어 발짓하는 것을 보고 네게 이르기를 너는 피투성이라도 살아 있으라 다시 이르기를 너는 피투성이라도 살아 있으라"(6)고 "살라"는 말을 강조하고 있습니다. 행차하던 왕이 불쌍히 여겨 거두어주지 않았다면 분명 죽었을 그를 데려다가 양육하심으로 살려주신 것입니다.

② 다음은 살려주신 것만이 아니라 무궁한 사랑으로 사랑하여 주신 일입니다.

㉠ "네가 여전히 벌거벗은 알몸이더라(7하)

㉡ 내 옷으로 너를 덮어 벌거벗은 것을 가려주었다"(8상) 하십니다. 벌거벗은 자를 아름답게 꾸며주셨습니다.

③ "네게 맹세하고 언약하여 너를 내게 속하게 하였느니라 나 주 여호와의 말이니라"(8하) 하십니다.

㉠ "속하게"란 아내로 맞이해주었다는 뜻인데

㉡ "언약 · 맹세"로 말입니다.

④ 그리하여,

㉠ "화려한 면류관을 머리에 씌웠나니"(12) 하십니다. 9-13절은 이 이

상은 없을 만큼 아름답게 꾸며주신 것에 대한 묘사입니다.

ⓛ 그리하여 절정은 "왕후의 지위에 올랐느니라"(13하)는 말씀인데, 보통 사람의 아내가 아니라 왕의 아내, 즉 왕후(王后)로 삼으셨다는 말씀입니다. 탯줄도 가르지 않고 피투성이로 버림을 당한 자를 왕이 데려다가 양육하고 가꾸어서 왕후로 삼았다면 그 이상의 은총이란 없는 것입니다. 이것이 이스라엘의 출생성분이며 이것이 예루살렘 도성과 이스라엘이 하나님께 입은 은총이었던 것입니다.

⑤ 그리하여 "네 화려함으로 말미암아 네 명성이 이방인 중에 퍼졌음은 내가 네게 입힌 영화로 네 화려함이 온전함이라 나 주 여호와의 말이니라"(14) 하십니다. 이 점에서 통찰력을 가지고 생각해야 할 점은,

㉠ "피투성이라도 살라(6)
ⓛ 벌거벗은 알몸이더라(7)
ⓒ 내 옷으로 너를 덮어(8상)
ⓔ 맹세하고 언약하여(8하)
ⓜ 화려한 면류관을 머리에 씌웠나니(12)
ⓑ 왕후의 지위에 올랐느니라"(13)는 묘사들이,

율법으로는 불가능한 의문에 속한 표현들이 아니라 복음적인 신령한 의미를 내포하고 있다는 점입니다. 달리 표현할 말이 얼마든지 있는데 어찌하여 이처럼 복음적인 묘사를 하고 있는가? 이는 그들이 반역자가 되어 멸망하게 된 원인이 아브라함과 다윗에게 맹세로 세워주신 메시아언약을 배반했기 때문이라는 점을 은연중에 나타내기 위해서입니다. 이점을 마음에 담아두시기 바랍니다. 왜냐하면 둘째 문단(35-63)에서 살펴보게 될 것이기 때문입니다.

둘째 단원(15–34) 왕후의 지위에서 음부로 전락함

"그러나 네가 네 화려함을 믿고 네 명성을 가지고 행음하되 지나가는 모든 자와 더불어 음란을 많이 행하므로 네 몸이 그들의 것이 되도다"(15).

① 둘째 단원의 중심점은 "왕후의 지위에서 음부로 전락"했다는 데 있습니다. 본 단원에는 "행음"을 뜻하는 말이 열여덟 번 이상 반복적으로 강조되어 있습니다. 그들이 범한 행음에는 크게 두 방면이 있는데, 신학적인 우상과 정치적인 우상숭배입니다. 그리고 둘은 불가분의 관계입니다. 먼저 신학적인 우상숭배를 요약하면,

㉠ "네가 네 의복을 가지고 너를 위하여 각색으로 산당을 꾸미고 거기에서 행음하였나니 이런 일은 전무후무하니라"(16) 하십니다. 우상의 신당을 아름답게 꾸미고 숭배함으로 영적으로 음부가 된 것입니다.

㉡ 17-21절은 남편 되는 하나님께서 선물로 준 것들로 우상을 섬긴 것에 대한 묘사인데, "네가 또 내가 준 금 · 은 장식품으로 너를 위하여 남자 우상을 만들어 행음하며"(17)

㉢ "또 네 수놓은 옷을 그 우상에게 입히고 나의 기름과 향을 그 앞에 베풀며"(18)

㉣ "또 내가 네게 주어 먹게 한 내 음식물 곧 고운 밀가루와 기름과 꿀을 네가 그 앞에 베풀어"(19)

㉤ "또 네가 나를 위하여 낳은 네 자녀를 그들에게 데리고 가서 드려 제물로 삼아 불살랐느니라"(20)고 고발하십니다. "이런 일은 전무후무 하니라"(16하) 하시는 하나님의 마음을 헤아려 보시기 바랍니다.

② "네가 어렸을 때에 벌거벗은 몸이었으며 피투성이가 되어서

발짓하던 것을 기억하지 아니하고 네가 모든 가증한 일과 음란을 행하였느니라"(22) 하십니다. "기억하지 아니하고"라는 말을 명심해야 합니다. 43절에서도 "기억하지 아니하고" 합니다. 모세는 유언과도 같은 신명기에서 "네가 먹어서 배부르고 아름다운 집을 짓고 거주하게 되며 또 네 소와 양이 번성하며 네 은금이 증식되며 네 소유가 다 풍부하게 될 때에, 네 마음이 교만하여 네 하나님 여호와를 잊어버릴까 염려하노라. 네 하나님 여호와를 기억하라 그가 네게 재물 얻을 능력을 주셨음이라"(신 8:11-14,18)고 "잊지 말아라, 기억하라"고 거듭거듭 당부하고 또 당부합니다. 그러나 그들은 잊어버리고 기억하지 않았던 것입니다. 이것이 메시아언약을 망각한 신학적인 "행음"입니다.

이런 일은 전무후무 하니라

① 다음은 정치적인 "음행"입니다. 23-34절 안에는 "애굽 · 앗수르 · 바벨론"이 등장합니다.

㉠ "하체가 큰 네 이웃 나라 애굽 사람과도 음행하되 심히 음란히 하여 내 진노를 샀도다"(26)

㉡ "또 앗수르 사람과 행음하고 그들과 행음하고도 아직도 부족하게 여겨"(28)

㉢ "장사하는 땅 갈대아(바벨론)에 까지 심히 행음하되 아직도 족한 줄을 알지 못하였느니라"(29) 하십니다. 선지서를 보면 이방과 맹약하며 의지하는 것을 공통적으로 책망하고 있습니다. 왜냐하면 이들과 맹약하다가 그들의 우상까지 섬기게 될 것을 우려했기 때문입니다.

② 5:5절에서는 "주 여호와께서 이와 같이 이르시되 이것이 곧

예루살렘이라 내가 그를 이방인 가운데 두어 나라들이 둘러 있게 하였다"고 말씀하셨습니다. 즉 예루살렘과 이스라엘을 "세상 중심"(38:12)이 되게 하셨다는 것입니다. 땅이 크고 수가 많아서가 아닙니다. 하나님께서 택하셔서 제사장 나라를 삼으신, 다시 말하면 천하 만민이 구원을 얻게 될 메시아언약을 간직하고 있기 때문입니다.

③ 그런 하나님의 백성들이 어떻게 처신했는가? "여호와께서 이르시되 패역한 자식들은 화 있을진저 그들이 계교를 베푸나 나로 말미암지 아니하며 맹약을 맺으나 나의 영으로 말미암지 아니하고 죄에 죄를 더하도다 그들이 바로의 세력 안에서 스스로 강하려 하며 애굽의 그늘에 피하려 하여 애굽으로 내려갔으되 나의 입에 묻지 아니하였도다"(사 30:1-2) 하십니다. 이 말씀 안에는 "맹약(盟約), 스스로 강하려, 애굽의 그늘" 등의 단어들이 있는데, "하나님의 언약(맹약)을 굳게 믿고, 하나님 안에서 강하고, 하나님의 그늘 아래" 거했어야 할 택하신 족속이요 소유된 백성들이 이방 "애굽"을 의지했다는 것입니다. 이것이 정치적인 우상이었던 것입니다.

④ 그들은 "어리석은 비둘기같이"(호 7:11) 애굽 · 앗수르 · 바벨론의 틈바구니에서 두리번거리면서 구원을 요청하는 처량한 모습을 하고 있었습니다. 그러므로 이 단락을 한마디로 요약한 것이 30절인데 "네 마음이 어찌 그리 약한지"라는 말씀입니다. 하나님께서는 "두려워하지 말라 내가 너와 함께 함이라 놀라지 말라 나는 네 하나님이 됨이라 내가 너를 굳세게 하리라 참으로 너를 도와주리라 참으로 나의 의로운 오른손으로 너를 붙들리라"(사

41:10)고 힘에 힘을 더하여 주시는데, 어찌하여 이처럼 처량하게 되었는가? 하나님을 반역했기 때문입니다. 메시아언약을 배신했기 때문입니다. "네 마음이 어찌 그리 약한지"라는 말씀은 제 마음을 찌릅니다. 한국교회도 주의 종들도 "어찌 그리 약한지" 하신 맛 잃은 소금같이 밟히는 신세가 된 원인도 오직 복음의 능력을 상실했기 때문이 아니겠는가!

마음이 어찌 그리 약한지

① 얼마나 약한가를 보십시오.

㉠ "값을 싫어하니 창기 같지도 아니하도다"(31하) 하십니다. 창기는 돈을 위해서 몸을 파는 자들인데

㉡ "네가 값을 받지 아니하고 도리어 값을 줌이라 그런즉 다른 여인과 같지 아니하니라"(34하) 합니다.

무슨 뜻인가? 간음하듯 이방의 우상을 섬기면서 값을 받는 것이 아니라 도리어 "여호와의 전 문의 금과 기둥에 입힌 금을 벗겨"(왕하 18:16) 앗수르 왕에게 주었습니다. 그렇게 조공을 바치면서 애걸했으니 "도리어 값을 줌이라" 하신 것입니다. 얼마나 처량한 신세인가?

② 16장 첫째 문단(1-34)은 "네 음란함이 다른 여인과 같지 아니함은 행음하려고 너를 따르는 자가 없음이며 또 네가 값을 받지 아니하고 도리어 값을 줌이라 그런즉 다른 여인과 같지 아니하니라"(34)고 마치고 있는데

㉠ "행음하려고 너를 따르는 자"도 없다는 뜻은 무엇인가? 존재가치도 없이 무시를 당하고 있다는 뜻입니다.

㉡ "도리어 값을 줌이라", 조공을 바치면서 말입니다.

본 문단을 마치기 전에 우리의 근본은 어떠했는지를 생각하게 합니다. "그러므로 생각하라 너희는 그 때에 육체로는 이방인이요 손으로 육체에 행한 할례를 받은 무리라 칭하는 자들로부터 할례를 받지 않은 무리라 칭함을 받는 자들이라 그 때에 너희는 그리스도 밖에 있었고 이스라엘 나라 밖의 사람이라 약속의 언약들에 대하여는 외인이요 세상에서 소망이 없고 하나님도 없는 자이더니"(엡 2:11-12), 이것이 이전의 우리 근본이었습니다.

본문의 표현대로 하면 "네가 난 것을 말하건대 네가 날 때에 네 배꼽 줄을 자르지 아니하였고 너를 물로 씻어 정결하게 하지 아니하였고 네게 소금을 뿌리지 아니하였고 너를 강보로 싸지도 아니하였나니"(4)인 것입니다. 그런 우리를 "허물로 죽은 우리를 그리스도와 함께 살리셨고 (너희가 은혜로 구원을 얻은 것이라) 또 함께 일으키사 그리스도 예수 안에서 함께 하늘에 앉히시니"(엡 2:5-6), 즉 "왕 같은 제사장"의 지위에 오르게 하신 것입니다.

③ 형제여, 이를 잊지 않고 기억하고 있습니까? 그리하여 하나님의 교회는 세계의 중심이요, 자신은 택하신 족속이요 왕 같은 제사장이라는 정체성을 망각하지 않고 있습니까? 만일 "마음이 어찌 그리 약한지"(30) 하신 약한 상태에 있다면 그 원인이 어디에 있다고 여겨집니까? 에스겔 선지자를 찾아온 장로들처럼 "마음에 우상을 품고, 죄악의 거치는 것을 자기 앞에 두었기"(14:3) 때문은 아닌지요? 한마디로 복음을 잃어버렸기 때문이 아닙니까? 이점을 다음 문단에서 보게 될 것입니다. 이것이 "이런 일은 전무후무 하니라"입니다.

④ 묵상해보겠습니다.

㉠ 자신의 이전 신분의 근본에 대해서

㉡ 이제의 변화된 신분과 지위에 대해서

㉢ 그런데 “맹세를 멸시하여 언약을 배반”하고 있는 것은 아닌지에 대해서

㉣ “어찌 그리 약한지”는 아닌지에 대해서.

에스겔 16:35-63절 개관도표

주제 : 언약을 기억하여 영원한 언약을 세우리라

사랑하던 자로 치게 하리라

35-43
35 그러므로 너 음녀야 여호와의 말씀을 들을지어다
36 주 여호와께서 이같이 말씀하셨느니라 네가 네 누추한 것을 쏟으며 네 정든 자와 행음함으로 벗은 몸을 드러내며 또 가증한 우상을
위하며 네 자녀의 피를 그 우상에게 드렸은즉
37 내가 너의 즐거워하는 ① **정든 자와 사랑하던 모든 자와 미워하던 모든 자를 모으되 사방에서 모아 너를 대적하게**
할 것이요 또 네 벗은 몸을 그 앞에 드러내 그들이 그것을 다 보게 할 것이며
38 내가 또 간음하고 사람의 피를 흘리는 여인을 심판함 같이 너를 심판하여 진노의 피와 질투의 피를 네게 돌리고
39 내가 또 너를 그들의 손에 넘기리니 그들이 네 누각을 헐며 네 높은 대를 부수며 네 의복을 벗기고 네 장식품을 빼앗고 네 몸을
벌거벗겨 버려 두며
40 무리를 데리고 와서 너를 돌로 치며 칼로 찌르며
41 불로 네 집들을 사르고 여러 여인의 목전에서 너를 벌할지라 내가 너에게 곧 음행을 그치게 하리니 네가 다시는
값을 주지 아니하리라
42 그리한즉 나는 네게 대한 내 분노가 그치며 내 질투가 네게서 떠나고 마음이 평안하여 다시는 노하지 아니하리라
43 네가 어렸을 때를 기억하지 아니하고 이 모든 일로 나를 분노하게 하였은즉 내가 네 행위대로 네 머리에 보응하리니 네가 이 음란과
② **네 모든 가증한 일을 다시는 행하지 아니하리라 주 여호와의 말씀이니라**

소돔보다 더욱 부패한 예루살렘

44-52
44 속담을 말하는 자마다 네게 대하여 속담을 말하기를 어머니가 그러하면 딸도 그러하다 하리라
45 너는 그 남편과 자녀를 싫어한 어머니의 딸이요 너는 그 남편과 자녀를 싫어한 형의 동생이로다
네 어머니는 헷 사람이요 네 아버지는 아모리 사람이며
46 네 형은 그 딸들과 함께 네 왼쪽에 거주하는 사마리아요 네 아우는 그 딸들과 함께 네 오른쪽에 거주하는 소돔이라
47 ③ **네가 그들의 행위대로만 행하지 아니하며** 그 가증한 대로만 행하지 아니하고 그것을 적게 여겨서
네 모든 행위가 그보다 더욱 부패하였도다
48 주 여호와의 말씀이니라 내가 나의 삶을 두고 맹세하노니 네 아우 소돔 곧 그와 그의 딸들은 너와 네 딸들의 행위 같이 행하지
아니하였느니라
49 네 아우 소돔의 죄악은 이러하니 그와 그의 딸들에게 교만함과 음식물의 풍족함과 태평함이 있음이며 또 그가 가난하고 궁핍한 자를
도와 주지 아니하며
50 거만하여 가증한 일을 내 앞에서 행하였음이라 그러므로 내가 보고 곧 그들을 없이 하였느니라
51 사마리아는 네 죄의 절반도 범하지 아니하였느니라 네가 그들보다 가증한 일을 심히 행하였으므로 네 모든 가증한 행위로 네 형과 아우를
의롭게 하였느니라
52 네가 네 형과 아우를 유리하게 판단하였은즉 너도 네 수치를 담당할지니라 네가
그들보다 더욱 가증한 죄를 범하므로 그들이 너보다 의롭게 되었나니 네가 네 형과 아우를 의롭게 하였은즉
너는 놀라며 네 수치를 담당할지니라

영원한 언약을 세우리라

53-63
53 내가 그들의 사로잡힘 곧 소돔과 그의 딸들의 사로잡힘과 사마리아와 그의 딸들의 사로잡힘과 그들 중에
④ **너의 사로잡힌 자의 사로잡힘을 풀어 주어**
54 네가 네 수욕을 담당하고 네가 행한 모든 일로 말미암아 부끄럽게 하리니 이는 네가 그들에게 위로가 됨이라
55 네 아우 소돔과 그의 딸들이 옛 지위를 회복할 것이요 사마리아와 그의 딸들도 그의 옛 지위를 회복할 것이며 너와 네 딸들도 너희
옛 지위를 회복할 것이니라
56 네가 교만하던 때에 네 아우 소돔을 네 입으로 말하지도 아니하였나니
57 곧 네 악이 드러나기 전이며 아람의 딸들이 너를 능욕하기 전이며 너의 사방에 둘러 있는 블레셋의 딸들이 너를 멸시하기 전이니라
58 네 음란과 네 가증한 일을 네가 담당하였느니라 나 여호와의 말이니라
59 나 주 여호와가 이같이 말하노라 네가 맹세를 멸시하여 언약을 배반하였은즉 내가 네 행한 대로 네게 행하리라
60 그러나 **내가 너의 어렸을 때에 너와 세운 언약을 기억하고 너와 영원한 언약을 세우리라**
61 네가 네 형과 아우를 접대할 때에 네 행위를 기억하고 부끄러워할 것이라 내가 그들을 네게 딸로 주려니와 네 언약으로 말미암음이
아니니라
62 ⑤ **내가 네게 내 언약을 세워 내가 여호와인 줄 네가 알게 하리니**
63 이는 내가 네 모든 행한 일을 용서한 후에 네가 기억하고 놀라고 부끄러워서 다시는 입을 열지 못하게 하려 함이니라
주 여호와의 말씀이니라

16:35-63 절

언약을 기억하여 영원한 언약을 세우리라

[60]그러나 내가 너의 어렸을 때에 너와 세운 언약을 기억하고
너와 영원한 언약을 세우리라

16장 둘째 문단(35-63)은 "그러므로"하고 시작되는데, 내용은 심판 후에 회복하여주실 것을 약속하심에 있습니다. 앞 문단(1-34)에서 버려진 사생자를 데려다가 황후가 되게 해주셨는데, 음부로 전락했다고 말씀했습니다. 하나님의 공의는 이를 묵과하실 수 없으신 것입니다. 그러므로 먼저 죄에 대한 징벌을 하십니다. 그러나 하나님의 구원계획, 즉 아브라함과 다윗에게 세워주신 언약을 이루시기 위해서 다시 "영원한 언약을 세우리라" 하시는

것입니다. 도표를 보시면 “어렸을 때의 언약을 기억해 영원한 언약을 세우리라”는 말씀을 중심으로,

① “사랑하던 모든 자와 미워하던 모든 자를 모으되 사방에서 모아 너를 대적하게 할 것이요”(37), 즉 이방을 들어서 치게 하여

② “가증한 일을 다시는 행하지 아니하리라”(43) 즉 행하지 못하게 하시겠다 하십니다.

③ 이렇게 심판하실 수밖에 없는 것은 선민 이스라엘이 “사마리아나 소돔보다도 더욱 부패하여졌기 때문이요”

④ 그러나 “사로잡힌 자를 돌아오게 하셔서”

⑤ “영원한 언약을 세워 주시겠다”고 말씀하십니다. 그리고 “내가 여호와인 줄 네가 알게 하리니”(62), “나 여호와의 말이니라” 하심으로 하나님 약속의 말씀이 반드시 이룰 것을 보증하십니다. 이를 세 단원으로 나누어 상고하겠습니다.

첫째 단원(35–43) **사랑하던 자로 치게 하리라**
둘째 단원(44–52) **소돔보다 더욱 부패한 예루살렘**
셋째 단원(53–63) **영원한 언약을 세우리라**

첫째 단원(35–43) 사랑하던 자로 치게 하리라

“내가 너의 즐거워하는 정든 자와 사랑하던 모든 자와 미워하던 모든 자를 모으되 사방에서 모아 너를 대적하게 할 것이요 또 네 벗은 몸을 그 앞에 드러내 그들이 그것을 다 보게 할 것이며”(37).

① 첫째 단원의 중심점은 "사랑하던 자들을 들어서 대적하게 하겠다"는데 있습니다.

㉠ "내가 너의 즐거워하는 정든 자와 사랑하던 모든 자와 미워하던 모든 자를 모으되 사방에서 모아 너를 대적하게 할 것이요"

㉡ "또 네 벗은 몸을 그 앞에 드러내 그들이 그것을 다 보게 할 것이며", 즉 음부를 벌거벗겨 수치를 드러나게 하듯 부끄러움을 당하게 하시겠다는 말씀입니다. 어찌하여 "사랑하던 자"라 하시는가? 이는 북이스라엘은 앗수르를 들어서 치시고 남 유다는 바벨론을 들어서 치실 것을 가리키는데 이스라엘이 그들을 의지했기 때문에 "사랑하는 자"라 하시는 것입니다.

② "내가 또 너를 그들의 손에 넘기리니 그들이 네 누각을 헐며 네 높은 대를 부수며 네 의복을 벗기고 네 장식품을 빼앗고 네 몸을 벌거벗겨 버려두며 무리를 데리고 와서 너를 돌로 치며 칼로 찌르며 불로 네 집들을 사르고 여러 여인의 목전에서 너를 벌할지라"(39-41) 하십니다.

③ 왜 이렇게 징벌하시는가? "네가 어렸을 때를 기억하지 아니하고 이 모든 일로 나를 분노하게 하였은즉 내가 네 행위대로 네 머리에 보응하리니"(43상) 하신 배은망덕했기 때문입니다. 그리고 징계의 목적은 "네가 이 음란과 네 모든 가증한 일을 다시는 행하지 아니하리라 주 여호와의 말씀이니라"(43하) 하십니다. 이 점을 다니엘은 포로 중 참회하기를 "우리는 이미 범죄하여 패역하며 행악하며 반역하여 주의 법도와 규례를 떠났사오며 우리가 또 주의 종 선지자들이 주의 이름으로 우리의 왕들과 우리의 고관과 조상과 온 국민에게 말씀한 것을 듣지 아니하였나이다"(단 9:5-6)고 자복합니다. 그러나 징벌을 통해서 모든 사람이 이처럼

다 회개하기에 이른 것은 아닙니다.

④ 그 점을 계시록에서 보게 되면 "또 다섯째 천사가 그 대접을 짐승의 왕좌에 쏟으니 그 나라가 곧 어두워지며 사람들이 아파서 자기 혀를 깨물고 아픈 것과 종기로 말미암아 하늘의 하나님을 비방하고 그들의 행위를 회개하지 아니하더라"(계 16:10-11)하는데, 징벌을 통해서 회개에 이르는 자는 "남은 자"뿐이요, 돌아오게 될 자들도 남은 자뿐입니다. 이것이 "사랑하던 자로 치게 하리라"하신 징계의 목적입니다.

둘째 단원(44–52) **소돔보다 더욱 부패한 예루살렘**

"네가 그들의 행위대로만 행하지 아니하며 그 가증한 대로만 행하지 아니하고 그것을 적게 여겨서 네 모든 행위가 그보다 더욱 부패하였도다"(47).

① 둘째 단원의 중심점은 "소돔보다 더욱 부패한 예루살렘"에 있습니다. 본 단원과 다음 단원에서 "소돔"을 다섯 번(46,48,49, 53,55), "사마리아"를 세 번(46,51,55) 언급하고 있는데, 이는 그들의 부패와 예루살렘의 부패를 비교하여 말씀하시기 위해서 입니다.

② 예루살렘의 근본을 또다시 상기시키십니다.

㉠ "네 어미는 헷 사람"

㉡ "아비는 아모리 사람"(45)

㉢ "네 형은 그 딸들과 함께 네 좌편에 거하는 사마리아요

㉣ 네 아우는 그 딸들과 함께 네 오른쪽에 거주하는 소돔이라"(46) 하십니다.

가나안 원주민들인 "헷 사람, 아모리 사람"이 네 부모요, 사마리아와 소돔이 네 형제"라 하심은 영적으로 동류(同類)가 되었기 때문입니다. 얼마나 부끄러운 말씀인가? 그런데 "네가 그들의 행위대로만 행하지 아니하며 그 가증한 대로만 행하지 아니하고 그것을 적게 여겨서 네 모든 행위가 그보다 더욱 부패하였도다"(47) 하십니다.

③ 소돔의 죄는 무엇인가? "네 아우 소돔의 죄악은 이러하니 그와 그의 딸들에게 교만함과 음식물의 풍족함과 태평함이 있음이며 또 그가 가난하고 궁핍한 자를 도와주지 아니하며 거만하여 가증한 일을 내 앞에서 행하였음이라 그러므로 내가 보고 곧 그들을 없이 하였느니라"(49-50) 하십니다. 한마디로 방탕과 음란입니다. 그런데 소돔은 하나님의 택하신 도성(都城)도 언약백성도 아닌, 즉 성민(聖民)이 아니었습니다. 그런데 "주 여호와의 말씀이니라 내가 나의 삶을 두고 맹세하노니 네 아우 소돔 곧 그와 그의 딸들은 너와 네 딸들의 행위 같이 행하지 아니하였느니라"(48) 하시는 것이 아닌가?

④ "네가 네 형과 아우를 의롭게 하였은즉"(52상), 즉 이스라엘 사람들이 "소돔 · 사마리아" 하면 부정하게 여기고 상종도 하지 않았는데 "네가 그들보다 더욱 가증한 죄를 범하므로 그들이 너보다 의롭게 되었나니"(52하) 라는 뜻입니다. 그렇다면 "더욱 가증한 죄"가 무엇인가?

⑤ 이는 윤리적인 죄 이전에 메시아언약을 반역하고 우상을 숭

배한 죄가 얼마나 치명적인 죄인가를 깨닫게 됩니다. 그래서 "사마리아는 네 죄의 절반도 범하지 아니하였느니라 네가 그들보다 가증한 일을 심히 행하였으므로 네 모든 가증한 행위로 네 형과 아우를 의롭게 하였느니라"(51)고 그들과 대조를 시킵니다.

주님은 말씀하십니다. "내가 진실로 너희에게 이르노니 심판 날에 소돔과 고모라 땅이 그 성보다 견디기 쉬우리라"(마 10:15). "그 성"이 어느 성인가? 그리스도를 배척하고 복음을 받지 않는 도성입니다. 다시 한번 복음의 영광스러움을 망각한 죄가 얼마나 치명적인 죄인가를 깨닫게 됩니다. 이것이 "소돔보다 더욱 부패한 예루살렘"의 죄입니다.

셋째 단원(53–63) **영원한 언약을 세우리라**

"내가 네게 내 언약을 세워 내가 여호와인 줄 네가 알게 하리니" (62).

① 셋째 단원의 중심점은, "영원한 언약을 세우리라"(60)는 말씀에 있습니다. 60-63절 안에는 "언약"이라는 말이 네 번 등장합니다. 이 문단은 도표에서 보시는 바대로 "영원한 언약을 세우리라" 하신 말씀을 중심으로 해석되어야 전체적인 의미를 파악할 수 있습니다. 그렇다면 "영원(永遠)한 언약"(言約)이란 무엇이며, 어찌하여 영원한 언약이 필요하게 되었는가?

② 59절과 60절을 대조해보시기 바랍니다. 59절에서는 "네가 언약을 배반하였다"고 말씀하고, 60절에서는 그러나 "내가, 영원

한 언약을 세우리라" 하십니다. 이 점에서 통찰력이 필요한데 59절의 언약은 "시내 산 언약" 곧 율법을 가리킵니다. 이는 "네가… 이렇게 하면, 나도 이렇게 하겠다"는 쌍방(雙方)언약인데, 이를 배반한 자는 이스라엘입니다. 이점을 예레미야 선지자를 통해서는 "내가 그들의 남편이 되었어도 그들이 내 언약을 파(破)하였음이라"(렘 31:32) 하십니다. 그래서 "내가 네 행한 대로 네게 행하리라"(59하), 즉 율법대로 심판하시겠다는 말씀입니다.

③ 그런데 60절은 "그러나"하고 시작됩니다. "그러나 내가 너의 어렸을 때에 너와 세운 언약을 기억하고 너와 영원한 언약을 세우리라"(60) 하신다는 점을 분별하시기 바랍니다. "어렸을 때에 세운 언약"이 무엇인가? 표면적(表面的)으로 보면 시내 산 언약으로 여겨지지만, 의미문맥(意味文脈)으로 보면 아브라함에게 세워주신 언약으로 보아야 합니다. 하나님께서 이스라엘을 출애굽 시켜주신 것도 "아브라함과 이삭과 야곱에게 세운 그 언약을 기억"(출 2:24)하셨기 때문이며, 솔로몬의 타락으로 나라를 빼앗으실 때에도 "나의 종 다윗과 나의 뺀 예루살렘을 위하여 한 지파"(왕상 11:13)를 남겨주시겠다고 말씀하시기 때문입니다. 여기서도 아브라함과 세운 언약을 기억하셔서 "영원한 언약을 세우리라"(60) 하시는 것입니다. 한마디로 하나님이 시작하신 "구원계획"을 성취하시기 위해서입니다.

④ 이점이 극명하게 나타나는 곳이 호세아서입니다. 1장에서 "너는 가서 음란한 여자를 맞이하여 음란한 자식들을 낳으라 이 나라가 여호와를 떠나 크게 음란함이니라"(호 1:2) 하시면서, "그는 내 아내가 아니요 나는 그의 남편이 아니라"(2:2) 하십니다.

그런데 2장에서는 "내가 네게 장가들어 영원히 살되, 진실함으로 네게 장가들리니 네가 여호와를 알리라"(2:19,20) 하십니다. "영원히 살겠다" 하심을 주목하십시오. 다시는 이혼하지 않게 된다는 "영원한 언약"인 것입니다. 이것이 어떻게 가능하여지는가? 3장에서 "이스라엘 자손이 다른 신을 섬기고 건포도 과자(우상의 제물)를 즐길지라도 여호와가 그들을 사랑하나니 너는 또 가서 타인의 사랑을 받아 음녀가 된 그 여자를 사랑하라 하시기로 내가 은 열다섯 개와 보리 한 호멜 반으로 나를 위하여 그를 사고"(3:1-2) 합니다. "팔린 그를 샀다"는 것이 속량인데, 그리스도의 구속으로 말미암아 가능하여진다는 복음인 것입니다.

네게 장가들어 영원히 살리라

① 그들이 언약을 파했기 때문에 다시 영원한 언약을 세워야 할 필요가 생긴 것입니다. 이점을 예레미야 선지자를 통해서는 "내가 이스라엘 집과 유다 집에 새 언약을 세우리라"(렘 31:31)고 "새 언약"이라 하십니다.

② 이점을 에스겔 37:25-26절에서는 "내 종 다윗이 영원히 그들의 왕이 되리라 내가 그들과 화평의 언약을 세워서 영원한 언약이 되게 하리니"하고, "화평의 언약, 영원한 언약"이라고 말씀합니다. 화평의 언약이란 그리스도를 "화목제물"로 삼으셔서 세워주실 언약 곧 새 언약이요, 분명한 복음인 것입니다. 이 언약은 짐승의 피가 아닌 그 아들의 피로 세우실 언약입니다. 그리고 이 언약은 파하여질 수도 없고 파해져서도 아니 될 "영원한 언약"인

것입니다. 그리하여 "내가 여호와인 줄 네가 알게 하리니"(62하) 하시는데, 형제는 말로는 다 표현할 수 없는 하나님의 사랑과 은혜를 알게 되었습니까?

③ 그리하여 "내가 그들의 사로잡힘 곧 소돔과 그의 딸들의 사로잡힘과 사마리아와 그의 딸들의 사로잡힘과 그들 중에 너의 사로잡힌 자의 사로잡힘을 풀어 주어"(53), 즉 "돌아오게" 해주시겠다 하십니다. 53절에는 "사로잡힘"이라는 말이 다섯 번, 55절에는 "회복"이라는 말이 세 번 강조되어 있습니다. 사로잡힌 자들을 회복시켜주시겠다는 말씀인데 이 회복이 어떻게 가능하여지는가?

④ 이것이 "화평의 언약, 영원한 언약"을 통해서 가능하여진다는 말씀입니다. 53절 안에는 세 부류의 "돌아옴"이 있는데,

㉠ "소돔"의 돌아옴

㉡ "사마리아"의 돌아옴

㉢ "너의 사로잡힌 자의 사로잡힘을 돌이켜서"(53) 한 이스라엘의 돌아옴입니다.

참으로 이상한 것은 이스라엘의 돌아옴이 "사마리아와 소돔"과 함께 언급되어 있을 뿐만이 아니라, 그들의 뒤를 쫓아서 돌아오는 것으로 말씀하고 있다는 점입니다.

사로잡힌 자를 돌아오게 하리라

① 이는 "네 어머니는 헷 사람이요 네 아버지는 아모리 사람이며"(45) 하심이 영적인 논리이듯이, "사마리아와 소돔"도 문자적인 의미가 아니라 이방인에 대한 상징으로 보아야 할 것입니다.

즉 "이방인의 충만한 수가 들어오기까지 이스라엘의 더러는 우둔하게 된 것이라 그리하여 온 이스라엘이 구원을 받게 될"(롬 11:25-26) 것을 가리킨다 하겠습니다.

② 선지자의 마음이 뜨거웠던 것 같습니다. 아니 하나님의 긍휼이 불붙듯 한 것으로 여겨집니다. 왜냐하면 "돌아오게 하리라"는 약속은 후반부(33장 이후)에 가서, "그러므로 주 여호와께서 이같이 말씀하셨느니라 내가 이제 내 거룩한 이름을 위하여 열심을 내어 야곱의 사로잡힌 자를 돌아오게 하며 이스라엘 온 족속에게 사랑을 베풀지라"(39:25)고 말씀하시는 구조인데 심판을 경고하는 앞부분에서 성급하게 튀어나오고 있기 때문입니다. 이것이 하나님의 사랑입니다. 그래서 16장에는 하나님의 애증(愛憎)이 담겨 있다고 말씀한 것입니다.

③ 이런 맥락에서 "이는 내가 네 모든 행한 일을 용서한 후에"(63상) 하시는 용서는 그냥 말로만 되는 것이 아니라 그리스도의 대속을 통해서만이 가능하여짐을 망각하지 말아야 하겠습니다. "네가 기억하고 놀라고 부끄러워서 다시는 입을 열지 못하게 하려 함이니라"(63중) 하시는데,

㉠ "너로 기억하고"

㉡ "놀라고"

㉢ "부끄러워서"

㉣ "다시는 입을 열지 못하게 하려 함이니라".

㉤ 이처럼 하나님 앞에서 유구무언인 사람, 이런 사람이 진실로 자신의 죄를 깨닫고 회개한 자요, "나를 여호와인 줄 알게 하리니(62하) 한 여호와를 아는 자입니다.

④ 끝으로 16장 전체의 구조를 깨닫기를 원하는데 하나님은 앞

문단(1-34)에서 버림당한 사생자의 비유를 들어 말씀하신 후에 뒤 문단(53-63)에서 "화평의 언약, 영원한 언약"을 말씀하신다는 점입니다. 이는 "율법의 행위로 그의 앞에 의롭다함을 얻을 수 없는 자들에게 세워주시는 의문(儀文)이 아닌 복음인 것입니다. 16장의 비유와 언약의 말씀이 신약의 성도들에게는 어떻게 적용되는가?

㉠ 우리가 그리스도의 신부(왕후)가 된 것은

㉡ "피투성이라도 살라, 살라"(6) 하시면서 허물과 죄로 죽었던 우리를 살려주셨기 때문이요

㉢ 우리의 벌거벗은 수치를 "내 옷으로 너를 덮어"(8) 하신 의롭다고 여겨주셨기 때문이요

㉣ "화려한 면류관을 머리에 씌우시고"(12)

㉤ "왕후의 지위"에 오르게 한 왕 같은 제사장이 되게 해주셨기 때문입니다.

⑤ 이제 형제에게 묻습니다. 형제도 이 말씀을

㉠ 기억하고

㉡ 놀라고

㉢ 부끄러워서

㉣ 다시는 입을 열지 못하게 하려 함이니라(63),

즉 "그런즉 이 일에 대하여 우리가 무슨 말하리요(롬 8:31), 아무 말도 못하게 되셨습니까? 다시는 "하나님은 나를 사랑하시지 않는다"고 불평하지 않게 되었습니까? 한마디로 "여호와를 알게" 되었습니까? 이것이 "언약을 기억하여 영원한 언약을 세우리라" 입니다.

⑥ 묵상해보겠습니다.

㉠ 소돔보다 더욱 부패한 예루살렘이라 하신 말씀을 통한 현대교회의 실상에 대해서

㉡ 영원한 언약을 세우리라 하심에 대해서

㉢ "기억하고 놀라고 부끄러워서 입을 열지 못하게 하려 함"에 대해서.

에스겔 17장 개관도표
주제 : 언약을 배반한 자와 하나님이 심으실 연한 가지

두 독수리와 포도나무 비유	1-10 1 여호와의 말씀이 내게 임하여 이르시되 2 인자야 너는 이스라엘 족속에게 수수께끼와 비유를 말하라 3 여호와께서 이같이 말씀하여 이르시되 색깔이 화려하고 날개가 크고 깃이 길고 털이 숱한 큰 독수리가 레바논에 이르러 백향목 높은 가지를 꺾되 4 그 연한 가지 끝을 꺾어 가지고 장사하는 땅에 이르러 상인의 성읍에 두고 5 또 ① **그 땅의 종자를 꺾어 옥토에 심되** 수양버들 가지처럼 큰 물 가에 심더니 6 그것이 자라며 퍼져서 높지 아니한 포도나무 곧 굵은 가지와 가는 가지가 난 포도나무가 되어 그 가지는 독수리를 향하였고 그 뿌리는 독수리 아래에 있었더라 7 또 날개가 크고 털이 많은 큰 독수리 하나가 있었는데 ② **그 포도나무가 이 독수리에게 물을 받으려고** 그 심어진 두둑에서 그를 향하여 뿌리가 뻗고 가지가 퍼졌도다 8 그 포도나무를 큰 물 가 옥토에 심은 것은 가지를 내고 열매를 맺어서 아름다운 포도나무를 이루게 하려 하였음이라 9 너는 이르기를 주 여호와의 말씀에 그 나무가 능히 번성하겠느냐 이 독수리가 어찌 그 뿌리를 빼고 열매를 따며 그 나무가 시들게 하지 아니하겠으며 그 연한 잎사귀가 마르게 하지 아니하겠느냐 많은 백성이나 강한 팔이 아니라도 그 뿌리를 뽑으리라 10 볼지어다 그것이 심어졌으나 번성하겠느냐 동풍에 부딪힐 때에 아주 마르지 아니하겠느냐 그 자라던 두둑에서 마르리라 하셨다 하라
언약을 배반하고 피하겠느냐	11-21 11 여호와의 말씀이 또 내게 임하여 이르시되 12 너는 반역하는 족속에게 묻기를 너희가 이 비유를 깨닫지 못하겠느냐 하고 그들에게 말하기를 바벨론 왕이 예루살렘에 이르러 왕과 고관을 사로잡아 바벨론 자기에게로 끌어 가고 13 그 왕족 중에서 하나를 택하여 언약을 세우고 그에게 맹세하게 하고 또 그 땅의 능한 자들을 옮겨 갔나니 14 이는 나라를 낮추어 스스로 서지 못하고 그 언약을 지켜야 능히 서게 하려 하였음이거늘 15 그가 사절을 애굽에 보내 말과 군대를 구함으로 바벨론 왕을 배반하였으니 형통하겠느냐 ③ **이런 일을 행한 자가 피하겠느냐 언약을 배반하고야 피하겠느냐** 16 주 여호와의 말씀이니라 내가 나의 삶을 두고 맹세하노니 바벨론 왕이 그를 왕으로 세웠거늘 그가 맹세를 저버리고 언약을 배반하였은즉 그 왕이 거주하는 곳 바벨론에서 왕과 함께 있다가 죽을 것이라 17 대적이 토성을 쌓고 사다리를 세우고 많은 사람을 멸절하려 할 때에 바로가 그 큰 군대와 많은 무리로도 그 전쟁에 그를 도와 주지 못하리라 18 그가 이미 손을 내밀어 언약하였거늘 맹세를 업신여겨 언약을 배반하고 이 모든 일을 행하였으니 피하지 못하리라 19 그러므로 주 여호와의 말씀이니라 내가 나의 삶을 두고 맹세하노니 ④ **그가 내 맹세를 업신여기고 내 언약을 배반하였은즉** 내가 그 죄를 그 머리에 돌리되 20 그 위에 내 그물을 치며 내 올무에 걸리게 하여 끌고 바벨론으로 가서 나를 반역한 그 반역을 거기에서 심판할지며 21 그 모든 군대에서 도망한 자들은 다 칼에 엎드러질 것이요 그 남은 자는 사방으로 흩어지리니 나 여호와가 이것을 말한 줄을 너희가 알리라
하나님이 심으실 가지	22-24 22 주 여호와께서 이같이 말씀하시되 내가 백향목 꼭대기에서 높은 가지를 꺾어다가 심으리라 내가 그 높은 새 가지 끝에서 **연한 가지를 꺾어 높고 우뚝 솟은 산에 심되** 23 이스라엘 높은 산에 심으리니 ⑤ **그 가지가 무성하고 열매를 맺어서 아름다운 백향목이 될 것이요** **각종 새가 그 아래에 깃들이며 그 가지 그늘에 살리라** 24 들의 모든 나무가 나 여호와는 높은 나무를 낮추고 낮은 나무를 높이며 푸른 나무를 말리고 마른 나무를 무성하게 하는 줄 알리라 나 여호와는 말하고 이루느니라 하라

17장

언약을 배반한 자와 하나님이 심으실 연한 가지

22주 여호와께서 이같이 말씀하시되 내가 백향목 꼭대기에서 높은 가지를 꺾어다가 심으리라 내가 그 높은 새 가지 끝에서 연한 가지를 꺾어 높고 우뚝 솟은 산에 심되

17장의 중심점은 "언약을 배반한 자와 하나님이 심으실 연한 가지"에 있습니다. 15:6절에서 "내가 수풀 가운데에 있는 포도나무를 불에 던질 땔감이 되게 한 것 같이 내가 예루살렘 주민도 그같이 할지라"고 선언하셨는데, "불에 던질 땔감"이 되게 하시는 것, 즉 심판이 끝이 아니라 "연한 가지를 심으시겠다" 다시 말하면 건설하시겠다는 말씀입니다. 예루살렘은 바벨론과 맺은 언약을 배반하고 애굽에게 원군(援軍)을 청했다가 멸망 당했는데,

이는 표면적인 이유요 근본적으로는 하나님과 맺은 언약을 배반했기 때문에 멸망하게 되었던 것입니다. 도표를 보시면 하나님이 심으실 “연한 가지”를 중심으로,

① 큰 독수리가 심은 포도나무가 있는데

② 포도나무가 자기를 심은 독수리를 배반하고 다른 독수리에게 물을 받으려고 즉 구원을 요청합니다.

③ “이런 일을 행한 자가 피하겠느냐, 언약을 배반하고야 피하겠느냐” 하십니다.

④ 하물며 하나님께서 맹세로 보증하신 언약을 배반하면 어떻게 살겠느냐는 것입니다.

⑤ 그럼에도 불구하고 하나님이 “연한 가지”를 심겠다 하십니다. 이는 구원하여 주실 자가 두 독수리, 즉 애굽이나 바벨론이 아니라 오직 하나님께서 세워주실 그리스도에게 있음을 나타냅니다.

⑥ 그러므로 그 연한 가지가 “무성하여 열매를 맺게 되리라”고 말씀합니다. 이를 세 단원으로 나누어 상고하겠습니다.

첫째 단원(1–10) **두 독수리와 포도나무 비유**
둘째 단원(11–21) **언약을 배반하고 피하겠느냐**
셋째 단원(22–24) **하나님이 심으실 연한 가지**

첫째 단원(1–10) **두 독수리와 포도나무 비유**

"그것이 자라며 퍼져서 높지 아니한 포도나무 곧 굵은 가지와 가는 가지가 난 포도나무가 되어 그 가지는 독수리를 향하였고 그 뿌리는 독수리 아래에 있었더라"(6).

① 첫째 단원의 중심점은 "두 독수리와 포도나무 비유"에 있습니다. "여호와의 말씀이 내게 임하여 이르시되 인자야 너는 이스라엘 족속에게 수수께끼와 비유를 말하라"(1-2) 하십니다. 참으로 하나님은 지치시지도 않으시고 "여러 부분과 여러 모양으로 우리 조상들에게 말씀하신 하나님"(히 1:1)이십니다. 비유로 말하라 하심은 듣는 것이 둔하기 때문이요, 수수께끼로 말하라 하심은 마음이 강퍅해서 들으려 하지 않기 때문입니다. 이렇게 하시면 우매무지한 자들이 깨달을 수 있을 것인가?

② "여호와께서 이같이 말씀하여 이르시되 색깔이 화려하고 날개가 크고 깃이 길고 털이 숱한 큰 독수리가 레바논에 이르러"(3상) 하시는데, 이 화려한 독수리는 신상(神像)의 황금머리로 비유된 바벨론을 상징합니다. 그가 예루살렘에 이르러 "백향목 높은 가지를 꺾되 그 연한가지 끝을 꺾어 가지고 장사하는 땅에 이르러 상인의 성읍에 두고"(3하-4) 합니다. 이는 느부갓네살 왕이 여호야긴 왕과 일만 명을 바벨론으로 사로잡아 간 것(이때 에스겔도 포함됨)을 가리킵니다(왕하 24:10-14).

③ "또 그 땅의 종자를 꺾어 옥토에 심되 수양버들 가지처럼 큰 물 가에 심더니 그것이 자라며 퍼져서 높지 아니한 포도나무 곧 굵은 가지와 가는 가지가 난 포도나무가 되어 그 가지는 독수

리를 향하였고 그 뿌리는 독수리 아래에 있었더라"(5-6) 합니다. 이는 여호야긴 대신에 그의 삼촌 맛다니야를 "시드기야"라 이름을 고쳐서 왕을 삼은 것(왕하 24:17)을 나타냅니다. "그 가지는 독수리를 향하였고 그 뿌리는 독수리 아래에 있었더라"(6하)는 뜻은 바벨론과 언약을 맺고 복종(아래)하기로 맹세하고 왕이 되었다는 뜻입니다.

바벨론에 의하여 세워진 시드기야 왕

① "또 날개가 크고 털이 많은 큰 독수리 하나가 있었는데"(7상) 한 것은 애굽을 상징합니다. "그 포도나무가 이 독수리에게 물을 받으려고 그 심어진 두둑에서 그를 향하여 뿌리가 뻗고 가지가 퍼졌도다"(7하) 하는 것은 시드기야 왕이 바벨론을 배반하고 은밀하게 애굽에게 원군(援軍)을 청한 것을 나타냅니다. 이것이 "물을 받으려고, 그를 향하여 뿌리가 발하고"의 뜻입니다.

② "너는 이르기를 주 여호와의 말씀에 그 나무가 능히 번성하겠느냐 이 독수리가 어찌 그 뿌리를 빼고 열매를 따며 그 나무가 시들게 하지 아니하겠으며 그 연한 잎사귀가 마르게 하지 아니하겠느냐 많은 백성이나 강한 팔이 아니라도 그 뿌리를 뽑으리라"(9) 하십니다. 즉 바벨론이라는 독수리가 배신자 시드기야를 방관하겠느냐는 것입니다.

㉠ "그 나무가 능히 번성하겠느냐,

㉡ 그 나무로 시들게 하고 뿌리를 뽑으리라", 즉 시드기야의 두 눈을 빼어 바벨론으로 사로잡아가고 나라는 망하게 될 것이라는 말씀입니다.

③ 9-10절 안에는 "뿌리를 빼고, 나무를 시들게, 잎사귀로 마르게, 아주 마르지 아니하겠느냐"는 말씀이 반복적으로 나오는데, 이처럼 말씀하시는 의도가 무엇인가? 하나님은 바벨론을 들어 징벌하신 후에 남은 자들을 돌아오게 하시려는 계획을 갖고 계시는데, 그들은 이를 피하려 반항하고 있기 때문입니다. 그래서 예레미야 선지자는 애가서에서 이렇게 진술합니다.

사람이 젊었을 때에 멍에를 메는 것이 좋으니
혼자 앉아서 잠잠할 것은 주께서 그것을 그에게 메우셨음이라
그대의 입을 땅의 티끌에 댈 지어다 혹시 소망이 있을 지로다
자기를 치는 자에게 뺨을 돌려대어 치욕으로 배불릴지어다
이는 주께서 영원하도록 버리지 않으실 것임이며
그가 비록 근심케 하시나 그의 풍부한 인자하심에 따라
긍휼히 여기실 것임이라(애 3:27-32).

이것이 "두 독수리와 포도나무 비유"입니다.

둘째 단원(11-21) 언약을 배반하고 피하겠느냐

"주 여호와의 말씀이니라 내가 나의 삶을 두고 맹세하노니 바벨론 왕이 그를 왕으로 세웠거늘 그가 맹세를 저버리고 언약을 배반하였은즉 그 왕이 거주하는 곳 바벨론에서 왕과 함께 있다가 죽을 것이라"(16).

① 둘째 단원은 첫째 단원에서 말씀한 비유에 대한 해설인데

중심점은 "언약을 배반하고 피하겠느냐"는데 있습니다. "바벨론 왕이 그를 왕으로 세웠거늘 그가 맹세를 업신여겨 언약을 배반하였은즉", 화를 피하겠느냐, 죽을 것이라 합니다. 이 말씀대로 이루어지고야 말았습니다.

② 본 단원의 핵심은 "언약"에 있습니다. "언약"이란 말이 일곱 번(13,14,15,16,18,18,19)이나 등장합니다. "언약을 세웠으면(13), 언약을 지켜야(14), 언약을 배반하였은즉"(16) 합니다. "그가 이미 손을 내밀어 언약하였거늘 맹세를 업신여겨 언약을 배반하고 이 모든 일을 행하였으니 피하지 못하리라"(18)는 말씀입니다.

③ 그런데 이 비유를 말씀하시는 하나님의 의도가 어디에 있는지 눈치를 채셨습니까? 이 비유가 어떤 말씀으로 이어지고 있지를 관찰해보시기를 바랍니다. "그러므로 주 여호와의 말씀이니라 내가 나의 삶을 두고 맹세하노니 그가 내 맹세를 업신여기고 내 언약을 배반하였은즉 내가 그 죄를 그 머리에 돌리되 그 위에 내 그물을 치며 내 올무에 걸리게 하여 끌고 바벨론으로 가서 나를 반역한 그 반역을 거기에서 심판하리라"(19-20)는 말씀으로 전진합니다. 그렇습니다. 하물며 하나님께서 맹세로 보증하여 주신 언약을 배반하고 살아남을 수 있겠느냐는 점을 깨닫기를 원하시는 것입니다.

④ "내 맹세를 업신여기고 내 언약을 배반"했다는 점을 유념하시기 바랍니다. 하나님께서 언제 누구에게 "맹세로 언약"을 세워주셨는가? 그것은 모세를 통해서 주신 시내 산 언약이 아닙니다. 율법은 쌍방언약이기 때문에 맹세가 없기 때문에 파하여진 것입니다. "맹세"란 너는 어떠하든지 나는 이를 지킬 것이라는 일방

적인 의미가 있습니다. 이는 아브라함에게 "내가 나를 가리켜 맹세하노니, 네 씨로 말미암아 천하 만민이 복을 얻으리니"(창 22:16,18) 하신 메시아언약인 것입니다.

⑤ 20절에는 "반역"이란 말이 두 번 강조되어 있습니다. 본질은 시드기야가 큰 독수리로 상징된 바벨론과 맺은 언약을 배반한 것이 문제가 아닙니다. 하나님께서 "당신의 거룩함을 두고 맹세한 언약"을 반역한 이것이 치명적인 죽음에 이르는 병이었던 것입니다. 이것이 이 비유의 신령한 의미입니다. 이 말씀을 하시기 위해서 비유를 베푸신 것입니다. 믿음이 무엇인가? 믿음은 "나는 할 수 있다"하는 신념(信念)이 아닙니다. 언약을 믿는 것이 믿음입니다. 하나님께서 맹세로 보증하여 주신 언약을 믿으면 내 것이 되는 것입니다. 이것이 "언약을 배반하고 피하겠느냐"는 뜻입니다.

셋째 단원(22–24) **하나님이 심으실 연한 가지**

"주 여호와께서 이같이 말씀하시되 내가 백향목 꼭대기에서 높은 가지를 꺾어다가 심으리라 내가 그 높은 새 가지 끝에서 연한 가지를 꺾어 높고 우뚝 솟은 산에 심되"(22).

① 셋째 단원의 중심점은, "하나님이 심으실 연한 가지"에 있습니다. 본 단원에는 하나님을 가리키는 "나"라는 말이 세 절 안에 다섯 번(22,22,22,24,24)이나 등장합니다. 언약을 배반한 자들에게,

㉠ 하나님께서 주권적으로 "내가 백향목 꼭대기에서 높은 가지를 꺾어다가 심으리라"(22상) 하십니다. "백향목 꼭대기"란 하나님이 세우신 다윗의 왕통(王統)을 가리킵니다.

㉡ "높은 가지를 꺾어다가 심으리라"(22중)는 "높은 가지"가 무엇인가?

② 22절 안에는 "높은 가지와 연한 가지"가 있는데 이는 그리스도의 양면성을 나타내는 표현입니다.

㉠ "높은 가지"란 뜻은 "베들레헴 에브라다야 너는 유대 족속 중에 작을지라도 이스라엘을 다스릴 자가 네게서 내게로 나올 것이라 그의 근본은 상고(上古)에 영원에 있느니라"(미 5:2) 하신 그리스도의 본질을 가리킵니다.

㉡ "연한 가지"란 뜻은 "그는 주 앞에서 자라나기를 연한 순 같고 마른 땅에서 나온 뿌리 같아서 고운 모양도 없고 풍채도 없은즉 우리가 보기에 흠모할 만한 아름다운 것이 없도다"(사 53:2) 한 성육신을 나타냅니다.

③ 미련한 인간들은 "색깔이 화려하고 날개가 크고 깃이 길고 털이 숱한 큰 독수리"(3)를 의지하여 구원을 얻으려 하지만 하나님은 "연한 가지, 연한 순"과 같은 그리스도의 고난을 통해서 이루신다는 말씀입니다. 이점이 "내가 그 높은 새 가지 끝에서 연한 가지를 꺾어 높고 우뚝 솟은 산에 심되"(22하) 하신 뜻입니다. 이를 예레미야 선지자를 통해서는,

㉠ "내가 다윗에게 한 의로운 가지를 일으킬 것이라 그가 왕이 되어 지혜롭게 다스릴"(렘 23:5) 것이라 말씀했고

㉡ 이사야 선지자를 통해서는, "이새의 줄기에서 한 싹이 나며 그 뿌리에서 한 가지가 나서 결실할 것이요"(사 11:1)하시고

㉢ 스가랴 선지자를 통해서는 "보라 싹이라 이름하는 사람이 자기 곳에서 돋아나서 여호와의 전을 건축하리라"(슥 6:12)고 예언하고 있습

니다.

높은 가지가 연한 가지가 됨

① 그 연한 가지를 "꺾어" 심겠다 하시는데 "꺾어"라는 뜻이 무엇인가? 4절에서 빛을 받을 수 있습니다. 느부갓네살 왕이 여호야긴을 결박하여 바벨론으로 끌고 간 것을 "그 연한가지 끝을 꺾어 가지고 장사하는 땅에 이르러"(4) 라고 표현하고 있습니다. 그렇다면 그리스도를 상징하는 "연한 가지를 꺾어"라는 묘사는 그리스도의 고난(苦難)을 염두에 두고 한 말씀이 됩니다.

② 연한가지를 꺾어 "높고 우뚝 솟은 산에 심되 이스라엘 높은 산에 심으리니"(22하-23상) 하십니다. 이점을 시편에서는 "내가 나의 왕을 내 거룩한 산 시온에 세웠다 하시리로다"(시 2:6) 말씀하고, 이사야와 미가 선지자를 통해서는 "말일에 여호와의 전의 산이 모든 산꼭대기에 굳게 설 것이요 모든 작은 산 위에 뛰어나리니 만방이 그리로 모여들 것이라"(사 2:1-2, 미 4:1) 하십니다.

③ "그 가지가 무성하고 열매를 맺어서 아름다운 백향목이 될 것이요 각종 새가 그 아래에 깃들이며 그 가지 그늘에 살리라"(23) 하십니다. "신약의 교회"는 그리스도라는 "연한 가지"가 아름다운 백향목을 이룬 성취인 것입니다. 9절과 23절에는 대조(對照)가 나타나는데,

㉠ 9절에서는 "그 나무가 능히 번성하겠느냐" 하시고, 23절에서는 "그 가지가 무성하리라"(23)고 말씀합니다.

㉡ 또한 9절에서는 "그 뿌리를 빼고 열매를 따며 잎사귀가 마르게 하지 아니하겠느냐"(9)고 말씀했는데, 23절에서는 "열매를 맺어서 아름다

운 백향목이 될 것이요, 각종 새가 그 아래에 깃들이며 그 가지 그늘에 살리라"(23) 하시는데 무슨 뜻인가? 메시아언약을 배반한 결과는 9절의 말씀같이 되었으나, 주권적으로 이루실 메시아 왕국은 23절 같이 되리라는 뜻입니다. 하나님의 행사는 "연한가지"처럼 시작은 미약하나, 나중은 창대하여지는 것입니다. 이것이 하나님께서 이루실 하나님의 나라건설인 것입니다.

꺾어서 심겠다

① "들의 모든 나무가 나 여호와는 높은 나무를 낮추고 낮은 나무를 높이며 푸른 나무를 말리고 마른 나무를 무성하게 하는 줄 알리라"(24상) 하십니다. 하나님은

㉠ "높은 나무를 낮추고(교만한 자는 낮추고) 낮은 나무를 높이며 푸른 나무를 말리고 마른 나무를 무성하게 하시는" 하나님이십니다. 또한 대적하는 자는 "잎사귀를 마르게 하고, 나무를 시들게 하고, 열매를 따고, 뿌리를 뽑으려 하지만"

㉡ "나 여호와는 말하고 이루느니라"(24하) 하십니다. "말하고 이루느니라", 이것이 17장의 결론입니다. 이처럼 말씀하시고 이루어 오신 하나님께서 "재림"이라는 한 가지 남은 약속도 이루시고도 남음이 있음을 확신하게 되는 것입니다.

② 17장을 마치기 전에 현대교회가 명심할 점은 "그러므로 주 여호와의 말씀이니라 내가 나의 삶을 두고 맹세하노니 그가 내 맹세를 업신여기고 내 언약을 배반하였은즉 내가 그 죄를 그 머리에 돌리되"(19) 한 말씀입니다. 한국교회는 맹세로 보증하신 언약을 마음에 새기고, 손으로 붙잡고, 두 발은 언약 위에 굳게 서 있는가? 강단에서는 "맹세로 보증하신 언약"이 선포되고 있는가?

그리하여 성도들 심령에 "맹세와 언약"이 심겨서 뿌리를 내리고 열매를 맺어가고 있느냐고 묻게 되는 것입니다. 하나님은 "너희가 이 비유를 깨닫지 못하겠느냐"(12) 하십니다. 이것이 "하나님의 언약을 배반한 자와 하나님이 심으실 연한 가지"입니다.

③ 묵상해보겠습니다.

㉠ 두 독수리와 포도나무 비유에 대해서

㉡ 비유를 통한 신령한 의미에 대해서

㉢ 하나님이 심으실 높은 가지와 연한 가지의 의미에 대해서.

에스겔 18장 개관도표

주제 : 범죄하는 그 영혼은 죽으리라

잘못된 속담	1 또 여호와의 말씀이 내게 임하여 이르시되 2 너희가 이스라엘 땅에 관한 속담에 이르기를 ① **아버지가 신 포도를 먹었으므로 그의 아들의 이가 시다고 함은 어찌 됨이냐** 3 주 여호와의 말씀이니라 내가 나의 삶을 두고 맹세하노니 너희가 이스라엘 가운데에서 다시는 이 속담을 쓰지 못하게 되리라 4 모든 영혼이 다 내게 속한지라 아버지의 영혼이 내게 속함 같이 그의 아들의 영혼도 내게 속하였나니 ② **범죄하는 그 영혼은 죽으리라**
범죄한 영혼마다 죽으리라	5 사람이 만일 의로워서 정의와 공의를 따라 행하며 6 산 위에서 제물을 먹지 아니하며 이스라엘 족속의 우상에게 눈을 들지 아니하며 이웃의 아내를 더럽히지 아니하며 월경 중에 있는 여인을 가까이 하지 아니하며 7 사람을 학대하지 아니하며 빚진 자의 저당물을 돌려 주며 강탈하지 아니하며 주린 자에게 음식물을 주며 벗은 자에게 옷을 입히며 8 변리를 위하여 꾸어 주지 아니하며 이자를 받지 아니하며 스스로 손을 금하여 죄를 짓지 아니하며 사람과 사람 사이에 진실하게 판단하며 9 내 율례를 따르며 내 규례를 지켜 진실하게 행할진대 ③ **그는 의인이니 반드시 살리라** 주 여호와의 말씀이니라 10 가령 그가 아들을 낳았다 하자 그 아들이 이 모든 선은 하나도 행하지 아니하고 이 죄악 중 하나를 범하여 강포하거나 살인하거나 11 산 위에서 제물을 먹거나 이웃의 아내를 더럽히거나 12 가난하고 궁핍한 자를 학대하거나 강탈하거나 빚진 자의 저당물을 돌려 주지 아니하거나 우상에게 눈을 들거나 가증한 일을 행하거나 13 변리를 위하여 꾸어 주거나 이자를 받거나 할진대 그가 살겠느냐 결코 살지 못하리니 이 모든 ④ **가증한 일을 행하였은즉 반드시 죽을지라** 자기의 피가 자기에게로 돌아가리라 14 또 가령 그가 아들을 낳았다 하자 그 아들이 그 아버지가 행한 모든 죄를 보고 두려워하여 그대로 행하지 아니하고 15 산 위에서 제물을 먹지도 아니하며 이스라엘 족속의 우상에게 눈을 들지도 아니하며 이웃의 아내를 더럽히지도 아니하며 16 사람을 학대하지도 아니하며 저당을 잡지도 아니하며 강탈하지도 아니하고 주린 자에게 음식물을 주며 벗은 자에게 옷을 입히며 17 손을 금하여 가난한 자를 압제하지 아니하며 변리나 이자를 받지 아니하여 내 규례를 지키며 내 율례를 행할진대 이 사람은 그의 아버지의 죄악으로 죽지 아니하고 반드시 살겠고 18 그의 아버지는 심히 포학하여 그 동족을 강탈하고 백성들 중에서 선을 행하지 아니하였으므로 그는 그의 죄악으로 죽으리라 19 그런데 너희는 이르기를 아들이 어찌 아버지의 죄를 담당하지 아니하겠느냐 하는도다 아들이 정의와 공의를 행하며 내 모든 율례를 지켜 행하였으면 그는 반드시 살려니와 20 범죄하는 그 영혼은 죽을지라 아들은 아버지의 죄악을 담당하지 아니할 것이요 아버지는 아들의 죄악을 담당하지 아니하리니 의인의 공의도 자기에게로 돌아가고 악인의 악도 자기에게로 돌아가리라 21 그러나 악인이 만일 그가 행한 모든 죄에서 돌이켜 떠나 내 모든 율례를 지키고 정의와 공의를 행하면 반드시 살고 죽지 아니할 것이라 22 그 범죄한 것이 하나도 기억함이 되지 아니하리니 그가 행한 공의로 살리라 23 주 여호와의 말씀이니라 내가 어찌 악인이 죽는 것을 조금인들 기뻐하랴 그가 돌이켜 그 길에서 떠나 사는 것을 어찌 기뻐하지 아니하겠느냐 24 만일 의인이 돌이켜 그 공의에서 떠나 범죄하고 악인이 행하는 모든 가증한 일대로 행하면 살겠느냐 그가 행한 공의로운 일은 하나도 기억함이 되지 아니하리니 그가 그 범한 허물과 그 지은 죄로 죽으리라
돌이켜 살지어다	25 그런데 너희는 이르기를 ⑤ **주의 길이 공평하지 아니하다 하는도다** 이스라엘 족속아 들을지어다 내 길이 어찌 공평하지 아니하냐 너희 길이 **공평하지 아니한 것이 아니냐** 26 만일 의인이 그 공의를 떠나 죄악을 행하고 그로 말미암아 죽으면 그 행한 죄악으로 말미암아 죽는 것이요 27 만일 악인이 그 행한 악을 떠나 정의와 공의를 행하면 그 영혼을 보전하리라 28 그가 스스로 헤아리고 그 행한 모든 죄악에서 돌이켜 떠났으니 반드시 살고 죽지 아니하리라 29 그런데 이스라엘 족속은 이르기를 주의 길이 공평하지 아니하다 하는도다 이스라엘 족속아 나의 길이 어찌 공평하지 아니하냐 너희 길이 공평하지 아니한 것 아니냐 30 주 여호와의 말씀이니라 **이스라엘 족속아 내가 너희 각 사람이 행한 대로 심판할지라** 너희는 돌이켜 회개하고 모든 죄에서 떠날지어다 그리한즉 그것이 너희에게 죄악의 걸림돌이 되지 아니하리라 31 너희는 너희가 범한 모든 죄악을 버리고 마음과 영을 새롭게 할지어다 이스라엘 족속아 너희가 어찌하여 죽고자 하느냐 32 주 여호와의 말씀이니라 ⑥ **죽을 자가 죽는 것도 내가 기뻐하지 아니하노니 너희는 스스로 돌이키고 살지니라**

18장

범죄하는 그 영혼은 죽으리라

> [30]주 여호와의 말씀이니라 이스라엘 족속아 내가 너희 각 사람이 행한 대로 심판할지라 너희는 돌이켜 회개하고 모든 죄에서 떠날지어다 그리한즉 그것이 너희에게 죄악의 걸림돌이 되지 아니하리라

18장의 중심점은 "각 사람의 행한 대로 심판하리라" 즉 "범죄하는 그 영혼은 죽으리라"는데 있습니다. 왜 이렇게 말씀하시는가? "아버지가 신 포도를 먹었으므로 그의 아들의 이가 시다"(2)는 속담을 들먹이면서 자신들이 당하는 징벌이 조상들의 죄 때문이요, 그러므로 "주의 길이 공평하지 않다"(29)고 불평을 했기 때문입니다. 이는 자신들의 잘못을 깨닫지 못하고 조상 탓을 한 것입니다. 그래서 18장을 말씀하게 된 것입니다. 도표를 보시면 "각

사람의 행한 대로 심판하리라"는 말씀을 중심으로,

① "아버지가 신 포도를 먹었으므로 그의 아들의 이가 시다고 함은 어찌 됨이냐"(2) 그런 것이 아니라

② "범죄 하는 그 영혼은 죽으리라"(4) 즉,

③ "의인은 반드시 살리라"(9)

④ 가증한 일을 행한 자는 "반드시 죽으리라" 하십니다.

⑤ 그런데 "주의 길이 공평하지 않다 하느냐, 너희 길이 공평치 않은 것이 아니냐" 하시면서

⑥ 하나님은 "죽을 자가 죽는 것도 내가 기뻐하지 아니하노니 너희는 스스로 돌이키고 살지니라"(32)고 촉구하십니다.

18장을 통한 불변의 진리는 "범죄 하는 영혼은 죽으리라, 돌이키는 자는 살리라"는 말씀입니다. 이를 세 단원으로 나누어 상고하겠습니다.

첫째 단원(1–4) **잘못된 속담**
둘째 단원(5–24) **범죄 한 영혼마다 죽으리라**
셋째 단원(25–32) **돌이켜 살지니라**

첫째 단원(1–4) **잘못된 속담**

"여호와의 말씀이 내게 임하여 이르시되"(1)

① 첫째 단원의 중심점은 "잘못된 속담"에 있습니다.

㉠ "너희가 이스라엘 땅에 관한 속담에 이르기를 아버지가 신 포도를

먹었으므로 그의 아들의 이가 시다고 함은 어찌 됨이냐"(2) 하십니다. 지금 하나님은 속담 이야기를 하시려는 것이 아니라, 자신들이 당하는 징벌이 조상들의 죄 때문이라고 불평함은 어찌 됨이냐는 말씀을 하시려는 것입니다. 그러므로

㉡ "주 여호와의 말씀이니라 내가 나의 삶을 두고 맹세하노니 너희가 이스라엘 가운데에서 다시는 이 속담을 쓰지 못하게 되리라"(3) 하십니다.

② "모든 영혼이 다 내게 속한지라 아버지의 영혼이 내게 속함 같이 그의 아들의 영혼도 내게 속하였나니 범죄하는 그 영혼은 죽으리라"(4), 즉 자식의 영혼이 부모를 통해서 하나님에게 속한 것이 아니라, 각자의 영혼이 하나님께 속했다는 말씀입니다. 그러므로 자신이 범한 죄는 자신이 책임을 지게 된다는 뜻입니다.

③ "아버지가 신 포도를 먹었으므로 아들의 이가 시다"는 말은 예레미야 선지자도 언급(렘 31:29)하고 있는 것으로 보아 이스라엘의 뿌리 깊은 사상으로 여겨지는데, 이는 "나를 미워하는 자의 죄를 갚되 아버지로부터 아들에게로 삼 사대까지 이르게 하거니와"(출 20:5) 한 말씀이나, "이 일이 유다에 임함은 곧 여호와의 말씀대로 그들을 자기 앞에서 물리치고자 하심이니 이는 므낫세의 지은 모든 죄 때문이며"(왕하 24:3) 하신, 말씀 등을 문맥적으로 보지 않고 단편적(斷片的)으로 곡해한데서 온 것으로 여겨집니다. 아닙니다. "신 포도를 먹는 자마다 그 이가 심같이 각기 자기 죄악으로만 죽으리라" 하십니다.

④ 그런데 불교 문화권에서 성장한 우리나라 성도들의 마음속에도 "아버지가 신 포도를 먹었으므로 아들의 이가 시다"는 잘못된 인식이 뿌리 깊이 박혀있다는 점입니다. 그것은 불교의 연기

설(緣起說) 때문입니다. 조상 때의 어떤 인연(因緣)으로 인하여 자손들이 그런 업보(業報)를 당하게 된다는 사상입니다. 그래서 조상 탓을 하고 어떤 시련을 당하면, 조상들이 무슨 죄를 지어서 자손들이 이런 화를 당하는가 하고 심지어 무덤 탓을 하기도 합니다. 이런 사상이 기독교에도 침투하여 "조상으로부터 내려오는 저주를 끊어라"는 등의 잘못된 주장이 설득력을 가지고 유행하기도 했습니다. 이와 비슷한 사상이 타고난 "운명"(運命)이니 팔자소관(八字所關)이라는 말입니다. 이런 말을 무심이 사용하고 있지만 이는 기독교사상이 아닌 불교사상입니다. 이것이 "잘못된 속담"입니다.

둘째 단원(5–24) **범죄 한 영혼마다 죽으리라**

"범죄하는 그 영혼은 죽을지라 아들은 아버지의 죄악을 담당하지 아니할 것이요 아버지는 아들의 죄악을 담당하지 아니하리니 의인의 공의도 자기에게로 돌아가고 악인의 악도 자기에게로 돌아가리라"(20).

① 둘째 단원은 첫째 단원에서 말씀한 속담에 대한 해설이라 할 수 있는데, 중심점은 "범죄 하는 영혼마다 죽으리라"는데 있습니다. 하나님은 한 가문의 삼대(三代)를 들어 설명하십니다.

㉠ "사람이 만일 의로워서 정의와 공의를 따라 행하는"(5), 이 의로운 사람이 일대(一代)입니다.

㉡ "가령 그가 아들을 낳았다 하자 그 아들이 이 모든 선은 하나도 행하지 아니하고 이 죄악 중 하나를 범하여 강포하거나 살인하거

나"(10), 이 사람이 의로운 사람의 아들인 악한 이대(二代)입니다.

㉢ "또 가령 그가 아들을 낳았다 하자 그 아들이 그 아버지의 행한 모든 죄를 보고 두려워하여 그대로 행하지 아니하고", 이 사람이 악한 자의 아들인 선한 삼대(三代)입니다.

② 그러니까 할아버지는 의로운 사람이었습니다. 그런데 그 아들은 이를 본받지 않고 악을 행했고, 손자는 아비의 행한 죄를보고 두려워하여 의로운 삶을 살았을 경우 어떻게 되는가?

㉠ 의로운 사람의 아들이라고 자신이 범한 죄책이 면하여지는 것도 아니요

㉡ 또한 악한 아비의 자식이라 하여 아버지의 죄가 의로운 아들에게 전가되는 것도 아니라는 말씀입니다.

③ 이처럼 구체적인 예를 들어 설명하는 것으로 보면 그 잘못된 사상의 뿌리가 깊었던 것을 알 수 있습니다. 이점을 14장에서도 볼 수 있는데 "비록 노아 · 다니엘 · 욥, 이 세 사람이 거기에 있을지라도, 나의 삶을 두고 맹세하노니 그들도 자녀는 건지지 못하고 자기만 건지리니, 주 여호와의 말씀이니라"고 세 번(14:14,18,20)이나 반복적으로 강조하는 데서도 드러납니다.

④ 이처럼 죄를 전가(轉嫁)시키는 뿌리는 인류의 시조 아담이 자신이 범한 죄를, "하나님이 주셔서 나와 함께 있게 하신 여자 그가 그 나무 열매를 내게 주므로 내가 먹었나이다"(창 3:12) 한 때부터입니다. 그러므로 타락한 심령은 자신의 잘못을 변명하고 전가하려는 속성이 있는 것입니다. 20절은 이에 대한 결론인데 "범죄하는 그 영혼은 죽을지라 아들은 아버지의 죄악을 담당하지 아니할 것이요 아버지는 아들의 죄악을 담당하지 아니하리니 의인의 공의도 자기에게로 돌아가고 악인의 악도 자기에게로 돌아

가리라" 하십니다.

단독적이요 현재적이다

① 21-24절에서는 의나 죄가 전가되지 않을 뿐만이 아니라 "현재적(現在的)"임을 말씀합니다.

㉠ "그러나 악인이 만일 그가 행한 모든 죄에서 돌이켜 떠나 내 모든 율례를 지키고 정의와 공의를 행하면 반드시 살고 죽지 아니할 것이라(21), 그 범죄한 것이 하나도 기억함이 되지 아니하리니 그가 행한 공의로 살리라"(22) 하십니다. 즉 과거를 묻지 않는다는 뜻인데 이것이 율법으로 가능해지는 것입니까? 더욱이나 "기억하지도 않는다"는 것이 율법으로 가능한 것입니까?

㉡ 하나님은 "새 언약"을 세우리니 하시면서, "내가 그들의 악행을 사하고 다시는 그 죄를 기억하지 아니하리라 여호와의 말씀이니라"(렘 31:34, 히 10:17)고 대답하십니다. 이는 그리스도의 대속을 통해서만이 가능하여지는 복음인 것입니다.

② "만일 의인이 돌이켜 그 공의에서 떠나 범죄하고 악인이 행하는 모든 가증한 일대로 행하면 살겠느냐 그가 행한 공의로운 일은 하나도 기억함이 되지 아니하리니 그가 그 범한 허물과 그 지은 죄로 죽으리라"(24) 하십니다. 이점은 이미 3:20절에서 "또 의인이 그의 공의에서 돌이켜 악을 행할 때에는 이미 행한 그 공의는 기억할 바 아니라"고 말씀한 바입니다. 이제 18장을 말씀하는 의도는 분명해졌습니다. "그들이 당하는 징벌은 자신들이 가증한 일을 행하여 하나님께 반역했기 때문이요, 그러므로 이제라도 돌아서라, 회개하라"는 말씀입니다.

③ 그러므로 23절은 본 단원의 결론인데 "주 여호와의 말씀이니라 내가 어찌 악인이 죽는 것을 조금인들 기뻐하랴 그가 돌이켜 그 길에서 떠나 사는 것을 어찌 기뻐하지 아니하겠느냐"(23) 하십니다.

㉠ "그 길에서 떠나서 사는 것을 어찌 기뻐하지 아니하겠느냐" 하심을 유념하시기 바랍니다. 주님은 말씀하십니다.

㉡ "내가 너희에게 이르노니 이와 같이 죄인 한 사람이 회개하면 하늘에서는 회개할 것 없는 의인 아흔아홉으로 말미암아 기뻐하는 것보다 더하리라"(눅 15:7).

④ 지난날 한두 번 행한 선행을 붙들고 자위(自慰)하고 있는 자가 있는가 하면, 지난날에 잘못한 정죄(定罪)감에서 벗어나지 못하고 괴로워하고 있는 자가 있습니다. 예를 들어 "막달라 마리아 · 바울 · 베드로"가 한국교계에 있다면 "매춘부 · 박해자 · 배신자"라는 낙인이 찍힐 것입니다. 반면 자신이 행한 조그만 선행을 잊지 않고 두고두고 나팔을 붑니다. 명심하십시다. 신앙은

㉠ 단독적(單獨的)입니다.

㉡ 그리고 현재적(現在的)입니다.

셋째 단원(25–32) **돌이켜 살지니라**

"그런데 너희는 이르기를 주의 길이 공평하지 아니하다 하는도다 이스라엘 족속아 들을지어다 내 길이 어찌 공평하지 아니하냐 너희 길이 공평하지 아니한 것이 아니냐"(25).

① 셋째 단원의 중심점은 "돌이켜 살지니라"는 말씀에 있습니

다. 18장에는 저들의 불평하는 말이 세 번 나오는데,

㉠ 첫째는 "너희가 이스라엘 땅에 관한 속담에 이르기를 아버지가 신 포도를 먹었으므로 그의 아들의 이가 시다고 함은 어찌 됨이냐"(2)는 것이고,

㉡ 둘째는 "너희는 이르기를 아들이 어찌 아버지의 죄를 담당하지 아니하겠느냐"(19)는 것이고,

㉢ 셋째는 "주의 길이 공평하지 않다"(25)는 불평입니다. 이 세 마디에 그들의 잘못된 신앙관이 있고, 18장을 말씀하게 된 동기가 나타납니다. "공평하지 않다"는 말이 25절에 세 번, 29절에 세 번 합해서 여섯 번이나 등장합니다. 그들은 책임을 조상 탓으로 돌리고 불평만 할 뿐 자신들의 죄를 인정(認定)하려 하지 않았습니다.

② 그래서 26-28절 안에는 "떠나"라는 말이 세 번이나 나옵니다.

㉠ "만일 의인이 그 공의를 떠나 죄악을 행하고 그로 말미암아 죽으면 그 행한 죄악으로 말미암아 죽는 것이요

㉡ 만일 악인이 그 행한 악을 떠나 정의와 공의를 행하면 그 영혼을 보전하리라 그가 스스로 헤아리고 그 행한 모든 죄악에서 돌이켜 떠났으니 반드시 살고 죽지 아니하리라"(26-28)고 말씀하십니다.

너희 섬길 자를 택하라

① 30-32절은 18장의 결론(結論)이요, 요절이라 할 수 있습니다. "주 여호와의 말씀이니라 이스라엘 족속아 내가 너희 각 사람이 행한 대로 심판할지라 너희는 돌이켜 회개하고 모든 죄에서 떠날지어다 그리한즉 그것이 너희에게 죄악의 걸림돌이 되지 아니하리라"(30) 하십니다. 이는 결단을 촉구하는 말씀인데 이제 행

하던 가증한 일에서 "떠나" 사는 길을 택하겠느냐? 아니면 그대로 죽는 길을 가겠느냐? 우상을 섬기겠느냐? 여호와만 섬기겠느냐? "너희 섬길 자를 오늘날 택하라 오직 나와 내 집은 여호와를 섬기겠노라"(수 24:15)는 뜻입니다.

② "너희는 너희가 범한 모든 죄악을 버리고 마음과 영을 새롭게 할지어다 이스라엘 족속아 너희가 어찌하여 죽고자 하느냐"(31) 하십니다. 결론은 두 마디로 요약되는데,

㉠ "돌이켜 회개하라"(30)

㉡ "마음과 영을 새롭게 하라"(31)는 말씀입니다.

③ 질문을 드리겠습니다. 형제는 "회개하라, 영을 새롭게 하라"는 두 가지 요점을 자력으로 행할 수 있습니까? 여기에 사람이 할 일과 하나님이 행해주실 일이 나타납니다.

㉠ "돌이켜 회개하는 일"은 우리가 행해야 할 일입니다. 그러나

㉡ "마음과 영을 새롭게"하는 일은 하나님이 행해주셔야만 가능한 것입니다. "내가 그들에게 일치한 마음을 주고 그 속에 새 영을 주며(11:19), 또 새 영을 너희 속에 두고 새 마음을 너희에게 주되"(36:26) 하십니다.

④ 이는 그리스도의 구속으로 말미암아 성령의 사역으로만이 가능하여지는 것입니다. 그런데 그들은 이 메시아언약을 배신하고 우상을 섬기는 가증한 일을 행하면서 "주의 길이 공평하지 않다"고 하나님을 불평하면서 책임을 조상들에게 전가(轉嫁)했습니다. 결론은 "주 여호와의 말씀이니라 죽을 자가 죽는 것도 내가 기뻐하지 아니하노니 너희는 스스로 돌이키고 살지니라"(32) 하십니다. 이는 "회개하라 천국이 가까웠느니라" 하신 주님의 제일 성과 일치합니다. 이것이 "각 사람의 행한 대로 심판하리라, 범죄

하는 그 영혼은 죽으리라"는 말씀입니다.

⑤ 묵상해보겠습니다.

㉠ 그들의 불평 세 마디(2,19,25)에 대해서

㉡ 신앙의 단독적이요 현재적 임에 대해서

㉢ 우리가 할 일과 하나님이 행해주실 일에 대해서.

에스겔 19장 개관도표

주제 : 유다 왕들을 위한 애가

어미 사자와 사로잡혀 가는 새끼 사자	1-9 1 너는 이스라엘 **고관들을 위하여 애가를 지어** 2 **부르라 네 어머니는 무엇이냐 암사자라** 그가 사자들 가운데에 엎드려 젊은 사자 중에서 그 새끼를 기르는데 3 ① **그 새끼 하나를 키우매** 젊은 사자가 되어 먹이 물어뜯기를 배워 사람을 삼키매 4 이방이 듣고 함정으로 그를 잡아 갈고리로 꿰어 끌고 ② **애굽 땅으로 간지라** 5 암사자가 기다리다가 소망이 끊어진 줄을 알고 ③ **그 새끼 하나를 또 골라** 젊은 사자로 키웠더니 6 젊은 사자가 되매 여러 사자 가운데에 왕래하며 먹이 물어뜯기를 배워 사람을 삼키며 7 그의 궁궐들을 헐고 성읍들을 부수니 그 우는 소리로 말미암아 땅과 그 안에 가득한 것이 황폐한지라 8 이방이 포위하고 있는 지방에서 그를 치러 와서 그의 위에 그물을 치고 함정에 잡아 9 우리에 넣고 갈고리를 꿰어 끌고 ④ **바벨론 왕에게 이르렀나니** 그를 옥에 가두어 그 소리가 다시 이스라엘 산에 들리지 아니하게 하려 함이라
어미 포도나무와 불이 나오는 가지	10-14 10 네 피의 ⑤ **어머니는 물 가에 심겨진 포도나무** 같아서 물이 많으므로 열매가 많고 가지가 무성하며 11 그 가지들은 강하여 권세 잡은 자의 규가 될 만한데 그 ⑥ **하나의 키가 굵은 가지 가운데에서 높았으며** 많은 가지 가운데에서 뛰어나 보이다가 12 분노 중에 뽑혀서 땅에 던짐을 당하매 그 열매는 동풍에 마르고 그 강한 가지들은 꺾이고 말라 불에 탔더니 13 이제는 광야, 메마르고 가물이 든 땅에 심어진 바 되고 14 불이 그 ⑦ **가지 중 하나에서부터 나와 그 열매를 태우니** 권세 잡은 자의 규가 될 만한 강한 가지가 없도다 하라 ⑧ **이것이 애가라 후에도 애가가 되리라**

19장

유다 왕들을 위한 애가

[14]불이 그 가지 중 하나에서부터 나와 그 열매를 태우니 권세 잡은 자의 규가 될 만한 강한 가지가 없도다 하라 이것이 애가라 후에도 애가가 되리라

19장의 중심점은 "유다 왕들을 위한 애가"(哀歌)에 있습니다. 왜 애가라 하는가? 유다 왕국의 종말에 세움을 받은 왕들의 비극을 진술하고 있기 때문에 애가라 하는 것입니다. 이 애가를 비유를 들어서 말씀합니다. 19장은 크게 두 단원으로 나누어지는데, 첫째 단원에는 "어미 사자(2)와 젊은 사자 둘(3,5)이 등장하고, 둘째 단원에는 어미 포도나무와 포도나무 높은 가지"가 등장합니다. "어미 사자와 어미 포도나무"는 다 같이 유다 왕국을 가리키고 "새끼 사자 두 마리와 포도나무 가지"는 유다 말기의 세 왕,

즉 여호아하스(요시야의 작은아들), 여호야김(큰아들), 여호야긴(여호야김의 아들, 요시아의 손자)를 가리킵니다. 도표를 보시면, 첫째 단원의 "어미 사자와 둘째 단원의 어미 포도나무"를 중심으로,

① "새끼 하나"는

② "애굽 땅"으로 끌려가는데 이는 여호아하스 왕을 가리키고

③ "다른 새끼"는

④ "바벨론"으로 끌려가는데 이는 여호야김 왕을 가리킵니다.

⑤ 그리고 "물가에 심은 포도나무"에서 나온

⑥ "하나의 키가 굵은 가지"는 유다 왕국의 마지막 왕 시드기야를 가리킵니다. 어찌하여 다윗의 왕위가 이처럼 비극적인 애가를 당하게 되었는가? 이처럼 유다 왕국의 종말적인 애가를 비유를 들어 말씀하는 의도가 무엇인가?

⑦ "가지 중 하나가 열매를 태운다", 즉 백성을 보호해야 할 왕의 잘못으로 예루살렘이 불에 타고 백성들이 사로잡혀가게 될 것을 말씀하기 위해서입니다.

⑧ 결론은 "이것이 애가라 후에도 애가가 되리라"는 말씀인데, 이런 악순환은 후에도 계속되리라는 경고입니다. 이를 두 단원으로 나누어 상고하겠습니다.

첫째 단원(1–9) **어미 사자와 사로잡혀가는 새끼 사자들**

둘째 단원(10–14) **어미 포도나무와 불이 나오는 가지**

첫째 단원(1–9) 어미 사자와 사로잡혀가는 새끼 사자들

"너는 이스라엘 방백들을 위하여 애가를 지어 부르기를",

① 첫째 단원의 중심점은 "어미 사자와 사로잡혀가는 두 새끼 사자"에 있습니다.

㉠ "네 어머니는 무엇이냐 암사자라"(2상) 합니다. 이는 유다 왕국을 가리키는데, "네 어머니"라 한 것은 하나님께서 다윗에게 "네 위가 영원히 견고하리라"고 언약을 세워주셨기 때문입니다. 이는 창세기 49:9절에서 "유다는 사자 새끼로다"한 것과 상통합니다.

㉡ "그가 사자들 가운데에 엎드려 젊은 사자 중에서 그 새끼를 기르는데"(2하)

② "그 새끼 하나를 키우매 젊은 사자가 되어 먹이 물어뜯기를 배워 사람을 삼키매"(3) 합니다. 이처럼 사람을 잡아먹는 "젊은 사자"란 누구를 가리키는가?

㉠ "이방이 듣고 함정으로 그를 잡아 갈고리로 꿰어 끌고 애굽 땅으로 간지라"(4)고 말함으로

㉡ (애굽 왕) "바로느고가 그를 하맛 땅 립나에 가두어 예루살렘에서 왕이 되지 못하게 했다"(왕하 23:32-33)는 "여호아하스"임이 드러납다. 그런데 기억해두어야 할 점은 "사람을 삼키매" 한 사나운 젊은 사자가 다름 아닌 그토록 선한 어미 사자였던 "요시아 왕"의 아들이라는 사실입니다.

③ 그리하여 "암사자가 기다리다가 소망이 끊어진 줄을 알고 그 새끼 하나를 또 골라 젊은 사자로 키웠더니"(5) 합니다. 이 둘째 "젊은 사자"는 누군가? "젊은 사자가 되매 여러 사자 가운데에 왕래하며 먹이 물어뜯기를 배워 사람을 삼키며 그의 궁궐들을

헐고 성읍들을 부수니 그 우는 소리로 말미암아 땅과 그 안에 가득한 것이 황폐한지라"(6-7) 한 언급을 통해서, 여호와하스를 계승하여 11년을 다스린 여호야김 왕으로 여겨집니다. 이 점에서 다시 상기시킵니다만 여기서 말씀하는 사람을 삼키는 악한 왕들인 "여호아하스 · 여호야김"이 모두 선한 왕 요시야의 아들들이라는 점입니다.

④ 이는 14:20절의 말씀대로 하면 요시야 왕은 "자녀도 건지지 못하고 자기의 의로 자기의 생명만 건지리라"한 것이 되고, 18:4절의 말씀대로 하면 "아버지의 영혼이 내게 속함같이 그의 아들의 영혼도 내게 속하였나니 범죄하는 그 영혼은 죽으리라"는 말씀이 된다는 경각심을 갖게 합니다. 이것이 "어미 사자와 사로잡혀가는 새끼 사자들"입니다.

둘째 단원(10–14) **어미 포도나무와 불이 나오는 가지**

"네 피의 어머니는 물가에 심겨진 포도나무 같아서 물이 많으므로 열매가 많고 가지가 무성하며"(10).

① 둘째 단원의 중심점은, "어미 포도나무와 불이 나오는 가지"에 있습니다.

㉠ "네 피의 어머니는 물가에 심겨진 포도나무 같다"(10상) 하신 "어머니"는, 2절에서 "네 어머니는" 한 것과 동일한 유다 왕국을 가리킵니다.

㉡ "물이 많으므로 열매가 많고 가지가 무성하며"(10하) 하고 다윗 왕

국이 번성했음을 말씀합니다.

② "그 가지들은 강하여 권세 잡은 자의 규가 될 만한데 그 하나의 키가 굵은 가지 가운데에서 높았으며 많은 가지 가운데에서 뛰어나 보이다가"(11) 합니다.

㉠ "많은 가지 가운데서 뛰어나 보인 가지"는 유다의 마지막 왕 시드기야를 가리킵니다.

㉡ 왕위가 계승된 계보를 보면, 요시야 → 여호아하스(작은아들, 석 달 재위) → 여호야김(큰아들, 11년 재위) → 여호야긴(여호야김의 아들, 요시아의 손자, 석 달 재위) → 시드기야(여호야긴의 삼촌이자, 요시야의 아들)로 이어져 내려왔습니다. 그래서 시드기야를 "많은 가지 가운데서 뛰어나 보인 가지"로 묘사하고 있는 것입니다.

③ 그가 "분노 중에 뽑혀서 땅에 던짐을 당하매 그 열매는 동풍에 마르고 그 강한 가지들은 꺾이고 말라 불에 탔더니"(12) 합니다. 시드기야가 교만하여 바벨론을 배반함으로 자신은 두 눈이 뽑히고, 나라는 "마르고, 꺾이고, 불에 타게" 되리라는 말씀입니다. 그리하여 급기야는 "이제는 광야, 메마르고 가물이 든 땅에 심어진 바 되고"(13), 즉 바벨론으로 사로잡혀가게 되리라는 것입니다. 예레미야서에 보면 시드기야 왕이 비밀리에 선지자 예레미야에게 여호와께로부터 받은 말씀이 있느냐고 묻는 장면이 있습니다. 이때 예레미야는 대답하기를 "있나이다 왕이 바벨론의 왕의 손에 넘겨지리이다"(렘 37:17)라고 대답합니다.

④ 핵심은 "불이 그 가지 중 하나에서부터 나와 그 열매를 태우니 권세 잡은 자의 규가 될 만한 강한 가지가 없도다 하라"(14상)는 말씀인데 두 가지 점을 주목하게 됩니다.

㉠ 첫째는 "불이 그 가지 중 하나에서부터 나온다"는 사실입니다. 우리

는 예루살렘과 성전을 불사른 불이 바벨론으로부터 나오는 것으로 여기고 있습니다. 아닙니다. 예루살렘이 불사름을 당하여 멸망한 원인이 바벨론 때문이 아니라 "가지 중 하나", 즉 지도자에게서 불이 나왔기 때문임을 명심해야 합니다.

㉡ 둘째는 "권세 잡은 자의 규가 될 만한 강한 가지가 없도다"(14하), 즉 왕위가 계승되지 못하게 되리라는 말씀입니다. 예레미야 선지자를 통해서도, "다윗의 왕위에 앉을 자가 없게 될 것이라"(렘 36:30)고 말씀했습니다. 대를 이을 왕이 없게 된다니 이는 최대한의 비극이요 화인 것입니다.

⑤ 결론은 "이것이 애가(哀歌)라 후에도 애가(哀歌)가 되리라"(14하)고 말씀하는데, 이런 비극이 단 회로 끝나는 것이 아니라 후에도 또 반복되리라는 경고입니다. 이 예언적인 경고대로 예루살렘이 로마에 의하여 또다시 멸망하게 된 것도 "불이 그 가지 중 하나에서부터 나와서 그 열매를 태웠기" 때문입니다. 이 애가가 "종말에도 애가"(哀歌)가 되지 않는다고 장담할 수 있단 말인가? 이것이 "유다 왕들을 위한 애가"입니다.

⑥ 묵상해보겠습니다.

㉠ 어미 사자와 사로잡혀가는 새끼 사자들이 누군가에 대해서

㉡ 어미 포도나무와 불이 나오는 가지에 대해서

㉢ 후에도 애가(哀歌)가 되리라에 대해서.

에스겔 20:1-26절 개관도표

주제 : 인간의 반역과 하나님의 오래 참으심

애굽에서의 반역과 참으심	1-9 1 일곱째 해 다섯째 달 열째 날에 이스라엘 장로 여러 사람이 여호와께 물으려고 와서 내 앞에 앉으니 2 여호와의 말씀이 내게 임하여 이르시되 3 인자야 이스라엘 장로들에게 말하여 이르라 주 여호와께서 이렇게 말씀하셨느니라 너희가 내게 물으려고 왔느냐 내가 나의 목숨을 걸고 맹세하거니와 너희가 내게 묻기를 내가 용납하지 아니하리라 주 여호와의 말씀이니라 4 인자야 네가 그들을 심판하려느냐 네가 그들을 심판하려느냐 너는 그들에게 그들의 조상들의 가증한 일을 알게 하여 5 이르라 주 여호와께서 이같이 말씀하셨느니라 ① **옛날에 내가 이스라엘을 택하고** 야곱 집의 후예를 향하여 내 손을 들어 맹세하고 애굽 땅에서 그들에게 나타나 맹세하여 이르기를 나는 여호와 너희 하나님이라 하였노라 6 그 날에 내가 내 손을 들어 그들에게 맹세하기를 애굽 땅에서 인도하여 내어 그들을 위하여 찾아 두었던 땅 곧 젖과 꿀이 흐르는 땅이요 모든 땅 중의 아름다운 곳에 이르게 하리라 하고 7 또 그들에게 이르기를 너희는 눈을 끄는 바 가증한 것을 각기 버리고 ② **애굽의 우상들로 말미암아 스스로 더럽히지 말라** 나는 여호와 너희 하나님이니라 하였으나 8 그들이 내게 반역하여 내 말을 즐겨 듣지 아니하고 그들의 눈을 끄는 바 ③ **가증한 것을 각기 버리지 아니하며 애굽의 우상들을 떠나지 아니하므로 그들에게 나의 분노를 쏟으며 그들에게 진노를 이루리라 하였노라** 내가 말하기를 내가 애굽 땅에서 9 그러나 내가 그들이 거주하는 이방인의 눈 앞에서 그들에게 나타나 그들을 ④ **애굽 땅에서 인도하여 내었나니** 이는 내 이름을 위함이라 내 이름을 그 이방인의 눈 앞에서 더럽히지 아니하려고 행하였음이라
광야에서의 반역과 참으심	10-26 10 그러므로 내가 그들을 애굽 땅에서 나와서 ⑤ **광야에 이르게 하고** 11 사람이 준행하면 그로 말미암아 삶을 얻을 ⑥ **내 율례를 주며 내 규례를 알게 하였고** 12 또 내가 그들을 거룩하게 하는 여호와인 줄 알게 하려고 내 안식일을 주어 그들과 나 사이에 표징을 삼았노라 13 그러나 이스라엘 족속이 광야에서 내게 반역하여 사람이 준행하면 그로 말미암아 삶을 얻을 나의 율례를 준행하지 아니하며 나의 규례를 멸시하였고 나의 안식일을 크게 더럽혔으므로 내가 이르기를 내가 내 분노를 ⑦ **광야에서 그들에게 쏟아 멸하리라 하였으나** 14 내가 **내 이름을 위하여 달리 행하였었나니 내 이름을 더럽히지 아니하려 하였음이로라** 내가 그들을 인도하여 내는 것을 본 나라들 앞에서 15 또 내가 내 손을 들어 광야에서 그들에게 맹세하기를 내가 그들에게 허락한 땅 곧 젖과 꿀이 흐르는 땅이요 모든 땅 중의 아름다운 곳으로 그들을 인도하여 들이지 아니하리라 한 것은 16 그들이 마음으로 우상을 따라 나의 규례를 업신여기며 나의 율례를 행하지 아니하며 나의 안식일을 더럽혔음이라 17 그러나 내가 그들을 아껴서 광야에서 멸하여 ⑨ **아주 없이하지 아니하였었노라** 18 내가 광야에서 그들의 자손에게 이르기를 너희 조상들의 율례를 따르지 말며 그 규례를 지키지 말며 그 우상들로 말미암아 스스로 더럽히지 말라 19 나는 여호와 너희 하나님이라 너희는 나의 율례를 따르며 나의 규례를 지켜 행하고 20 또 나의 안식일을 거룩하게 할지어다 이것이 나와 너희 사이에 표징이 되어 내가 여호와 너희 하나님인 줄을 너희가 알게 하리라 하였노라 21 그러나 그들의 자손이 내게 반역하여 사람이 지켜 행하면 그로 말미암아 삶을 얻을 나의 율례를 따르지 아니하며 나의 규례를 지켜 행하지 아니하였고 나의 안식일을 더럽힌지라 이에 내가 이르기를 내가 광야에서 그들에게 내 분노를 쏟으며 그들에게 내 진노를 이루리라 하였으나 22 내가 ⑧ **내 이름을 위하여 내 손을 막아 달리 행하였나니 내 이름을 더럽히지 아니하려 하였음이로라** 내가 그들을 인도하여 내는 것을 본 여러 나라 앞에서 23 또 내가 내 손을 들어 광야에서 그들에게 맹세하기를 내가 그들을 이방인 중에 흩으며 여러 민족 가운데에 헤치리라 하였나니 24 이는 그들이 나의 규례를 행하지 아니하며 나의 율례를 멸시하며 내 안식일을 더럽히고 눈으로 그들의 조상들의 우상들을 사모함이며 25 또 내가 그들에게 선하지 못한 율례와 능히 지키지 못할 규례를 주었고 26 그들이 장자를 다 화제로 드리는 그 예물로 내가 그들을 더럽혔음은 그들을 멸망하게 하여 나를 여호와인 줄 알게 하려 하였음이라

20:1-26 절

인간의 반역과 하나님의 오래 참으심

[22]내가 내 이름을 위하여 내 손을 막아 달리 행하였나니 내가 그들을 인도하여 내는 것을 본 여러 나라 앞에서 내 이름을 더럽히지 아니하려 하였음이로라

20장의 중심점은 "인간의 반역에 대하여 하나님의 오래 참으심"에 있습니다. 이를 말씀하게 된 동기(動機)는 "장로 여러 사람이 여호와께 물으려고"(1) 에스겔 선지자를 찾아왔기 때문입니다. 그들은 "자기 우상을 마음에 품고"(14:3) 있으면서 하나님께 나아온 뻔뻔스런 자들입니다. 이를 아시는 하나님은 "너는 그들에게 그들의 조상들의 가증한 일을 알게 하라"(4) 하시면서, 출애굽으로부터 시작하여 바벨론에 사로잡혀가기까지 그들이 하나님께 대

하여 얼마나 반역(叛逆)했는지를 언급하게 된 것입니다.

분량상 두 문단으로 나누어 상고하고자 하는데, 전반부(1-26)는 "애굽과 광야"에서 반역한 일입니다. 도표를 보시면 "내 이름을 위하여 참으셨다"는 말씀을 중심으로,

① "옛날에 내가 이스라엘을 택하고"하고 "택하심"으로부터 시작하여

② "애굽의 우상들로 더럽히지 말라" 하였으나

③ "떠나지 않음으로" 멸하려 하시다가 하나님의 거룩하신 이름을 위하여

④ "애굽에서 인도하여 내었다"고 말씀합니다.

⑤ "광야에 이르러"

⑥ "율례와 규례를 알게 하였으나"

⑦ 이를 준행하지 않음으로, "멸하려 하시다가"

⑧ "내 이름을 위하여"

⑨ "아주 멸하지 아니하시고" 뜻을 돌이키셨다는 내용입니다. 20장에는 하나님을 가리키는 "나, 내가"가 약 100번 정도 나옵니다. 그리고 핵심은 "내 이름을 위하여"(9,14,22), 즉 구원계획에는 하나님의 영예가 걸려있기 때문에 인간의 배은망덕에도 불구하고 묵묵히 이루어 오셨다는 점입니다. 이를 두 단원으로 나누어 상고하겠습니다.

첫째 단원(1–9) **애굽에서의 반역과 하나님의 참으심**

둘째 단원(10–26) **광야에서의 반역과 하나님의 참으심**

첫째 단원(1–9) 애굽에서의 반역과 하나님의 참으심

"그들이 내게 반역하여 내 말을 즐겨 듣지 아니하고 그들의 눈을 끄는바 가증한 것을 각기 버리지 아니하며 애굽의 우상들을 떠나지 아니하므로 내가 말하기를 내가 애굽 땅에서 그들에게 나의 분노를 쏟으며 그들에게 진노를 이루리라 하였노라"(8).

① 20장은 "일곱째 해 다섯째 달 열째 날에 이스라엘 장로 여러 사람이 여호와께 물으려고 와서 내 앞에 앉으니"(1) 하고 시작됩니다.

㉠ 여호와의 말씀이 내게 임하여 이르시되 인자야 이스라엘 장로들에게 말하여 이르라 주 여호와께서 이렇게 말씀하셨느니라 너희가 내게 물으려고 왔느냐 내가 나의 목숨을 걸고 맹세하거니와 너희가 내게 묻기를 내가 용납하지 아니하리라 주 여호와의 말씀이니라"(2-3) 하십니다.

㉡ 첫째 단원의 중심점은 "애굽에서의 반역과 하나님의 참으심"에 있는데, 야곱의 가족 칠십 명이 애굽으로 내려가서 출애굽하기까지 4대에 걸쳐 430년간이나 머물러 있었습니다. 이 짧지 않은 동안 그들은 아브라함과 이삭과 야곱, 그리고 요셉으로부터 물려받은 하나님의 언약을 보수하고 있었는가?

② 어찌하여 묻기를 용납지 아니하시는가?

㉠ "인자야 네가 그들을 심판하려느냐 네가 그들을 심판하려느냐"(4상) 하십니다. 여기서 말씀하는 "심판"이란 "중죄인을 심문"하는 것을 가리키는 말인데, 이를 거듭 말씀하심으로 강조되어 있습니다.

㉡ "너는 그들에게 그들의 조상들의 가증한 일을 알게 하라"(4하) 하십니다. 앞에서 상고한 대로 하나님이 "가증"히 여기시는 일이란 우상숭배를 가리키는데, 그들의 조상이 애굽에 있을 때부터 가증(4,7,8)

한 일을 행하여 이제까지도 가증한 일을 끊어버리지 않고 답습(踏襲)하면서 하나님께 물으러 나아왔다는 것입니다. 그래서 "너희가 내게 묻기를 내가 용납하지 아니하리라" 하시는 것입니다.

③ "이르라 주 여호와께서 이같이 말씀하셨느니라 옛날에 내가 이스라엘을 택하고 야곱 집의 후예를 향하여 내 손을 들어 맹세하고 애굽 땅에서 그들에게 나타나 맹세하여 이르기를 나는 여호와 너희 하나님이라 하였노라"(5) 하시는데,

㉠ 최우선적으로 "이스라엘을 택하셨다"는 점을 말씀하십니다. 그리고
㉡ "맹세로 언약"하셨다는 점을 말씀하시면서
㉢ "나는 여호와 너희 하나님이라 하였었노라" 하십니다. 이는 아브라함을 택하셔서 언약을 세워주심으로부터 시작하여 출애굽기 3장에서 모세에게 나타내시기까지를 가리키는 내용입니다.

하나님은 모세에게 "나는 너희 조상의 하나님 곧 아브라함의 하나님, 이삭의 하나님, 야곱의 하나님 여호와라 하라"(출 3:15) 하셨습니다. 하나님께서 "너희 하나님"이 되심이 가능하게 된 것은 아브라함에게 맹세로 언약하신 메시아언약 때문인 것입니다.

언약의 하나님 여호와

① "그날에 내가 내 손을 들어 그들에게 맹세하기를 애굽 땅에서 인도하여 내어 그들을 위하여 찾아 두었던 땅 곧 젖과 꿀이 흐르는 땅이요 모든 땅 중의 아름다운 곳에 이르게 하리라 하고, 또 그들에게 이르기를 너희는 눈을 끄는바 가증한 것을 각기 버리고 애굽의 우상들로 말미암아 스스로 더럽히지 말라 나는 여호와 너희 하나님이니라 하였으나"(6-7) 하십니다. 그들은 어떻게

보답했는가?

㉠ 이 점에서 "눈을 끄는바"라는 묘사를 주목하고 넘어가야 하겠습니다. 눈을 마음의 창(窓)이라 하는데 탐심이 눈을 통해서 들어오기 때문에 "눈을 끄는바"라 하시는 것입니다. 세상에 죄가 들어온 것도 "여자가 그 나무를 본즉 먹음직도 하고 보암직도 하고 지혜롭게 할 만큼 탐스럽기도 한 나무인지라"(창 3:6), 눈을 통해서 들어온 것입니다.

㉡ 애굽으로 내려간 야곱의 자손들은 요셉이 임종 머리에서 "하나님이 반드시 당신들을 돌보시리니 당신들은 여기서 내 해골을 메고 올라가겠다 하라"(창 50:25) 하기까지는 메시아언약을 잊지 않고 지켰다 하겠습니다.

② 그런데 세월이 흐르자 "그들이 내게 반역하여 내 말을 즐겨 듣지 아니하고 그들의 눈을 끄는바 가증한 것을 각기 버리지 아니하며 애굽의 우상들을 떠나지 아니하므로 내가 말하기를 내가 애굽 땅에서 그들에게 나의 분노를 쏟으며 그들에게 진노를 이루리라 하였노라"(8) 하십니다. 이로 보건대 이스라엘 자손들이 애굽에 있었던 430년 동안에도 애굽의 우상을 섬겼음을 알게 됩니다.

③ 하나님은 구별된 삶을 살아가게 하기 위해서 고센 땅에 살게 하셨으나 애굽의 세속에 물들고 말았던 것입니다. 이점은 여호수아가 "너희의 조상들이 강 저쪽과 <애굽에서 섬기던> 신들을 치워 버리고 여호와만 섬기라"(수 24:14) 한데서도 드러납니다. 우리는 지금 성경을 구속사(救贖史), 즉 역사적인 맥락으로 보고 있는데 메시아언약을 보수한 기간은 요셉까지의 짧은 기간이요,

㉠ 애굽 땅에서 나그네 생활을 할 동안도 우상을 섬겼고

㉡ 출애굽 당시도 금송아지 우상을 섬겼다는 점입니다.

④ 이점은 신약의 성도들에게도 경종이 됩니다. 우리도 영적 가나안에 들어갈 소망을 가지고 나그네와 행인 같은 삶을 살아가고 있기 때문입니다. 하나님은 "그들에게 그들의 조상들의 가증한 일을 알게 하라"(4)고 말씀하시는데, 기독교 이천년사(史)를 살펴보십시오. 새 언약을 지키며 복음을 보수한 기간은 아주 짧은 기간뿐이었음을 깨닫고는 놀라게 될 것입니다. 성경은 "자기를 지켜 세속에 물들지 아니하는 그것이"(약 1:27) 경건이라 말씀합니다. 형제가 하나님의 자녀가 된 이후로 애굽과 같은 이 땅에 몇 년을 머물고 있는 중입니까? 그동안 자기를 지켜 세속에 물들지 않고 있습니까?

⑤ 9절은 "그러나" 하고 시작이 되는데 이는 앞에서 진술한 것을 뒤집는 접속사입니다. 그들은 배은망덕했음에도 불구하고 하나님은 언약하신 바를 묵묵히 이루어 오셨다는 점을 나타내기 위해서입니다. 이런 "그러나"가 네 번(9,13,17,21) 등장합니다.

㉠ "그러나 내가 그들이 거주하는 이방인의 눈앞에서 그들에게 나타나 그들을 애굽 땅에서 인도하여 내었나니

㉡ 이는 내 이름을 위함이라 내 이름을 그 이방인의 눈앞에서 더럽히지 아니하려고 행하였음이라"(9) 하십니다.

이 점에서 하나님의 구원계획에는 하나님의 거룩하신 이름이 걸려있다는 점을 명심해야 합니다. 또한 이스라엘은 하나님께서 택하신 선민이요 언약백성이기 때문에 그들에게는 하나님의 거룩하신 이름이 걸려있다는 점입니다. 자격이 있고 공로가 있어서가 아닙니다. "내 이름을 위하여", 무가치한 자들을 유월절 어린양의 피로 구속하셔서 애굽에서 인도해내셨다는 말씀입니다. 이것이 "애굽에서의 반역과 하나님의 오래 참으심"입니다. 이를 장로들

에게 알게 하라는 것입니다. 이를 오늘의 지도자들에게도 알게 해야 마땅한 것입니다.

둘째 단원(10–26) **광야에서의 반역과 참으심**

"그러나 그들의 자손이 내게 반역하여 사람이 지켜 행하면 그로 말미암아 삶을 얻을 나의 율례를 따르지 아니하며 나의 규례를 지켜 행하지 아니하였고 나의 안식일을 더럽힌지라 이에 내가 이르기를 내가 광야에서 그들에게 내 분노를 쏟으며 그들에게 내 진노를 이루리라 하였으나"(21).

① 둘째 단원의 중심점은 "광야에서의 반역과 하나님의 참으심"에 있습니다.

㉠ "그러므로 내가 그들을 애굽 땅에서 나와서 광야에 이르게 하고"(10), 즉 언약을 망각하고 우상숭배를 하는 그들을 "내 이름을 위하여" 애굽에서 구원하여 내셨다는 것입니다.

㉡ 그리고 "사람이 준행하면 그로 인하여 삶을 얻을 내 율례를 주며 내 규례를 알게 하였다"(11)고 말씀하십니다. 본 단원에는 "율례와 규례"라는 말이 일곱 번(11,13,16,18,19,21,24)이나 강조되어 있습니다. 그러면 "율례와 규례"가 무엇인가?

② 시내 산에서 모세를 통하여 주신 "율법"이라고 쉽게 대답할 것입니다. 맞는 말이면서도 부족한 대답입니다. 부족한 것만이 아니라 복음을 부인하는 것이 됩니다. 왜냐하면 하나님께서 시내 산에서 주신 "율례와 규례"는 "돌비"만이 아닙니다. 성막의 식양(式樣)도 주셨음을 인식한다는 것은 사활적으로 중요합니다. 돌비

만 주시고 성막을 주시지 않았다면 어떻게 되는지 아십니까? 문제만 있고 해답이 없는 셈입니다. 왜냐하면 율법을 통해서는 죄를 깨달음이라, 율법을 범한 구약의 성도들은 그 죄를 어디 가서 어떻게 해결함을 받았는가? 흠 없는 어린양을 성막으로 가져다가 번제단에서 속죄제를 드림으로 해결함을 받았기 때문입니다.

③ 그리고 이는 그리스도께서 단번에 이루실 구속사역에 대한 그림자로 주신 것입니다. 그래서 "사람이 준행하면 그로 말미암아 삶을 얻을 내 율례를 주며 내 규례를 알게 하였고" (11,13,21)라 하시는 것입니다. 예루살렘이 멸망한 것은 이 메시아언약을 망각했기 때문입니다. 다시 강조합니다만 하나님께서 율법을 주신 목적이 이를 "행(行)함으로 구원을 얻으라"고 주신 것이 아닙니다. 첫째는 하나님의 백성답게 성별 된 삶을 살게 하시기 위해서요, 궁극적으로는 율법은 우리를 그리스도에게로 인도하는 초등교사였던 것입니다. 이런 맥락에서 "율례"(律例)가 실천윤리라면 "규례"(規例)는 제사제도라 할 것입니다.

돌비와 함께 성막 식양을 주신 하나님

① "또 내가 그들을 거룩하게 하는 여호와인 줄 알게 하려고 내 안식일을 주어 그들과 나 사이에 표징을 삼았노라"(12) 하십니다. "율례와 규례"를 주셨고, 또한 "안식일"(安息日)을 주셨음을 말씀합니다. 본 단원에는 "안식일"이 여섯 번(12,13,16,20,21,24)이나 강조되어 있습니다. 이를 가리켜서 "그들과 나 사이에 표징을 삼았었노라" 하시는데, 하나님은 모세에게 "너희는 나의 안식

일을 지키라 이는 나와 너희 사이에 너희 대대의 표징이니 나는 너희를 거룩하게 하는 여호와인 줄 너희가 알게 함이라"(출 31:13) 하셨습니다.

② 그러면 안식일이 무엇에 대한 "표징"인가 하는 점입니다.

㉠ "나와 너희 사이"가 언약(言約)의 관계임을 나타내는 표징(表徵)이라는 말씀입니다. 그러니까 언약 백성임을 잊지 않게 하시려고 안식일을 지키라 하신 것입니다.

㉡ 이점이 하나님은 그들에게 또 다른 표징을 주셨는데, "너희는 표피를 베어라(할례) 이것이 나와 너희 사이의 언약의 표징이니라"(창 17:11) 하셨습니다. 이 점에서 인식해야 할 요점은 "안식일 · 할례"는 "표징"이요, 본질은 "언약"이라는 점입니다. 그러므로 "안식일 · 할례"를 의식적(儀式的)으로 지키는 것만으로는 아무 유익이 없다는 것입니다. 다시 말씀드리면 "메시아언약"을 망각한 체 안식일을 성수하고 할례를 행한다는 것은 의미가 없다는 말씀입니다.

③ 주님은 말씀하십니다. "안식일이 사람을 위하여 있는 것이요 사람이 안식일을 위하여 있는 것이 아니니 이러므로 인자는 안식일에도 주인(主人)이니라"(막 2:27-28), 이것이 본질입니다. 안식일도 "수고하고 무거운 짐 진 자들아 다 내게로 오라 내가 너희를 쉬게 하리라"(마 11:28) 하신 그리스도에 대한 예표였던 것입니다. "안식일 · 할례"는 메시아언약을 잊지 않게 하시려고 언약 백성들에게 주어진 "표징", 즉 약혼반지와 같은 것입니다.

④ 그러므로 모세는 안식일 준수의 당위성에 대해서 해설하여 주기를 "너는 기억하라 네가 애굽 땅에서 종이 되었더니 네 하나님 여호와가 강한 손과 편 팔로 거기서 너를 인도하여 내었나니 그러므로 네 하나님 여호와가 네게 명령하여 안식일을 지키라 하

느니라"(신 5:15)고 안식일 준수의 당위성을 종 되었던 자신들을 "구속(救贖)"하여 주심에 두고 있는 것입니다.

메시아언약에 대한 표징인 안식일

① "그러나 이스라엘 족속이 광야에서 내게 반역하여 사람이 준행하면 그로 말미암아 삶을 얻을 나의 율례를 준행하지 아니하며 나의 규례를 멸시하였고 나의 안식일을 크게 더럽혔으므로"(13상) 하십니다.

㉠ "나의 안식일을 더럽혔다"는 말이 네 번(13,16,21,24) 강조되어 있는데 이는 안식일을 지키지 않았다는 단순한 뜻이 아닙니다. "더럽혔다"는 말씀이 무엇과 결부되어 있는가를 보십시오.

㉡ "우상들을 사모함"(24), 즉 반역과 결부되어 있습니다. 그들은 안식일에 우상을 숭배하는 가증한 일을 행함으로 더럽혔던 것입니다. 23:39절에 보면 "그들이 자녀를 죽여 그 우상에게 드린 그 날에 내 성소에 들어와서 더럽혔으되 그들이 내 성전 가운데에서 그렇게 행하였다"고 말씀하는 것을 보게 됩니다. "그날에", 즉 우상도 섬기고 가증스럽게도 성전에 와서 예배도 드렸다는 말씀입니다.

② 한마디로 메시아언약을 망각(妄覺)했다는 말씀입니다. 구약교회가 범한 모든 문제의 근원은 하나님께서 아브라함과 다윗에게 세워주신 메시아언약을 망각한 데 있습니다. 언약을 굳게 보수하는 그 안에 모든 문제의 해답이 있는 것입니다. 신약교회 이천년 사(史)를 보십시오. 복음이 빛을 발한 시대는 교회가 빛과 소금의 역할을 감당하던 기간이었습니다. 그러나 복음을 보수한 기간은 잠시뿐이었다는 점을 대하면서 놀라게 됩니다. 그러므로

"내가 이르기를 내가 내 분노를 광야에서 그들에게 쏟아 멸하리라 하였으나"(13하), 즉 진멸하려 하셨다는 것입니다.

③ (그러나) "내가 내 이름을 위하여 달리 행하였었나니 내가 그들을 인도하여 내는 것을 본 나라들 앞에서 내 이름을 더럽히지 아니하려 하였음이로라"(14) 하십니다. "내 이름을 더럽히지 않기 위하여 달리 행했다, 즉 참으셨다는 말씀을 세 번(9,14,22) 하십니다. 그때마다 모세는 호소하기를 "어찌하여 애굽 사람으로 이르기를 여호와가 화를 내려 그 백성을 산에서 죽이고 지면에서 진멸하려고 인도하여 내었다 하게 하려 하시나이까 주의 맹렬한 노를 그치시고 뜻을 돌이키사 주의 백성에게 이 화(禍)를 내리지 마옵소서 주의 종 <아브라함과 이삭과 이스라엘>을 기억하소서" (출 32:12-13, 민 14:16)라고 탄원했던 것입니다.

거룩하신 이름을 위하여

① "그러나 내가 그들을 아껴서 광야에서 멸하여 아주 없이 하지 아니하였었노라"(17) 하십니다. "아주 없이 하지 아니하였다" 하심을 유념하면서 개인(個人)과 민족(民族)을 구분할 수 있어야 합니다. "범죄 하는 그 영혼은 죽을 지라"(18:20) 하신 대로 반역한 개인들은 광야에서 죽었습니다. 그러나 하나님은 이스라엘을 선민으로 택하신 것을 폐하시지는 않으셨다는 말씀입니다. 왜냐하면 아브라함에게 세워주신 메시아언약을 이루시기 위해서였습니다. 다시 말하면 하나님의 거룩하신 이름을 위해서입니다. 이것이 "아주 없이 하지 아니하였다"는 뜻입니다. 솔로몬의 배신으로

인하여 나라를 빼앗을 때에도 “내 이름을 위하여, 한 지파”를 남겨주셨습니다. 그 한 지파가 유다 지파요, “이는 구원이 유대인에게서 남이라, 우리 주께서는 유다로부터 나신 것이 분명(分明)하도다”(요 4:22, 히 7:14)를 이루시기 위해서였습니다.

② 22절에서도 “내가 내 이름을 위하여 내 손을 막아 달리 행하였나니 내가 그들을 인도하여 내는 것을 본 여러 나라 앞에서 내 이름을 더럽히지 아니하려 하였음이로라” 하십니다. “달리 행하였다”(14,22)는 것은 참으시고 뜻을 돌이키셨다는 뜻입니다. “여호와께서 뜻을 돌이키사 말씀하신 화를 그 백성에게 내리지 아니하시니라”(출 32:14) 합니다. 이것이 “광야에서의 반역과 참으심”입니다.

> 그러나 그들이 입으로 그에게 아첨하며
> 자기 혀로 그에게 거짓을 말하였으니
> 이는 하나님께 향하는 그들의 마음이 정함이 없으며
> 그의 언약에 성실하지 아니하였음이로다
> 오직 하나님은 긍휼하시므로 죄악을 덮어 주시어
> 멸망시키지 아니하시고 그의 진노를 여러 번 돌이키시며
> 그의 모든 분을 다 쏟아내지 아니하셨으니
> 그들은 육체이며 가고 다시 돌아오지 못하는
> 바람임을 기억하셨음이라
> 그들이 광야에서 그에게 반항하며
> 사막에서 그를 슬프시게 함이 몇 번인가(시 78:36-40).

〈그들이 광야에서 그에게 반항하며〉
이것이 "인간의 반역과 하나님의 오래 참으심"입니다.

③ 묵상해보겠습니다.

㉠ 애굽에서의 세속화와 현대교회의 세속화에 대해서
㉡ "아주 없이 하지 아니하였다"는 구속사적 의미에 대해서
㉢ 신약의 조상들이 행한 가증한 일에 대해서.

에스겔 20:27-49절 개관도표

주제 : 참으시며 계획하신 바를 이루시는 하나님

가나안에서 오늘까지 반역	27-32 27 그런즉 인자야 이스라엘 족속에게 말하여 이르라 주 여호와께서 이같이 말씀하셨느니라 너희 조상들이 또 내게 범죄하여 나를 욕되게 하였느니라 28 내가 내 손을 들어 그들에게 주기로 ① **맹세한 땅으로 그들을 인도하여 들였더니** 그들이 모든 높은 산과 모든 무성한 나무를 보고 거기에서 제사를 드리고 분노하게 하는 제물을 올리며 거기서 또 분향하고 전제물을 부어 드린지라 29 이에 내가 그들에게 이르기를 너희가 다니는 산당이 무엇이냐 하였노라 (그것을 오늘날까지 바마라 일컫느니라) 30 그러므로 너는 이스라엘 족속에게 이르라 주 여호와께서 이같이 말씀하셨느니라 너희가 조상들의 풍속을 따라 너희 자신을 더럽히며 그 모든 가증한 것을 따라 행음하느냐 31 너희가 또 너희 아들을 화제로 삼아 불 가운데로 지나게 하며 ② **오늘까지 너희 자신을 우상들로 말미암아 더럽 히느냐** 이스라엘 족속아 너희가 내게 묻기를 내가 용납하겠느냐 주 여호와의 말씀이니라 내가 나의 삶을 두고 맹세하노니 너희가 내게 묻기를 내가 용납하지 아니하리라 32 너희가 스스로 이르기를 우리가 이방인 곧 ③ **여러 나라 족속 같이 되어서 목석을 경배하리라 하거니와 너희 마음에 품은 것을 결코 이루지 못하리라**
하나님이 국문하심	33-39 33 주 여호와의 말씀이니라 내가 나의 삶을 두고 맹세하노니 내가 능한 손과 편 팔로 분노를 쏟아 ④ **너희를 반드시 다스릴지라** 34 능한 손과 편 팔로 분노를 쏟아 너희를 여러 나라에서 나오게 하며 ⑤ **너희의 흩어진 여러 지방에서 모아내고** 35 너희를 인도하여 여러 나라 광야에 이르러 **거기에서 너희를 대면하여 심판하되** 36 내가 애굽 땅 광야에서 **너희 조상들을 심판한 것 같이 너희를** 주 여호와의 말씀이니라 **심판하리라** 37 내가 너희를 막대기 아래로 지나가게 하며 언약의 줄로 매려니와 38 너희 가운데에서 ⑥ **반역하는 자와 내게 범죄하는 자를 모두 제하여 버릴지라** 그들을 그 머물러 살던 땅에서는 나오게 하여도 이스라엘 땅에는 들어가지 못하게 하리니 너희가 나는 여호와인 줄을 알리라 39 주 여호와께서 이같이 말씀하셨느니라 이스라엘 족속아 너희가 내 말을 듣지 아니하려거든 가서 각각 그 우상을 섬기라 그렇게 하려거든 이 후에 다시는 너희 예물과 너희 우상들로 내 거룩한 이름을 더럽히지 말지니라
여호와의 이름을 위하여 이루심	40-49 40 주 여호와의 말씀이니라 이스라엘 온 족속이 그 땅에 있어서 ⑧ **내 거룩한 산 곧 이스라엘의 높은 산에서 다 나를 섬기리니** 거기에서 내가 그들을 기쁘게 받을지라 거기에서 너희 예물과 너희가 드리는 첫 열매와 너희 모든 성물을 요구하 리라 41 내가 너희를 인도하여 여러 나라 가운데에서 나오게 하고 너희가 흩어진 여러 민족 가운데에서 모아 낼 때에 ⑦ **내가 너희를 향기로 받고 내가 또 너희로 말미암아 내 거룩함을 여러 나라의 목전에서 나타낼 것이며** 42 내가 내 손을 들어 너희 조상들에게 주기로 맹세한 땅 곧 이스라엘 땅으로 너희를 인도하여 들일 때에 너희는 내가 여호와인 줄 알고 43 거기에서 너희의 길과 스스로 더럽힌 모든 행위를 기억하고 이미 행한 모든 악으로 말미암아 스스로 미워하리라 44 이스라엘 족속아 내가 너희의 악한 길과 더러운 행위대로 하지 아니하고 **내 이름을 위하여 행한 후에야 내가 여호와인 줄 너희가 알리라** 주 여호와의 말씀이니라 45 여호와의 말씀이 또 내게 임하여 이르시되 46 인자야 너는 얼굴을 남으로 향하라 남으로 향하여 소리내어 남쪽의 숲을 쳐서 예언하라 47 남쪽의 숲에게 이르기를 여호와의 말씀을 들을지어다 주 여호와께서 이같이 말씀하셨느니라 **내가 너의 가운데에 불을 일으켜** 모든 푸른 나무와 모든 마른 나무를 없애리니 맹렬한 불꽃이 꺼지지 아니하고 남에서 북까지 모든 얼굴이 그슬릴지라 48 혈기 있는 모든 자는 나 여호와가 그 불을 일으킨 줄을 알리니 그것이 꺼지지 아니하리라 하셨다 하라 하시기로 49 내가 이르되 아하 주 여호와여 그들이 나를 가리켜 말하기를 그는 비유로 말하는 자가 아니냐 하나이다 하니라

20:27-49 절

참으시며 계획하신 바를 이루시는 하나님

[44]이스라엘 족속아 내가 너희의 악한 길과 더러운 행위대로 하지 아니하고 내 이름을 위하여 행한 후에야 내가 여호와인 줄 너희가 알리라 주 여호와의 말씀이니라

20장 둘째 문단(27-49)의 중심점은 "참으시며 계획하신 바를 이루시는 하나님"에 있습니다. 본 문단의 내용은 가나안에 들어간 후로부터 예루살렘이 멸망하기까지 계속적으로 반역하고 우상을 숭배했다는 내용인데, 하나님은 그들의 반역을 참으신 것만이 아닙니다. "내 이름을 위하여 행한 후에야 나를 알리라"고 계획하신 바를 이루시는 하나님이십니다. 이는 아브라함에게 언약하

신 바를 주권적으로 이루시겠다는 강한 의지를 나타냄입니다. 도표를 보시면 "내 이름을 위하여 행한 후에야 나를 알리라"를 중심으로,

① 그들의 패역에도 불구하고 "맹세한 땅으로 인도하여 들였더니"

② "오늘까지 우상으로 더럽혔다", 즉 약속의 땅 가나안에 들어가서도 우상을 숭배했다는 것입니다.

③ 그러나 "너희 마음에 품은 것을 결코 이루지 못하리니"

④ "너희를 반드시 다스릴지라", 즉 하나님께서 방관하시지 않겠다는 것입니다.

⑤ "모아내되 광야에서 대면하여 심판하여" 옥석을 가려내겠다. 그리하여

⑥ "범죄하는 자를 모두 제하여 버릴지라", 그런 후에

⑦ "너희를 향기로 받고"

⑧ "거룩한 산에서 나를 섬기게 하겠다" 하십니다. 하나님께서 계획하신 바를 기어코 이루실 것이라는 말씀입니다. 이를 세 단원으로 나누어 상고하겠습니다.

첫째 단원(27-32) **가나안에서 오늘까지의 반역**

둘째 단원(33-39) **하나님이 심판하실 것이다**

셋째 단원(40-49) **여호와의 이름을 위하여 이루심**

첫째 단원(27–32) 가나안에서 오늘까지의 반역

"내가 내 손을 들어 그들에게 주기로 맹세한 땅으로 그들을 인도하여 들였더니 그들이 모든 높은 산과 모든 무성한 나무를 보고 거기에서 제사를 드리고 분노하게 하는 제물을 올리며 거기서 또 분향하고 전제물을 부어 드린지라"(28).

① 첫째 단원의 중심점은 "가나안에서 오늘까지 반역하였다"는 데 있습니다.

㉠ "그런즉 인자야 이스라엘 족속에게 말하여 이르라 주 여호와께서 이같이 말씀하셨느니라 너희 조상들이 또 내게 범죄하여 나를 욕되게 하였느니라"(27) 하십니다. "너희 조상들이 또" 즉 애굽에서, 광야에서, 그리고 약속의 땅에 들어간 후에도 또 가증한 일을 행했다는 것입니다.

㉡ 하나님은 아브라함에게 약속하신 대로 "내가 내 손을 들어 그들에게 주기로 맹세한 땅으로 그들을 인도하여 들였다"(28상), 즉 약속을 지켜주셨다는 것입니다. 그런데 "그들이 모든 높은 산과 모든 무성한 나무를 보고 거기에서 제사를 드리고 분노하게 하는 제물을 올리며 거기서 또 분향하고 전제물을 부어드린지라"(28하) 합니다.

② 그래서 "이에 내가 그들에게 이르기를 너희가 다니는 산당이 무엇이냐 하였노라(그것을 오늘날까지 바마라 일컫느니라)"(29), "바마"라는 뜻은 "산당"이 너희를 구원해준단 말이냐 하는 비난하는 말입니다. 예를 들어 불상 앞에서 처량한 모습으로 절하고 있는 사람에게 "입이 있어도 말하지 못하며 눈이 있어도 보지 못하며 귀가 있어도 듣지 못하며 코가 있어도 냄새 맡지 못하며 손이 있어도 만지지 못하며 발이 있어도 걷지 못하며 목구멍

이 있어도 작은 소리조차 내지 못하느니라"(시 115:5-7), 그런데 보고 듣고 말하는 네가 어찌하여 그 목석에다가 절을 하느냐? 그 목석이 너를 구원해준단 말이냐고 말하는 것과 같은 것입니다.

③ "그러므로 너는 이스라엘 족속에게 이르라 주 여호와께서 이같이 말씀하셨느니라 너희가 조상들의 풍속을 따라 너희 자신을 더럽히며 그 모든 가증한 것을 따라 행음하느냐 너희가 또 너희 아들을 화제로 삼아 불 가운데로 지나게 하며 오늘까지 너희 자신을 우상들로 말미암아 더럽히느냐 이스라엘 족속아 너희가 내게 묻기를 내가 용납하겠느냐 주 여호와의 말씀이니라 내가 나의 삶을 두고 맹세하노니 너희가 내게 묻기를 내가 용납하지 아니하리라"(30-31). 그들의 기도 · 예물, 즉 예배를 받지 않으시겠다는 말씀입니다.

④ "너희가 스스로 이르기를 우리가 이방인 곧 여러 나라 족속 같이 되어서 목석을 경배하리라 하거니와 너희 마음에 품은 것을 결코 이루지 못하리라"(32) 하십니다. 그들이 이루려는 것은주변의 여러 나라같이 잘 먹고 잘사는 것입니다. 그러나 하나님께서 이루시려는 것은 메시아 왕국입니다. 그러므로 그렇게 하도록 방관하지 않고 징벌해서라도 이루시겠다는 것입니다. 이점을 둘째 단원에서 보게 될 것입니다. 이것이 "가나안에서 오늘까지의 반역"입니다.

둘째 단원(33-39) 하나님이 심판하실 것이다

"내가 애굽 땅 광야에서 너희 조상들을 심판한 것 같이 너희를 심판하리라 주 여호와의 말씀이니라"(36).

① 둘째 단원의 중심점은 그들을 바벨론에서 인도하여 내되 그들의 조상을 심판한 것 같이 "그들을 심판하실 것이라"는데 있습니다. 즉 양과 염소를 가려서 양 떼들만 돌아오게 하시겠다는 말씀입니다. 이들이 "남은 자"인 것입니다. 35-36절에는 "심판하리라"는 말이 세 번 등장하는데,

㉠ "내가 애굽 땅 광야에서 너희 조상들을 심판한 것같이" 심판하시겠다 하십니다. 하나님께서 출애굽 당시 광야에서 그들을 심판하신 결과가 어떻게 나타났는가?

㉡ "여분네의 아들 갈렙과 눈의 아들 여호수아 외에는 내가 맹세하여 너희에게 살게 하리라 한 땅에 결단코 들어가지 못하리라"(민 14:30)로 나타났던 것입니다. 그런데 출 바벨론의 과정에서도 이와 같이 심판하리라는 말씀입니다. 이 말씀은 영적 가나안에 들어가기를 사모하는 우리에게 크나큰 경종으로 다가옵니다.

② "주 여호와의 말씀이니라 내가 나의 삶을 두고 맹세하노니 내가 능한 손과 편 팔로 분노를 쏟아 너희를 반드시 다스릴지라"(33), 반드시 다스릴지라"(33)는 뜻은 징벌을 해서라도 강권적으로 하나님께서 계획하신 바를 기어코 이루고야 말겠다는 말씀입니다.

③ 하나님께서 그들을 다루시는 방법을 주목해 보시기 바랍니다.

㉠ "능한 손과 편 팔로 분노를 쏟아 너희를 여러 나라에서 나오게 하며

너희의 흩어진 여러 지방에서 모아내고”(34), 즉 출 바벨론을 시키겠다.

㉡ “너희를 인도하여 여러 나라 광야에 이르러 거기에서 너희를 대면하여 심판하되”(35), 출 바벨론 한 자들을 광야에서 심문하겠다.

㉢ “내가 너희를 막대기 아래로 지나게 하며(37상), “막대기 아래로 지나게 한다”는 말은 목자들이 양을 셀 때 하는 방법인데 양 떼 중에서 염소를 가려내시겠다는 것입니다.

㉣ “언약의 줄로 매려니와”(37하) 하십니다. 이것이 핵심(核心)입니다. 그들은 언약의 줄을 끊어버리고 도망치려 하였으나 하나님은 “언약의 줄, 사랑의 줄”(호 11:4)로 매겠다 하십니다.

④ 이렇게 하시는 의도가 무엇인가?

㉠ “너희 가운데에서 반역하는 자와 내게 범죄하는 자를 모두 제하여 버릴지라”(38), 불순물을 제거하기 위해서라 합니다.

㉡ 이점이 “그들을 그 머물러 살던 땅에서는 나오게 하여도 이스라엘 땅에는 들어가지 못하게 하리니 너희가 나는 여호와인 줄을 알리라”(38)는 말씀에 나타납니다. 이런 일이 출애굽 당시에도 있었습니다. 그래서 “내가 애굽 땅 광야에서 너희 조상들을 심판한 것 같이 너희를 심판하리라”(36) 하시는 것입니다. 이 경계가 우리에게는 어떻게 적용되는가?

㉢ 성경은 “또 하나님이 누구에게 맹세하사 그의 안식에 들오지 못하리라 하셨느냐 곧 순종하지 아니하던 자에게가 아니냐 이로 보건대 그들이 믿지 아니하므로 능히 들어가지 못한 것이라(히3:18-19), 그러므로 우리는 두려워할지니 그의 안식에 들어갈 약속이 남아있을지라도 너희 중에는 혹 이르지 못할 자가 있을까 함이라 그들과 같이 우리도 복음 전함을 받은 자이나 들은바 그 말씀이 그들에게 유익하지 못한 것은 듣는 자가 믿음과 결부시키지 아니함이라”(히 4:1-2)고 말씀합니다.

⑤ "주 여호와께서 이같이 말씀하셨느니라 이스라엘 족속아 너희가 내 말을 듣지 아니하려거든 가서 각각 그 우상을 섬기라 그렇게 하려거든 이후에 다시는 너희 예물과 너희 우상들로 내 거룩한 이름을 더럽히지 말지니라"(39) 하십니다. 이는 "너희가 어느 때까지 둘 사이에서 머뭇머뭇하려느냐 여호와가 만일 하나님이면 그를 따르고 바알이 만일 하나님이면 그를 따를지니라"(왕상 18:21)는 결단을 촉구하는 말입니다. 즉 혼합종교를 만들지 말라는 말씀입니다. 오늘날 교회 내에는 교회를 떠나든지 아니면 성경대로 믿든지 결단해야 할 사람들이 더욱 많이 있습니다. "하나님이 국문하실 날"이 다가옵니다.

셋째 단원(40-49) 여호와의 이름을 위하여 이루심

"이스라엘 족속아 내가 너희의 악한 길과 더러운 행위대로 하지 아니하고 내 이름을 위하여 행한 후에야 내가 여호와인 줄 너희가 알리라 주 여호와의 말씀이니라"(44).

① 셋째 단원의 중심점은, 그들은 계속적으로 반역했지만 "하나님의 계획하신 바를 기어코 이루신다"는데 있습니다. 이제까지 그들의 반역과 징벌을 진술했는데, 40-44절은 본격적인 회복에 대한 예언입니다. 이처럼 배은망덕한 그들을 어찌하여 회복하시려는가? "너희의 악한 길과 더러운 행위대로 하지 아니하고 내 이름을 위하여"(44중), 하나님의 거룩하신 이름을 위해서입니다. 20장 안에는 "내 이름을 위하여, 이름을 더럽히지 않기 위하여"

라는 말이 여덟 번(9,9,14,14,22,22,39,44)이나 강조해서 등장합니다. 구원계획에는 하나님의 이름과 영예가 걸려있다는 점을 인식한다는 것은 참으로 중요한 요점입니다. “내 이름을 위하여 행한 후에야(44중), 너희가 나를 여호와인 줄 알리라”(44하) 하십니다.

② “주 여호와의 말씀이니라 이스라엘 온 족속이 그 땅에 있어서 내 거룩한 산 곧 이스라엘의 높은 산에서 다 나를 섬기리니 거기에서 내가 그들을 기쁘게 받을지라 거기에서 너희 예물과 너희가 드리는 첫 열매와 너희 모든 성물을 요구하리라”(40상) 하십니다.

㉠ “거룩한 산”이란 “시온 산”을 가리키는데 이점을 17:23절에서는

㉡ “이스라엘 높은 산에 심으리니 그 가지가 무성하고 열매를 맺어서 아름다운 백향목이 될 것이요 각종 새가 그 아래에 깃들이며 그 가지 그늘에 살리라”고 말씀했고, 37:28절에서는 “내 성소가 영원토록 그들 가운데 있으리니 내가 이스라엘을 거룩하게 하는 여호와인 줄을 열국이 알리라” 하십니다.

③ 40-41절에 나타난 하나님의 기어코 이루심을 주목해보시기 바랍니다.

㉠ “나를 섬기리니

㉡ 내가 그들을 기쁘게 받을 지라

㉢ 거기에서 너희 예물과 너희가 드리는 첫 열매와 너희 모든 성물을 요구하리라” 하십니다.

41절에서는 “내가 너희를 향기로 받겠다” 하십니다. 43:27절에서도 “너희를 즐겁게 받으리라” 하십니다. “너희가 내게 묻기를 내가 용납하지 아니하리라”(3)고 시작된 20장은 애굽으로부터 바벨론에 이르기까지의 그들의 반역을 국문하셨습니다. 그런데 결

론부분에 이르러서는 “내가 그들을 기쁘게 받을 지라, 내가 너희를 향기로 받겠다” 하시니 인간의 반역과는 얼마나 대조적인 은혜인가! 이는 인간의 행위로 되는 것이 아니라 메시아언약 곧 복음으로만이 가능하여지는 것입니다.

④ 41-44절이 20장의 중심부분입니다. 앞부분은 인간이 범한 반역인데, 우리의 구원과 소망은 “내가, 내가 하리라”하시는 하나님께서 주권적으로 이루심에 있는 것입니다.

㉠ “내가 너희를 인도하여 여러 나라 가운데에서 나오게 하고 너희가 흩어진 여러 민족 가운데에서 모아 낼 때에 내가 너희를 향기로 받고 내가 또 너희로 말미암아 내 거룩함을 여러 나라의 목전에서 나타낼 것이며”(41)

㉡ “내가 내 손을 들어 너희 조상들에게 주기로 맹세한 땅 곧 이스라엘 땅으로 너희를 인도하여 들일 때에 너희는 내가 여호와인 줄 알고”(42)

㉢ “거기에서 너희의 길과 스스로 더럽힌 모든 행위를 기억하고 이미 행한 모든 악으로 말미암아 스스로 미워하리라”(43)

㉣ “이스라엘 족속아 내가 너희의 악한 길과 더러운 행위대로 하지 아니하고 내 이름을 위하여 행한 후에야 내가 여호와인 줄 너희가 알리라 주 여호와의 말씀이니라”(44) 하십니다.

⑤ 이런 일이 어떻게 가능하여지는가? 36:24-26절에 답이 있습니다. “내가 너희를 여러 나라 가운데에서 인도하여 내고 여러 민족 가운데에서 모아 데리고 고국 땅에 들어가서 맑은 물로 너희에게 뿌려서 너희로 정결하게 하되 곧 너희 모든 더러운 것에서와 모든 우상숭배에서 너희를 정결하게 할 것이며 또

㉠ 새 영을 너희 속에 두고

㉡ 새 마음을 너희에게 주되 너희 육신에서 굳은 마음을 제거하고 부드

러운 마음을 줄 것"이기 때문에 가능하여지는 것입니다.

그러므로 이 말씀이 1차적으로는 바벨론에서의 귀환을 가리킨다 하여도 궁극적으로는 복음시대에 성취될 말씀입니다.

나를 섬기리라, 기쁘게 받을 지라

① "여호와의 말씀이 또 내게 임하여 이르시되"(45),

45-49절은 장을 나눌 때에 21장으로 분류했어야 할 내용입니다. 왜냐하면 이러한 회복이 있기 전에 먼저 그들에 대한 징벌이 불가피함을 말씀하는 내용이기 때문입니다. "인자야 너는 얼굴을 남으로 향하라 남으로 향하여 소리내어 남쪽의 숲을 쳐서 예언하라"(46) 하십니다. 이는 남쪽 유다를 쳐서 경고하라는 뜻입니다.

② "남쪽의 숲에게 이르기를 여호와의 말씀을 들을지어다 주 여호와께서 이같이 말씀하셨느니라 내가 너의 가운데에 불을 일으켜 모든 푸른 나무와 모든 마른 나무를 없애리니 맹렬한 불꽃이 꺼지지 아니하고 남에서 북까지 모든 얼굴이 그슬릴지라"(47) 하십니다. 이는 바벨론에 의해 불사름을 당하게 될 전화(戰禍)를 가리킵니다. 스가랴 3:2절에서는 바벨론으로부터 귀환한 자를 가리켜 "이는 불에서 꺼낸 그슬린 나무가 아니냐" 하십니다.

③ 이 말씀을 듣고 선지자는 "내가 이르되 아하 주 여호와여 그들이 나를 가리켜 말하기를 그는 비유로 말하는 자가 아니냐 하나이다"(49)고 말합니다. 선지자가 "오호라"한 것은 이를 전해주어도 그들이 진정으로 받아드리지 않을 것을 알았기 때문입니다. 그들은 에스겔의 설교를 "네가 고운 음성으로 사랑의 노래를

하며 잘하는 자같이 여겼던”(33:32) 것입니다.

④ 20장을 마치기 전에 상기할 점은, 출애굽하여 가나안에 정착한 이스라엘은 또다시 바벨론으로 추방당했다는 점입니다. 이 역사적인 사실은 무엇을 말해주고 있는가? 모세로부터 그리스도께서 오시기까지의 약 1500년의 구약교회가 메시아언약을 보수한 시기는 아주 짧은 순간순간뿐이었습니다.

⑤ 이러한 “구약교회의 가증한 일”을 알고 있는 현대교회의 실상은 어떠한가? 주님께서 승천하신 이후의 기독교 2000년의 역사인 교회사를 살펴보면 복음을 혼잡 됨이 없이 보수한 기간은 더욱 짧은 순간뿐이었습니다. “너희를 대면하여 심판하되 내가 애굽 땅 광야에서 너희 조상들을 심판한 것같이 너희를 심판하리라”(35-36) 하신 말씀을 반면교사로 삼아야 할 것입니다. 영적 가나안에 들어갈 때도 이런 일이 있을 것이기 때문입니다. 주님은 “인자가 자기 영광으로 모든 천사와 함께 올 때에 자기 영광의 보좌에 앉으리니 모든 민족을 그 앞에 모으고 각각 구분하기를 목자가 양과 염소를 구분하는 것같이 하여 양은 그 오른편에 염소는 왼편에 두리라”(마 25:31-33) 말씀하십니다. 이것이 “참으시고 계획하신 바를 이루시는 하나님”이십니다.

⑥ 묵상해보겠습니다.

㉠ 약속의 땅에 인도하여 들였더니 어떻게 보답했는가에 대해서

㉡ “이루지 못하게 하고, 이루시리라”에 대해서

㉢ 20장이 “조상들의 가증한 일”(4)로 시작하여 소망으로 끝맺고 있음에 대해서.

에스겔 21장 개관도표
주제 : 칼을 집에서 빼낸 여호와

예루살렘과 성소를 향한 칼	1-17 1 또 여호와의 말씀이 내게 임하여 이르시되 2 인자야 너는 얼굴을 ① **예루살렘으로 향하며 성소를 향하여** 소리내어 이스라엘 땅에게 예언하라 3 이스라엘 땅에게 이르기를 여호와의 말씀에 내가 너를 대적하여 내 칼을 칼집에서 빼어 의인과 악인을 네게서 끊을지라 4 내가 의인과 악인을 네게서 끊을 터이므로 내 칼을 칼집에서 빼어 모든 육체를 남에서 북까지 치리니 5 모든 육체는 **나 여호와가 내 칼을 칼집에서 빼낸 줄을 알지라** 칼이 다시 꽂히지 아니하리라 하셨다 하라 6 인자야 탄식하되 너는 허리가 끊어지듯 탄식하라 그들의 목전에서 슬피 탄식하라 7 그들이 네게 묻기를 네가 어찌하여 탄식하느냐 하거든 대답하기를 재앙이 다가온다는 소문 때문이니 각 마음이 녹으며 모든 손이 약하여지며 각 영이 쇠하며 모든 무릎이 물과 같이 약해지리라 보라 재앙이 오나니 반드시 이루어지리라 주 여호와의 말씀이니라 하라 8 여호와의 말씀이 또 내게 임하여 이르시되 9 인자야 너는 예언하여 여호와의 말씀을 이같이 말하라 ② **칼이여 칼이여 날카롭고도 빛나도다** 10 그 칼이 날카로움은 죽임을 위함이요 빛남은 번개 같이 되기 위함이니 우리가 즐거워하겠느냐 내 아들의 규가 모든 나무를 업신여기는도다 11 그 칼을 손에 잡아 쓸 만하도록 빛나게 하되 죽이는 자의 손에 넘기기 위하여 날카롭고도 빛나게 하였도다 하셨다 하라 12 인자야 너는 ③ **부르짖어 슬피 울지어다** 이것이 내 백성에게 임하며 이스라엘 모든 고관에게 임함이로다 그들과 내 백성이 함께 칼에 넘긴 바 되었으니 너는 네 넓적다리를 칠지어다 13 이것이 시험이라 만일 업신여기는 규가 없어지면 어찌할까 주 여호와의 말씀이니라 14 그러므로 인자야 너는 예언하며 손뼉을 쳐서 칼로 두세 번 거듭 쓰이게 하라 이 칼은 죽이는 칼이라 사람들을 둘러싸고 죽이는 큰 칼이로다 15 내가 그들이 낙담하여 많이 엎드러지게 하려고 그 모든 성문을 향하여 번쩍번쩍하는 칼을 세워 놓았도다 오호라 그 칼이 번개 같고 죽이기 위하여 날카로웠도다 16 칼아 모이라 오른쪽을 치라 대열을 맞추라 왼쪽을 치라 향한 대로 가라 17 나도 내 손뼉을 치며 내 분노를 다 풀리로다 나 여호와가 말하였노라
바벨론을 들어 예루살렘과 암몬을 심판	18-32 18 여호와의 말씀이 내게 임하여 이르시되 19 인자야 너는 ④ **바벨론 왕의 칼이 올 두 길을** 한 땅에서 나오도록 그리되 곧 성으로 들어가는 길 어귀에다가 길이 나뉘는 지시표를 하여 20 칼이 암몬 족속의 랍바에 이르는 길과 유다의 견고한 성 예루살렘에 이르는 길을 그리라 21 바벨론 왕이 갈랫길 곧 두 길 어귀에 서서 점을 치되 화살들을 흔들어 우상에게 묻고 희생제물의 간을 살펴서 22 오른손에 ⑤ **예루살렘으로 갈** 점괘를 얻었으므로 공성퇴를 설치하며 입을 벌리고 죽이며 소리를 높여 외치며 성문을 향하여 공성퇴를 설치하고 토성을 쌓고 사다리를 세우게 되었나니 23 전에 그들에게 맹약한 자들은 그것을 거짓 점괘로 여길 것이나 바벨론 왕은 그 죄악을 기억하고 그 무리를 잡으리라 24 그러므로 주 여호와께서 이같이 말씀하셨느니라 너희의 악이 기억을 되살리며 너희의 허물이 드러나며 너희 모든 행위의 죄가 나타났도다 너희가 기억한 바 되었은즉 그 손에 잡히리라 25 너 극악하여 중상을 당할 이스라엘 왕아 네 날이 이르렀나니 곧 죄악의 마지막 때이니라 26 주 여호와께서 이같이 말씀하셨느니라 관을 제거하며 왕관을 벗길지라 그대로 두지 못하리니 낮은 자를 높이고 높은 자를 낮출 것이니라 27 내가 엎드러뜨리고 엎드러뜨리고 엎드러뜨리려니와 이것도 다시 있지 못하리라 마땅히 얻을 자가 이르면 그에게 주리라 28 인자야 너는 주 여호와께서 ⑥ **암몬 족속과 그의 능욕에 대하여** 이같이 말씀하셨다고 예언하라 너는 이르기를 칼이 뽑히도다 칼이 뽑히도다 죽이며 멸절하며 번개 같이 되기 위하여 빛났도다 29 네게 대하여 허무한 것을 보며 네게 대하여 거짓 복술을 하는 자가 너를 중상 당한 악인의 목 위에 두리니 이는 그의 날 곧 죄악의 마지막 때가 이름이로다 30 그러나 칼을 그 칼집에 꽂을지어다 네가 지음을 받은 곳에서, 네가 출생한 땅에서 내가 너를 심판하리로다 31 내가 내 분노를 네게 쏟으며 내 진노의 불을 네게 내뿜고 너를 짐승 같은 자 곧 멸하기에 익숙한 자의 손에 넘기리로다 32 네가 불에 섶과 같이 될 것이며 네 피가 나라 가운데에 있을 것이며 네가 다시 기억되지 못할 것이니 나 여호와가 말하였 음이라 하라

21장

칼을 집에서 빼낸 여호와

[3]이스라엘 땅에게 이르기를 여호와의 말씀에 내가 너를 대적
하여 내 칼을 칼집에서 빼어 의인과 악인을 네게서 끊을지라

21장은 또다시 예루살렘에 대한 심판경고인데, 중심점은 "칼을 집에서 빼낸 여호와"에 있습니다. 21장에는 "칼"이라는 말이 스물한 번이나 등장합니다. 그런데 "칼을 뺀다"는 것은 심판을 시작하시려는 것입니다. 20장에서 "내가 너의 가운데 불을 일으키리라"(47) 한 심판의 "불"을 21장에서는 심판의 "칼"로 표현하고 있는 것입니다. 21장의 상황을 세례요한의 표현대로 한다면 "이미 도끼가 나무뿌리에 놓였다"(마 3:10)는 것이 됩니다. 도표를 보시면 "칼을 집에서 빼낸 여호와"를 중심으로 칼이 우선적으로,

① "예루살렘과 성소를 향하는데"

② "날카롭고도 빛나는 칼"이라
③ 그러므로 "부르짖어 슬피 울라" 하십니다.
④ 이 칼은 "바벨론을 들어 심판"하시는 것을 의미하고
⑤ 먼저 "예루살렘"을 심판하고
⑥ 다음으로 예루살렘의 멸망을 기뻐한 "암몬"도 심판하실 것을 말씀합니다. 이를 두 단원으로 나누어 상고하겠습니다.

첫째 단원(1–17) **예루살렘과 성소를 향한 칼**
둘째 단원(18–32) **바벨론을 들어 예루살렘과 암몬을 심판**

첫째 단원(1–17) **예루살렘과 성소를 향한 칼**

"인자야 너는 얼굴을 예루살렘으로 향하며 성소를 향하여 소리내어 이스라엘 땅에게 예언하라"(2).

① 첫째 단원의 중심점은 "예루살렘과 성소를 향한 칼"에 있습니다. "또 여호와의 말씀이 내게 임하여 이르시되 인자야 너는 얼굴을 예루살렘으로 향하며 성소를 향하여 소리내어 이스라엘 땅에게 예언하라"(1-2) 하십니다. 심판하기 위해서 "빼신 여호와의 칼"이 우선적으로 "예루살렘과 성소"를 겨냥하고 있다는 점을 유념해야 합니다. 기드온의 군사들은 미디안과 아말렉의 연합군을 향해서 "여호와와 기드온의 칼이여"(삿 7:20)하고 외쳤는데, 그 여호와의 칼이 "예루살렘"을 향한 것만이 아니라 "성소를 향하여"하고, 하나님의 성전을 겨냥하고 있다는 것은 심판을 당하

게 된 원인이 윤리적인 죄만이 아니라 신학적인 문제, 즉 메시아 언약을 배신하고 우상을 숭배한데 있음을 나타냅니다.

② "이스라엘 땅에게 이르기를 여호와의 말씀에 내가 너를 대적하여 내 칼을 칼집에서 빼어 의인과 악인을 네게서 끊을지라"(3) 하십니다. 핵심은 "너를 대적하리라"는 말씀에 있습니다. 예레미야 21:13절에서도 "나는 네 대적이라" 하십니다. 하나님께서 자기 백성을 대적하신다는 말보다 슬프고도 비극적인 일이 또 있겠습니까? 어찌하여 이런 지경에 이르게 되었는가? "대답하기는 이는 그들이 자기 하나님 여호와의 언약을 버리고 다른 신들에게 절하고 그를 섬긴 까닭이라"(렘 22:9) 하십니다.

③ 칼이 향하고 있는 "성소"가 본래는 어떤 곳이었습니까? "여호와의 영광이 여호와의 전에 가득하므로 제사장들이 여호와의 전으로 능히 들어가지 못하였고"(대하 7:2) 한 성전입니다. 그런 성전이 하나님께서 대적하는 표적이 된 원인이 무엇인가? 가증한 우상으로 "성소를 더럽혔기"(5:11) 때문입니다. 그래서 "늙은 자와 젊은 자와 처녀와 어린아이와 여자를 다 죽이되, 내 성소에서 시작할지니라"(9:6) 하신 것입니다. 이점을 애가서에서는 "여호와께서 또 자기 제단을 버리시며 자기 성소를 미워하시며"(애 2:7) 라고 슬퍼합니다.

성소에서 시작하라

① "하나님이 대적이 되시어, 성소를 미워"하신다니 얼마나 절망적입니까? 그러면 여호와의 성소는 폐하여진단 말인가? 아닙니

다. "그들이 도달한 나라들에서 내가 잠깐 그들에게 성소(聖所)가 되리라"(11:16) 하시는 하나님의 마음, 사랑, 주권적인 이루심을 놓치지 말아야 합니다. 그리하여 "내가 그들과 화평의 언약을 세워서 영원한 언약이 되게 하고, 내 처소가 그들의 가운데 있을 것이며 나는 그들의 하나님이 되고 그들은 내 백성이 되리라 내 성소가 영원토록 그들의 가운데 있으리니"(37:26-28)고 기어코 이루시고야 마는 것입니다. "하나님의 거룩하신 이름을 위하여"! 그래서 "내 이름을 위하여 행한 후에야 내가 여호와인 줄 너희가 알리라"(20:44) 하시는 것입니다.

② "인자야 탄식하되 너는 허리가 끊어지듯 탄식하라 그들의 목전에서 슬피 탄식하라"(6) 하십니다. "허리가 끊어지는 듯한" 탄식을 해보신 적이 있으십니까?

㉠ "그들이 네게 묻기를 네가 어찌하여 탄식하느냐 하거든 대답하기를 재앙이 다가온다는 소문 때문이니 각 마음이 녹으며 모든 손이 약하여지며 각 영이 쇠하며 모든 무릎이 물과 같이 약해지리라 보라 재앙이 오나니 반드시 이루어지리라 주 여호와의 말씀이니라 하라"(7)

㉡ "인자야 너는 예언하여 여호와의 말씀을 이같이 말하라 칼이여 칼이여 날카롭고도 빛나도다 그 칼이 날카로움은 죽임을 위함이요 빛남은 번개같이 되기 위함이니 우리가 즐거워하겠느냐 내 아들의 규가 모든 나무를 업신여기는도다"(9-10)

㉢ "인자야 너는 부르짖어 슬피 울지어다 이것이 내 백성에게 임하며 이스라엘 모든 고관에게 임함이로다 그들과 내 백성이 함께 칼에 넘긴 바 되었으니 너는 네 넓적다리를 칠지어다"(12) 하십니다.

③ 다시 음미해 보십시다.

㉠ "너는 탄식하되 허리가 끊어지듯 슬피 탄식하라"(6)

㉡ "너는 부르짖어 슬피 울지어다

ⓒ 네 넓적다리를 칠지어다"(12),

이것이 "예루살렘과 성소"를 심판하시겠다는 선고를 들은 선지자의 심정입니다. 이것이 주님께서 말씀하신바 "예루살렘의 딸들아 나를 위하여 울지 말고 너희와 너희 자녀를 위하여 울라"(눅 23:28) 하신 말씀이요, 이 말씀이 "산들과 바위에게 말하되 우리 위에 떨어져 보좌에 앉으신 이의 얼굴에서와 어린 양의 진노에서 우리를 가리라 그들의 진노의 큰 날이 이르렀으니 누가 능히 서리요"(계 6:16-17)로 이어질 슬픈 탄식입니다. 이것이 "예루살렘과 성소를 향한 칼"입니다.

둘째 단원(18–32)**바벨론을 들어 예루살렘과 암몬을 심판**

"여호와의 말씀이 내게 임하여 이르시되"(18),

① "인자야 너는 바벨론 왕의 칼이 올 두 길을 한 땅에서 나오도록 그리되 곧 성으로 들어가는 길 어귀에다가 길이 나뉘는 지시표를 하라"(19)고 명하십니다. 무슨 뜻이냐 하면 바벨론의 군대가 갈림길에 이르게 되자 "암몬" 방향이 아니라 "예루살렘"으로 방향을 틀게 될 것을 의미합니다. 이는 심판이 우선적으로 예루살렘에 임하게 된다는 말씀입니다.

② 23-27절은 "시드기야" 왕과 결부된 내용인데,

㉠ "전에 그들에게 맹약한 자들은 그것을 거짓 점괘로 여길 것이나 바벨론 왕은 그 죄악을 기억하고 그 무리를 잡으리라"(23) 합니다. 이는 바벨론과 "맹약"을 한 시드기야가 이를 거짓 점괘처럼 여겨 배반

하고 애굽에 원군을 청하여 대항하다가 화를 자초할 것을 가리킵니다.

㉡ "기억하다"라는 말이 23-24절에 세 번 나오는데, 이는 바벨론 왕이 이를 괘씸히 여길 것을 가리킵니다.

③ 그리하여 "너 극악하여 중상을 당할 이스라엘 왕아 네 날이 이르렀나니 곧 죄악의 마지막 때이니라 주 여호와께서 이같이 말씀하셨느니라 관을 제거하며 왕관을 벗길지라 그대로 두지 못하리니 낮은 자를 높이고 높은 자를 낮출 것이니라 내가 엎드러뜨리고 엎드러뜨리고 엎드러뜨리려니와 이것도 다시 있지 못하리라 마땅히 얻을 자가 이르면 그에게 주리라"(25- 27) 하십니다. 이 점에서 유념할 점은 다윗으로부터 계승되어 내려온 왕위가

㉠ "다시 있지 못하고" 끊어지리라는 것입니다. 그러나 폐하시는 것이 아니라

㉡ "마땅히 얻을 자가 이르면 그에게 주리라" 하시는데, 이는 "하나님께서 그 조상 다윗의 왕위를 그에게 주시리니 영원히 야곱의 집을 왕으로 다스리실 것이며"(눅 1:32- 33)한 그리스도를 가리키는 것으로 보아야 할 것입니다.

④ "인자야 너는 주 여호와께서 암몬 족속과 그의 능욕에 대하여 이같이 말씀하셨다고 예언하라"(28상) 하십니다. 이는 예루살렘을 심판하신 여호와의 칼이 "암몬"을 향할 것을 가리킵니다. 암몬과 열방에 대한 심판 예언이 25-32장인데, 이 점에서 암몬의 심판을 우선적으로 거론하는 것은 예루살렘이 심판당할 때 "손뼉을 치며 발을 구르며 마음을 다하여 멸시하며 즐거워" (25:6)했기 때문입니다. 이것이 "바벨론을 들어 예루살렘과 암몬을 심판"하실 것에 대한 경고입니다.

⑤ 21장을 마치기 전에 명심해야 할 점은 힘이 모자라서 예루살렘이 멸망한 것이 아니라 하나님이 대적하셨기 때문이라는 점입니다.

㉠ 이는 느부갓네살에 의하여 성소가 더럽힘을 당하기 이전에 "왕 · 제사장 · 장로 · 선지자들", 즉 지도자들에 의해서 먼저 성소가 더럽혀졌기 때문입니다. 이점이 우리에게 경계가 되는 것은 주님께서 경고하신

㉡ "멸망의 가증한 것이 거룩한 곳에 선 것을 보거든"(마 24:15) 하신, 적그리스도에 의하여 교회가 박해를 당하게 되는 것은 하나님의 힘이 모자라서가 아니라 부패하여진 교회를 정화하기 위한 심판이라는 점입니다.

이런 맥락에서 "내가 너를 대적하여 내 칼을 칼집에서 빼어 의인과 악인을 네게서 끊을지라"(3)는 말씀은 현대교회와 결코 무관한 경고가 아니라 무겁게 깊이 명심해야 할 경종이라 할 것입니다. 이것이 "칼을 집에서 빼낸 여호와"입니다.

⑥ 묵상해보겠습니다.

㉠ 여호와의 칼이 예루살렘과 성소를 향한다는 점에 대하여

㉡ "내가 너를 대적하리라"에 대하여

㉢ 21장이 현대교회에 경종이 된다는 점에 대하여.

에스겔 22장 개관도표

주제 : 우상숭배로 더럽힌 벌 받을 성

우상과 피로 더럽힌 성	1-16 1 또 여호와의 말씀이 내게 임하여 이르시되 2 인자야 네가 심판하려느냐 이 피흘린 성읍을 심판하려느냐 그리하려거든 자기의 모든 가증한 일을 그들이 알게 하라 3 너는 말하라 주 여호와께서 이같이 말씀하셨느니라 자기 가운데에 **피를 흘려 벌 받을 때가 이르게 하며 우상을 만들어 스스로 더럽히는 성아** 4 네가 흘린 피로 말미암아 죄가 있고 네가 만든 우상으로 말미암아 스스로 더럽혔으니 네 날이 가까웠고 ① **네 연한이 찼도다** 그러므로 내가 너로 이방의 능욕을 받으며 만국의 조롱 거리가 되게 하였노라 5 너 이름이 더럽고 어지러움이 많은 자여 가까운 자나 먼 자나 다 너를 조롱하리라 6 이스라엘 모든 고관은 각기 권세대로 피를 흘리려고 네 가운데에 있었도다 7 그들이 네 가운데에서 부모를 업신여겼으며 네 가운데에서 나그네를 학대하였으며 네 가운데에서 고아와 과부를 해하였도다 8 너는 나의 성물들을 업신여겼으며 나의 안식일을 더럽혔으며 9 네 가운데에 피를 흘리려고 이간을 붙이는 자도 있었으며 네 가운데에 산 위에서 제물을 먹는 자도 있었으며 네 가운데에 음행하는 자도 있었으며 10 네 가운데에 자기 아버지의 하체를 드러내는 자도 있었으며 네 가운데에 월경하는 부정한 여인과 관계하는 자도 있었으며 11 어떤 사람은 그 이웃의 아내와 가증한 일을 행하였으며 어떤 사람은 그의 며느리를 더럽혀 음행하였으며 네 가운데에 어떤 사람은 그 자매 곧 아버지의 딸과 관계하였으며 12 네 가운데에 피를 흘리려고 뇌물을 받는 자도 있었으며 네가 변돈과 이자를 받았으며 이익을 탐하여 이웃을 속여 빼앗았으며 나를 잊어버렸도다 주 여호와의 말씀이니라 13 네가 불의를 행하여 이익을 얻은 일과 네 가운데에 피 흘린 일로 말미암아 내가 손뼉을 쳤나니 14 내가 네게 보응하는 날에 네 마음이 견디겠느냐 네 손이 힘이 있겠느냐 나 여호와가 말하였으니 내가 이루리라 15 ② **내가 너를 뭇 나라 가운데에 흩으며** 각 나라에 헤치고 너의 더러운 것을 네 가운데에서 멸하리라 16 네가 자신 때문에 나라들의 목전에서 수치를 당하리니 내가 여호와인 줄 알리라 하셨다 하라
찌끼같이 된 성	17-22 17 여호와의 말씀이 내게 임하여 이르시되 18 인자야 이스라엘 족속이 ③ **내게 찌꺼기가 되었나니** 곧 풀무 불 가운데에 있는 놋이나 주석이나 쇠나 납이며 은의 찌꺼기로다 19 그러므로 주 여호와께서 이와 같이 말씀하셨느니라 너희가 다 찌꺼기가 되었은즉 내가 너희를 예루살렘 가운데로 모으고 20 사람이 은이나 놋이나 쇠나 납이나 주석이나 모아서 ④ **풀무 불 속에 넣고 불을 불어 녹이는 것 같이 너희를 모아 거기에 두고 녹이리라** 내가 노여움과 분으로 21 내가 너희를 모으고 내 분노의 불을 너희에게 불면 너희가 그 가운데에서 녹되 22 은이 풀무 불 가운데에서 녹는 것 같이 너희가 그 가운데에서 녹으리니 나 여호와가 분노를 너희 위에 쏟은 줄을 너희가 알리라
선지자 제사장 방백들의 죄	23-31 23 여호와의 말씀이 내게 임하여 이르시되 24 인자야 너는 그에게 이르기를 너는 정결함을 얻지 못한 땅이요 진노의 날에 비를 얻지 못한 땅이로다 하라 25 그 가운데에서 ⑤ **선지자들의 반역함이** 우는 사자가 음식물을 움킴 같았도다 그들이 사람의 영혼을 삼켰으며 재산과 보물을 탈취하며 과부를 그 가운데에 많게 하였으며 26 그 **제사장들은 내 율법을 범하였으며** 나의 성물을 더럽혔으며 거룩함과 속된 것을 구별하지 아니하였으며 부정함과 정한 것을 사람이 구별하게 하지 아니하였으며 그의 눈을 가리어 나의 안식일을 보지 아니하였으므로 내가 그들 가운데에서 더럽힘을 받았느니라 27 그 가운데에 그 **고관들은 음식물을 삼키는 이리 같아서** 불의한 이익을 얻으려고 피를 흘려 영혼을 멸하거늘 28 **그 선지자들이 그들을 위하여 회를 칠하고** 스스로 허탄한 이상을 보며 거짓 복술을 행하며 여호와가 말하지 아니하였어도 주 여호와께서 이같이 말씀하셨느니라 하였으며 29 **이 땅 백성은 포악하고 강탈을 일삼고** 가난하고 궁핍한 자를 압제하고 나그네를 부당하게 학대하였으므로 30 이 땅을 위하여 성을 쌓으며 ⑥ **성 무너진 데를 막아 서서 나로 하여금 멸하지 못하게 할 사람을 내가 그 가운데에서 찾다가 찾지 못하였으므로** 31 내가 내 분노를 그들 위에 쏟으며 내 진노의 불로 멸하여 그들 행위대로 그들 머리에 보응하였느니라 주 여호와의 말씀이니라

22 장

우상숭배로 더럽힌 벌 받을 성

[3]너는 말하라 주 여호와께서 이같이 말씀하셨느니라 자기 가운데에 피를 흘려 벌 받을 때가 이르게 하며 우상을 만들어 스스로 더럽히는 성아

22장도 예루살렘에 대한 심판 예언인데, 이처럼 예언에 예언을 더하고 경계에 경계를 더하고, 경고에 경고를 더하는 말씀을 기록하게 하여 후대에 전해주신 의도가 무엇일까? 이것이 각 시대에 하시는 경고이기 때문입니다. 중심점은 "우상숭배로 더럽힌 벌 받을 성"에 있습니다. "인자야 네가 심판하려느냐 이 피 흘린 성읍을 심판하려느냐 그리하려거든 자기의 모든 가증한 일을 그들이 알게 하라"(2) 하십니다.

"심판"이라는 말이 7:3,27, 11:10,11, 16:38, 17:20, 18:30,

20:4,35,36, 21:30, 22:2, 23:36절 등 강조되어 있는데 이는 그들의 죄를 "심판하려느냐"는 그런 뜻입니다. 마치 형을 언도하기에 앞서서 죄목(罪目)을 심문하듯이 예루살렘을 심판하기에 앞서서 그들의 범한 죄를 알게 하기 위해서입니다. 심판당할 죄는 언제나 "윤리적인 죄와 신학적인 죄", 두 가지입니다. 도표를 보시면 "우상숭배로 더럽힌 벌 받을 성"을 중심으로,

① "네 연한이 찼도다"

② 그래서 "내가 너를 뭇 나라 중에 흩으리라" 하십니다.

③ 예루살렘이 "내게 찌꺼기 같이 되었다"

④ 그러므로 "풀무 불 속에 넣어 녹이겠다" 하십니다.

⑤ 이렇게 된 책임이 "선지자 · 제사장 · 고관", 즉 지도자에게 있다 하십니다.

⑥ 이 지경에 이르렀는데도 "성 무너진 데를 막아서서 나로 멸하지 못하게 할 사람을 내가 그 가운데서 찾다가 얻지 못한고로" 심판은 불가피하다는 말씀입니다. 본문에는 "여호와의 말씀이 내게 임하여 이르시되"라는 말이 세 번(1,17,23) 등장하는데 이를 분기점으로 하여 세 단원으로 나누어 상고하겠습니다.

첫째 단원(1–16) **우상과 피로 더럽힌 성**

둘째 단원(17–22) **찌꺼기같이 된 예루살렘**

셋째 단원(23–31) **선지자 제사장 고관들의 죄**

첫째 단원(1–16) **우상과 피로 더럽힌 성**

"또 여호와의 말씀이 내게 임하여 이르시되 인자야 네가 심판하려느냐 이 피 흘린 성읍을 심판하려느냐 그리하려거든 자기의 모든 가증한 일을 그들이 알게 하라"(1-2).

① 첫째 단원의 중심점은 "우상과 피로 더럽힌 성"을 심판함에 있습니다. 심판(국문)이란 중죄인을 심문하는 것을 뜻합니다. 예루살렘이라는 중죄인(重罪人)을 향하여 "너는 말하라 주 여호와께서 이같이 말씀하셨느니라 자기 가운데에 피를 흘려 벌 받을 때가 이르게 하며 우상을 만들어 스스로 더럽히는 성아"(3) 라고 부릅니다.

② "네가 흘린 피로 말미암아 죄가 있고 네가 만든 우상으로 말미암아 스스로 더럽혔으니"(4상) 하고 죄목을 말씀합니다.

㉠ "네가 흘린 피"란 자식을 우상에게 제물로 바칠 때 흘린 피와 경건한 자를 죽인 것을 가리키고

㉡ "네가 만든 우상"이란 하나님께 대한 반역죄(反逆罪)를 가리킵니다. 거기에는 "안식일을 더럽힌 죄"(8)도 포함이 되는데, 결론은 "나를 잊어버렸도다"(12) 한 하나님의 언약(言約)을 망각했다는 데 있습니다.

③ 그래서

㉠ "벌 받을 때로 이르게 하며(3)

㉡ 네 날이 가까웠고

㉢ 네 연한이 찼도다.

㉣ "그러므로 내가 너로 이방의 능욕을 받으며 만국의 조롱거리가 되게 하였노라"(4하) 하십니다. 위의 표현들은 죄악이 관영하여 심판의 때

가 극점(極點)에 다다랐음을 나타냅니다. 종말에도 그러할 것입니다.

④ 6-12절 안에는 "네 가운데"라는 말이 열한 번이나 등장하는데 네 가운데 무엇이 있다 하시는가?

㉠ "네 가운데서 부모를 업신여겼으며(7)

㉡ 네 가운데 피를 흘리려고 이간을 붙이는 자도 있었으며"(9) 하고 그들의 죄상을 낱낱이 고발합니다.

그런 후에 "네가 불의를 행하여 이익을 얻은 일과 네 가운데에 피 흘린 일로 말미암아 내가 손뼉을 쳤나니"(13) 하십니다.

⑤ "손뼉을 쳤다"는 것은 더 이상 참으실 수 없게끔 되었다는 뜻입니다. 그리하여 "내가 네게 보응하는 날에 네 마음이 견디겠느냐 네 손이 힘이 있겠느냐 나 여호와가 말하였으니 내가 이루리라 내가 너를 뭇 나라 가운데에 흩으며 각 나라에 헤치고 너의 더러운 것을 네 가운데에서 멸하리라 네가 자신 때문에 나라들의 목전에서 수치를 당하리니 내가 여호와인 줄 알리라 하셨다 하라"(14-16) 하십니다. 징벌의 목적은 "여호와인 줄 알게" 하시려는데 있습니다. "은혜"를 통해서 알지 못하는 자에게는 징벌을 통해서라도 알게 하신다는 말씀입니다. 이것이 "우상과 피로 더럽힌 성"의 종말(終末)인데 우리도 하나님의 "손뼉치는" 소리를 들어야 할 것입니다.

둘째 단원(17-22) **찌꺼기같이 된 예루살렘**

"여호와의 말씀이 내게 임하여 이르시되"(17).

① 둘째 단원의 중심점은 "찌꺼기같이 된 예루살렘"에 있습니다. "인자야 이스라엘 족속이 내게 찌꺼기가 되었나니 곧 풀무 불 가운데에 있는 놋이나 주석이나 쇠나 납이며 은의 찌꺼기로다"(18) 하십니다. "찌꺼기"란 제련과정에서 생기는 침전물(沈澱物)을 가리키는데 달라붙어서 떨어지지 않는다는 특성이 있습니다. 잠언에서는 "은에서 찌꺼기를 제하라 그리하면 장색의 쓸 만한 그릇이 나올 것이요"(잠 25:4) 합니다. 하나님은 지금 "찌꺼기"를 제하시려는 것입니다. 이사야 선지자를 통해서도 "내가 또 내 손을 네게 돌려 네 찌꺼기를 잿물로 씻듯이 녹여 청결하게 하며 네 혼잡(混雜)물을 다 제하여 버리고, 회복할 것이라"(사 1:25-26) 하십니다.

② "그러므로 주 여호와께서 이와 같이 말씀하셨느니라 너희가 다 찌꺼기가 되었은즉 내가 너희를 예루살렘 가운데로 모으고 사람이 은이나 놋이나 쇠나 납이나 주석이나 모아서 풀무 불 속에 넣고 불을 불어 녹이는 것 같이 내가 노여움과 분으로 너희를 모아 거기에 두고 녹이리라"(19-20) 하십니다. 이점을 스바냐 선지자를 통해서는 "그때에 내가 예루살렘에서 찌꺼기같이 가라앉아서 마음속에 스스로 이르기를 여호와께서는 복도 내리지 아니하시며 화도 내리지 아니하시리라 하는 자를 등불로 두루 찾아 벌하리니"(습 1:12) 하십니다. "찌꺼기"는 가라앉을 뿐만이 아니라 엉겨 붙어서 떨어지지 않는 것이 특성인데 한국교회에는 이런 "찌꺼기" 같은 존재가 없는가? 나 자신은 "찌꺼기"가 아닌가? 자문하게 됩니다.

③ "내가 너희를 모으고 내 분노의 불을 너희에게 불면 너희가

그 가운데에서 녹되 은이 풀무 불 가운데에서 녹는 것 같이 너희가 그 가운데에서 녹으리니 나 여호와가 분노를 너희 위에 쏟은 줄을 너희가 알리라"(21-22) 하십니다. 제련하는 불에 녹아야만 여호와를 알게 된다면 이들의 "이마는 얼마나 굳고 마음은 얼마나 강팍한 것"(3:7)이란 말인가? 이것이 "찌꺼기같이 된 예루살렘"입니다.

셋째 단원(23–31) **선지자 제사장 고관들의 죄**

"여호와의 말씀이 내게 임하여 이르시되"(23).

① 셋째 단원의 중심점은 "선지자 제사장 고관들의 죄"에 있습니다. 그러니까 이런 지도자들이 둘째 단원에서 언급한 "찌꺼기" 같은 자들이라는 것입니다. 먼저 선지자들의 죄를 심판합니다. "그 가운데에서 선지자들의 반역함이 우는 사자가 음식물을 움킴 같았도다 그들이 사람의 영혼을 삼켰으며 재산과 보물을 탈취하며 과부를 그 가운데에 많게 하였으며"(25) 합니다. 선지자들이 말씀을 바로 증언하지 않으면 어떤 결과에 이르게 되는가?

㉠ "사람의 영혼을 삼킨 죄", 즉 죽게 만들고

㉡ "전재와 보물을 탈취하며", 즉 물질을 탐한 죄와

㉢ 과부로 많게 한, 즉 전쟁의 화를 당하여 남자들을 죽게 하는 결과를 가져왔다고 고발합니다.

② 다음은 제사장(祭司長)을 심판합니다. "그 제사장들은 내 율법을 범하였으며 나의 성물을 더럽혔으며 거룩함과 속된 것을 구

별하지 아니하였으며 부정함과 정한 것을 사람이 구별하게 하지 아니하였으며 그의 눈을 가리어 나의 안식일을 보지 아니하였으므로 내가 그들 가운데에서 더럽힘을 받았느니라"(26) 하십니다. 선지자의 죄가 "영혼을 삼킨 죄" 즉 말씀을 곡해(曲解)한 것이라면, 제사장의 죄는 "성전을 더럽힌 죄" 즉 거룩함과 속된 것, 부정함과 정한 것"을 "분별(分別)하지 아니함으로" 하나님의 이름이 더럽힘을 받게 했다는 것입니다.

③ 다음은 고관 즉 정치지도자들을 국문합니다. "그 가운데에 그 고관들은 음식물을 삼키는 이리 같아서 불의한 이익을 얻으려고 피를 흘려 영혼을 멸하거늘"(27) 합니다. 폭정(暴政)을 했다는 것입니다. 종교지도자들이 타락하게 되면 정치지도자들도 부패하기 마련입니다. 그리하여 "그 선지자들이 그들을 위하여 회를 칠하고 스스로 허탄한 이상을 보며 거짓 복술을 행하며" (28), 이는 종교지도자들이 타락하여 어용(御用) 종교화되었음을 가리킵니다.

④ 이점을 미가 선지자는 원색적으로 책망하는데 "너희가 선을 미워하고 악을 기뻐하여 내 백성의 가죽을 벗기고 그 뼈에서 살을 뜯어 그들의 살을 먹으며 그 가죽을 벗기며 그 뼈를 꺾어 다지기를 냄비와 솥 가운데 담을 고기처럼 하는 도다, 그들의 우두머리들은 뇌물을 위하여 재판하며 그들의 제사장은 삯을 위하여 교훈하며 그들의 선지자는 돈을 위하여 점을 치면서도, 재앙이 우리에게 임하지 아니하리라 하는도다"(미 3:2-3,11)라고 책망합니다.

⑤ 다음은 백성(百姓)들을 심판합니다. "이 땅 백성은 포악하고 강탈을 일삼고 가난하고 궁핍한 자를 압제하고 나그네를 부당하

게 학대하였다"(29) 합니다. 이는 양 떼 중에서 힘이 센 염소(34:17) 같은 자들을 가리킵니다. 그러니까 "선지자 · 제사장 · 고관 · 백성" 모두가 총체적으로 부패하였다는 것입니다. 이점을 예레미야 선지자는 탄식하기를 "이 땅에 무섭고 놀라운 일이 있도다 선지자들은 거짓을 예언하며 제사장들은 자기 권력으로 다스리며 내 백성은 그것을 좋게 여기니 마지막에는 너희가 어찌 하려느냐"(렘 5:30-31), 그 결과는 멸망이었지요. 이것이 "선지자 제사장 고관들의 죄"입니다. 현대교회의 실상이 이와 같지 아니한가 각성해야 할 것입니다.

이 땅에 기괴한 일이 있도다

① 22장은 결론에 이르러 하나의 문제(問題)를 제기합니다. "이 땅을 위하여 성을 쌓으며 성 무너진 데를 막아서서 나로 하여금 멸하지 못하게 할 사람을 내가 그 가운데에서 찾다가 찾지 못하였으므로"(30) 하십니다. "찾지 못한고로", 어떻게 하시겠다는 말씀인가? "내가 내 분노를 그들 위에 쏟으며 내 진노의 불로 멸하여 그들 행위대로 그들 머리에 보응하였느니라 주 여호와의 말씀이니라"(31) 하십니다.

② 그렇다면 "이 땅을 위하여 성을 쌓으며 성 무너진 데를 막아서서 나로 하여금 멸하지 못하게 할 사람"이 누구인가? "성 무너진 데를 막아서서 나로 멸하지 못하게 할 사람"이란, 그들의 죄를 자신이 대신(代身) 책임을 지겠다고 나서는 자를 가리킵니다. 결론부터 말씀드리면 메시아 그리스도인 것입니다. 같은 의미

의 말씀이 이사야서에도 있습니다. "사람이 없음을 보시며 중재자 없음을 이상히 여기셨으므로", 그리하여 하나님은 "자기 팔로 스스로 구원을 베푸시며 자기의 공의를 스스로 의지하사"(사 59:16) 합니다. 이 말씀이 그리스도를 통한 회복을 예언하는 문맥에서 하신 말씀입니다.

그런데 그 시대에 메시아적 사명으로 세움을 받은 "제사장 · 왕 · 선지자"로 적용된다는 점을 명심해야 합니다. 구약시대에도 이런 예표의 사람이 있었습니다. "여호와께서 그들을 멸하리라 하셨으나 그가 택하신 모세가 그 어려움 가운데에서 그의 앞에 서서 그의 노를 돌이켜 멸하시지 아니하게 하였도다"(시 106:23) 합니다. 모세는 그리스도에 대한 예표의 인물이었던 것입니다. 이 시대는 이런 직무가 누구에게 있다 할 것인가? 히브리서 13:17절은 "너희를 인도하는 자들에게 순종하고 복종하라 그들은 너희 영혼을 위하여 경성하기를 자신들이 청산할 자인 것같이 하느니라"고 말씀합니다.

③ 그러므로 "찾지 못했다"는 말은 자력(自力)구원의 불가능성을 나타내는데, 이 점에서 옛 언약과 새 언약의 다른 점이 나타납니다. 하나님의 의로우심은 죄를 묵과하실 수 없으십니다.

㉠ 그리하여 "옛 언약"은 "내가 내 분노를 그들 위에 쏟으며 내 진노의 불로 멸하여 그들 행위대로 그들 머리에 보응하였느니라" (31)고 말씀하시는 것입니다.

㉡ 그러나 "새 언약"은 "하나님이 죄를 알지도 못하신 이를 우리를 대신하여 죄로 삼으심"(고후 5:21)으로 구원을 얻게 하신 것, 이것이 새 언약이요, 영원한 언약이요, 화평의 언약(37:26)이었던 것입니다.

스스로 구원을 베푸시는 하나님

① 우리가 구원을 얻게 된 것이 그들보다 선하기 때문인 양 말해서는 안 됩니다. "전에는 우리도 다 그 가운데서 우리 육체의 욕심을 따라 지내며 육체와 마음의 원하는 것을 하여 다른 이들과 같이 본질상 진노(震怒)의 자녀이었더니"(엡 2:3)라고 말씀합니다. 그러므로 "내 분노를 그들 위에 쏟으며 내 진노의 불로 멸하여 그들 행위대로 그들 머리에 보응"하여야 마땅한 자들입니다.

② 그러므로 우리는 지금 예루살렘의 멸망을 거울삼아 우리 자신들의 모습을 보고 있습니다. 하나님이 촉구하시는 바는 율법을 행함으로 의인이 되라는 말씀이 아닙니다. 자력구원의 불가능성을 깨닫고 메시아언약 안으로 돌아오라는 말씀입니다. 그러나 그들은 메시아언약을 버리고 "우상을 만들어 스스로 더럽히는 성아, 네가 흘린 피로 말미암아 죄가 있고 네가 만든 우상으로 말미암아 스스로 더럽혔으니 네 날이 가까웠고 네 연한이 찼도다"(3,4) 하시는 것입니다. 만일 신약의 성도들도 복음을 저버린다면 "내가 네게 임하여 네 촛대를 그 자리에서 옮기리라, 내 입에서 너를 토하여 내치리라"(계 2:5, 3:16)고 경고하십니다. 이것이 심판받아 마땅한 "우상숭배로 더럽힌 벌 받을 성" 예루살렘입니다.

③ 묵상해보겠습니다.

㉠ 우리를 심판하시면 우리 "가운데"는 어떤 죄들이 있을 것인가에 대

해서

㉡ 종교지도자와 정치지도자의 잘못에 대해서

㉢ 성 무너진 데를 막아설 자가 없다는 구속사적 의미에 대해서.

에스겔 23:1-21절 개관도표

주제 : 사마리아의 심판을 보고도 행음한 유다

부끄러운 어린 시절	1-4 1 또 여호와의 말씀이 내게 임하여 이르시되 2 인자야 ① **두 여인이 있었으니 한 어머니의 딸이라** 3 그들이 ② **애굽에서 행음하되 어렸을 때에** 행음하여 그들의 유방이 눌리며 그 처녀의 가슴이 어루만져졌나니 4 그 이름이 형은 오홀라요 아우는 오홀리바라 그들이 내게 속하여 자녀를 낳았나니 그 이름으로 말하면 **오홀라는 사마리아요 오홀리바는 예루살렘이니라**
북왕국의 행음	5-10 5 오홀라가 내게 속하였을 때에 행음하여 그가 연애하는 자 곧 그의 이웃 ③ **앗수르 사람을 사모하였나니** 6 그들은 다 자색 옷을 입은 고관과 감독이요 준수한 청년이요 말 타는 자들이라 7 그가 앗수르 사람들 가운데에 잘 생긴 그 모든 자들과 행음하고 누구를 연애하든지 그들의 모든 우상으로 자신을 더럽혔으며 8 그가 젊었을 때에 애굽 사람과 동침하매 그 처녀의 가슴이 어루만져졌으며 그의 몸에 음란을 쏟음을 당한 바 되었더니 그가 그 때부터 행음함을 마지아니하였느니라 9 그러므로 내가 그를 그의 정든 자 곧 그가 연애하는 ④ **앗수르 사람의 손에 넘겼더니** 10 그들이 그의 하체를 드러내고 그의 자녀를 빼앗으며 **칼로 그를 죽여 여인들에게 이야깃거리가 되게** 하였나니 이는 그들이 그에게 심판을 행함이니라
남왕국의 행음	11-21 11 그 ⑤ **아우 오홀리바가 이것을 보고도** 그의 형보다 음욕을 더하며 그의 형의 간음함보다 그 간음이 더 심하므로 그의 형보다 더 부패하여졌느니라 12 그가 그의 이웃 ⑥ **앗수르 사람을 연애하였나니** 그들은 화려한 의복을 입은 고관과 감독이요 말 타는 자들과 준수한 청년이었느니라 13 그 두 여인이 한 길로 행하므로 그도 더러워졌음을 내가 보았노라 14 그가 음행을 더하였음은 붉은 색으로 벽에 그린 사람의 형상 곧 ⑦ **갈대아 사람의 형상을 보았음이니** 15 그 형상은 허리를 띠로 동이고 머리를 긴 수건으로 쌌으며 그의 용모는 다 준수한 자 곧 그의 고향 갈대아 바벨론 사람 같은 것이라 16 그가 보고 **곧 사랑하게 되어 사절을 갈대아 그들에게로 보내매** 17 바벨론 사람이 나아와 연애하는 침상에 올라 음행으로 그를 더럽히매 그가 더럽힘을 입은 후에 그들을 싫어하는 마음이 생겼느니라 18 그가 이같이 그의 음행을 나타내며 그가 하체를 드러내므로 내 마음이 그의 형을 싫어한 것 같이 그를 싫어하였으나 19 그가 그의 음행을 더하여 젊었을 때 곧 ⑧ **애굽 땅에서 행음하던 때를 생각하고** 20 그의 하체는 나귀 같고 그의 정수는 말 같은 **음란한 간부를 사랑하였도다** 21 네가 젊었을 때에 행음하여 애굽 사람에게 네 가슴과 유방이 어루만져졌던 것을 아직도 생각하도다

23:1-21 절

오홀라의 심판을 보고도 행음한 오홀리바

[4]그 이름이 형은 오홀라요 아우는 오홀리바라 그들이 내게
속하여 자녀를 낳았나니 그 이름으로 말하면 오홀라는 사마
리아요 오홀리바는 예루살렘이니라

23장은 북 왕국 사마리아의 멸망을 거울삼아서, 남 왕국 유다의 죄를 국문하는 내용입니다. 중심점은 북 왕국이 하나님께서 다윗에게 세워주신 메시아언약을 버리고 떨어져 나가 정치적으로는 이방을 의지하고, 신학적으로는 금송아지 우상을 숭배하다가 심판을 당해 멸망했는데, 이를 보고도 남 왕국 유다가 정신을 차리지 않고 북 왕국보다 더욱 행음하여 심판당할 수밖에 없음을 국문하시는 내용입니다.

도표를 보시면 “오홀라는 사마리아요 오홀리바는 예루살렘이라”는 말씀을 중심으로,

① “한 어미의 딸이라” 말씀하면서

② “어렸을 때는 애굽과 행음”하던 자들이라 합니다. 그런데 형 오홀라는

③ “앗수르를 사모하여”

④ “그의 손에 붙여서” 죽임을 당하게 했는데, 아우 오홀리바가

⑤ “이것을 보고도” 정신을 차리지 못하고

⑥ “앗수르를 연애하고”

⑦ “갈대아 사람”, 즉 바벨론을 연애하더니

⑧ 이제는 “어렸을 때에 행음하던 애굽과 연애”하기에 이르렀다고 말씀합니다. 이런 음부는 심판당할 수밖에 없다는 말씀입니다. 분량상 두 문단(1-21, 22-49)으로 나누어 상고하겠습니다.

첫째 단원(1–4) **이스라엘의 부끄러운 어린 시절**
둘째 단원(5–10) **북 왕국 오홀라의 행음**
셋째 단원(11–21) **남 왕국 오홀리바의 행음**

첫째 단원(1–4) 이스라엘의 부끄러운 어린 시절

“여호와의 말씀이 또 내게 임하여 이르시되”(1).

① 첫째 단원의 중심점은 “이스라엘의 부끄러운 어린 시절”에

있습니다.

㉠ "인자야 두 여인이 있었으니 한 어미의 딸이라"(2) 합니다. 다 같은 아브라함과 이삭과 야곱의 자손이라는 뜻입니다.

㉡ "그 이름이 형은 오홀라요 아우는 오홀리바라 그들이 내게 속하여 자녀를 낳았나니 그 이름으로 말하면 오홀라는 사마리아요 오홀리바는 예루살렘이니라"(4) 합니다.

② 이는 상징적인 이름인데 굳이 의미를 구하자면,

㉠ 오홀라는 "그녀의 장막"이란 뜻으로 자기중심적으로 만든 장막이라는 의미가 있고

㉡ 오홀리바는 "그녀 안에 나의 장막이 있다"는 뜻으로 예루살렘 안에 하나님의 성전이 있다는 뜻으로 여겨집니다.

③ "그들이 애굽에서 행음하되 어렸을 때에 행음하여 그들의 유방이 눌리며 그 처녀의 가슴이 어루만져졌나니"(3) 합니다. 이는 이스라엘이 출애굽 하기 이전 상태를 말해줍니다. "그들이 애굽에서" 어떤 상태에 있었는가? 하나님은 두 가지 목적에서 야곱의 가족을 애굽으로 내려보내셨습니다.

㉠ 첫째는 "그 때에 그들의 사람 수가 적어 그 땅에서 나그네가 되었고 이 족속에게서 저 족속에게로, 이 나라에서 다른 민족에게로 떠돌아 다녔도다"(시 105:12- 13), 즉 적은 무리로 가나안에 머문다는 것은 음란한 가나안에 동화될 염려가 있었기 때문입니다. 그리하여 애굽으로 내려보내신 후에도 구별된 고센 땅에 거하게 하셨습니다.

㉡ 둘째는 영적 출애굽을 계시하기 위해서입니다. 그런데 본문이 "그들이 애굽에서 행음하되 어렸을 때에 행음하여"한 것을 보면 애굽에서도 우상을 숭배했다는 점을 말해줍니다. 이것이 "이스라엘의 부끄러운 어린 시절"입니다.

둘째 단원(5–10) **북 왕국 오홀라의 행음**

"오홀라가 내게 속하였을 때에 행음하여 그가 연애하는 자 곧 그의 이웃 앗수르 사람을 사모하였나니"(5).

① 둘째 단원의 중심점은 "북왕국 오홀라의 행음"에 있습니다. 북 왕국은

㉠ "우리가 다윗과 무슨 관계가 있느냐 이새의 아들에게서 받을 유산이 없도다"(왕상 12:16) 하면서 다윗 언약을 배반하고 떨어져 나간 자들입니다.

㉡ 그들은 시작할 때부터 "두 금송아지를 만들고 무리에게 말하기를 너희가 다시는 예루살렘에 올라갈 것이 없도다 이스라엘아 이는 너희를 애굽 땅에서 인도하여 올린 너희의 신들이라"(왕상 12:28)한 우상으로 출발한 나라입니다.

② "오홀라가

㉠ 내게 속하였을 때에(하나님의 선민이었을 때에)

㉡ 행음하여 그가 연애하는 자 곧 그의 이웃 앗수르 사람을 사모하였나니"(5) 합니다.

㉢ "그들은 다 자색 옷을 입은 고관과 감독이요 준수한 청년이요 말 타는 자들이라"(6) 합니다. 앗수르가 멋쟁이, 즉 잘 먹고 잘사는 자들로 보였다는 뜻입니다. 그리하여 남편 되시는 하나님을 버리고 그들을 사모했다는 말씀입니다.

③ "선지자들은 구약교회가 이방과 맹약하고 의뢰하는 것을 극구 반대하며 책망했습니다. 왜냐하면 여기에는 두 가지 이유가 있는데,

㉠ 첫째는 그리스도가 나실 선민으로서의 순수성을 지키게 하기 위해서입니다. 에스라가 포로에서 귀환하여보니 "거룩한 자손이 그 지방

사람들과 서로 섞이게 하는데 방백들과 고관들이 이 죄에 더욱 으뜸이 되었다 하는지라 내가 이 일을 듣고 속옷과 겉옷을 찢고 머리털과 수염을 뜯으며 기가 막혀 앉으니"(스 9:2-3) 한 것이 이런 맥락에서였습니다.

㉡ 둘째는 이방 우상을 받아드려 메시아언약을 망각하게 될 위험이 있었기 때문입니다. 한마디로 정절을 지키게 하기 위해서입니다.

그리스도가 탄생할 구별된 백성

① 그러므로 본문에서도 "그가 앗수르 사람들 가운데에 잘생긴 그 모든 자들과 행음하고 누구를 연애하든지 그들의 모든 우상으로 자신을 더럽혔다"(7)고 말씀하는 것입니다. 북 왕국은 앗수르의 군사력만을 의뢰한 것이 아니라 그들의 우상까지 숭배하였던 것입니다. "그러므로 내가 그를 그의 정든 자 곧 그가 연애하는 앗수르 사람의 손에 넘겼더니 그들이 그의 하체를 드러내고 그의 자녀를 빼앗으며 칼로 그를 죽여"(9-10), 즉 멸망 당하고 말았다는 것입니다.

② 이처럼 세속화된 것은 여기가 처음도 아니요 마지막도 아닙니다. 사사시대가 어찌하여 혼란의 시대가 되었는가? "그들의 딸들을 맞아 아내를 삼으며 자기 딸들을 그들의 아들들에게 주고 또 그들의 신들을 섬겼기"(삿 3:6) 때문입니다. 이 점에서 착각하지 말아야 할 점은 그들이 우상을 섬겼다는 말이 하나님께 예배하는 것을 폐했다는 것이 아니라는 점입니다. "이와 같이 그들이 여호와도 경외하고 또한 어디서부터 옮겨 왔든지 그 민족의 풍습대로 자기의 신들도 섬겼더라"(왕하 17:33) 한 혼합종교가 되었

다는 말입니다. 이것이 "북 왕국 오홀라의 행음"입니다.

③ 구약교회가 여러 나라에 둘러 있었던 것과 같이 신약교회도 "세상 가운데" 살아가면서 세속화의 우려가 항상 있었던 것입니다. 그리하여 서신서들도 엄히 경계하기를 "간음하는 여자들아 세상과 벗된 것이 하나님과 원수 됨을 알지 못하느냐 그런즉 누구든지 세상과 벗이 되고자 하는 자는 스스로 하나님과 원수 되는 것이니라 너희는 하나님이 우리 속에 거하게 하신 성령이 시기하기까지 사모한다 하신 말씀을 헛된 줄로 생각하느냐(약 4:4-5), 그러므로 땅에 있는 지체를 죽이라 곧 음란과 부정과 사욕과 악한 정욕과 탐심이니 탐심은 우상숭배니라"(골 3:5)고 경계합니다. 그렇다면 세속화와 우상숭배 문제가 현대교회와도 무관치가 않은 것이 됩니다. 이것이 "북 왕국 오홀라의 행음"입니다.

셋째 단원(11-21) **남 왕국 오홀리바의 행음**

"그 아우 오홀리바가 이것을 보고도 그의 형보다 음욕을 더하며 그의 형의 간음함보다 그 간음이 더 심하므로 그의 형보다 더 부패하여졌느니라"(11).

① 셋째 단원의 중심점은, "남 왕국 오홀리바의 행음"에 있습니다. 지금 하나님의 경고는 북 왕국을 거울로 삼아 남 왕국의 죄를 심판하는 데 있습니다. 그리고 성령께서는 이를 거울로 삼아 우리에게 경종을 울리고 있는 것입니다.

㉠ "그 아우 오홀리바가 이것을 보고도 그 형보다 음욕을 더했다"는 것

이 어떤 뜻인가? 하나님은 북 왕국을 심판하신 후에도 남 왕국에게 약 130년 동안의 유예기간을 주면서 회개하기를 기다리셨습니다.

㉡ 그러나 "그의 형의 간음함보다 그 간음이 더 심하므로 그의 형보다 더 부패하여졌느니라"(11)는 것입니다.

② 역사서는 "여호와께서 (북)이스라엘을 심히 노하사 그들을 그의 앞에서 제거하시니 오직 유다 지파 외에는 남은 자가 없으니라 (그런데) 유다도 그들의 하나님 여호와의 명령을 지키지 아니하고 이스라엘 사람들이 만든 관습을 행하였다"(왕하 17:18,19)고 전합니다. 이점을 예레미야서에서는 "내게 배역한 (북)이스라엘이 간음을 행하였으므로 내가 그를 내쫓고 그에게 이혼서까지 주었으되 그의 반역한 자매 유다가 두려워하지 아니하고 자기도 가서 행음함을 내가 보았노라, 이 모든 일이 있어도 그의 반역한 자매 유다가 진심으로 내게 돌아오지 아니하고 거짓으로 할 뿐이니라, 배역한 이스라엘은 반역한 유다보다 자신이 더 의로움이 나타났나니"(렘 3:8, 10-11)라고 말씀합니다.

③ 그러면 자매 오홀리바(유다)가 오홀라보다 어떻게 더 부패하여졌는가?

㉠ "그가 그의 이웃 앗수르 사람을 연애하였나니 그들은 화려한 의복을 입은 고관과 감독이요 말 타는 자들과 준수한 청년이었느니라 그 두 여인이 한 길로 행하므로 그도 더러워졌음을 내가 보았노라"(12-13), 즉 자매가 한 남자인 앗수르를 연애했다는 것입니다.

㉡ "그가 음행을 더하였음은 붉은색으로 벽에 그린 사람의 형상 곧 갈대아 사람의 형상을 보았음이니"(14) 합니다. "갈대아"는 바벨론을 가리키는데 친 앗수르 정책에서 친 바벨론 정책으로 전환을 했던 것입니다. 이사야 39장에는 히스기야 왕이 병들었다가 나은 것을 축하하기 위해서 보낸 바벨론 사신들에게 "무기고와 보물고"를 다 보여

주었다가 선지자로부터 이 "모두가 바벨론으로 옮긴바"(사 39:6) 되리라는 책망을 받게 됩니다.

㉢ "그가 이같이 그의 음행을 나타내며 그가 하체를 드러내므로 내 마음이 그의 형을 싫어한 것 같이 그를 싫어하였으나 그가 그의 음행을 더하여 젊었을 때 곧 애굽 땅에서 행음하던 때를 생각하고"(18-19), 앗수르 · 바벨론만 연애한 것이 아니라 또다시 친 애굽 정책으로 돌아섰다는 것입니다. 유다의 마지막 왕 시드기야는 바벨론과의 맹약을 배신하고 애굽에게 원군을 청했다가 결국 바벨론에 의하여 멸망 당하고 만 것입니다.

④ 다시 상기시킵니다만 "앗수르 · 바벨론 · 애굽"의 군사력만을 의뢰한 것이 아니라 동시에 그들이 섬기는 우상도 받아드렸다는 점입니다. 그리하여 "유다여 너의 신들이 너의 성읍 수와 같도다"(렘 2:28) 하시는 것입니다. 하나님은 "그 아우 오홀리바가 이것을 보고도"(11) 정신을 차리지 않았다고 말씀하는데, 현대교회는 "이것을 보고"는 정신을 차리고 있단 말인가? 이것이 "남 왕국 오홀리바의 행음"입니다. 다음 문단에서 이에 대한 선고를 보게 될 것입니다.

⑤ 묵상해보겠습니다.

㉠ 자신의 부끄러운 어린 시절에 대해서

㉡ 오홀라와 오홀리바의 행음에 대해서

㉢ 이 거울에 비친 현대교회의 실상은 어떠한가에 대해서.

에스겔 23:22-49절 개관도표

주제 : 잔을 기울여 마시고 조각을 씹을 유다

<table>
<tr>
<td>진노의 잔을 기울여 마시리라</td>
<td>
22-35
22 그러므로 오홀리바야 주 여호와께서 이같이 말씀하셨느니라 나는 네가 사랑하다가 싫어하던 자들을 충동하여
① 그들이 사방에서 와서 너를 치게 하리니
23 그들은 바벨론 사람과 갈대아 모든 무리 브곳과 소아와 고아 사람과 또 그와 함께 한 모든 앗수르 사람 곧 준수한 청년이며 다 고관과 감독이며 귀인과 유명한 자요 다 말 타는 자들이라
24 그들이 무기와 병거와 수레와 크고 작은 방패를 이끌고 투구 쓴 군대를 거느리고 치러 와서 너를 에워싸리라 내가 재판을 그들에게 맡긴즉 그들이 그들의 법대로 너를 재판하리라
25 ② 내가 너를 향하여 질투하리니 그들이 분내어 네 코와 귀를 깎아 버리고 남은 자를 칼로 엎드러뜨리며
네 자녀를 빼앗고 그 남은 자를 불에 사르며
26 또 네 옷을 벗기며 네 장식품을 빼앗을지라
27 이와 같이 내가 네 음란과 애굽 땅에서부터 행음하던 것을 그치게 하여
③ 너로 그들을 향하여 눈을 들지도 못하게 하며 다시는 애굽을 기억하지도 못하게 하리라
28 주 여호와께서 이같이 말씀하셨느니라 나는 네가 미워하는 자와 네 마음에 싫어하는 자의 손에 너를 붙이리니
29 그들이 미워하는 마음으로 네게 행하여 네 모든 수고한 것을 빼앗고 너를 벌거벗은 몸으로 두어서 네 음행의 벗은 몸 곧 네 음란하며 행음하던 것을 드러낼 것이라
30 ④ 내가 이같이 당할 것은 네가 음란하게 이방을 따르고 그 우상들로 더럽혔기 때문이로다
31 네가 네 형의 길로 행하였은즉 — 내가 그의 잔을 네 손에 주리라
32 주 여호와께서 이같이 말씀하셨느니라 깊고 크고 가득히 담긴 — 네 형의 잔을 네가 마시고 코웃음과 조롱을 당하리라
33 네가 네 형 사마리아의 잔 곧 — 놀람과 패망의 잔에 넘치게 취하고 근심할지라
34 네가 그 잔을 다 기울여 마시고 그 깨어진 조각을 씹으며
네 유방을 꼬집을 것은 내가 이렇게 말하였음이라 주 여호와의 말씀이니라
35 그러므로 주 여호와께서 이같이 말씀하셨느니라 ⑤ 네가 나를 잊었고 또 나를 네 등 뒤에 버렸은즉
너는 네 음란과 네 음행의 죄를 담당할지니라 하시니라
</td>
</tr>
<tr>
<td>경성하여 본받지 아니하리라</td>
<td>
36-49
36 여호와께서 또 내게 이르시되 인자야 네가 오홀라와 오홀리바를 심판하려느냐 그러면 그 가증한 일을 그들에게 말하라
37 그들이 행음하였으며 피를 손에 묻혔으며 또 그 우상과 행음하며 내게 낳아 준 자식들을 우상을 위하여 화제로 살랐으며
38 이 외에도 그들이 내게 행한 것이 있나니 ⑥ 당일에 내 성소를 더럽히며 내 안식일을 범하였도다
39 그들이 자녀를 죽여 그 우상에게 드린 그 날에 내 성소에 들어와서 더럽혔되
그들이 내 성전 가운데에서 그렇게 행하였으며
40 또 사절을 먼 곳에 보내 사람을 불러오게 하고 그들이 오매 그들을 위하여 목욕하며 눈썹을 그리며 스스로 단장하고
41 화려한 자리에 앉아 앞에 상을 차리고 내 향과 기름을 그 위에 놓고
42 그 무리와 편히 지껄이고 즐겼으며 또 광야에서 잡류와 술 취한 사람을 청하여 오매 그들이 팔찌를 그 손목에 끼우고 아름다운 관을 그 머리에 씌웠도다
43 내가 음행으로 쇠한 여인을 가리켜 말하노라 그가 그래도 그들과 피차 행음하는도다
44 그들이 그에게 나오기를 기생에게 나옴 같이 음란한 여인 오홀라와 오홀리바에게 나왔은즉
45 의인이 간통한 여자들을 재판함 같이 재판하며 피를 흘린 여인을 재판함 같이 재판하리니 그들은 간통한 여자들이요 또 피가 그 손에 묻었음이라
46 주 여호와께서 이같이 말씀하셨느니라 그가 그들에게 무리를 올려 보내 그들이 공포와 약탈을 당하게 하리니
47 무리가 그들을 돌로 치며 칼로 죽이고 그 자녀도 죽이며 그 집들을 불사르리라
48 이같이 내가 이 땅에서 음란을 그치게 한즉 ⑦ 모든 여인이 정신이 깨어 너희 음행을 본받지 아니하리라
49 그들이 너희 음란으로 너희에게 보응한즉 너희가 모든 우상을 위하던 죄를 담당할지라
내가 주 여호와인 줄을 너희가 알리라 하시니라
</td>
</tr>
</table>

23:22-49 절

잔을 기울여 마시고 조각을 씹을 유다

[34]네가 그 잔을 다 기울여 마시고 그 깨어진 조각을 씹으며 네 유방을 꼬집을 것은 내가 이렇게 말하였음이라 주 여호와의 말씀이니라

23장 둘째 문단(22-49)의 중심점은 "잔을 기울여 마시고 조각을 씹을 유다"에 있습니다. 앞의 문단(1-21)에서 그들의 죄상을 고발했습니다. 죄에는 책임이 따릅니다. 이것이 죄책(罪責)입니다. 도표를 보시면 "잔을 기울여 마시고 조각을 씹을 유다"를 중심으로,

① "그들로 사방에서 와서 너를 치게 하리니"

② "내가 너를 향하여 투기를 발함"이라 하십니다. 사랑하기

때문에 질투하므로 너를 징벌한다는 뜻입니다.

③ 그리하여 "너로 그들을 향하여 눈을 들지도 못하게 하겠다"

④ 그리고 "네가 이같이 당할 것은 음란히 이방을 좇고 그 우상들로 더럽혔기" 때문이요

⑤ "네가 나를 잊었고 등 뒤로 던졌기" 때문이요

⑥ 자식을 우상에게 화제로 드린 "당일에 내 성소를 더럽혔기" 때문이라 하십니다.

⑦ 너의 심판당하는 것을 보고 "모든 여인이 정신이 깨어 너희 음행을 본받지 않게 되리라" 합니다. 23장은 "내가 주 여호와인 줄을 너희가 알리라"고 마치고 있습니다. 이를 두 단원으로 나누어 상고하겠습니다.

첫째 단원(22-35) **진노의 잔을 기울여 마시리라**
둘째 단원(36-49) **정신이 깨어 본받지 아니하리라**

첫째 단원(22-35) **진노의 잔을 기울여 마시리라**

"주 여호와께서 이같이 말씀하셨느니라 깊고 크고 가득히 담긴 네 형의 잔을 네가 마시고 코웃음과 조롱을 당하리라"(32).

① 첫째 단원의 중심점은 "진노의 잔을 기울여 마시리라"에 있습니다. "그러므로 오홀리바야 주 여호와께서 이같이 말씀하셨느니라 나는 네가 사랑하다가 싫어하던 자들을 충동하여 그들이 사방에서 와서 너를 치게 하리니"(22) 하십니다. "그들은 바벨론 사

람과 갈대아 모든 무리 브곳과 소아와 고아 사람과 또 그와 함께 한 모든 앗수르 사람 곧 준수한 청년이며 다 고관과 감독이며 귀인과 유명한 자요 다 말 타는 자들이라"(23), 즉 바벨론과 그의 관할 하에 있는 연합군을 들어서 징벌하시겠다는 말씀입니다.

② 이렇게 징벌을 하시는 것은 "내가 너를 향하여 질투하리니"(25), 즉 사랑하기 때문이라 하십니다. 우리가 믿는 "하나님은 질투하는 하나님인즉(출 20:5), 시온을 위하여 크게 질투하며 그를 위하여 크게 분노함으로 질투하노라"(슥 8:2) 하시는 하나님이십니다. 하나님께서 "질투하신다"는 것은 그만큼 사랑하신다는 증표입니다.

③ "이와 같이 내가 네 음란과 애굽 땅에서부터 행음하던 것을 그치게 하여 너로 그들을 향하여 눈을 들지도 못하게 하며 다시는 애굽을 기억하지도 못하게 하리라"(27), 즉 하나님만 바라보게 하고 하나님만 생각하게 하기 위해서라는 것입니다. 사랑 노래인 아가서는 "너는 나를 도장같이 마음에 품고 도장같이 팔에 두라 사랑은 죽음같이 강하고 투기는 스올같이 잔인하며 불길 같이 일어나니 그 기세가 여호와의 불과 같으니라"(아 8:6)고 "사랑과 투기"(질투)를 함께 언급합니다.

④ 30절은 요약이라 할 수 있는데 "네가 이같이 당할 것은 네가 음란하게 이방을 따르고 그 우상들로 더럽혔기 때문이로다"(30) 합니다. 그렇다면 음란한 부정을 제거하고 정결하게 하기 위해서는 불같은 징벌은 불가피하다는 말씀입니다.

내가 너를 향하여 질투를 발하리니

① 31-34절을 주목하시기 바랍니다. 네 절 속에는 "잔"(盞)이라는 말이 다섯 번, "마시리라"는 말이 두 번 등장합니다.

㉠ "내가 그의 잔을 네 손에 주리라"(31)

㉡ "깊고 크고 가득히 담긴 네 형의 잔을 네가 마시고 코웃음과 조롱을 당하리라"(32)

㉢ "네가 네 형 사마리아의 잔 곧 놀람과 패망의 잔에 넘치게 취하고 근심할지라"(33)

㉣ "네가 그 잔을 다 기울여 마시고 그 깨어진 조각을 씹으며 네 유방을 꼬집을 것은 내가 이렇게 말하였음이라 주 여호와의 말씀이니라"(34) 하십니다.

하나님의 질투가 얼마나 불같은가를 보십시오. 진노의 잔만을 마시는데 그치는 것이 아니라 그 잔의 깨어진 조각을 씹으며 가슴을 치리라는 것은 그들이 당할 심판이 얼마나 참혹할 것인가를 말해줍니다.

② 이제 묻고 싶은 말이 있습니다. 이 대목을 상고하면서 형제의 뇌리에는 무엇을 상기(想起)하게 되었습니까? 그가 그리스도인이라면 마땅히 "검을 집에 꽂으라 아버지께서 주신 잔을 내가 마시지 아니하겠느냐"(요 18:11) 하신 주님의 겟세마네 동산의 말씀을 상기하게 될 것입니다. 혹자는 비약이라고 말할 것입니다.

③ 그렇다면 다시 묻습니다. 우리가 상고하고 있는 이 대목, 즉 음란한 죄로 진노의 잔을 마시고 그 깨어진 조각까지 씹어야 할 자가 저 유대인들뿐입니까? 이를 알고만 있으라고 기록하게 하신 것입니까? 우리와는 상관없는 말씀입니까? 만일 주님께서 진노의 잔을 우리 대신 받으시지 않으셨다면 "네 음행의 죄를 담당할"자는, 우리도 예외가 아닙니다. 22:30절에서 "막아 서서 나로 하여

금 멸하지 못하게 할 사람을 내가 그 가운데에서 찾다가 찾지 못하였으므로" 자기 아들에게 담당시키시는 것을 보았습니다.

④ 그러므로 구약의 본문을 밝히 드러난 신약의 조명을 통해서 바라보는 "새 언약의 일꾼"(고후 3:6-7)들에게는 비약이 아니라 이를 보지 못하는 사람들이 도리어 "수건이 마음을 덮고 있는 자들"(고후 3:14-15)인 것입니다. 설교란 자구(字句) 풀이를 하는 것이 아닙니다. "누가 주의 마음을 알아서 주를 가르치겠느냐 그러나 우리가 그리스도의 마음을 가졌느니라"(고전 2:16) 한 "하나님의 마음"을 전하는 것입니다. 그러면 본문을 말씀하는 하나님의 마음이 무엇인가? 본문은 "죄를 담당할지니라"하고 두 번(35,49)이나 말씀합니다. 이것이 율법 아래, 죄 아래, 심판 아래 있는 자들입니다. 그러나 하나님께서 "새 언약, 화평의 언약"을 세우셔서 이루시려는 바는 "우리 무리의 죄악을 그에게 담당시키셔서"(사 53:6), 즉 "그 잔을 다 기울여 마시고 그 깨어진 조각을 씹어야 할" 우리 대신 자기 아들에게 진노의 잔을 마시게 하시려는 계획임을 잊지 마시기 바랍니다.

죄를 담당할지니라

① 다시 강조해야 하겠습니다. 지금 우리는 예루살렘과 유대인의 이야기를 하고 있는 것이 아닙니다. "전에는 우리도 다 그 가운데서 우리 육체의 욕심의 따라 지내며 육체와 마음의 원하는 것을 하여 다른 이들과 같이 본질상 <진노의 자녀>이었더니"(엡 2:3) 합니다. 즉 본문의 표현대로 하면 "네가 그 잔을 다 기울여

마시고 그 깨어진 조각을 씹으며 네 유방을 꼬집을" 자들이었던 것입니다. 그런데 "긍휼이 풍성하신 하나님이 우리를 사랑하신 그 큰 사랑으로 말미암아 허물로 죽은 우리를 그리스도와 함께 살리셨고 (너희는 은혜로 구원을 받은 것이라)"(엡 2:4-5) 합니다.

② 이것이 어떻게 가능하여지는가? 그냥 해주신 것이 아닙니다. 자기 아들로 하여금 우리 죄를 대신 담당하게 하시고 진노의 잔을 대신 받게 하심으로 행해주신 것입니다. 선지서들은 "심판, 멸망"으로 끝나는 책이 아닙니다. 한결같이 회복과 소망을 말씀합니다. 즉 그리스도를 통한 회복을 증언하기 위해서 기록된 것입니다. 주님은 말씀하십니다. "미련하고 선지자들의 말한 모든 것을 마음에 더디 믿는 자들이여 그리스도가 이런 고난을 받고 자기의 영광에 들어가야 할 것이 아니냐 하시고 이에 모세와 모든 선지자의 글로 시작하여 모든 성경에 쓴바 자기에 관한 것을 자세히 설명하시니라"(눅 24:25-27).

③ 우리는 지금 에스겔서의 앞부분인 인간이 행한 죄로 말미암은 심판을 받게 되는 대목을 상고하고 있습니다. 그러나 뒷부분에서는 하나님이 행해주실 은혜로 말미암은 회복의 말씀입니다. 앞부분이 "문제(問題)"라면 그에 대한 해답(解答)은 뒤에 있습니다. 곧 "내가 한 목자를 그들의 위에 세워 먹이게 하리니 그는 내 종 다윗이라"(34)고 그리스도를 증언합니다. "또 새 영을 너희 속에 두고 새 마음을 너희에게 주겠다"(36:26)고 해결책을 말씀하십니다. "내가 그들과 화평의 언약을 세워서 영원한 언약이 되게 하고, 나는 그들의 하나님이 되고 그들은 내 백성이 되리라"(37:26-27) 하십니다. 이러한 하나님의 마음을 가지고 "죄를

담당할지라", "네가 그 잔을 다 기울여 마시고 그 깨어진 조각을 씹으며" 하신 말씀을 음미해 보십시오. 그들에게 촉구하는 바가 무엇인가? "우상을 버리고 돌아오라, 아브라함과 다윗에게 세워 준 메시아언약으로 돌아오라"는 하나님 아버지의 마음을 깨닫게 될 것입니다.

④ "그러므로 주 여호와께서 이같이 말씀하셨느니라 네가 나를 잊었고 또 나를 네 등 뒤에 버렸은즉"(35상) 하십니다. 그들이 "잊었고, 등 뒤"로 던진 것, 그리하여 "잔을 다 기울여 마시고 그 깨어진 조각을 씹게 된" 것이 무엇인가? "그런데 여수룬이 기름지매 발로 찼도다 네가 살찌고 비대하고 윤택하매 자기를 지으신 하나님을 버리고 자기를 구원하신 반석을 업신여겼도다"(신 32:15) 한 "구원의 반석" 곧 메시아언약입니다. 라오디게아 교회가 "대문 밖으로"(계 3:20) 추방한 것이 무엇인가? 그리스도입니다. 복음입니다. 신구약을 막론하고 메시아언약을 버리고 복음을 등 뒤로 던져버린다면 자신의 죄 값과 진노를 자신이 담당할 수밖에 없다는 것이 불변의 진리입니다. 이것이 "진노의 잔을 기울여 마시리라"는 의미입니다.

둘째 단원(36-49) **정신이 깨어 본받지 아니하리라**

"이같이 내가 이 땅에서 음란을 그치게 한즉 모든 여인이 정신이 깨어 너희 음행을 본받지 아니하리라"(48).

① 둘째 단원의 중심점은 "모든 여인이 경성하여 너희 음행을

본받지 아니하리라"는데 있습니다. 이는 구약교회를 심판하시는 목적이 유대인들만을 위한 것이 아니라 "모든 여인", 즉 이방인들과 특히 신약교회의 거울이 되게 하기 위함이라는 뜻이 함의되어 있습니다.

② 이런 맥락에서

㉠ "여호와께서 또 내게 이르시되 인자야 네가 오홀라와 오홀리바를 심판하려느냐"(36상)

㉡ "그러면 그 가증한 일을 그들에게 말하라"(36하) 하시는 말씀은 우리의 죄를 고발하라는 말씀으로 다가옵니다. 37-45절의 내용을 관찰해보면 두 가지로 요약이 되는데, 37-39절은 우상을 숭배한 일이고, 40-45절은 하나님을 의뢰하지 않고 이방의 군사력을 의뢰한 것입니다. 먼저 그들의 예배의 타락입니다.

㉢ "그들이 행음하였으며 피를 손에 묻혔으며 또 그 우상과 행음하며 내게 낳아 준 자식들을 우상을 위하여 화제로 살랐으며"(37)

㉣ 그리고 "이 외에도 그들이 내게 행한 것이 있나니 당일에 내 성소를 더럽히며 내 안식일을 범하였도다(38), 그들이 자녀를 죽여 그 우상에게 드린 그 날에 내 성소에 들어와서 더럽혔으되 그들이 내 성전 가운데에서 그렇게 행하였다"(39)고 말씀합니다. "당일"이라는 말이 두 번 강조되어 있는데, 그러니까 자녀를 죽여 우상에게 드린 당일에 하나님의 성소에 나아와 예배를 드렸다는 것입니다. 이것이 성소를 더럽히고 안식일을 범하는 혼합종교입니다.

③ 다음은 하나님보다 이방의 군사력을 의뢰한 일입니다. "또 사절을 먼 곳에 보내 사람을 불러오게 하고 그들이 오매 그들을 위하여 목욕하며 눈썹을 그리며 스스로 단장하고 화려한 자리에 앉아 앞에 상을 차리고 내 향과 기름을 그 위에 놓고 그 무리와 편히 지껄이고 즐겼으며 또 광야에서 잡류와 술 취한 사람을 청

하여 오매 그들이 팔찌를 그 손목에 끼우고 아름다운 관을 그 머리에 씌웠도다"(40-42)고 사실적으로 진술하고 있는데, 음부가 교태를 부리는 모습으로 묘사되어 있습니다.

④ "주 여호와께서 이같이 말씀하셨느니라 그가 그들에게 무리를 올려보내 그들이 공포와 약탈을 당하게 하리니 무리가 그들을 돌로 치며 칼로 죽이고 그 자녀도 죽이며 그 집들을 불사르리라"(46-47) 합니다. 이렇게 하시는 의도는 "이같이 내가 이 땅에서 음란을 그치게 한즉 모든 여인이 정신이 깨어 너희 음행을 본받지 아니하도록"(48) 하기 위해서라 하십니다. 징계의 목적이 여기에 있습니다.

⑤ 사도 바울은 "내가 하나님의 열심으로 너희를 위하여 열심내노니 내가 너희를 정결한 처녀로 한 남편인 그리스도께 드리려고 중매함이로다"(고후 11:2) 말씀하는데, 과연 현대교회는 정절을 지키고 있는 신부인가를 생각하게 합니다. 또 바울은 "너희에게 같은 말을 쓰는 것이 내게는 수고로움이 없고 너희에게는 안전하니라"(빌 3:1)고 말씀하는데, 같은 주제를 행위계시로, 비유로, 속담으로 반복적으로 강조하시는 하나님은 참으로 수고를 아끼지 않으시는 분이라는 생각이 듭니다. 이는 이 주제가 그만큼 중대하기 때문이요 우리의 심령이 그만큼 강퍅하기 때문일 것입니다. 현대교회는 이처럼 경계하시는 하나님의 마음을 명심하고 정신을 차리고 있는지 돌아보게 합니다. 장장 49절에 달하는 23장은 "내가 주 여호와인 줄을 너희가 알리라"(49)는 말씀으로 마치고 있습니다. 그렇다면 우리는 "하나님을 알고, 정신이 깨여 오홀라와 오홀리바를 본받지 않게" 되었단 말인가! 이것이 "잔을

기울여 마시고 조각을 씹을 유다"입니다.

⑥ 묵상해보겠습니다.

㉠ 구약교회가 범한 두 가지 죄에 대해서

㉡ 진노의 잔을 기울여 마시리라는 구속사적 의미에 대해서

㉢ 구약교회를 거울로 하여 각성해야 할 점에 대해서.

에스겔 24장 개관도표

주제 : D-day 9년 10월 10일

녹을 소멸하는 가마비유	1-14 1 아홉째 해 열째 달 열째 날에 여호와의 말씀이 내게 임하여 이르시되 2 인자야 너는 날짜 곧 오늘의 이름을 기록하라 ① **바벨론 왕이 오늘 예루살렘에 가까이 왔느니라** 3 너는 이 반역하는 족속에게 비유를 베풀어 이르기를 주 여호와께서 이같이 말씀하시기를 ② **가마 하나를 걸라** 4-5 건 후에 물을 붓고 양 떼에서 한 마리를 골라 각을 뜨고 그 넓적다리와 어깨 고기의 모든 좋은 덩이를 그 가운데에 모아 넣으며 고른 뼈를 가득히 담고 그 뼈를 위하여 가마 밑에 나무를 쌓아 넣고 잘 삶되 가마 속의 뼈가 무르도록 삶을지어다 6 그러므로 주 여호와께서 이같이 말씀하셨느니라 피를 흘린 성읍, 녹슨 가마 곧 그 속의 녹을 없이하지 아니한 가마여 화 있을진저 제비 뽑을 것도 없이 그 덩이를 하나하나 꺼낼지어다 7 그 피가 그 가운데에 있음이여 피를 땅에 쏟아 티끌이 덮이게 하지 않고 맨 바위 위에 두었도다 8 내가 그 피를 맨 바위 위에 두고 덮이지 아니하게 함은 분노를 나타내어 보응하려 함이로라 9 그러므로 주 여호와께서 이같이 말씀하셨느니라 화 있을진저 피를 흘린 성읍이여 내가 또 나무 무더기를 크게 하리라 10 나무를 많이 쌓고 불을 피워 그 고기를 삶아 녹이고 국물을 졸이고 그 뼈를 태우고 11 가마가 빈 후에는 숯불 위에 놓아 뜨겁게 하며 그 가마의 놋을 달궈서 그 속에 ③ **더러운 것을 녹게 하며 녹이 소멸되게 하라** 12 이 성읍이 수고하므로 스스로 피곤하나 많은 녹이 그 속에서 벗겨지지 아니하며 불에서도 없어지지 아니하는도다 13 너의 더러운 것들 중에 음란이 그 하나이니라 내가 너를 깨끗하게 하나 네가 깨끗하여지지 아니하니 내가 네게 향한 분노를 풀기 전에는 네 더러움이 다시 깨끗하여지지 아니하리라 14 나 여호와가 말하였은즉 그 일이 이루어질지라 내가 돌이키지도 아니하고 아끼지도 아니하며 뉘우치지도 아니하고 행하리니 그들이 네 모든 행위대로 너를 재판하리라 주 여호와의 말씀이니라
기뻐하고 사랑하는 자를 제하심	15-24 15 여호와의 말씀이 또 내게 임하여 이르시되 16 인자야 ④ **내가 네 눈에 기뻐하는 것을 한 번 쳐서 빼앗으리니 너는 슬퍼하거나 울거나 눈물을 흘리거나 하지 말며** 17 죽은 자들을 위하여 슬퍼하지 말고 조용히 탄식하며 수건으로 머리를 동이고 발에 신을 신고 입술을 가리지 말고 사람이 초상집에서 먹는 음식물을 먹지 말라 하신지라 18 내가 아침에 백성에게 말하였더니 저녁에 내 아내가 죽었으므로 아침에 내가 받은 명령대로 행하매 19 백성이 내게 이르되 네가 행하는 이 일이 우리와 무슨 상관이 있는지 너는 우리에게 말하지 아니하겠느냐 하므로 20 내가 그들에게 대답하기를 여호와의 말씀이 내게 임하여 이르시되 21 너는 이스라엘 족속에게 이르기를 주 여호와의 말씀에 ⑤ **내 성소는 너희 세력의 영광이요 너희 눈의 기쁨이요 너희 마음에 아낌이 되거니와 내가 더럽힐 것이며 너희의 버려 둔 자녀를 칼에 엎드러지게 할지라** 22 너희가 에스겔이 행한 바와 같이 행하여 입술을 가리지 아니하며 사람의 음식물을 먹지 아니하며 23 수건으로 머리를 동인 채, 발에 신을 신은 채로 두고 슬퍼하지도 아니하며 울지도 아니하되 죄악 중에 패망하여 피차 바라보고 탄식하리라 24 이같이 에스겔이 너희에게 표징이 되리니 그가 행한 대로 너희가 다 행할지라 이 일이 이루어지면 내가 주 여호와인 줄을 너희가 알리라 하라 하셨느니라
마지막 표징	25-27 25 인자야 **내가 그 힘과 그 즐거워하는 영광과 그 눈이 기뻐하는 것과 그 마음이 간절하게 생각하는 자녀를 데려가는 날** 26 곧 그 날에 ⑥ **도피한 자가 네게 나와서** 네 귀에 그 일을 들려주지 아니하겠느냐 27 그 날에 **네 입이 열려서** 도피한 자에게 말하고 다시는 잠잠하지 아니하리라 이같이 **너는 그들에게 표징이 되고 그들은 내가 여호와인 줄 알리라**

24장

D-day 9년 10월 10일

[25]인자야 내가 그 힘과 그 즐거워하는 영광과 그 눈이 기뻐하는 것과 그 마음이 간절하게 생각하는 자녀를 데려가는 날

24장의 중심점은 "힘과 영광과 기뻐하는 자녀를 데려가는 날"에 있습니다. " 그날"이 두 번(26,27) 등장하는데 기어코 터가 높고 아름다운 예루살렘이 바벨론에 의해 멸망하기에 이른 날인 것입니다. 에스겔서는 크게 세 부분으로 되어있는데, 예루살렘에 대한 심판예언(1-24장), 열방에 대한 심판예언(25-32장) 그리고 회복의 예언(33-48장)으로 되어있습니다. 24장은 예루살렘에 대한 심판(審判)예언의 마지막 장(章)입니다. 에스겔을 선지자로 소명(召命)하시고(1장), "애가와 애곡과 재앙"(2:10)의 말을 대언하라는 사명(使命)을 주셔서 "행위계시와 말씀"을 통해서 이제까지 심

판의 불가피성을 대언하게 하셨는데, 드디어 그들이 우상화하여 믿고 의지하던 "기뻐하고 간절히 생각하는 자녀를 데려가는 날", 즉 성과 성전이 불에 타는 날이 이른 것입니다. 그리하여 "인자야 너는 날짜 곧 오늘의 이름을 기록하라"(2) 하신 것입니다. 이 날은 제9년 10월 10일이었는데(1), 이날은 바벨론 왕 느부갓네살에 의하여 예루살렘이 포위된(왕하 25:1) 비극적인 날이었던 것입니다. 이런 배경에서 24장은 마지막 경고라 할 수 있습니다. 도표를 보시면 "그 마음이 간절하게 생각하는 자녀를 데려가는 날"을 중심으로,

① "바벨론 왕이 예루살렘에 가까이 왔다" 하시면서

② "한 가마를 걸라" 합니다. 즉 예루살렘은 가마가 되고 백성들은 그 안에서 삶아질 고기가 된다는 것입니다.

③ 그리하여 "더러운 녹을 녹게 하겠다" 하십니다.

④ 그리고 에스겔 선지자에게 "네 눈에 기뻐하는 것을 빼앗겠다"(16), 즉 아내를 취하여 가시겠다고 말씀합니다.

⑤ 이는 하나님이 "기뻐하시는 자"를 심판하실 것에 대한 예표였던 것입니다.

⑥ "도피한 자가 네게 와서" 예루살렘이 함락되었다는 말을 전하게 될 때에야 "네 입이 열리고, 표징이 되고, 여호와인 줄을 알리라" 하십니다. 이를 세 단원으로 나누어 상고하겠습니다.

첫째 단원(1–14) **녹을 소멸하는 가마 비유**

둘째 단원(15–24) **기뻐하고 사랑하는 자를 제하리라**

셋째 단원(25–27) **다시는 잠잠하지 아니하리라**

첫째 단원(1-14) 녹을 소멸하는 가마 비유

"그러므로 주 여호와께서 이같이 말씀하셨느니라 피를 흘린 성읍, 녹슨 가마 곧 그 속의 녹을 없이하지 아니한 가마여 화 있을진저 제비 뽑을 것도 없이 그 덩이를 하나하나 꺼낼지어다"(6).

① 첫째 단원의 중심점은 "녹을 소멸하는 가마 비유"에 있습니다.

㉠ "제 구년 시월 십일에 여호와의 말씀이 내게 임하여 이르시되"(1), 이날은 "바벨론 왕 느부갓네살이 그의 모든 군대를 거느리고 예루살렘을 치러 올라와서 그 성에 대하여 진을 치고 주위에 토성을 쌓은"(왕하 25:1) 날입니다. 그래서

㉡ "인자야 너는 날짜 곧 오늘의 이름을 기록하라 바벨론 왕이 오늘 예루살렘에 가까이 왔느니라"(2) 하시는 것입니다.

② "너는 이 반역하는 족속에게 비유를 베풀어 이르기를 주 여호와께서 이같이 말씀하시기를 가마 하나를 걸라"(3),

㉠ 그리고 가마에 고기를 가득히 담고, 뼈가 무르도록 삶으라(4-5)

㉡ "피를 흘린 성읍, 녹슨 가마 곧 그 속의 녹을 없이하지 아니한 가마여 화 있을진저"(6상) 하시는데 이는 부패한 예루살렘을 가리킵니다.

㉢ "제비 뽑을 것도 없이 그 덩이를 하나하나 꺼낼지어다"(6하), 이는 온전한 것이 없기 때문에 무차별적으로 징벌하실 것을 가리킵니다.

㉣ "내가 그 피를 맨 바위 위에 두고 덮이지 아니하게 함은 분노를 나타내어 보응하려 함이로라"(8), "피"는 흘린 후에 덮게 되어있는데, 덮이지 않게 한다는 것은 그들의 죄악상을 백일하에 드러나게 한다는 뜻입니다.

③ "가마가 빈 후에는 숯불 위에 놓아 뜨겁게 하며 그 가마의 놋을 달궈서 그 속에 더러운 것을 녹게 하며 녹이 소멸되게 하

라"(11) 하십니다. 이렇게 하지 않고는 가마에 붙어있는 녹이 정하여지지 않기 때문이라는 것입니다. "나 여호와가 말하였은즉 그 일이 이루어질지라 내가 돌이키지도 아니하고 아끼지도 아니하며 뉘우치지도 아니하고 행하리니 그들이 네 모든 행위대로 너를 재판하리라 주 여호와의 말씀이니라"(14) 하십니다.

④ 이 비유를 통해서 말씀하시려는 바는

㉠ 남쪽 유다가 북 왕국 이스라엘의 심판으로도 깨닫지를 못하고

㉡ 1차로 사로잡혀가도 깨닫지 못하고

㉢ 2차로 사로잡혀가도 깨닫지를 못하니

㉣ 그러므로 고질적인 녹을 녹이기 위해서는 예루살렘을 멸하고 성전이 불에 타는 극단적인 심판이 불가피했다는 점입니다. 우리에게도 이처럼 엉겨 붙어있는 녹이 있는 것은 아닌가? 이것이 "녹을 소멸하는 가마 비유"입니다.

둘째 단원(15–24) 기뻐하고 사랑하는 자를 제하심

"인자야 내가 네 눈에 기뻐하는 것을 한 번 쳐서 빼앗으리니 너는 슬퍼하거나 울거나 눈물을 흘리거나 하지 말며"(16).

① 둘째 단원의 중심점은 "기뻐하고 사랑하는 자를 제하심"에 있습니다. "여호와의 말씀이 또 내게 임하여 이르시되 인자야 내가 네 눈에 기뻐하는 것을 한 번 쳐서 빼앗으리니"(15-16상) 하십니다. 이는 에스겔이 사랑하는 아내를 취하여 가시겠다는 말씀입니다.

이 점에서 통찰력이 필요합니다. 왜냐하면 3중적인 복합계시가

함의되어 있기 때문입니다. "율법 조문으로 하지 아니하고 오직 영으로 함이니"(고후 3:6) 한 새 언약의 일꾼들은 이를 깨달을 수 있어야 합니다. 이점을 사도 바울은 "누가 주의 마음을 알아서 주를 가르치겠느냐 그러나 우리가 그리스도의 마음을 가졌느니라"(고전 2:16)고 진술합니다.

㉠ 첫째로 "눈에 기뻐하는 것"은 에스겔 선지자의 아내였습니다.

㉡ 이 예표를 통하여 둘째로 "눈에 기뻐하는 것"은 심판당하게 된 예루살렘, 선민 이스라엘이었던 것입니다. 예레미야 12:7을 보십시오. "내가 내 집을 버리며 내 소유를 내던져 내 마음으로 사랑하는 것을 그 원수의 손에 넘겼나니" 하십니다.

㉢ 그런데 이 예시적인 사건을 구속사라는 지평으로 보게 되면, 궁극적으로 하나님의 "눈에 기뻐하는 자"가 누군가? "이는 내 사랑하는 아들이요 내 기뻐하는 자라"(마 3:17) 하신 하나님의 독생자였다는 점입니다.

선지자의 아내가 죽음으로, 예루살렘이 심판당함으로 죄가 해결되는 것도 아니요, 우리의 구원이 가능해지는 것도 아니기 때문입니다. "자기 아들을 아끼지 아니하시고 우리 모든 사람을 위하여 내주신"(롬 8:32) 곧 우리에게 쏟으셔야 할 진노를 자기 아들에게 쏟으심으로만이 하나님의 나라건설이 가능해진다는 점을 통찰할 수 있어야 합니다.

어찌하여 이처럼 겹쳐진 복합적인 계시로 말씀하셔야 했는가? 그들의 마음이 완악하기 때문입니다. 하나님은 선지자의 아내의 죽음이라는 표징을 통해서 "예루살렘이 멸망하고 성전이 불에 타고 백성들이 포로로 끌려가게 될 것"(25)을 보여주시려는 것입니다.

우리는 앞에서 선지자가 행하는 많은 "행위계시"를 보았습니다. 그런데 "네 눈에 기뻐하는 자"를 쳐서 빼앗겠다는 행위계시는 이 이상은 없는 극단적(極端的)인 처방이라 하겠습니다. 바벨론에 사로잡혀온 자들에게는 확고부동한 고정관념이 있었는데, 그것은 "예루살렘과 성전"을 우상시하여서 성전이 건재(健在)하는 한 절대로 멸망하지 않는다. 그러므로 자신들도 곧 돌아가게 된다는 것이었습니다. 그래서 하나님은 완악한 그들을 깨뜨리기 위해서 극단적인 표징을 보여주시려는 것입니다.

② 당시의 에스겔의 나이는 30대 초반쯤으로 여겨집니다. 이를 통해서 그의 아내의 나이를 짐작할 수가 있는데, 그녀는 제사장의 아내로 발탁이 된 경건하고 현숙한 규수였을 것입니다. 그런 선지자의 아내를 꽃다운 나이에 취하여 가시겠다니 어찌하여 이렇게 하셔야만 했는가? 이는 "하나님의 눈에 기뻐하는 자"를 제하시려는 하나님의 심정을 상징적으로 나타내주고 있습니다. 반면 그들의 이마가 그만큼 굳고 마음이 강팍했기 때문에 이런 극단적인 방법이 아니고는 반응을 이끌어낼 수 없었기 때문일 것입니다.

③ "너는 슬퍼하거나 울거나 눈물을 흘리거나 하지 말며 죽은 자들을 위하여 슬퍼하지 말고 조용히 탄식하며 수건으로 머리를 동이고 발에 신을 신고 입술을 가리지 말고 사람이 초상집에서 먹는 음식물을 먹지 말라 하신지라"(16하-17).

㉠ "내가 아침에 백성에게 말하였더니", 즉 백성들에게 하나님께서 아내를 취하여가시겠다 하신다는 사실을 말해주었다는 것입니다. 사람들은 에스겔이 정신착란증에 걸린 것이 아닌가 생각했을 것입니다.

㉡ 그런데 응함은 속하여 "저녁에 내 아내가 죽었다"(18)는 것입니다.

④ 이 소문을 듣고 사람들이 모여들었을 것입니다. 그리고 "백성이 내게 이르되 네가 행하는 이 일이 우리와 무슨 상관이 있는지 너는 우리에게 말하지 아니하겠느냐"(19)고 반응을 나타냅니다. 앞에서 살펴본 바대로 에스겔은 이제까지 예루살렘이 멸망하리라는 많은 행위계시를 했습니다. 그러나 그들은 냉담했습니다. 선지자의 아내가 죽는 것을 목격하고야 비로소 "이것이 우리에게 무엇을 의미하느냐"고 반응을 나타냈던 것입니다.

선지자 아내의 죽음

① 선지자는 하나님의 대언자입니다. 자기 아내의 죽음이라는 슬픔을 통하여 예루살렘을 심판하시는 하나님의 마음을 품고 대언했던 것입니다. 그렇다면 에스겔의 아내가 죽은 것이 아니라 하나님의 아내가 죽음을 맞이하게 되었다는 것이 됩니다. 그래서 이것이 "너희에게 표징이 되리니"(24) 하신 것입니다.

② "내가 그들에게 대답하기를 여호와의 말씀이 내게 임하여 이르시되 너는 이스라엘 족속에게 이르기를 주 여호와의 말씀에 내 성소는 너희 세력의 영광이요 너희 눈의 기쁨이요 너희 마음에 아낌이 되거니와 내가 더럽힐 것이며 너희의 버려둔 자녀를 칼에 엎드러지게 할지라"(20-21), 즉 그들이 믿고 의지하던 성전을 던져버리고 사랑하는 자녀를 빼앗겠다는 것입니다. 그 참상이 너무나 커서 슬퍼할 수조차 없게 된다는 것이 16절의 의미입니다.

③ "이 일이 이루어지면"(24중), 즉 선지자의 아내는 아침에 예

언한 대로 저녁때에 죽었습니다. 이제 백성들이 기뻐하는 자 곧 하나님의 기뻐하고 사랑하는 아내도 경고한 대로 죽게 될 것입니다. 그리고 이와 같이 표징이 이루어지는 것을 보게 되면 "내가 주 여호와인 줄을 너희가 알리라 하라"(24하) 하십니다. 핵심이 여기에 있습니다. 언약, 즉 은혜를 통해서 여호와를 알지를 못하는 자에게는 심판을 통해서 알릴 수밖에 없다는 말씀입니다.

표징이 되리라

① 우리는 한 걸음 더 나아가야 합니다. 왜냐하면 아브라함과 다윗에게 언약을 세워주신 하나님께서 지금 이루어나가시는 바가 무엇인가를 알기 때문입니다. "이는 내 사랑하는 아들이요 내 기뻐하는 자라"(마 3:17, 17:5) 하신 독생자를 죽음에 내어주시고 우리를 구원하시려는 것입니다. 사랑하는 아내를 졸지에 잃고 우는 것조차 금지당한 선지자 에스겔의 심정을 통해서, 독생자를 화목제물로 내어주시는 하나님 아버지의 마음을 깨닫기를 원하시는 것입니다.

② 이런 표징은 여기가 처음이 아닙니다. "네 아들 네 사랑하는 독자 이삭을 번제로 드리라"(창 22:2) 하신 하나님, "아들 이삭을 결박하여 제단 나무 위에 놓고 손을 내밀어 칼을 잡고 그 아들을 잡으려 한"(창 22:9-10) 것은 아버지 아브라함이었습니다. "이 예수를 하나님이 그의 피로써 믿음으로 말미암는 화목제물로 세우셨으니"(롬 3:25), 자기 아들을 골고다 십자가상에 화목제물로 세우신 이는 하나님 아버지이셨습니다. 이삭을 번제로 드리라

한 이 표징을 통해서도 독생자를 번제로 내어주실 하나님 아버지의 사랑의 마음을 깨닫기를 원하셨던 것입니다.

③ 호세아 선지자에게 "너는 가서 음란한 아내를 맞이하여 음란한 자식들을 낳으라 이 나라가 여호와를 떠나 크게 음란함이니라"(호 1:2)하십니다. 그런데 "너는 또 가서 타인의 사랑을 받아 음부 된 그 여자를 사랑하라 하시기로", 무슨 뜻인가? 또다시 음부가 되었다는 것입니다. 그래도 하나님은 "사랑하라" 하시는 것이 아닌가? 그래서 "은 열다섯 개와 보리 한 호멜 반으로 나를 위하여 그를 사왔다"(호 3:1-2)는 것입니다. 이 행위계시를 통해서도 음부(淫婦)와 같은 우리임에도 불구하고 자기 아들의 피 값으로 우리를 구원하여 주실 하나님 아버지의 사랑을 알기를 원하셨던 것입니다. "이 일이 이루어지면 내가 주 여호와인 줄을 너희가 알리라"(24하) 하시는데, 이것이 "기뻐하고 사랑하는 자를 제하심"에 함의되어 있는 구속사적 의미입니다.

셋째 단원(25–27) **다시는 잠잠하지 아니하리라**

"인자야 내가 그 힘과 그 즐거워하는 영광과 그 눈이 기뻐하는 것과 그 마음이 간절하게 생각하는 자녀를 데려가는 날"(25).

① 셋째 단원의 중심점은 "네 입이 열려서 다시는 잠잠하지 아니하리라"(27)는데 있습니다.

㉠ "간절하게 생각하는 자녀를 데려가는 날"(25)이란 예루살렘이 멸망 당하는 날인데

ⓛ "그날에 도피한 자가 네게 나와서 네 귀에 그 일을 들려주지 아니하겠느냐"(26) 합니다. "도피한 자가 네게 와서" 말하리라 하는데, 33:21절에 보면 "예루살렘에서부터 도망하여 온 자가 내게 나아와 말하기를 그 성이 함락되었다"고 전해줌으로 문자적으로 성취되었던 것입니다.

ⓒ "그날에 네 입이 열려서 도피한 자에게 말하고 다시는 잠잠하지 아니하리라"(27상) 한 말씀은 무슨 뜻인가요? 33:22절에 보면 "그 도망한 자가 내게 나아오기 전날 저녁에 여호와의 손이 내게 임하여 내 입을 여시더니, 내가 다시는 잠잠하지 아니하였노라"(33:22) 합니다.

② "그날에 네 입이 열려서"라 하심을 통해 깨닫게 되는 것은 그때까지는 에스겔의 입이 닫혀있었다는 것이 됩니다. 왜 닫혀있었는가? 비유로 행위계시로 전하고 전해주었으나 믿지를 않았기 때문에 침묵했다는 것이 됩니다. 그런데 "그날에", 즉 예루살렘이 멸망하는 그 날에 "네 입이 열리리라"는 뜻은 그날에는 선지자의 경고가 참이었다는 것이 입증되었으니 말하라, 외치라는 그런 뜻인 것입니다.

에스겔의 입에 둔 하나님의 말씀이 참인 것이 입증(立證)되었다면 담대히 증언하지 못하고 잠잠해야 할 이유가 무엇이란 말인가? 성경은 말씀합니다. "이는 정하신 사람으로 하여금 천하를 공의로 심판할 날을 작정하시고 이에 그를 죽은 자 가운데서 다시 살리신 것으로 모든 사람에게 믿을 만한 증거(證據)를 주셨음이니라"(행 17:31). 그렇다면 입을 벌려 담대히 증언하지 못하고 잠잠하다는 것은 불신앙(不信仰)인 것입니다.

③ 24장은 "이와 같이 너는 그들에게 표징이 되고 그들은 내가

여호와인 줄 알리라"(27하)는 말씀으로 끝나고 있습니다.

㉠ "너는 그들에게 표징이 되리라" 하셨는데, 에스겔 선지자가 나라와 동족을 위하여 보여줄 수 있는 "표징"이 무엇인가? 사랑하는 자기 아내를 죽음에 내어주는 일이었습니다.

㉡ 하나님께서 우리에 대한 자기 사랑을 보여주신 "마지막 표징"은 무엇입니까? "우리가 아직 죄인 되었을 때에 그리스도께서 우리를 위하여 죽으심으로 하나님께서 우리에게 대한 자기의 사랑을 확증(確證)하셨느니라"(롬 5:8)한 자기 아들의 대속적인 죽음입니다.

④ 본문이 우리에게 적용되는 바는 분명해졌습니다. 하나님의 사랑하시고 기뻐하시는 그리스도의 대속으로 말미암아 이제는 예루살렘이나 성전이라는 건물이 하나님의 사랑하시는 자가 아니라, 피로 사신 성도들이 "하나님의 사랑하시고 기뻐하시는 자들"이 되었다는 점입니다. 이 정체성을 망각하지 말고,

㉠ 하나님의 말씀에 굳게 서서

㉡ 잠잠하지 말고 입을 열어 증언하는 일입니다.

㉢ 그리고 그리스도인으로써 불신자들에게 행위계시처럼 "표징이 되는 삶"을 사는 일입니다. 우리에게도 "그날"은 다가오고 있기 때문입니다. 이것이 "D-day 9년 10월 10일"입니다.

⑤ 묵상해보겠습니다.

㉠ 한국교회의 고질적인 녹이 무엇인가에 대해서

㉡ 선지자 아내의 죽음에 함의된 3중적인 의미에 대해서

㉢ 닫혔던 입이 열리어 잠잠하지 않았다는 의미에 대해서.

에스겔 25장 개관도표

주제 : 열방(암몬、모압、에돔、블레셋)에 대한 심판예언

암몬 심판 예언	1-7 1 여호와의 말씀이 또 내게 임하여 이르시되 2 인자야 네 얼굴을 ① **암몬 족속에게 돌리고 그들에게 예언하라** 3 너는 암몬 족속에게 이르기를 너희는 주 여호와의 말씀을 들을지어다 주 여호와께서 이같이 말씀하셨느니라 ② **내 성소가 더럽힘을 받을 때에 네가 그것에 관하여,** **이스라엘 땅이 황폐할 때에 네가 그것에 관하여,** **유다 족속이 사로잡힐 때에 네가 그들에 대하여 이르기를 아하 좋다 하였도다** 4 그러므로 내가 너를 동방 사람에게 기업으로 넘겨 주리니 그들이 네 가운데에 진을 치며 네 가운데에 그 거처를 베풀며 네 열매를 먹으며 네 젖을 마실지라 5 내가 랍바를 낙타의 우리로 만들며 암몬 족속의 땅을 양 떼가 눕는 곳으로 삼은즉 내가 주 여호와인 줄을 너희가 알리라 6 주 여호와께서 이같이 말씀하셨느니라 **네가 이스라엘 땅에 대하여 손뼉을 치며** **발을 구르며 마음을 다하여 멸시하며 즐거워하였나니** 7 그런즉 내가 손을 네 위에 펴서 너를 다른 민족에게 넘겨 주어 노략을 당하게 하며 너를 만민 중에서 끊어 버리며 너를 여러 나라 가운데에서 패망하게 하여 멸하리니 내가 주 여호와인 줄을 너희가 알리라 하셨다 하라
모압의 심판	8-11 8 주 여호와께서 이같이 말씀하셨느니라 ③ **모압과 세일이 이르기를** 유다 족속은 모든 이방과 다름이 없다 하도다 9 그러므로 내가 모압의 한편 곧 그 나라 국경에 있는 영화로운 성읍들 벧여시못과 바알므온과 기랴다임을 열고 10 암몬 족속과 더불어 동방 사람에게 넘겨 주어 기업을 삼게 할 것이라 암몬 족속이 다시는 이방 가운데에서 기억되지 아니하게 하려니와 11 내가 모압에 벌을 내리리니 내가 주 여호와인 줄을 너희가 알리라
에돔의 심판	12-14 12 주 여호와께서 이같이 말씀하셨느니라 ④ **에돔이 유다 족속을 쳐서 원수를 갚았고** **원수를 갚음으로 심히 범죄하였도다** 13 그러므로 주 여호와께서 이같이 말씀하셨느니라 내가 내 손을 에돔 위에 펴서 사람과 짐승을 그 가운데 에서 끊어 데만에서부터 황폐하게 하리니 드단까지 칼에 엎드러지리라 14 내가 내 백성 이스라엘의 손으로 내 원수를 에돔에게 갚으리니 그들이 내 진노와 분노를 따라 에돔에 행한즉 내가 원수를 갚음인 줄을 에돔이 알리라 주 여호와의 말씀이니라
블레셋의 심판	15-17 15 주 여호와께서 이같이 말씀하셨느니라 ⑤ **블레셋 사람이 옛날부터 미워하여 멸시하는** **마음으로 원수를 갚아 진멸하고자 하였도다** 16 그러므로 주 여호와께서 이같이 말씀하셨느니라 내가 블레셋 사람 위에 손을 펴서 그렛 사람을 끊으며 해변에 남은 자를 진멸하되 17 분노의 책벌로 내 원수를 그들에게 크게 갚으리라 내가 그들에게 원수를 갚은즉 내가 여호와인 줄을 그들이 알리라 하시니라

25 장

열방(암몬 · 모압 · 에돔 · 블레셋)에 대한 심판예언

[2]인자야 네 얼굴을 암몬 족속에게 돌리고 그들에게 예언하라 너는 암몬 족속에게 이르기를 너희는 주 여호와의 말씀을 들을지어다 주 여호와께서 이같이 말씀하셨느니라 내 성소가 더럽힘을 받을 때에 네가 그것에 관하여, 이스라엘 땅이 황폐할 때에 네가 그것에 관하여, 유다 족속이 사로잡힐 때에 네가 그들에 대하여 이르기를 아하 좋다 하였도다

25-32장은 에스겔서의 제2부로 이스라엘과 이웃하고 있는 열방에 대한 심판예언입니다. 이들은 이스라엘을 "둘러 있는"(5:5, 6,7,14,15) 이웃들입니다. 우리는 이제 여러 나라에 대한 심판예언(25-32장)을 상고하게 됩니다. 이 말씀이 오늘의 우리에게는 어떻게 적용이 되는가? 이 그림자를 통해서 종말적인 심판을 바라

보아야 의미가 있게 되는 것입니다. 25장은 "암몬 · 모압 · 에돔 · 블레셋에 대한 심판예언"인데 이들이 왜 심판당하게 되는가? "주 여호와께서 이같이 말씀하셨느니라 네가 이스라엘 땅에 대하여 손뼉을 치며 발을 구르며 마음을 다하여 멸시하며 즐거워하였나니"(6), 즉 하나님의 백성들을 대적했기 때문입니다. 도표를 보시면 이 말씀을 중심으로,

① "암몬"의 심판과
② 심판당할 이유와
③ 모압
④ 에돔
⑤ 블레셋에 대한 심판이 예언되어 있습니다.

25장의 핵심은 "네가 나를 여호와인 줄 알리라"(5,7,11,14,17)는 말씀입니다. 자연계시인 "하늘이 하나님의 영광을 선포하고 궁창이 그의 손으로 하신 일을 나타낸다"(시 19:1)면 성경은 더욱 하나님의 자기 계시입니다. 그런데 하나님께서 이루시려는 하나님의 구원계획을 대적한다면 심판을 통하여 알릴 수밖에 없다는 것입니다. 그러므로 본문은 "암몬 · 모압 · 에돔 · 블레셋"에 국한된 경고가 아니라 하나님의 나라건설을 대적하는 모든 자에 대한 경고가 되는 것입니다.

첫째 단원(1–7) **암몬에 대한 심판예언**

둘째 단원(8–11) **모압에 대한 심판예언**

셋째 단원(12–14) **에돔에 대한 심판예언**

넷째 단원(15–17) **블레셋에 대한 심판예언**

첫째 단원(1–7) **암몬에 대한 심판예언**

"여호와의 말씀이 또 내게 임하여 이르시되"(1),

① 첫째 단원의 중심점은 "암몬에 대한 심판예언"에 있습니다. "인자야 네 얼굴을 암몬 족속에게 돌리고 그들에게 예언하라 너는 암몬 족속에게 이르기를 너희는 주 여호와의 말씀을 들을지어다 주 여호와께서 이같이 말씀하셨느니라 내 성소가 더럽힘을 받을 때에 네가 그것에 관하여 이스라엘 땅이 황폐할 때에 네가 그것에 관하여, 유다 족속이 사로잡힐 때에 네가 그들에 대하여 이르기를 아하 좋다 하였도다"(2-3).

② "주 여호와께서 이같이 말씀하셨느니라 네가 이스라엘 땅에 대하여 손뼉을 치며 발을 구르며 마음을 다하여 멸시하며 즐거워하였나니(6), 그러므로 내가 너를 동방 사람에게 기업으로 넘겨주리니 그들이 네 가운데에 진을 치며 네 가운데에 그 거처를 베풀며 네 열매를 먹으며 네 젖을 마실지라"(4).

③ "그런즉 내가 손을 네 위에 펴서 너를 다른 민족에게 넘겨주어 노략을 당하게 하며 너를 만민 중에서 끊어버리며 너를 여러 나라 가운데에서 패망하게 하여 멸하리니 내가 주 여호와인 줄을 너희가 알리라 하셨다 하라"(7). 여기서 핵심적인 말씀을 놓치지 마시기를 바랍니다. 심판의 목적이 여기에 있기 때문입니다. 그것은 "내가 주 여호와인 줄을 너희가 알리라"(5,7)는 말씀입니다. 하나님의 은혜를 대적하는 자에게는 하나님의 하나님 되심을 심판을 통해서 알릴 수밖에 없다는 말씀입니다.

열방심판의 구속사적인 의미

① 이방에 대한 심판예언은 에스겔 선지자만이 아니라 이사야 선지자(13-23장), 예레미야 선지자(렘 46-51장), 아모스 선지자(암 1-2장) 등 여러 선지자들을 통해서 많은 지면을 할애하여 동일하게 경고하고 있습니다. 그러면 이렇게 하시는 하나님의 의도가 무엇인가? 이를 알기 위해서는 여러 민족에 대한 심판예언이 어떤 문맥에서 주어졌는가를 주목해보아야 합니다. "인자야 너는 날짜 곧 오늘의 이름을 기록하라 바벨론 왕이 오늘 예루살렘에 가까이 왔느니라"(24:2), 즉 예루살렘을 포위하기 시작하였다는 문맥에서 주어진 것입니다. "그날에 도피한 자가 네게 나와서 네 귀에 그 일을 들려주지 아니하겠느냐"(24:26) 하는 멸망과 절망이 눈앞에 다가온 절박한 시점(時點)에서 주어졌던 것입니다.

② 심판이나 고난이나 시련을 만나게 되면 어떤 자는 낙심하고, 어떤 자는 회의에 빠지며, 어떤 자는 공의의 하나님이 어디 있느냐고 반항합니다. 그리고 구속사적인 물음이 대두되게 됩니다. 하나님은 아브라함과 다윗에게 언약하신 구원계획을 포기하신단 말인가? 반면 예루살렘이 멸망 당했다는 소식을 들은 여러 민족들에게는 "자기들의 신(우상)이 여호와 신"을 이겼다고 만세를 부를 것이 아닌가?

③ 그래서 "열방에 대한 심판예언"이 이스라엘에 대한 "심판경고와 회복"을 말씀하는 사이에 끼어있는 것입니다.

㉠ 첫째로, 의로우신 하나님의 심판이 하나님의 집에서부터 시작(1-24장)이 된다면, 여러 민족의 심판은 더욱 필연적이요 정당하다는 점을 드러내기 위해서요,

㉡ 둘째로, 한 때는 대적을 선민을 징벌하기 위한 도구로 사용하신다 하여도 종래는 그들도 심판당하게 될 것이라는 것과,

㉢ 셋째로, 그러나 자기 백성은 징벌이 끝이 아니라 회복하여주실 것을 약속하심으로 위로와 용기를 주기 위해서 열방에 대한 심판예언이 중간에 끼어있는 것입니다.

④ 핵심은 여호와 "인지(認知) 공식어구"라 말하는 "내가 주 여호와인 줄을 너희가 알리라"는데 있습니다. 반역한 이스라엘도 징벌을 통하여 "여호와를 알게 되고", 대적자들도 심판을 통하여 "여호와인 줄을 알게 되리라"는 말씀입니다. 이미 20장에서,

㉠ "그들을 애굽 땅에서 인도하여 내었나니 이는 내 이름을 위함이라 내 이름을 그 이방인의 눈앞에서 더럽히지 아니하려고 행하였음이라"(9) 하셨고

㉡ 그들이 반역했을 때에도 "내가 내 이름을 위하여 달리 행하였었나니 내가 그들을 인도하여 내는 것을 본 나라들 앞에서 내 이름을 더럽히지 아니하려 하였음이로라"(14,20)고 하나님의 이름을 위해서라고 말씀하십니다.

⑤ 그러므로 구원계획에는 하나님의 거룩하신 이름과 명예가 걸려있다는 점을 인식한다는 것은 사활적으로 중요한 요점입니다. "내가 이렇게 행함은 너희를 위함이 아니요 너희가 들어간 그 열국에서 더럽힌 나의 거룩한 이름을 위함이라"(36:22) 하십니다. 하나님은 말씀하십니다. "나는 나를 위하며 나를 위하여 이를 이룰 것이라 어찌 내 이름을 욕되게 하리요 내 영광을 다른 자에게 주지 아니하리라"(사 48:11). 이것이 "열방에 대한 심판예언의 구속사적 의미"입니다.

⑥ 하나님께서 지금은 "기뻐하고 사랑하는 자"를 징벌하시지만

그들을 돌아오게 하셔서 아브라함에게 언약하신 구원계획을 기필코 이루신다는 소망과 확신을 주기 위해서 열방에 대한 심판예언을 말씀하시는 것입니다. 이점이 심판예언의 중심부에 위치한 28:24-26절에 나타납니다.

㉠ "이스라엘 족속에게는 그 사방에서 그들을 멸시하는 자 중에 찌르는 가시와 아프게 하는 가시가 다시는 없으리니 내가 주 여호와인 줄을 그들이 알리라.

㉡ 주 여호와께서 이같이 말씀하셨느니라 내가 여러 민족 가운데에 흩어져 있는 이스라엘 족속을 모으고 그들로 말미암아 여러 나라의 눈앞에서 내 거룩함을 나타낼 때 내가 그 하나님 여호와인 줄을 그들이 알리라"고 격려하십니다.

그러므로 여러 민족에 대한 심판예언은 이방인들 들으라고 하는 말씀이 아니라 교회에게 경종을 울림과 동시에 위로와 격려와 소망을 주기 위해서라는 점을 놓치지 마시기 바랍니다.

둘째 단원(8–11) **모압에 대한 심판예언**

"주 여호와께서 이같이 말씀하셨느니라"(8상).

① "모압과 세일이 이르기를 유다 족속은 모든 이방과 다름이 없다 하도다"(8하). "다름이 없다"는 말은 선민(選民)됨의 부정(否定)이요 멸시하는 말이었던 것입니다. 그리고 교회를 대적하는 것은 궁극적으로 하나님께 대한 도발인 것입니다.

② "그러므로 내가 모압의 한편 곧 그 나라 국경에 있는 영화로운 성읍들 벧여시못과 바알므온과 기랴다임을 열고 암몬 족속

과 더불어 동방 사람에게 넘겨주어 기업을 삼게 할 것이라 암몬 족속이 다시는 이방 가운데에서 기억되지 아니하게 하려니와 내가 모압에 벌을 내리리니 내가 주 여호와인 줄을 너희가 알리라" (9-11) 하십니다.

③ 여기서도 핵심은 "내가 주 여호와인 줄을 너희가 알리라"는 말씀에 있습니다. 그런데 "암몬 · 모압"은 아브라함의 조카 롯의 소생들입니다. 그리고 예레미야 선지자로 말씀하시기를 "그러나 내가 마지막 날에 모압의 포로를 돌려보내리라(렘 48:47), 그러나 그 후에 내가 암몬 자손의 포로를 돌아가게 하리라 여호와의 말씀이니라"(렘 49:6)고 돌아보실 것을 말씀하십니다. 이방인들인 그들이 "여호와인 줄 알리라" 하시는데, 이점을 구속사라는 맥락으로 보면 어떤 뜻이 되는가? 그리스도께서 "중간에 막힌 담을 허시고 둘로 하나를 만드실"(엡 2:14) 복음시대에 성취될 말씀인 것이 됩니다.

셋째 단원(12–14) **에돔에 대한 심판예언**

"주 여호와께서 이같이 말씀하셨느니라"(12상).

① "에돔이 유다 족속을 쳐서 원수를 갚았고 원수를 갚음으로 심히 범죄하였도다"(12하). "에돔"은 에서의 별명입니다. 에서와 야곱이 결별하게 된 것은 야곱이 하란에서 돌아오자 "에서가 자기 아내들과 자기 자녀들과 자기 집의 모든 사람과 자기의 가축과 자기 모든 짐승과 자기가 가나안 땅에서 얻은 모든 재물을 이

끌고 그의 동생 야곱을 떠나 다른 곳으로 갔다"(창 36:6)는 것이 분기점이 됩니다. 이는 언약의 자손과 유업을 함께 얻을 수 없었기 때문입니다.

② 그런데 본문에는 "원수"라는 말이 12,14절에 등장합니다. 에서와 야곱이 원수지간이 된 것은 어머니 리브가의 태에서부터였습니다. "여호와께서 그에게 이르시되 두 국민이 네 태중에 있구나 두 민족이 네 복중에서부터 나누이리라"(창 25:23) 하셨습니다. 그리고 그 근본(根本)은 "너의 후손도 여자의 후손과 원수가 되게 하리니"하신 창세기 3:15절부터 임을 유념해야 합니다. 그리하여 예루살렘이 멸망할 당시에 그들은 바벨론의 편에 서서 "헐어버리라 헐어버리라 그 기초까지 헐어버리라"(시 137:7)고 손뼉을 쳤던 것입니다.

③ "그러므로 주 여호와께서 이같이 말씀하셨느니라 내가 내 손을 에돔 위에 펴서 사람과 짐승을 그 가운데에서 끊어 데만에서부터 황폐하게 하리니 드단까지 칼에 엎드러지리라 내가 내 백성 이스라엘의 손으로 내 원수를 에돔에게 갚으리니 그들이 내 진노와 분노를 따라 에돔에 행한즉 내가 원수를 갚음인 줄을 에돔이 알리라 주 여호와의 말씀이니라"(13-14) 하십니다.

넷째 단원(15–17) **블레셋에 대한 심판예언**

"주 여호와께서 이같이 말씀하셨느니라"(15상).

① "블레셋 사람이 옛날부터 미워하여 멸시하는 마음으로 원수

를 갚아 진멸하고자 하였도다"(15하) 합니다. 본문에는 "원수"라는 말이 세 번이나 등장하면서 "옛날부터 미워했다"고 말씀하는데 블레셋은 삼손의 눈을 뺀 자들이요, 법궤를 탈취한 자들이었습니다. 그리고 다윗이 골리앗을 물리친 데서 보는 바와 같이 숙적(宿敵) 관계에 있었습니다.

② "그러므로 주 여호와께서 이같이 말씀하셨느니라 내가 블레셋 사람 위에 손을 펴서 그렛 사람을 끊으며 해변에 남은 자를 진멸하되 분노의 책벌로 내 원수를 그들에게 크게 갚으리라 내가 그들에게 원수를 갚은즉 내가 여호와인 줄을 그들이 알리라 하시니라"(16-17) 하십니다.

③ 오늘날 지구상에는 "암몬 · 모압 · 에돔 · 블레셋"이라는 나라는 없습니다. 그러나 이스라엘은 존재합니다. 그리고 영적 이스라엘인 하나님의 교회 주변에는 오늘날도 많은 열방들이 있습니다. 성경은 말씀합니다.

어찌하여 이방 나라들이 분노하며
민족들이 헛된 일을 꾸미는가
세상의 군왕들이 나서며
관원들이 서로 꾀하여
여호와와 그의 기름 부음 받은 자를 대적하며
우리가 그들의 맨 것을 끊고
그의 결박을 벗어 버리자 하는도다

하늘에 계신 이가 웃으심이여
주께서 그들을 비웃으시리로다

그 때에 분을 발하며 진노하사
그들을 놀래게 하여 이르시기를
내가 나의 왕을 내 거룩한 산
시온에 세웠다 하시리로다
그의 아들에게 입맞추라 그렇지 아니하면
진노하심으로 너희가 길에서 망하리니
그의 진노가 급하심이라

④ 여호와께 피하는 모든 사람은 다 복이 있도다(시 2편). 이것이 "암몬 · 모압 · 에돔 · 블레셋에 대한 심판예언"입니다.

⑤ 묵상해보겠습니다.

㉠ 열방 심판을 어떤 시점에서 언급하시는가에 대해서
㉡ 열방이 심판받게 되는 이유에 대해서
㉢ 이방이 언제 여호와인 줄 알게 되는가에 대해서.

에스겔 26장 개관도표

주제 : 만민의 문이 깨어졌다고 좋아한 두로의 심판

만민의 문이 깨어져 내게로 돌아왔다	1-14 1 열한째 해 어느 달 초하루에 여호와의 말씀이 내게 임하여 이르시되 2 인자야 두로가 예루살렘에 관하여 이르기를 **아하 만민의 문이 깨져서 내게로 돌아왔도다** **그가 황폐하였으니 내가 충만함을 얻으리라 하였도다** 3 그러므로 주 여호와께서 이같이 말씀하셨느니라 두로야 내가 너를 대적하여 바다가 그 파도를 굽이치게 함 같이 여러 민족들이 와서 너를 치게 하리니 4 그들이 두로의 성벽을 무너뜨리며 그 망대를 헐 것이요 나도 티끌을 그 위에서 쓸어 버려 맨 바위가 되게 하며 5 바다 가운데에 그물 치는 곳이 되게 하리니 내가 말하였음이라 주 여호와의 말씀이니라 그가 이방의 노략 거리가 될 것이요 6 들에 있는 그의 딸들은 칼에 죽으리니 그들이 나를 여호와인 줄을 알리라 7 주 여호와께서 이같이 말씀하셨느니라 내가 왕들 중의 왕 곧 ① **바벨론의 느부갓네살 왕으로 하여금 북쪽에서 말과 병거와 기병과** **군대와 백성의 큰 무리를 거느리고 와서 두로를 치게 할 때에** 8 그가 들에 있는 너의 딸들을 칼로 죽이고 너를 치려고 사다리를 세우며 토성을 쌓으며 방패를 갖출 것이며 9 공성퇴를 가지고 네 성을 치며 도끼로 망대를 찍을 것이며 10 말이 많으므로 그 티끌이 너를 가릴 것이며 사람이 무너진 성 구멍으로 들어가는 것 같이 그가 네 성문으로 들어갈 때에 그 기병과 수레와 병거의 소리로 말미암아 네 성곽이 진동할 것이며 11 그가 그 말굽으로 네 모든 거리를 밟을 것이며 칼로 네 백성을 죽일 것이며 네 견고한 석상을 땅에 엎드러뜨릴 것이며 12 네 재물을 빼앗을 것이며 네가 무역한 것을 노략할 것이며 네 성을 헐 것이며 네가 기뻐하는 집을 무너뜨릴 것이며 또 네 돌들과 네 재목과 네 흙을 다 물 가운데에 던질 것이라 13 내가 네 노래 소리를 그치게 하며 네 수금 소리를 다시 들리지 않게 하고 14 너를 맨 바위가 되게 한즉 네가 그물 말리는 곳이 되고 ② **다시는 건축되지 못하리니** 나 여호와가 말하였음이니라 주 여호와의 말씀이니라
두로 심판이 미치게 될 영향	15-21 15 주 여호와께서 이같이 두로에 대하여 말씀하시되 ③ **네가 엎드러지는 소리에 모든 섬이 진동하지 아니하겠느냐** 곧 너희 가운데에 상한 자가 부르짖으며 죽임을 당할 때에라 16 그 때에 바다의 모든 왕이 그 보좌에서 내려 조복을 벗으며 수 놓은 옷을 버리고 떨림을 입듯 하고 땅에 앉아서 너로 말미암아 무시로 떨며 놀랄 것이며 17 그들이 너를 위하여 슬픈 노래를 불러 이르기를 항해자가 살았던 유명한 성읍이여 너와 너의 주민이 바다 가운데에 있어 견고하였도다 해변의 모든 주민을 두렵게 하였더니 어찌 그리 멸망하였는고 18 네가 무너지는 그날에 섬들이 진동할 것임이여 바다 가운데의 섬들이 네 결국을 보고 놀라리로다 하리라 19 주 여호와께서 이같이 말씀하셨느니라 내가 너를 주민이 없는 성읍과 같이 황폐한 성읍이 되게 하고 깊은 바다가 네 위에 오르게 하며 큰 물이 너를 덮게 할 때에 20 내가 너를 ④ **구덩이에 내려가는 자와 함께 내려가서** 옛적 사람에게로 나아가게 하고 너를 그 **구덩이에 내려간 자와 함께 땅 깊은 곳** 예로부터 황폐한 곳에 살게 하리라 네가 다시는 사람이 거주하는 곳이 되지 못하리니 살아 있는 자의 땅에서 영광을 얻지 못하리라 21 내가 너를 패망하게 하여 ⑤ **다시 있지 못하게 하리니** 사람이 비록 너를 찾으나 **다시는 영원히 만나지 못하리라** 주 여호와의 말씀이니라

26 장

만민의 문이 깨어졌다고 좋아한 두로의 심판

[2]인자야 두로가 예루살렘에 관하여 이르기를 아하 만민의 문이 깨져서 내게로 돌아왔도다 그가 황폐하였으니 내가 충만함을 얻으리라 하였도다

26-28장은 "두로에 대한 심판예언"인데, 26장은 두로의 심판이고, 27장은 두로 문명의 심판이고, 28장은 두로 왕에 대한 심판으로 되어있습니다. "두로"는 베니게의 대명사와 같은 도시국가입니다. 우리는 25장에서 "암몬 · 모압 · 에돔 · 블레셋"에 대한 심판예언을 전한 바 있습니다. 이 네 나라에 대한 예언을 한 장, 열일곱 절로 진술했습니다. 그런데 성령께서 "두로"에 대해서 이처럼 세 장에 걸쳐서 강조하는 의도가 무엇인가? 두로에 관해서는

분량만 많은 것이 아니라, 내용에 있어서도 아주 특별함을 보게 될 것입니다.

이러한 특징은 예레미야서에도 나타나는데 열방에 대한 심판예언을 하는 중에 "바벨론"에 대한 심판을 두 장(렘 50-51장)에 걸쳐 도합 110절을 할애하여 중점적으로 언급하고 있습니다. 그 이유는 분명합니다. 바벨론은 다니엘서에 등장하는 황금신상의 "머리"요, 그러므로 이스라엘이 바벨론에 의하여 멸망 당하는 것이 "이방의 때"가 시작이 되는 시점(始點)이요, "무너졌도다, 무너졌도다 바벨론이여"(계 18장)하고 바벨론이 멸망하는 날이 이방인의 때가 끝나는 때임을 드러내기 위해서인 것입니다. 그러면 두로와 바벨론의 심판을 통해 말씀하려는 구속사적 의미가 무엇인가?

㉠ 바벨론은 "이방인의 때", 즉 이 세상의 심판에 대한 예표요

㉡ 두로 왕은 주님께서 "이 세상 임금이 쫓겨나리라, 이 세상 임금이 심판을 받았음이니라"(요 12:31, 16:11) 하신 "이 세상 임금", 즉 사탄의 심판에 대한 예표로 등장하기 때문입니다.

이점을 28장에 가서 보게 될 것입니다. 이를 염두에 두고 상고해야 본문의 의미를 깨달을 수 있습니다. 26장을 두 단원으로 나누어 상고하겠습니다.

첫째 단원(1–14) **만민의 문이 깨어져 내게로 돌아왔다**

둘째 단원(15–21) **두로 심판이 미치게 될 영향**

첫째 단원(1–14) 만민의 문이 깨어져 내게로 돌아 왔다

"주 여호와께서 이같이 말씀하셨느니라 내가 왕들 중의 왕 곧 바벨론의 느부갓네살 왕으로 하여금 북쪽에서 말과 병거와 기병과 군대와 백성의 큰 무리를 거느리고 와서 두로를 치게 할 때에"(7).

① 첫째 단원은 "두로에 대한 심판 예언"인데, 중심점은 "만민의 문이 깨어져 내게로 돌아왔다"고 예루살렘의 멸망을 좋아하는데 있습니다. 도표를 보시면 "아하 좋다 만민의 문이 깨어져서 내게로 돌아왔도다"를 중심으로,

㉠ "바벨론 왕 느부갓네살"을 통해서 심판하시되

㉡ "다시는 건축되지 못하리라"

㉢ "너의 엎드러지는 소리에 모든 섬이 진동할 것이라"

㉣ "내가 너로 구덩이에 내려가는 자와 함께 내려가게" 하겠다고 선언하시면서

㉤ "다시 있지 못하리니, 다시는 영원히 만나지 못하리라" 하십니다. 이것이 "만민의 문이 깨어져 내게로 돌아왔다"고 기뻐하는 두로에 대한 심판예언입니다.

② "열한째 해 어느 달 초하루에 여호와의 말씀이 내게 임하여 이르시되(1)

㉠ 인자야 두로가 예루살렘에 관하여 이르기를 아하 만민의 문이 깨져서 내게로 돌아왔도다"(2상)고 좋아한다는 것입니다. 여기 중요한 말씀이 등장하는데,

㉡ 그것은 "만민(萬民)의 문(門)"이라는 표현입니다. "만민의 문"이 1차적으로는 예루살렘 성문을 가리킬 것입니다. 그런데 어찌하여 "만민의 문"이라 하는가? 또한 이것이 "깨어졌다"고 좋아하는 이유가 무엇인가 하는 점입니다.

③ 그 의미를 구속사라는 맥락에서 구해야 깨달을 수 있는 것입니다. 왜냐하면 하나님께서 아브라함에게,

㉠ "또 네 씨로 말미암아 천하 만민(萬民)이 복을 받으리니"(창 22:18) 하신 언약과 결부되기 때문입니다. 이 언약으로 말미암아 예루살렘이 "만민의 문"이 되었기 때문입니다.

㉡ 그리하여 "구원이 시온에서 나오게"(시 14:7) 되었고, "말일에 여호와의 전의 산이 모든 산꼭대기에 굳게 설 것이요 모든 작은 산 위에 뛰어나리니 만방(萬邦)이 그리로 모여들 것이라 많은 백성이 가며 이르기를 오라 우리가 여호와의 산에 오르며 야곱의 하나님의 전에 이르자"(사 2:1-3)고 "만민(萬民)"이 구원을 얻게 되었기 때문입니다.

④ 그렇다면 두로가 "아하 좋다"하고 기뻐하는 이유는 분명해지는 것입니다. "만민의 문이 깨어져서 황무하게 되어",

㉠ "내게로 돌아오게 되었고

㉡ 내가 충만함을 얻게"(2) 되었기 때문이라는 것입니다.

물론 1차적으로 표면적인 의미는 예루살렘이 멸망하게 됨으로 두로의 무역이 더욱 번창하게 될 것이라는 뜻도 있습니다만 예루살렘의 멸망을 이처럼 기뻐하는 자가 누군지 아십니까? "이 세상 임금" 사탄이요, 두로 왕이 예표로 등장하고 있은 것입니다.

만민의 구원의 통로가 될 예루살렘

① 사탄은 자신이 여자의 후손에 의하여 멸망 당하게 될 것을 창세기 3:15절에서 선고(宣告)받은 자입니다. 그리하여 배후(背後)에서 열방을 미혹(계 16:14, 20:8)하여 "여자의 후손"이 탄생하지 못하도록 이스라엘을 대적하게 한 것이 바로 사탄이라는 점을 유

념해야 합니다. 이런 맥락에서 볼 때 "만민의 문이 깨어져서 내게로 돌아왔도다", 즉 자신이 이겼다고 기뻐하는 말은 "메시아가 탄생하지 못하게 되었다"고 기뻐하는 의미가 되는 것입니다.

② "내게로 돌아왔도다" 즉 내 소유가 되었다는 점이 주님의 비유를 통해서 나타나는데, "농부들이 그 아들을 보고 서로 말하되 이는 상속자(相續者)니 자 죽이고 그의 유업을 차지하자 하고 이에 잡아 포도원 밖에 내어 쫓아 죽였느니라"(마21:28-39) 하십니다. 이는 "만민의 문이 깨어져서 내게로 돌아왔도다"는 말과 뜻을 같이 하고 있습니다. 이처럼 사탄은 하나님의 영광을 찬탈하려는 자입니다.

③ 하나님께서 이를 묵과하시겠습니까? 3절은 "그러므로"하고 시작이 되는데, 3절 이하는 두로가 당할 심판에 대한 진술입니다. "그러므로 주 여호와께서 이같이 말씀하셨느니라 두로야 내가 너를 대적하여 바다가 그 파도를 굽이치게 함같이 여러 민족들이 와서 너를 치게 하리니"(3), "너를 맨 바위가 되게 한즉 네

가 그물 말리는 곳이 되고 다시는 건축되지 못하리니 나 여호와가 말하였음이니라 주 여호와의 말씀이니라"(14) 하십니다. 이것이 "만민의 문이 깨어져 내게로 돌아왔다"고 기뻐하는 두로에 대한 심판예언입니다.

둘째 단원(15-21) **두로 심판이 미치게 될 영향**

"주 여호와께서 이같이 두로에 대하여 말씀하시되 네가 엎드러지는

소리에 모든 섬이 진동하지 아니하겠느냐 곧 너희 가운데에 상한 자가 부르짖으며 죽임을 당할 때에라"(15).

① 둘째 단원의 중심점은, "두로 심판이 미치게 될 영향"에 있습니다.

㉠ "죽임을 당할 때에(15하)

㉡ 그 때에(16상)

㉢ 너를 덮게 할 때에(19하)

㉣ 그날에"(18상)하고 "때"가 강조되어 있는데 그 때에 어떤 일이 일어나게 되는가?

㉤ "네가 엎드러지는 소리에 모든 섬이 진동하지 아니하겠느냐" (15)

㉥ "그 때에 바다의 모든 왕이 그 보좌에서 내려 조복을 벗으며 수 놓은 옷을 버리고 떨림을 입듯 하고 땅에 앉아서 너로 말미암아 무시로 떨며 놀랄 것이며"(16)

㉦ "그들이 너를 위하여 슬픈 노래를 불러 이르기를 항해자가 살았던 유명한 성읍이여 너와 너의 주민이 바다 가운데에 있어 견고하였도다 해변의 모든 주민을 두렵게 하였더니 어찌 그리 멸망하였는고"(17)

㉧ "네가 무너지는 그 날에 섬들이 진동할 것임이여 바다 가운데의 섬들이 네 결국을 보고 놀라리로다 하리라"(18) 합니다.

이 엄청난 영향력이 단순한 두로의 심판에 대한 묘사란 말인가? 어찌하여 두로의 엎드러지는 소리에 이처럼 애곡하게 되는가? 28장에 가서 보게 될 것입니다만 그가 "이 세상 임금"의 예표이기 때문입니다.

② 그러므로 "내가 너를 구덩이에 내려가는 자와 함께 내려가서 옛적 사람에게로 나아가게 하고 너를 그 구덩이에 내려간 자

와 함께 땅 깊은 곳 예로부터 황폐한 곳에 살게 하리라 네가 다시는 사람이 거주하는 곳이 되지 못하리니 살아 있는 자의 땅에서 영광을 얻지 못하리라"(20) 합니다. 주목하게 되는 것은 두 번이나 강조하고 있는, "구덩이에 내려가는 자"라는 말과 다섯 번이나 강조하고 있는 "다시는"(13,14,20,21,21)이라는 표현입니다.

③ 그리하여

㉠ "다시는 영광을 얻지 못하리라(20하)

㉡ 다시는 있지 못하게 하리니

㉢ 다시는 영원히 만나지 못하리라"(21), 즉 영원히 멸망 당하고 말리라 하십니다.

그리고 26장의 핵심도 변함이 없이 "그들이 나를 여호와인 줄을 알리라"(6)는 말씀에 있습니다. 구원하심도, 심판하심도 "나를 여호와인 줄 알리라"는 자기 계시를 하기 위해서입니다. 이것이 "만민의 문이 깨어졌다고 좋아한 두로의 심판"입니다.

④ 묵상해보겠습니다.

㉠ 두로와 바벨론의 심판을 특별나게 말씀하는 의도에 대해서

㉡ 만민의 문이 깨어져 내게로 돌아왔다는 구속사적 의미에 대해서

㉢ 두로의 심판을 통해 말씀하시려는 핵심이 무엇인가에 대해서.

에스겔 27장 개관도표

주제 : 영화가 극에 달한 두로 문명의 심판

나는 온전히 아름답다	1-25 1 여호와의 말씀이 내게 임하여 이르시되 2 인자야 너는 두로를 위하여 슬픈 노래를 지으라 3 너는 두로를 향하여 이르기를 바다 어귀에 거주하면서 여러 섬 백성과 거래하는 자여 주 여호와께서 이같이 말씀하시되 두로야 네가 말하기를 ① **나는 온전히 아름답다 하였도다** 4 네 땅이 바다 가운데에 있음이여 너를 지은 자가 **네 아름다움을 온전하게 하였도다** 5 스닐의 잣나무로 네 판자를 만들었음이여 너를 위하여 레바논의 백향목을 가져다 돛대를 만들었도다 6 바산의 상수리나무로 네 노를 만들었음이여 깃딤 섬 황양목에 상아로 꾸며 갑판을 만들었도다 7 애굽의 수 놓은 가는 베로 돛을 만들어 깃발을 삼았음이여 엘리사 섬의 청색 자색 베로 차일을 만들었도다 8 시돈과 아르왓 주민들이 네 사공이 되었음이여 두로야 네 가운데에 있는 지혜자들이 네 선장이 되었도다 9 그발의 노인들과 지혜자들이 네 가운데에서 배의 틈을 막는 자가 되었음이여 바다의 모든 배와 그 사공들은 네 가운데에서 **무역하였도다** 10 바사와 룻과 붓이 네 군대 가운데에서 병정이 되었음이여 네 가운데에서 방패와 투구를 달아 네 영광을 나타냈도다 11 아르왓 사람과 네 군대는 네 사방 성 위에 있었고 용사들은 네 여러 망대에 있었음이여 네 사방 성 위에 방패를 달아 네 아름다움을 온전하게 하였도다 12 다시스는 각종 보화가 풍부하므로 너와 거래하였음이여 은과 철과 주석과 납을 ② **네 물품과 바꾸어 갔도다** 13 야완과 두발과 메섹은 네 상인이 되었음이여 사람과 놋그릇을 가지고 네 상품을 **바꾸어 갔도다** 14 도갈마 족속은 말과 군마와 노새를 네 물품과 **바꾸었으며** 15 드단 사람은 네 상인이 되었음이여 여러 섬이 너와 거래하여 상아와 박달나무를 네 물품과 **바꾸어 갔도다** 16 너의 제품이 풍부하므로 아람은 너와 거래하였음이여 남보석과 자색 베와 수 놓은 것과 가는 베와 산호와 홍보석을 네 물품과 **바꾸어 갔도다** 17 유다와 이스라엘 땅 사람이 네 상인이 되었음이여 민닛 밀과 과자와 꿀과 기름과 유향을 네 물품과 **바꾸어 갔도다** 18 너의 제품이 많고 각종 보화가 풍부하므로 다메섹이 너와 거래하였음이여 헬본 포도주와 흰 양털을 너와 **거래하였도다** 19 워단과 야완은 길쌈하는 실로 네 물품을 거래하였음이여 가공한 쇠와 계피와 대나무 제품이 네 상품 중에 있었도다 20 드단은 네 상인이 되었음이여 말을 탈 때 까는 천을 너와 **거래하였도다** 21 아라비아와 게달의 모든 고관은 네 손아래 상인이 되어 어린 양과 숫양과 염소들, 그것으로 너와 **거래하였도다** 22 스바와 라아마의 상인들도 너의 상인들이 됨이여 각종 극상품 향 재료와 각종 보석과 황금으로 네 물품을 **바꾸어 갔도다** 23 하란과 간네와 에덴과 스바와 앗수르와 길맛의 장사꾼들도 너의 상인들이라 24 이들이 아름다운 물품 곧 청색 옷과 수 놓은 물품과 빛난 옷을 백향목 상자에 담고 노끈으로 묶어 가지고 너와 거래하여 네 물품을 **바꾸어 갔도다** 25 다시스의 배는 떼를 지어 네 화물을 나르니 **네가 바다 중심에서 풍부하여 영화가 매우 크도다**
적막한 자가 누구인고	26-36 26 네 사공이 너를 인도하여 큰 물에 이르게 함이여 동풍이 바다 한가운데에서 ③ **너를 무찔렀도다** 27 네 재물과 상품과 바꾼 물건과 네 사공과 선장과 네 배의 틈을 막는 자와 네 상인과 네 가운데에 있는 모든 용사와 네 가운데에 있는 모든 무리가 네가 패망하는 날에 다 바다 한가운데에 빠질 것임이여 28 네 선장이 부르짖는 소리에 물결이 흔들리리로다 29 노를 잡은 모든 자와 사공과 바다의 선장들이 다 배에서 내려 언덕에 서서 30 너를 위하여 크게 소리 질러 통곡하고 티끌을 머리에 덮어쓰며 재 가운데에 뒹굴며 31 그들이 다 너를 위하여 머리털을 밀고 굵은 베로 띠를 띠고 마음이 ④ **아프게 슬피 통곡하리로다** 32 그들이 통곡할 때에 너를 위하여 슬픈 노래를 불러 애도하여 말하기를 두로와 같이 바다 가운데에서 ⑤ **적막한 자 누구인고** 33 네 물품을 바다로 실어 낼 때에 네가 여러 백성을 풍족하게 하였음이여 네 재물과 무역품이 많으므로 세상 왕들을 풍부하 게 하였었도다 34 네가 바다 깊은 데에서 파선한 때에 네 무역품과 네 승객이 다 빠졌음이여 35 섬의 주민들이 너로 말미암아 놀라고 왕들이 심히 두려워하여 얼굴에 근심이 가득하도다 36 많은 민족의 상인들이 다 너를 비웃음이여 네가 공포의 대상이 되고 네가 영원히 다시 있지 못하리라 하셨느니라

27 장

영화가 극에 달한 두로 문명의 심판

> [25]다시스의 배는 떼를 지어 네 화물을 나르니 네가 바다 중심
> 에서 풍부하여 영화가 매우 크도다

27장의 중심점은 "영화가 극에 달한 두로 문명의 심판"에 있습니다. 27장과 맥을 같이 하는 것이 계시록 18장에 등장하는 바벨 문명의 심판예언입니다. 이는 영화가 극에 달한 세속문명의 심판에 대한 예표인 것입니다. 도표를 보시면 "네 영화가 매우 크도다"를 중심으로,

① "네가 말하기를 나는 온전히 아름답다"고 교만하면서

② "네 물품을 무역하였도다" 합니다. "무역하였도다"는 말이 열두 번이나 등장합니다.

③ 그런 "너를 무찔렀도다"고 심판하실 것을 경고하면서

④ "마음이 아프게 통곡하리라"

⑤ "적막한 자가 누구인고"하고 그의 종말을 예고합니다. "온전히 아름답다 한 세속문명이 적막하게 되고, 통곡하리라"는 말씀입니다. 이를 두 단원으로 나누어 상고하겠습니다.

첫째 단원(1–25) **나는 온전히 아름답다**
둘째 단원(26–36) **적막한 자가 누구인고**

첫째 단원(1–25) **나는 온전히 아름답다**

"너는 두로를 향하여 이르기를 바다 어귀에 거주하면서 여러 섬 백성과 거래하는 자여 주 여호와께서 이같이 말씀하시되 두로야 네가 말하기를 나는 온전히 아름답다 하였도다"(3).

① 첫째 단원의 중심점은 "네가 말하기를 나는 온전히 아름답다 하였도다"(3)에 있습니다. 이는 번영과 세속적인 영화로 자고(自高)하는 말입니다. 이들을 향해서 하나님은 "여호와의 말씀이 내게 임하여 이르시되 인자야 너는 두로를 위하여 슬픈 노래를 지으라"(1-2) 하십니다. 이는 영화가 극에 달한 세속문명이 종말에 이르렀기 때문입니다.

② "네 땅이 바다 가운데에 있음이여 너를 지은 자가 네 아름다움을 온전하게 하였도다"(4) 하고, 11절에서도 "네 아름다움을 온전하게 하였도다"고 말씀하는데 무슨 뜻인가? "너를 지은 자"

란 하나님을 가리키는 말이 아니라 세속문명을 이루게 한자들을 가리키는 말입니다. 그러므로 5-11절 안에는 "만들었다"는 말이 여섯 번(5,5,6,6,7,7), "되었도다"는 말이 네 번(8,8,9,10)이나 등장합니다. 이들이 세속문명을 이루게 한자들입니다. 그리하여 "아르왓 사람과 네 군대는 네 사방 성 위에 있었고 용사들은 네 여러 망대에 있었음이여 네 사방 성 위에 방패를 달아 네 아름다움을 온전하게 하였도다"(11)고 과시합니다.

③ "아름다움을 온전하게 하였다"는 말을 반복적(4,11)으로 강조하고 있는 것은 세속문명이 극도에 달했음을 나타내기 위해서입니다. 창세기 4장에는 가인의 계보가 나오는데, "육축 치는 자의 조상이 되었고, 수금과 퉁소를 잡는 모든 자의 조상이 되었으며"(20,21), "동철로 각양 날카로운 기계를 만드는 자"(22)의 조상(祖上)이 되었다고 말씀합니다. 이처럼 인간을 타락시키는 세속문명은 뱀의 후손들의 산물이었던 것입니다.

④ "다시스는 각종 보화가 풍부하므로 너와 거래하였음이여 은과 철과 주석과 납을 네 물품과 바꾸어 갔도다"(12) 합니다. 12-25절 안에는 "바꾸어 갔도다"는 말이 열한 번이나 등장하는데, 네트워크처럼 형성된 무역을 "바꾸어 갔다"는 말로 표현하고 있는 것입니다. 그러므로 거래하는 많은 품목과 교역국들이 등장하는데, 이는 마치 무역 전성시대인 오늘에 대한 묘사가 아닌가 여겨질 정도입니다. 그리고 결론은 "다시스의 배는 떼를 지어 네 화물을 나르니 네가 바다 중심에서 풍부하여 영화가 매우 크도다"(25) 합니다. 이것이 "나는 온전히 아름답다"고 자고하는 세속문명에 대한 묘사입니다. 이것이 "나는 온전히 아름답다"고 교만

한 현대문명의 그림자인 것입니다.

둘째 단원(26–36) 적막한 자가 누구인고

"그들이 통곡할 때에 너를 위하여 슬픈 노래를 불러 애도하여 말하기를 두로와 같이 바다 가운데에서 적막한 자 누구인고"(32).

① 둘째 단원의 중심점은 "적막(寂寞)한 자가 누구인고"에 있습니다. "온전히 아름답다와 적막(寂寞)"이 대비되어 있는데, 이처럼 번성하던 두로가 하루아침에 무덤처럼 적막하게 된다는 경고입니다. "네 사공이 너를 인도하여 큰물에 이르게 함이여 동풍이 바다 한가운데에서 너를 무찔렀도다"(26)고 "두로"를 무역선에 비유하여 말씀하면서 그 배가 침몰당함으로 적막하게 될 것을 말씀합니다.

② "다시스의 배는 떼를 지어 네 화물을 나르니 네가 바다 중심에서 풍부하여 영화가 매우 크도다"(25) 한 묘사는 떠들썩하고 흥청거리는 모습이 역력합니다. 그런데 "적막"이란 이와 대조되는 깊은 침묵(沈黙)을 의미합니다. 이 지구라는 호화여객선이 침몰하게 되는 날 그 후에 오는 것이 무엇인가? "적막" 그것뿐입니다.

③ "네 재물과 상품과 바꾼 물건과 네 사공과 선장과 네 배의 틈을 막는 자와 네 상인과 네 가운데에 있는 모든 용사와 네 가운데에 있는 모든 무리가 네가 패망하는 날에 다 바다 한가운데에 빠질 것임이여 네 선장이 부르짖는 소리에 물결이 흔들리로

다"(27-28) 합니다.

④ "노를 잡은 모든 자와 사공과 바다의 선장들이 다 배에서 내려 언덕에 서서 너를 위하여 크게 소리 질러 통곡하고 티끌을 머리에 덮어쓰며 재 가운데에 뒹굴며 그들이 다 너를 위하여 머리털을 밀고 굵은 베로 띠를 띠고 마음이 아프게 슬피 통곡하리로다"(29-31), 그리고 하는 말씀이 "그들이 통곡할 때에 너를 위하여 슬픈 노래를 불러 애도하여 말하기를 두로와 같이 바다 가운데에서 적막한 자 누구인고"(32) 할 것이라는 말씀입니다.

⑤ 어찌하여 두로의 멸망을,

㉠ "크게 소리 질러 통곡하고(30)

㉡ 마음이 아프게 슬피 통곡하고(31)

㉢ 심히 두려워하여 얼굴에 근심이 나타나도다"(35) 하고 요란스럽게 표현하고 있는가?

홍수심판 때도, 소돔 고모라의 유황불 심판 때도 이러했을 것입니다. 그리고 최후심판 때는 더욱 이러할 것이기 때문일 것입니다. 그러므로 27장의 결론은 "네가 영원히 다시 있지 못하리라"(36)는 말씀으로 마치고 있습니다. 이것이 "영화가 극에 달한 두로 문명의 심판" 곧 세속문명의 종말입니다. 성경은 영원한 멸망과 영원한 생명으로 갈라지게 되는 마지막이 다르다고 말씀합니다.

⑥ 묵상해보겠습니다.

㉠ "나는 온전히 아름답다"고 자고하는 말에 대해서

㉡ 두로 문명의 멸망을 유별나게 묘사하고 있는 구속사적 의미에 대해서

㉢ 영원히 다시 있지 아니할 멸망과 영원히 있을 영생에 대해서.

에스겔 28장 개관도표

주제 : 하나님의 자리에 앉았다는 두로 왕의 심판

타락한 천사의 예표인 두로왕	1-19 1 또 여호와의 말씀이 내게 임하여 이르시되 2 인자야 너는 두로 왕에게 이르기를 주 여호와께서 이같이 말씀하시되 네 마음이 교만하여 말하기를 **나는 신이라 내가 하나님의 자리 곧 바다 가운데에 앉아 있다 하도다** **네 마음이 하나님의 마음 같은 체할지라도 너는 사람이요 신이 아니거늘** 3 네가 다니엘보다 지혜로워서 은밀한 것을 깨닫지 못할 것이 없다 하고 4 네 지혜와 총명으로 재물을 얻었으며 금과 은을 곳간에 저축하였으며 5 네 큰 지혜와 네 무역으로 재물을 더하고 그 재물로 말미암아 네 마음이 교만하였도다 6 그러므로 주 여호와께서 이같이 말씀하셨느니라 네 마음이 하나님의 마음 같은 체하였으니 7 그런즉 내가 이방인 곧 ① **여러 나라의 강포한 자를 거느리고 와서 너를 치리니 그들이 칼을 빼어** 네 지혜의 아름다운 것을 치며 네 영화를 더럽히며 8 또 ② **너를 구덩이에 빠뜨려서** 너를 바다 가운데에서 죽임을 당한 자의 죽음 같이 바다 가운데에서 죽게 할지라 9 네가 너를 죽이는 자 앞에서도 내가 하나님이라고 말하겠느냐 너를 치는 자들 앞에서 사람일 뿐이요 신이 아니라 10 네가 이방인의 손에서 죽기를 할례 받지 않은 자의 죽음 같이 하리니 내가 말하였음이니라 주 여호와의 말씀이니라 하셨다 하라 11 여호와께서 이같이 말씀하시되 또 내게 임하여 이르시되 12 인자야 두로 왕을 위하여 슬픈 노래를 지어 그에게 이르기를 주 여호와의 말씀에 ③ **너는 완전한 도장이었고 지혜가 충족하며 온전히 아름다웠도다** 13 ④ **네가 옛적에 하나님의 동산 에덴에 있어서** 각종 보석 곧 홍보석과 황보석과 금강석과 황옥과 홍마노 와 창옥과 청보석과 남보석과 홍옥과 황금으로 단장하였음이여 네가 지음을 받던 날에 너를 위하여 소고와 비파가 준비되었도다 14 ⑤ **너는 기름 부음을 받고 지키는 그룹임이여** 내가 너를 세우매 네가 하나님의 성산에 있어서 불타는 돌들 사이에 왕래하였도다 15 네가 지음을 받던 날로부터 ⑥ **네 모든 길에 완전하더니 마침내 네게서 불의가 드러났도다** 16 네 무역이 많으므로 네 가운데에 강포가 가득하여 네가 범죄하였도다 너 지키는 그룹아 그러므로 내가 너를 더럽게 여겨 ⑦ **하나님의 산에서 쫓아냈고** 불타는 돌들 사이에서 멸하였도다 17 네가 아름다우므로 마음이 교만하였으며 네가 영화로우므로 네 지혜를 더럽혔음이여 내가 너를 땅에 던져 왕들 앞에 두어 그들의 구경 거리가 되게 하였도다 18 네가 죄악이 많고 무역이 불의하므로 네 모든 성소를 더럽혔음이여 내가 네 가운데에서 불을 내어 너를 사르게 하고 너를 보고 있는 모든 자 앞에서 너를 땅 위에 재가 되게 하였도다 19 만민 중에 너를 아는 자가 너로 말미암아 다 놀랄 것임이여 네가 공포의 대상이 되고 네가 영원히 다시 있지 못하리 로다 하셨다 하라
시돈의 심판	20-23 20 여호와의 말씀이 또 내게 임하여 이르시되 21 인자야 ⑧ **너는 얼굴을 시돈으로 향하고 그에게 예언하라** 22 너는 이르기를 주 여호와께서 이같이 말씀하시되 시돈아 내가 너를 대적하나니 네 가운데에서 내 영광이 나타나리라 하셨다 하라 내가 그 가운데에서 심판을 행하여 내 거룩함을 나타낼 때에 무리가 나를 여호와인 줄을 알지라 23 내가 그에게 전염병을 보내며 그의 거리에 피가 흐르게 하리니 사방에서 오는 칼에 상한 자가 그 가운데에 엎드러질 것인즉 무리가 나를 여호와인 줄을 알겠고
이스라엘 회복	24-26 24 이스라 엘 족속에게는 그 사방에서 그들을 멸시하는 자 중에 찌르는 가시와 아프게 하는 가시가 다시는 없으리니 내가 주 여호와인 줄을 그들이 알리라 25 주 여호와께서 이같이 말씀하셨느니라 ⑨ **내가 여러 민족 가운데에 흩어져 있는 이스라엘 족속을 모으고** 그들로 말미암아 여러 나라의 눈 앞에서 내 거룩함을 나타낼 때에 그들이 고국 땅 곧 내 종 야곱에게 준 땅에 거주할지라 26 그들이 그 가운데에 평안히 살면서 집을 건축하며 포도원을 만들고 그들의 사방에서 멸시하던 모든 자를 내가 심판할 때에 그들이 평안히 살며 내가 그 **하나님 여호와인 줄을 그들이 알리라**

28 장

하나님의 자리에 앉았다는 두로 왕의 심판

[2]인자야 너는 두로 왕에게 이르기를 주 여호와께서 이같이 말씀하시되 네 마음이 교만하여 말하기를 나는 신이라 내가 하나님의 자리 곧 바다 가운데에 앉아 있다 하도다 네 마음이 하나님의 마음 같은 체할지라도 너는 사람이요 신이 아니거늘

28장의 중심점은 "하나님의 자리에 앉았다는 두로 왕에 대한 심판"에 있습니다. 이를 중심으로

① 바벨론을 들어 심판하시되

② "내가 너를 구덩이에 빠뜨리겠다"

③ 그는 완전하게 지음을 받은 자요

④ 에덴에 있던 자요
⑤ 덮는 그룹이요
⑥ 완전한 자였으나 불의가 드러나
⑦ 하나님의 산에서 쫓겨났다고 말씀합니다. 그런 후에
⑧ "너는 시돈을 쳐서 예언하라" 하시면서
⑨ "내가 여러 민족 가운데에 흩어져 있는 이스라엘 족속을 모으고 고국 땅에 거주하게" 하시겠다고 회복을 말씀합니다. 그런데 이 모든 말씀의 핵심에는 네 번 등장하는 "무리가 나를 여호와인 줄을 알지라"(22,23,24,26)는 말씀이 자리잡고 있음을 놓치지 말아야 합니다. 이는 궁극적으로 하나님의 나라 회복을 전망하는 말씀인 것입니다. 28장은 도표에서 보시는 바대로 세 부분으로 되어있습니다. 1-19절은 "두로 왕"에 대한 심판이고, 20-24절은 "시돈"에 대한 심판이고, 25-26절은 "이스라엘에 대한 회복"을 말씀하는 내용입니다. 세 주제를 결부시키면 "두로 왕과 시돈을 심판하고 이스라엘을 회복시키신다"는 말씀이 됩니다. 이를 세 단원으로 나누어 상고하겠습니다.

첫째단원(1-19) **타락한 천사의 예표인 두로 왕**
둘째 단원(20-23) **시돈의 심판예언**
셋째 단원(24-26) **이스라엘에 대한 회복 약속**

첫째 단원(1–19) **타락한 천사의 예표인 두로 왕**

"여호와의 말씀이 내게 임하여 이르시되"(1),

① 첫째 단원의 중심점은 "타락한 천사의 예표인 두로 왕"에 있습니다. 두로의 심판(26장)과 두로의 문명에 대한 심판(27장)에 이어서, "인자야 너는 두로 왕에게 이르기를"(2상) 하면서 심판의 화살은 주체(主體)인 두로 왕(王)을 겨냥합니다. "주 여호와께서 이같이 말씀하시되 네 마음이 교만하여 말하기를 나는 신이라 내가 하나님의 자리 곧 바다 가운데에 앉아있다 하도다"(2중) 합니다. 주목하게 되는 것은 두로 왕이 심판을 당하게 되는 이유인데, 그것은 이스라엘을 대적했다는 간접적인 원인에 있는 것이 아니라

㉠ "네 마음이 교만하여 말하기를 나는 신이라 내가 하나님의 자리"에 앉았다고 하나님에 대한 도발에 있다는 점입니다. 얼마나 교만이 극에 달했는지를 말해주고 있는데

㉡ "네 마음이 하나님의 마음 같은 체할지라도 너는 사람이요 신(神)이 아니어늘"(2하) 하십니다.

② "네가 다니엘보다 지혜로워서 은밀한 것을 깨닫지 못할 것이 없다 하고 네 지혜와 총명으로 재물을 얻었으며 금과 은을 곳간에 저축하였으며 네 큰 지혜와 네 무역으로 재물을 더하고 그 재물로 말미암아 네 마음이 교만하였도다"(3-5) 합니다. "지혜"라는 말을 세 번 거듭함으로 그의 교만이 "마음 · 생각"의 지적(知的)인 교만임을 드러냅니다.

③ "그러므로 주 여호와께서 이같이 말씀하셨느니라 네 마음이

하나님의 마음 같은 체하였으니 그런즉 내가 이방인 곧 여러 나라의 강포한 자를 거느리고 와서 너를 치리니 그들이 칼을 빼어 네 지혜의 아름다운 것을 치며 네 영화를 더럽히며 또 너를 구덩이에 빠뜨려서 너를 바다 가운데에서 죽임을 당한 자의 죽음 같이 바다 가운데에서 죽게 할지라 네가 너를 죽이는 자 앞에서도 내가 하나님이라고 말하겠느냐 너를 치는 자들 앞에서 사람일 뿐이요 신이 아니라"(6-9) 하십니다. "하나님인 체"했다는 말이 네 번(2,2,6,9)이나 강조되어 있습니다.

④ 여기

㉠ "바다 중심에 앉았다(2)

㉡ 바다 중심에서 죽게 할지라"(8)고

두로 왕의 거처가 "바다"임을 강조하고 있는 것도, 두로의 도성이 바다에 둘러있다는 지리적인 여건만을 의미하는 것으로 여겨지지 않습니다. 왜냐하면 계시록에서 "내가 보니 바다에서 한 짐승이 나오는데"(계 13:1) 하고 하나님을 대적하는 적그리스도의 거처가 "바다"라고 말씀하고 있기 때문입니다. 하나님의 보좌는 "바다 중심"에 있는 것이 아니라 "하늘"에 있습니다. 그러니까 "하늘 보좌와 바다 보좌"의 대결(對決) 구도라는 점입니다.

⑤ 또한 두로 왕은 "나는 신이라 내가 하나님의 자리 곧 바다 가운데에 앉아있다 하도다"(2)고 말하는데 신약성경은 적그리스도에 대해서 "그는 대적하는 자라 신이라고 불리는 모든 것과 숭배함을 받는 것에 대항하여 그 위에 자기를 높이고 하나님의 성전에 앉아 자기를 하나님이라고 내세우느니라"(살후 2:4)고 말씀한다는 점을 주목해야 할 것입니다.

나는 신이라 하나님의 자리에 앉았다

① 이 대목은 논란이 많은 말씀입니다. 그런데 우리를 더욱 놀라게 하는 것은 11-19절에 묘사된 두로 왕의 지위(地位)와 타락(墮落)입니다.

㉠ "너는 완전한 도장(印)이었고"

㉡ "지혜가 충족하며 온전히 아름다웠도다"(12)

㉢ "네가 옛적에 하나님의 동산 에덴에 있었고"(13)

㉣ "너는 기름 부음을 받고 지키는 그룹이었다"(14)고 말합니다. "완전한, 온전히", 이것이 육적 두로 왕의 지위(地位)였단 말인가?

② 그렇다면 두로 왕을 이렇게 묘사하는 의도가 무엇인가 하는 점입니다. 지금 문맥은 분명히 두로 왕에 대한 심판을 말씀하는 문맥입니다. 그런데

㉠ "네가 옛적에 하나님의 동산 에덴에 있었다"는 말씀을 통해서 하나님의 형상대로 지음을 받은 "아담의 타락"을 연상하게 되고

㉡ "너는 기름 부음을 받고 지키는 그룹임이었다"는 묘사를 통해서 "타락한 천사"(벧후 2:4)를 상기한다는 것은 자연스러운 일입니다.

신약성경은 "그가 또한 우리를 새 언약의 일꾼 되기에 만족하게 하셨으니 율법 조문으로 하지 아니하고 오직 영으로 함이니"(고후 3:6)하고, 새 언약의 일꾼, 즉 복음이 밝히 드러난 후에는 조문, 즉 문자만 보는 것이 아니라고 말씀합니다. 그러한 예를 들면 에베소서 5장은 분명한 "아내와 남편"에 대한 권면입니다. 그런데 사도는 "그러므로 사람이 부모를 떠나 그의 아내와 합하여 그 둘이 한 육체가 될지니 이 비밀이 크도다 나는 그리스도와 교회에 대하여 말하노라"(엡 5:31-32)고 놀랍게도 연합교리를 보고

있는 것과 같은 이치입니다.

③ 이처럼 예언에는 복합적(複合的)인 의미가 있는 것입니다.

㉠ "네가 지음을 받던 날로부터 네 모든 길에 완전하더니 마침내 네게서 불의가 드러났도다"(15)

㉡ "네 무역이 많으므로 네 가운데에 강포가 가득하여 네가 범죄하였도다

㉢ 너 지키는 그룹아 그러므로 내가 너를 더럽게 여겨 하나님의 산에서 쫓아냈고 불타는 돌들 사이에서 멸하였도다"(16)

㉣ "네가 아름다우므로 마음이 교만하였으며 네가 영화로우므로 네 지혜를 더럽혔음이여 내가 너를 땅에 던져 왕들 앞에 두어 그들의 구경거리가 되게 하였도다"(17) 하십니다. 이런 묘사가 두로 왕만을 염두에 두고 하는 말씀이겠습니까?

네가 옛적에 하나님의 동산 에덴에 있었고

① 이런 예언의 복합성(複合性)은 이사야 14장에서도 드러납니다. "너는 바벨론 왕에 대하여 이 노래를 지어 이르기를"(사 14:4)하고 문맥은 분명 바벨론 왕의 교만을 책망하는 문맥입니다. 그런데,

㉠ "너 아침의 아들 계명성이여"

㉡ "어찌 그리 하늘에서 떨어졌으며 너 열국을 엎은 자여 어찌 그리 땅에 찍혔는고"

㉢ "네가 네 마음에 이르기를 내가 하늘에 올라 하나님의 뭇 별 위에 나의 자리를 높이리라"

㉣ "가장 높은 구름에 올라가 지극히 높은 자와 같아지리라 하는도다"

㉤ "그러나 이제 네가 스올 곧 구덩이의 맨 밑에 떨어짐을 당하리로다"

(사 14:12-15)라는 진술이 어찌 육적 바벨론 왕만을 염두에 두고 하는 말씀이겠는가?

② 두로 왕에 대한 심판예언은 "만민 중에 너를 아는 자가 너로 말미암아 다 놀랄 것임이여 네가 공포의 대상이 되고 네가 영원히 다시 있지 못하리로다 하셨다 하라"(19)는 말씀으로 끝나고 있는데, 27장 마지막 절에서도 "다 너를 비웃음이여 네가 공포의 대상이 되고 네가 영원히 다시 있지 못하리라 하셨느니라"(36)고 마치고 있습니다.

다시 상기시킵니다만

㉠ 바벨론은 "이방인의 때" 즉 이 세상의 심판에 대한 예표요

㉡ 두로 왕은 주님께서 "이 세상 임금이 쫓겨나리라, 이 세상 임금이 심판을 받았음이니라"(요 12:31, 16:11) 하신 "이 세상 임금" 즉 사탄의 심판에 대한 예표로 등장한다는 점입니다. 이것이 "하나님의 자리에 앉았다는 두로 왕의 심판"입니다.

둘째 단원(20-23) **시돈의 심판예언**

"여호와의 말씀이 또 내게 임하여 이르시되"(20),

① 둘째 단원의 중심점은 "시돈의 심판예언"입니다. "인자야 너는 얼굴을 시돈으로 향하고 그에게 예언하라"(21) 하십니다. 그런데 본문에는 시돈이 심판을 받게 되는 이유가 별도로 없다는 점입니다. 왜냐하면 시돈이 두로와 같은 베니게의 도시국가요, 그래서 "두로와 시돈"을 함께 언급하는 경우가 많은데, "시돈"이 심판을 당하게 되는 이유도 두로와 마찬가지로 "아하 좋다 만민의

문이 깨어져서 내게로 돌아왔도다"(26:2)고 예루살렘의 멸망을 좋아했기 때문이라는 것이 됩니다. 이 점에서 상기하게 되는 것은 저 악명 높은 "이세벨"이 "시돈 사람의 왕 엣바알의 딸 이세벨"(왕상 17:31)이라는 사실입니다. 그녀가 바알 숭배를 이스라엘에 퍼뜨린 것을 통해서 시돈의 영적상태를 짐작하게 됩니다.

② 그래서 "너는 이르기를 주 여호와께서 이같이 말씀하시되 시돈아 내가 너를 대적하나니 네 가운데에서 내 영광이 나타나리라 하셨다 하라 내가 그 가운데에서 심판을 행하여 내 거룩함을 나타낼 때에 무리가 나를 여호와인 줄을 알지라"(22) 하십니다. 22절의 "영광이 나타나리라, 거룩함을 나타낼 때에"라는 언급은 "심판"을 통해서 나타내는 영광과 거룩함을 의미합니다.

③ "내가 그에게 전염병을 보내며 그의 거리에 피가 흐르게 하리니 사방에서 오는 칼에 상한 자가 그 가운데에 엎드러질 것인즉 무리가 나를 여호와인 줄을 알겠고"(23) 하십니다. 또한 본 단원에서도 "나를 여호와인 줄 알리라"는 말씀을 두 번이나 강조하십니다. 은혜를 통해서 여호와인 줄을 깨닫지 못하는 자에게는, 심판을 통해서 "여호와인 줄을 알게" 하신다는 말씀입니다. 이것이 "시돈의 심판예언"입니다.

셋째 단원(24–26) **이스라엘에 대한 회복 약속**

"이스라엘 족속에게는 그 사방에서 그들을 멸시하는 자 중에 찌르는 가시와 아프게 하는 가시가 다시는 없으리니 내가 주 여호와인 줄을 그들이 알리라"(24).

① 셋째 단원의 중심점은, "이스라엘에 대한 회복 약속"입니다. 회복을 약속하는 말씀이 열방에 대한 심판예언(25-32장)의 중심에 자리 잡고 있다는 것은 열방심판을 말씀하는 의도를 밝혀주기 위해서입니다.

㉠ 열방에 대한 심판예언은 열방들 들으라고 하시는 말씀이 아닙니다. 진노 중에서도 긍휼을 베푸셔서 자기 백성들을 위로하고 격려하기 위해서입니다.

㉡ 같은 시대적인 배경에서 기록된 다니엘서에서도 "옛적부터 항상 계신 이가 와서 지극히 높으신 이의 성도들을 위하여 원한을 풀어 주셨고 때가 이르매 성도(聖徒)들이 나라를 얻었더라, 나라와 권세와 온 천하 나라들의 위세가 지극히 높으신 이의 거룩한 백성에게 붙인 바 되리니 그의 나라는 영원한 나라이라 모든 권세 있는 자들이 다 그를 섬기며 복종하리라"(단 7:22,27)고 격려하시는 말씀을 대하게 됩니다.

② 5:5절에서 예루살렘을 "이방인 가운데에 두어 나라들이 둘러있게 하였다"고 말씀했는데 이처럼 둘러있는 열방들이, "찌르는 가시와 아프게 하는 가시" 역할을 했던 것입니다. 그러므로 장래에는 "찌르는 가시와 아프게 하는 가시가 다시는 없으리니 그들이 나를 여호와인 줄 알리라"(24)고 격려하시는 것입니다.

③ "주 여호와께서 이같이 말씀하셨느니라 내가 여러 민족 가운데에 흩어져 있는 이스라엘 족속을 모으고 그들로 말미암아 여러 나라의 눈앞에서 내 거룩함을 나타낼 때에 그들이 고국 땅 곧 내 종 야곱에게 준 땅에 거주할지라"(25)고 돌아오게 하실 회복을 말씀하십니다. 그리하여 "그들이 그 가운데에 평안히 살면서 집을 건축하며 포도원을 만들고 그들의 사방에서 멸시하던 모든

자를 내가 심판할 때에 그들이 평안히 살며 내가 그 하나님 여호와인 줄을 그들이 알리라"(26) 하십니다. 이는 메시아 왕국에 대한 전망(展望)인 것입니다.

④ "내 거룩함을 나타낸다"는 말이 22절과 25절에 나오는데, 22절은 "심판"을 통해서 나타내시는 거룩함이요, 25절은 "회복"을 통해서 나타내시는 거룩함입니다. 회복에 대한 본격적인 예언은 "그 성이 함락되었다"는 33:21절 이후에 나옵니다만 열방에 대한 심판예언 중간에 잠시 이를 언급하고 있는 것은, "너희를 향한 나의 생각을 내가 아나니 평안이요 재앙이 아니니라 너희에게 미래와 희망을 주는 것이니라"(렘 29:11)임을 나타내기 위한 하나님의 마음입니다.

⑤ 그러므로 다시 강조합니다만, 핵심은 "나를 그 하나님 여호와인 줄 알리라", 즉 믿지 않는 자들에게는 "심판 주되시는 하나님, 믿는 자들에게는 구원의 하나님"으로 알리시려는 것입니다. 그래서 "나를 여호와인 줄 알리라"고 네 번(22,23,24,26) 강조하고 있는 것입니다. "그러므로 우리가 여호와를 알자 힘써 여호와를 알자"(호 6:3)하는 이보다 긴급하고도 중요한 일이란 달리 없는 것입니다. 이것이 "하나님의 자리에 앉았다는 두로 왕과 시돈의 심판이요, 이스라엘에 대한 회복"입니다.

⑥ 묵상해보겠습니다.

㉠ 두로 왕 심판에 대한 구속사적 의미에 대해서

㉡ 열방에 대한 심판예언 중간에 이스라엘의 회복을 말씀하는 의도에 대해서

㉢ 네 번 등장하는 "여호와인 줄 알리라"에 대해서.

에스겔 29장 개관도표

주제 : 갈대 지팡이 같은 애굽에 대한 심판예언

강들 중에 누운 큰 악어	1-16 1 열째 해 열째 달 열두째 날에 여호와의 말씀이 내게 임하여 이르시되 2 인자야 너는 ① **애굽의 바로 왕과 온 애굽으로 얼굴을 향하고 예언하라** 3 너는 말하여 이르기를 주 여호와께서 이같이 말씀하시되 애굽의 바로 왕이여 내가 너를 대적하노라 너는 자기의 ② **강들 가운데에 누운 큰 악어라** **스스로** 이르기를 나의 이 강은 내 것이라 내가 나를 위하여 만들었다 하는도다 4 **내가 갈고리로 네 아가미를 꿰고** 너의 강의 고기가 네 비늘에 붙게 하고 네 비늘에 붙은 강의 모든 고기와 함께 너를 너의 강들 가운데에서 끌어내고 5 너와 너의 강의 모든 고기를 들에 던지리니 네가 지면에 떨어지고 다시는 거두거나 모으지 못할 것은 내가 너를 들짐승과 공중의 새의 먹이로 주었음이라 6 애굽의 모든 주민이 내가 여호와인 줄을 알리라 **애굽은 본래 이스라엘 족속에게 갈대 지팡이라** 7 **그들이 너를 손으로 잡은즉 네가 부러져서 그들의 모든 어깨를 찢었고** **그들이 너를 의지한즉 네가 부러져서 그들의 모든 허리가 흔들리게 하였느니라** 8 그러므로 주 여호와께서 이같이 말씀하셨느니라 내가 칼이 네게 임하게 하여 네게서 사람과 짐승을 끊은즉 9 ③ **애굽 땅이 사막과 황무지가 되리니** 내가 여호와인 줄을 그들이 알리라 네가 스스로 이르기를 이 강은 내 것이라 내가 만들었다 하도다 10 그러므로 내가 너와 네 강들을 쳐서 애굽 땅 믹돌에서부터 수에네 곧 구스 지경까지 황폐한 황무지 곧 사막이 되게 하리니 11 그 가운데로 사람의 발도 지나가지 아니하며 짐승의 발도 지나가지 아니하고 거주하는 사람이 없이 사십 년이 지날지라 12 내가 애굽 땅을 황폐한 나라들 같이 황폐하게 하며 애굽 성읍도 사막이 된 나라들의 성읍 같이 사십 년 동안 황폐하게 하고 애굽 사람들은 각국 가운데로 흩으며 여러 민족 가운데로 헤치리라 13 주 여호와께서 이같이 말씀하셨느니라 ⑤ **사십 년 끝에 내가 만민 중에 흩은 애굽 사람을 다시 모아 내되** 14 애굽의 사로잡힌 자들을 돌이켜 바드로스 땅 곧 그 고국 땅으로 돌아가게 할 것이라 그들이 거기에서 미약한 나라가 되되 15 나라 가운데에 지극히 미약한 나라가 되어 다시는 나라들 위에 스스로 높이지 못하리니 내가 그들을 감하여 다시는 나라들을 다스리지 못하게 할 것임이라 16 그들이 다시는 이스라엘 족속의 의지가 되지 못할 것이요 이스라엘 족속은 돌이켜 그들을 바라보지 아니하므로 그 죄악이 기억되지 아니하리니 **내가 여호와인 줄을 그들이 알리라** 하셨다 하라
바벨론을 들어서 심판	17-21 17 스물일곱째 해 첫째 달 초하루에 여호와의 말씀이 내게 임하여 이르시되 18 인자야 바벨론의 느부갓네살 왕이 그의 군대로 두로를 치게 할 때에 크게 수고하여 모든 머리털이 무지러졌고 모든 어깨가 벗어졌으나 그와 군대가 그 수고한 대가를 두로에서 얻지 못하였느니라 19 그러므로 주 여호와께서 이같이 말씀하셨느니라 내가 ④ **애굽 땅을 바벨론의 느부갓네살 왕에게 넘기리니** 그가 그 무리를 잡아가며 물건을 노략하며 빼앗아 갈 것이라 이것이 그 군대의 보상이 되리라 20 그들의 수고는 나를 위하여 함인즉 그 대가로 내가 애굽 땅을 그에게 주었느니라 주 여호와의 말씀이니라 21 그 날에 나는 ⑥ **이스라엘 족속에게 한 뿔이 돋아나게 하고 내가 여호와인 줄을 그들이 알리라** 나는 또 네가 그들 가운데에서 입을 열게 하리니

29 장

갈대 지팡이 같은 애굽에 대한 심판예언

[6]애굽의 모든 주민이 내가 여호와인 줄을 알리라 애굽은 본래 이스라엘 족속에게 갈대 지팡이라

29장부터 32장까지는 애굽에 대한 심판예언입니다. 두로의 심판을 특이하게 예언한 선지자는 애굽에 대해서도 네 장이나 할애하여 장황하게 예언하고 있습니다. 이는 이스라엘의 역사를 말할 때 애굽이 중요한 비중을 차지하기 때문으로 여겨집니다. 처음에는 귀빈 대접하던 야곱의 족속들을 후에는 노예로 부려먹은 것이 애굽입니다. 그럼에도 불구하고 이스라엘 백성들은 애굽에 대한 미련을 버리지 못하고 출애굽 과정에서 애굽을 동경하면서 번번

이 "애굽으로 돌아가자"하고 반역했던 것입니다. 이런 "애굽"이 우리에게는 "이 세상을 사랑하는 것"으로 적용된다고 하겠습니다. 이점을 본문 관찰에서 보게 될 것입니다. 다시 상기시킵니다만 우리는 지금 여러 나라에 대한 심판예언(25-32장)을 상고하고 있는 중입니다. 이 말씀이 오늘의 우리에게는 어떻게 적용되는가? 이 그림자를 통해서 종말적인 심판을 바라보아야 의미가 있게 되는 것입니다.

29장의 중심점은 애굽이 이스라엘에게는 "갈대 지팡이와 같다"는데 있습니다. "지팡이"란 연약한 자가 의지하는 것인데, 어찌하여 애굽을 갈대 지팡이라 하는가? 첫째는 "갈대 지팡이"는 의지할만한 것이 못 되기 때문이요, 둘째는 의지가 되기는커녕 부러져서 도리어 손이나 어깨를 찔러 상하게 하기 때문입니다. 애굽이 이스라엘에게 그러했던 것입니다. 도표를 보시면 "애굽은 본래 이스라엘 족속에게 갈대 지팡이라"를 중심으로,

① "애굽으로 낯을 향하고 쳐서 예언하라"하시면서

② "강들에 누운 큰 악어라" 하십니다.

③ 그러므로 "애굽 땅이 사막과 황무지가 되리라"

④ "바벨론 왕에게 붙일 것이라"

⑤ 그러나 "40년 후에 다시 모을 것이라" 하시면서

⑥ "이스라엘 족속에게 한 뿔이 솟아나게" 하리라고 약속하십니다. 이를 두 단원으로 나누어 상고하겠습니다.

첫째 단원(1-16) **강들 가운데에 누운 큰 악어**

둘째 단원(17-21) **애굽을 느부갓네살에게 주리라**

첫째 단원(1–16) 강들 가운데에 누운 큰 악어

"너는 말하여 이르기를 주 여호와께서 이같이 말씀하시되 애굽의 바로 왕이여 내가 너를 대적하노라 너는 자기의 강들 가운데에 누운 큰 악어라 스스로 이르기를 나의 이 강은 내 것이라 내가 나를 위하여 만들었다 하는도다"(3).

① 첫째 단원의 중심점은 애굽은 "강들 가운데에 누운 큰 악어"라는 말씀에 있습니다. "열째 해 열째 달 열두째 날에 여호와의 말씀이 내게 임하여 이르시되 인자야 너는 애굽의 바로 왕과 온 애굽으로 얼굴을 향하고 예언하라"(1-2) 하십니다.

② "너는 말하여 이르기를 주 여호와께서 이같이 말씀하시되

㉠ 애굽의 바로 왕이여 내가 너를 대적하노라

㉡ 너는 자기의 강들 가운데에 누운 큰 악어라

㉢ 스스로 이르기를 나의 이 강은 내 것이라 내가 나를 위하여 만들었다 하는도다"(3)고 책망하십니다.

바로를 강들 가운데에 누운 "큰 악어"라고 말씀함은 하나님의 백성들을 대적했기 때문입니다. 이사야 27:1절에서는 "그날에 여호와께서 그의 견고하고 크고 강한 칼로 날랜 뱀 리워야단을 벌하시며 바다에 있는 용을 죽이시리라" 합니다.

③ "내가 갈고리로 네 아가미를 꿰고 너의 강의 고기가 네 비늘에 붙게 하고 네 비늘에 붙은 강의 모든 고기와 함께 너를 너의 강들 가운데에서 끌어내고 너와 너의 강의 모든 고기를 들에 던지리니 네가 지면에 떨어지고 다시는 거두거나 모으지 못할 것은 내가 너를 들짐승과 공중의 새의 먹이로 주었음이라"(4-5) 하십니다. 이는 애굽 왕과 백성들이 함께 심판을 당하게 될 것을

가리키는데 그 때에 "애굽의 모든 주민이 내가 여호와인 줄을 알리라"(6상) 하십니다. 출애굽 당시도 열 가지 재앙을 통해서 하나님의 하나님 되심을 알리셨습니다.

④ "애굽은 본래 이스라엘 족속에게 갈대 지팡이라 그들이 너를 손으로 잡은즉 네가 부러져서 그들의 모든 어깨를 찢었고 그들이 너를 의지한즉 네가 부러져서 그들의 모든 허리가 흔들리게 하였느니라"(6하-7) 합니다. 여기서 "그들"이란 애굽을 의지한 이스라엘을 가리키는데, 열왕기하에서도 "이제 네가 너를 위하여 저 상한 갈대 지팡이 애굽을 의뢰하도다"(왕하 18:21)하고, 이사야서에서도 "보라 네가 애굽을 믿는도다 그것은 상한 갈대 지팡이와 같은 것이라 사람이 그것을 의지하면 손에 찔리리니 애굽왕 바로는 그를 믿는 모든 자에게 이와 같으니라"(사 36:6)고 말씀합니다.

⑤ 이점은 이미 17장에서 경고하신 바인데, 바벨론이라는 독수리가 심은 포도나무 즉 유다의 왕이 "날개가 크고 털이 많은 큰 독수리"(17:7)로 상징된 애굽으로 뿌리를 뻗다가, 즉 의지하다가 멸망하게 되리라(17:6-7)고 말씀했습니다. 그런데도 이스라엘은 갈대 지팡이 같은 애굽을 줄기차게 의지하다가 아무런 도움도 얻지 못하고 패망하고 만 것입니다.

⑥ "주 여호와께서 이같이 말씀하셨느니라 사십 년 끝에 내가 만민 중에 흩은 애굽 사람을 다시 모아내되 애굽의 사로잡힌 자들을 돌이켜 바드로스 땅 곧 그 고국 땅으로 돌아가게 할 것이라 그들이 거기에서 미약한 나라가 되되 나라 가운데에 지극히 미약한 나라가 되어 다시는 나라들 위에 스스로 높이지 못하리니 내

가 그들을 감하여 다시는 나라들을 다스리지 못하게 할 것임이라"(13-15) 하십니다. 이는 바벨론이 바사에 의하여 멸망 당하게 되어 이스라엘의 포로들이 돌아오게 될 때 애굽도 회복될 것이나 "미약한 나라"가 될 것을 가리킵니다. 애굽의 역사박물관에 전시된 유물들을 보노라면 화려했던 옛날의 번영에 경탄을 금할 수 없게 합니다. 그토록 명성을 떨치던 애굽은 예언대로 미약한 나라로 전락하고 말았던 것입니다. 이것이 "강들 가운데에 누운 큰 악어"에 대한 심판예언입니다.

둘째 단원(17–21) 애굽을 느부갓네살에게 주리라

"인자야 바벨론의 느부갓네살 왕이 그의 군대로 두로를 치게 할 때에 크게 수고하여 모든 머리털이 무지러졌고 모든 어깨가 벗어졌으나 그와 군대가 그 수고한 대가를 두로에서 얻지 못하였느니라"(18).

① 둘째 단원의 중심점은 "애굽을 느부갓네살에게 주리라"는데 있습니다. 이 계시는 "스물일곱째 해 첫째 달 초하루"(17)에 임했다 합니다. 연대로 하면 에스겔서 중에서 맨 나중에 임한 말씀인데 여기에 삽입한 것은 애굽이 누구에 의하여 멸망하게 되는가를 체계적으로 설명하기 위해서일 것입니다. "그러므로 주 여호와께서 이같이 말씀하셨느니라 내가 애굽 땅을 바벨론의 느부갓네살 왕에게 넘기리니 그가 그 무리를 잡아가며 물건을 노략하며 빼앗아 갈 것이라 이것이 그 군대의 보상이 되리라"(19) 하시는데 애굽이 바벨론에 의하여 정복당하게 될 것은 예레미야 43:10절과

44:30절에도 예언되어 있습니다.

② 20절에서 "그들(바벨론)의 수고는 나를 위함이라" 하신 뜻이 무엇인가? 하나님께서 두로를 심판하시기 위해서 바벨론의 느부갓네살을 들어 쓰신 것을 가리킵니다. 그때 바다로 둘러있는 두로를 공격하기 위한 진입로를 만들기 위해서 바벨론이 13년 동안이나 "모든 머리털이 무지러졌고 모든 어깨가 벗어질"(18) 정도로 부역하였으나 두로가 해상을 통해서 모든 보화를 도피시킨 후여서 전리품을 얻지 못했기 때문에 그 보상으로 "내가 애굽 땅을 바벨론의 느부갓네살 왕에게 넘기리니"(19) 하시는 것입니다.

③ 그런데 애굽에 대한 심판을 예언하는 중에 "그날에 나는 이스라엘 족속에게 한 뿔이 돋아나게"(21) 하겠다고 말씀하신다는 점을 주목하게 합니다. "뿔"은 권세 있는 자를 가리키는데 그렇다면 "한 뿔"이 누군가? 가까운 역사적인 문맥으로는 포로귀환을 영도한 스룹바벨을 가리키는 것으로 볼 수 있습니다만 이제까지 심판 중에 소망을 말씀하신 구속사라는 맥락으로 보면 궁극적으로는 "우리를 위하여 구원의 뿔을 그 종 다윗의 집에 일으키셨으니"(눅 1:69, 시 132:17) 한 그리스도에 대한 전망(展望)이라 하겠습니다. 왜냐하면 하나님께서 이루시려는 회복은 바벨론에서의 귀환이 아니라 사탄의 포로 된 자들을 돌아오게 하시는 데 있기 때문입니다. 이런 맥락에서 총독 스룹바벨도 그리스도에 대한 예표의 인물(슥 4장)이라 할 수 있습니다. 29장을 마치기 전에 "애굽은 본래 이스라엘 족속에게 갈대 지팡이라" 하시면서 "너를 손으로 잡은즉 네가 부러져서 그들의 모든 어깨를 찢었고 그들이 너를 의지한즉 네가 부러져서 그들의 모든 허리가 흔들리게 하였

느니라"(6-7)는 말씀은 우리에게 경계와 교훈을 준다고 하겠습니다. 이것이 "갈대 지팡이 같은 애굽에 대한 심판예언"입니다.

④ 묵상해보겠습니다.

㉠ 애굽이 우리에게 어떻게 적용되는가? "갈대 지팡이라" 하신 경계와 교훈에 대해서

㉡ 바로 왕을 큰 악어에 비유한 의미에 대해서

㉢ "한 뿔"의 구속사적 의미에 대해서

에스겔 30장 개관도표

주제 : 가깝고도 가까운 여호와의 날

여호와의 날 열국의 때	1-19 1 또 여호와의 말씀이 내게 임하여 이르시되 2 인자야 너는 예언하여 이르라 주 여호와께서 이와 같이 말씀하시되 너희는 통곡하며 이르기를 슬프다 이 날이여 하라 3 **그 날이 가깝도다 여호와의 날이 가깝도다 구름의 날일 것이요 여러 나라들의 때이리로다** 4 ① **애굽에 칼이 임할 것이라** 애굽에서 죽임 당한 자들이 엎드러질 때에 구스에 심한 근심이 있을 것이며 **애굽의 무리가 잡혀 가며** 그 터가 헐릴 것이요 5 구스와 붓과 룻과 모든 섞인 백성과 굽과 및 ② **동맹한 땅의 백성들이 그들과 함께 칼에 엎드러지리라** 6 여호와께서 이같이 말씀하셨느니라 애굽을 붙들어 주는 자도 엎드러질 것이요 애굽의 교만한 권세도 낮 아질 것이라 믹돌에서부터 수에네까지 무리가 그 가운데에서 칼에 엎드러지리라 주 여호와의 말씀이니라 7 황폐한 나라들 같이 그들도 황폐할 것이며 사막이 된 성읍들 같이 그 성읍들도 사막이 될 것이라 8 내가 애굽에 불을 일으키며 그 모든 돕는 자를 멸할 때에 **그들이 나를 여호와인 줄 알리라** 9 그 날에 사절들이 내 앞에서 배로 나아가서 염려 없는 구스 사람을 두렵게 하리니 애굽의 재앙의 날과 같이 그들에게도 심한 근심이 있으리라 이것이 오리로다 10 주 여호와께서 이같이 말씀하셨느니라 내가 또 ③ **바벨론의 느부갓네살 왕의 손으로 애굽의 무리들을 끊으리니** 11 그가 여러 나라 가운데에 강포한 자기 군대를 거느리고 와서 그 땅을 멸망시킬 때에 칼을 빼어 애굽을 쳐서 죽임 당한 자로 땅에 가득하게 하리라 12 내가 그 모든 강을 마르게 하고 그 땅을 악인의 손에 팔겠으며 타국 사람의 손으로 그 땅과 그 가운데에 있는 모든 것을 황폐하게 하리라 나 여호와의 말이니라 13 주 여호와께서 이같이 말씀하셨느니라 내가 그 우상들을 없애며 신상들을 놉 가운데에서 부수며 애굽 땅에서 왕이 다시 나지 못하게 하고 그 땅에 두려움이 있게 하리라 14 내가 바드로스를 황폐하게 하며 소안에 불을 지르며 노 나라를 심판하며 15 내 분노를 애굽의 견고한 성읍 신에 쏟고 또 노 나라의 무리를 끊을 것이라 16 내가 애굽에 불을 일으키리니 신 나라가 심히 근심할 것이며 노 나라는 찢겨 나누일 것이며 놉 나라가 날로 대적이 있을 것이며 17 아웬과 비베셋의 장정들은 칼에 엎드러질 것이며 그 성읍 주민들은 포로가 될 것이라 18 내가 애굽의 멍에를 꺾으며 그 교만한 권세를 그 가운데에서 그치게 할 때에 드합느헤스에서는 날이 어둡 겠고 그 성읍에는 구름이 덮일 것이며 그 딸들은 포로가 될 것이라 19 이같이 내가 애굽을 심판하리니 **내가 여호와인 줄을 그들이 알리라 하셨다 하라**
바로의 팔을 꺾을 것이라	20-26 20 열한째 해 첫째 달 일곱째 날에 여호와의 말씀이 내게 임하여 이르시되 21 인자야 내가 애굽의 바로 왕의 팔을 꺾었더니 칼을 잡을 힘이 있도록 그것을 아주 싸매지도 못하였고 약을 붙여 싸매지도 못하였느니라 22 그러므로 주 여호와께서 이같이 말씀하셨느니라 내가 애굽의 바로 왕을 대적하여 그 두 팔 곧 성한 팔과 이미 꺾인 팔을 꺾어서 칼이 그 손에서 떨어지게 하고 23 애굽 사람을 뭇 나라 가운데로 흩으며 뭇 백성 가운데로 헤칠지라 24 내가 바벨론 왕의 팔을 견고하게 하고 내 칼을 그 손에 넘겨 주려니와 내가 바로의 팔을 꺾으리니 그가 바벨론 왕 앞에서 고통하기를 죽게 상한 자의 고통하듯 하리라 25 ④ **내가 바벨론 왕의 팔은 들어 주고 바로의 팔은 내려뜨릴 것이라** 내가 내 칼을 바벨론 왕의 손에 넘기고 그를 들어 애굽 땅을 치게 하리니 ⑥ **내가 여호와인 줄을 그들이 알리라** 26 내가 애굽 사람을 나라들 가운데로 흩으며 백성들 가운데로 헤치리니 **내가 여호와인 줄을 그들이 알리라**

30장

가깝고도 가까운 여호와의 날

[3]그 날이 가깝도다 여호와의 날이 가깝도다 구름의 날일 것
이요 여러 나라들의 때이리로다

30장의 중심점은 "가깝고도 가까운 여호와의 날"에 있는데, 이는 심판의 날이 임박했다는 뜻입니다. 그런데 이날을 "여러 나라들의 때이리로다"(3하)고 말씀한다는 점입니다. 왜냐하면 애굽의 심판을 예표로 하여 "여러 나라의 심판", 즉 종말적인 심판을 바라보고 있기 때문입니다. 이런 의미에서 "애굽"은 이 세상을 예표합니다. 이런 맥락에서 30장은 하나님의 주권을 강조하고 있는데, "여호와의 말씀이라"는 말이 아홉 번(1,2,6,6,10,12,13,20,22), "여호와인 줄 알리라"는 말도 네 번(8,19,25,26) 강조되어 있습니다. 이러한 점은 동일한 시대적인 배경에서 기록된 다니엘서에도

나타나는데, "지극히 높으신 이가 사람의 나라를 다스리시며 자기의 뜻대로 그것을 누구에게든지 주시는 줄을 알게 하려 함이라"(단 4:17,25,32,34)고 하나님의 주권을 강조하고 있습니다. 왜냐하면 예루살렘이 멸망하고 포로가 된 상황이 되면 "다윗에게 언약하신 하나님이 어디 계시냐"고 신정론(神正論)에 회의를 품게 되기 때문입니다. 도표를 보시면 "가깝고도 가까운 여호와의 날"을 중심으로

① "애굽에 칼이 임할 것이라"

② 애굽과 "동맹한 자들"이 함께 심판받게 될 것을 말씀하면서

③ "느부갓네살"의 손에 붙이리라 합니다.

④ "내가 바벨론 왕의 팔은 들어주고 바로의 손은 떨어뜨릴 것이라" 합니다. 이를 두 단원으로 나누어 상고하겠습니다.

첫째 단원(1–19) **여호와의 날 열국의 때**
둘째 단원(20–26) **바로의 팔을 꺾을 것이라**

첫째 단원(1–19) **여호와의 날 열국의 때**

"구스와 붓과 룻과 모든 섞인 백성과 굽과 및 동맹한 땅의 백성들이 그들과 함께 칼에 엎드러지리라"(5).

① 30장은 "또 여호와의 말씀이 내게 임하여 이르시되 인자야 너는 예언하여 이르라 주 여호와께서 이와 같이 말씀하시되 너희는 통곡하며 이르기를 슬프다 이날이여 하라"(1-2)고 시작됩니다.

"통곡, 슬프다 이날이여"는 심판의 불이 발등에 떨어졌기 때문입니다. 우리는 지금 여러 나라에 대한 심판예언(25-32장)을 사고하고 있는 중입니다. 이 말씀이 오늘의 우리에게는 어떻게 적용되는가? 이 그림자를 통해서 종말적인 심판을 바라보아야 한다는 점을 놓치지 마시기 바랍니다.

첫째 단원의 중심점은, "여러 나라들의 때"(3)에 있습니다. 왜냐하면 "그날"(3)은 애굽의 심판 날만이 아니라 여러 나라들의 심판의 날 곧 종말적인 심판의 날이기 때문입니다. 그때는 "통곡하고 슬퍼해야 할 날"(2)이라 합니다.

② "그날이 가깝도다 여호와의 날이 가깝도다 구름의 날일 것이요 여러 나라들의 때이리로다"(3) 합니다. 선지자들은 한결같이 "여호와의 날"이 가까워 오고 있음을 경고하고 있습니다.

㉠ 요엘서에서도 "슬프다 그날이여 여호와의 날이 가까웠나니 곧 멸망같이 전능자에게로부터 이르리로다

㉡ 사람이 많음이여, 심판의 골짜기에 사람이 많음이여, 심판의 골짜기에 여호와의 날이 가까움이로다"(욜 1:15, 3:14)고 예언하고

㉢ 아모스서에서도 "화 있을진저 여호와의 날을 사모하는 자여 너희가 어찌하여 여호와의 날을 사모하느냐 그날은 어두움이요 빛이 아니라"(암 5:18) 합니다.

㉣ 스가랴서에서도 "여호와께서 아시는 한 날이 있으리니 낮도 아니요 밤도 아니라 어두워 갈 때에 빛이 있으리로다"(슥 14:7) 합니다. 지금 에스겔 선지자는 애굽의 심판을 통해서 열국이 심판받게 될 "여호와의 날"을 바라보고 있는 것입니다.

③ 본 단원에는 많은 지명이 등장합니다. 왜냐하면 "동맹한 땅의 백성들이 그들과 함께 칼에 엎드러지리라"(5), 즉 심판받게 될

것이기 때문입니다. 그러므로 중요한 것은 어느 진영(陣營)과 동맹을 맺는가 하는 소속(所屬)이 중요합니다. "갈대 지팡이"와 같은 애굽과 동맹을 맺느냐? "그의 아들에게 입맞추라 그렇지 아니하면 진노하심으로 너희가 길에서 망하리니 그의 진노가 급하심이라 여호와께 피하는 모든 사람은 다 복이 있도다"(시 2:12) 한 메시아와 동맹을 맺느냐? 어느 진영, 어디에 소속이 되느냐 하는 점에 사활이 달려있는 것입니다.

④ 그러므로 "애굽을 붙들어 주는 자도 엎드러질 것이요 애굽의 교만한 권세도 낮아질 것이라"(6), 그러니까 애굽만이 아니라 그의 동맹한 나라들도 함께 멸망하리라는 말씀입니다. "주 여호와께서 이같이 말씀하셨느니라 내가 또 바벨론의 느부갓네살 왕의 손으로 애굽의 무리들을 끊으리니"(10) 합니다. 이 점에서 주의해야 할 점은 하나님께서 바벨론을 심판의 도구(道具)로 사용하실 뿐 결코 의로운 자라 말씀하는 것은 아니라는 점입니다. 도리어 "그가 여러 나라 가운데에 강포한 자기 군대를 거느리고 와서 그 땅을 멸망시킬 때에 칼을 빼어 애굽을 쳐서 죽임당한 자로 땅에 가득하게 하리라 내가 그 모든 강을 마르게 하고 그 땅을 악인의 손에 팔겠으며 타국 사람의 손으로 그 땅과 그 가운데에 있는 모든 것을 황폐하게 하리라 나 여호와의 말이니라"(11-12)고 "강포한 자, 악인의 손"이라 말씀하십니다. 악을 들어서 악을 치신다는 말씀입니다.

⑤ "이같이 내가 애굽을 심판하리니 내가 여호와인 줄을 그들이 알리라 하셨다 하라"(19) 하십니다. "황폐할 것이며 사막이 된 성읍들"(7)이라 말씀하는데, 이집트 역사박물관의 유물들과 왕족

들의 무덤으로 알려진 피라밋 등이 말해주는 지난날의 번영과 대조적으로 전 국토의 90%가 사막화한 오늘의 약소국가로 전락한 현실을 볼 때 하나님의 엄위를 더욱 깨닫게 되는 것입니다. 이것이 "여호와의 날 곧 열국의 때"입니다.

둘째 단원(20–26) 바로의 팔을 꺾을 것이라

"열한째 해 첫째 달 일곱째 날에 여호와의 말씀이 내게 임하여 이르시되" (20),

① 둘째 단원의 중심점은 "바로의 팔을 꺾을 것이라"는데 있습니다. 본 단원에는 "팔"이라는 말이 여덟 번이나 등장합니다. "인자야 내가 애굽의 바로 왕의 팔을 꺾었더니 칼을 잡을 힘이 있도록 그것을 아주 싸매지도 못하였고 약을 붙여 싸매지도 못하였느니라"(21) 합니다.

② "그러므로 주 여호와께서 이같이 말씀하셨느니라 내가 애굽의 바로 왕을 대적하여 그 두 팔 곧 성한 팔과 이미 꺾인 팔을 꺾어서 칼이 그 손에서 떨어지게 하고 애굽 사람을 뭇 나라 가운데로 흩으며 뭇 백성 가운데로 헤칠지라 내가 바벨론 왕의 팔을 견고하게 하고 내 칼을 그 손에 넘겨주려니와 내가 바로의 팔을 꺾으리니 그가 바벨론 왕 앞에서 고통하기를 죽게 상한 자의 고통하듯 하리라"(22-24) 하십니다.

③ "내가 바벨론 왕의 팔은 들어 주고 바로의 팔은 내려뜨릴 것이라 내가 내 칼을 바벨론 왕의 손에 넘기고 그를 들어 애굽

땅을 치게 하리니 내가 여호와인 줄을 그들이 알리라 내가 애굽 사람을 나라들 가운데로 흩으며 백성들 가운데로 헤치리니 내가 여호와인 줄을 그들이 알리라"(25-26) 하십니다.

㉠ 역사의 주관자 되시는 하나님께서 누구의 팔을 들어주시느냐가 중요합니다.

㉡ 또한 30장에는 "여호와인 줄 알리라"는 말씀이 네 번(8,19,25,26) 강조되어 있는데, 에스겔서는 "나를 여호와인 줄 알리라"는 말씀이 중심주제입니다. 그리고 이 주제는 신구약 전체의 주제라 해도 과언이 아닙니다.

선민 이스라엘도 하나님이 여호와인 줄을 몰랐기 때문에 멸망하고, 이방인들도 하나님이 여호와인 줄을 모르기 때문에 심판을 받게 되는 것입니다. 그렇다면 현대교회는 하나님이 여호와인 줄을 얼마나 알고 있단 말인가! 명심하십시다. "내가 바벨론 왕의 팔은 들어 주고 바로의 팔은 내려뜨릴 것이라"(25)는 말씀을! 이것이 "가깝고도 가까운 여호와의 날"입니다.

④ 묵상해보겠습니다.

㉠ "여러 나라의 심판"을 예표한 종말적인 심판에 대해서

㉡ 팔을 들어주시고 떨어뜨리시는 하나님에 대해서

㉢ 계속적으로 나를 여호와인 줄 알리라 하시는 의도에 대해서.

에스겔 31장 개관도표

주제 : 교만한 애굽을 찍어버리시는 하나님

<table>
<tr>
<td>네
큰
위
엄
을
뉘
게
비
하
랴</td>
<td>1-9

1 열한째 해 셋째 달 초하루에 여호와의 말씀이 내게 임하여 이르시되
2 인자야 너는 ① 애굽의 바로 왕과 그 무리에게 이르기를 네 큰 위엄을 누구에게 비하랴
3 볼지어다 ② 앗수르 사람은 가지가 아름답고 그늘은 숲의 그늘 같으며 키가 크고 꼭대기가 구름에 닿은
레바논 백향목이었느니라
4 물들이 그것을 기르며 깊은 물이 그것을 자라게 하며 강들이 그 심어진 곳을 둘러 흐르며 둑의 물이 들의
모든 나무에까지 미치매
5 그 나무가 물이 많으므로 키가 들의 모든 나무보다 크며 굵은 가지가 번성하며 가는 가지가 길게 뻗어 나갔고
6 공중의 모든 새가 그 큰 가지에 깃들이며 들의 모든 짐승이 그 가는 가지 밑에 새끼를 낳으며 모든 큰 나라가
그 그늘 아래에 거주하였느니라
7 그 뿌리가 큰 물 가에 있으므로 그 나무가 크고 가지가 길어 모양이 아름다우매
8 하나님의 동산의 백향목이 능히 그를 가리지 못하며 잣나무가 그 굵은 가지만 못하며 단풍나무가 그 가는
가지만 못하며 ③ 하나님의 동산의 어떤 나무도 그 아름다운 모양과 같지 못하였도다
9 내가 그 가지를 많게 하여 모양이 아름답게 하였더니
하나님의 동산 에덴에 있는 모든 나무가 다 시기하였느니라</td>
</tr>
<tr>
<td>함
께
구
덩
이
로
내
려
가
게
됨</td>
<td>10-18

10 그러므로 주 여호와께서 이같이 말씀하셨느니라 그의 키가 크고 꼭대기가 구름에 닿아서 높이
솟아났으므로 마음이 교만하였은즉
11 내가 여러 나라의 능한 자의 손에 넘겨 줄지라
그가 임의로 대우할 것은 내가 그의 악으로 말미암아 쫓아내었음이라
12 여러 나라의 포악한 다른 민족이 ④ 그를 찍어 버렸으므로 그 가는 가지가 산과 모든 골짜기에 떨어졌고
그 굵은 가지가 그 땅 모든 물 가에 꺾어졌으며 세상 모든 백성이 그를 버리고 그 그늘 아래에서 떠나매
13 공중의 모든 새가 그 넘어진 나무에 거주하며 들의 모든 짐승이 그 가지에 있으리니
14 이는 물 가에 있는 모든 나무는 키가 크다고 교만하지 못하게 하며 그 꼭대기가 구름에 닿지 못하게 하며
또 물을 마시는 모든 나무가 스스로 높아 서지 못하게 함이니 그들을 다 죽음에 넘겨 주어 사람들 가운데에서
⑤ 구덩이로 내려가는 자와 함께 지하로 내려가게 하였음이라

15 주 여호와께서 이같이 말씀하셨느니라 그가 스올에 내려가던 날에 내가 그를 위하여 슬프게 울게 하며
깊은 바다를 덮으며 모든 강을 쉬게 하며 큰 물을 그치게 하고 레바논이 그를 위하여 슬프게 울게 하며
들의 모든 나무를 그로 말미암아 쇠잔하게 하였느니라
16 내가 그를 구덩이에 내려가는 자와 함께 스올에 떨어뜨리던 때에 백성들이 그 떨어지는 소리로 말미암아
진동하게 하였고 물을 마시는 에덴의 모든 나무 곧 레바논의 뛰어나고 아름다운 나무들이 지하에서 위로
를 받게 하였느니라

17 그러나 그들도 그와 함께 스올에 내려 칼에 죽임을 당한 자에게 이르렀나니 그들은 옛적에 그의 팔이
된 자요 나라들 가운데에서 그 그늘 아래에 거주하던 자니라
18 너의 영광과 위대함이 에덴의 나무들 중에서 어떤 것과 같은고 그러나 네가 에덴의 나무들과 함께
지하에 내려갈 것이요 거기에서 할례를 받지 못하고 칼에 죽임을 당한 자 가운데에 누우리라 이들은
바로와 그의 모든 군대니라 주 여호와의 말씀이니라 하라</td>
</tr>
</table>

31 장

교만한 애굽을 찍어버리시는 하나님

10 그러므로 주 여호와께서 이같이 말씀하셨느니라 그의 키가 크고 꼭대기가 구름에 닿아서 높이 솟아났으므로 마음이 교만하였은즉

31장의 중심점은 "교만한 애굽을 찍어버리시는 하나님"에 있습니다. 앗수르가 창대해지자 교만하여 심판당한 것을 예로 들어 애굽의 번영과 교만과 심판을 경고하는 내용입니다. 앗수르의 번영을 키가 높고 아름다운 백향목(3)에 비해서 말씀합니다. 도표에 나타난 대로 "마음이 교만하였은즉, 내가 여러 나라의 능한 자의 손에 넘겨 줄지라"를 중심으로,

① "애굽의 큰 위엄을 누구에게 비하랴" 하면서

② "앗수르의 백향목"을 상기시키는데

③ "하나님의 동산의 나무"보다 더 아름다워 마음이 교만하여져서

④ "그를 찍어버려셨다" 합니다.

⑤ 결론적으로 애굽도 앗수르처럼 "구덩이로 내려가게 하겠다"(18)고 말씀합니다. 이를 두 단원으로 나누어 상고하겠습니다.

첫째 단원(1–9) **네 큰 위엄을 누구에게 비하랴**
둘째 단원(10–18) **함께 구덩이에 내려가게 됨**

첫째 단원(1–9) 네 큰 위엄을 누구에게 비하랴

31장은 "열한째 해 셋째 달 초하루에 여호와의 말씀이 내게 임하여 이르시되 인자야 너는 애굽의 바로 왕과 그 무리에게 이르기를 네 큰 위엄을 누구에게 비하랴"(1-2)하고 시작됩니다.

① 첫째 단원의 중심점은 "애굽의 큰 위엄을 누구에게 비하랴"에 있습니다. 이는 애굽의 번영과 위업이 극에 달했다는 말씀입니다. 그런데 3절은 "볼지어다 앗수르 사람은"하고 패망한 앗수르를 거론하신다는 것입니다. 이렇게 하시는 의도는 "가지가 아름답고 그늘은 숲의 그늘 같으며 키가 크고 꼭대기가 구름에 닿은 레바논 백향목"(3) 같았던 앗수르가 교만 때문에 멸망한 사실을 들어 교만한 애굽의 심판을 경고하기 위해서입니다. 문제는 4-17절의 내용이 앗수르에 국한된 묘사인지 분별이 잘 안 된다는

점입니다. 애굽을 염두에 둔 앗수르에 대한 진술로 보아야 할 것입니다.

② "공중의 모든 새가 그 큰 가지에 깃들이며 들의 모든 짐승이 그 가는 가지 밑에 새끼를 낳으며 모든 큰 나라가 그 그늘 아래에 거주하였느니라"(6)고, 그 위세와 번영을 말씀하는데 앗수르가 그랬던 것같이 또한 애굽이 그러하다는 뜻이 함의되어 있다 하겠습니다. 얼마나 창대했느냐 하면, "그 뿌리가 큰 물가에 있으므로 그 나무가 크고 가지가 길어 모양이 아름다우매 하나님의 동산의 백향목이 능히 그를 가리지 못하며 잣나무가 그 굵은 가지만 못하며 단풍나무가 그 가는 가지만 못하며 하나님의 동산의 어떤 나무도 그 아름다운 모양과 같지 못하였도다"(7-8) 합니다. "하나님의 동산의 아무 나무도 그 아름다운 모양"을 당하지 못했다는 것은 앗수르나 애굽의 영화가 얼마나 번영했는가를 극대화하여 표현한 진술입니다. "하나님의 동산 에덴에 있는 모든 나무가 다 시기하였다"(9하)는 점은 선민 이스라엘이 앗수르나 애굽의 번영을 부러워했다는 그런 뜻입니다.

③ 에스겔서에서는 앗수르와 애굽을 "키가 크고 꼭대기가 구름에 닿은 레바논 백향목"(3)에 비유하고 있는데, 다니엘서에서는 바벨론의 느부갓네살을 "왕이여 이 나무는 곧 왕이시라 이는 왕이 자라서 견고하여지고 창대하사 하늘에 닿으시며 권세는 땅 끝까지 미치심이니이다"(단 4:22)고 말하고, "한 나무가 있는 것을 보았는데 높이가 높더니 그 나무가 자라서 견고하여지고 그 높이는 하늘에 닿았으니 그 모양이 땅끝에서도 보이겠고 그 잎사귀는 아름답고 그 열매는 많아서 만민의 먹을 것이 될 만하고 들짐승

이 그 그늘에 있으며 공중에 나는 새는 그 가지에 깃들이고”(단 4:10-12) 합니다. 이는 앗수르 · 애급 · 바벨론의 번영만을 언급하는 것이 아니라, “꼭대기가 구름에 닿은, 하늘에 닿으시며”라는 말은 교만이 극에 달했다는 점을 나타내는 표현입니다.

④ 이렇게 되자 그가 교만하여 말하기를 “이 큰 바벨론은 내가 능력과 권세로 건설하여 나의 도성을 삼고 이것으로 내 위엄의 영광을 나타낸 것이 아니냐”고 말합니다. 그러자 “한 순찰자, 한 거룩한 자가 하늘에서 내려와서 이르기를 그 나무를 베어 없애라”(단 4:23,30)고 말합니다. 이를 통해서 말씀하려는 바는 “지극히 높으신 이가 사람의 나라를 다스리시며 자기의 뜻대로 그것을 누구에게든지 주시는 줄을 알게”(단 4:25,17,32) 하기 위해서입니다.

⑤ 이처럼 에스겔서나 다니엘서가 강력하게 증언하여 세우기를 원하는 바는 “하나님의 주권”입니다. 지금 이스라엘은 유사 이래로 최대의 환난을 당하여 존폐 위기에 직면해 있습니다. 이럴 경우 백성들은 공의로우신 하나님은 과연 계시는가 하고 하나님의 주권에 대해 회의를 하게 되는 것입니다. 이런 맥락에서 에스겔서와 다니엘서의 중심주제가 “나를 여호와인 줄 알리라” 하는 하나님의 주권을 강력하게 옹호하는 데 있는 것입니다. 이는

㉠ 환난 중에 있는 이스라엘로 알게 하시려는 것이요, 나아가

㉡ “하나님이 계시면 내가 왜 이런 고난을 당해야 하는가”고 항변하는 우리로 하나님이 “여호와인 줄 알게” 하시기 위함입니다.

이점이 본 단원을 통해서 말씀하시려는 바입니다.

둘째 단원(10–18) 함께 구덩이에 내려가게 됨

"그러므로 주 여호와께서 이같이 말씀하셨느니라 그의 키가 크고 꼭대기가 구름에 닿아서 높이 솟아났으므로 마음이 교만하였은즉"(10).

① 둘째 단원의 중심점은 "함께 구덩이에 내려가게 됨"에 있습니다. "구덩이"는 음부를 가리킵니다. 그 구덩이에 교만하던

㉠ 앗수르가 내려갔고

㉡ 두로가 내려갔고(26:20)

㉢ 이제 애굽이 내려가게 되고

㉣ 모든 교만한 자가 함께 내려가게 된다는 경고입니다. "내가 여러 나라의 능한 자의 손에 넘겨줄지라", 이는 교만한 애굽을 바벨론에게 넘겨주어, "그가 임의로 대우할 것은 내가 그의 악으로 말미암아 쫓아내었음이라"(11), 즉 심판하시겠다는 말씀입니다.

② "이는 물가에 있는 모든 나무는 키가 크다고 교만하지 못하게 하며 그 꼭대기가 구름에 닿지 못하게 하며 또 물을 마시는 모든 나무가 스스로 높아 서지 못하게 함이니 그들을 다 죽음에 넘겨주어 사람들 가운데에서 구덩이로 내려가는 자와 함께 지하로 내려가게 하였음이라"(14) 합니다. 본 단원에는 "구덩이 · 지하 · 스올"(14,14,15,16,16,16,17,18)이 강조되어 있는데, 이는 누구를 막론하고 교만한 자가 떨어지게 되는 거처인 것입니다. 오늘날도 여러 강대국들이 하나님 두려운 줄을 모르고 패권(覇權) 다툼을 하고 있는데 명심해야 할 점입니다.

③ "내가 그를 구덩이에 내려가는 자와 함께 스올에 떨어뜨리던 때에 백성들이 그 떨어지는 소리로 말미암아 진동하게 하였고(16상), 그러나 그들도 그와 함께 스올에 내려 칼에 죽임을 당한

자에게 이르렀나니 그들은 옛적에 그의 팔이 된 자요 나라들 가운데에서 그 그늘 아래에 거주하던 자니라"(17)고 "함께 스올에 내려가게" 될 것을 말씀하는데, 스올에 내려가게 되면 그곳에서는 지위의 차별이 없이 동일하게 되기 때문에 먼저 내려간 다른 자들이 "지하에서 위로를 받게"(16하) 된다는 것입니다.

④ "너의 영광과 위대함이 에덴의 나무들 중에서 어떤 것과 같은고 그러나 네가 에덴의 나무들과 함께 지하에 내려갈 것이요 거기에서 할례를 받지 못하고 칼에 죽임을 당한 자 가운데에 누우리라 이들은 바로와 그의 모든 군대니라"(18) 하시는데, 여기서 말씀하는 "에덴의 나무"는 문자적인 의미가 아니라 8절에서 말씀한 앗수르를 가리킵니다. 이것이 "함께 구덩이에 내려가게 될" 자들입니다. 그리고 31장은 "나 주 여호와의 말이니라"고 끝을 맺고 있습니다.

⑤ 지금 "구덩이 곧 스올"에는 여러분들이 알고 있는 권세자 중 어떤 자들이 가 있을 것이라고 여겨집니까? 시편에서는 "그가 비록 생시에 자기를 축하하며 스스로 좋게 함으로 사람들에게 칭찬받을지라도 그들은 그들의 역대 조상들에게로 돌아가리니 영원히 빛을 보지 못하리로다 존귀하나 깨닫지 못하는 사람은 멸망하는 짐승 같도다"(시 49:18-20)고 진술합니다. 이것이 "교만한 애굽을 찍어버리시는 하나님"입니다.

⑥ 묵상해보겠습니다.

㉠ 앗수르, 애굽의 번영과 그 종말에 대해서

㉡ 구덩이로 내려가는 자(14)를 통한 각성에 대해서

㉢ 에스겔 · 다니엘서가 하나님의 주권을 강조하는 의도에 대해서.

에스겔 32장 개관도표
열방에 대한 심판예언의 총결론

<table>
<tr><td>애굽 왕 바로에 대한 애가</td><td>1-16
1 열두째 해 열두째 달 초하루에 여호와의 말씀이 내게 임하여 이르시되
2 인자야 너는 ① 애굽의 바로 왕에 대하여 슬픈 노래를 불러 그에게 이르라 너를 여러 나라에서 사자로 생각하였더니 실상은 바다 가운데의 큰 악어라 강에서 뛰어 일어나 발로 물을 휘저어 그 강을 더럽혔도다
3 주 여호와께서 이같이 말씀하셨느니라 내가 많은 백성의 무리를 거느리고 내 그물을 네 위에 치고 그 그물로 너를 끌어오리로다
4 내가 너를 뭍에 버리며 들에 던져 공중의 새들이 네 위에 앉게 할 것임이여 온 땅의 짐승이 너를 먹어 배부르게 하리로다
5 내가 네 살점을 여러 산에 두며 네 시체를 여러 골짜기에 채울 것임이여
6 네 피로 네 헤엄치는 땅에 물 대듯 하여 산에 미치게 하며 그 모든 개천을 채우리로다
7 내가 너를 불 끄듯 할 때에 하늘을 가리어 별을 어둡게 하며 해를 구름으로 가리며 달이 빛을 내지 못하게 할 것임이여
8 하늘의 모든 밝은 빛을 내가 네 위에서 어둡게 하여 어둠을 네 땅에 베풀리로다 주 여호와의 말씀이니라
9 내가 네 패망의 소문이 여러 나라 곧 네가 알지 못하는 나라들에 이르게 할 때에 많은 백성의 마음을 번뇌하게 할 것임이여
10 내가 그 많은 백성을 너로 말미암아 놀라게 할 것이며 내가 내 칼이 그들의 왕 앞에서 춤추게 할 때에 그 왕이 너로 말미암아 심히 두려워할 것이며 네가 엎드러지는 날에 그들이 각각 자기 생명을 위하여 무시로 떨리로다
11 주 여호와께서 이같이 말씀하셨느니라 바벨론 왕의 칼이 네게 오리로다
12 나는 네 무리가 용사 곧 모든 나라의 무서운 자들의 칼에 엎드러지게 할 것임이여 그들이 애굽의 교만을 폐하며 그 모든 무리를 멸하리로다
13 내가 또 그 모든 짐승을 큰 물 가에서 멸하리니 사람의 발이나 짐승의 굽이 다시는 그 물을 흐리지 못할 것임이여
14 그 때에 내가 그 물을 맑게 하여 그 강이 기름 같이 흐르게 하리로다 주 여호와의 말씀이니라
15 내가 애굽 땅이 황폐하여 사막이 되게 하여 거기에 풍성한 것이 없게 할 것임이여 그 가운데의 모든 주민을 치리니 내가 여호와인 줄을 그들이 알리라
16 이는 슬피 부를 노래이니 여러 나라 여자들이 이것을 슬피 부름이여 애굽과 그 모든 무리를 위하여 이것을 슬피 부르리로다 주 여호와의 말씀이니라</td></tr>
<tr><td>할례받지 못한 자들을 위한 애가</td><td>17-32
17 열두째 해 어느 달 열다섯째 날에 여호와의 말씀이 내게 임하여 이르시되
18 인자야 ② 애굽의 무리를 위하여 슬피 울고 그와 유명한 나라의 여자들을
구덩이에 내려가는 자와 함께 지하에 던지며 할례를 받지 아니한 자와 함께 누울지어다
19 이르라 너의 아름다움이 어떤 사람들보다도 뛰어나도다 너는 내려가서
20 그들이 죽임을 당한 자 가운데에 엎드러질 것임이여 그는 칼에 넘겨진 바 되었은즉 그와 그 모든 무리를 끌지어다
21 용사 가운데에 강한 자가 그를 돕는 자와 함께 스올 가운데에서 그에게 말함이여 할례를 받지 아니한 자 곧 칼에 죽임을 당한 자들이 내려와서 가만히 누웠다 하리로다
22 ③ 거기에 앗수르와 그 온 무리가 있음이여 다 죽임을 당하여 칼에 엎드러진 자라 그 무덤이 그 사방에 있도다
23 그 무덤이 구덩이 깊은 곳에 만들어졌고 그 무리가 그 무덤 사방에 있음이여 그들은 다 죽임을 당하여 칼에 엎드러진 자 곧 생존하는 사람들의 세상에서 사람을 두렵게 하던 자로다
24 거기에 엘람이 있고 그 모든 무리가 그 무덤 사방에 있음이여 그들은 다 할례를 받지 못하고 죽임을 당하여 칼에 엎드러져 지하에 내려간 자로다 그들이 생존하는 사람들의 세상에서 두렵게 하였으나 이제는 구덩이에 내려가는 자와 함께 수치를 당하였도다
25 그와 그 모든 무리를 위하여 죽임을 당한 자 가운데에 침상을 놓았고 그 여러 무덤은 사방에 있음이여 그들은 다 할례를 받지 못하고 칼에 죽임을 당한 자로다 그들이 생존하는 사람들의 세상에서 두렵게 하였으나 이제는 구덩이에 내려가는 자와 함께 수치를 당하고 죽임을 당한 자 가운데에 뉘었도다
26 ④ 거기에 메섹과 두발과 그 모든 무리가 있고 그 여러 무덤은 사방에 있음이여 그들은 다 할례를 받지 못하고 칼에 죽임을 당한 자로다 그들이 생존하는 사람들의 세상에서 두렵게 하였으나
27 그들이 할례를 받지 못한 자 가운데에 이미 엎드러진 용사와 함께 누운 것이 마땅하지 아니하냐 이 용사들은 다 무기를 가지고 스올에 내려가서 자기의 칼을 베개로 삼았으니 그 백골이 자기 죄악을 졌음이여 생존하는 사람들의 세상에서 용사의 두려움이 있던 자로다
28 오직 너는 할례를 받지 못한 자와 함께 패망할 것임이여 칼에 죽임을 당한 자와 함께 누우리로다
29 ⑤ 거기에 에돔 곧 그 왕들과 그 모든 고관이 있음이여 그들이 강성하였었으나 칼에 죽임을 당한 자와 함께 있겠고 할례를 받지 못하고 구덩이에 내려간 자와 함께 누우리로다
30 ⑥ 거기에 죽임을 당한 자와 함께 내려간 북쪽 모든 방백과 모든 시돈 사람이 있음이여 그들이 본래는 강성하였으므로 두렵게 하였으나 이제는 부끄러움을 품고 할례를 받지 못하고 칼에 죽임을 당한 자와 함께 누웠고 구덩이에 내려가는 자와 함께 수치를 당하였도다
31 바로가 그들을 보고 그 모든 무리로 말미암아 위로를 받을 것이여 칼에 죽임을 당한 바로와 그 온 군대가 그러하리로다 주 여호와의 말씀이니라
32 내가 바로로 하여금 생존하는 사람들의 세상에서 사람을 두렵게 하게 하였으나 이제는 그가 그 모든 무리와 더불어 할례를 받지 못한 자 곧 칼에 죽임을 당한 자와 함께 누이리로다 주 여호와의 말씀이니라</td></tr>
</table>

32장

열방에 대한 심판예언의 총결론

[19]이르라 너의 아름다움이 어떤 사람들보다도 뛰어나도다 너는 내려가서 할례를 받지 아니한 자와 함께 누울지어다

32장은 애굽에 대한 마지막 심판예언이면서, 25장으로부터 시작된 열방에 대한 심판예언의 총 결론(結論)입니다. 핵심은 "할례받지 못한 자"라는 말인데 무려 열 번(19,21,24,25,26,27,28,29,30,32)이나 등장합니다. 이는 불신자(不信者)에 대한 구약적인 표현입니다. 그리고 "스올 · 무덤 · 구덩이"라는 말도 열 번 이상 등장하면서 "슬픈 노래를 불러 그에게 이르라"(2) 합니다. 그러니까 32장의 중심점은 "할례받지 못한 자", 즉 하나님을 믿지 않다가 스올에 떨어지게 될 자들을 위한 슬픈 노래(哀歌)라 할 수 있습니다. 도표에 보시면 "구덩이에 내려가는 자와 함께 지하에 던지며

할례받지 않은 자와 함께 누울지어다"를 중심으로,

① "애굽 왕 바로에 대한 슬픈 노래"와

② "애굽 무리(백성)를 애곡하는" 것과

③ "거기 앗수르와 온 무리가 있고"

④ "거기 메섹과 두발과 그 무리가 있고"

⑤ "거기 에돔과 모든 고관이 있고"

⑥ "거기 북쪽 모든 방백과 시돈사람이 있음이여", 즉 심판받은 모든 열방이 스올에 있다고 말씀합니다. 이것이 열방에 대한 심판예언의 총결론입니다. 이는 세속국가들에 대한 심판예언인 것이 됩니다. 이런 맥락에서 "애굽"은 이 세상을 상징합니다. 이를 두 단원으로 나누어 상고하겠습니다.

첫째 단원(1-16) **애굽 왕 바로에 대한 애가**
둘째 단원(17-32) **할례받지 못한 자들을 위한 애가**

첫째 단원(1-16) **애굽 왕 바로에 대한 애가**

"열두째 해 열두째 달 초하루에 여호와의 말씀이 내게 임하여 이르시되"(1).

① 첫째 단원의 중심점은 "애굽 왕에 대한 애가"입니다. "인자야 너는 애굽의 바로 왕에 대하여 슬픈 노래를 불러 그에게 이르라 너를 여러 나라에서 사자로 생각하였더니 실상은 바다 가운데의 큰 악어라 강에서 튀어 일어나 발로 물을 휘저어 그 강을 더

럽혔도다"(2) 합니다.

㉠ "사자로 생각했다"는 말은 나쁜 의미라기보다는 강력한 지도력을 가리킵니다. 그런데

㉡ "바다 가운데 큰 악어", 즉 백성들을 잡아 삼키는 폭군이 되었다는 것입니다. 그리하여

㉢ "그 강을 더럽혔도다" 합니다. 그러므로 하나님은 "내가 그 물을 맑게 하여 그 강이 기름 같이 흐르게 하리로다"(14)고 심판하실 것을 말씀합니다.

② 본문에는 "생존하는 사람들의 세상에서 사람을 두렵게 하던 자로다"라는 말이 일곱 번(23,24,25,26,27,30,32)이나 강조되어 있습니다. 그러므로 애굽 왕 바로에 대한 애가를 구속사적인 맥락으로 표현하면 "땅의 임금들과 왕족들과 장군들과 부자들과 강한 자들과 자주자들"(계 6:15상)에 대한 애가(哀歌)라 할 수 있습니다. 이들은 이 세상에서 권세와 부귀와 영화를 누리던 자들입니다. 그러니까 세상에서 큰소리치면서 떵떵거리며 살아가던 자라는 뜻입니다.

③ "주 여호와께서 이같이 말씀하셨느니라 내가 많은 백성의 무리를 거느리고 내 그물을 네 위에 치고 그 그물로 너를 끌어오리로다 내가 너를 뭍에 버리며 들에 던져 공중의 새들이 네 위에 앉게 할 것임이여 온 땅의 짐승이 너를 먹어 배부르게 하리로다"(3-4) 하십니다. 이 말씀은 "공중에 나는 모든 새를 향하여 큰 음성으로 외쳐 이르되 와서 하나님의 큰 잔치에 모여 왕들의 살과 말들과 그것을 탄 자들의 살과 자유인들이나 종들이나 작은 자나 큰 자나 모든 자의 살을 먹으라 하더라"(계 19:17-18) 한 종말의 책 계시록의 말씀과 부합합니다.

④ 그리고 “내가 너를 불 끄듯 할 때에 하늘을 가리어 별을 어둡게 하며 해를 구름으로 가리며 달이 빛을 내지 못하게 할 것임이여 하늘의 모든 밝은 빛을 내가 네 위에서 어둡게 하여 어둠을 네 땅에 베풀리로다”(7-8)한 말씀도, “여섯째 인을 떼실 때에 큰 지진이 나며 해가 검은 털로 짠 상복같이 검어지고 달은 온통 피 같이 되며”(계 6:12)한 말씀을 연상하게 합니다. 이는 애굽에 대한 심판이 종말적인 최후심판의 예표임을 암시합니다.

⑤ “내가 애굽 땅이 황폐하여 사막이 되게 하여 거기에 풍성한 것이 없게 할 것임이여 그 가운데의 모든 주민을 치리니 내가 여호와인 줄을 그들이 알리라 이는 슬피 부를 노래이니 여러 나라 여자들이 이것을 슬피 부름이여 애굽과 그 모든 무리를 위하여 이것을 슬피 부르리로다 주 여호와의 말씀이니라”(15-16) 합니다. 결론은 애굽 왕을 심판하심도 여호와 “인지 공식어구”라 하는 “그들이 나를 여호와인 줄 알리로다”, 알게 하시기 위해서라 합니다. 이것이 이 세상 임금을 상징하는 “애굽 왕 바로에 대한 애가(哀歌)”입니다.

둘째 단원(17–32) **할례받지 못한 자들을 위한 애가**

“열두째 해 어느 달 열다섯째 날에 여호와의 말씀이 내게 임하여 이르시되”(17).

① 둘째 단원의 중심점은 “할례받지 못한 자들을 위한 애가”, 즉 불신자들을 위한 애가에 있습니다. “인자야 애굽의 무리를 위

하여 슬피 울고 그와 유명한 나라의 여자들을 구덩이에 내려가는 자와 함께 지하에 던지며 이르라 너의 아름다움이 어떤 사람들보다도 뛰어나도다 너는 내려가서 할례를 받지 아니한 자와 함께 누울지어다"(18-19) 합니다. 어찌하여 "애굽의 무리를 위하여 슬피 울라" 하시는가? 이는 육신의 죽음만을 위한 애곡이 아닙니다. "구덩이에 내려가는 자와 함께 지하에 던지며"한 표현은 주님이 말씀하신 "부자도 죽어 장사되매 그가 음부에서 고통 중에 눈을 들어 멀리 아브라함과 그의 품에 있는 나사로를 보고"(눅 16:23) 한, 불신자들이 당하게 될 종말을 가리키는 것입니다.

② 여기 "유명한 나라의 여자들, 너의 아름다움이 어떤 사람들보다도 뛰어나도다"(18,19)라는 표현이 있는데 이를 시편 49편을 들어서 설명함이 도움이 될 것입니다.

㉠ 재물(財物)로도(6)

㉡ 지혜(智慧)로도(10) 못하고, 못할 것임이니라(8) 합니다. 무엇을 못한다는 말씀입니까? "아무도 자기의 형제를 구원하지 못하며 그를 위한 속전을 하나님께 바치지도 못한다"(7)는 것입니다. 왜냐하면 "그들의 생명을 속량하는 값이 너무 엄청나서 영원히 마련하지 못할 것임이니라"(9) 합니다.

㉢ 또한 그들의 아름다움은 소멸하고 스올이 그들의 거처가 되리라"(14)고 아름다움으로도 불가능하다고 말씀합니다. 무엇이 불가능한가

㉣ "그러나 하나님은 나를 영접(迎接)하시리니 이러므로 내 영혼을 스올의 권세에서 건져내시리로다"(15)고 하나님만이 불가능을 "가능하게 하신다"는 것입니다. 에스겔 본문에서도 이 주제를 말씀하고 있는 것입니다. 그러므로 다시 강조합니다만 본문에는 "할례받지 못한 자"라는 말이 열 번 이상 등장합니다. "할례"는 언약에 대한 증표로 주신 것입니다. 그러므로 "할례받지 못한 자"란 언약 밖에 있는 자 곧

메시아언약을 믿지 않는 자를 가리킵니다.

④ "그들이 죽임을 당한 자 가운데에 엎드러질 것임이여 그는 칼에 넘겨진바 되었은즉 그와 그 모든 무리를 끌지어다 용사 가운데에 강한 자가 그를 돕는 자와 함께 스올 가운데에서 그에게 말함이여 할례를 받지 아니한 자 곧 칼에 죽임을 당한 자들이 내려와서 가만히 누웠다 하리로다"(20-21) 합니다.

㉠ "거기 앗수르와 그 온 무리가 있음이여"(22상)

㉡ "거기에 엘람이 있고 그 모든 무리가 그 무덤 사방에 있음이여 그들은 다 할례를 받지 못하고 죽임을 당하여 칼에 엎드러져 지하에 내려간 자로다"(24)

㉢ "거기에 메섹과 두발과 그 모든 무리가 있고 그 여러 무덤은 사방에 있음이여 그들은 다 할례를 받지 못하고 칼에 죽임을 당한 자로다"(26)

㉣ "거기에 에돔 곧 그 왕들과 그 모든 고관이 있음이여 그들이 강성하였었으나 칼에 죽임을 당한 자와 함께 있겠고 할례를 받지 못하고 구덩이에 내려간 자와 함께 누우리로다"(29)

㉤ "거기에 죽임을 당한 자와 함께 내려간 북쪽 모든 방백과 모든 시돈 사람이 있음이여 그들이 본래는 강성하였으므로 두렵게 하였으나 이제는 부끄러움을 품고 할례를 받지 못하고 칼에 죽임을 당한 자와 함께 누웠고 구덩이에 내려가는 자와 함께 수치를 당하였도다"(30) 고 "거기에, 거기에" 누우리로다 합니다.

⑤ 간절히 바라기는 "거기 아무개가 있음이여"하지 않게 되기를 기원합니다. 불변의 진리는 "내가 여호와인 줄을 그들이 알리라"(15). 나 주 여호와의 말이니라"(31,32)에 있습니다. 이것이 "열방에 대한 심판예언의 총결론(總結論)"입니다.

⑥ 묵상해보겠습니다.

㉠ 애굽 왕의 애가에 대한 상징성에 대해서

㉡ "할례받지 못한 자"란 의미에 대해서

㉢ "거기에, 거기에 누우리로다" 한 열방심판 예언의 총결론에 대해서.

에스겔 33장 개관도표

주제 : 성이 함락된 후의 파수꾼의 사명

낙담하는 자와 불평하는 자들

1-20
1 여호와의 말씀이 내게 임하여 이르시되
2 인자야 너는 네 민족에게 말하여 이르라 가령 내가 칼을 한 땅에 임하게 한다 하자 그 땅 백성이 자기들 가운데의 하나를 택하여
파수꾼을 삼은
3 그 사람이 그 땅에 칼이 임함을 보고 나팔을 불어 백성에게 경고하되
4 그들이 나팔 소리를 듣고도 정신차리지 아니하므로 그 임하는 칼에 제거함을 당하면 그 피가 자기의 머리로 돌아갈 것이라
5 그가 경고를 받았던들 자기 생명을 보전하였을 것이나 나팔 소리를 듣고도 경고를 받지 아니하였으니 그 피가 자기에게로 돌아가리라
6 그러나 칼이 임함을 파수꾼이 보고도 나팔을 불지 아니하여 백성에게 경고하지 아니하므로 그 중의 한 사람이 그 임하는 칼에 제거 당하면
그는 자기 죄악으로 말미암아 제거되려니와 그 죄는 내가 파수꾼의 손에서 찾으리라
7 ① **인자야 내가 너를 이스라엘 족속의 파수꾼으로 삼음이 이와 같으니라**
그런즉 너는 내 입의 말을 듣고 나를 대신하여 그들에게 경고할지어다
8 **가령 내가 악인에게 이르기를 악인아 너는 반드시 죽으리라 하였다 하자** 네가 그 악인에게 말로 경고하여 그의 길에서 떠나게 하지 아니하면
그 악인은 자기 죄악으로 말미암아 죽으려니와 내가 그의 피를 네 손에서 찾으리라
9 그러나 너는 악인에게 경고하여 돌이켜 그의 길에서 떠나라고 하되 그가 돌이켜 그의 길에서 떠나지 아니하면 그는 자기 죄악으로 말미암아
죽으려니와 너는 네 생명을 보전하리라
10 그런즉 인자야 너는 이스라엘 족속에게 이르기를 너희가 말하여 이르되
② **우리의 허물과 죄가 이미 우리에게 있어 우리로 그 가운데에서 쇠퇴하게 하니 어찌 능히 살리요 하라**
11 너는 그들에게 말하라 주 여호와의 말씀이니라 나의 삶을 두고 맹세하노니 나는 악인이 죽는 것을 기뻐하지 아니하고 악인이 그의 길에서
돌이켜 떠나 사는 것을 기뻐하노라 이스라엘 족속아 돌이키고 돌이키라 너희 악한 길에서 떠나라 어찌 죽고자 하느냐
하셨다 하라
12 인자야 너는 네 민족에게 이르기를 의인이 범죄하는 날에는 그 공의가 구원하지 못할 것이요 악인이 돌이켜 그 악에서 떠나는 날에는
그 악이 그를 엎드러뜨리지 못할 것인즉 의인이 범죄하는 날에는 그 의로 말미암아 살지 못하리라
13 가령 내가 의인에게 말하기를 너는 살리라 하였다 하자 그가 그 공의를 스스로 믿고 죄악을 행하면 그 모든 의로운 행위가 하나도 기억되지
아니하리니 그가 그 지은 죄악으로 말미암아 곧 그 안에서 죽으리라
14 가령 내가 악인에게 말하기를 너는 죽으리라 하였다 하자 그가 돌이켜 자기의 죄에서 떠나서 정의와 공의로 행하여
15 저당물을 도로 주며 강탈한 물건을 돌려 보내고 생명의 율례를 지켜 행하여 죄악을 범하지 아니하면 그가 반드시 살고 죽지
아니할지라
16 그가 본래 범한 모든 죄가 기억되지 아니하리니 **그가 반드시 살리라** 이는 정의와 공의를 행하였음이라 하라
17 ③ **그래도 네 민족은 말하기를 주의 길이 바르지 아니하다 하는도다** 그러나 실상은 그들의 길이 바르지 아니하니라
18 만일 의인이 돌이켜 그 공의에서 떠나 죄악을 범하면 그가 그 가운데에서 죽을 것이고
19 만일 악인이 돌이켜 그 악에서 떠나 정의와 공의대로 행하면 그가 그로 말미암아 살리라
20 그러나 너희가 이르기를 주의 길이 바르지 아니하다 하는도다 이스라엘 족속아 나는 너희가 각기 행한 대로 심판하리라 하시니라

절망이 소망으로

21-29
21 우리가 사로잡힌 지 열두째 해 열째 달 다섯째 날에 예루살렘에서부터 도망하여 온 자가 내게 나아와 말하기를
그 성이 함락되었다 하였는데
22 그 도망한 자가 내게 나아오기 전날 저녁에 여호와의 손이 내게 임하여 내 입을 여시더니 다음 아침 그 사람이 내게 나아올 그 때에
내 입이 열리기로 내가 다시는 잠잠하지 아니하였노라
23 여호와의 말씀이 내게 임하여 이르시되
24 인자야 이 ④ **이스라엘의 이 황폐한 땅에 거주하는 자들이 말하여 이르기를 아브라함은 오직 한 사람이라도 이 땅을 기업으로**
얻었나니 우리가 많은즉 더욱 이 땅을 우리에게 기업으로 주신 것이 되느니라 하는도다
25 그러므로 너는 그들에게 이르기를 주 여호와께서 이같이 말씀하시되 너희가 고기를 피째 먹으며 너희 우상들에게 눈을 들며 피를 흘리니
그 땅이 너희의 기업이 될까보냐
26 너희가 칼을 믿어 가증한 일을 행하며 각기 이웃의 아내를 더럽히니 ⑤ **그 땅이 너희의 기업이 될까보냐 하고**
27 너는 그들에게 이르기를 주 여호와께서 이같이 말씀하시되 내가 나의 삶을 두고 맹세하노니 황무지에 있는 자는 칼에 엎드러뜨리고 들에
있는 자는 들짐승에게 넘겨 먹히게 하고 산성과 굴에 있는 자는 전염병에 죽게 하리라
28 내가 그 땅이 황무지와 공포의 대상이 되게 하고 그 권능의 교만을 그치게 하리니 이스라엘의 산들이 황폐하여 지나갈 사람이
없으리라
29 내가 그들이 행한 모든 가증한 일로 말미암아 그 땅을 황무지와 공포의 대상이 되게 하면 그 때에
내가 여호와인 줄을 그들이 알리라 하라

행치 아니함

30-33
30 인자야 네 민족이 담 곁에서와 집 문에서 너에 대하여 말하며 각각
⑥ **그 형제와 더불어 말하여 이르기를 자, 가서 여호와께로부터 무슨 말씀이 나오는가 들어 보자 하고**
31 백성이 모이는 것 같이 네게 나아오며 내 백성처럼 네 앞에 앉아서 **네 말을 들으나 그대로 행하지 아니하니**
이는 그 입으로는 사랑을 나타내어도 마음으로는 이익을 따름이라
32 그들은 네가 고운 음성으로 사랑의 노래를 하며 음악을 잘하는 자 같이 여겼나니 네 말을 듣고도 행하지 아니하거니와
33 **그 말이 응하리니 응할 때에는 그들이 한 선지자가 자기 가운데에 있었음을 알리라**

33 장

성이 함락된 후의 파수꾼의 사명

[7]인자야 내가 너를 이스라엘 족속의 파수꾼으로 삼음이 이와 같으니라 그런즉 너는 내 입의 말을 듣고 나를 대신하여 그들에게 경고할 지어다

33장은 분기점(分岐點)이 되는 장입니다. 이 점에서 에스겔서의 구도를 상기할 필요가 있는데 크게 세 부분으로 나누어집니다. 첫째 부분(1-24장)에서 먼저 "유다와 예루살렘의 심판"을 말씀한 후에, 둘째 부분(25-32장)에서 선민 이스라엘을 대적한 열방에 대한 심판을 말씀합니다. 그런 후에 셋째 부분(33-48장)에서 징벌을 당한 이스라엘의 회복을 말씀하는 구조로 되어있습니다. 이 구조에 하나님의 마음이 나타나고 있는데 헐어버리는 것이 끝이 아니라 다시 세우신다는 것입니다. 왜냐하면 이것이 하나님의 나라건

설이기 때문입니다. 그러므로 "그 성이 함락되었다", 즉 파괴당했다는 21절이 "심판과 회복"을 가르는 분기점인 것입니다. 32장부터는 세우시는 회복을 말씀하십니다. 이 점에서 내용이 복합적(複合的)인 계시, 즉 이스라엘의 회복과 메시아 왕국 건설이 겹쳐진 그림으로 나타나고 있다는 점을 유념해야 합니다. 왜냐하면 구원계획의 목적이 하나님의 나라건설에 있기 때문입니다.

"우리가 사로잡힌 지 십이년 시월 오일"(21)이라 함을 통해서 에스겔이 선지자로 세움 받은지 10여 년이 지난 후임을 알게 됩니다. 그동안 선지자는 행위계시와 말씀을 통해서 "예루살렘이 멸망하리라"고 경고하였으나 믿지 아니했던 "그 성"이 드디어 함락되었다는 것입니다.

도표를 보시면 "그 성이 함락되었다"는 말씀을 중심으로,

① "내가 너로 이스라엘의 파수꾼을 삼았으니 내 입의 말을 듣고 대언하라"고 파수꾼의 사명이 새롭게 주어집니다. 성이 함락되자 어떤 자들은

② "우리가, 어찌 능히 살리요"하고 낙담하고

③ 어떤 자는 "주의 길이 공평치 않다"고 불평하고

④ 포로로 끌려가지 않은 자들은 "아브라함은 오직 한 사람이라도 이 땅을 기업으로 얻었나니 우리가 많은즉 더욱 이 땅을 우리에게 기업으로 주신 것이 되느니라"고 회개할 줄 모르고 있는데

⑤ "그 땅이 너희 기업이 되겠느냐" 하십니다. 그런데 이들의 공통점(共通點)은

⑥ "무슨 말씀이 나오는가 들어보자 하고 백성이 모이는 것 같

이 네게 나아오며 내 백성처럼 네 앞에 앉아서 네 말을 들으나 그대로 행하지 아니한다"는 것입니다. 이와 같은 반응(反應)은 현대교회 내에도 있기 때문에 33장은 우리에게도 적실성이 있는 것입니다. 이를 세 단원으로 나누어 상고하겠습니다.

첫째 단원(1–20) **낙담하는 자와 불평하는 자들**
둘째 단원(21–29) **절망이 소망으로, 멸망이 구원으로**
셋째 단원(30–33) **듣기만 하고 행하지 아니하는 자들**

첫째 단원(1–20) **낙담하는 자와 불평하는 자들**

"인자야 내가 너를 이스라엘 족속의 파수꾼으로 삼음이 이와 같으니라 그런즉 너는 내 입의 말을 듣고 나를 대신하여 그들에게 경고할지어다"(7).

① 먼저 생각할 점은 회복을 말씀하기에 앞서서 에스겔을 새롭게 "이스라엘 족속의 파수꾼"으로(1-9) 세우신다는 점입니다. 3장에서 파수꾼으로 세우셔서 이제까지 대언하게 하셨는데 어찌하여 또다시 파수꾼으로 세우시는가? 이는 그가 대언(代言)해야 할 메시지가 달라졌기 때문으로 여겨집니다. 지금까지(1-32장)는 "심판과 멸망"의 소식을 대언했다면, 이제부터(33-48장)는 "회복과 구원"의 기쁜 소식을 대언할 자로 세우시겠다는 뜻입니다. 다시 말씀드리면 1-32장까지의 파수꾼은 자신들을 심판(審判)하기 위해서 오시는 하나님을 보고 나팔을 불었는데, 33-48장까지는 자신

들을 구원(救援)하러 오시는 하나님을 보고 나팔을 부는 파수꾼이 되었다는 것입니다. 이점이 왜 중요하냐 하면 이 시대의 파수꾼으로 세움을 받은 우리도 "심판과 구원"을 알리는 나팔을 함께 불어야 하기 때문입니다.

② 그러면 구원의 기쁜 소식을 전할 파수꾼의 제일성(第一聲)이 무엇인가? "악인이 죽는 것을 기뻐하지 아니하고 악인이 그의 길에서 돌이켜 떠나 사는 것을 기뻐하노라"(11) 하시는 "회개(悔改)"입니다. 이는 주님의 제일성(第一聲)인 "때가 찼고 하나님의 나라가 가까웠으니 회개하고 복음을 믿으라"(막 1:15) 하신 말씀과 일치합니다. 1-9절까지의 내용이 3:17-21절의 반복인 것 같으나 의미문맥으로 보면 3장의 파수꾼은 심판을 경고하기 위해서요, 33장의 파수꾼은 "회개를 촉구"하는데 강조점이 있다 하겠습니다. 그러므로 3장에서는 언급하지 아니한 "나는 악인이 죽는 것을 기뻐하지 아니하고 악인이 그의 길에서 돌이켜 떠나 사는 것을 기뻐하노라"(11)고 말씀하십니다.

③ 첫째 단원은 "그 성이 함락되었다"는 소식을 듣고 "낙담하는 자와 불평하는 자들"에게 대언하는 말씀입니다. 형제에게도 "그 성이 함락되었다", 즉 하늘이 무너짐과 같은 그런 경험을 하신 적이 있으시겠지요? 그때 형제는 어떤 반응을 했던가요? 먼저 절망하는 자들의 반응인데 그들은,

㉠ "우리의 허물과 죄가 이미 우리에게 있어 우리로 그중에서 쇠패하게 하니 어찌 능히 살리요"하고 낙담하는 반응을 나타냈습니다. "어찌 능히 살리요"하는 말은 "이제는 죽었구나"하는 절망을 나타냅니다. 이들을 향해서 파수꾼은

㉡ "주 여호와의 말씀이니라 나의 삶을 두고 맹세하노니 나는 악인이

죽는 것을 기뻐하지 아니하고 악인이 그의 길에서 돌이켜 떠나 사는 것을 기뻐하노라 이스라엘 족속아 돌이키고 돌이키라 너희 악한 길에서 떠나라 어찌 죽고자 하느냐"(11)고 "돌이켜 떠나서 살라", 즉 회개하면 사는 길이 열린다고 대언을 합니다.

낙심이 아니라 회개하라

① 다음은 "주의 길이 바르지 아니 하니라"고 불평하는 자들인데, "바르지 아니하다"는 말이 17절과 20절에 거듭나옵니다. 13-20절은 이에 대한 답변이라 할 수 있는데,

㉠ "가령 내가 의인에게 말하기를 너는 살리라 하였다 하자 그가 그 공의를 스스로 믿고 죄악을 행하면 그 모든 의로운 행위가 하나도 기억되지 아니하리니 그가 그 지은 죄악으로 말미암아 곧 그 안에서 죽으리라"(13)

㉡ "가령 내가 악인에게 말하기를 너는 죽으리라 하였다 하자 그가 돌이켜 자기의 죄에서 떠나서 정의와 공의로 행하여 저당물을 도로 주며 강탈한 물건을 돌려보내고 생명의 율례를 지켜 행하여 죄악을 범하지 아니하면 그가 반드시 살고 죽지 아니할지라 그가 본래 범한 모든 죄가 기억되지 아니하리니 그가 반드시 살리라 이는 정의와 공의를 행하였음이라 하라"(14-16) 하십니다.

② "그래도 네 민족은 말하기를 주의 길이 바르지 아니하다 하는도다 그러나 실상은 그들의 길이 바르지 아니하니라"(17) 하시면서 거듭 설명하시기를,

㉠ "만일 의인이 돌이켜 그 공의에서 떠나 죄악을 범하면 그가 그 가운데에서 죽을 것이고"(18)

㉡ "만일 악인이 돌이켜 그 악에서 떠나 정의와 공의대로 행하면 그가

그로 말미암아 살리라"(19)

ⓒ 그런대도 "너희가 이르기를 주의 길이 바르지 아니하다 하는도다"

ⓓ "이스라엘 족속아 나는 너희가 각기 행한 대로 심판하리라(20), 즉 오늘의 의인이라도 죄악으로 돌이키면 죽을 것이요, 오늘의 악인이라도 정의로 돌이키면 살리라는 말씀입니다.

그래도 공평치 않다하느냐? 불평하는 자에게도 전해줄 말은 "너는 회개하라 그리하면 살리라"는 말씀입니다. 심판의 판정(判定)에 항의하는 선수에게 "심판은 내가 한다, 너는 경기나 잘하라"고 합니다. 이것이 "낙담하는 자와 불평하는 자들"에게 하시는 해답입니다.

둘째 단원(21-29) **절망이 소망으로, 멸망이 구원으로**

"우리가 사로잡힌 지 열두째 해 열째 달 다섯째 날에 예루살렘에서부터 도망하여 온 자가 내게 나아와 말하기를 그 성이 함락되었다 하였는데"(21).

① 드디어 예루살렘 "그 성이 함락되었다"(21)는 소식이 도망하여 온 자로부터 전해졌습니다. 그는 이 소식을 사로잡혀있는 자들에게 전해주기 위해서 예루살렘으로부터 장장 바벨론 그발강가까지 달려온 것입니다. 몇 달이나 걸려서 달려왔을 것인가? 에스라가 바벨론으로부터 예루살렘으로 귀환하는데 걸린 기간이 석달 열흘(스 7:9)이었습니다. 이 소식을 들은 포로들은 하늘이 무너지는 것 같은 절망에 빠졌을 것입니다. 그렇다면 "그 성이 함락되었다"는 소식을 전해준 자는 희망을 전했는가? 아니면 절

망을 전했는가요? 이점이 중요한 것은 이런 일이 구속사(救贖史)에서만 일어나는 일이 아니라, 교회사나 성도들의 삶 가운데서도 일어나기 때문입니다.

② 그러므로 이를 통찰력을 가지고 상고해야 합니다. 결론부터 말씀을 드린다면 하나님은 "그 성이 함락되었다"는 이 소식을 분기점(分岐點)으로 하여 "회복", 즉 다시 세우시는 일을 시작하신다는 점을 주목해야 합니다. 왜 함락되게 하시는가? 그들은 살아 역사하시는 하나님, 다시 말하면 하나님이 세워주신 메시아언약은 믿지 않고 예루살렘 성(城)과 성전(聖殿)이라는 "그것"을 의지하고 있었기 때문입니다. 그러므로 선지자에게 성전 문에 서서 경배하러 들어가는 자들을 향해서 "너희는 이것이 여호와의 성전이라, 여호와의 성전이라, 여호와의 성전이라 하는 거짓말을 믿지 말라"(렘 7:4)고 외치라 하셨던 것입니다. 그러므로 하나님은 우상이 되어있는 성과 성전을 부서버려야 했던 것입니다.

③ 물론 "그 성이 함락되었다"는 소식은 분명 슬픈 소식이요 절망적인 소식입니다. 그런데 하나님은 한 가닥 희망의 실오라기마저 끊어지고만 "슬픔과 절망"의 토대 위에 서서 파수꾼으로 하여금 "회복과 소망"의 나팔을 불게 하시는 것입니다. 그렇다면 "그 성이 함락되었다"는 것은 "절망이 소망으로" 바뀌는 전환점이었던 것입니다. 이점을 시편 기자는 "고난 당한 것이 내게 유익이라 이로 말미암아 내가 주의 율례들을 배우게 되었나이다"(시 119:71)고 진술합니다. 그러므로 "그 성이 함락되었다"는 소식은 슬픔이 변하여 소망이 되는 말씀인 것입니다.

④ 여기 중요한 요점이 있는데 "그 성이 함락되었다"는 소식이

아무에게나 "소망"이 되는 것은 아니라는 점입니다. "이스라엘 족속아 돌이키고 돌이키라"(11중) 한 회개(悔改)하는 자들에게만 소망으로 작용을 한다는 점입니다. 에스라는 바벨론으로부터 귀환하여 개혁을 주도하면서 기도하기를, "우리 하나님이 우리 죄악보다 형벌을 경하게 하시고 이만큼 백성을 남겨주셨사오니 우리가 어찌 다시 주의 계명을 거역하고 가증한 일을"(느 9:13-14) 행하리이까 하고 기도합니다. 즉 "남은 자"에게만 소망이 된다는 말씀입니다. 다시 말하면 하나님의 언약을 믿는 자에게는 절망이란 없다는 말씀입니다.

⑤ 그렇습니다. 만일 그 성이 함락되지 않는다면 그들은 자신들의 잘못을 모르고 회개할 기회를 영영 얻지 못했을 것입니다. 그러므로 "그 성이 함락되지 않으면 그 성의 회복이 없고, 파괴되지 아니하면 다시 세우는 건설이 없고, 죽지 않으면 살 수 없다"는 역설(逆說)이 성립되는 것입니다. 주님은 말씀하십니다. "누구든지 제 목숨을 구원하고자 하면 잃을 것이요 누구든지 나를 위하여 제 목숨을 잃으면 구원하리라"(눅 9:24), 사도는 말씀합니다. "힘에 겹도록 심한 고난을 당하여 살 소망까지 끊어지고 우리는 우리 자신이 사형선고를 받은 줄 알았으니 이는 우리로 자기를 의지하지 말고 오직 죽은 자를 다시 살리시는 하나님만 의지하게 하심이라"(고후 1:9).

절망이 변하여 소망으로

① 이 점에서 우리는 한 걸음 더 나아가야 합니다. 왜냐하면

구속사에서 "그 성이 함락되었다"는 하늘이 무너지는 것 같은 소식을 다시 한번 듣게 되기 때문입니다. 그것은 하나님께서 언약하신 대로 그리스도를 보내셔서 성전이 되게 하셨는데 그를 십자가에 못을 박아 죽였다, 즉 성전을 헐었다는 소식입니다. 그러면 하나님의 아들 그리스도께서 십자가에 달리셨다는 소식은 절망인가 소망인가? 물론 하나님의 아들이 자기 땅에 오셨을 때에 백성들은 열렬히 환영했어야 마땅합니다. 그것이 인간의 책임입니다. 그런데 주님은 "그러나 내가 너희에게 실상을 말하노니 내가 떠나가는 것이 너희에게 유익이라"(요 16:7) 하시는 것이 아닌가?

② 십자가 사건은 역설적(逆說的)이게도 슬픔 중에 기쁜 소식이라는 점을 깨닫는 자만이 "죽으면 살리라"는 역설을 감당할 수 있는 것입니다. 주님은 "내가 문이다(요 10:9), 내가 곧 길이다"(요 14:6)고 말씀하십니다. 그런데 어떻게 문이 되시고 길이 되어주셨는가? 십자가상에서 "다 이루었다"(요 19:30), 즉 우리 죄를 다 청산하셨을 때에야 그 문(휘장)은 열렸고, "그 길은 우리를 위하여 휘장 가운데로 열어놓으신 새로운 살 길이요 휘장은 곧 그의 육체니라"(히 10:20)고 하나님께로 나아가는 길이 개통(開通)되었던 것입니다. 이런 맥락에서 그리스도의 죽으심은 절망 중에서도 소망이요 패배 같으나 승리(勝利)였던 것입니다.

③ 여기 또다시 중요한 요점이 등장하는데, 그리스도의 죽으심이 소망이 되고 승리가 되는 것은 아무에게나 해당되는 것이 아니라는 점입니다. 그리스도가 하나님의 아들이심을 믿는 자, 그분의 죽으심이 나를 대신한 죽음임을 믿는 자, 그리고 죽으실 뿐 아니라 다시 살아나심을 믿는 자, 한마디로 하나님의 언약을 믿

는 자에게만 "소망이요 승리"가 된다는 말씀입니다.

④ 이점이 "그 사람이 내게 나아올 그 때에 내 입이 열리기로 내가 다시는 잠잠하지 아니하였노라"(22)는 말씀에 함의되어 있는 것입니다. 어찌하여 파수꾼의 입을 열어주셨는가? 왜 잠잠하지 않았는가? 두 가지가 입증되었기 때문입니다.

㉠ 첫째는 에스겔이 경고한 대로 응하여진 것을 통해서 참 선지자임이 입증이 되었고,

㉡ 둘째는 그의 입으로 대언되는 말씀이 참 하나님의 말씀임이 입증이 되었던 것입니다.

⑤ 그러므로 "그 도망한 자가 내게 나아오기 전날 저녁에 여호와의 손이 내게 임하여 내 입을 여시더니(22상), 내가 다시는 잠잠하지 아니하였노라"(22하) 하는 것입니다. 즉 슬픔과 절망 중에 있는 자들에게 전해주어야 할 "기쁜 소식"이 있기 때문입니다. 사도는 부탁하기를 "또 나를 위하여 구할 것은 내게 말씀을 주사 나로 입을 벌려 복음의 비밀을 담대히 알리게 하옵소서 할 것이니 이 일을 위하여 내가 쇠사슬에 매인 사신이 된 것은 나로 이 일에 당연히 할 말을 담대히 하게 하려 하심이니라"(엡 6:19-20) 합니다. 형제의 입도 열리고 다시는 잠잠하지 않게 되기를 바랍니다.

다시는 잠잠하지 아니하였노라

① 그런데 예루살렘 성이 함락되었는데도 "회개"하지는 않고 이욕(利慾)만 차리려는 자들이 있었습니다.

㉠ "여호와의 말씀이 내게 임하여 이르시되 인자야 이 이스라엘의 이

황폐한 땅에 거주하는 자들이 말하여 이르기를 아브라함은 오직 한 사람이라도 이 땅을 기업으로 얻었나니 우리가 많은즉 더욱 이 땅을 우리에게 기업으로 주신 것이 되느니라 하는도다"(23-24) 하십니다. 이는 포로가 되지 않고 예루살렘에 남아있는 자들이 하는 잠꼬대 같은 반응입니다. 그들은 이미 11:15절에서도

㉡ "너희는 여호와에게서 멀리 떠나라 이 땅은 우리에게 주어 기업이 되게 하신 것이라"고 말했던 자들입니다. 포로 된 자는 죄가 있어서 사로잡혀 갔고, 예루살렘은 남은 자의 차지라는 것입니다.

② 그들은 하나님께서 아브라함에게 "내가 너와 네 후손에게 네가 거류하는 이 땅 곧 가나안 온 땅을 주어 영원한 기업이 되게 하고 나는 그들의 하나님이 되리라"(창 17:8)고 언약하신 바를 들먹였던 것입니다. 가나안 땅을 기업으로 주시겠다는 것은 "언약"과 결부되는 것으로 그리스도가 태어나실 땅을 준비하심이요, 그리하여 유다 지파가 주님의 공생애의 주 무대(舞臺)인 예루살렘 일경을 분배받게 된 것입니다. 그러나 그들은 "기업"은 사모하면서도 메시아언약은 망각한 체 우상 숭배하던 자들입니다.

③ 이는 주님 당시에 언약의 성취로 오신 그리스도는 배척하면서 "언약의 표징"(창 17:11)으로 주어진 할례를 자랑한 것과 같은 것입니다. 그로부터 2천 년이 지난 지금도 그리스도를 배척한 죄는 회개하지 않고 통곡의 벽에서 습관적으로 머리를 조아리고 있습니다. 참으로 통곡할 일입니다.

④ "그러므로 너는 그들에게 이르기를 주 여호와께서 이같이 말씀하시되,

㉠ 너희가 고기를 피째 먹으며 너희 우상들에게 눈을 들며 피를 흘리니 그 땅이 너희의 기업이 될까보냐?

ⓛ 너희가 칼을 믿어 가증한 일을 행하며 각기 이웃의 아내를 더럽히니 그 땅이 너희의 기업이 될까보냐? 너는 그들에게 이르기를 주 여호와께서 이같이 말씀하시되

ⓒ 내가 나의 삶을 두고 맹세하노니 황무지에 있는 자는 칼에 엎드러뜨리고 들에 있는 자는 들짐승에게 넘겨 먹히게 하고 산성과 굴에 있는 자는 전염병에 죽게 하리라 내가 그 땅이 황무지와 공포의 대상이 되게 하고 그 권능의 교만을 그치게 하리니 이스라엘의 산들이 황폐하여 지나갈 사람이 없으리라 내가 그들의 행한 모든 가증한 일로 말미암아 그 땅을 황무지와 공포의 대상이 되게 하면 그 때에 내가 여호와인 줄을 그들이 알리라 하라"(25-29) 하십니다.

⑤ 이점을 예레미야 선지자를 통해서는 "너희가 무익한 거짓말을 의존하는도다 너희가 도둑질하며 살인하며 간음하며 거짓 맹세하며 바알에게 분향하며 너희가 알지 못하는 다른 신들을 따르면서 내 이름으로 일컬음을 받는 이 집에 들어와서 내 앞에 서서 말하기를 우리가 구원을 얻었나이다 하느냐"(렘 7:8-10) 하고 책망하십니다. 이것이 끝끝내 "회개하지 않는 자들"에게 주어지는 답변입니다.

셋째 단원(30-33) **듣기만 하고 행하지 아니하는 자들**

"백성이 모이는 것 같이 네게 나아오며 내 백성처럼 네 앞에 앉아서 네 말을 들으나 그대로 행하지 아니하니 이는 그 입으로는 사랑을 나타내어도 마음으로는 이익을 따름이라"(31).

① 셋째 단원의 중심점은 "듣기만 하고 행치 아니하는" 반응을

나타내는 자들에게 하시는 말씀입니다.

㉠ "인자야 네 민족이 담 곁에서와 집 문에서 너에 대하여 말하며 각각 그 형제와 더불어 말하여 이르기를 자, 가서 여호와께로부터 무슨 말씀이 나오는가 들어보자 하고"(30) 모여들었다는 것입니다. 앞에서 상고한 대로 선지자 에스겔은 "말씀과 행위계시"를 통해서 여러 모양 여러 방면으로 경고했습니다. 심지어 "네 눈에 기뻐하는 것을 한 번 쳐서 빼앗으리니"(24:16) 하고 사랑하는 아내의 죽음까지도 감수해야 했습니다.

㉡ 그러나 완악한 백성들은 선지자의 행위계시는 미친 것으로 여겼고, 말씀계시는 "악담"(렘 38:4)하는 것으로 여겼던 것입니다.

② 그런데 그가 경고한 대로 "그 성이 함락되었다"(21)는 청천벽력 같은 전갈을 듣게 된 것입니다.

㉠ 그리하여 "백성이 모이는 것 같이 네게 나아오며"

㉡ "내 백성처럼 네 앞에 앉아서 네 말을 들으나", 즉 반응을 나타냈던 것입니다.

㉢ 그런데 "그대로 행하지 아니하니"

㉣ "이는 그 입으로는 사랑을 나타내어도 마음으로는 이익을 따름이라"(31) 하십니다.

③ 어찌하여 듣기만 하고 행함에는 변화가 일어나지 않는다는 말인가? "입"으로는 '사랑합니다' 말하나 "마음은 이익을 따름이라", 즉 자기중심적인 신앙, 기복적인 신앙, 탐심이라는 우상 때문이라는 것입니다. 이점이 다름 아닌 14:3절에서 지적하신 "자기 우상을 마음에 들인" 자들인 것입니다. 왜 이렇게 되는가? 메시아언약, 즉 복음을 잃어버렸기 때문입니다. 진정 복음을 받은 자는 무엇이라 고백하는 자인가? "우리 중에 누구든지 자기를 위하여 사는 자가 없고 자기를 위하여 죽는 자도 없도다 우리가 살

아도 주를 위하여 살고 죽어도 주를 위하여 죽나니 그러므로 사나 죽으나 우리가 주의 것이로다"(롬 14:7-8)고 고백하게 되는 것입니다.

④ "그들이 너를 음악을 잘하며 고운 음성으로 사랑의 노래를 하는 자 같이 여겼다"는 말씀을 들으면서 형제는 어떤 마음이 드십니까? 설교자들은 누가 더

㉠ "고운 음성으로 사랑노래"를 불러서 인기를 얻을 수 있을까 경쟁이라도 하듯이 회중이 듣기 좋아하는 아름다운 말을 하기에 골몰하고

㉡ 회중들은 고개를 끄덕이며 '아멘, 아멘' 하면서 '열린 음악회'에 참석하고 돌아가듯 하는 것을 연상하게 되지 않습니까? 그것이 끝입니다. 그 후에 결단도 아무런 변화도 뒤따르지 않습니다. 설교자는 소쿠리에 물 붓듯 하고 있는 것입니다. 그리고 만사가 잘 되어가는 줄로 여기고 있습니다.

음악 감상하듯 하고 돌아가는 자들

① 하나님은 말씀하십니다. "그 말이 응하리니 응할 때에는 그들이 한 선지자가 자기 가운데에 있었음을 알리라"(33).

㉠ 예루살렘이 멸망하리라는 경고는 이미 응하여졌습니다. 그러면 "그 말이 응하리니" 한 "그 말"은 무슨 말씀인가? 하나님께서는 34장에서부터 본격적으로 "메시아를 통한 회복"의 말씀을 하실 것입니다. 즉 그리스도를 보내 주시겠다는 복음입니다.

㉡ 우리는 그 말씀도 응하여진 이후를 살아가고 있습니다. 그렇다면 또 응하여질 말씀이 무엇이 남았는가?

㉢ 재림과 함께 임하게 될 최후심판(最後審判)입니다.

② 하나님께서

㉠ 선지자의 입을 열어주시매

㉡ 에스겔 선지자가 "다시는 잠잠하지 아니하고" 외친 말씀을 34장 이하에서 듣게 될 것입니다.

㉢ 그러면 이 시대에 파수꾼으로 세움 받은 자들이 "다시는 잠잠하지 아니하고" 외쳐야 할 말씀은 무엇이란 말인가?

주님은 말씀하십니다. "두려워하지 말며 잠잠하지 말고 말하라 내가 너와 함께 있으매 아무 사람도 너를 대적하여 해롭게 할 자가 없을 것이니 이는 이 성 중에 내 백성이 많음이라"(행 18:9-10) 하신 복음(福音)입니다. 회복의 말씀을 전하게 하기 위해서 에스겔을 "내가 너로 이스라엘의 파수꾼을 삼았다" 하심과 같이 복음을 증언하게 하기 위해서 우리를 시대의 파수꾼으로 세우셨습니다. 이것이 "성이 함락된 후의 파수꾼의 사명"입니다.

③ 묵상해보겠습니다.

㉠ 본문에 나타난 네 가지 반응에 대해서

㉡ 언약을 믿는 자에게는 절망이 소망으로, 패배가 승리가 된다는 역설에 대해서

㉢ 파수꾼의 사명과 오늘날 설교자의 사명에 대해서

㉣ 다시는 잠잠하지 아니하였다는 점에 대해서.

에스겔 34장 개관도표

주제 : 한 목자와 화평의 언약을 세워 회복하심

자기만 먹이는 목자	1-8 1 여호와의 말씀이 내게 임하여 이르시되 2 인자야 너는 ① **이스라엘 목자들에게 예언하라** 그들 곧 목자들에게 예언하여 이르기를 주 여호와께서 이같이 말씀하시되 **자기만 먹는 이스라엘 목자들은 화 있을진저** 목자들이 양 떼를 먹이는 것이 마땅하지 아니하냐 3 너희가 살진 양을 잡아 그 기름을 먹으며 그 털을 입되 양 떼는 먹이지 아니하는도다 4 너희가 그 연약한 자를 강하게 아니하며 병든 자를 고치지 아니하며 상한 자를 싸매 주지 아니하며 쫓기는 자를 돌아오게 하지 아니하며 잃어버린 자를 찾지 아니하고 다만 포악으로 그것들을 다스렸도다 5 목자가 없으므로 그것들이 흩어지고 흩어져서 모든 들짐승의 밥이 되었도다 6 내 양 떼가 모든 산과 높은 멧부리에마다 유리되었고 내 양 떼가 온 지면에 흩어졌으되 찾고 찾는 자가 없었도다 7 그러므로 목자들아 여호와의 말씀을 들을지어다 8 주 여호와의 말씀에 내가 나의 삶을 두고 맹세하노라 내 양 떼가 노략 거리가 되고 모든 들짐승의 밥이 된 것은 목자가 없기 때문이라 ② **내 목자들이 내 양을 찾지 아니하고 자기만 먹이고 내 양 떼를 먹이지 아니하였도다**
내 양을 찾으리라	9-16 9 그러므로 너희 목자들아 여호와의 말씀을 들을지어다 10 주 여호와께서 이같이 말씀하시되 ③ **내가 목자들을 대적하여 내 양 떼를 그들의 손에서 찾으리니** 목자들이 양을 먹이지 못할 뿐 아니라 그들이 다시는 자기도 먹이지 못할지라 내가 내 양을 그들의 입에서 건져내어서 다시는 그 먹이가 되지 아니하게 하리라 11 주 여호와께서 이같이 말씀하셨느니라 나 곧 내가 내 양을 찾고 찾되 12 목자가 양 가운데에 있는 날에 양이 흩어졌으면 그 떼를 찾는 것 같이 내가 내 양을 찾아서 흐리고 캄캄한 날에 그 흩어진 모든 곳에서 그것들을 건져낼지라 13 ④ **내가 그것들을 만민 가운데에서 끌어내며 여러 백성 가운데에서 모아 그 본토로 데리고 가서** 이스라엘 산 위에와 시냇가에 와 그 땅 모든 거주지에서 먹이되 14 좋은 꼴을 먹이고 그 우리를 이스라엘 높은 산에 두리니 그것들이 그 곳에 있는 좋은 우리에 누워 있으며 이스라엘 산에서 살진 꼴을 먹으리라 15 ⑤ **내가 친히 내 양의 목자가 되어 그것들을 누워 있게 할지라** 주 여호와의 말씀이니라 16 그 잃어버린 자를 내가 찾으며 쫓기는 자를 내가 돌아오게 하며 상한 자를 내가 싸매 주며 병든 자를 내가 강하게 하려니와 살진 자와 강한 자는 내가 없애고 정의대로 그것들을 먹이리라
양과 염소 심판	17-22 17 주 여호와께서 이같이 말씀하셨느니라 ⑥ **나의 양 떼 너희여 내가 양과 양 사이와 숫양과 숫염소 사이에서 심판하노라** 18 너희가 좋은 꼴을 먹는 것을 작은 일로 여기느냐 어찌하여 남은 꼴을 발로 밟았느냐 너희가 맑은 물을 마시는 것을 작은 일로 여기느냐 어찌하여 남은 물을 발로 더럽혔느냐 19 나의 양은 너희 발로 밟은 것을 먹으며 너희 발로 더럽힌 것을 마시는도다 하셨느니라 20 그러므로 주 여호와께서 그들에게 이같이 말씀하시되 나 곧 ⑦ **내가 살진 양과 파리한 양 사이에서 심판하리라** 21 너희가 옆구리와 어깨로 밀어뜨리고 모든 병든 자를 뿔로 받아 무리를 밖으로 흩어지게 하는도다 22 그러므로 내가 내 양 떼를 구원하여 그들로 다시는 노략 거리가 되지 아니하게 하고 양과 양 사이에 심판하리라
화평의 언약을 세우리라	23-31 23 **내가 한 목자를 그들 위에 세워 먹이게 하리니 그는 내 종 다윗이라** 그가 그들을 먹이고 그들의 목자가 될지라 24 **나 여호와는 그들의 하나님이 되고 내 종 다윗은 그들 중에 왕이 되리라** 나 여호와의 말이니라 25 **내가 또 그들과 화평의 언약을 맺고** 악한 짐승을 그 땅에서 그치게 하리니 그들이 빈 들에 평안히 거하며 수풀 가운데에서 잘지라 26 내가 그들에게 복을 내리고 내 산 사방에 복을 내리며 때를 따라 소낙비를 내리되 복된 소낙비를 내리리라 27 그리한즉 밭에 나무가 열매를 맺으며 땅이 그 소산을 내리니 그들이 그 땅에서 평안할지라 내가 그들의 멍에의 나무를 꺾고 그들을 종으로 삼은 자의 손에서 그들을 건져낸 후에 내가 여호와인 줄을 그들이 알겠고 28 그들이 다시는 이방의 노략 거리가 되지 아니하며 땅의 짐승들에게 잡아먹히지도 아니하고 평안히 거주하리니 놀랠 사람이 없으리라 29 내가 그들을 위하여 파종할 좋은 땅을 일으키리니 그들이 다시는 그 땅에서 기근으로 멸망하지 아니할지며 다시는 여러 나라의 수치를 받지 아니할지라 30 그들이 내가 여호와 ⑧ **그들의 하나님이며 그들과 함께 있는 줄을 알고 그들 곧 이스라엘 족속이 내 백성인 줄 알리라** 주 여호와의 말씀이라 31 내 양 곧 내 초장의 양 너희는 사람이요 나는 너희 하나님이라 주 여호와의 말씀이니라

34장

한 목자와 화평의 언약을 세워 회복하심

24나 여호와는 그들의 하나님이 되고 내 종 다윗은 그들 중에
왕이 되리라 나 여호와의 말이니라

34장은 본격적인 회복에 대한 말씀입니다. 중심점은 "한 목자와 화평의 언약을 세워 회복"하여 주시겠다는데 있습니다. 왜냐하면 이스라엘이 멸망하게 된 원인이 "목자"의 책임이요, 또한 "옛 언약"으로는 구원에 이를 수 없었기 때문입니다. 그러므로 34장의 핵심이 "목자(牧者)와 화평의 언약(言約)"이라는 점을 놓치지 말아야 합니다. 왜냐하면 이는 메시아 예언이 분명하기 때문입니다. 도표를 보시면 "한 목자와 언약을 세워 회복"하시겠다

는 말씀을 중심으로,

① "자기만 먹는 목자들은 화가 있도다" 하십니다. 왜냐하면

② "양을 먹이지 않음으로" 멸망으로 인도했기 때문이요, 그래서

③ "내 양을 그들 손에서 찾아"

④ "본토로 데리고 가서"

⑤ "내가 친히 목자가 되어"

⑥ "양과 염소 사이와"

⑦ "살진 양과 파리한 양 사이에서 심판하시겠다"고 말씀합니다. 이렇게 하시는 목적은

⑧ "그들의 하나님 되어 그들과 함께 있기" 위해서라 하십니다. 이것이 하나님의 나라 회복인 것입니다. 이를 위해서는 "목자와 언약"이 갱신되어야 한다는 말씀입니다. 34장은 중요하고도 영광스러움으로 가득 차 있습니다. 이를 네 단원으로 나누어 상고하겠습니다.

첫째 단원(1–8) **자기만 먹는 목자들은 화가 있다**
둘째 단원(9–16) **내가 목자가 되어 내 양을 찾으리라**
셋째 단원(17–22) **양과 염소 사이를 심판하겠다**
넷째 단원(23–31) **화평의 언약을 세우리라**

첫째 단원(1–8) 자기만 먹는 목자들은 화가 있다

"인자야 너는 이스라엘 목자들에게 예언하라 그들 곧 목자들에게 예

언하여 이르기를 주 여호와께서 이같이 말씀하시되 자기만 먹는 이스라엘 목자들은 화 있을진저 목자들이 양 떼를 먹이는 것이 마땅하지 아니하냐"(2).

① 첫째 단원의 중심점은 "자기만 먹이는 목자들은 화가 있다"는데 있습니다. 하나님은 지금 회복을 말씀하시려는데 먼저 예루살렘이 멸망 당하고 하나님의 양 무리가 이방에 유리하게 된 원인과 책임이 누구에게 있는가를 언급하십니다. 그러므로 주목할 점은 34장의 구도(構圖)가 "자기만 먹는 목자들은 화 있다"(2)는 말씀으로 시작하여, "내가 한 목자를 그들 위에 세워 먹이게 하리니"(23) 하는 구도라는 점입니다. 이는 이스라엘이 멸망하게 된 책임이 목자(牧者)들에게 있음과 같이 "회복"도 한 목자(牧者)를 통해서 이루실 것을 나타냅니다. "한 목자"란 "나는 선한 목자"라 하신 목자 장이신 그리스도를 가리키는 예언임이 분명하나 목회자의 사명과 책임이 얼마나 중요한지를 일깨워주는 대목입니다.

② 목자는 "양 떼를 먹이는 것이 마땅하지 아니하냐"(2)는 것입니다. 그런데 "너희가 살진 양을 잡아 그 기름을 먹으며 그 털을 입되 양 떼는 먹이지 아니했다"(3)는 것입니다. 그러므로 둘째 단원에서는 "내가 친히 내 양의 목자가 되겠다"(15)고 말씀하시는 것입니다. 그러면 자기만 먹이는 "목자들"이란 누구를 가리키는가? 목자란 "왕 · 제사장 · 선지자"와 같은 지도자들을 가리키는 말씀인데 그들의 잘못을 22장을 통해서 다시 한번 상기하는 것이 안전할 것입니다.

㉠ "그 가운데에서 선지자들의 반역함이 우는 사자가 음식물을 움킴 같았도다 그들이 사람의 영혼을 삼켰으며 재산과 보물을 탈취하며 과

부를 그 가운데에 많게 하였으며"

㉡ "그 제사장들은 내 율법을 범하였으며 나의 성물을 더럽혔으며 거룩함과 속된 것을 구별하지 아니하였으며"

㉢ "그 가운데에 그 고관들은 음식물을 삼키는 이리 같아서 불의한 이익을 얻으려고 피를 흘려 영혼을 멸했다"(22:25-27) 하십니다. "왕 · 제사장 · 선지자"들은 모두가 메시아의 일면을 예표하는 자들로 세움을 받은 목자들인데 역기능(逆機能)으로 행했다는데 문제가 있는 것입니다.

③ 본문에서 주목하게 되는 것은 "내 양"이라는 호칭입니다. 본 단원에만 다섯 번(6,6,8,8,8), 34장 전체로는 열네 번이나 강조되어 있습니다. 이는 "내 양 곧 내 초장의 양 너희는 사람이요"(31) 한 대로 하나님의 백성들을 가리키는데, 어찌하여 "내 양"이라 말씀하시는가? "너희를 구속하여 너희로 내 백성을 삼고"(출 6:6-7) 하신 유월절 양의 피로 값을 주고 사신 하나님의 소유이기 때문입니다. 그들을 목자들에게 돌보라고 위탁을 했는데,

④ 도리어 목자들이

㉠ "너희가 그 연약한 자를 강하게 아니하며 병든 자를 고치지 아니하며 상한 자를 싸매 주지 아니하며 쫓기는 자를 돌아오게 하지 아니하며 잃어버린 자를 찾지 아니하고 다만 포악으로 그것들을 다스렸도다"(4) 합니다. 그리하여

㉡ "목자가 없으므로 그것들이 흩어지고 흩어져서 모든 들짐승의 밥이 되었도다"(5), 즉 이방인들의 사냥감이 되었다는 것입니다.

㉢ "내 양 떼가 모든 산과 높은 멧부리에 마다 유리되었고 내 양 떼가 온 지면에 흩어졌으되 찾고 찾는 자가 없었도다"(6) 하십니다. 이것이 예루살렘이 멸망 당할 당시의 상황이었고 멸망하게 된 원인(原因)

이기도 합니다.

⑤ “그러므로 목자들아 여호와의 말씀을 들을지어다 주 여호와의 말씀에 내가 나의 삶을 두고 맹세하노라 내 양 떼가 노략 거리가 되고 모든 들짐승의 밥이 된 것은 목자가 없기 때문이라 내 목자들이 내 양을 찾지 아니하고 자기만 먹이고 내 양 떼를 먹이지 아니하였도다”(7-8) 하십니다. “목자가 없음이라” 하심을 주목하십시오. “무리를 보시고 불쌍히 여기시니 이는 그들이 목자 없는 양과 같이 고생하며 기진함이라”(마 9:36)고 주님 당시도 목자가 없어서 양 떼들이 멸망한 것입니다. 이 말씀은 주님의 피로 값을 주고 사신 오늘의 “주님의 양”들에게는 “목자가 있는가? 나 자신이 그 사명을 바르게 감당하고 있는가?” 하고 자문하게 합니다. 이것이 “자기만 먹이는 목자들은 화가 있도다” 하시는 말씀입니다.

둘째 단원(9–16) **내가 목자가 되어 내 양을 찾으리라**

“그러므로 너희 목자들아 여호와의 말씀을 들을지어다”(9).

① 둘째 단원의 중심점은, “내가 목자가 되어서 내 양을 찾으리라”는데 있습니다.

본 단원에는 “찾겠다”는 말씀이 여섯 번(10,11,11,12,12,16)이나 등장하는데 본격적으로 회복을 말씀하십니다. 누구로부터 찾으시겠다 하시는가?

㉠ “주 여호와께서 이같이 말씀하시되 내가 목자들을 대적하여 내 양

떼를 그들의 손에서 찾으리니 목자들이 양을 먹이지 못할 뿐 아니라 그들이 다시는 자기도 먹이지 못할지라 내가 내 양을 그들의 입에서 건져내어서 다시는 그 먹이가 되지 아니하게 하리라"(10) 하십니다. 주목하게 되는 것은

㉡ "내가 목자들을 대적하여"라는 대목입니다. 대적(對敵)한다는 말은 25-32장까지에서 이스라엘을 괴롭히는 열방에 대한 심판을 경고할 때에 하신(26:3, 28:22, 29:3, 30:22) 말씀입니다. 그런데 이스라엘의 "왕 · 제사장 · 선지자들"을 대적하시겠다는 것입니다. 왜 그런가? 먼저 그들이 하나님의 대적이 되었기 때문입니다. 그러므로 "내 양 떼를 그들의 손에서 찾겠다"는 말은 그들 손에서 빼앗겠다는 뜻인 것입니다. 이런 맥락에서 본 단원의 핵심이 "내가 친히 내 양의 목자가 되리라"(15)는 말씀에 있는 것입니다. 즉 양 떼를 찾으셔서 하나님이 친히 목자가 되시겠다는 말씀입니다.

② "주 여호와께서 이같이 말씀하셨느니라 나 곧 내가 내 양을 찾고 찾되 목자가 양 가운데에 있는 날에 양이 흩어졌으면 그 떼를 찾는 것 같이 내가 내 양을 찾아서 흐리고 캄캄한 날에 그 흩어진 모든 곳에서 그것들을 건져낼지라"(11-12) 하십니다. 이 대목은 주님께서 말씀하신 "잃은 양의 비유", 즉 "그 잃은 것을 찾도록 찾아다니지 않겠느냐"(눅 15:4) 하신 말씀을 연상하게 합니다.

③ 그러면 "잃은 양을 찾는다"는 것이 어떻게 가능하여지는지 형제는 말해줄 수 있습니까? 11-14절은 이에 대한 설명인데,

㉠ "내 양을 찾고 찾되"(11)

㉡ "모든 곳에서 그것들을 건져낼지라"(12)

㉢ "만민 가운데에서 끌어내며"

㉣ "모아 그 본토로 데리고 가서"(13)

ⓜ “좋은 꼴을 먹이고”

ⓑ “좋은 우리에 누워있게 하리라”(14) 하십니다. 이것이 “잃은 양을 찾는” 것입니다.

④ 이 말씀이 1차적으로는 바벨론으로 사로잡혀간 자들을 “끌어내며 모아 본토로 데리고 갈 것”을 의미합니다만, 하나님께서 “내 양”을 잃어버리신 것은 근원적(根源的)으로 에덴에서 일어났음을 잊지 말아야 합니다. 이점이 주님께서 “인자의 온 것은 잃어버린 자를 찾아 구원하려 함이니라”(눅 19:10) 하신 말씀에 나타납니다. 주님이 찾으시려는 잃은 양은 바벨론으로부터의 포로귀환을 가리키는 것이 아니라, “죽기를 무서워하므로 일생에 매여 종노릇하는 모든 자”(히 2:15)를 사탄의 속박으로부터 놓아주시려는 구속사역을 의미하는 것입니다. 그러므로 “잃은 양을 찾는다”는 것은 “대속”을 통해서만이 가능하여진다는 점을 놓치지 말아야 합니다. 그래서 주님은 “나는 선한 목자라 선한 목자는 양들을 위하여 목숨을 버리거니와”(요 10:11) 하신 것입니다.

잃은 양을 찾음은 구속이다

① “이스라엘산 위에와 시냇가에와 그 땅 모든 거주지에서 먹이되 좋은 꼴을 먹이고 그 우리를 이스라엘 높은 산에 두리니 그것들이 그곳에 있는 좋은 우리에 누워있으며 이스라엘산에서 살진 꼴을 먹으리라”(13상-14) 하시는데, 이 말씀은 “말일에 여호와의 전의 산이 모든 산꼭대기에 굳게 설 것이요 모든 작은 산 위에 뛰어나리니 만방이 그리로 모여들 것이라”(사 2:2, 미 4:1)한 말씀과 상통합니다. 이는 복음시대에 되어질 것을 구약적으로 표

현한 말씀입니다.

② 이점이 "내가 친히 내 양의 목자가 되겠다"(15)는 말씀에서 드러나는데, 이를 통찰력을 가지고 상고해야 합니다. 왜냐하면 하나님이 "친히 목자가 되겠다"는 뜻은 하나님이 친히 "제사장 · 선지자 · 왕"이 되시겠다는 뜻인데 이 약속이 임마누엘을 통해서 성취될 예언이기 때문입니다. 주님은 "제사장 · 선지자 · 왕"으로 오셨습니다. 그리하여 "하나님의 일에 자비하고 충성된 대제사장이 되어 백성의 죄를 구속"(히 2:17)하여주심으로 잃은 양을 찾으셨던 것입니다. 이 점에서 주님이 "나보다 먼저 온 자는 다 절도요 강도니 양들이 듣지 아니하였느니라"(요 10:8) 하신 뜻을 이해할 듯합니다.

③ "그 잃어버린 자를 내가 찾으며 쫓기는 자를 내가 돌아오게 하며 상한 자를 내가 싸매 주며 병든 자를 내가 강하게 하려니와 살진 자와 강한 자는 내가 없애고 정의대로 그것들을 먹이리라"(16) 하십니다. 참 목자가 행해주시겠다는 16절의 내용은, 거짓 목자들이 하지 아니했다는 4절과 대칭을 이루고 있습니다. 이것이 "내 양을 찾겠다"는 의미입니다.

셋째 단원(17-22) **양과 염소 사이를 심판하겠다**

"주 여호와께서 이같이 말씀하셨느니라 나의 양 떼 너희여 내가 양과 양 사이와 숫양과 숫염소 사이에서 심판하노라"(17).

① 셋째 단원의 중심점은 "양과 염소 사이를 심판하겠다"는데

있습니다. 2절에서 "인자야 너는 이스라엘 목자(牧者)들을 쳐서 예언하라"고 목자를 심판하시는 하나님은 17절에서는 "나의 양 떼 너희여"하고

㉠ "양과 양의 사이와"

㉡ "숫양과 숫염소의 사이"(17)에 심판하시겠다 하십니다.

20절에서는 "살진 양과 파리한 양 사이에서 심판하리라" 하시고, 22절에서도 "양과 양 사이에 심판하리라"하고 거듭거듭 말씀하십니다. 이는 목자만 "거짓 목자"가 있는 것이 아니라 양 떼 중에도 "거짓 양 떼"가 있다는 점을 나타내는 두려운 말씀입니다.

② 거짓 양이란 "너희가 옆구리와 어깨로 밀어뜨리고 모든 병든자를 뿔로 받아 무리를 밖으로 흩어지게 하는"(21) "숫염소"(17)와 같은 자들을 가리킵니다. 이런 자들은 필연적으로 "살진 양", 즉 힘이 센 자들 중에 있게 마련입니다.

③ "너희가 좋은 꼴을 먹는 것을 작은 일로 여기느냐 어찌하여 남은 꼴을 발로 밟았느냐 너희가 맑은 물을 마시는 것을 작은 일로 여기느냐 어찌하여 남은 물을 발로 더럽혔느냐"(18) 하십니다. 그들이 먹고 마셨다는 "좋은 꼴, 맑은 물"이란 무엇을 의미하는가? 이는 신령한 것을 가리키는 것이 아니라 그들이 향유한 특권, 즉 권세와 명예와 영화와 직분(職分) 등을 가리킬 것입니다. 지위 · 재물 · 지식 등이 나쁜 것은 아닙니다. 그런데 이런 특권을 누리는 자들에게는 그에 상응하는 책임이 따르는데, "나의 양은 너희 발로 밟은 것을 먹으며 너희 발로 더럽힌 것을 마시는도다"(19)고, 그 특권으로 도리어 양 떼들을 압제하고 수탈하는데 사용했다는 것입니다.

④ "그러므로 내가 내 양 떼를 구원하여 그들로 다시는 노략거리가 되지 아니하게 하고 양과 양 사이에 심판하리라"(22) 하십니다.

㉠ 요한3서에 등장하는 "으뜸 되기를 좋아하는 디오드레베"가 이런 부류입니다. "그러므로 내가 가면 그 행한 일을 잊지 아니하리라 그가 악한 말로 우리를 비방하고도 오히려 부족하여 형제들을 맞아들이지도 아니하고 맞아들이고자 하는 자를 금하여 교회에서 내쫓는도다"(요삼 1:10) 합니다. 주님 당시도 "세리와 죄인들이 말씀을 들으러 가까이 나아오니 바리새인과 서기관들이 수군거려 이르되 이 사람이 죄인을 영접하고 음식을 같이 먹는다"(눅 15:1)고 비난했습니다. 그래서 주님은

㉡ "잃은 양 비유, 잃은 드라크마, 탕자의 비유"를 말씀하게 된 것입니다. 그들 바리새인과 서기관들은 "살진 양들"이었고, 세리와 죄인들은 "힘이 없고 병들고 약한 파리한 양"들이었던 것입니다. 본문은 주님께서 "인자가 자기 영광으로 모든 천사와 함께 올 때에 영광의 보좌에 앉으리니 모든 민족을 그 앞에 모으고 각각 구분하기를 목자가 양과 염소를 구분하는 것같이 하리라"(마 25:31-32) 하신 말씀을 연상하게 합니다. 이것이 "양과 염소 사이를 심판하겠다"는 의미입니다.

넷째 단원(23-31) **화평의 언약을 세우리라**

"내가 또 그들과 화평의 언약을 맺고 악한 짐승을 그 땅에서 그치게 하리니 그들이 빈들에 평안히 거하며 수풀 가운데에서 잘지라"(25).

① 넷째 단원의 중심점은 "화평의 언약을 세우리라"(25)는 말

씀에 있습니다. 1-22절이 준비를 위한 소극적(消極的)인 회복이라면, 23-31절은 적극적(積極的)인 회복이라 할 것입니다. 그러므로 여기가 에스겔서의 중심부라 할 수 있습니다. 왜냐하면 앞부분(1-33장)이 문제(問題)라면, 34-48장은 해답(解答)인데 해답의 핵심은 "목자와 언약"에 있기 때문입니다.

㉠ 하나님과의 관계는 언약의 관계입니다. 그리고 믿음이란 언약을 믿는 것을 의미합니다. 그러므로 언약이 없으면 믿음도, 하나님과의 관계도 성립이 되지 않는 것입니다.

㉡ 그리고 옛 언약이 모세를 통하여 세워주심과 같이 "화평의 언약"도 "한 목자"라 하신 그리스도를 통해서 세워주시는 것입니다. 그러므로 "언약과 목자"는 불가분의 관계인 것입니다. 이점을 심층적으로 다루어야 합니다.

㉮ 먼저 "화평의 언약"이 왜 필요하게 되었는가 하는 점입니다. 예루살렘이 함락되고 성전이 불에 타고 백성들이 사로잡혀가게 되었다는 것은 "언약"이 파해졌다, 즉 하나님과의 관계가 파괴되었다는 점을 나타내기 때문입니다. 그래서 "화평(和平)의 언약(言約)"이 필요하게 된 것입니다.

㉯ 그러면 이스라엘(구약교회)은 무슨 언약에 의해서 하나님과의 관계가 성립되었는가 하는 점입니다. 우선적으로 말씀드릴 수 있는 것은 모세가 "언약서를 가져다가 백성에게 낭독하여 듣게 하니 그들이 이르되 여호와의 모든 말씀을 우리가 준행하리이다"고 응답했습니다. 그리하여 짐승의 피를 백성들에게 뿌리면서 "여호와께서 이 모든 말씀에 대하여 너희와 세우신 언약의 피니라"(출 24:7-8)고 언약이 체결된 것입니다. 그런데 이스라엘 백성들은 이 언약을 파(破)함으로(렘 31:32) 하나님과의 관계가 깨어지고 만 것입니다.

㉰ 그런데 여기에 통찰력이 필요합니다. 구약교회가 시내 산 언약

(율법)하에 있었던 것은 분명하지만 만일 이것이 전부(全部)라고 말한다면 구약교회 성도들은 한 사람도 구원을 얻지 못했다는 중대한 오류를 범하게 됩니다. 왜냐하면 성경이 "율법의 행위로 그의 앞에 의롭다 하심을 얻을 육체가 없다"(롬 3:20)고 단언하고 있기 때문입니다.

㉣ 그러므로 구약교회가 모세를 통하여 세워주신 시내 산 언약 이전에 하나님께서 아브라함과 이삭과 야곱에게 세워주신 "언약의 자손"(행 3:25)이라는 점을 망각하지 말아야 합니다. 그리고 아브라함에게 세워주신 언약은 "메시아언약"인 복음(갈 3:8)이었던 것입니다. 이점을 사도 바울은 "내가 이것을 말하노니 하나님이 미리 정하신 언약(아브라함 언약)을 사백삼십 년 후에 생긴 율법이 폐기하지 못하고 그 약속을 헛되게 하지 못하리라"(갈 3:17) 하고 말씀합니다. 그러므로 이 점에서 상기해야 할 점은 근원적으로 하나님의 관계가 파괴된 것은 인류의 시조 아담 하와가 하나님이 세워주신 언약을 파(호 6:6)함으로 일어났다는 점입니다. 그래서 모든 인류에게 "화평의 언약"이 필요하게 되었고 "한 목자"이신 그리스도께서 "화목제물"이 되어주셔서 "화평의 언약"을 성취하여 주심으로 말미암아 만민이 구원을 얻게 되었다는 점을 잊지 말아야 합니다.

㉤ 이 점에서 중요한 요점을 말씀드려야 하겠습니다. 구약교회가 구원을 얻기 위해서는 아브라함에게 세워주신 "메시아언약"과 모세를 통하여 세워주신 "율법"이라는 두 언약이 다 필요했다는 점입니다. 왜냐하면 율법을 통하여 죄를 깨닫고 성막에 가서 속죄제를 드림으로 사함을 받을 수 있었기 때문인데 "속죄제"란 다름 아닌 메시아언약에 대한 예표였던 것입니다. 메시아언약을 망각한 속죄제는 아무 유익이 없고 우상숭배와 다름이 없다(사 66:3)는 점에 공감하십니까?

㉳ 그러므로 "화평의 언약"이란 아브라함에게 세워주신 언약이요, 더 거슬러 올라가서 "여인의 후손으로 뱀의 머리를 상하게 하시리라"(창 3:15) 하신 원복음인 것입니다. 그리고 이는 깨어져서도 아니 되고, 깨어질 수도 없는 "영원한 언약"인 것입니다. 그리고 이 화평의 언약은 "이것은 죄 사함을 얻게 하려고 많은 사람을 위하여 흘리는바 나의 피 곧 언약의 피니라"(마 26:28) 한 주님의 대속적인 죽으심으로 성취되었던 것입니다.

㉴ 그런데 구약교회는 메시아언약을 망각하고 우상을 숭배하다가 심판당했고, 신약교회도 "화평의 언약" 곧 복음을 망각하고 있기 때문에 오늘과 같은 혼돈과 신학적인 혼란에 빠져있는 것입니다.

화평의 언약, 영원한 언약

① 이상 말씀드린 점에 확고하기 위해서 본문을 통해서 좀 더 살펴보고자 합니다.

㉠ "화평의 언약"(25)이 "내가 한 목자를 그들 위에 세워 먹이게 하리니 그는 내 종 다윗이라 그가 그들을 먹이고 그들의 목자가 될지라"(23) 하신 "한 목자"와 결부되어 있다는 점을 붙잡으시기 바랍니다. 왜냐하면 "화평의 언약"이 체결되는 것이 "한 목자"를 통해서 이루어지기 때문입니다. 그러면 그 "한 목자"가 누군가?

㉡ "내 종 다윗이라"(23) 하십니다. 37:24절에서도 "내 종 다윗이 그들의 왕이 되리니 그들에게 다 한 목자가 있을 것이라"고 거듭 말씀합니다. 예레미야 선지자를 통해서도 "여호와의 말씀이니라 보라 때가 이르리니 내가 다윗에게 한 의로운 가지를 일으킬 것이라 그가 왕이 되어 지혜롭게 다스리며 세상에서 정의와 공의를 행할 것이라"(렘 23:5) 하십니다. 다윗은 약 4백 년 전에 죽었는데 이것이 무슨

뜻인가? 이 점에서 명심해야 할 것은 다윗은 갔으나, 그에게

㉢ "네 왕위가 영원히 견고하리라"(삼하 7:16)고 세워주신 "메시아언약"은 영원하다는 점입니다. 즉 "한 목자"란 다윗의 자손으로 오실 그리스도를 가리킵니다.

② 통찰력을 가지고 살펴볼 것은,

㉠ 15절에서는 하나님이 친히 목자가 되겠다 하시고

㉡ 23절에서는 "내 종 다윗이 목자라" 말씀하고

㉢ 24절에서는 그는 "종이면서 왕이라" 하신다는 점입니다.

그렇다면 "하나님이면서 종(從)이요, 목자(牧者)이면서 왕"(王)인 분이 누군가? 임마누엘 하셔서 십자가에 죽기까지 복종하신 예수 그리스도이십니다. 그는 목자이면서 왕이셨고, 하나님이면서 양을 위하여 목숨을 버리신 "종"이셨던 것입니다. 그를 통해서 "화평의 언약"을 세워 구원하여 주시겠다는 것입니다.

③ 37:26절에서는,

㉠ "내가 그들과 화평(和平)의 언약을 세워서 영원(永遠)한 언약이 되게 하고 또 그들을 견고하고 번성하게 하며 내 성소를 그 가운데 세워서 영원히 이르게 하리니"하고, 화평의 언약을 폐하여지지 않는

㉡ 영원한 언약이라 하십니다. 이는 에스겔만이 아니라 이사야 선지자도, "산들이 떠나며 언덕들은 옮겨질지라도 나의 자비는 네게서 떠나지 아니하며 나의 화평의 언약은 흔들리지 아니하리라 너를 긍휼히 여기시는 여호와께서 말씀하셨느니라"(사 54:10)고 "화평의 언약"은 폐하여지지 않을 것을 예언하고 있습니다. 그러면 화평하게 하는 언약 곧 영원한 언약이 무엇인가 하는 것은 분명해집니다.

④ 성경은 "첫 언약도 피 없이 세운 것이 아니라"(히 9:18)고 말씀합니다. 그러므로 "화평하게 하는 언약"은 "이것은 죄 사함을 얻게 하려고 많은 사람을 위하여 흘리는바 나의 피 곧 언약의

피니라"(마 26:28) 하신, 한 목자이신 그리스도의 피로 세워진 것입니다.

그러므로 "화평의 언약"이란 옛 언약(율법)과는 다릅니다. 율법은 성막의 구조가 말해주듯이 "지성소와 성소, 남자와 여자, 유대인과 이방인" 등 분리(分離)시키는 기능을 행사할 뿐 화목하게 해주지 못합니다. 또한 "율법의 행위로 그의 앞에 의롭다 하심을 얻을 육체가 없나니"(롬 3:20) 합니다. 그리하여 율법은 기능상 정죄와 저주와 진노가 임하게 할 뿐, 의롭다고 여겨주고 구원하는 일을 못합니다. 그래서 이를 가리켜 "죄와 사망의 법"(롬 8:2)이라고 말하는 것입니다.

하나님이요 목자요 왕이요 종인 인물

① "새 언약"은 예레미야 선지자만이 증언한 것으로 알고 있지만 그렇지 않습니다. 표현만이 다를 뿐 "너희는 귀를 기울이고 내게로 나아와 들으라 그리하면 너희의 영혼이 살리라 내가 너희를 위하여 영원한 언약을 맺으리니 곧 다윗에게 허락한 확실한 은혜니라"(사 55:3) 한 "영원한 언약, 화평하게 하는 언약"도 새 언약이었던 것입니다.

② "내가 또 그들과 화평의 언약을 맺고 악한 짐승을 그 땅에서 그치게 하리니 그들이 빈 들에 평안히 거하며 수풀 가운데에서 잘지라 내가 그들에게 복을 내리고 내 산 사방에 복을 내리며 때를 따라 소낙비를 내리되 복된 소낙비를 내리리라"(25-26) 하십니다. 26절 이하의 축복들은 1차적으로 포로에서 귀환하여 누

리게 될 것을 가리킨다고 하여도, 궁극적으로는 복음시대에 되어질 축복을 그들이 이해할 수 있는 의식수준으로 표현한 말씀입니다.

③ 비가 적어 사막화되어 가고 있는 유대 땅을 여행해본 사람이라면 그들에게

㉠ "복된 소낙비를 내리리라"(26)는 말씀은 얼마나 반가운 복음인가를 느끼게 될 것입니다.

㉡ "그리한즉 밭에 나무가 열매를 맺으며 땅이 그 소산을 내리니 그들이 그 땅에서 평안할지라 내가 그들의 멍에의 나무를 꺾고 그들을 종으로 삼은 자의 손에서 그들을 건져낸 후에 내가 여호와인 줄을 그들이 알겠고"(27)

㉢ "그들이 다시는 이방의 노략 거리가 되지 아니하며 땅의 짐승들에게 잡아먹히지도 아니하고 평안히 거주하리니 놀랠 사람이 없으리라 내가 그들을 위하여 파종할 좋은 땅을 일으키리니 그들이 다시는 그 땅에서 기근으로 멸망하지 아니 할지며 다시는 여러 나라의 수치를 받지 아니할지라"(28-29)는 말씀은 그들에게 복음이었던 것입니다.

④ 그런데 궁극적으로 "그들이 내가 여호와 그들의 하나님이며 그들과 함께 있는 줄을 알고 그들 곧 이스라엘 족속이 내 백성인 줄 알리라 주 여호와의 말씀이라 내 양 곧 내 초장의 양 너희는 사람이요 나는 너희 하나님이라 주 여호와의 말씀이니라"(30-31)는 약속은, 하나님이 세워주실 "한 목자와 화평하게 하는 언약"을 통해서만이 성취될 복음인 것입니다.

⑤ 이제 마지막으로 34장에 하나님이 주권적으로 이루시겠다는 "내가"가 몇 번이나 강조되어 있는가를 관찰하는 일입니다. 무려 열여섯 번이나 강조되어 있습니다.

㉠ "내가 한 목자를 그들의 위에 세워 먹이게 하리니(23)

㉡ 내가 또 그들과 화평의 언약을 맺고(25)

㉢ 내가 그들에게 복된 소낙비를 내리리라"(26) 하십니다. 멸망과 심판은 인간의 죄 값으로 주어지는 것이지만, "회복"은 하나님께서 "내가 하리라"하신 주권적으로 이루어주실 은혜입니다.

⑥ 그리고 우리는 이 약속을 이미 성취하여 주신 이후 시대를 살아가고 있습니다. 그러므로 "너희를 영접하러 다시 오리라" 하신 마지막 약속도 지켜주실 것을 확신하게 되는 것입니다. 그때까지

㉠ 자기 배만 불리는 목자가 아니라 위임하여주신 주의 양을 위하여 희생하는 목자로

㉡ 힘이 세고 살진 염소가 되어서 파리한 양을 뿔로 받아 밖으로 흩어지게 하는 자가 아니라 형제를 내 몸같이 사랑하는 그리스도인이 되어야 마땅한 것입니다. 왜냐하면 목자장이 오셔서 심판하시고 양과 양 사이에 분별하실 것이기 때문입니다. 이것이 "한 목자와 화평의 언약을 세워 회복하심"입니다.

⑦ 묵상해보겠습니다.

㉠ 자기만 먹이는 목자에 대해서

㉡ 양과 염소 사이를 심판하겠다는 말씀에 대해서

㉢ 화평의 언약이 어떻게 성취되었는가에 대해서

㉣ "하나님이면서 종이요, 왕이면서 목자"인 분이 누군가에 대해서.

에스겔 35:1-36:15절 개관도표

주제 : 너희를 처음보다 낫게 대우하리라

내 기업이 되리라 하였도다

35:1-15
1 또 여호와의 말씀이 내게 임하여 이르시되
2 인자야 네 얼굴을 ① **세일 산으로 향하고 그에게 예언하여**
3 이르기를 주 여호와께서 이같이 말씀하시되 세일 산아 내가 너를 대적하여 내 손을 네 위에 펴서 네가 황무지와 공포의 대상이 되게 할지라
4 내가 네 성읍들을 무너뜨리며 네가 황폐하게 되리니 **네가 나를 여호와인 줄을 알리라**
5 네가 ② **옛날부터 한을 품고 이스라엘 족속의 환난 때** 곧 죄악의 마지막 때에 칼의 위력에 그들을 넘겼도다
6 그러므로 주 여호와의 말씀이니라 내가 나의 삶을 두고 맹세하노니 내가 너에게 피를 만나게 한즉 피가 너를 따르리라 네가 피를 미워하지 아니하였은즉 피가 너를 따르리라
7 내가 세일 산이 황무지와 폐허가 되게 하여 그 위에 왕래하는 자를 다 끊을지라
8 내가 그 죽임 당한 자를 그 여러 산에 채우되 칼에 죽임 당한 자를 네 여러 멧부리와, 골짜기와, 모든 시내에 엎드러지게 하고
9 너를 영원히 황폐하게 하여 네 성읍들에 다시는 거주하는 자가 없게 하리니 **내가 여호와인 줄을 너희가 알리라**
10 네가 말하기를 ③ **이 두 민족과 두 땅은 다 내 것이며 내 기업이 되리라 하였도다** 그러나 여호와께서 거기에 계셨느니라
11 그러므로 주 여호와의 말씀이니라 내가 나의 삶을 두고 맹세하노니 네가 그들을 미워하여 노하며 질투한 대로 내가 네게 행하여 너를 심판할 때에 그들이 나를 알게 하리라
12 네가 이스라엘 산들을 가리켜 말하기를 ④ **저 산들이 황폐하였으므로 우리에게 넘겨 주어서 삼키게 되었다 하여** 욕하는 모든 말을 나 여호와가 들은 줄을 네가 알리로다
13 너희가 나를 대적하여 입으로 자랑하며 나를 대적하여 여러 가지로 말한 것을 내가 들었노라
14 주 여호와께서 이같이 말씀하셨느니라 온 땅이 즐거워할 때에 내가 너를 황폐하게 하되
15 이스라엘 족속의 기업이 황폐하므로 네가 즐거워한 것 같이 내가 너를 황폐하게 하리라 세일 산아 너와 에돔 온 땅이 황폐하리니 **내가 여호와인 줄을 무리가 알리라 하셨다 하라**

잃어버린 기업을 회복하여 주겠다

36:1-15
1 인자야 너는 ⑤ **이스라엘 산들에게 예언하여 이르기를** 이스라엘 산들아 여호와의 말씀을 들으라
2 주 여호와께서 말씀하시기를 원수들이 네게 대하여 말하기를 ⑥ **아하 옛적 높은 곳이 우리의 기업이 되었도다 하였느니라**
3 그러므로 너는 예언하여 이르기를 주 여호와께서 이같이 말씀하시기를 그들이 너희를 황폐하게 하고 너희 사방을 삼켜 너희가 남은 이방인의 기업이 되게 하여 사람의 말 거리와 백성의 비방 거리가 되게 하였도다
4 그러므로 이스라엘 산들아 주 여호와의 말씀을 들을지어다 산들과 멧부리들과 시내들과 골짜기들과 황폐한 사막들과 사방에 남아 있는 이방인의 노략 거리와 조롱 거리가 된 성읍들에게 주 여호와께서 이같이 말씀하셨느니라
5 주 여호와께서 이같이 말씀하시기를 내가 진실로 내 맹렬한 질투로 남아 있는 이방인과 에돔 온 땅을 쳐서 말하였노니 이는 그들이 심히 즐거워하는 마음과 멸시하는 심령으로 내 땅을 빼앗아 노략하여 자기 소유를 삼았음이라
6 그러므로 너는 이스라엘 땅에 대하여 예언하되 그 산들과 멧부리들과 시내들과 골짜기들에 관하여 이르기를 주 여호와께서 이같이 말씀하시기를 내가 내 질투와 내 분노로 말하였나니 이는 너희가 이방의 수치를 당하였음이라
7 그러므로 주 여호와께서 이같이 말씀하시기를 내가 맹세하였은즉 너희 사방에 있는 이방인이 자신들의 수치를 반드시 당하리라
8 그러나 너희 이스라엘 산들아 너희는 가지를 내고 내 백성 이스라엘을 위하여 열매를 맺으리니 그들이 올 때가 가까이 이르렀음이라
9 내가 돌이켜 너희와 함께 하리니 사람이 너희를 갈고 심을 것이며
10 내가 또 사람을 너희 위에 많게 하리니 이들은 이스라엘 온 족속이라 그들을 성읍들에 거주하게 하며 빈 땅에 건축하게 하리라
11 내가 너희 위에 사람과 짐승을 많게 하되 그들의 수가 많고 번성하게 할 것이라 너희 전 지위대로 사람이 거주하게 하여
12 내가 사람을 너희 위에 다니게 하리니
너희를 처음보다 낫게 대우하리니 내가 여호와인 줄을 너희가 알리라
그들은 내 백성 이스라엘이라
그들은 너를 얻고 너는 그 기업이 되어 다시는 그들이 자식들을 잃어버리지 않게 하리라
13 주 여호와께서 이같이 말씀하셨느니라 그들이 너희에게 이르기를 너는 사람을 삼키는 자요 네 나라 백성을 제거한 자라 하거니와
14 네가 다시는 사람을 삼키지 아니하며 다시는 네 나라 백성을 제거하지 아니하리라 주 여호와의 말씀이니라
15 내가 또 너를 여러 나라의 수치를 듣지 아니하게 하며 만민의 비방을 다시 받지 아니하게 하며 네 나라 백성을 다시 넘어뜨리지 아니하게 하리라
주 여호와의 말씀이니라 하셨다 하라

35:1-36:15 절

너희를 처음보다 낫게 대우하리라

36:11내가 너희 위에 사람과 짐승을 많게 하되 그들의 수가 많고 번성하게 할 것이라 너희 전 지위대로 사람이 거주하게 하여 너희를 처음보다 낫게 대우하리니 내가 여호와인 줄을 너희가 알리라

장(章)을 나눌 때 35:1-36:15절을 같은 장으로 나누는 것이 좋을 뻔했습니다. 본 문단의 핵심은 다섯 번 등장하는 “기업”(35:10,15, 36:2,3,12)에 있습니다. 이스라엘은 하나님이 주신 기업을 잃어버리고 이방으로 쫓겨난 것이 본문의 상황입니다. 이를 틈타서 에돔은 말하기를 “이 두 땅(북이스라엘과 남 유다)은 다 내게로 돌아와서 내 기업이 되리라”고 좋아했습니다. 그러므로 내용은 에돔에 대한 심판예언 처럼 보이지만, 중심점은 “잃어버린 기업을 회복하여 주시겠다”는데 있습니다. 도표를 보시면 “너

희를 처음보다 낫게 대우하리라"는 말을 중심으로,

① "세일 산(에돔)을 쳐서 예언하라" 하십니다.

② 왜냐하면, "옛날부터 한을 품고 이스라엘이 망하기를" 고대했기 때문이요

③ 이제 "이 두 땅은 다 내게로 돌아와서 내 기업이 되리라"고 좋아하고

④ 예루살렘이 바벨론에 의하여 정복을 당하자, "우리에게 넘겨주어서 삼키게 되었다"고 말했기 때문입니다.

⑤ 그런데 하나님은 "이스라엘 산들에게 예언하라", 즉 격려하여주라 하십니다.

⑥ 에돔은 "우리의 기업이 되었다" 하나, 하나님은 "너희를 처음보다 낫게 대우하리라"하시는 것이 중심점입니다. 이를 두 단원으로 나누어 상고하겠습니다.

첫째 단원(35:1–15) **내 기업이 되리라 하였도다**

둘째 단원(36:1–15) **잃어버린 기업을 회복하여주겠다**

첫째 단원(35:1–15) **내 기업이 되리라 하였도다**

"네가 옛날부터 한을 품고 이스라엘 족속의 환난 때 곧 죄악의 마지막 때에 칼의 위력에 그들을 넘겼도다"(5).

① 첫째 단원의 중심점은 에돔이 "내 기업이 되리라 하였다"는데 있습니다.

㉠ "또 여호와의 말씀이 내게 임하여 이르시되 인자야 네 얼굴을 세일 산으로 향하고 그에게 예언하라"(1-2) 하십니다. 야곱이 하란에서 돌아오자 에서는

㉡ "그 동생 야곱을 떠나 타처(他處)로" 갔는데 "세일 산"으로 가서 "세일 산에 거한 에돔 족속의 조상"(창 36:6,9)이 되었던 것입니다.

② "이르기를 주 여호와께서 이같이 말씀하시되 세일 산아 내가 너를 대적하여 내 손을 네 위에 펴서 네가 황무지와 공포의 대상이 되게 할지라 내가 네 성읍들을 무너뜨리며 네가 황폐하게 되리니 네가 나를 여호와인 줄을 알리라"(3-4) 하십니다. 어찌하여 이처럼 대적하시는가?

㉠ "네가 옛날부터 한을 품고 이스라엘 족속의 환난 때 곧 죄악의 끝 때에 칼의 권능에 그들을 붙였도다" 하시는데

㉡ "옛날부터"란 야곱에게 장자 권을 빼앗긴 때부터를 가리킵니다. 그때부터 지금까지 그들은 계속적으로 이스라엘에게 적대감을 가지고 있었던 것입니다.

③ 바벨론이 예루살렘을 침략했을 때에도, "헐어버리라, 헐어버리라, 그 기초까지 헐어버리라"(시 137:7)고 박수갈채를 보냈던 자들입니다. "그러므로 주 여호와의 말씀이니라 내가 나의 삶을 두고 맹세하노니 내가 너에게 피를 만나게 한즉 피가 너를 따르리라 네가 피를 미워하지 아니하였은즉 피가 너를 따르리라 내가 세일 산이 황무지와 폐허가 되게 하여 그 위에 왕래하는 자를 다 끊을지라"(6-7) 하시는 것입니다.

옛날부터 한을 품은 에돔

① 결정적인 야심은 "네가 말하기를 이 두 민족과 두 땅은 다 내 것이며 내 기업이 되리라"(10상) 한 말에 나타납니다. 즉 북 왕국 이스라엘과 남 왕국 유다는 자기 기업이 되리라고 말했다는 것입니다. 이 말을 "나를 대적(對敵)하여, 나를 대적하여"라 하시는 13절과 결부하여 보십시오. 이는 하나님을 대적한 것이요, 하나님의 계획을 무산시키려는 사탄의 하수인 노릇이라는 점을 망각하지 말아야 합니다. 그래서 "그러나 여호와께서 거기에 계셨느니라"(10하) 하십니다.

약속의 땅이 어찌 에돔의 소유가 될 수 있단 말인가? 약속의 땅은 엄밀히 말해서 이스라엘의 소유도 아닙니다. 하나님은 "토지를 영구히 팔지 말 것은 토지(土地)는 다 내 것임이니라"(레 25:23) 말씀하십니다. 무슨 뜻인가? 아브라함 · 이삭 · 야곱의 자손으로 그리스도를 보내셔서 천하 만민을 구원하시려는 계획 가운데서 예비하신 땅, 즉 그리스도께서 탄생(誕生)하실 땅이란 말씀입니다. 그래서 "그러나 여호와께서 거기에 계셨느니라", 즉 어림없다는 말씀입니다. 이스라엘의 자력으로는 약속의 땅을 삼키려는 대적을 막을 길이 없지만 하나님의 뜻과 섭리가 이를 용납지 않으신다는 말씀입니다.

② "그러므로 주 여호와의 말씀이니라 내가 나의 삶을 두고 맹세하노니 네가 그들을 미워하여 노하며 질투한 대로 내가 네게 행하여 너를 심판할 때에 그들이 나를 알게 하리라 네가 이스라엘산들을 가리켜 말하기를 저 산들이 황폐하였으므로 우리에게 넘겨주어서 삼키게 되었다 하여 욕하는 모든 말을 나 여호와가 들은 줄을 네가 알리로다 너희가 나를 대적하여 입으로 자랑하며

나를 대적하여 여러 가지로 말한 것을 내가 들었노라"(11-13),

㉠ 그것은 "나를 대적하는 것"이라고 두 번(13,13) 말씀하십니다.

㉡ "나 여호와가 들은 줄을 네가 알리로다, 내가 들었노라"(12하) 하십니다. 이스라엘은 구약교회요, 구약교회를 대적하는 것은 곧 하나님을 대적하는 것이었던 것입니다.

③ "이스라엘 족속의 기업이 황폐하므로 네가 즐거워한 것 같이 내가 너를 황폐하게 하리라 세일 산아 너와 에돔 온 땅이 황폐하리니 내가 여호와인 줄을 무리가 알리라 하셨다 하라"(15) 하십니다. "네가 말하기를 이 두 민족과 두 땅은 다 내 것이며 내 기업이 되리라 하였도다"(10)는 말을 구속사라는 맥락에서 보면, 다름 아닌 하나님의 영광을 찬탈하려는 사탄의 계략이요 음모(참고, 마 21:38)인 것입니다. "그러나 여호와께서 거기에 계셨느니라", 이보다 더욱 복스러운 말씀은 달리는 없습니다. 에스겔서가 "그 성읍의 이름을 여호와삼마라 하리라"(48:35)는 말씀으로 마치고 있다는 것이 이를 말해줍니다.

④ 본 단원을 마치기 전에, 35장에는 "나를 여호와인 줄 알리라"는 말씀이 세 번(4,9,15) 강조되어 있음을 주목해야 합니다. 은혜를 통해서 알기를 거부하는 자들에게는 심판을 통해서 알리신다는 것이 불변의 진리입니다. 이것이 하나님의 백성들이 당하는 환난을 기뻐하면서, "내 기업이 되리라"하는 자들에 대한 심판선언입니다.

둘째 단원(36:1–15) 잃어버린 기업을 회복하여 주겠다

"그러나 너희 이스라엘산들아 너희는 가지를 내고 내 백성 이스라엘을 위하여 열매를 맺으리니 그들이 올 때가 가까이 이르렀음이라"(36:8).

① 둘째 단원의 중심점은, "잃어버린 기업을 회복하여주겠다"는데 있습니다. 첫째 단원에서 에돔에 대한 심판을 언급하신 것도 "회복"을 말씀하기 위해서인 것입니다.

㉠ "너희를 처음보다 낫게 대우하리니"(11) 하시는데, 하나님의 구원계획은 잃어버린 기업을 겨우 회복시켜주시려는 것이 아닙니다. 만일 처음만큼만 회복시켜주시는 것이라면 이는 하나님의 영예에 맞지 않는 것이 됩니다.

㉡ 보십시오. 포로에서 귀환하여 성전을 재건하는 그들은 그 초라함에 대성통곡했습니다. 그러나 하나님은 "이 성전의 나중 영광이 이전(以前) 영광보다 크리라 만군의 여호와의 말이니라"(학 2:9) 하십니다. "솔로몬의 성전보다도 낫게", 아담 하와가 상실했던 기업에 비교도 되지 않을 만큼 영광스럽게 회복시켜주시려는 것입니다.

② "인자야 너는 이스라엘 산들에게 예언하여 이르기를 이스라엘 산들아 여호와의 말씀을 들으라"(1) 하십니다. "세일 산을 쳐서 예언"(35:2)한 것은 심판의 경고요, "이스라엘 산들에게 하는 예언"(1)은 격려와 약속인 것입니다.

㉠ "주 여호와께서 이같이 말씀하시기를 원수들이 네게 대하여 말하기를 아하 옛적 높은 곳이 우리의 기업이 되었도다 하였느니라"(2) 하시는데, "우리 기업이 되었다"하는 대적(對敵)의 말을 구속사라는 맥락(脈絡)으로 보면 이스라엘 땅만을 소유하고자 하는 단순한 말이 아닙니다. 사탄이 하나님의 형상대로 지음을 받은 아담 하와를 유혹하

고는 "하하, 우리의 기업이 되었도다"고 말했을 것입니다. 이는 하나님의 영광을 찬탈하려는 사탄의 간계인 것입니다. 5절을 보십시오.

㉡ "이는 그들이 심히 즐거워하는 마음과 멸시하는 심령으로 내 땅을 빼앗아 노략하여 자기 소유를 삼았음이라"(5) 하십니다. 이는 35장에서 말씀하신 바를 재차 강조하시는 말씀입니다.

③ 8절은 "그러나" 하고 이를 뒤집어버립니다. 에돔은 황무지가 되는 반면 "그러나 너희 이스라엘 산들아 너희는 가지를 내고 내 백성 이스라엘을 위하여 열매를 맺으리니 그들이 올 때가 가까이 이르렀음이라"(8), 즉 포로에서 돌아올 때가 가까웠다고 말씀합니다. 이는 잃어버린 기업을 회복할 때가 가까웠다는 뜻이기도 합니다.

그러나 너희는

① "내가 돌이켜 너희와 함께 하리니 사람이 너희를 갈고 심을 것이며 내가 또 사람을 너희 위에 많게 하리니 이들은 이스라엘 온 족속이라 그들을 성읍들에 거주하게 하며 빈 땅에 건축하게 하리라 내가 너희 위에 사람과 짐승을 많게 하되 그들의 수가 많고 번성하게 할 것이라 너희 전 지위대로 사람이 거주하게 하여 너희를 처음보다 낫게 대우하리니 내가 여호와인 줄을 너희가 알리라"(9-11) 하십니다.

② "내가 또 너를 여러 나라의 수치를 듣지 아니하게 하며 만민의 비방을 다시 받지 아니하게 하며 네 나라 백성을 다시 넘어뜨리지 아니하게 하리라 주 여호와의 말씀이니라 하셨다 하라"(15) 하십니다. 이를 요약하면

㉠ "너를 수치를 듣지 않게 하며
㉡ 만민의 비방을 다시 받지 아니하게 하며
㉢ 네 나라 백성을 다시 넘어뜨리지 아니하게 하리라"(15), 이런 일이 전에는 있었으나 "다시"는 없을 것이라 말씀하십니다. "다시는 사망이 없고 애통하는 것이나 곡하는 것이나 아픈 것이 다시 있지 아니하리니 처음 것들이 다 지나갔음이러라"(계 21:4), 다시는 없게 될 것이라 하십니다.

③ "잃어버린 기업을 회복하여 주시겠다"는 주제가 우리에게는 어떻게 적용이 되는가? 인류의 시조는 범죄함으로 하나님께서 주신 기업을 상실하고 말았습니다.

㉠ 생육하고 번성하라 하신 축복은 죄악의 씨가 번성하는 것으로 타락했고
㉡ 하나님과의 교제의 대상으로 지음받은 제사장적 사명과
㉢ 만물을 다스리라 하신 왕적인 권세, 즉 왕(王) 같은 제사장(祭司長)의 축복은 사탄의 노예로 전락함으로 상실하고 말았습니다.

그러나 "예수 그리스도를 죽은 자 가운데서 부활하게 하심으로 말미암아 우리를 거듭나게 하사 산 소망이 있게 하시며 썩지 않고 더럽지 않고 쇠하지 아니하는 유업을 잇게 하시나니 곧 너희를 위하여 하늘에 간직하신 것이라"(벧전 1:3-4)고 말씀합니다. 이것이 "너희를 처음보다 낫게 대우하리라"는 기업에 대한 회복의 말씀입니다. "주 여호와의 말씀이니라 하셨다 하라"(15하).

④ 묵상해보겠습니다.

㉠ 에돔이 "내 기업이 되리라"고 좋아하는 구속사적 의미에 대해서
㉡ 너희를 처음보다 낫게 대우하리라는 영광에 대해서
㉢ 기업의 회복이 우리에게 어떻게 적용이 되는가에 대해서.

에스겔 36:16-38절 개관도표

주제 : 하나님의 거룩한 이름과 명예를 위하여 회복하리라

고토와 열국에서 더럽힌 이름

16-23

16 여호와의 말씀이 또 내게 임하여 이르시되

17 인자야 이스라엘 족속이 ① **그들의 고국 땅에 거주할 때에 그들의 행위로 그 땅을 더럽혔나니**

나 보기에 그 행위가 월경 중에 있는 여인의 부정함과 같았느니라

18 그들이 땅 위에 피를 쏟았으며 그 우상들로 말미암아 자신들을 더럽혔으므로 내가 분노를 그들 위에 쏟아

19 그들을 ② **그 행위대로 심판하여 각국에 흩으며 여러 나라에 헤쳤더니**

20 그들이 이른바 **그 여러 나라에서 내 거룩한 이름이 그들로 말미암아 더러워졌나니**

곧 사람들이 그들을 가리켜 이르기를 이들은 여호와의 백성이라도 여호와의 땅에서 떠난 자라 하였음이라

21 그러나 이스라엘 족속이 들어간 그 여러 나라에서 더럽힌 내 거룩한 이름을 내가 아꼈노라

22 그러므로 너는 이스라엘 족속에게 이르기를 주 여호와께서 이같이 말씀하시기를 이스라엘 족속아

내가 이렇게 행함은 너희를 위함이 아니요
너희가 들어간 그 여러 나라에서 더럽힌 나의 거룩한 이름을 위함이라

23 여러 나라 가운데에서 더럽혀진 이름 곧 너희가 그들 가운데에서

③ **더럽힌 나의 큰 이름을 내가 거룩하게 할지라** 내가 그들의 눈 앞에서 너희로 말미암아

나의 거룩함을 나타내리니 내가 여호와인 줄을 여러 나라 사람이 알리라 주 여호와의 말씀이니라

새 영과 새 마음을 주리라

24-31

24 ④ **내가 너희를 여러 나라 가운데에서 인도하여 내고 여러 민족 가운데에서 모아 데리고**

25 **고국 땅에 들어가서 맑은 물을 너희에게 뿌려서 너희로 정결하게 하되**

곧 너희 모든 더러운 것에서와 모든 우상 숭배에서 너희를 정결하게 할 것이며

26 ⑤ **또 새 영을 너희 속에 두고 새 마음을 너희에게 주되** 너희 육신에서 굳은 마음을 제거하고

부드러운 마음을 줄 것이며

27 ⑥ **또 내 영을 너희 속에 두어 너희로 내 율례를 행하게 하리니** 너희가 내 규례를 지켜 행할지라

28 내가 너희 조상들에게 준 땅에서 너희가 거주하면서 내 백성이 되고 나는 너희 하나님이 되리라

29 내가 너희를 모든 더러운 데에서 구원하고 곡식이 풍성하게 하여 기근이 너희에게 닥치지 아니하게 할 것이며

30 또 나무의 열매와 밭의 소산을 풍성하게 하여 너희가 다시는 기근의 욕을 여러 나라에게 당하지 아니하게 하리니

31 그 때에 너희가 너희 악한 길과 너희 좋지 못한 행위를 기억하고 너희 모든 죄악과 가증한 일로 말미암아 스스로

밉게 보리라

여호와가 말하였으니 이루리라

32-38

32 주 여호와의 말씀이니라 ⑧ **내가 이렇게 행함은 너희를 위함이 아닌 줄을 너희가 알리라**

이스라엘 족속아 너희 행위로 말미암아 부끄러워하고 한탄할지어다

33 주 여호와께서 이같이 말씀하셨느니라 내가 너희를 모든 죄악에서 정결하게 하는 날에 성읍들에 사람이 거주하

게 하며 황폐한 것이 건축되게 할 것인즉

34 전에는 지나가는 자의 눈에 황폐하게 보이던 그 황폐한 땅이 장차 경작이 될지라

35 사람이 이르기를 이 땅이 황폐하더니 ⑦ **이제는 에덴 동산 같이 되었고** 황량하고 적막하고 무너진 성읍들에

성벽과 주민이 있다 하리니

36 너희 사방에 남은 이방 사람이 나 여호와가 무너진 곳을 건축하며 황폐한 자리에 심은 줄을 알리라

⑨ **나 여호와가 말하였으니 이루리라**

37 주 여호와께서 이같이 말씀하셨느니라 그래도 이스라엘 족속이 **이같이 자기들에게 이루어 주기를**

내게 구하여야 할지라

내가 그들의 수효를 양 떼 같이 많아지게 하되

38 제사 드릴 양 떼 곧 예루살렘이 정한 절기의 양 무리 같이 황폐한 성읍을 사람의 떼로 채우리라 그리한즉 그들이

나를 여호와인 줄 알리라 하셨느니라

36:16-38 절

하나님의 거룩한 이름과 명예를 위하여 회복하리라

22그러므로 너는 이스라엘 족속에게 이르기를 주 여호와께서 이같이 말씀하시기를 이스라엘 족속아 내가 이렇게 행함은 너희를 위함이 아니요 너희가 들어간 그 여러 나라에서 더럽힌 나의 거룩한 이름을 위함이라

본 문단(36:16-38)의 중심점은 "하나님의 거룩한 이름과 명예를 위하여 회복하리라"에 있습니다. 이는 그들을 포로에서 귀환하게 하셔야만 하는 회복의 당위성을 말씀하고 있습니다.

앞 문단(35:1-36:15)의 결론은 "내가 또 너를 여러 나라의 수치를 듣지 아니하게 하며 만민의 비방을 다시 받지 아니하게 하며 네 나라 백성을 다시 넘어뜨리지 아니하게 하리라"(36:15)고 마

쳤습니다. 다시는 너희가 “수치 · 비방 · 넘어짐”을 당하지 않게 되리라는 말씀입니다. 그런데 형제여, 예루살렘이 멸망 당하고 하나님의 백성들이 포로로 끌려가게 됨으로 하나님의 명예와 이름이 “수치와 비방과 모독과 더럽힘”을 받으시게 되었음을 관심(關心)하였습니까? 그래서 포로에서 돌아오게 하시겠다는 것입니다. 도표를 보시면 “하나님의 거룩한 이름과 명예를 위하여 회복하리라”를 중심으로,

① 그들이 “고국 땅에 거주할 때에 그들의 행위로 그 땅을 더럽혔고”

② 포로로 끌려간 “여러 나라에서도 거룩한 이름이 더러워졌다” 하십니다. 그러므로

③ “더럽힌 나의 큰 이름을 거룩하게 할지라”

④ 이를 위하여 “너희를 여러 나라 가운데에서 인도하여 내겠다”

⑤ “새 영과 새 마음을 주겠다”

⑥ “또 내 신을 너희 속에 두어, 내 백성이 되게 하겠다”

⑦ “에덴동산같이 될 것”이라 말씀하시면서

⑧ “내가 이렇게 행함은 너희에게 자격이 있어서가 아니요”

⑨ “나 여호와가 말하였으니 이루리라” 하십니다. 이를 세 단원으로 나누어 상고하겠습니다.

첫째 단원(16–23) **고국 땅과 여러 나라에서 더럽힌 거룩한 이름**

둘째 단원(24–31) **새 영과 새 마음을 주리라**

셋째 단원(32–38) **여호와가 말하였으니 이루리라**

첫째 단원(16–23) 고국 땅과 여러 나라에서 더럽힌 거룩한 이름

"그들이 이른바 그 여러 나라에서 내 거룩한 이름이 그들로 말미암아 더러워졌나니 곧 사람들이 그들을 가리켜 이르기를 이들은 여호와의 백성이라도 여호와의 땅에서 떠난 자라 하였음이라"(20).

① 첫째 단원의 중심점은 "고국 땅(가나안)과 여러 나라(바벨론)에서 더럽힌 거룩한 이름"에 있습니다.

"여호와의 말씀이 또 내게 임하여 이르시되 인자야 이스라엘 족속이 그들의 고국 땅에 거주할 때에 그들의 행위로 그 땅을 더럽혔나니 나 보기에 그 행위가 월경 중에 있는 여인의 부정함과 같았느니라"(16-17) 하십니다. 하나님께서는 일찍이 "너희도 더럽히면 그 땅이 너희 있기 전 주민을 토함같이 너희를 토할까 하노라"(레 18:28)고 경고하셨으나 그들은 이를 명심하지 않고 고토(古土), 즉 약속의 땅 가나안에서 더럽히는 삶을 살았던 것입니다.

② 어떻게 더럽혔는가? "그들이 땅 위에 피를 쏟았으며 그 우상들로 말미암아 자신들을 더럽혔으므로 내가 분노를 그들 위에 쏟았다"(18) 하십니다. 이는 이웃과의 관계인 윤리적인 죄도 포함이 됩니다만 치명적인 죄는 "그 우상으로 더럽혔다"는 반역한 죄였던 것입니다.

③ 그리하여 "내가 분노를 그들 위에 쏟아 그들을 그 행위대로 심판하여 각국에 흩으며 여러 나라에 헤쳤더니 그들이 이른바 그 여러 나라에서 내 거룩한 이름이 그들로 말미암아 더러워졌나

니"(18하-20상) 하십니다. 어떻게 더러워졌는가? "곧 사람들이 그들을 가리켜 이르기를 이들은 여호와의 백성이라도 여호와의 땅에서 떠난 자라 하였음이라"(20하), "여호와의 백성"이라는 호칭을 명심해야만 합니다. 그들에게는 "여호와의 백성"이라는 이름이 붙어있었던 것입니다. 이런 뜻입니다. 수만(數萬) 명의 포로들이 예루살렘으로부터 바벨론까지 끌려가는 대열(隊列)을 보는 자마다 "여호와 신을 믿는 자들의 꼴을 보라. 우리가 믿는 신이 여호와 신을 이겼다"고 환호(歡呼)하며 비웃고 조롱했다는 것입니다.

④ 하나님은 이를 묵과하실 수 없으신 것입니다. 그래서 "그러나 이스라엘 족속이 들어간 그 여러 나라에서 더럽힌 내 거룩한 이름을 내가 아꼈노라"(21) 하시는 것입니다. 구속사역에는 하나님의 명예(名譽)와 거룩한 이름이 걸려있음을 인식한다는 것은 사활(死活)적으로 중요한 요점입니다. 그러면 어떻게 아끼셨는가?

거룩한 이름을 아꼈노라

① "그러므로 너는 이스라엘 족속에게 이르기를 주 여호와의 말씀에 이스라엘 족속아 내가 이렇게 행함은 너희를 위함이 아니요 너희가 들어간 그 열국에서 더럽힌 나의 거룩한 이름을 위함이라" 하십니다.

㉠ "이렇게 행함"이란 포로에서 귀환하게 하시겠다는 뜻입니다.

㉡ "너희를 위함이 아니라" 하심은 무슨 뜻인가? 그들을 사랑하지 않는다는 뜻이 아닙니다. 그들에게 자격이나 공로가 있어서 돌아오게 하는 것이 아니라는 뜻입니다. 그래서 32절에서는 "너희 행위로 말미

암아 부끄러워하고 한탄할지어다" 하시는 것입니다.

② 본 단원에서 여호와의 성호(聖號)가 더럽힘을 받은 것을 얼마나 강조하고 있는가를 유념하시기 바랍니다. "더럽혔다"는 말이 여섯 번(17,18,20,21,22,23)이나 강조되어 있습니다.

㉠ "내 거룩한 이름이 그들로 말미암아 더러워졌나니"(20)

㉡ "더럽힌 내 거룩한 이름을 내가 아꼈노라"(21)

㉢ "여러 나라에서 더럽힌 나의 거룩한 이름을 위함이라"(22)

㉣ "여러 나라 가운데에서 더럽혀진 이름 곧 너희가 그들 가운데에서 더럽힌 나의 큰 이름을 내가 거룩하게 할지라"(23)고 거듭거듭 강조하십니다.

③ "내가 그들의 눈앞에서 너희로 말미암아 나의 거룩함을 나타내리니 내가 여호와인 줄을 여러 나라 사람이 알리라 주 여호와의 말씀이니라"(23하) 하십니다. "나의 거룩함을 나타내리니" 하셨는데 어떤 방도로 거룩함을 나타내셨는지 형제는 아십니까? 에스겔서 다음에 놓여 있는 다니엘서가 이를 증언해주고 있습니다.

㉠ 다니엘이 느부갓네살의 은밀한 꿈을 드러내고 해석해주자 "느부갓네살 왕이 엎드려 다니엘에게 절하고, 너희 하나님은 참으로 모든 신의 신이시요 모든 왕의 주재시로다"(단 2:46-47)고 고백하게 함으로 거룩함을 나타내셨습니다.

㉡ 사드락 메삭 아벳느고가 풀무에서 머리털도 그슬리지 않고 나오자 "사드락과 메삭과 아벳느고의 하나님을 찬송할지로다, 사드락과 메삭과 아벳느고의 하나님께 경솔히 말하거든 그 몸을 쪼개고 그 집으로 거름 터를 삼을지니 이는 이같이 사람을 구원할 다른 신이 없음이니라"(단 3:28-29)고 고백(告白)하게 함으로 거룩함을 나타내셨습니다.

ⓒ 사자 굴에서 다니엘이 살아서 올라오자 "내 나라 관할 아래 있는 사람들은 다 다니엘의 하나님 앞에서 떨며 두려워할지니 그는 살아계시는 하나님이시오 영원히 변하지 않으실 이시며 그의 나라는 멸망하지 아니할 것이요 그의 권세는 무궁할 것이며"(단 6:26)라고 고백하게 함으로 하나님이 "여호와인 줄을 여러 나라 사람"에게 나타내셨던 것입니다.
이렇게 하심은 바벨론 사람들만이 아니라 메시아언약을 배신하고 열방의 우상을 숭배하다가 이 모양 이 꼴이 된 이스라엘 백성들로 알게 하시기 위해서라는 점을 잊지 말아야 합니다. 이를 통해서 그들을 얼마나 부끄럽게 하고 황송하게 만들었을 것인가!

ⓓ 이럴 경우 다니엘과 세 친구의 믿음을 과소평가해서도 안 되지만 그렇다고 사람에게 초점을 맞추어 부각시킨다면 인본주의(人本主義)가 되고 맙니다. 그보다 앞서서 "그들이 도달한 나라들에서 내가 잠깐 그들에게 성소(聖所)가 되리라"(11:16)고 포로 되어 가는 자기 백성들을 따라가셔서 그들과 함께 하시면서 거룩하심을 나타내신 하나님을 찬양해야 옳은 것입니다. 거짓된 인간은 "고국의 땅과 여러 나라에서 여호와의 성호를 더럽혔지만" 하나님은 이를 거룩하게 하셨던 것입니다. 그런데 바벨론 포로가 돌아옴으로 더럽혀진 여호와의 이름이 온전히 거룩하여지는 것은 아니라는 점을 유념한다는 것은 중요한 통찰력입니다. 이점을 둘째 단원에서 살펴보게 될 것입니다.

둘째 단원(24-31) 새 영과 새 마음을 주리라

"내가 너희를 여러 나라 가운데에서 인도하여 내고 여러 민족 가운데에서 모아 데리고 고국 땅에 들어가서"(24).

① 둘째 단원의 중심점은 "새 영과 새 마음을 주리라"에 있습니다. 어찌하여 "새 영, 새 마음"을 주시며 이것이 어떻게 가능하여지는가?

㉠ 하나님의 거룩하신 이름과 영예를 위하여

㉡ "내가 너희를 여러 나라 가운데에서 인도하여 내고 여러 민족 가운데에서 모아"

㉢ "데리고 고국 땅에 들어가겠다"(24), "내가 … 하리라", 이는 하나님이 주권적으로 이루실 하나님의 행사입니다.

이 점에서 놓치지 말고 기억해야 할 점은 바벨론 포로가 돌아옴으로 더럽혀진 하나님의 이름이 온전히 거룩함을 얻게 되는 것은 아니라는 점입니다.

② 이런 맥락(脈絡)에서 "내 거룩한 이름이 그들로 말미암아 더러워졌나니(20), 더럽힌 나의 거룩한 이름을 위함이라"(22) 하신 근원적(根源的)인 문제를 추적해 보아야 합니다. 이것이 성경을 구속사(救贖史)라는 관점에서 보는 것입니다. 하나님의 거룩하신 이름이 더럽힘을 당한 것은 이스라엘 백성들이 바벨론으로 추방당할 때가 처음이 아닙니다. 또한 그들이 바벨론에서 귀환한다고 더럽혀진 명예가 온전히 회복되는 것도 아니라는 말씀입니다. 그 근원적(根源的)인 더럽힘은 하나님의 형상대로 지음을 받은 인류의 시조가 에덴에서 추방당할 때 일어났습니다. 그러므로 그들이 돌아와야 하나님의 명예(名譽)가 회복되는 것입니다. 그러면 아담의 후예들이 돌아오는 것이 어떻게 가능하여지는가?

③ 이것이 어떻게 가능해지는지 25-28절을 주목해보시기 바랍니다.

㉠ 25절에서는 "맑은 물을 너희에게 뿌려서 너희로 정결하게 하겠다"

하시고

ⓛ 26절에서는 "새 영을 너희 속에 두겠다"고 말씀하시고

ⓒ 27절에서는 "내 영을 너희 속에 두겠다" 하십니다. 이는 옛 언약, 즉 의문(儀文)에 속한 말씀이 아니라 34:25절에서 말씀한 "내가 또 그들과 화평의 언약(言約)을 세우리라"한 새 언약이요 복음인 것입니다.

④ 그러므로 이를 좀 더 살펴보아야 합니다. "맑은 물을 너희에게 뿌려서 너희로 정결하게 하되 곧 너희 모든 더러운 것에서와 모든 우상숭배에서 너희를 정결하게 할 것이며"(25) 하시는데 "맑은 물"이 무엇을 의미하는가? 민수기 19장에 그 규례가 나옵니다. 붉은 암송아지를 불사른 재를 만들어 간직해두었다가,

㉠ "이것은 이스라엘 자손 회중을 위하여 간직하였다가 부정을 씻는 물을 위해 간직할지니 그것은 〈속죄제〉니라"(민 19:9)는 놀라운 말씀을 대하게 됩니다. 이를 신약성경은 해설하여주기를

ⓛ "이런 것은 먹고 마시는 것과 여러 가지 씻는 것과 함께 육체의 예법일 뿐이며 개혁(改革)할 때까지 맡겨둔 것이니라"(히 9:10) 합니다. 이 예법 즉 "부정을 깨끗하게 하는 물 곧 속죄제"가 예수 그리스도의 구속으로 말미암아 참 것으로 개혁이 되었던 것입니다. 이점을 스가랴 13:1절에서는 "그날에 죄와 더러움을 씻는 샘이 다윗의 족속과 예루살렘 주민을 위하여 열리리라" 하십니다. 어떤 방도로 열리게 되는가? "칼아 깨어서 내 목자, 내 짝된 자를 치라"(슥 13:7)한 그리스도가 치심을 당함, 즉 고난으로 말미암아 열리게 된다는 것입니다. 그러므로 "우리가 마음에 뿌림을 받아 악한 양심으로부터 벗어나고 몸은 맑은 물로 씻음을 받았으니 참마음과 온전한 믿음으로 하나님께 나아가자"(히 10:22).

개혁(改革)할 때까지 맡겨둔 것이라

① "또 새 영(靈)을 너희 속에 두고(26), 또 내 영을 너희 속에 두겠다"(27) 하시는데 이는 "거듭남"을 가리킵니다. 거듭남은 크리스토퍼 라이트의 말대로 "심장(心臟)을 이식(移植)시켜 주겠다"는 경이로운 말씀입니다. 그러므로 "거듭남"은 인간의 노력으로 가능하여지는 것이 아니라 주권적인 하나님의 은혜인 것입니다. 그러면 하나님은 거듭남을 어떻게 이루셨는가? "너희가 거듭난 것은 썩어질 씨로 된 것이 아니요 썩지 아니할 씨로 된 것이라"(벧전 1:23)한 대로 "한 알의 밀이 땅에 떨어져 죽음으로 많은 열매를 맺느니라"(요 12:24) 하신 "구속"으로만이 가능하여진 것입니다.

② 그러면 왜 "새 영, 하나님의 영을 너희 속에 두겠다", 즉 거듭나게 하시려는가? 27절에 답이 있습니다.

㉠ 첫째는 "또 내 영을 너희 속에 두어 너희로 내 율례를 행하게 하리니 너희가 내 규례를 지켜 행할지라", 즉 거듭나야만 하나님의 율례를 행할 수 있기 때문이라 하십니다. 로마서 8:7절은 "육신의 생각(거듭나지 못한 자)은 하나님과 원수가 되나니 이는 하나님의 법에 굴복하지 아니할 뿐 아니라 할 수도 없음이라"고 말씀합니다.

㉡ 둘째로 왜 거듭나야 하는가? 28절은 "내가 너희 조상들에게 준 땅에서 너희가 거주하면서 내 백성이 되고 나는 너희 하나님이 되리라", 즉 하나님의 백성이 되기 때문이라고 말씀합니다.

③ 여기에 "율법(교훈)의 한계성이 나타납니다. 교훈적인 설교로 그토록 실천윤리를 강조하고 있는데도 어찌하여 변화(變化)가 일어나지 않는단 말인가? 율법은 구원만 주지 못한 것이 아니라

성화도 불가능했다는 점입니다. 그래서 "새 영을 너희 속에 두고 새 마음을 너희에게 주겠다" 하시는 것입니다. 기독교는 개선(改善)이 아니라 다시 태어나는 재창조(再創造)인 것입니다. 누에는 뽕잎을 먹지만 나비가 되면 이슬을 먹는 것과 같은 이치입니다. 그 대표적인 특성이 에서와 야곱에게서 나타납니다. 에서는 "팥죽"을 탐했으나 야곱은 그리스도의 족보에 오르는 "장자", 즉 신령한 것을 사모했던 것입니다. 그러므로 성화도 새 언약 곧 복음으로만이 가능하여짐을 인식해야 합니다.

다시 태어남으로만이 가능하여 진다

① 이 점에서 "내 백성이 되고 나는 너희 하나님이 되리라"(28) 하신 말씀은 성경의 축(軸)과도 같은 중심주제입니다. 왜냐하면 이것이 "하나님의 나라 회복"이기 때문입니다. 이 주제가 마지막 책 계시록에 이르러, "내가 들으니 보좌에서 큰 음성이 나서 이르되 보라 하나님의 장막이 사람들과 함께 있으매 하나님이 그들과 함께 계시리니 그들은 하나님의 백성이 되고 하나님은 친히 그들과 함께 계셔서… 이루었도다 나는 알파와 오메가요 처음과 마지막이라"(계 21:3, 6)에서 완성될 말씀인 것입니다.

② 하나님은 지금 이를 이루어나가고 계시는 중이며 이스라엘은 하나님께서 아브라함에게, "또 네 씨로 말미암아 천하 만민이 복을 얻으리니"(창 22:18) 하신 메시아언약을 계승(繼承)해 나가야 할 언약백성입니다. 그런데 거짓되고 배은망덕한 인간은 이 메시아언약을 배신하고 우상을 섬김으로 하나님의 거룩하신 이름

을 더럽혔던 것입니다. 그래서 "내가 이렇게 행함은 너희를 위함이 아니요 너희가 들어간 그 여러 나라에서 더럽힌 나의 거룩한 이름을 위함이라"(22) 하시는 것입니다.

③ 29-31절의 축복은 8-12절에서 말씀함과 같이 복음시대에 누리게 될 축복을 당시의 인식수준에서 말씀한 구약적인 표현입니다. "그 때에 너희가 너희 악한 길과 너희 좋지 못한 행위를 기억하고 너희 모든 죄악과 가증한 일로 말미암아 스스로 밉게 보리라"(31) 하십니다. 자신들이 행한 "모든 죄악과 가증한 일로 말미암아 스스로 밉게 보는 것", 이것이 진정한 회개입니다.

㉠ "내가 죄악 중에서 출생하였음이여 어머니가 죄 중에서 나를 잉태하였나이다"(시 51:5) 한 다윗이 그랬고

㉡ "우리는 이미 범죄하여 패역하며 행악하며 반역하여 주의 법도와 규례를 떠났사오며"(단 9:5) 한 다니엘이 "스스로 밉게" 보았고, 바울이 "내가 전에는 비방자요 박해자요 폭행자이었으나 도리어 긍휼을 입은 것은… 미쁘다 모든 사람이 받을만한 이 말이여 그리스도 예수께서 죄인을 구원하시려고 세상에 임하셨다 하였도다 죄인 중에 내가 괴수니라"(딤전 1:13,15) 한 이것이 "스스로 밉게 보는" 일입니다.

④ "너희가 더럽힌 나의 이름을 위함이라"한 본 단원을 마치기 전에 우리는 어떠한가? 자신을 돌아보게 합니다. "그들로 너희 착한 행실을 보고 하늘에 계신 너희 아버지께 영광을 돌리게 하라"(마 5:16)는 삶을 살아가고 있는가? 아니면 "기록된 바와 같이 하나님의 이름이 너희 때문에 이방인 중에서 모독을 받는도다"(롬 2:24)하신 삶을 살고 있는가? 이제 우리도 "모든 죄악과 가증한 일로 말미암아 스스로 밉게 보아야"할 때가 되었습니다. 그런

자를 주님은 어여쁘게 보아주시는 것입니다. 이것이 하나님께서 "새 영과 새 마음을 주리라" 하신 회복의 역사입니다.

셋째 단원(32-38) 여호와가 말하였으니 이루리라

"너희 사방에 남은 이방 사람이 나 여호와가 무너진 곳을 건축하며 황폐한 자리에 심은 줄을 알리라 나 여호와가 말하였으니 이루리라"(36).

① 셋째 단원의 중심점은 "여호와가 말하였으니 이루리라"는데 있습니다. 믿음이란 무엇인가? 자신을 신뢰하는 신념(信念)이 아닙니다. 하나님께서 세워주신 언약을 반드시 이루어주실 것을 믿는 것이 "믿음"입니다. 다시 말하면 하나님의 언약에 대한 신뢰입니다. 이것이 구원에 이르는 믿음입니다.

② 아브라함은

㉠ "그가 백 세나 되어 자기 몸이 죽은 것 같고 사라의 태가 죽은 것 같음을 알고도

㉡ 믿음이 약하여지지 아니하고 믿음이 없어 하나님의 약속을 의심하지 않고

㉢ 믿음으로 견고하여져서 하나님께 영광을 돌리며 약속하신 그것을 또한 능히 이루실 줄을 확신하였다"고 말씀합니다. "그러므로 그것이 그에게 의로 여겨졌느니라"(롬 4:19-22) 합니다.

③ 다윗은 자신을 죽이려는 사울을 피하여 굴에 있을 때 읊은 시에서,

㉠ "내가 지존하신 하나님께 부르짖음이여 곧 나를 위하여 모든 것을

이루시는 하나님께로다"(시 57:2) 합니다. 무엇을 이루신다는 말인가? 사무엘을 통하여 자신에게 기름을 부어 왕 삼으신 일입니다. 다윗은 사자에게 쫓기는 연약한 토끼와 같은 처지에서도

㉡ "이루시는 하나님"을 확신하고 있는 것입니다. 이것이 믿음입니다. 하나님은 말씀하십니다.

㉢ "내가 나의 거룩함으로 한번 맹세하였은즉 다윗에게 거짓말을 하지 아니할 것이라"(시 89:35).

④ 바울은 엔게디 굴보다도 더한 로마 옥중에서 처형을 기다리면서도,

㉠ "너희 안에서 착한 일을 시작하신 이가 그리스도 예수의 날까지 이루실 줄을 우리는 확신하노라"(빌 1:6) 합니다.

㉡ "너희를 부르시는 이는 미쁘시니 그가 또한 이루시리라"(살전 5:24)고 말씀합니다. 이것이 하나님이 우리에게 기대하시는 믿음입니다.

시작하신 이가 또한 이루시리라

① 32절을 보십시오. 구속사역을 이루어야 할 필연성(必然性)을 다시 한번 강조하십니다. "주 여호와의 말씀이니라 내가 이렇게 행함은 너희를 위함이 아닌 줄을 너희가 알리라 이스라엘 족속아 너희 행위로 말미암아 부끄러워하고 한탄할지어다"(32) 하십니다. 그들을 바벨론의 포로에서 귀환하게 하심이, 그리고 우리를 사탄의 포로에서 구원하여 주심이 "너희 행위로 말미암아", 즉 공로나 자격이 있어서가 아니라는 말씀입니다. "너희 행위로 말미암아 부끄러워하고 한탄(恨歎)할지어다", 인간의 행위대로 하신다면 구원계획은 벌써 중단이 되고 실패로 돌아가고 말았을 것입니다.

그러나 "너희를 위함이 아니요 너희가 들어간 그 여러 나라에서 더럽힌 나의 거룩한 이름을 위함이기"(22)에 이루시고 완성(完成)하실 것을 확신하게 되는 것입니다. 하나님의 구원계획에는 하나님의 거룩하신 이름과 영예가 걸려있음을 명심하시기 바랍니다.

② 이점이 신약성경에도 나타나 있습니다. 그리스도께서

㉠ "우리를 사랑하사 그의 피로 우리 죄에서 우리를 해방하여" 주셨습니다. 이것은 진실입니다. 그런데 이것이 먼저도 전부도 아니라는 점입니다.

㉡ "그의 아버지 하나님을 위(爲)하여 우리를 나라와 제사장으로 삼으신 그에게 영광과 능력이 세세토록 있기를 원하노라 아멘"(계 1:6) 합니다. "아버지 하나님을 위하여", 이것이 먼저입니다. 그러므로 주님은 십자가를 앞에 놓고

㉢ "그러나 내가 이를 위하여 이때에 왔나이다 아버지여 아버지의 이름을 영광(榮光)스럽게 하옵소서"(요 12:27-28)라고 기도하신 것입니다. 이것이

㉣ "너희는 먼저 그의 나라와 그의 의를 구하라"(마 6:33) 하신 의미이기도 합니다.

③ 우리가 시련과 환난 당할 때 자신의 고난과 괴로움만을 생각하고 있는가? 아니면 이 사건으로 인하여 자신에게 주어진 하나님의 이름이 모독받으시게 될 것을 마음 아파하고 있는가? 저는 신앙칼럼에서 '가출한 자식이 추운 겨울밤 자신의 고(苦)만을 생각하는 것은 불교사상이다. 이 밤에 문 열어놓고 자신이 돌아오기를 기다리고 계실 아버지의 마음을 생각하는 것이 기독교사상'이란 말을 했습니다.

여호와여 영광을 우리에게 돌리지 마옵소서

우리에게 돌리지 마옵소서
오직 주는 인자하시고 진실하시므로
주의 이름에만 영광을 돌리소서 (시 115:1).

④ 무슨 뜻인가? 그들을 바벨론에서 돌아가게 해달라고 구하고 있습니다. 그런데 자신들을 위해서 돌아가게 해달라는 것이 아니라는 것입니다. 이것이 "영광을 우리에게 돌리지 마옵소서"의 뜻입니다. "어찌하여 뭇 나라가 그들의 하나님이 이제 어디 있느냐 말하게 하리이까"(시 115:2)고 호소합니다. 자신들이 당하는 고생은 당연한 죄 값이지만 자신들로 인하여 하나님의 거룩하신 이름이 모독을 받으시는 이것만은 참을 수 없다는 것입니다.

⑤ 그러므로 다니엘도 "주여 들으소서 주여 용서하소서 주여 귀를 기울이시고 행하소서 지체치 마옵소서 나의 하나님이여 주 자신(自身)을 위하여 하시옵소서 이는 주의 성과주의 백성이 주의 이름으로 일컫는바 됨이니이다"(단 9:19)고 간구합니다. 하나님은 말씀하십니다. "나는 나를 위하며 나를 위하여 이를 이룰 것이라 어찌 내 이름을 욕되게 하리요 내 영광을 다른 자에게 주지 아니하리라"(사 48:11). 이것이 "여호와가 말하였으니 이루리라"는 의미입니다.

영광을 우리에게 돌리지 마옵소서

① "주 여호와께서 이같이 말씀하셨느니라 내가 너희를 모든 죄악에서 정결하게 하는 날에 성읍들에 사람이 거주하게 하며 황폐한 것이 건축되게 할 것인즉 전에는 지나가는 자의 눈에 황폐

하게 보이던 그 황폐한 땅이 장차 경작이 될지라 사람이 이르기를 이 땅이 황폐하더니 이제는 에덴동산같이 되었고 황량하고 적막하고 무너진 성읍들에 성벽과 주민이 있다 하리니"(33-35) 하고, "에덴동산같이 되었다"는 이미지를 도입함으로 하나님께서 이루시려는 회복이 바벨론에서의 귀환에 국한된 것이 아님을 알기 원하고 있습니다.

② "너희 사방에 남은 이방 사람이 나 여호와가 무너진 곳을 건축하며 황폐한 자리에 심은 줄을 알리라 나 여호와가 말하였으니 이루리라"(36), "무너진 곳을 건축하시는 하나님"을 찬양하십시다. 하나님은 지금,

㉠ "무너진 곳을 건축하며, 황무지에 씨를 심는" 역사를 하고 계시는 중입니다. 왜냐하면 이것이 곧 하나님의 나라 회복이기 때문입니다.

㉡ "무너진 곳을 건축하는 것"은 바벨론으로부터 귀환함으로 온전히 건축되는 것도 아니며 유대인만으로 되는 것도 아닙니다. 이를 알았기에 초대교회는

㉢ "이후에 내가 돌아와서 다윗의 무너진 장막을 다시 지으며 또 그 허물어진 것을 다시 지어 일으키리니 이는 그 남은 사람들과 내 이름으로 일컬음을 받는 모든 〈이방인들〉로 주를 찾게 하려 함이라"(행 15:16-17)고 "이방인들"에게도 복음의 문이 열렸음을 선언했던 것입니다.

③ "주 여호와께서 이같이 말씀하셨느니라 그래도 이스라엘 족속이 이같이 자기들에게 이루어주기를 내게 구하여야 할지라"(37) 하십니다. 여기 하나님의 뜻대로 하는 기도의 모범이 있는데

㉠ "말씀하시고, 이루시는 분", "일을 행하는 여호와 그것을 지어 성취하는 여호와"(렘 33:2)이십니다. 그러면 우리는 가만히 있으면 되는가?

㉡ "그래도 이루어주기를 내게 구하여야 하리라" 하시는데 이것이 하나님의 뜻대로 구하는 기도입니다. 가장 바르고 힘 있는 기도는 하나님의 언약을 붙잡고 구하는 기도입니다.

㉢ "구하여야 하리라"는 뜻은 기도만 하라는 의미가 아닙니다. "그의 나라와 그의 의를 위하여" 죽도록 충성하라는 뜻이 들어있는 것입니다.

④ 34장으로부터 "회복"을 말씀하는 구조라 했는데,

㉠ 34장이 "목자와 언약"에 대한 회복이요

㉡ 35장이 "잃어버린 기업에 대한 회복"이라면

㉢ 36장은 "더렵혀진 하나님의 거룩하신 이름에 대한 회복"이라 할 수 있습니다.

그리고 34-35장이 인간에게 초점을 맞추어 회복을 말씀했다면, 36장은 하나님의 이름을 위한 회복에 초점을 맞추고 있다는 점입니다. 그러므로 본 문단에 있어서도 불변의 진리는 "그리한즉 그들이 나를 여호와인 줄 알리라 하셨느니라"(38)는 말씀입니다. 이것이 "내가 말하였으니 이루리라"는 의미요, "하나님의 거룩한 이름과 명예를 위하여 회복하리라"는 뜻입니다.

⑤ 묵상해보겠습니다.

㉠ '너희를 위함이 아니라 거룩하신 이름을 위함이라'에 대해서

㉡ 새 영과 새 마음을 주리라는 말씀이 어떻게 성취되었가에 대해서

㉢ '그래도 이루어주기를 구하여야 하리라'에 대해서

㉣ 자신의 삶이 하나님의 명예를 우선순위에 두고 있는가에 대해서.

에스겔 37장 개관도표

주제 : 무덤에서 나와 약속의 땅에 들어가게 하리라

생기로 들어가게 하리니	1-10 1 여호와께서 권능으로 내게 임재하시고 그의 영으로 나를 데리고 가서 골짜기 가운데 두셨는데 거기 뼈가 가득하더라 2 나를 그 뼈 사방으로 지나가게 하시기로 본즉 그 골짜기 지면에 뼈가 심히 많고 아주 말랐더라 3 그가 내게 이르시되 인자야 ① **이 뼈들이 능히 살 수 있겠느냐 하시기로** 내가 대답하되 주 여호와여 주께서 아시나이다 4 또 내게 이르시되 너는 이 모든 뼈에게 대언하여 이르기를 너희 마른 뼈들아 여호와의 말씀을 들을지어다 5 주 여호와께서 이 뼈들에게 이같이 말씀하시기를 ③ **내가 생기를 너희에게 들어가게 하리니 너희가 살아나리라** 6 너희 위에 힘줄을 두고 살을 입히고 가죽으로 덮고 너희 속에 생기를 넣으리니 너희가 살아나리라 **또 내가 여호와인 줄 너희가 알리라 하셨다 하라** 7 이에 내가 명령을 따라 대언하니 대언할 때에 소리가 나고 움직이며 이 뼈, 저 뼈가 들어 맞아 뼈들이 서로 연결되더라 8 내가 또 보니 그 뼈에 힘줄이 생기고 살이 오르며 그 위에 가죽이 덮이나 그 속에 생기는 없더라 9 또 내게 이르시되 인자야 너는 생기를 향하여 대언하라 생기에게 대언하여 이르기를 주 여호와께서 이같이 말씀하시기를 생기야 사방에서부터 와서 이 죽음을 당한 자에게 불어서 살아나게 하라 하셨다 하라 10 이에 내가 그 명령대로 대언하였더니 ④ **생기가 그들에게 들어가매 그들이 곧 살아나서 일어나 서는데 극히 큰 군대더라**
무덤을 열고 나오게	11-14 11 또 내게 이르시되 인자야 이 뼈들은 이스라엘 온 족속이라 그들이 이르기를 우리의 뼈들이 말랐고 ② **우리의 소망이 없어졌으니 우리는 다 멸절되었다** 하느니라 12 그러므로 너는 대언하여 그들에게 이르기를 **주 여호와께서 이같이 말씀하시기를 내 백성들아 내가 너희 무덤을 열고** **너희로 거기에서 나오게 하고 이스라엘 땅으로 들어가게 하리라** 13 내 백성들아 내가 너희 무덤을 열고 너희로 거기에서 나오게 한즉 너희는 **내가 여호와인 줄을 알리라** 14 내가 또 내 영을 너희 속에 두어 너희가 살아나게 하고 내가 또 너희를 너희 고국 땅에 두리니 나 여호와가 이 일을 말하고 이룬 줄을 너희가 알리라 여호와의 말씀이니라
한 나라가 되어 한 왕이 다스림	15-28 15 여호와의 말씀이 또 내게 임하여 이르시되 16 인자야 너는 막대기 하나를 가져다가 그 위에 유다와 그 짝 이스라엘 자손이라 쓰고 또 다른 막대기 하나를 가지고 그 위에 에브라임의 막대기 곧 요셉과 그 짝 이스라엘 온 족속이라 쓰고 17 그 막대기들을 서로 합하여 하나가 되게 하라 네 손에서 둘이 하나가 되리라 18 네 민족이 네게 말하여 이르기를 이것이 무슨 뜻인지 우리에게 말하지 아니하겠느냐 하거든 19 너는 ⑤ 주 **여호와께서 이같이 말씀하시기를 내가 에브라임의 손에 있는 바 요셉과 그 짝 이스라엘 지파들의 막대기** 를 **가져다가 유다의 막대기에 붙여서 한 막대기가 되게 한즉 내 손에서 하나가 되리라 하셨다 하고** 20 너는 그 글 쓴 막대기들을 무리의 눈 앞에서 손에 잡고 21 그들에게 이르기를 주 여호와께서 이같이 말씀하시기를 내가 이스라엘 자손을 잡혀 간 여러 나라에서 인도하며 그 사방 에서 모아서 그 고국 땅으로 돌아가게 하고 22 그 땅 이스라엘 모든 산에서 그들이 ⑥ **한 나라를 이루어서 한 임금이 모두 다스리게 하리니** 그들이 다시는 두 민족이 되지 아니하며 두 나라로 나누이지 아니할지라 23 그들이 그 우상들과 가증한 물건과 그 모든 죄악으로 더 이상 자신들을 더럽히지 아니하리라 내가 그들을 그 범죄한 모든 처소에서 구원하여 정결하게 한즉 그들은 내 백성이 되고 나는 그들의 하나님이 되리라 24 ⑦ **내 종 다윗이 그들의 왕이 되리니 그들 모두에게 한 목자가 있을 것이라** 그들이 내 규례를 준수하고 내 율례를 지켜 행하며 25 내가 내 종 야곱에게 준 땅 곧 그의 조상들이 거주하던 땅에 그들이 거주하되 그들과 그들의 자자 손손이 영원히 거기에 거주할 것이요 ⑧ **내 종 다윗이 영원히 그들의 왕이 되리라** 26 내가 그들과 **화평의 언약을 세워서 영원한 언약이 되게 하고** 또 그들을 견고하고 번성하게 하며 **내 성소를 그 가운데에 세워서 영원히 이르게 하리니** 27 내 처소가 그들 가운데에 있을 것이며 ⑨ **나는 그들의 하나님이 되고 그들은 내 백성이 되리라** 28 내 성소가 영원토록 그들 가운데에 있으리니 **내가 이스라엘을 거룩하게 하는 여호와인 줄을 열국이 알리라** 하셨다 하라

37 장

무덤에서 나와 약속의 땅에 들어가게 하리라

12그러므로 너는 대언하여 그들에게 이르기를 주 여호와께서 이같이 말씀하시기를 내 백성들아 내가 너희 무덤을 열고 너희로 거기에서 나오게 하고 이스라엘 땅으로 들어가게 하리라

37장은 "뼈가 가득하더라"(1)는 말씀으로 시작되는데, 중심점은 "무덤에서 나와 약속의 땅에 들어가게 하리라"는 말씀에 있습니다. 지금 이스라엘의 상태는 에스겔에게 환상으로 보여주신 대로 영적으로 하면 죽어 마른 뼈와 같은 상태입니다. 이들을 다시 살려주시고 고토에 들어가게 해주시겠다는 회복의 약속입니다. 이 점에서 기억해야 할 점은 37장은 36장과 불가분의 관계라는

점입니다. 왜냐하면 "이 뼈들이 능히 살수 있겠느냐"(3)고 물으시는데, 이는 36장에서 말씀한 "새 영, 하나님의 영"으로만이 가능해지기 때문입니다. 그러므로 37장의 "마른 뼈"의 계시에는 복합적(複合的)인 의미가 있다는 점입니다.

㉠ 1차적으로 바벨론 포로를 돌아가게 하시겠다는 뜻인데

㉡ 궁극적으로는 "허물과 죄로 죽은" 천하 만민을 살리시려는 구원계시인 것입니다.

도표를 보시면 "내가 너희 무덤을 열고 너희로 거기서 나오게 하고 이스라엘 땅으로 들어가게 하리라"는 말씀을 중심으로

① "이 뼈들이 능히 살겠느냐"고 물으시는데

② 인간의 생각으로는 "멸절되었다"하는 절망적입니다.

③ "내가 생기로 너희에게 들어가게 하리니 너희가 살리라" 하십니다.

④ "생기가 그들에게 들어가매 그들이 곧 살아 일어나서 서는데 극히 큰 군대더라" 합니다.

⑤ 또 말씀하기를 "남북으로 갈라져 있던 이스라엘을"

⑥ "한 나라를 이루어서 한 임금이 모두 다스리게 하리니" 하시면서

⑦ "내 종 다윗이 그들의 왕이 되리니" 하십니다.

⑧ "화평의 언약을 세워, 내 종 다윗이 영원히 그 왕이 되리라" 하시면서

⑨ "나는 그들의 하나님이 되고 그들은 내 백성이 되리라" 하십니다. 얼마나 광대하고 영광스러운 계시인가! 이것이 하나님의 나라 회복이요, 영적 다윗인 그리스도로 말미암아 가능하여지는

복음인 것입니다. 이를 세 단원으로 나누어 상고하겠습니다.

첫째 단원(1–10) **생기를 들어가게 하리니**
둘째 단원(11–14) **무덤을 열고 나오게 하리라**
셋째 단원(15–28) **한 나라가 되어 한 왕이 다스림**

첫째 단원(1–10) **생기를 들어가게 하리니**

"주 여호와께서 이 뼈들에게 이같이 말씀하시기를 내가 생기를 너희에게 들어가게 하리니 너희가 살아나리라"(5).

① 첫째 단원의 중심점은 "생기를 들어가게 하리니 살리라"는 데 있습니다. 37장은 "여호와께서 권능으로 내게 임재하시고 그의 영으로 나를 데리고 가서 골짜기 가운데 두셨는데 거기 뼈가 가득하더라 나를 그 뼈 사방으로 지나가게 하시기로 본즉 그 골짜기 지면에 뼈가 심히 많고 아주 말랐더라"(1-2)고 시작됩니다. 이 마른 뼈 환상을 통해서 계시하시려는 바가 무엇인가?

② "그가 내게 이르시되 인자야 이 뼈들이 능히 살수 있겠느냐 하시기로 내가 대답하되 주 여호와여 주께서 아시나이다"(3)고 대답합니다. 에스겔의 판단으로는 불가능하다고 여겨졌을 것이지만 대답을 유보한 채 하나님께 맡긴 것입니다. 그러자 하나님은 "또 내게 이르시되 너는 이 모든 뼈에게 대언하여 이르기를 너희 마른 뼈들아 여호와의 말씀을 들을지어다 주 여호와께서 이 뼈들에게 이같이 말씀하시기를 내가 생기를 너희에게 들어가게 하리

니 너희가 살아나리라 너희 위에 힘줄을 두고 살을 입히고 가죽으로 덮고 너희 속에 생기를 넣으리니 너희가 살아나리라 또 내가 여호와인 줄 너희가 알리라 하셨다 하라"(4-6) 하십니다.

㉠ "내가 생기를… 들어가게 하리니 살아나리라", 여기에 사활이 걸려있는 것입니다. 인간의 자력(自力)으로는 불가능하지만

㉡ "내가 … 하리니" 하십니다.

③ "이에 내가 명령을 따라 대언하니 대언할 때에 소리가 나고 움직이며 이 뼈, 저 뼈가 들어맞아 뼈들이 서로 연결되더라 내가 또 보니 그 뼈에 힘줄이 생기고 살이 오르며 그 위에 가죽이 덮이나 그 속에 생기는 없더라"(7-8) 합니다. "생기는 없더라" 하면 이 "뼈들"은 살아난 것인가? 아니면 죽은 것입니까? 저는 이 대목을 강해할 때 많은 고심을 했습니다. 선지자가 "대언(代言)"을 하자 뼈들이 들어맞고 힘줄이 생기고 가죽이 덮이는 놀라운 일이 일어났는데, 어찌하여 "그 속에 생기가 없다"하는가? 이 말씀을 대하면서 고심하게 되는 것은 목회현장에서 믿는 모양은 살아난 것 같은데, 생기가 없는 것 같은 그런 성도들을 경험하게 되기 때문입니다. 계시록 3장에 등장하는 사데교회가 그러했습니다. "네가 살았다 하는 이름은 가졌으나 죽은 자로다"(계 3:1) 하십니다. "이 뼈, 저 뼈가 들어맞아 뼈들이 서로 연결되고 뼈에 힘줄이 생기고 살이 오르며 가죽이 덮였다"는 상태는 모양은 산 것과 같은 것입니다. "그러나 생기는 없더라" 하면 이는 죽은 것입니다. 그래서 사데교회에 주님은 "하나님의 일곱 영(靈)을" 가지신 이로 나타내시는 것입니다.

생기는 없더라

① "또 내게 이르시되 인자야 너는 생기를 향하여 대언하라 생기에게 대언하여 이르기를 주 여호와께서 이같이 말씀하시기를 생기야 사방에서부터 와서 이 죽음을 당한 자에게 불어서 살아나게 하라 하셨다 하라 이에 내가 그 명령대로 대언하였더니 생기가 그들에게 들어가매 그들이 곧 살아나서 일어나 서는데 극히 큰 군대더라"(9-10) 합니다. 이 점에서 통찰력이 필요합니다. 8절에서는 "그 속에 생기는 없더라"하고, 10절에서는 "생기가 그들에게 들어가매 그들이 곧 살아나서 일어나 서는데 극히 큰 군대더라"고 말씀하고 있기 때문입니다. 이처럼 "마른 뼈"가 살아나는 것을 두 단계로 말씀하시는 의도가 무엇인가? 이를 통해서 깨닫기를 원하시는 바가 무엇인가? 목회자의 입장에서 이점이 심각하게 여겨지지 않습니까? 저도 많은 고심을 하다가 발견한 점이 이것입니다.

㉠ 첫 단계인 4절에서는 "너는 이 모든 뼈에게 대언하여 이르기를 너희 마른 뼈들아 여호와의 말씀을 들을지어다" 했는데

㉡ 둘째 단계인 9절에서는 "너는 생기를 향하여 대언하라 생기에게 대언하여 이르기를 주 여호와께서 이같이 말씀하시기를 생기야 사방에서부터 와서 이 죽음을 당한 자에게 불어서 살아나게 하라 하셨다 하라" 합니다.

무엇이 다른지 그 원인을 발견했습니까? 첫 단계에서는 "너희 마른 뼈들아"하고 뼈들을 향해 대언했고, 그 때는 "생기"가 없었습니다. 둘째 단계에서는 "생기야"하고 생기를 향해 대언을 했고 "살아나서 일어나 서는데 극히 큰 군대더라" 합니다.

이 심각성을 명심했던 사람이 사도 바울입니다. "내 말과 내 전도함이 설득력 있는 지혜의 말로 하지 아니하고" 합니다. 이를

본문의 표현대로 하면 "뻐들아"하고 사람들을 설득하려고 지혜의 말로 하지 않았다는 것이 됩니다. 그러면 어떻게 했는가? "다만 성령의 나타나심과 능력으로 하였다"고 말씀합니다. 본문의 표현대로 하면 "생기야! 죽음 당한 자들을 살아나게 하라" 했다는 것입니다. 이점이 "너희 믿음이 사람의 지혜에 있지 아니하고 다만 하나님의 능력에 있게 하려 하였노라"(고전 2:4-5)는 언급에 나타납니다. 사데 교회처럼 "살았다 하는 모양"이 아니라 성령으로 거듭난 믿음이 되게 하기 위해였다고 말씀합니다. 이 "마른 뼈" 계시의 중요성과 심각성을 깨닫게 되었습니까? 하나님께서는 이를 깨닫게 하시려고 두 단계로 보여주신 것으로 여겨집니다.

② 그러므로 핵심은 여섯 번이나 등장하는 "생기"에 있습니다. 원어로는 첫 절에서 "그 신이 나를 데리고" 한 "신(神)과 생기"가 같은 단어입니다. 그러니까 36장에서 말씀하신 "새 영, 하나님의 영"이 그들에게 들어가매 곧 살아나게 된다는 점을 말씀하시려는 것입니다.

③ 그러므로 마른 뼈의 환상을 "이스라엘의 회복"만으로 국한해서는 안 됩니다. 그것은 성경을 구속사라는 선(線)으로 보지 않고 교훈적인 점(點)으로 보는 데서 오는 한계입니다. 하나님께서 이스라엘을 선민(選民)으로 택하신 의도가 무엇인가? 그들만을 구원하시기 위해서가 아니라 그 민족을 통해서 그리스도를 보내셔서 온 인류를 구원하시기 위해서입니다. 이점이 아브라함에게 세워주신 "네 씨로 말미암아 천하(天下) 만민(萬民)이 복을 얻으리니"(창 22:18) 하신 언약에 분명히 나타납니다. 그러므로 이스라엘은 천하 만민을 구원하시는 통로 역할인 것입니다. 37장의 마

른 뼈 환상을 상고하면서 주님께서 "진실로 진실로 네게 이르노니 사람이 물과 성령으로 나지 아니하면 하나님의 나라에 들어갈 수 없느니라"(요 3:5) 하신 말씀과, "그는 허물과 죄로 죽었던 너희를 살리셨도다"(엡 2:1) 한 증언을 생각하게 합니다.

④ 이는 결코 비약이 아닙니다. 뒤에 가서 보겠습니다만 "다윗이 그들의 왕이 되리니"(24) 하시는데, 당시는 다윗이 죽은 후 사백 년쯤 된 때입니다. 그런 다윗이 왕이 되리라 하심은 다윗의 자손으로 오실 그리스도에 대한 예언이 분명한 것입니다. 그래서 거듭 "다윗이 영원히 그 왕이 되리라"(25)고 "영원(永遠)한 왕(王)"임을 말씀하시는 것입니다. 25-28절 속에 "영원"이란 말이 다섯 번이나 등장하는데 인간 세계에는 영원이란 없습니다. 이 "영원"은 다윗에게 "그 나라 왕위를 영원히 견고하게 하리라, 네 왕위가 영원히 견고하리라"(삼하 7:13,16)고 세워주신 메시아언약과 결부되는 영원인 것입니다. 그러므로 "나는 그들의 하나님이 되고 그들은 내 백성이 되리라"(27)는 결론에 도달하게 되는 것입니다. 이는 영원한 메시아 왕국에 대한 비전입니다.

⑤ 본 단원을 마치기 전에 유념해야 할 말씀이 남았는데, 그것은 "살아나서 일어나 서는데 극히 큰 군대더라"(10하)는 말씀입니다. "아주 말랐더라"(2하) 한 마른 뼈가 "큰 군대(軍隊)"가 된 것입니다. 이것이 하나님이 우리에게 기대(期待)하시는 바입니다. 430년이나 노예생활을 하던 자들이 유월절 양의 피로 구속받아 해방되어 나오던 날에 성경은 말씀하기를, "사백삼십 년이 끝나는 그 날에 여호와의 군대가 다 애굽 땅에서 나왔다"(출 12:41)고 "여호와의 군대(軍隊)"라 말씀합니다. 신약성경은 "마귀의 간

계를 능히 대적하기 위하여 하나님의 전신갑주를 입으라"(엡 6:11)고 촉구합니다. 신구약을 막론하고 자력구원은 불가능하고 "생기를 너희에게 들어가게 하리니 너희가 살아나리라"는 "거듭남"에 있을 뿐이요, 거듭난 자들은 여호와의 군대로 세워져야 한다는 말씀입니다.

둘째 단원(11–14) **무덤을 열고 나오게 하리라**

"내 백성들아 내가 너희 무덤을 열고 너희로 거기에서 나오게 한즉 너희는 내가 여호와인 줄을 알리라"(13).

① 둘째 단원은 첫째 단원에서 보여주신 환상에 대한 해설(解說)입니다. 중심점은 "무덤을 열고 나오게 하리라"는 말씀에 있습니다. "너희 무덤을 열고 거기서 나오게 한다"는 말씀이

㉠ 1차적으로는 바벨론에 포로되어 있는 자들을 귀환하게 하시겠다는 뜻이요

㉡ 궁극적으로는 주님께서 말씀하신 "진실로 진실로 너희에게 이르노니 죽은 자들이 하나님의 아들의 음성을 들을 때가 오나니 곧 이 때라 듣는 자는 살아나리라"(요 5:25) 하신 복음시대에 성취될 말씀인 것입니다.

② "또 내게 이르시되 인자야 이 뼈들은 이스라엘 온 족속이라 그들이 이르기를 우리의 뼈들이 말랐고 우리의 소망이 없어졌으니 우리는 다 멸절되었다 하느니라"(11)는 말씀에 "마른 뼈"의 환상을 보여주시는 의도가 나타납니다. 그들은 "우리의 소망이 없어졌으니 우리는 다 멸절되었다"고 절망했습니다. 33:10절에서

도 "우리의 허물과 죄가 이미 우리에게 있어 우리로 그 가운데에서 쇠퇴하게 하니 어찌 능히 살리요"하고 낙망하고 있습니다. 그렇습니다. 성경의 내용은 크게 하나님이 행해주신 일과 사람이 한 일로 되어있습니다. 사람이 한 일, 즉 행위를 바라보면 언제나 절망(絶望)뿐입니다. 하나님이 행해주신 일을 바라볼 때만이 소망(所望)이 있는 것입니다.

③ 하나님은 인간이 자력구원의 불가능성을 깨닫고 "우리는 다 멸절되었다(11), 오호라 나는 곤고한 사람이로다 이 사망의 몸에서 누가 나를 건져내랴"(롬 7:24)하고 절망할 때에 일을 시작하십니다. "그러므로 너는 대언하여 그들에게 이르기를 주 여호와께서 이같이 말씀하시기를 내 백성들아 내가 너희 무덤을 열고 너희로 거기에서 나오게 하고 이스라엘 땅으로 들어가게 하리라 내 백성들아 내가 너희 무덤을 열고 너희로 거기에서 나오게 한즉 너희는 내가 여호와인 줄을 알리라"(12-13)고 소망을 말씀하십니다.

④ 본 단원의 결론에 이르러 "마른 뼈"의 환상이 이스라엘에 국한된 것이 아니라는 점이 분명히 드러나는데, "내가 또 내 영을 너희 속에 두어 너희가 살아나게 하겠다"(14상)고 말씀하시기 때문입니다. 36:26-27절에서도 "또 새 영을 너희 속에 두고, 또 내 영을 너희 속에 두어"라고 말씀했습니다. 이는 의문(儀文)으로 가능해지는 것이 아닙니다. 만일 옛 언약으로 가능해지는 것이라고 말한다면 그리스도께서 헛되이 죽으신 것(갈 2:21)이 되고 맙니다.

⑤ "새 영을 너희 속에 두고"가 어떻게 가능해지는가? 주님은,

"그러나 내가 너희에게 실상을 말하노니 내가 떠나가는 것이 너희에게 유익이라 내가 떠나가지 아니하면 보혜사(성령)가 너희에게로 오시지 아니할 것이요 가면 내가 그를 너희에게 보내리니, 그는 진리의 영이라 세상은 능히 그를 받지 못하나니 이는 그를 보지도 못하고 알지도 못함이라 그러나 너희는 그를 아나니 그는 너희와 함께 거하심이요 또 <너희 속에> 계시겠음이라"(요 16:7, 14:17)고 말씀하십니다. 이처럼 성령의 내주(內住)가 가능하여지는 것은 그리스도의 구속으로 말미암아 뿐입니다. 이것이 "무덤을 열고 나오게 하리라"는 궁극적인 뜻입니다.

셋째 단원(15–28) 한 나라가 되어 한 왕이 다스림

"여호와의 말씀이 또 내게 임하여 이르시되"(15).

① 셋째 단원의 중심점은 "한 나라가 되어 한 왕이 다스리게 되리라"는데 있습니다. "한 나라, 한 왕"이 언제 어떻게 이루어질 말씀인가? "인자야 너는 막대기 하나를 가져다가 그 위에 유다와 그 짝 이스라엘 자손이라 쓰고 또 다른 막대기 하나를 가지고 그 위에 에브라임의 막대기 곧 요셉과 그 짝 이스라엘 온 족속이라 쓰고 그 막대기들을 서로 합하여 하나가 되게 하라"(16-17상) 하십니다. 이것이 무슨 뜻인가?

② "네 민족이 네게 말하여 이르기를 이것이 무슨 뜻인지 우리에게 말하지 아니하겠느냐 하거든"(18),

㉠ "너는 곧 이르기를 주 여호와께서 이같이 말씀하시기를 내가 에브라

임의 손에 있는바 요셉과 그 짝 이스라엘 지파들의 막대기를 가져다 가 유다의 막대기에 붙여서 한 막대기가 되게 한즉

㉡ 내 손에서 하나가 되리라 하셨다 하라"(19)고 말씀합니다. 즉 남북으로 갈라졌던 분열왕국이 통일왕국이 되리라는 말씀입니다. 그런데 여기 열쇠와 같은 말씀이 있는데 그것은 "유다 막대기에 붙여서 한 막대기가 되게 하겠다"는 점입니다. 이는 유다 지파를 통하여 오시게 될 그리스도를 통하여 하나가 될 것에 대한 계시가 분명한 것입니다.

③ 계속하여 말씀하시기를 "너는 그 글 쓴 막대기들을 무리의 눈앞에서 손에 잡고 그들에게 이르기를 주 여호와께서 이같이 말씀하시기를 내가 이스라엘 자손을 잡혀간 여러 나라에서 인도하며 그 사방에서 모아서 그 고국 땅으로 돌아가게 하고 그 땅 이스라엘 모든 산에서 그들이,

㉠ 한 나라를 이루어서

㉡ 한 임금이 모두 다스리게 하리니 그들이 다시는 두 민족이 되지 아니하며 두 나라로 나누이지 아니할지라"(19-22)고 설명해주라고 말씀합니다.

④ 본 단원에는 "하나"라는 뜻이 여덟 번(16,16,17,17,19,22,22, 24)이나 강조되어 있습니다. 이것이 1차적으로는 솔로몬의 타락으로 인하여 남북으로 갈라졌던 분열왕국이 포로에서 귀환함으로 "한 나라"로 연합이 될 것을 가리킨다 해도 여기에 국한시킨다면 하나님께서 이루시고자 하는 구원계획을 허무는 것이 되고 맙니다.

한 나라와 한 임금

① 그 점이 24절 이하에 분명히 나타납니다.

㉠ "내 종 다윗이 그들의 왕이 되리니 그들 모두에게 한 목자가 있을 것이라"(24상)

㉡ "그들과 그들의 자자손손이 영원히 거기에 거주할 것이요"(25중)

㉢ "내 종 다윗이 영원히 그들의 왕이 되리라"(25하)

㉣ "내가 그들과 화평의 언약을 세워서 영원한 언약이 되게 하고"(26상)

㉤ "내 성소를 그 가운데에 세워서 영원히 이르게 하리니"(26하) 하신 예언이 포로에서 귀환한 이스라엘에게 문자적으로 성취가 되었단 말인가?

② 문자주의자들은 이 예언이 유대인들에게 종말에 이루어질 말씀이라 합니다. 즉 지금 이슬람 사원이 있는 예루살렘에 유대인들이 성전을 건축하게 되고, 그리스도를 배척함으로 받지 못했던 "천국"을 "천년왕국"에서 받게 된다는 것입니다. 이처럼 선지서와 요한계시록의 예언들이 신약교회를 무시하고 뛰어넘어 유대인들에게 이루어질 말씀이란 말인가? 이는 하나님의 구원계획의 일관성을 허무는 것이 됩니다.

③ "한 나라를 이룬다"는 것은 다니엘서에서,

㉠ "이 여러 왕들의 시대에 하늘의 하나님이 한 나라를 세우시리니 이것은 영원히 망하지도 아니할 것이요 그 국권이 다른 백성에게로 돌아가지도 아니할 것이요"(단 2:44)한 "한 나라"요, 이는 "우상을 친 돌은 태산(泰山)을 이루어 온 세계에 가득하였었나이다"(단 2:35), 즉 그리스도의 죽으시고 다시 사심으로 시작하여 교회시대를 통하여 확장(태산을 이루어) 되어 완성될 메시아 왕국인 것입니다. 그러므로

㉡ "한 임금, 다윗이 영원히 그들의 왕이 되리라"는 것도, "주 하나님께서 그 조상 다윗의 왕위를 그에게 주시리니 영원히 야곱의 집을 왕

으로 다스릴 것이며"(눅 1:32-33)에서 성취될 그리스도에 대한 분명한 예언인 것입니다. 그래서 "영원(永遠)히 그 왕이 되리라, 영원(永遠)한 언약, 성소가 영원(永遠)토록 그들의 가운데 있으리니"하고 "영원(永遠)"이라는 말이 25-28절 안에 다섯 번(25,25,26,26,28)이나 강조되어 있습니다.

영원한 나라 영원한 왕

① "하나"가 된다는 주제가 신약에 이르러 어떻게 성취되었는가? "그는 우리의 화평이신지라 둘로 하나를 만드사 원수가 된 것 곧 중간에 막힌 담을 자기 육체로 허시고 법조문으로 된 계명의 율법을 폐하셨으니 이는 이 둘로 자기의 안에서 한 새 사람을 지어 화평하게 하시고, 이는 그로 말미암아 우리 둘이 한 성령 안에서 아버지께 나아감을 얻게 하려 하심이라"(엡 2:14-15,18)에서 성취된 것입니다. 이는 바벨탑 사건으로 "그 땅의 백성들이 나뉘었더라"(창 10:32) 한 <유대인과 이방인>이 하나 됨으로 명실상부한 "한 나라"가 건설이 되는 것으로 적용되는 것입니다. 이점을 사도 바울은 "하늘에 있는 것이나 땅에 있는 것이 다 그리스도 안에서 통일(統一)되게 하려 하심이라"(엡 1:10)고 장엄하게 증언합니다. 왜냐하면 이것이 하나님께서 이루어나가시는 하나님의 나라건설이기 때문입니다.

② 이점이 "그들이 그 우상들과 가증한 물건과 그 모든 죄악으로 더 이상 자신들을 더럽히지 아니하리라 내가 그들을 그 범죄한 모든 처소에서 구원하여 정결하게 한즉 그들은 내 백성이 되고 나는 그들의 하나님이 되리라"(23) 하신 말씀에 나타납니다.

이 말씀을 깊이 음미하여야 합니다. 왜냐하면

㉠ "그들을 그 범죄로부터 구원하여 정결하게 한다"는 것이 율법으로 또는 짐승의 피로 가능하여진단 말인가? 아닙니다. 신구약을 막론하고

㉡ "그들은 내 백성이 되고 나는 그들의 하나님이 되리라"(23) 하심은 그리스도의 구속(출 6:6-7, 딛 2:14)을 통해서만이 가능하여진다는 점을 망각하지 말아야 합니다.

③ "내 성소를 그 가운데에 세워서 영원히 이르게 하리라"(26, 27)고 말씀하시는데, 이에 대한 그림자가 앞으로 살펴보게 될 40-48장입니다. 그리고 이 예표가

㉠ "내가 이 반석 위에 내 교회를 세우리니 음부의 권세가 이기지 못하리라"(마 16:18)에서 성취되어

㉡ "하나님의 장막이 사람들과 함께 있으매 하나님이 그들과 함께 계시리니 그들은 하나님의 백성이 되고 하나님은 친히 그들과 함께 계셔서"(계 21:3)에서 완성될 말씀인 것입니다.

왜냐하면 이것이 하나님의 나라 회복이기 때문입니다. 그러므로 에스겔서는 "그 성읍의 이름을 여호와삼마라 하리라"(48:35), 즉 "여호와께서 거기 계시다"라는 선언으로 끝맺고 있는 것입니다.

④ 본 단원에서도 다윗이 "왕과 목자"(24)로 등장하는데, 이 말씀이 "나는 선한 목자라, 네 말과 같이 내가 왕이니라"(요 10:11, 18:37)에서 성취되었던 것입니다. 37장에서도 촉구하는 바는 "내가 여호와인 줄 너희가 알리라"(6,13,28)는 말씀이고, 불변의 진리는 "그들은 내 백성이 되고 나는 그들의 하나님이 되리라"(23,27)는 성경의 대 주제입니다. 이것이 "무덤에서 나와 약속의

땅에 들어가게 하리라"는 궁극적인 목적이기 때문입니다.

⑥ 묵상해보겠습니다.

㉠ 마른 뼈가 살아나는 것을 두 단계로 보여주신 의도에 대해서

㉡ 다윗이 왕과 목자가 되리라는 구속사적인 의미에 대해서

㉢ 한 나라 한 왕과 영원한 나라 영원한 왕에 대해서.

에스겔 38장 개관도표

주제 : 곡을 들어 이스라엘을 치게 하시는 하나님

너는 대장이 될지어다

1-16
1 여호와의 말씀이 내게 임하여 이르시되
2 인자야 너는 마곡 땅에 있는 ① **로스와 메섹과 두발 왕 곧 곡에게로 얼굴을 향하고 그에게 예언하여**
3 이르기를 주 여호와께서 이같이 말씀하시기를 **로스와 메섹과 두발 왕 곡아 내가 너를 대적하여**
4 너를 돌이켜 갈고리로 네 아가리를 꿰고 너와 말과 기마병 곧 네 온 군대를 끌어내되 완전한 갑옷을 입고
큰 방패와 작은 방패를 가지며 칼을 잡은 큰 무리와
5 그들과 함께 한 방패와 투구를 갖춘 바사와 구스와 붓과
6 고멜과 그 모든 떼와 북쪽 끝의 도갈마 족속과 그 모든 떼 곧 많은 백성의 무리를 **너와 함께 끌어내리라**
7 너는 스스로 예비하되 너와 네게 모인 무리들이 다 ② **스스로 예비하고 너는 그들의 우두머리가 될지어다**
8 여러 날 후 곧 말년에 네가 명령을 받고 그 땅 곧 오래 황폐하였던 이스라엘 산에 이르리니 그 땅 백성은
칼을 벗어나서 여러 나라에서 모여 들어오며 이방에서 나와 다 평안히 거주하는 중이라
9 네가 올라오되 너와 네 모든 떼와 너와 함께 한 많은 백성이 광풍 같이 이르고 구름 같이 땅을 덮으리라
10 주 여호와께서 이같이 말씀하셨느니라 그 날에 네 마음에서 여러 가지 생각이 나서 악한 꾀를 내어
11 말하기를 내가 평원의 고을들로 올라 가리라 성벽도 없고 문이나 빗장이 없어도
③ **염려 없이 다 평안히 거주하는 백성에게 나아가서**
12 **물건을 겁탈하며 노략하리라 하고** 네 손을 들어서 황폐하였다가 지금 사람이
거주하는 땅과 여러 나라에서 모여서 짐승과 재물을 얻고 세상 중앙에 거주하는 백성을 치고자 할 때에
13 스바와 드단과 다시스의 상인과 그 부자들이 네게 이르기를 네가 탈취하러 왔느냐 네가 네 무리를 모아
노략하고자 하느냐 은과 금을 빼앗으며 짐승과 재물을 빼앗으며 물건을 크게 약탈하여 가고자 하느냐
하리라
14 인자야 너는 또 예언하여 곡에게 이르기를 주 여호와께서 이같이 말씀하시기를 내 백성 이스라엘이 평안히
거주하는 날에 네가 어찌 그것을 알지 못하겠느냐
15 네가 네 고국 땅 북쪽 끝에서 많은 백성 곧 다 말을 탄 큰 무리와 능한 군대와 함께 오되
16 구름이 땅을 덮음 같이 내 백성 이스라엘을 치러 오리라
④ **곡아 끝 날에 내가 너를 이끌어다가 내 땅을 치게 하리니** 이는 내가 너로 말미암아 이방 사람의
눈 앞에서 내 거룩함을 나타내어 그들이 다 나를 알게 하려 함이라

내 거룩함을 나타내리라

17-23
17 **주 여호와께서 이같이 말씀하셨느니라 내가 옛적에 내 종 이스라엘**
선지자들을 통하여 말한 사람이 네가 아니냐
그들이 그 때에 여러 해 동안 예언하기를 내가 너를 이끌어다가 그들을 치게 하리라
18 그 날에 곡이 이스라엘 땅을 치러 오면 내 노여움이 내 얼굴에 나타나리라 주 여호와의 말씀이니라
19 내가 질투와 맹렬한 노여움으로 말하였거니와 그 날에 큰 지진이 이스라엘 땅에 일어나서
20 바다의 고기들과 공중의 새들과 들의 짐승들과 땅에 기는 모든 벌레와 지면에 있는 모든 사람이
내 앞에서 떨 것이며 모든 산이 무너지며 절벽이 떨어지며 모든 성벽이 땅에 무너지리라
21 주 여호와의 말씀이니라 내가 내 모든 산 중에서 그를 칠 칼을 부르리니 각 사람이 칼로 그
형제를 칠 것이며
22 내가 또 전염병과 피로 그를 심판하며 쏟아지는 폭우와 큰 우박덩이와 불과 유황으로 그와 그
모든 무리와 그와 함께 있는 많은 백성에게 비를 내리듯 하리라
23 이같이 내가 여러 나라의 눈에 ⑤ **내 위대함과 내 거룩함을 나타내어 나를 알게 하리니**
내가 여호와인 줄을 그들이 알리라

38 장

곡을 들어 이스라엘을 치게 하시는 하나님

[17]주 여호와께서 이같이 말씀하셨느니라 내가 옛적에 내 종 이스라엘 선지자들을 통하여 말한 사람이 네가 아니냐 그들이 그 때에 여러 해 동안 예언하기를 내가 너를 이끌어다가 그들을 치게 하리라

38-39장은 "로스와 메섹과 두발 왕"에 대한 기사입니다. 38장의 중심점은 "곡을 이끌어다가 이스라엘을 치게 하겠다"는데 있고, 39장의 중심점은 하나님의 도구로 쓰임을 받은 곡을 "심판하신다"는데 있습니다. 이 문단은 얼른 보기에 불가해(不可解)한 말씀입니다. 왜냐하면 회복을 약속하시는 문맥에서 대적을 "이끌어다가 이스라엘을 치게 하리라"(16-17)는 말씀을 거듭 대하게 되

기 때문입니다. 그래서 논란이 많고 강해하는 자들을 곤혹스럽게 만듭니다. 그러므로 "누가 주의 마음을 알아서 주를 가르치겠느냐 그러나 우리가 그리스도의 마음을 가졌느니라"(고전 2:16) 한 하나님의 의도를 알아야만 바른 해석을 할 수 있을 것입니다. 도표를 보시면 "내가 옛적에 내 종 이스라엘 선지자들을 빙자하여 말한 사람이 네가 아니냐, 내가 너를 이끌어다가 그들을 치게 하리라"는 말씀을 중심으로,

① "로스와 메섹과 두발 왕 곡아 내가 너를 대적한다"고 말씀합니다. 이들은 하나님의 대적임이 분명합니다. 그런데 이들을 이끌어다가 이스라엘을 치시겠다는 것입니다. 그리하여 곡에게

② "너는 그들의 우두머리가 될지어다", 즉 곡을 연합군(聯合軍)의 대장으로 삼으시겠다는 말씀입니다.

③ 왜냐하면 "염려 없이 다 평안히 거하는 백성", 즉 이스라엘을 치게 하기 위해서입니다.

④ "끝 날에 내가 너를 이끌어다가 내 땅을 치게 하리니"하고, 이런 일이 "끝날"에 있을 것이라 하시면서 이렇게 하시는 의도가

⑤ "내 존대함과 내 거룩함을 나타내어 나를 알게 하기" 위해서라 하십니다. 이점을 두 번(16,23) 강조하시는데 이에 대한 구속사적 의미가 무엇인가? 이를 두 단원으로 나누어 상고하겠습니다.

첫째 단원(1–16) **너는 우두머리가 될지어다**

둘째 단원(17–23) **내 거룩함을 나타내리라**

첫째 단원(1–16) 너는 우두머리가 될지어다

"너는 스스로 예비하되 너와 네게 모인 무리들이 다 스스로 예비하고 너는 그들의 우두머리가 될지어다"(7).

① 첫째 단원의 중심점은 "너는 우두머리가 될지어다"에 있는데 곡을 우두머리, 즉 대장이 되게 하시겠다는 것입니다. 38장은 "여호와의 말씀이 내게 임하여 이르시되 인자야 너는 마곡 땅에 있는 로스와 메섹과 두발 왕 곧 곡에게로 얼굴을 향하고 그에게 예언하라"(1-2)는 명령으로 시작됩니다. 그리고 "이르기를 주 여호와께서 이같이 말씀하시기를 로스와 메섹과 두발 왕 곡아 내가 너를 대적하리라"(3) 하십니다. 여기까지는 아무 문제가 없습니다. 문제는

㉠ "내가 너를 대적하리라" 하시면서 "너를 돌이켜 갈고리로 네 아가리를 꿰고 너와 말과 기마병 곧 네 온 군대를 끌어내되(4), 많은 백성의 무리를 너와 함께 끌어내리라(6), 너는 그들의 우두머리가 될지어다"(7) 하십니다. 어디로 왜 끌어내리라 하시는가?

㉡ "여러 날 후 곧 말년에 네가 명령을 받고 그 땅 곧 오래 황폐하였던 이스라엘산에 이르리니 그 땅 백성은 칼을 벗어나서 여러 나라에서 모여 들어오며 이방에서 나와 다 평안히 거주하는 중이라"(8), 놀랍게도 이스라엘 땅으로 이끌어내겠다 하십니다.

㉢ 왜 끌어내시는가? 15-16절을 보면 "네가 네 고국 땅 북쪽 끝에서 많은 백성 곧 다 말을 탄 큰 무리와 능한 군대와 함께 오되 구름이 땅을 덮음같이 내 백성 이스라엘을 치러 오리라 곡아 끝 날에 내가 너를 이끌어다가 내 땅을 치게 하리니", 즉 "하나님의 백성, 하나님의 땅"을 치게 하기 위해서라 하십니다. 17절에서는 "내가 옛적에

내 종 이스라엘 선지자들을 통하여 말한 사람이 네가 아니냐 그들이 그 때에 여러 해 동안 예언하기를 내가 너를 이끌어다가 그들을 치게 하리라", 이처럼 치게 하실 것을 선지자들을 통해서 예언한 바라 하십니다. 어찌하여 곡의 연합군으로 하여금 하나님의 백성을 치게 하시는가? "이는 내가 너로 말미암아 이방 사람의 눈앞에서 내 거룩함을 나타내어 그들이 다 나를 알게 하려 함이라" 하시는데, 이것이 우리가 풀어야 할 문제입니다.

② 첫 번으로 제기되는 문제는 25-32장에서 말씀한 여러 나라들에 대한 심판경고는 이스라엘을 대적했던 역사적(歷史的)으로 분명히 존재했던 나라들입니다. 그런데 본문에 등장하는,

㉠ "마곡 땅에 있는 곡 곧 로스와 메섹과 두발 왕"이 어느 나라 누군지 분명치가 않다는 점입니다.

㉡ 둘째는 이런 일이 왜 일어나야 하는지, 이 일이 언제 일어날 일인지, 어찌하여 이 일을 통해서 "하나님의 거룩함을 나타내게 되는지"가 문제입니다. 이에 대한 해석이 구구한데 이 난제를 둘째 단원과 함께 관찰해보도록 하겠습니다.

둘째 단원(17–23) **내 거룩함을 나타내리라**

"이같이 내가 여러 나라의 눈에 내 위대함과 내 거룩함을 나타내어 나를 알게 하리니 내가 여호와인 줄을 그들이 알리라"(23).

① 둘째 단원의 중심점은 "내 거룩함을 나타내리라"는데 있습니다.

㉠ 첫째 단원의 결론인 16절에서도 "이는 내가 너로 말미암아 이방 사람의 눈앞에서 내 거룩함을 나타내어 그들이 다 나를 알게 하려 함

이라"(16) 하시고

㉡ 둘째 단원의 결론에서도 "이같이 내가 여러 나라의 눈에 내 위대함과 내 거룩함을 나타내어 나를 알게 하리니 내가 여호와인 줄을 그들이 알리라"(23)고 말씀하신다는 점을 주목하게 됩니다. 왜냐하면 여기에 열쇠가 있는 것으로 여겨지기 때문입니다.

② 그러면 하나님은 어떤 경우에 대적(對敵)을 이끌어다가 자기 백성(百姓)을 치게 하심으로 "거룩함"을 나타내셨는가? 우리가 이미 상고한 1-32장의 내용이 이에 대한 답변이라 할 수 있습니다.

㉠ 어찌하여 느부갓네살 왕을 끌어다가 예루살렘을 치게 하셨는가?

㉡ 어찌하여 앗수르를 "내 진노의 막대기요, 몽둥이라"(사 10:5) 하시면서 그들을 끌어다가 북이스라엘을 심판하신 의도가 무엇인가?

하나님의 "위대함과 거룩함"(23)을 알게 하시기 위해서입니다. 그러니까 하나님의 백성들이 타락했을 때 하나님은 대적을 끌어다가 치게 하셨던 것입니다. 그리고 이렇게 하실 것을 17절에서 말씀하는 바와 같이 옛적에 선지자들을 통해서 수도 없이 경고한 바입니다.

여러 해 동안 선지자들이 예언한 바라

① 저는 다니엘서를 상고하다가 놀라운 사실을 발견하고 각성하게 되었습니다. 8장은 "작은 뿔"로 상징된 적그리스도에 대한 진술인데, 이는 바벨론 포로귀환 이후 바사와 헬라 때에 일어날 예언이라는 점을 유념하시기 바랍니다. 그런데 하나님께서 또다시 "성소와 백성을 적그리스도에게 내어주어 짓밟히게 한다"(단

8:13)는 것입니다. 포로에서 돌아온 후에 이런 일이 또 일어난다니 얼마나 놀랄 일인가! 왜 내어주시는가?

㉠ "그의 악으로 말미암아

㉡ 죄악"(단 8:12,13)으로 말미암아라고 말씀합니다.

그러니까 또다시 타락했다는 것입니다. 이처럼 적그리스도가 등장하게 되는 것은 하나님의 힘이 모자라서가 아닙니다. 범죄함으로 말미암아 "짓밟히도록 하나님께서 내어주시기" 때문임을 명심해야 합니다. 그리하여 "양과 염소, 살진 양과 파리한 양, 알곡과 쭉정이"를 까부르기 위해서입니다. 이것이 "내 성소에서 시작할지니라, 하나님의 집에서 심판을 시작할 때가 되었나니"(9:6, 벧전 4:17)의 뜻이기도 합니다.

② 지금 이스라엘은 어떤 상태에 있는가? 한마디로 "염려 없이 다 평안히 거주하는 백성"(11) 이라 말씀합니다. 이는 좋은 뜻으로만 여겨지지 않습니다. "그들이 평안하다 안전하다 할 그 때에 임신한 여자에게 해산의 고통이 이름과 같이 멸망이 갑자기 그들에게 이르리니 결코 피하지 못하리라"(살전 5:3) 한 상태로 여겨진다는 것입니다. 그리고 이것이 현대교회의 영적 상태이기도 합니다.

③ 그 점이

㉠ "성벽도 없고

㉡ 문이나 빗장이 없어도

㉢ 염려 없이 평안히 거주하는 백성"(11중) 이라는 묘사에 나타납니다.

제 3차로 귀환한 느헤미야는 외칩니다. "우리의 당한 곤경은 너희도 보고 있는 바라 예루살렘이 황폐하고 성문(城門)이 불탔으니 자, 예루살렘 성을 건축하여 다시 수치를 당하지 말자"(느

2:17)고 외쳤습니다. 그렇다면 "성벽도 없고 문이나 빗장이 없다"는 것은 적에 대한 무방비상태를 의미합니다. 이를 "악한 꾀(10)를 품고 호시탐탐 기회만을 노리고 있는 대적이 놓칠 리가 있단 말인가? 이점을 "내 백성 이스라엘이 평안히 거주하는 날에 네가 어찌 그것을 알지 못하겠느냐"(14) 하는 것입니다.

④ 포로귀환 이후에도 정신을 차리지 못하고 또다시 세속화되어가는 상태를 책망하며 경계한 것이 "에스라 · 느헤미야 · 학개 · 스가랴 · 말라기" 등의 내용입니다. "이 성전이 황폐하였거늘 너희가 이 때에 판벽한 집에 거하는 것이 옳으냐 그러므로 이제 만군의 여호와가 이같이 말하노니 너희는 너희의 행위를 살필지니라"(학 1:4-5)고 책망했던 것입니다.

⑤ 본문으로 돌아와서 "곡의 연합군"은 다름 아닌 적그리스도의 예표로 등장한다는 것입니다. 만일 마곡이 실제로 역사상 존재했던 나라라면 그에 대한 심판을 열방에 대한 심판예언인 25-32장의 문맥에서 말씀했을 것입니다. 그런데 회복을 말씀하는 문맥에서 38-39장 두 장을 할애하여 말씀한다는 것은 특별한 의미가 있기 때문임이 분명합니다. 그러니까 곡을 들어서 먼저 "하나님을 집"을 심판하심으로 거룩함을 나타내신 후에 곡 자체도 심판하신다는 말씀입니다.

여러 날 후 곧 말년에

① "나 주 여호와가 말하노라 그날에 곡이 이스라엘 땅을 치러 오면 내 노여움이 내 얼굴에 나타나리라 주 여호와의 말씀이니

라"(18) 하시는데 누구에 대한 노함인가? "내가 질투와 맹렬한 노여움으로 말하였거니와"(19상) 한 "질투와 맹렬한 노여움"이 누구 때문인가? "그날에 큰 지진이 이스라엘 땅에 일어나서 바다의 고기들과 공중의 새들과 들의 짐승들과 땅에 기는 모든 벌레와 지면에 있는 모든 사람이 내 앞에서 떨 것이며 모든 산이 무너지며 절벽이 떨어지며 모든 성벽이 땅에 무너지리라"(19하-20) 하시는데, 이런 재앙이 "이스라엘 땅에서 일어난다"(19하)는 점을 주목해야 합니다. 그렇다면 이런 환난은 이스라엘을 치러 온 곡 분만이 아니라 성도들도 당하게 될 환난으로 여겨집니다.

② 논란이 많은 38장을 마치기 전에 주목해야 할 점은 이런 일이 "여러 날 후 곧 말년에"(8) 일어날 것이라는 점입니다. "말년"이라는 언급은 우리를 계시록 20:7-10절로 인도합니다. 왜냐하면 "사탄이 그 옥에서 놓여나와서 땅의 사방 백성 곧 곡과 마곡을 미혹하고 모아 싸움을 붙이리니 그 수가 바다모래 같으리라"(계 20:7-8)고 "곡과 마곡"이 등장하기 때문입니다.

그러면 무저갱에 갇혀있던 사탄을 왜 잠시 놓아주시는가? 놓아주시면 "미혹"할 것을 모르신단 말인가?

㉠ 이 점에서 생각하게 되는 것은 인류의 시조는 에덴 낙원에서 너무나 무기력하게 사탄에게 미혹 당했습니다. 그리하여 하나님의 이름과 영예를 더럽혔습니다. 구원사역이란 이를 회복하는 것인데 하나님은 최종적으로 "아담 하와를 미혹한 너 사탄아, 나의 백성, 나의 자녀들을 미혹할 수 있으면 미혹해 보라"는 마지막 검증이라 할 수 있습니다. 하나님은 정정당당한 승리를 원하신다는 것입니다.

㉡ "그들이 지면에 널리 퍼져 성도들의 진과 사랑하시는 성을 두르매 하늘에서 불이 내려와 그들을 태워버리고 또 그들을 미혹하는 마귀

가 불과 유황 못에 던져지니 거기는 그 짐승과 거짓 선지자도 있어 세세토록 밤낮 괴로움을 받으리라"(계 20:9-10)는 말씀은 본문 38장의 내용과 부합합니다. 이런 맥락에서 곡을 대장으로 한 연합군은 마지막 때에 등장하는 적그리스도의 예표요, 이것이 마지막 때에 있을 환난이라 할 수 있습니다. 그 때에 하나님이 곡을 진멸하심으로 "이방 사람의 눈앞에서 내 거룩함을 나타내어 그들이 다 나를 알게 하려 함이라"(16하) 하신다는 것입니다.

③ 이런 맥락에서 38장은 현대교회를 향하여 하시는 경고가 됩니다. 주님은 경고하시기를 "너희는 스스로 조심하라 그렇지 않으면 방탕함과 술 취함과 생활의 염려로 마음이 둔하여지고 뜻밖에 그날이 덫과 같이 너희에게 임하리라 이러므로 너희는 장차 올 이 모든 일을 능히 피하고 인자 앞에 서도록 항상 기도하며 깨어 있으라"(눅 21:34-36) 하십니다. 오늘날 현대교회의 형편은 어떠합니까? "성벽도 없고 문이나 빗장도 없이 평안히 거주하고 있는" 무사안일에 빠져있는 상태는 아닌지요? 그리하여 "곡의 연합군"을 이끌어다가 치게 하셔야 잠에서 깨어날 수 있는 것은 아닌가? 하나님의 거룩하심을 나타내기 위해서! 이것이 "곡을 들어 이스라엘을 치게 하시는 하나님"입니다.

⑤ 묵상해보겠습니다.

㉠ 염려 없이 평안히 거한다는 영적상태에 대해서
㉡ 곡을 이끌어다가 이스라엘을 치게 하시는 의도에 대해서
㉢ 곡이 적그리스도의 예표가 될 수 있다는 점에 대해서.

에스겔 39장 개관도표

주제 : 곡의 연합군을 심판하시는 하나님

그 땅을 정결케 하리라

1-20
1 그러므로 인자야 너는 곡에게 예언하여 이르기를 주 여호와께서 이같이 말씀하시되 로스와 메섹과 두발 왕 곡아
내가 너를 대적하여
2 너를 돌이켜서 이끌고 북쪽 끝에서부터 나와서 이스라엘 산 위에 이르러
3 네 활을 쳐서 네 왼손에서 떨어뜨리고 네 화살을 네 오른손에서 떨어뜨리리니
4 **너와 네 모든 무리와 너와 함께 있는 백성이 다 이스라엘 산 위에 엎드러지리라**
내가 너를 각종 사나운 새와 들짐승에게 넘겨 먹게 하리니
5 네가 빈 들에 엎드러지리라 이는 내가 말하였음이니라 주 여호와의 말씀이니라
6 내가 또 불을 마곡과 및 섬에 평안히 거주하는 자에게 내리리니 내가 여호와인 줄을 그들이 알리라
7 ① **내가 내 거룩한 이름을 내 백성 이스라엘 가운데에 알게 하여** 다시는 내 거룩한 이름을 더럽히지 아니하게 하리니
내가 여호와 곧 이스라엘의 거룩한 자인 줄을 민족들이 알리라 하라
8 주 여호와의 말씀이니라 볼지어다 그 날이 와서 이루어지리니 내가 말한 그 날이 이 날이라
9 이스라엘 성읍들에 거주하는 자가 나가서 ② **그들의 무기를 불태워 사르되**
큰 방패와 작은 방패와 활과 화살과 몽둥이와 창을 가지고 **일곱 해 동안 불태우리라**
10 이같이 그 무기로 불을 피울 것이므로 그들이 들에서 나무를 주워 오지 아니하며 숲에서 벌목하지 아니하겠고
전에 자기에게서 약탈하던 자의 것을 약탈하며 전에 자기에게서 늑탈하던 자의 것을 늑탈하리라 주 여호와의 말씀이
니라
11 그 날에 내가 곡을 위하여 이스라엘 땅 곧 바다 동쪽 사람이 통행하는 골짜기를 매장지로 주리니 통행하던 길이
막힐 것이라 사람이 거기에서 곡과 그 모든 무리를 매장하고 그 이름을 하몬곡의 골짜기라 일컬으리라
12 ③ **이스라엘 족속이 일곱 달 동안에 그들을 매장하여 그 땅을 정결하게 할 것이라**
13 그 땅 모든 백성이 그들을 매장하고 그로 말미암아 이름을 얻으리니 ④ **이는 나의 영광이 나타나는 날이니라**
주 여호와의 말씀이니라
14 그들이 사람을 택하여 그 땅에 늘 순행하며 매장할 사람과 더불어 지면에 남아 있는 시체를 매장하여 그 땅을
정결하게 할 것이라 일곱 달 후에 그들이 살펴 보되
15 지나가는 사람들이 그 땅으로 지나가다가 사람의 뼈를 보면 그 곁에 푯말을 세워 매장하는 사람에게 가서 하몬곡
골짜기에 매장하게 할 것이요
16 성읍의 이름도 하모나라 하리라 그들이 이같이 그 땅을 정결하게 하리라
17 주 여호와께서 이같이 말씀하셨느니라 너 인자야 너는 각종 새와 들의 각종 짐승에게 이르기를 너희는 모여 오라 내가
너희를 위한 잔치 곧 이스라엘 산 위에 예비한 큰 잔치로 너희는 사방에서 모여 살을 먹으며 피를 마실지어다
18 너희가 용사의 살을 먹으며 세상 왕들의 피를 마시기를 바산의 살진 짐승 곧 숫양이나 어린 양이나 염소나
수송아지를 먹듯 할지라
19 내가 너희를 위하여 예비한 잔치의 기름을 너희가 배불리 먹으며 그 피를 취하도록 마시되
20 내 상에서 말과 기병과 용사와 모든 군사를 배부르게 먹일지니라 하라 주 여호와의 말씀이니라

얼굴을 가리지 아니하리라

21-29
21 내가 내 영광을 여러 민족 가운데에 나타내어 모든 민족이 내가 행한 심판과 내가 그 위에 나타낸 권능을
보게 하리니
22 ⑤ **그 날 이후에 이스라엘 족속은 내가 여호와 자기들의 하나님인 줄을 알겠고**
23 **여러 민족은 이스라엘 족속이 그 죄악으로 말미암아 사로잡혀 갔던 줄을 알지라**
그들이 내게 범죄하였으므로 내 얼굴을 그들에게 가리고 그들을 그 원수의 손에 넘겨 다 칼에 엎드러지게 하였으되
24 내가 그들의 더러움과 그들의 범죄한 대로 행하여 그들에게 내 얼굴을 가리었었느니라
25 그러므로 주 여호와께서 이같이 말씀하셨느니라 내가 이제 내 거룩한 이름을 위하여 열심을 내어 야곱의
사로잡힌 자를 돌아오게 하며 이스라엘 온 족속에게 사랑을 베풀지라
26 ⑥ **그들이 그 땅에 평안히 거주하고 두렵게 할 자가 없게 될 때에 부끄러움을 품고 내게 범한 죄를 뉘우치리니**
27 내가 그들을 만민 중에서 돌아오게 하고 적국 중에서 모아 내어 많은 민족이 보는 데에서 그들로 말미암아 나의
거룩함을 나타낼 때라
28 전에는 내가 그들이 사로잡혀 여러 나라에 이르게 하였거니와 후에는 내가 그들을 모아 고국 땅으로 돌아오게
하고 그 한 사람도 이방에 남기지 아니하리니 그들이 내가 여호와 자기들의 하나님인 줄을 알리라
29 내가 ⑦ **다시는 내 얼굴을 그들에게 가리지 아니하리니 이는 내가 내 영을 이스라엘 족속에게 쏟았음이라**
주 여호와의 말씀이니라

39장

곡의 연합군을 심판하시는 하나님

4너와 네 모든 무리와 너와 함께 있는 백성이 다 이스라엘
산 위에 엎드러지리라 내가 너를 각종 사나운 새와 들짐승에
게 넘겨 먹게 하리니

39장의 중심점은 "곡의 연합군을 심판하시는 하나님"에 있습니다. 38장이 곡을 이끌어다가 이스라엘을 치게 하시는데 중심점이 있다면, 39장은 징벌의 몽둥이로 사용하신 곡을 심판하신다는 것이 중심주제입니다. 도표를 보시면 "너와 네 모든 무리와 너와 함께 있는 백성이 다 이스라엘 산 위에 엎드러지리라"는 말씀을 중심으로,

① "내가 여호와 곧 이스라엘의 거룩한 자인 줄을 민족들이 알리라" 합니다.

② "무기를 불사르는데 일곱 해"

③ "일곱 달 동안에 그들을 매장하여 그 땅을 정결하게 할 것이라"

④ "이는 나의 영광이 나타나는 날"이라 하십니다.

⑤ "그날 이후에 이스라엘 족속은 내가 여호와 자기들의 하나님인 줄을 알겠고"

⑥ "내게 범한 죄를 뉘우치고 부끄러워하리라" 하십니다. 결론은

⑦ "다시는 내 얼굴을 그들에게 가리지 아니하리니 이는 내가 내 영을 이스라엘 족속에게 쏟았음이니라" 하십니다. 핵심은 "하나님의 영을 쏟으셨다"는데, 왜냐하면 이보다 더 중요한 일은 없기 때문입니다. 이에 대한 구속사적 의미가 무엇인가? 이를 두 단원으로 나누어 상고하겠습니다.

첫째 단원(1–20) **그 땅을 정결하게 하리라**
둘째 단원(21–29) **다시는 얼굴을 가리지 아니하리라**

첫째 단원(1–20) 그 땅을 정결하게 하리라

"그들이 사람을 택하여 그 땅에 늘 순행하며 매장할 사람과 더불어 지면에 남아있는 시체를 매장하여 그 땅을 정결하게 할 것이라 일곱 달 후에 그들이 살펴보되"(14).

① 첫째 단원의 중심점은 "그 땅을 정결하게 하리라"는데 있는

데 왜 정결하게 해야 하는가? 더렵혀졌기 때문입니다.

㉠ "그러므로 인자야 너는 곡에게 예언하여 이르기를 주 여호와께서 이같이 말씀하시되 로스와 메섹과 두발 왕 곡아 내가 너를 대적하여 너를 돌이켜서 이끌고 북쪽 끝에서부터 나와서 이스라엘산 위에 이르러 네 활을 쳐서 네 왼손에서 떨어뜨리고 네 화살을 네 오른손에서 떨어뜨리리니 너와 네 모든 무리와 너와 함께 있는 백성이 다 이스라엘 산 위에 엎드러지리라",

㉡ 그리하여 "내가 너를 각종 사나운 새와 들짐승에게 넘겨 먹게 하리니"(1-4) 하십니다.

② 5절에서도 "네가 빈들에 엎드러지리라" 하십니다.

㉠ 그리하여 "이스라엘 성읍들에 거주하는 자가 나가서 그들의 무기를 불태워 사르되 큰 방패와 작은 방패와 활과 화살과 몽둥이와 창을 가지고 일곱 해 동안 불태우리라"(9),

㉡ 또한 "이스라엘 족속이 일곱 달 동안에 그들을 매장하여 그 땅을 정결하게 할 것이라"(12) 합니다. 전쟁하는데 사용했던 무기를 불태우는데 7년, 전사자들을 매장하는데 7개월이 걸리리라는 언급은 곡과의 전쟁이 계시록에서 말씀하는 아마겟돈 전쟁에 상응하는 것으로 여겨집니다.

③ 본문을 관찰해보면 전쟁의 양상에 대한 언급보다는 "그 땅을 정결하게 할 것이라"는 언급이 12, 14, 16절에 강조되어 있습니다. 신명기에서는 "네 기구에 작은 삽을 더하여 밖에 나가서 대변을 볼 때에 그것으로 땅을 팔 것이요 몸을 돌려 그 배설물을 덮을지니"라는 말씀이 있습니다. 왜 이렇게 하라 하시는가? 하나님이 진영 중에 행하시기 때문에 진영을 거룩하게 하라 하십니다. "그리하면 네게서 불결한 것을 보시지 않으므로 너를 떠나지 아니하시리라"(신 23:13-14), 이는 "내가 거룩하니 너희도 거룩할

지니라"는 점을 그들의 인식수준(認識水準)에서 하신 말씀입니다.

④ 그러므로 우리가 깨달아야 할 점은 인류의 시조가 에덴에서 추방당하고 이스라엘 백성들이 바벨론으로 추방당한 것이 시체나 인분으로 더럽혔기 때문이겠습니까? 하나님의 말씀을 믿지 않은 죄, 메시아언약을 망각하고 우상을 숭배한 가증한 죄 때문임을 망각하지 말아야 합니다. 그러므로 "내가 내 거룩한 이름을 내 백성 이스라엘 가운데에 알게 하여 다시는 내 거룩한 이름을 더럽히지 아니하게 하리니"(7) 하시는 것입니다. 이런 맥락에서 38-39장의 의도를 깨닫게 되는데,

㉠ 38장의 중심점이 곡을 동원하여 먼저 이스라엘의 부정한 것을 정결하게 하시겠다는 내용이라면

㉡ 39장의 중심점은 그런 후에 곡을 심판하심으로 정결하게 하시기를 마치시려는 내용입니다. 이점이 다음 단원에 분명히 나타납니다.

둘째 단원(21–29) **다시는 얼굴을 가리지 아니하리라**

"내가 다시는 내 얼굴을 그들에게 가리지 아니하리니 이는 내가 내 영을 이스라엘 족속에게 쏟았음이라 주 여호와의 말씀이니라" (29).

① 둘째 단원의 중심점은 "다시는 얼굴을 가리지 아니하리라"는데 있고, 핵심은 "내 영을 쏟았다"는 말씀입니다. 이는 첫째 단원에서 말씀한 "정결하게 하리라"(12,14,16)는 말씀과 불가분(不可分)의 관계입니다. 어찌하여 얼굴을 가리셨는가? 죄로 말미암아 더러워졌기 때문입니다. 어떻게 "내가 내 영을 이스라엘 족속에

게 쏟았음이라"가 가능해지는가? 정결하게 되었기 때문입니다.

㉠ "그들이 내게 범죄하였으므로 내 얼굴을 그들에게 가리고 그들을 그 원수의 손에 넘겨 다 칼에 엎드러지게 하였으되"(23)

㉡ "내가 그들의 더러움과 그들의 범죄한 대로 행하여 그들에게 내 얼굴을 가리었었느니라"(24)고 얼굴을 가리신 이유(理由)를 말씀합니다.

성경은 "너희 죄가 그의 얼굴을 가리어서 너희에게서 듣지 않으시게 함이니"(사 59:2) 합니다. 그러므로 구속사의 관점으로 볼 때 "다시는 얼굴을 가리지 아니하리라"는 주제는 사활적(死活的)으로 중요한 의미가 있습니다. 왜냐하면 이는 죄 문제가 해결되어 하나님과의 관계가 "회복되었음"을 나타내는 중대한 말씀이기 때문입니다. 그러므로 둘째 단원은 "이스라엘을 회복시키리라"는 본래의 주제(主題)로 돌아온 셈입니다.

② 그러면 하나님께서 "다시는 얼굴을 가리지 아니하리라" 하심이,

㉠ 시체를 매장하고 뼈를 찾아 하나도 남김이 없이 처리한다고 가능해지는 것인가?

㉡ 아니면 어린 양으로 속죄제를 드리는 제사제도로 가능해진단 말인가?

성경은 말씀합니다. "율법은 장차 오는 좋은 일의 그림자일 뿐이요 참 형상이 아니므로 해마다 늘 드리는 같은 제사로는 나아오는 자들을 언제나 온전하게 할 수 없느니라 그렇지 아니하면 섬기는 자들이 단번에 정결(淨潔)하게 되어 다시 죄를 깨닫는 일이 없으리니 어찌 제사 드리는 일을 그치지 아니하였으리요 그러나 이 제사들에는 해마다 죄를 기억하게 하는 것이 있나니 이는

황소와 염소의 피가 능히 죄를 없이하지 못함이라"(히 10:1-4) 합니다.

③ 이를 말해주는 것이 성막의 휘장입니다. 하나님의 임재를 상징하는 지성소는 구약시대에 그토록 많은 제물이 드려졌지만 1500년 동안이나 굳게 닫혀있었습니다.

㉠ 이는 "눈이 정결하시므로 악을 차마 보지 못하시는" 하나님 앞에 정결하게 되지 못했다는 증거요

㉡ 그리하여 하나님이 그 얼굴을 가리셨다는 명백한 증거입니다.

이 휘장이 언제 열려졌습니까? 주님께서 십자가상에서 "다 이루었다"고 선언하셨을 때입니다. 그리하여 "예수 그리스도의 얼굴에 있는 하나님의 영광을 아는 빛을 우리 마음에 비추셨느니라"(고후 4:6) 합니다.

얼굴의 영광을 비춰주신 하나님

① 그러므로 본문에는 또한 "돌아오게 하리라"는 말씀이 세 번(25,27,28) 강조되어 있습니다.

㉠ "그러므로 주 여호와께서 이같이 말씀하셨느니라 내가 이제 내 거룩한 이름을 위하여 열심을 내어 야곱의 사로잡힌 자를 돌아오게 하며 이스라엘 온 족속에게 사랑을 베풀지라"(25)

㉡ "내가 그들을 만민 중에서 돌아오게 하고 적국 중에서 모아 내어 많은 민족이 보는 데에서 그들로 말미암아 나의 거룩함을 나타낼 때라"(27)

㉢ "전에는 내가 그들이 사로잡혀 여러 나라에 이르게 하였거니와 후에는 내가 그들을 모아 고국 땅으로 돌아오게 하고 그 한 사람도 이방에 남기지 아니하리니 그들이 내가 여호와 자기들의 하나님인 줄을

알리라"(28) 하십니다.

② "돌아오게 하리라, 정결하게 하리라, 내가 다시는 내 얼굴을 그들에게 가리지 아니하리니"(29)는 말씀을 결부시켜 보시기 바랍니다. 바벨론으로부터 돌아온 후에도 성막의 휘장은 열리지 않았습니다. 이는 그들이 정결하게 되지 못함으로 하나님이 얼굴을 가리셨다는 증거입니다. 그러므로 "돌아옴과 정결하게 함과 얼굴을 가리지 않으심"은 오직 그리스도의 구속으로만이 가능하여지고 성취될 새 언약의 말씀인 것입니다. 이점이

㉠ "내가 다시는 내 얼굴을 그들에게 가리지 아니하리니

㉡ 이는 내가 내 영을 이스라엘 족속에게 쏟았음이라"(29) 한 말씀에 분명히 나타납니다. "내 영 곧 하나님의 성령을 남종과 여종에게 부어주심은 그리스도의 구속으로 말미암아 가능해지는 것입니다.

③ 핵심적인 말씀이 남았습니다. 그것은 "이는 나의 영광이 나타나는 날이니라"(13) 한 "하나님의 영광(榮光)"입니다. 21절에서도 "내가 내 영광을 열국 중에 나타내어 열국으로 나의 행한 심판과 내가 그 위에 나타낸 권능을 보게 하리니"하십니다.

㉠ 바로의 종 되었던 자들을 유월절 어린양의 피로 구속하여 내신 날은 "하나님의 영광과 권능이 나타난 날"이었습니다.

㉡ 사로잡힌 자들이 바벨론으로부터 귀환하는 날도 "하나님의 영광과 권능이 나타난 날"이었습니다.

㉢ 그런데 사탄의 포로 된 자들이 돌아오는 날은 더욱 "하나님의 영광과 권능을 나타내는 날"인 것입니다. 그러므로 "출애굽, 출바벨론"은 이에 대한 예표였던 것입니다.

㉣ 그리고 주님께서 곡과 마곡을 심판하시고 재림하시는 날은 최종적으로 "하나님의 영광과 권능을 나타내는 날"이 될 것입니다.

영광과 권능이 나타나는 날

① 주님은 말씀하십니다. "너희가 성경에서 영생을 얻는 줄 생각하고 성경을 연구하거니와 이 성경이 곧 내게 대하여 증언하는 것이로다"(요 5:39). 부활하신 후에도 "미련하고 선지자들이 말한 모든 것을 마음에 더디 믿는 자들이여 그리스도가 이런 고난을 받고 자기의 영광에 들어가야 할 것이 아니냐 하시고 이에 모세와 모든 선지자의 글로 시작하여 모든 성경에 쓴바 자기에 관한 것을 자세히 설명하시니라"(눅 24:25-27) 합니다. 이를 알았기에 사도 바울은 "이 복음은 하나님이 선지자들을 통하여 그의 아들에 관하여 성경에 미리 약속하신 것이라"(롬 1:2)고 증언했습니다.

② 결론은

㉠ "그날 이후에 이스라엘 족속은 내가 여호와 자기들의 하나님인 줄을 알겠고

㉡ 여러 민족은 이스라엘 족속이 그 죄악으로 말미암아 사로잡혀 갔던 줄을 알지라"(22-23) 하십니다.

구속사역이란 두 가지를 알게 하시려는 운동이라 할 수 있는데, 첫째는 "죄악으로 말미암아 사로잡혀 갔던 줄"을 아는 "죄"(罪)를 아는 일이고, 둘째는 "여호와가 자기들의 하나님인 줄" 아는, 즉 언약의 하나님, 언약을 성취하여 주시는 구원의 하나님을 알게 하는 것입니다. 그리고 이것이 "나의 영광이 나타나는 날"(13) 인 것입니다. "나는 내 영광을 다른 자에게, 내 찬송을 우상에게 주지 아니하리라"(사 42:8) 하십니다.

39장은 "내가 다시는 내 얼굴을 그들에게 가리지 아니하리니

이는 내가 내 영을 이스라엘 족속에게 쏟았음이라 주 여호와의 말씀이니라"(29)고 마치고 있는데, 이는 33장에서 시작된 회복에 대한 결론인 셈입니다. 왜냐하면 "정결하게 하시고, 얼굴을 가리지 않으시고, 내가 내 영을 이스라엘 족속에게 쏟았음이라"(29) 하시는 이 이상의 영광스러움은 없기 때문입니다. 이런 맥락에서 곡의 연합군의 심판은 최후심판에 대한 예표라 할 수 있습니다. 이것이 "곡의 연합군을 심판하시는 하나님"입니다.

③ 묵상해보겠습니다.

㉠ 더럽힌 원인과 정결하게 되는 궁극적인 방도(方途)에 대해서

㉡ 다시는 얼굴을 가리지 아니하리라, 내 영을 쏟으신다는 구속사적 의미에 대해서

㉢ 하나님께서 알게 하시려는 두 가지가 무엇인가에 대해서.

에스겔 40-42장 개관도표

주제: 환상을 통하여 회복될 성전을 보여주심

번제단과 제물과 제사장	40장 1 우리가 사로잡힌 지 스물다섯째 해, 성이 함락된 후 열넷째 해 첫째 달 열째 날에 곧 그 날에 여호와의 권능이 내게 임하여 **나를 데리고 이스라엘 땅으로 가시되** 2 하나님의 이상 중에 나를 데리고 이스라엘 땅에 이르러 **나를 매우 높은 산 위에 내려놓으시는데** 거기에서 남으로 향하여 성읍 형상 같은 것이 있더라 3 나를 데리시고 거기에 이르시니 **모양이 놋 같이 빛난 사람 하나가** 손에 삼줄과 측량하는 장대를 가지고 문에 서 있더니 4 그 사람이 내게 이르되 인자야 **내가 네게 보이는 그것을 눈으로 보고 귀로 들으며 네 마음으로 생각할지어다 내가 이것을 네게 보이려고 이리로 데리고 왔나니 너는 본 것을 다 이스라엘 족속에게 전할지어다 하더라** 5 **내가 본즉 집 바깥 사방으로 담이 있더라** ① 그 사람의 손에 측량하는 장대를 잡았는데 그 길이가 팔꿈치에서 손가락에 이르고 한 손바닥 너비가 더한 자로 여섯 척이라 그 담을 측량하니 두께가 한 장대요 높이도 한 장대며 38 그 문 벽 곁에 문이 있는 방이 있는데 ② **그것은 번제물을 씻는 방이며** 39 그 문의 현관 이쪽에 상 둘이 있고 저쪽에 상 둘이 있으니 **번제와 속죄제와 속건제의 희생제물을 잡게 한 것이며** 43 현관 안에는 길이가 손바닥 넓이만한 갈고리가 사방에 박혔으며 **상들에는 희생제물의 고기가 있더라** 그가 내게 이르되 남쪽을 향한 이 방은 ③ **성전을 지키는 제사장들이 쓸 것이요** 46 북쪽을 향한 방은 **제단을 지키는 제사장들이 쓸 것이라** 이들은 레위의 후손 중 사독의 자손으로서 여호와께 가까이 나아가 수종드는 자니라 하고 47 그가 또 그 뜰을 측량하니 길이는 백 척이요 너비는 백 척이라 네모 반듯하며 ④ **제단은 성전 앞에 있더라**
지성소와 향단	41장 1 그가 나를 데리고 성전에 이르러 그 문 벽을 측량하니 이쪽 두께도 여섯 척이요 저쪽 두께도 여섯 척이라 두께가 그와 같으며 4 그가 내전을 측량하니 길이는 스무 척이요 너비는 스무 척이라 그가 내게 이르되 ⑤ **이는 지성소니라 하고** 6 골방은 삼 층인데 골방 위에 골방이 있어 모두 서른이라 그 삼면 골방이 성전 벽 밖으로 그 벽에 붙어 있는 성전 벽 속을 뚫지는 아니하였으며 22 곧 ⑥ **나무 제단의 높이는 세 척이요 길이는 두 척이며 그 모퉁이와 옆과 면을 다 나무로 만들었더라 그가 내게 이르되 이는 여호와의 앞의 상이라** 하더라
제사장의 방과 담	42장 1 그가 나를 데리고 밖으로 나가 북쪽 뜰로 가서 두 방에 이르니 그 두 방의 하나는 골방 앞 뜰을 향하였고 다른 하나는 북쪽 건물을 향하였는데 13 그가 내게 이르되 좌우 골방 뜰 앞 곧 북쪽과 남쪽에 있는 방들은 ⑦ **거룩한 방이라 여호와를 가까이 하는 제사장들이 지성물을 거기에서 먹을 것이며 지성물 곧 소제와 속죄제와 속건제의 제물을 거기 둘 것이니 이는 거룩한 곳이라** 14 **제사장의 의복은 거룩하므로 제사장이 성소에 들어갔다가 나올 때에** 바로 바깥뜰로 가지 못하고 수종드는 그 의복을 그 방에 두고 다른 옷을 입고 백성의 뜰로 나갈 것이니라 하더라 15 그가 안에 있는 성전 측량하기를 마친 후에 나를 데리고 동쪽을 향한 문의 길로 나가서 사방 담을 측량하는데 26 ⑧ **그 담은 거룩한 것과 속된 것을 구별하는 것이더라**

40-42 장

환상을 통하여 회복될 성전을 보여주심

[40:4]그 사람이 내게 이르되 인자야 내가 네게 보이는 그것을 눈으로 보고 귀로 들으며 네 마음으로 생각할지어다 내가 이 것을 네게 보이려고 이리로 데리고 왔나니 너는 본 것을 다 이스라엘 족속에게 전할지어다 하더라

이제부터 상고하게 될 40-48장의 내용은, 37:26-27절에서

㉠ "내가 그들과 화평의 언약을 세우겠다

㉡ 내 성소를 그 가운데에 세우겠다

㉢ 나는 그들의 하나님이 되고 그들은 내 백성이 되리라" 하신 이에 대한 청사진이라 할 것입니다.

먼저 40-42장은 "환상을 통하여 회복될 성전을 보여주시는" 내

용입니다. 40장은 "우리가 사로잡힌 지 스물다섯째 해, 성이 함락된 후 열넷째 해 첫째 달 열째 날에 곧 그날에 여호와의 권능이 내게 임하여 나를 데리고 이스라엘 땅으로 가시되 하나님의 이상 중에 나를 데리고 이스라엘 땅에 이르러 나를 매우 높은 산 위에 내려놓으시는데 거기에서 남으로 향하여 성읍 형상 같은 것이 있더라"(1-2)고 시작됩니다. 어째서 "매우 높은 산"으로 데리고 가셨는가? 멀리 전체를 파노라마로 보게 하기 위해서입니다. 이점에 "성전 환상"을 보여주시는 의도가 나타나는데, "보고, 듣고, 생각하고, 본 것을 다 이스라엘에게 전하라"(40:4) 하십니다. 왜 전하라 하시는가? 사로잡힌 지 25년이 되고, 예루살렘이 함락되고, 성전이 불탔다는 소식을 들은 지도 14년이나 되어 백성들이 자포자기 상태에 빠져있기 때문에 선지자로 하여금 "회복될 성전"을 전하게 하심으로 격려하고 소망을 주기 위해서입니다.

신구약의 하나님은 동일하신 하나님이십니다. 계시록에서도 사도 요한을 "성령으로 나를 데리고 크고 높은 산으로 올라가 하나님께로부터 하늘에서 내려오는 거룩한 성 예루살렘을 보이니"(계 21:10)하고, 환난 중에 있는 신약교회에 비전을 보여주심으로 소망을 주고 격려합니다.

도표를 보시면 "내가 네게 보이는 것을, 다 이스라엘 족속에게 전할지어다"라는 말씀을 중심으로,

① "내가 본즉 집 바깥 사방으로 담이 있더라"고 제일 처음 본 것은 "담"이었습니다.

⑧ 그리고 마지막으로 본 것도 "그 담은 거룩한 것과 속된 것을 구별하는 것이더라" 합니다. "담" 즉 성벽은 안전을 상징하는

데 그 안에

② "희생제물"

③ "제단을 지키는 제사장들이 쓰는 방"

④ "번제 단"

⑤ "지성소"

⑥ "나무 제단" 곧 향단

⑦ "거룩한 방" 들이 있는 것을 보여주십니다.

① 이 점에서 상기하게 되는 것은 40-42장이 8-11장과 상반(相反)된 광경이라는 점입니다. 8장에서도

㉠ "나를 이끌어 예루살렘으로 가서 안뜰로 들어가는 북향한 문에 이르시니"(8:3)하고, 그때에도 에스겔을 환상 중에 예루살렘으로 데리고 가서 성전을 보여주십니다. 무엇을 보았는가?

㉡ 담 안에서 장로 칠십 인이 우상숭배 하는 광경, 제사장 스물다섯 명이 여호와의 전을 등지고 태양을 숭배하는 가증한 일(8장)들을 보게 하셨습니다. 그리하여 심판이 시작되는데

㉢ "내 성소에서 시작할지니라"(9장) 합니다. 그리고

㉣ "숯불을 두 손에 가득히 움켜가지고 성읍 위에 흩으라"(10장) 하심므로 성은 불에 타고

㉤ "여호와의 영광"이 떠나시는(11장) 광경을 보여주셨습니다. 그리고 그 문단(8-11장)은

㉥ "내가 사로잡힌 자에게 여호와께서 내게 보이신 모든 일을 말하니라"(11:25)는 절망적인 메시지로 끝을 맺었습니다.

② 그런데 40-42장의 상황은 경고한 대로 성은 함락되었고 사로잡힌 지도 25년, 성전이 불에 탄지도 14년이나 지나서 이제는 "아주 말라버린 뼈들"처럼 된 상태입니다. 그들에게 "회복될 성

전"을 보여주시고, "너는 본 것을 다 이스라엘 족속에게 전할 지어다"(40:4) 하시는 맥락입니다. 왜 전해주어야 했는가? 말라버린 뼈들처럼 된 백성들을 격려하고 회복에 대한 소망을 주기 위해서입니다.

③ 그렇다면 "성전 환상"을 보여주시는 의도가 이 "식양대로 성전을 세워라, 또는 세워질 것이라"는 말씀인가? 아닙니다. 제2의 성전(스룹바벨 성전)도 헤롯성전도 본문의 식양대로 지어진 것이 아닙니다. 그리고 종말(終末)에도 본문의 식양대로 지어지는 성전은 없을 것입니다. 그러면 본문에는 "측량"이란 말이 자주 등장하는데 어찌하여 이토록 자세한 구조와 치수를 말씀하시는가?

④ 선지서들의 예언은 대부분 3중적인 의미가 있습니다.

㉠ 첫째는, 선지자 당시인데 에스겔서는 1차적으로 당시의 사로잡힌 자들에게 한 말씀입니다. 그들에게는 성전이 회복된다는 "말"만으로는 믿어지지 않았을 것입니다. 그래서 구체적(具體的)으로 성전 구조와 치수까지를 알려주고 있는 것입니다. 그리하여 사로잡힌 그들은 고달픈 일상 가운데서도 눈만 감으로면 선지자로부터 들은 복구된 성전 규모와 전경을 선명하게 그려볼 수 있었을 것입니다. 말하자면 그들도 "환상"을 볼 수 있게 해주었다는 말씀입니다.

㉡ 둘째는, 그리스도의 초림 당시입니다. 주님은 "이 성전을 헐라 내가 사흘 동안에 일으키리라"(요 2:19) 하심으로 자신이 성전인 것과 파괴당했다가 다시 세워질, 즉 죽으셨다가 다시 사실 것을 말씀하셨습니다. 솔로몬의 성전은 자신들의 죄로 말미암아 헐려야했지만 성전되시는 그리스도께서 죽임을 당하신 것은 "우리를 대신하여" 헐리신 것입니다. 그러나 죽음이 끝이 아니라 "일으키리라" 하시는데, 에스겔서의 본문은 이에 대한 그림자라 할 것입니다.

㉢ 셋째는, 그리스도의 재림 때에 완성이 될 것입니다. 계시록은 마지막 부분에 이르러 "이리 오라 내가 신부 곧 어린 양의 아내를 네게 보이리라 하고 성령으로 나를 데리고 크고 높은 산으로 올라가 하나님께로부터 하늘에서 내려오는 거룩한 성 예루살렘을 보이는"(계 21:9-10) 장면이 있습니다. 그러므로 계시록 21-22장은 에스겔서 40-48장에 대한 반영이라 할 것입니다.

성전 환상의 구속사적 의미

① 이런 맥락에서 "성전 환상"은 물리적으로 세워질 성전이 아닙니다. 그러면 어떤 성전인가?

㉠ 성경은 "하나님께로부터 하늘에서 내려오는 거룩한 성 예루살렘"이라고 말씀합니다. 하나님이 거하실 성전, 즉 하나님의 나라건설은 사람이 손으로 짓는 것이 아니라 하나님 자신이 세우신다는 것이 성경의 일관된 증언입니다. 하나님은 성전을 건축하려는 다윗에게

㉡ "네가 나를 위하여 내가 살 집을 건축하겠느냐, 여호와가 너를 위하여 집을 짓고, 그의 나라를 견고하게 하리라"(삼하 7:5, 11-12)하고 하나님이 세워주실 것을 말씀하십니다. 하나님이 거하실 성전이 다윗에게는 "언약"으로 주어졌던 것입니다.

② 그리고 "말씀이 육신이 되어 우리 가운데 거하시매"(요 1:14) 한 임마누엘에 성전이 세워지고,

㉠ "내가 이 반석 위에 내 교회를 세우리니"(마 16:18) 하신 주님의 구속으로 말미암아

㉡ "너희(교회)가 하나님의 성전"(고전 3:16)이라고 교회로 세워졌던 것입니다. 또한

㉢ "너희 몸"(성도)이 하나님의 성전(고전 6:19)이라고 말씀합니다. 궁극적으로 "보라 하나님의 장막이 사람들과 함께 있으매 하나님이 그

들과 함께 계시리니"(계 21:3)에서 성전은 완성이 되는 것입니다.

③ 이처럼 성전이 구약시대는 모형으로 주어졌으나 하나님은 무엇이 부족하신 것 같이 사람의 손으로 지은 건물에 거하시는 분이 아니십니다. 그러므로 계시록에서는 "성안에서 내가 성전을 보지 못하였으니 이는 주 하나님 곧 전능하신 이와 및 어린양이 그 성전이심이라"(계 21:22)고 말씀합니다. 즉 구속함을 얻은 하나님의 백성들이 하나님이 거하시는 성전이라는 뜻입니다. 그렇다면 이 "성전 환상"이 현대교회에는 어떤 의미가 있는가? 구조를 알고 치수를 기억하는데 있는 것이 아닙니다. 구약시대는 "눈으로 보고, 귀로 듣는" 것이 필요했다면, 그리스도의 초림 이후를 살아가고 있는 새 언약 시대의 성도들에게는 "네 마음으로 생각할지어다"(4) 한 묵상해야 할 약속인 것입니다.

성 안에 성전을 보지 못했다

① 성령께서 선지자에게 성전 환상을 보여주시는 목적은 "보고, 듣고, 네 마음으로 생각"하게 하기 위해서라고 말씀합니다. 그러므로 본문을 읽는 자는 생각해야 합니다. 베드로 사도는 "우리 주 예수 그리스도의 능력과 강림하심을 너희에게 알게 한 것이 교묘히 만든 이야기를 따른 것이 아니요 우리는 그의 크신 위엄을 <친히 본 자>라" 합니다. 그래서 "내가 힘써 너희로 하여금 나의 떠난 후에라도 필요할 때는 이런 것을 <생각나게 하려> 하노라"(벧후 1:16) 합니다. "성전 환상, 주님의 변화하시는 모습"을 본 선지자와 사도가 이를 우리에게 전해주었다면, 우리는 보는

것이 아니라 “마음으로 생각”해야 하는 것입니다. 그러면 이런 것들을 보면서 현대교회 성도들은 무엇을 생각해야 마땅한가?

② 다시 상기시킵니다만 성전이란 “그들 중에 거할 성소를 지으라”(출 25:8) 하신 하나님의 집입니다. 형제는 하나님이 사람과 함께 거하심이 어떻게 시작되고 왜 파괴되었다가, 어떻게 회복되는 것이 가능하여져서 완성되는지 말해줄 수 있습니까? “성전 회복”을 계시하시는 이 대목에서 이점을 깨닫고 “마음에 생각”해야 본문이 의미가 있게 되는 것입니다. 사도 바울은 “누가 주의 마음을 알아서 주를 가르치겠느냐 그러나 우리가 그리스도의 마음을 가졌느니라”(고전 2:16) 합니다. 이제 우리도 하나님의 의도를 깨닫기 위해서 성전계시를 상고하도록 하겠습니다.

40장, 번제단과 제물과 제사장

“그가 또 그 뜰을 측량하니 길이는 백 척이요 너비는 백 척이라 네모 반듯하며 제단은 성전 앞에 있더라”(47).

① 40-48장의 성전 환상은 히브리서 기자가 “이것들에 관하여는 이제 낱낱이 말할 수 없노라”(히 9:5) 한대로 낱낱이 의미를 구할 수는 없습니다. 그러므로 각 장의 중심점을 붙잡는 것이 중요하다 하겠습니다. 왜냐하면 나무는 보고 숲은 보지 못하는 잘못을 범하지 않기 위해서입니다. 그러면 40장의 중심은 무엇일까요? 저는 40장을 관찰하는 중에 “희생제물의 고기가 있더라(43), (번)제단은 성전 앞에 있더라(47), 북쪽을 향한 방은 제단을 지키는 제사장들의 쓸 것이라”(46) 하신 “제단 · 제물 · 제사장”을 주

목하게 되었습니다.

질문입니다. 형제에게 에스겔처럼 예루살렘 성전을 둘러볼 기회가 주어진다면 가장 보고 싶은 곳이 어디겠습니까? 말할 것도 없이 지성소일 것입니다. "지성소"는 성전의 중심입니다. 그러나 죄인은 접근(接近)할 수 없는 두렵고 떨리는 비원(祕苑)과 같은 곳입니다. 대제장일지라도 1년에 한 번 들어오는 것이 허용되었을 뿐입니다. 그것도 죄가 없어서가 아니라 참 대제사장 되시는 그리스도를 예표하는 인물이기 때문입니다. 그러므로 성전에서 하나님 입장으로 보면 지성소가 중심이지만, 죄인 된 인간의 입장에서 보면

㉠ "번제단과 제물과 제사장"이 중요한 것입니다. 왜냐하면 죄인들이 하나님께 나아가기 위해서는 반드시

㉡ "번제단 · 제물 · 제사장"을 통해야만 가능하기 때문입니다.

② 그러면 형제는 "제단 · 제물 · 제사장"을 보면서 무엇을 생각하십니까? 다시 강조합니다만 성전 환상을 보여주시는 하나님의 의도는, 너희는 "이렇게 성전을 세워라, 번제단을 만들고 제사장을 세워서 번제를 드리라"는 말씀이 아닙니다. 물론 구약의 성도들은 그렇게 해야 했습니다. 왜냐하면 그리스도가 오시기 이전의 그림자의 시대였기 때문입니다. 그러나 본문이 33장으로부터 시작된 "회복"을 말씀하는 문맥임을 놓치지 마시기 바랍니다. "내가 한 목자를 그들 위에 세워 먹이게 하리라(34:23), 내가 또 그들과 화평의 언약을 맺고(34:25), 또 새 영을 너희 속에 두고 새 마음을 너희에게 주되(36:26), 내 종 다윗이 그들의 왕이 되리니"(37:24) 하신 문맥임을 놓치지 않고 있는 그리스도인이라면

성전 환상을 통해서,

㉠ "말씀이 육신이 되어 우리 가운데 거하시매"(요 1:14) 하고, 성막으로 임마누엘 하시어

㉡ "그리스도께서 장래 좋은 일의 대제사장으로 오사"(히9:11) 한 참 대제사장이 되어서

㉢ "염소와 송아지의 피로 하지 아니하고 오직 자기의 피로 영원한 속죄를 이루사 단번에 성소에 들어가셨느니라"(히 9:12) 한 그리스도를 만나야 한다는 것은 너무나 마땅한 것입니다.

③ 만일 "번제물 · 번제단 · 제사장"을 보여주시는 본문을 대하면서 이를 "생각"하지 못하는 분이라면, 그는 "오늘까지도 구약을 읽을 때에 그 수건이 벗겨지지 아니하고 있기"(고후 3:14) 때문일 것입니다. 이점을 강조하는 이유는 세대주의적인 해석은 본문단이 종말에 이르러 유대인들이 문자적으로 성전을 복구하여 문자적으로 제물을 드리다가, 적그리스도에 의하여 폐하게 될 것으로 보고 있기 때문입니다. 이는 새 언약을 옛 언약으로 되돌리는 곡해인 것입니다.

41장, 지성소와 향단

"그가 내전을 측량하니 길이는 스무 척이요 너비는 스무 척이라 그가 내게 이르되 이는 지성소니라"(41:4).

① 41장의 많은 내용 중에 중심점은 어느 말씀일까요? "지성소와(4) 향단"(22) 이라 할 것입니다. 성전은 첫 장막인 성소와 휘장 뒤에 있는 지성소로 되어있는데, 에스겔은 40장에서 번제단이 놓여있는 성전 뜰을 보았다면, 41장에서는 지성소, 즉 내전(內殿)

을 본 것입니다. 그러면 지성소(至聖所)를 구속사라는 관점으로 보면 중요한 요점이 무엇이겠습니까? 첫째는 "그 휘장이 너희를 위하여 성소와 지성소를 구분하리라"(출 26:33) 하신 "휘장"을 생각하게 합니다. 이점을 이사야서에서는 "오직 너희 죄악이 너희와 하나님 사이를 내었다"(사 59:2)고 말씀합니다. 그러면 1500년 동안이나 가로막혀 있던 휘장이 언제 어떻게 해서 열리게 되었는가? 복음이 밝히 드러난 신약시대의 성도들은 마땅히 대답할 수 있어야 합니다.

② 왜냐하면 가로막혀 있는 휘장이 열려지지 않는 한 진정한 회복은 아니기 때문입니다. "그러므로 형제들아 우리가 예수의 피를 힘입어 성소에 들어갈 담력을 얻었나니 그 길은 우리를 위하여 휘장 가운데로 열어놓으신 새로운 살길이요 휘장은 곧 그의 육체니라"(히 10:19-20)고 말씀합니다. 즉 주님께서 우리 죄를 위하여 육체를 찢으심으로 휘장이 열리게 되었다는 것입니다.

③ 지성소와 결부한 두 번째로 생각하게 되는 점은 지성소에 속죄소가 있다는 점입니다. 속죄소는 법궤의 뚜껑에 해당되는 부분인데 대 속죄일에 피를 가지고 들어가는 대제사장은 그 피를 "속죄소 위와 앞에 뿌리라" 하셨습니다. 왜냐하면 하나님께서 우리를 보실 때 뿌려진 피를 통해서 보시기 위해서입니다. 복음이 밝히 드러난 로마서에는 "네 가지 아래"가 있는데,

㉠ 첫째는 "율법 아래"(롬 3:19상)입니다. 이는 하나님이 율법을 통해서 보신다는 뜻입니다.

㉡ 둘째는 "다 죄 아래"(롬 3:9) 있게 되어,

㉢ 셋째는 "하나님의 심판 아래"(롬 3:19하) 있게 된다는 것입니다. 이것이 구약시대의 실상이었습니다.

④ 그런데 로마서에는 또 하나의 아래가 있는데 "은혜(恩惠) 아래"(롬 6:14)입니다. 속죄소 위에 뿌려진 피는 주님의 대속의 피를 상징하는데 피가 뿌려지지 않는다면, 법궤 안에 있는 율법을 통해 보시게 되어 "율법 아래, 죄 아래, 심판 아래" 있게 됩니다. 뿌려진 피를 통(通)해서 보시게 될 때는 "피 아래 즉 은혜 아래" 있게 되는 것입니다. 이 "피"를 통해서 우리를 보실 때에 정죄(定罪)함이 없는 것입니다. 왜냐하면 그리스도께서 대신 정죄를 당하셨기 때문이요, 뿌려진 피가 이를 증언하고 있기 때문입니다. 성전 환상을 대하면서 새 언약의 일꾼들은 "조문"(문자)만 보는 것이 아니라 "오직 영으로 함이니 율법 조문은 죽이는 것이요 영은 살리는 것이니라"(고후 3:6) 합니다. 그러므로 지성소의 식양을 보면서 이를 생각한다는 것은 너무나 합당한 것입니다.

⑤ 41장에서 다음으로 주목하게 되는 것은 "나무 제단"(22), 즉 향단(香壇)입니다. "향단"은 나무로 만들고 금으로 쌌습니다. 그리하여 금 향단의 향연(香煙)은 "또 다른 천사가 와서 제단 곁에 서서 금향로를 가지고 많은 향을 받았으니 이는 모든 성도의 기도과 합하여 보좌 앞 금단에 드리고자 함이라"(계 8:3)한 기도의 상징입니다.

질문을 드려보겠습니다. 지성소의 휘장이 열리자 제1차로 들어간 분이 누군지 아십니까? "그리로 앞서가신 예수께서 멜기세덱의 반차를 따라 영원히 대제사장이 되어 우리를 위하여 들어가셨느니라"(히 6:20)고 말씀합니다. 그리하여 "그가 항상 살아 계셔서 그들을 위하여 간구(懇求)하심이라"(히 7:25), 우리는 땅에서 기도를 드리나 주님은 하늘 성소에서 우리를 위하여 간구하신다는 말씀입니다. 성전의 "향단"은 주님의 중보기도를 상징합니다. 그러므로 히브리서 9:4절에는 지성소 밖에 있던 "금향로"가 지성소 안에 있는 것을 보게 됩니다. 왜냐하면 주님은 지금 하늘의 성소 밖에서가 아니라 들어가셔서 우리를 위하여 간구하시기 때문입니다. 향단을 보면서 이를 생각한다는 것은 당연한 것입니다.

42장, 제사장의 방과 담

"그가 내게 이르되 좌우 골방 뜰 앞 곧 북쪽과 남쪽에 있는 방들은 거룩한 방이라 여호와를 가까이 하는 제사장들이 지성물을 거기에서 먹을 것이며 지성물 곧 소제와 속죄제와 속건제의 제물을 거기 둘 것이니 이는 거룩한 곳이라"(13).

① 42장의 중심점은 무엇이겠습니까?

㉠ "제사장의 방들을 거룩한 방이라(13)

㉡ 제사장의 의복은 거룩하다"(14) 한 제사장이 중심점입니다. 왜냐하면 백성을 대신하여 하나님께 나아가는 자들이기 때문입니다. 이는 우리의 대제사장 되시는 그리스도의 예표입니다. 인류의 시조 아담 하와는 직접 하나님과 교제할 수 있도록 하나님의 형상대로 지음을 받았습니다. 그러나 범죄로 말미암아 하나님의 관계가 단절된 이후에는 중재자인 "제사장"과 "대속의 제물"을 필요로 하게 된 것입니다. 그러면 42장의 중심인 제사장의 구속사적인 의미가 무엇일까요?

② 성경은 말씀합니다. "지금 우리가 하는 말의 요점은 이러한 대제사장이 우리에게 있다는 것이라"(히 8:1). 성경 말씀 전체가 중요합니다만 그 중요(重要)한 말씀 중에 중요(重要)한 것은 "이러한 대제사장(大祭司長)이 우리에게 있다는" 것이라고 말씀합니

다.

㉠ 구약시대의 제사장은 죄 있는 자였으나 우리에게 있는 제사장은 "영원히 온전하게 되신 아들을 세워"(히 7:28) 주셨습니다.

㉡ 구약의 제사장들은 죽음으로 말미암아 갈렸지만, 우리에게 있는 제사장은 "영원히 계시므로 그 제사장 직분도 갈리지 아니하리라"(히 7:24) 합니다.

㉢ 구약의 제사장들은 짐승의 피를 가지고 들어갔으나 우리의 대제사장은 "오직 자기의 피로 영원한 속죄를 이루사(히 9:11-12), 한 번에, 영원히 온전하게"(히 10:14) 하시고

㉣ "항상 살아 계셔서 그들을 위하여 간구하여주시기"(히 7:25) 때문에, "이러한 대제사장은 우리에게 합당하다"(히 7:26, 히브리서 파노라마 참고)고 말씀합니다. 이러한 대제사장을 우리가 모셨다는 것이 얼마나 큰 은혜인가!

③ 이 점에서 한 걸음 더 나아가야 합니다. 왜냐하면 그리스도의 구속으로 말미암아 "너희는 택하신 족속이요 왕 같은 제사장들"(벧전 2:9)이라고 말씀하기 때문입니다. 그러므로 "너희도 산 돌같이 신령한 집으로 세워지고 예수 그리스도로 말미암아 하나님이 기쁘게 받으실 신령한 제사드릴 거룩한 제사장이 될지니라(벧전 2:5), 그러므로 형제들아 내가 하나님의 모든 자비하심으로 너희를 권하노니 너희 몸을 하나님이 기뻐하시는 거룩한 산 제물로 드리라 이는 너희가 드릴 영적 예배니라"(롬 12:1)고 말씀합니다.

④ "거룩한 제사장, 거룩한 산 제물"이 되기 위해서는, "그 담은 거룩한 것과 속된 것을 구별하는 것이더라"(20) 한 성별이 필수입니다. 44:23절에서 제사장의 직무는 "내 백성에게 거룩한 것

과 속된 것의 구별을 가르치며 부정한 것과 정한 것을 분별하게 할 것이라"(44:23) 합니다. 그러므로 성전계시는 "담(40:5)으로 시작하여 담"(42:20)으로 마치고 있음을 유념해야 합니다. 왜냐하면 "담"은 "거룩한 것과 속된 것을 구별하는" 기능이 있기 때문입니다. 그렇다면 현대교회에는 거룩한 것과 속된 것을 구별하는 담이 있는가 하고 묻지 않을 수 없습니다. 만일 교회가 자정능력(自淨能力)을 상실하게 되면 38-39장에서 대한바 있는 곡을 이끌어다가 치게 하심으로 강권적으로 교회를 정화시키시게 되는 것입니다. 이것이 "환상을 통하여 보여주신 회복될 성전"입니다.

⑤ 묵상해보겠습니다.

㉠ 성전 환상을 보여주시는 의도에 대해서

㉡ 40장의 번제단과 제물과 제사장의 신령한 의미에 대해서

㉢ 41장의 지성소와 향단의 신령한 의미에 대해서

㉣ 42장의 이러한 제사장이 우리에게 있다는 점에 대해서.

에스겔 43장 개관도표

주제 : 여호와의 영광이 돌아와 성전에 충만함

동문으로 들어온 여호와의 영광	1-12 1 그 후에 그가 나를 데리고 문에 이르니 곧 동쪽을 향한 문이라 2 이스라엘 ① **하나님의 영광이 동쪽에서부터 오는데 하나님의 음성이 많은 물 소리 같고 땅은 그 영광으로 말미암아 빛나니** 3 그 모양이 내가 본 환상 곧 전에 성읍을 멸하러 올 때에 보던 환상 같고 그발 강 가에서 보던 환상과도 같기로 내가 곧 얼굴을 땅에 대고 엎드렸더니 4 **여호와의 영광이 동문을 통하여 성전으로 들어가고** 5 영이 나를 들어 데리고 안뜰에 들어가시기로 **내가 보니 여호와의 영광이 성전에 가득하더라** 6 성전에서 내게 하는 말을 내가 듣고 있을 때에 어떤 사람이 내 곁에 서 있더라 7 그가 내게 이르시되 인자야 ② **이는 내 보좌의 처소, 내 발을 두는 처소, 내가 이스라엘 족속 가운데에 영원히 있을 곳이라** 이스라엘 족속 곧 그들과 그들의 왕들이 음행하며 그 죽은 왕들의 시체로 다시는 내 거룩한 이름을 더럽히지 아니하리라 8 그들이 그 문지방을 내 문지방 곁에 두며 그 문설주를 내 문설주 곁에 두어서 그들과 나 사이에 겨우 한 담이 막히게 하였고 또 그 행하는 가증한 일로 내 거룩한 이름을 더럽혔으므로 내가 노하여 멸망시켰거니와 9 이제는 그들이 그 음란과 그 왕들의 시체를 내게서 멀리 제거하여 버려야 할 것이라 그리하면 내가 그들 가운데에 영원히 살리라 10 인자야 너는 이 성전을 이스라엘 족속에게 보여서 그들이 자기의 죄악을 부끄러워하고 그 형상을 측량하게 하라 11 만일 그들이 자기들이 행한 모든 일을 부끄러워하거든 너는 이 성전의 제도와 구조와 그 출입하는 곳과 그 모든 형상을 보이며 또 그 모든 규례와 그 모든 법도와 ③ **그 모든 율례를 알게 하고 그 목전에 그것을 써서 그들로 그 모든 법도와 그 모든 규례를 지켜 행하게 하라** 12 성전의 법은 이러하니라 산 꼭대기 지점의 주위는 지극히 거룩하리라 성전의 법은 이러하니라
속죄제 번제 감사제를 드리라	13-27 13 제단의 크기는 이러하니라 한 자는 팔꿈치에서부터 손가락에 이르고 한 손바닥 넓이가 더한 것이라 제단 밑받침의 높이는 한 척이요 그 사방 가장자리의 너비는 한 척이며 그 가로 둘린 턱의 너비는 한 뼘이니 이는 제단 밑받침이요 14 이 땅에 닿은 밑받침 면에서 아래층의 높이는 두 척이요 그 가장자리의 너비는 한 척이며 이 아래층 면에서 이층의 높이는 네 척이요 그 가장자리의 너비는 한 척이며 15 ④ **그 번제단 위층의 높이는 네 척이며 그 번제하는 바닥에서 솟은 뿔이 넷이며** 16 **그 번제하는 바닥의 길이는 열두 척이요 너비도 열두 척이니 네모 반듯하고** 17 그 아래층의 길이는 열네 척이요 너비는 열네 척이니 네모 반듯하고 그 밑받침에 둘린 턱의 너비는 반 척이며 그 가장자리의 너비는 한 척이니라 그 층계는 동쪽을 향하게 할지니라 18 그가 내게 이르시되 인자야 주 여호와께서 이같이 말씀하셨느니라 이 제단을 만드는 날에 그 위에 번제를 드리며 피를 뿌리는 규례는 이러하니라 19 주 여호와의 말씀이니라 나를 가까이 하여 내게 수종드는 사독의 자손 레위 사람 제사장에게 너는 어린 수송아지 한 마리를 주어 속죄제물을 삼되 20 네가 그 피를 가져다가 제단의 네 뿔과 아래층 네 모퉁이와 사방 가장자리에 발라 속죄하여 제단을 정결하게 하고 21 그 속죄제물의 수송아지를 가져다가 성전의 정한 처소 곧 성소 밖에서 불사를지며 22 다음 날에는 흠 없는 숫염소 한 마리를 속죄제물로 삼아 드려서 그 제단을 정결하게 하기를 수송아지로 정결하게 함과 같이 하고 23 정결하게 하기를 마친 후에는 흠 없는 수송아지 한 마리와 떼 가운데에서 흠 없는 숫양 한 마리를 드리되 24 나 여호와 앞에 받들어다가 제사장은 그 위에 소금을 쳐서 나 여호와께 번제로 드릴 것이며 25 칠 일 동안은 매일 염소 한 마리를 갖추어 속죄제물을 삼고 또 어린 수송아지 한 마리와 떼 가운데에서 숫양 한 마리를 흠 없는 것으로 갖출 것이며 26 이같이 ⑤ **칠 일 동안 제단을 위하여 속죄제를 드려 정결하게 하며 드릴 것이요** 27 이 모든 날이 찬 후 제팔일과 그 다음에는 제사장이 제단 위에서 너희 ⑥ **번제와 감사제를 드릴 것이라 그리하면 내가 너희를 즐겁게 받으리라** 주 여호와의 말씀이니라

43 장

여호와의 영광이 돌아와 성전에 충만함

[4]여호와의 영광이 동문을 통하여 성전으로 들어가고

43장의 중심점은 "여호와의 영광이 돌아와 성전에 가득하더라"에 있습니다. 여호와의 영광이 돌아오는 "그 모양이, 전에 성읍을 멸하러 올 때에 보던 이상"과 같았다고 말씀합니다. 즉 떠나시던 모습대로 돌아오셨다는 뜻입니다. 앞에서(40-42장) 회복된 성전을 보여주셨는데, 그러나 "여호와의 영광이 그 전에 가득함으로" 비로소 하나님의 성전(聖殿)이 되는 것입니다. 도표를 보시면 "내가 보니 여호와의 영광이 성전에 가득하더라"를 중심으로,

① "하나님의 영광이 동편에서부터" 돌아와

② "내가 이스라엘 족속 가운데에 영원히 있을 곳이라" 하시면서

③ "모든 율례 · 법도 · 규례를 지켜 행하게 하라" 하십니다.

④ "번제단의 규격"을 말씀하고

⑤ "속죄제를 드려 정결하게 하고"

⑥ "번제와 감사제를 드리면 즐겁게 받으리라" 하십니다. 이를 두 단원으로 나누어 상고하겠습니다.

첫째 단원(1–12) **동문으로 들어온 여호와의 영광**
둘째 단원(13–27) **속죄제 · 번제 · 감사제를 드리라**

첫째 단원(1–12) 동문으로 들어온 여호와의 영광

"그 후에 그가 나를 데리고 문에 이르니 곧 동쪽을 향한 문이라"(1).

① 첫째 단원의 중심점은 "동문(東門)을 통해서 돌아온 여호와의 영광"에 있습니다. 먼저 40-42장을 통해서 성전 환상을 보여주시고 "이스라엘 하나님의 영광이 동쪽에서부터 오는데 하나님의 음성이 많은 물소리 같고 땅은 그 영광으로 말미암아 빛나니 그 모양이 내가 본 환상 곧 전에 성읍을 멸하러 올 때에 보던 환상 같고 그발 강가에서 보던 환상과도 같기로 내가 곧 얼굴을 땅에 대고 엎드렸다"(2-3)고 말씀한다는 것은 합당한 순서입니다.

② 우리는 8-11장에서 하나님의 영광이 떠나시는 광경을 보았는데 사로잡혀간 자들을 따라가셔서 "내가 잠깐 그들에게 성소가

되리라”(8:16)는 말씀을 대한 바 있습니다.

㉠ 하나님은 약속하신 대로 그들과 함께 계시다가

㉡ 37장에서 약속하신 대로 “마른 뼈”와 같이 된 백성들을 살리셔서

㉢ 43장에서 약속하신 기한에 백성들을 거느리시고 하나님의 영광이 돌아오시는 문맥입니다.

이 점에서 주목하게 되는 것은 “성읍을 멸하러 올 때에 보던 환상과 같다”(3) 한 표현입니다. 왜 이렇게 표현하고 있는가? 에스겔서의 앞부분이 “예루살렘을 심판하러 오시는 하나님”이라면, 이제 돌아오시는 하나님의 영광은 “예루살렘을 회복하시러 오시는 하나님”이심을 깨닫기 원하시기 때문입니다.

③ “내가 곧 얼굴을 땅에 대고 엎드렸더니”(3하) 합니다. 에스겔은 41:4절에서 “이는 지성소니라” 한 지성소를 보았을 때는 엎드렸다는 말이 없습니다. 왜냐하면 그때는 지성소가 비어있었기 때문입니다. “여호와의 영광이 동문을 통하여 성전으로 들어간”(4) 후에야 충만해진 것입니다. 1-4절을 유의하여 보면

㉠ “동쪽을 향한 문(1)이 있고

㉡ 영광이 동쪽에서부터 오는데(2)

㉢ 여호와의 영광이 동문(東門)을 통하여 성전으로 들어가고”(4)하고 “동쪽”이 강조되어 있음을 보게 됩니다. 이는 무심한 일로 여겨지지 않습니다.

④ 민수기에서 보면

㉠ “동방 해 돋는 쪽에 진 칠 자는, 유다의 진영에 군기에 속한 자라”(민 2:3)고 말씀하고 있기 때문입니다. 이 점에서 그냥 동방이라 하지 않고 “동방 해 돋는 쪽”이라고 설명까지 부가하는 점을 주목해야 합니다.

㉡ 왜냐하면 “공의로운 해가 떠올라서 치료하는 광선을 비추리니”(말

4:2) 한 그리스도가 유다 지파를 통해서 오시게 될 것을 예시(豫示) 해주고 있기 때문입니다. 이것이 "동쪽"이 강조되어 있는 이유입니다.

⑤ "영이 나를 들어 데리고 안뜰에 들어가시기로 내가 보니 여호와의 영광이 성전에 가득하더라"(5) 합니다. 이 점에서 기억해야 할 점은 에스겔이 성전계시를 백성들에게 말해줄 당시는 예루살렘은 여전히 폐허였고 백성들은 여전히 바벨론에 포로로 있는 상태였다는 점입니다. 그러면 하나님의 영광이 충만하더라는 계시가 언제 어떻게 성취될 말씀인가? 이를 구속사의 맥락에서 추적해 보면 그 영광스러움을 깨닫게 됩니다.

㉠ 첫째는 "모세가 이와 같이 역사를 필하였더라 그 후에 구름이 회막에 덮이고 여호와의 영광이 성막(聖幕)에 충만하매"(출 40:34) 한 충만입니다. 얼마나 충만했으면 모세가 회막에 들어갈 수 없었다고 말씀합니다.

㉡ 둘째는 "솔로몬이 기도를 마치매 불이 하늘에서부터 내려와서 그 번제물과 제물들을 사르고 여호와의 영광이 그 성전에 가득하니"(대하 7:1) 한 충만입니다. 얼마나 충만했으면 제사장이 그 전에 능히 들어가지 못했다고 말씀합니다. 그러면 모세의 성막, 솔로몬의 성전은 누구에 대한 모형입니까?

㉢ 그러므로 셋째는 "말씀이 육신이 되어 우리 가운데 거하시매 우리가 그의 영광을 보니 아버지의 독생자의 영광이요 은혜와 진리가 충만(充滿)하더라"(요 1:14) 한 충만입니다. 이제 질문을 드리겠습니다. 하나님의 영광은 오늘날 어디에 충만한가?

㉣ 이제는 그리스도의 구속으로 말미암아, "너희가 하나님의 성전(聖殿)인 것과 하나님의 성령이 너희 안에 계시는 것을 알지 못하느냐"(고전 3:16)고 도리어 반문합니다. 왜냐하면 이 영광스러움을 망각하고

있기 때문입니다.

저도 질문합니다. 우리와 함께 계시는 성령의 영광이 몇 와트나 되느냐 하구요? 사도 바울은 옥중서신에서 "그 너비와 길이와 높이와 깊이가 어떠함을 깨달아 하나님의 모든 충만(充滿)하신 것으로 너희에게 충만(充滿)하게 하시기를 구하노라"(엡 3:19) 합니다. 이것이 교회(教會)의 영광스러움입니다. 문제는 하나님이 주시지를 않아서가 아니라 모르고 있기 때문에 가난뱅이 그리스도인으로 살아가게 되는 것입니다. 그러므로 "내 백성이 지식이 없으므로 망하는도다"(호 4:6)한 말씀은 오늘날도 동일하게 진리입니다.

하나님의 영광이 충만하더라

① 그러므로 "여호와의 영광이 성전에 가득하더라"는 말씀은 종말의 어느 짧은 순간에 되어질 일이 아닙니다. 성전계시는

㉠ "내가 이 반석 위에 내 교회를 세우리니"(마 16:18)하신 구속으로 말미암아 시작이 되어서

㉡ "너희도 성령 안에서 하나님이 거하실 처소가 되기 위하여 그리스도 예수 안에서 함께 지어져 가느니라"(엡 2:22) 하고 진행(進行)되어 가다가

㉢ "보라 하나님의 장막이 사람들과 함께 있으매 하나님이 그들과 함께 계시리니 그들은 하나님의 백성이 되고 하나님은 친히 그들과 함께 계셔서, 이루었도다 나는 알파와 오메가요 처음과 마지막이라"(계 21:3,6)에서 완성(完成)이 될 말씀임을 명심해야 합니다. 그러니까 에스겔에게 보여주신 "성전계시"가 지금 건설되어 가고 있는 "진행형(進行形)"이라는 점입니다.

② "듣고 있을 때에 어떤 사람이 내 곁에 서 있더라"(6) 한 분은 영광중에 돌아오신 하나님으로 여겨집니다. 두 가지를 말씀하시는데,

㉠ 첫째로 "그가 내게 이르시되 인자야 이는 내 보좌의 처소, 내 발을 두는 처소, 내가 이스라엘 족속 가운데에 영원히 있을 곳이라"(7상) 하십니다.

㉡ 둘째로 "인자야 너는 이 성전을 이스라엘 족속에게 보여서 그들이 자기의 죄악을 부끄러워하고 그 형상을 측량하게 하라"(10) 하십니다.

② 이를 정리하면 하나님의 "보좌를 이스라엘 족속 가운데 영원히 거할 곳"으로 회복하여주셨다면, 여기에는 책임(責任)이 따른다는 말씀입니다. 이점이 "자기의 죄악을 부끄러워하고"라는 언급에 나타납니다. 그러므로

㉠ "이스라엘 족속 가운데에 영원히 있을 곳이라 이스라엘 족속 곧 그들과 그들의 왕들이 음행하며 그 죽은 왕들의 시체로 다시는 내 거룩한 이름을 더럽히지 아니하리라 그들이 그 문지방을 내 문지방 곁에 두며 그 문설주를 내 문설주 곁에 두어서 그들과 나 사이에 겨우 한 담이 막히게 하였고 또 그 행하는 가증한 일로 내 거룩한 이름을 더럽혔으므로 내가 노하여 멸망시켰거니와 이제는 그들이 그 음란과 그 왕들의 시체를 내게서 멀리 제거하여 버려야 할 것이라"(7하-9상) 하십니다. "겨우 한 담이 막히게 하였다"는 뜻을 알기 위해서는 8:8절로 가보아야 합니다. "담을 헐라" 하시니 담 뒤에서는 각양 우상을 섬기고 있었습니다. 이처럼 거룩한 것과 속된 것의 구분이 "한 담" 정도로 혼합이 되었다는 뜻입니다.

㉡ "왕들의 시체로 다시는 내 거룩한 이름을 더럽혀서는 아니 된다"는 뜻을 당시의 사람들은 이해했겠지만 우리에게는 분명하지 않습니다.

그러나 분명한 것은 "다시는 내 거룩한 이름을 더럽히지" 말아야 한다는 점입니다.

㉢ "그리하면 내가 그들 가운데에 영원히 살리라"(7하-9) 하십니다. "내 거룩한 이름을 다시는 더럽히지 말라", 이것이 돌아오셔서 하신 첫 말씀입니다.

③ 그리고

㉠ "이 성전을 이스라엘 족속에게 보이라"(10상) 하심은 격려와 확신을 주라는 말씀이요

㉡ "그들이 자기의 죄악을 부끄러워하고 그 형상을 측량하게 하라"(10하) 하심은 지난날을 돌이켜 회개하고 다시는 되풀이 하지 않겠노라고 결단하게 하라는 말씀입니다. 11절은 이에 대한 상론인데

㉢ "만일 그들이 자기들이 행한 모든 일을 부끄러워하거든 너는 이 성전의 제도와 구조와 그 출입하는 곳과 그 모든 형상을 보이며 또 그 모든 규례와 그 모든 법도와 그 모든 율례를 알게 하고 그 목전에 그것을 써서 그들로 그 모든 법도와 그 모든 규례를 지켜 행하게 하라"(11)고 "회개 · 결단 · 순종"을 명하십니다. 확신이 있는 자는 결단을 하게 되는 것입니다.

④ 그러면 회복된 성전에서 그들이 지켜 행해야 할 "법도 · 율례 · 규례"란 무엇인가? 이점을 둘째 단원에서 보게 될 것입니다만 신구약을 막론하고 백성들에게 요구하시는 바는 언제나 "하나님과 이웃과의 바른관계"인 "경건과 의로움"(롬 1:18)입니다. 하나님과의 바른관계는 메시아언약 안에서만이 가능하여지는데 구약시대는 제사의식(규례)을 바르게 수행해야만 하고, 이웃과의 바른관계는 한마디로 불의를 행하지 않는(율례) 것입니다. 이것이 영광중에 돌아오셔서 성전에 충만하신 하나님의 명령입니다.

둘째 단원(13–27) **속죄제 · 번제 · 감사제를 드리라**

"제단(祭壇)의 크기는 이러하니라"(13).

① 둘째 단원의 중심점은 "속죄제 · 번제 · 감사제를 드리라"는 말씀에 있습니다. 제물을 드리기 위해서는 번제단이 있어야 합니다. 그래서 "제단의 크기는 이러하니라"(13)고 번제단의 규격을 말씀하시는 것입니다. 번제단에 대한 언급이 40:47절에도 있는데 그곳에서는 "제단(祭壇)은 성전(殿) 앞에 있더라"하고 놓여있는 위치(位置)만을 언급했을 뿐 규격에 대해서는 침묵하고 있었습니다.

② 그러다가 하나님의 영광이 돌아온 43:13-17절에 이르러서야 "제단의 크기는 이러하니라"하고 "번제단"에 대해서 자세히 언급하십니다. 이렇게 하시는 의중이 무엇인가? 죄인이 영광의 보좌 앞에 나아갈 수 있는 출발점(出發點)이 "번제단"이기 때문입니다. 다시 말하면 "영광이 가득"(5) 한 하나님께 나아가는 것이 어떻게 가능한가를 깨닫기를 원하시는 것입니다. 이점이 "이 제단을 만드는 날에 그 위에 번제를 드리며 피를 뿌리는 규례는 이러하니라"(18) 하신 말씀에 나타납니다. 여기 중요한 요점(要點)이 있는데 "피를 뿌리는 규례"라는 말씀입니다.

㉠ 제단은 제물을 드리기 위한 것이고

㉡ 드려진 제물의 피는 뿌려져야만 효험이 있기 때문입니다. 이점에 확고해야 합니다.

③ 성경은 "어떤 피든지 먹는 자가 있으면 내가 그 피 먹는 사람에게 진노하여 그를 백성 중에서 끊으리니"하고 금하십니다.

왜 금하셨는가?

㉠ "내가 이 피를 너희에게 주어 제단에 뿌려 너희의 생명을 위하여 속하게 하였나니

㉡ 생명이 피에 있으므로 피가 죄를 속하느니라"(레 17:11) 하십니다. 즉 생명인 "피"를 죄를 속하는데 사용하시려고 먹는 것을 금하셨다는 것입니다. 얼마나 자상하시고도 감격스러운 말씀인가! 요약하면,

④ "피"는 생명(창 9:4, 레 17:11)을 의미합니다.

㉠ 그런데 "흘린 피"는 죽음을 가리킵니다.

㉡ 그리하여 "흘린 피가, 뿌린 피"가 될 때 내게 효험이 있게 되는 것입니다.

그래서 히브리서 기자는 "피 흘림이 없은즉 사함이 없느니라"(히 9:22) 말씀하고, 베드로는 "예수 그리스도의 피 뿌림을 얻기 위하여 택하심을 입은 자들"(벧전 1:2)이라 하는 것입니다. 그리스도께서 우리를 위하여 속죄의 피를 흘려주셨어도 "흘린 피가, 뿌린 피"가 되지 않으면 내게 효험(效驗)이 없기 때문입니다.

⑤ 18절에서 "피를 뿌리는 규례"라는 말이 이를 의미합니다. "주 여호와의 말씀이니라 나를 가까이하여 내게 수종드는 사독의 자손 레위 사람 제사장에게 너는 어린 수송아지 한 마리를 주어 속죄제물을 삼되 네가 그 피를 가져다가 제단의 네 뿔과 아래층 네모퉁이와 사방 가장자리에 발라 속죄하여 제단을 정결하게 하라"(19-20) 하십니다. 이를 간추리면

㉠ 제물의 피를 흘려

㉡ 제단에 발라

㉢ 속죄하여 제단을 정결하게 하라는 말씀입니다.

피 흘림이 없은즉 사함이 없나니라

① 하나님께서 “흠 없는 숫 염소(22), 흠 없는 숫 양”(23)을 잡아 피 흘려 드리라 하심은 재언할 필요도 없이 자기 아들을 통해서 이루어주실 속죄사역에 대한 예표로 명하신 것입니다. 이를 떠나서라면 제사제도는 “우상숭배”(사 66:3)나 다름없는 것입니다. 그러므로 종교 다원주의자들은 그리스도의 속죄사역을 부정합니다. 왜냐하면 자신들의 논리에 걸림돌이 되기 때문입니다. 그들은 하나님에게는 “여호와 · 알라 · 불타” 등 여러 가지 이름이 있다고 주장합니다. 목적지(目的地)는 하나인데 길은 여럿이요, 그래서 다른 종교에도 구원이 있다고 말합니다. 그런데 복음주의자들은 “다른 이로써는 구원을 받을 수 없나니 천하 사람 중에 구원을 받을만한 다른 이름을 우리에게 주신 일이 없음이라”(행 4:12), 즉 예수 그리스도의 “구속” 외에 구원이 없다고 외치니 십자가가 걸림돌이 되는 것입니다. 그래서 저들은 구속교리를 도살장의 신학이라 조롱하면서 예수를 혁명가처럼 만들고 있는 것입니다.

② 그러므로 복음주의자들은 바울처럼 “그러나 우리나 혹은 하늘로부터 온 천사라도 우리가 너희에게 전한 복음 외에 다른 복음을 전하면 저주를 받을지어다”(갈 1:8)고 분개해야 마땅합니다. 그리고 “십자가의 도가 멸망하는 자들에게는 미련한 것이요 구원을 받는 우리에게는 하나님의 능력이라”(고전 1:18)고 담대히 외쳐야 합니다. 그래서 에스겔 선지자는 “내가 다시는 잠잠하지 아니하였노라”(33:22)고 말씀한 것입니다. 만일 잠잠하다면 이는 이

사야가 질책한 "벙어리 개"(사 56:10)가 아니고 무엇이란 말인가?

③ 그러면 그리스도께서 이루어주신 구속사역에는 어떤 면이 있는가? 18-27절 안에는 "속죄제(19,21,22,25,26)와 번제(24,27)와 감사제"(27중)가 있습니다. "감사제"는 화목제를 가리키는데 주님께서 담당하신 십자가에는 크게 세 가지 요소가 있습니다.

㉠ 우리 죄를 대속하기 위한 속죄제(贖罪祭)의 의미입니다.

㉡ 내 뜻대로 마옵시고 아버지 뜻대로 되기를 원하나이다 한 전적인 헌신인 번제(燔祭)의 의미입니다.

㉢ 그리고 하나님과 우리를 화목 시켜주시고, 유대인과 이방인들을 하나로 만들어 주신 화목제물(和睦祭物)의 의미입니다. 왜 "번제 · 속죄제 · 화목제"를 드려야 했는가? "이는 우리를 하나님 앞으로 인도하려 하심이라"(벧전 3:18) 합니다. 그러므로 "여호와의 영광이 돌아와 성전에 가득한" 이 시점에 이르러서야 번제단을 언급하시는 것입니다.

번제 · 속죄제 · 화목제의 의미

① 구속사의 관점은 여기서 머물지를 않고 한 걸음 더 나아갑니다. "그러므로 형제들아 내가 하나님의 모든 자비하심으로 너희를 권하노니 너희 몸을 하나님이 기뻐하시는 거룩한 산 제물로 드리라"(롬 12:1)고 말씀합니다. 그러면 우리가 드려야 할 산 제물에는 어떤 것이 있는가? 역시 "속죄제 · 번제 · 화목제"입니다.

㉠ 먼저 "속죄제" 즉 "만일 우리가 우리 죄를 자백하면 그는 미쁘시고 의로우사 우리 죄를 사하시며 모든 불의에서 깨끗하게 하실 것이요"(요일 1:9) 한 회개(悔改)입니다.

㉡ "그런즉 너희가 먹든지 마시든지 무엇을 하든지 다 하나님의 영광을

위하여 하라"(고전 10:31) 한 번제(燔祭)의 삶입니다.

ⓒ 그리고 "하나님이 우리를 사랑하사 우리 죄를 위하여 화목제로 그 아들을 보내셨음이니라, 이같이 우리를 사랑하셨은즉 우리도 서로 사랑하는 것이 마땅하도다"(요일 4:11) 한 화목제(和睦祭)의 삶입니다. 그리고 이것이 그리스도의 구속으로 말미암아 가능해졌음을 놓치지 말아야 합니다.

② 이처럼 "속죄제 · 번제 · 화목제"를 드리면 "내가 너희를 즐겁게 받으리라 주 여호와의 말씀이니라"(27하) 하십니다. 우리의 예배를 하나님이 "즐겁게 받으신다"고 하니 그 이상 무엇을 바랄 것이 있겠는가? 이것이 영광중에 돌아오신 하나님께서 명하신 "속죄제 · 번제 · 감사제"의 의미입니다. 이 점에서 "네 마음으로 생각할지어다"(40:4) 하신 말씀을 잊지 마시고 상기하시기 바랍니다. 본문에 나오는 성전의 모든 치수를 다 암송한다고 하여도 이 신령한 의미를 알지를 못하고 묵상하지 못한다면 무슨 유익(有益)이 있단 말인가? 이를 묵상하는 자라면 죄를 부끄러워하게 될 것입니다. "몸 밖에 드릴 것 없어 이 몸 바칩니다"고 헌신하게 될 것입니다. 그리고 항상 기뻐하며 범사에 감사하게 될 것입니다. 이것이 "여호와의 영광이 돌아와 성전에 충만함"입니다.

③ 묵상해보겠습니다.

㉠ 하나님의 영광이 지금은 어디에 충만한지에 대해서

㉡ 속죄제 · 번제 · 감사제에 대한 의미에 대해서

㉢ 피, 흘린 피, 뿌린 피의 의미에 대해서.

에스겔 44장 개관도표

주제 : 영광이 충만한 성전의 규례와 율례

동향문의 규례	1-5 1 그가 나를 데리고 성소의 동쪽을 향한 바깥 문에 돌아오시니 그 문이 닫혔더라 2 여호와께서 내게 이르시되 이 문은 닫고 다시 열지 못할지니 ① **아무도 그리로 들어오지 못할 것은** 이스라엘 하나님 나 여호와가 그리로 들어왔음이라 **그러므로 닫아 둘지니라** 3 왕은 왕인 까닭에 안 길로 이 문 현관으로 들어와서 거기에 앉아서 나 여호와 앞에서 음식을 먹고 그 길로 나갈 것이니라 4 〈여호와의 영광이 성전에 가득하다〉 그가 또 나를 데리고 북문을 통하여 **성전 앞에 이르시기로 내가 보니** **여호와의 영광이 여호와의 성전에 가득한지라 내가 얼굴을 땅에 대고 엎드리니** 5 여호와께서 내게 이르시되 인자야 **너는 전심으로 주목하여 내가 네게 말하는 바 여호와의 성전의 모든 규례와 모든 율례를 귀로 듣고 또 성전의 입구와 성소의 출구를 전심으로 주목하고**
레위지파 제사장의 임무와 책임	6-31 6 너는 반역하는 자 곧 ② **이스라엘 족속에게 이르기를** 주 여호와께서 이같이 말씀하시기를 이스라엘 족속아 **너희의 모든 가증한 일이 족하니라** 7 너희가 마음과 몸에 할례 받지 아니한 이방인을 데려오고 내 떡과 기름과 피를 드릴 때에 그들로 내 성소 안에 있게 하여 내 성전을 더럽히므로 너희의 모든 가증한 일 외에 그들이 ③ **내 언약을 위반하게 하는 것이 되었으며** 8 너희가 내 성물의 직분을 지키지 아니하고 내 성소에 사람을 두어 **너희 직분을 대신 지키게 하였느니라** 9 주 여호와께서 이같이 말씀하셨느니라 이스라엘 족속 중에 있는 이방인 중에 마음과 몸에 할례를 받지 아니한 이방인은 내 성소에 들어오지 못하리라 10 이스라엘 족속이 그릇 행하여 나를 떠날 때에 ④ **레위 사람도 그릇 행하여 그 우상을 따라 나를 멀리 떠났으니 그 죄악을 담당하리라** 11 ⑤ **그러나 그들이 내 성소에서 수종들어 성전 문을 맡을 것이며 성전에서 수종들어 백성의 번제의 희생물과 다른 희생물을 잡아** 백성 앞에 서서 수종들게 되리라 12 그들이 전에 백성을 위하여 그 우상 앞에서 수종들어 이스라엘 족속이 죄악에 걸려 넘어지게 하였으므로 내가 내 손을 들어 쳐서 그들이 그 죄악을 담당하였느니라 주 여호와의 말씀이니라 13 그들이 내게 가까이 나아와 제사장의 직분을 행하지 못하며 또 내 성물 곧 지성물에 가까이 오지 못하리니 그들이 자기의 수치와 그 행한 바 가증한 일을 담당하리라 14 그러나 내가 그들을 세워 성전을 지키게 하고 성전에 모든 수종드는 일과 그 가운데에서 행하는 모든 일을 맡기리라 15 이스라엘 족속이 그릇 행하여 나를 떠날 때에 사독의 자손 레위 사람 ⑥ **제사장들은 내 성소의 직분을 지켰은즉 그들은 내게 가까이 나아와 수종을 들되** 내 앞에 서서 기름과 피를 내게 드릴지니라 주 여호와의 말씀이니라 16 그들이 내 성소에 들어오며 또 내 상에 가까이 나아와 내게 수종들어 내가 맡긴 직분을 지키되 17 그들이 안뜰 문에 들어올 때에나 안뜰 문과 성전 안에서 수종들 때에는 양털 옷을 입지 말고 가는 베 옷을 입을 것이니 18 가는 베 관을 머리에 쓰며 가는 베 바지를 입고 땀이 나게 하는 것으로 허리를 동이지 말 것이며 19 그들이 바깥뜰 백성에게로 나갈 때에는 수종드는 옷을 벗어 거룩한 방에 두고 다른 옷을 입을지니 이는 그 옷으로 백성을 거룩하게 할까 함이라 20 그들은 또 머리털을 밀지도 말며 머리털을 길게 자라게도 말고 그 머리털을 깎기만 할 것이며 21 아무 제사장이든지 안뜰에 들어갈 때에는 포도주를 마시지 말 것이며 22 과부나 이혼한 여인에게 장가 들지 말고 오직 이스라엘 족속의 처녀나 혹시 제사장의 과부에게 장가 들 것이며 23 내 백성에게 거룩한 것과 속된 것의 구별을 가르치며 부정한 것과 정한 것을 분별하게 할 것이며 24 송사하는 일을 재판하되 내 규례대로 재판할 것이며 내 모든 정한 절기에는 내 법도와 율례를 지킬 것이며 또 내 안식일을 거룩하게 하며 25 시체를 가까이 하여 스스로 더럽히지 못할 것이로되 부모나 자녀나 형제나 시집 가지 아니한 자매를 위하여는 더럽힐 수 있으며 26 이런 자는 스스로 정결하게 한 후에 칠 일을 더 지낼 것이요 27 성소에서 수종들기 위해 안뜰과 성소에 들어갈 때에는 속죄제를 드릴지니라 주 여호와의 말씀이니라 28 ⑦ **그들에게는 기업이 있으리니 내가 곧 그 기업이라** 너희는 이스라엘 가운데에서 그들에게 산업을 주지 말라 내가 그 산업이 됨이라 29 그들은 소제와 속죄제와 속건제의 제물을 먹을지니 이스라엘 중에서 구별하여 드리는 물건을 다 그들에게 돌리며 30 또 각종 처음 익은 열매와 너희 모든 예물 중에 각종 거제 제물을 다 제사장에게 돌리고 너희가 또 첫 밀가루를 제사장에게 주어 그들에게 네 집에 복이 내리도록 하게 하라 31 새나 가축이 저절로 죽은 것이나 찢겨서 죽은 것은 다 제사장이 먹지 말 것이니라

44장

영광이 충만한 성전의 규례와 율례

[5]여호와께서 내게 이르시되 인자야 너는 전심으로 주목하여 내가 네게 말하는 바 여호와의 성전의 모든 규례와 모든 율례를 귀로 듣고 또 성전의 입구와 성소의 출구를 전심으로 주목하고

44장은 "영광이 충만한 성전의 규례와 율례"인데 어떤 뜻인가? 4절에서는 "여호와의 영광이 여호와의 성전에 가득하다"하고 11절에는 "수종든다"는 말이 세 번 강조되어 있는데, 하나님의 영광이 충만한 성전을 어떻게 수종을 들어야 하는가를 말씀하는 이것이 "규례와 율례"인 것입니다. 44-46장은 "예배의 회복"에 대한 내용인데, 이를 회복 문단(33-48장)의 맥락에서 파악해야 의미가 분명해집니다.

㉠ 34장에서 "한 목자와 왕"을 세워주심으로 목자가 회복되어 "화평의

언약"이 세워지고

㉡ 37장에서 "허물과 죄로 죽었던 마른 뼈들이 살아나" 백성들이 회복되는 것을 보았습니다. 그리고 그들이 돌아와서

㉢ 40-42장에서 새 예루살렘 성전이 회복되고

㉣ 43장에서는 "떠나셨던 하나님의 영광이 돌아와 성전에 충만함"으로 회복되었습니다. 그러면 그 다음에는 무엇이 와야 하는가?

㉤ 44-46장에서 하나님과 교제인 "예배가 회복"되는 문맥인 것입니다. 그중에서 44장은 예배를 주관할 제사장의 임무와 책임이 중심점입니다.

도표를 보시면 "모든 규례와 모든 율례를 전심으로 주목하고 전심으로 주의"하라는 말씀을 중심으로,

① 먼저 "동쪽을 향한 문(門)의 규례"를 말씀하면서 전에 행한

② "이스라엘 족속의 반역"(6)과

③ 언약을 위반한 제사장과

④ 우상을 숭배한 레위인의 죄를 지적하십니다.

⑤ 그런 중에 "정절을 지킨 제사장"을 칭찬하시면서

⑥ "내가 그들의 기업이라" 하십니다. 이에 대한 구속사적 의미가 무엇인지 우리도 주목하고 주의해야 마땅합니다. 이를 두 단원으로 나누어 상고하겠습니다.

첫째 단원(1-5) **동쪽을 향한 문의 규례**

둘째 단원(6-31) **레위 지파 제사장의 임무와 책임**

첫째 단원(1-5) **동쪽을 향한 문(門)의 규례**

"그가 또 나를 데리고 북문을 통하여 성전 앞에 이르시기로 내가 보니 여호와의 영광이 여호와의 성전에 가득한지라 내가 얼굴을 땅에 대고 엎드리니"(4).

① 첫째 단원의 중심점은 "동쪽을 향한 성전 문의 규례"에 있습니다.

㉠ "그가 나를 데리고 성소의 동쪽을 향한 바깥 문에 돌아오시니"(1상) 합니다. 선지자가 제일 먼저 인도된 곳은 "동쪽을 향한 문"인데 동쪽을 향한 "그 문이 닫히었더라"(1하) 합니다. 닫혀있는 이유를 2절에서 설명하고 있는데

㉡ "여호와께서 내게 이르시되 이 문은 닫고 다시 열지 못할지니 아무도 그리로 들어오지 못할 것은 이스라엘 하나님 나 여호와가 그리로 들어왔음이라 그러므로 닫아 둘지니라"(2) 하십니다. 43:1-5절에서 돌아오시는 하나님의 영광이 "동문"(東門)을 통해서 들어오는 것을 보았고, 이에 대한 구속사적 의미를 살펴본 바입니다.

② 그러면 왜 "닫아 둘지니라" 하시는가?

㉠ 첫째로 "닫아 두라" 하심은 다시는 떠나시지 않겠다는 뜻이 암시(暗示)되어 있습니다.

㉡ 둘째로 동쪽 문은 하나님만의 통로(通路)라는 뜻이 있습니다. 그러므로 더럽혀서는 아니 되기 때문에 닫아 두라 하시는 것입니다.

③ 그러면 언제까지 닫아 두어야 하는가? 이를 구속사의 맥락으로 보면,

㉠ "문들아 너희 머리를 들지어다 영원한 문들아 들릴지어다 영광의 왕이 들어가시리로다"(시 24:7), 즉 메시아께서 들어오시는 날까지일 것입니다. 이점을 3절 말씀이 뒷받침해 주는데

㉡ "왕은 왕인 까닭에 안 길로 이 문 현관으로 들어와서 거기에 앉아서 나 여호와 앞에서 음식을 먹고 그 길로 나갈 것이니라"(3) 하십니다. "이 문"이 동문인지 명확하지 않지만 "왕은 왕인 까닭에" 한 말씀으로 볼 때 동문(東門)을 통해 들어오도록 허용(許容)하신 것으로 여겨집니다.

④ 구약의 왕은 메시아의 예표로써 기름 부음을 받은 자들입니다. 메시아가 들어오신 오늘날은 그 문이 활짝 열려있고 다시는 닫히지 않는다는 것이 구속사의 관점입니다. 왜냐하면 지성소에 이르는 휘장을 열어주신 하나님께서 동문을 닫아 두라 하시겠는가? 계시록에서는 "낮에 성문들을 도무지 닫지 아니하리니 거기에는 밤이 없음이라"(계 21:25)고 말씀합니다. 그러므로 형제가 하나님께 나아갈 때는 새 예루살렘의 동문을 통해서 나아가게 될 것을 믿어도 될 것입니다. 왜냐하면 형제가 "왕 같은 제사장"이기 때문입니다.

⑤ 그러나 "무엇이든지 속된 것이나 가증한 일 또는 거짓말하는 자는 결코 그리로 들어가지 못하되 오직 어린양의 생명책에 기록된 자들만"(계 21:27)임을 명심하십시다. 예루살렘 성의 동문이 미문인데 지금은 굳게 닫혀있습니다. 그런데 유대인들은 메시아가 오셔서 열고 들어오실 날을 기다리고 있다고 합니다. 그래서 동문 맞은편에는 수많은 무덤이 있는데 최고의 명당이라 합니다. 왜냐하면 그때 부활할 것이 믿기 때문입니다. 참으로 답답한 일입니다.

왕은 왕인 까닭에

① "그가 또 나를 데리고 북문을 통하여 성전 앞에 이르시기로"(4상), 에스겔 선지자는 동문을 통해서 들어가지를 못하고 북문(北門)을 통해서 인도되었습니다. 어디로? "성전 앞에 이르시기로", 즉 하나님 존전(尊前)으로 인도된 것입니다. "내가 보니 여호와의 영광이 여호와의 성전에 가득한지라 내가 얼굴을 땅에 대고 엎드렸다"(4하)고 말씀합니다. 예배란 영광이 가득한 "은혜의 보좌 앞에 담대히 나아가"(히 4:16) 엎드려 절하는 것입니다. 그리고 거기서 두 가지 일이 이루어지는데

㉠ "거기서 내가 너와 만나고

㉡ 네게 명할 모든 일을 네게 이르리라"(출 25:22) 하십니다. 우리가 드리는 예배와 기도 시에 이런 일이 일어난다는 점을 믿으시기 바랍니다.

② 다시 강조합니다만 성전에 영광이 가득함은,

㉠ "말씀이 육신이 되어 우리 가운데 거하시매 우리가 그 영광을 보니 아버지의 독생자의 영광이요 은혜와 진리가 충만하더라"(요 1:14)에서 성취될 예표요

㉡ 그리스도의 구속으로 말미암아 "영광스러운 교회"(엡 5:27)로 적용이 되는 계시입니다.

㉢ 그리고 "그 성은 해나 달의 비침이 쓸데없으니 이는 하나님의 영광이 비치고 어린 양이 그 등불이 되심이라"(계 21:23)에서 완성이 될 것입니다.

이 점에서 그리스도의 구속으로 말미암아 하나님께 나아가는 문이 활짝 열렸다는 점과 하나님의 영광이 충만한 교회의 영광스러움을 잊지 말아야 더럽히지 않을 수 있습니다.

③ 그러기 때문에 "여호와께서 내게 이르시되 인자야 너는 전

심으로 주목하여 내가 네게 말하는바 여호와의 성전의 모든 규례와 모든 율례를 귀로 듣고 또 성전의 입구와 성소의 출구를 전심으로 주목하고"(5), 이스라엘 족속들에게 전해주라 하십니다. 왜냐하면 이 계시는 복음시대를 거쳐서 그리스도의 재림 때에 완성이 될 하나님의 구원계획이기 때문입니다. 전에는 이를 "전심"으로 주목하지 않고 귓등으로 들었다가 성전이 불에 타는 심판을 초래한 것입니다. 그러므로 신약교회도 이제부터 하시는 말씀을 전심으로 주목하고 전심으로 주의해야 마땅합니다. 이것이 "동쪽을 향한 문의 규례"에 함의된 구속사적 의미입니다.

둘째 단원(6–31) **레위 지파 제사장의 임무와 책임**

"너희가 내 성물의 직분을 지키지 아니하고 내 성소에 사람을 두어 너희 직분을 대신 지키게 하였느니라"(8).

① 둘째 단원의 중심점은 "레위 지파 제사장의 직무와 책임"에 있는데, 그러니까 예배가 회복되기 위해서는 성별된 제사장이 직무를 바르게 수행해야 한다는 점을 나타냅니다. 본문에 "제사장"이라는 언급이 자주 등장하지는 않지만 내용을 관찰해보면, 44장 전체가 주로 제사장에게 하시는 말씀임을 알 수 있습니다. 첫 말씀이 "너는 반역하는 자 곧 이스라엘 족속에게 이르기를 주 여호와께서 이같이 말씀하시기를 이스라엘 족속아 너희의 모든 가증한 일이 족하니라"(6) 하십니다. 45:9절에서도 "이스라엘의 통치자들아 너희에게 만족하니라" 하십니다. 무슨 뜻인가 하면 그들

이 우상숭배를 하여 하나님 앞에 패역(반역)하고 가증한 일을 행한 것이 지나간 때로 족하다, 지나간 일만으로도 끔찍한 일이니 다시는 되풀이하지 말라는 경계입니다. 이점을 신약성경에서는 "너희가 음란과 정욕과 술 취함과 방탕과 향락과 무법한 우상숭배를 하여 이방인의 뜻을 따라 행한 것은 지나간 때로 족하도다"(벧전 4:3)라고 말씀합니다.

② 7-14절은 지난날 제사장들의 잘못을 지적하는 내용인데, 7절은 한마디로 '예배가 타락했다, 예배가 세속화되었다'는 것입니다.

㉠ "마음과 몸에 할례받지 아니한 이방인(오늘날은 거듭나지 못한 자)을 데려오고

㉡ 내 떡과 기름과 피를 드릴 때(예배드릴 때) 내 성전(殿)을 더럽히고

㉢ 너희의 모든 가증한 일 외에 그들이 내 언약(言約)을 위반하게 하는 것이 되었다"(7)고 말씀합니다.

오늘날도 "마음과 몸에 할례" 받지 아니한 이방인이라면 이는 아직 그리스도인이 아닙니다. 이런 자에게 장로 · 권사의 직분을 주고 또는 설교자로 세우지는 않았는가? 우리가 드리는 찬양과 기도와 예물이 "언약"에 근거한 것인가를 반성하게 합니다.

③ 8절은 제사장이 직무에 태만했다는 점을 지적합니다. "너희가 내 성물의 직분을 지키지 아니하고 내 성소에 사람을 두어 너희 직분을 대신 지키게 하였느니라"(8) 합니다. 오늘날 대신하게 할 수 없는 것이 무엇인지 아십니까? 설교입니다. 만일 하나님의 말씀을 바르게 전하기 위해서 전심전력을 다하지 아니하고 다른 이의 설교를 표절한다면 대신하게 하는 것이 될 것입니다.

④ 10절은 "이스라엘 족속이 그릇 행하여 나를 떠날 때에 레위

사람도 그릇 행하여 그 우상을 따라 나를 멀리 떠났다"(10)고 말씀합니다. 여기 "레위 사람"이란 제사장 지파(43:19)를 가리키는데 멀리 떠났다는 것은 언약에서 멀리 떠나 우상의 제사장으로 타락했다는 것입니다. 12절에 보면 하나님께 제물을 드려야 할 제사장들이 "우상 앞에서 수종들어 이스라엘 족속이 죄악에 걸려 넘어지게 하였으므로"라고 말씀합니다. 이 말씀이 오늘의 설교자들에게는 "진리에 관하여는 그들이 그릇 되었도다"(딤후 2:18) 한 것으로 적용된다고 하겠습니다.

⑤ 그런 자들은 "내게 가까이 나아와 제사장의 직분을 행하지 못하며 또 내 성물 곧 지성물에 가까이 오지 못하리니"(13) 하십니다. 그런데 11절과 14절은 "그러나" 하고 시작되는데, "성전을 지키게 하고 성전에 모든 수종드는 일과 그 가운데에서 행하는 모든 일을 맡기리라"(14) 하십니다. 에스라서에 보면 포로에서 귀환한 후에 "이 사람들은 계보 중에서 자기 이름을 찾아도 찾지 못하였으므로 그들을 부정하게 여겨 제사장의 직분를 행하지 못하게 했다"(느 7:64)고 말씀합니다.

타락한 제사장

① 그런데 다 타락한 것은 아닙니다. "이스라엘 족속이 그릇 행하여 나를 떠날 때에 사독의 자손 레위 사람 제사장들은 내 성소의 직분을 지켰은즉 그들은 내게 가까이 나아와 수종을 들되(15), 나의 맡긴 직분을 지키리라"(16)고 정절(貞節)을 지킨 자들이 있음을 말씀합니다. 그리하여 28-31절에서 "그들에게는 기업

이 있으리니 내가 곧 그 기업이라"(28)고 말씀하시면서, "또 각종 처음 익은 열매와 너희 모든 예물 중에 각종 거제 제물을 다 제사장에게 돌리고 너희가 또 첫 밀가루를 제사장에게 주어 그들에게 네 집에 복이 내리도록 하게 하라"(30) 하십니다. 이는 제사장들의 일용할 양식을 책임져 주시겠다는 뜻입니다.

② 그런 충성스런 제사장이 있었는데 "에스라라 하는 자가 있으니라 그는 스라야의 아들이요 아사랴의 손자요 힐기야의 증손이요 살룸의 현손이요 <사독의 오대 손>이요… 대제사장 아론의 십육대 손이라"(스 7:1-5) 합니다. "에스라가 여호와의 율법을 연구하여 준행하며 율례와 규례를 이스라엘에게 가르치기로 결심하였었더라"(스 7:10) 합니다. 이를 위해서 그는 바사에서 예루살렘으로 올라와 개혁운동을 벌렸는데,

㉠ "율법을 연구하여"

㉡ 먼저 자신이 "준행하며"

㉢ "가르치기를 결심했다"는 것입니다.

③ 17-26절에는 제사장의 규례와 직무가 나오는데, 규례는 제사장으로서의 "거룩"을 손상시키지 말고 성별된 삶을 살라는 말씀이고, 직무는 "내 백성에게 거룩한 것과 속된 것의 구별을 가르치며 부정한 것과 정한 것을 분별하게 할 것이며 송사하는 일을 재판하되 내 규례대로 재판할 것이며 내 모든 정한 절기에는 내 법도와 율례를 지킬 것이며 또 내 안식일을 거룩하게 하라"(23-24) 하십니다. 이를 오늘의 표현으로 하면

㉠ 말씀이 바르게 선포되고

㉡ 성례를 바르게 집례하고

㉢ 올바른 권징이 시행되어야 바른 예배, 바른 교회라는 뜻이 됩니다.

④ 이처럼 하나님께 바른 예배가 드려지기 위해서는 제사장, 즉 지도자가 바르게 서야 합니다. 설교자들에게는 누구도 대신할 수 없는 고유권한이 있는데, 그것은 "그들이 하나님의 말씀을 맡았음이니라"(롬 3:2) 한 "강도(講道)"권(눅 11:52) 입니다. 설교는 성도들 앞에 천국 문을 열어주느냐, 닫느냐 하는 사활이 걸려있는 문제이기에 대신할 수 없는 것입니다. 그럼에도 불구하고 오늘날 가장 심각한 문제는 "강단(講壇)"이 훼손되고 있다는 점입니다. 축제라는 미명 하에 "마음에 할례받지 못한 자"(7,9)를 강단에 세우고, 인기에 영합하기 위한 말씀의 "혼잡"은 위험수위에 이르렀다 하겠습니다.

⑤ 이는 설교자의 타락입니다. 설교자가 타락하기 때문에 교회가 세속화되는 것입니다. 오늘의 지도자들이 얼마나 타락했으면 "세속화 신학, 신 죽음의 신학"이 다 있겠는가? 이런 자들을 13장에서는 "내 백성의 영혼을 사냥"(13:10,18)하는 자들이라고 책망하십니다. 어느 시대를 막론하고 목회자가 바로 서면 교회가 바로 서고, 목회자가 타락하면 교회가 타락하는 것입니다. 이것이 "영광이 가득한 전 앞에서 선지자가 받은 제사장의 규례와 율례"입니다. 목회자들은 이를 전심으로 주목하고 전심으로 주의(5)해야 할 것입니다.

⑥ 묵상해보겠습니다.

㉠ "동쪽을 향한 문"에 함의된 구속사적 의미에 대해서

㉡ 제사장의 타락과 세속화에 대해서

㉢ 정절을 지킨 제사장의 직무와 축복에 대해서.

에스겔 45-46장 개관도표
주제 : 하나님이 기쁘게 받으실 예배

예물로 드릴 거룩한 땅	45:1-12 1 너희는 제비 뽑아 땅을 나누어 기업으로 삼을 때에 ① **한 구역을 거룩한 땅으로 삼아** **여호와께 예물로 드릴지니** 2 그 중에서 성소에 속할 땅은 길이가 오백 척이요 너비가 오백 척이니 네모가 반듯하며 그 외에 사방 쉰 척으로 전원이 되게 하되 3 이 측량한 가운데에서 길이는 이만 오천 척을 너비는 만 척을 측량하고 ② **그 안에 성소를 둘지니** **지극히 거룩한 곳이요** 4 ③ **성소에서 수종드는 제사장들** 곧 하나님께 가까이 나아가서 수종드는 자들에게 주는 거룩한 땅이니 5 **성전에서 수종드는 레위 사람에게 돌려** 그들의 거주지를 삼아 마을 스물을 세우게 하고 8 **이 땅을 왕에게 돌려** 이스라엘 가운데에 기업으로 삼게 하면 나의 왕들이 다시는 내 백성을 압제하지 아니하리라 그 나머지 땅은 이스라엘 족속에게 ④ **그 지파대로 줄지니라** 9 여호와께서 이같이 말씀하셨느니라 이스라엘의 **통치자들아 너희에게 만족하니라** 너희는 포악과 겁탈을 제거하여 버리고 정의와 공의를 행하여 내 백성에게 속여 빼앗는 것을 그칠지니라
예물로 드릴 거룩한 제사들	45:13-46:15 13 **너희가 마땅히 드릴 예물은 이러하니** 15 이스라엘의 윤택한 초장의 가축 떼 . . . **어린 양 한 마리를 드릴 것이라 백성을 속죄하기 위하여** **이것들을 소제와 번제와 감사 제물로 삼을지니라** 17 군주의 본분은 ⑤ **번제와 소제와 전제를 명절과 초하루와 안식일과** 이스라엘 족속의 **모든 정한 명절에** 갖추는 것이니 이스라엘 족속을 속죄하기 위하여 이 **속죄제와 소제와 번제와 감사 제물**을 갖출지니라 18 여호와께서 이같이 말씀하셨느니라 첫째 달 초하룻날에 흠 없는 수송아지 한 마리를 가져다가 성소를 정결하게 하되 19 제사장이 그 속죄제 희생제물의 피를 가져다가 성전 문설주와 제단 아래층 네 모퉁이와 안뜰 문설주에 바를 것이요 21 첫째 달 열나흗날에는 **유월절**을 **칠 일 동안 명절**로 지키며 누룩 없는 떡을 먹을 것이라 25 **일곱째 달 열다섯째 날에 칠 일 동안** 명절을 지켜 속죄제와 번제며 그 밀가루와 기름을 드릴지니라 46:1 주 여호와께서 이같이 말씀하셨느니라 안뜰 동쪽을 향한 문은 일하는 엿새 동안에는 닫되 안식일에는 열며 초하루 에도 열고 2 군주는 바깥 문 현관을 통하여 들어와서 문 벽 곁에 서고 제사장은 그를 위하여 번제와 감사제를 드릴 것이요 군주는 문 통로에서 예배한 후에 밖으로 나가고 그 문은 저녁까지 닫지 말 것이며 4 **안식일에** 군주가 여호와께 드릴 번제는 흠 없는 어린 양 여섯 마리와 흠 없는 숫양 한 마리라 6 **초하루에는** 흠 없는 수송아지 한 마리와 어린 양 여섯 마리와 숫양 한 마리를 드리되 모두 흠 없는 것으로 할 것이며 12 만일 군주가 자원하여 번제를 준비하거나 혹은 자원하여 감사제를 준비하여 나 여호와께 드릴 때에는 그를 위하여 동쪽을 향한 문을 열고 그가 번제와 감사제를 안식일에 드림 같이 드리고 밖으로 나갈지며 나간 후에 문을 닫을지니라 13 **아침마다** 일년 되고 흠 없는 어린 양 한 마리를 번제를 갖추어 나 여호와께 드리고 14 또 아침마다 그것과 함께 드릴 소제를 갖추되 곧 밀가루 육분의 일 에바와 기름 삼분의 일 힌을 섞을 것이니 이는 영원한 규례로 삼아 항상 나 여호와께 드릴 소제라 15 이같이 아침마다 그 어린 양과 밀가루와 기름을 준비하여 항상 드리는 번제물로 삼을지니라
왕의 기업	46:16-24 16 주 여호와께서 이같이 말씀하셨느니라 군주가 만일 한 아들에게 선물을 준즉 그의 기업이 되어 그 자손에게 속하나니 이는 그 기업을 이어 받음이어니와 17 군주가 만일 그 기업을 한 종에게 선물로 준즉 그 종에게 속하여 희년까지 이르고 그 후에는 군주에게로 돌아갈 것이니 ⑥ **군주의 기업은 그 아들이 이어 받을 것임이라** 18 **군주는 백성의 기업을 빼앗아 그 산업에서 쫓아내지 못할지니** 군주가 자기 아들에게 기업으로 줄 것은 자기 산업으로만 할 것임이라 백성이 각각 그 산업을 떠나 흩어지지 않게 할 것이니라 19 그 후에 그가 나를 데리고 문 곁 통행구를 통하여 북쪽을 향한 제사장의 거룩한 방에 들어가시니 그 방 뒤 서쪽에 한 처소가 있더라 20 그가 내게 이르시되 **이는 제사장이 속건제와 속죄제 희생제물을 삶으며 소제 제물을 구울 처소니**

45-46 장

하나님이 기쁘게 받으실 예배

> [45:15]또 이스라엘의 윤택한 초장의 가축 떼 이백 마리에서는 어린 양 한 마리를 드릴 것이라 백성을 속죄하기 위하여 이것들을 소제와 번제와 감사 제물로 삼을지니라 주 여호와의 말씀이니라

45-46장의 중심점은 예배의 회복, 즉 "하나님이 기쁘게 받으실 예배"에 있습니다. 이를 회복의 문맥으로 보면, 43장에서 영광중에 성전으로 돌아오신 하나님께서 "너희 번제와 감사제를 드릴 것이라 그리하면 내가 너희를 즐겁게 받으리라"(43:27) 하시고, 44장에서는 제사장이 직무를 바르게 수행해야 할 것을 말씀하신 후에, 45-46장에서 "하나님이 기쁘게 받으실 예배"를 말씀하는 문맥입니다. 그런데 말라기 시대에 이르러 "만군의 여호와가 이르노라 너희가 내 제단 위에 헛되이 불사르지 못하게 하기 위하

여 너희 중에 성전 문을 닫을 자가 있었으면 좋겠도다 내가 너희를 기뻐하지 아니하며 너희가 손으로 드리는 것을 받지도 아니하리라"(말 1:10)고 다시 타락하는 것을 봅니다. 그러면 어떻게 드리는 것이 하나님이 기쁘게 받으실 예배가 될 것인가? 도표를 보시면 "너희의 마땅히 드릴 예물이 이러하니"를 중심으로,

① 먼저 "한 구역을 거룩한 땅으로 삼아 예물로 드려"

② "그 가운데 성소를 둘지니" 하십니다.

③ 그리고 그 성소를 중심으로 주변을 "제사장 · 레위인 · 왕에게 돌리라" 하시면서

④ 그 나머지를 각 지파대로 나눠주라 하십니다. 그런 후에

⑤ "각종 제사와 모든 절기"를 말씀하시고

⑥ "군주의 기업"에 대한 언급이 있는데, 이는 백성의 기업을 착취하지 못하게 하기 위한 장치입니다. 이를 세 단원으로 나누어 상고하겠습니다.

첫째 단원(45:1–12) **예물로 드릴 거룩한 땅**

둘째 단원(45:13–46:15) **예물로 드릴 거룩한 제사들**

셋째 단원(46:16–24) **군주의 기업과 제사장의 부엌**

첫째 단원(45:1–12) **예물로 드릴 거룩한 땅**

"너희는 제비 뽑아 땅을 나누어 기업으로 삼을 때에 한 구역을 거룩한 땅으로 삼아 여호와께 예물로 드릴지니 그 길이는 이만 오천 척이요 너비는 만 척이라 그 구역 안 전부가 거룩하리라"(45:1).

① 우선적으로 성소가 세워질 땅을 예물로 드리라 하십니다. 이에 대한 상론은 48:8-20절에서 다시 언급하게 되는데, 그 중앙(中央)에 성소(聖所)를 세우기 위해서입니다. 이 점에서 유념해야 할 점은 "그 구역 안 전부가 거룩하리라(1), 지극히 거룩한 곳이요(3), 그 땅의 거룩한 구역이라"(4)고 거룩이 강조되어 있다는 점입니다. 이 성별이 오늘날 교회로 적용되기 때문에 중요한 것입니다. "하나님의 뜻은 이것이니 너희의 거룩함이라"(살전 4:3) 하십니다.

② 성소 주변은 성전을 수종들 제사장에게 돌리고(4), 그 위편은 제사장을 도울 레위인에게 돌리고(5), 그 좌우편은 왕에게 돌리라(7) 하십니다. 여기서 언급하는 "제사장 · 레위인 · 왕"은 지도계급이라는 점입니다. 이를 언급하시는 의도가 8절에 나타나는데, "이 땅으로 왕에게 돌려 이스라엘 중에 기업을 삼게 하면 나의 왕들이 다시는 백성을 압제하지 아니하리라" 하십니다. 그러니까 지도자들이 맡은 직무에 전념할 수 있도록 보장해주되, 그 이상의 탐심을 품어서는 안 된다는 경계인 것입니다. 그래서 46:18절에서는 "군주는 백성의 기업을 빼앗아 그 산업에서 쫓아내지 못할지니" 하십니다.

③ 이는 비단 군주에게만 해당이 되는 것은 아닙니다. "주 여호와께서 이같이 말씀하셨느니라 이스라엘의 통치자들아 너희에게 만족하니라 너희는 포악과 겁탈을 제거하여 버리고 정의와 공의를 행하여 내 백성에게 속여 빼앗는 것을 그칠지니라"(9) 하십니다. "너희에게 만족하다"는 뜻은 너희 기업이 그만하면 족하다, 강포와 겁탈을 행한 일이 지나간 일만으로도 족하다는 뜻입니다.

이것이 "예물로 드릴 거룩한 땅"의 용도(用道)입니다.

둘째 단원(45:13–46:15) **예물로 드릴 거룩한 제사들**

"너희가 마땅히 드릴 예물은 이러하니 밀 한 호멜에서는 육분의 일 에바를 드리고 보리 한 호멜에서도 육분의 일 에바를 드리며"(13).

① 둘째 단원의 중심점은 "예물로 드릴 거룩한 제사"에 있습니다. 첫째 단원에서 성전이 세워질 "땅"을 예물로 드리라 하신 후에 "너희가 마땅히 드릴 예물은 이러하니"(45:13상)고 드려야 할 "예물"을 말씀하시는데, 이는 제사에 필요한 예물들입니다. 구약의 성도들이 드려야 할 제사에는 "번제 · 소제 · 감사제 · 속죄제 · 속건제" 등이 있고, 지켜야 할 절기로는 "유월절과 무교절(21), 초막절"(25) 등이 있고, "매일 드리는 상번제(46:13), 주(週)마다 지켜야 하는 안식일(4), 달마다 지킬 월삭(6) 등이 있습니다. 여기에 소용되는 예물을 드리라는 말씀입니다. 예를 들면 밀가루나 보리는 1/60, 초장의 가축 떼에서는 이백 마리 당 한 어린 양을 드리라(15)는 것입니다. 제사규례는 레위기나 민수기에 자세히 나와 있기 때문에 여기서는 원론적인 말씀만 하십니다.

② 어찌하여 각종 제사와 절기를 지키라 하시는가? 이것이 하나님과의 교제, 즉 구약교회의 예배(禮拜)이기 때문입니다. 그리고 예배란 "오르락내리락"(창 28:12)하는 하나님과의 "교제(交際)"라는 점입니다. 그렇다면 "오직 너희 죄악이 너희와 너희 하나님 사이를 갈라놓았고"(사 59:2) 한, 단절(斷絶)되었던 하나님과

의 관계가 회복되는 것이 어떻게 가능하여지는가 하는 점입니다. 신구약을 막론하고 하나님과의 교제가 가능하여지는 것은 그리스도의 대속을 통해서뿐이라는 점에 확고(確固)해야 합니다.

③ 다시 강조합니다만 구약의 성도들도 메시아언약 안에서만 하나님과의 교제가 가능한 것이고, 메시아언약을 믿음으로만이 구원에 이를 수 있게 된다는 점입니다. 성경은 "아브라함에게 복음(福音)을 전했다"(갈 3:8)고 말씀하고, "이를 믿음으로 의로 여기셨다"(창 15:6, 롬 4:3), 즉 교제가 이루어졌다고 말씀합니다. 다른 점이 있다면 구약의 성도들은 앞으로 오실 그리스도를 믿었고, 신약의 성도들은 이미 오신 그리스도를 믿는 차이뿐입니다. 만일 다른 길, 다른 방도가 있는 양 말한다면 이는 그리스도의 죽음을 헛된 것으로 만드는 것(갈 2:21)이라고 말씀합니다. 그러므로 이스라엘과 신약교회를 별개로 여기려는 세대주의적인 해석은 의문이라는 문자만을 보는 데서 오는 곡해인 것입니다.

④ 그러므로 신구약을 막론하고 예배에 있어서 사활적으로 중요한 점은 제물의 물량(物量)이나 성전의 규모나 터의 크기 등에 있는 것이 아니라 메시아언약에 근거한 예배를 드리느냐 여부에 있는 것이요, 메시아언약에 근거하고 있느냐의 시금석은 "사도신경"을 암송하는데 있는 것이 아니라 강단에서 선포되는 설교의 중심에 "그리스도"가 놓여있느냐 여부에 있는 것입니다.

하나님과 교제가 이루어진 예들

① 그러므로 중요한 점은 "메시아언약"입니다.

㉠ 성경에 기록된 최초의 제사인 아벨이 양의 첫 새끼를 제물로 드린 것은 "여자의 후손"이라 하신 원 복음의 토대 위에서 드려진 것이요
㉡ 아브라함이 "제단을 쌓고 여호와의 이름을 부르더니"(창 12:8) 한 제단도 메시아언약의 토대 위에 세워진 것입니다.
㉢ 이점이 "네 아들 네 사랑하는 독자 이삭을 내가 일러준 산에 가서 번제로 드리라"(창 22:2) 하신 점에 분명히 나타나는데 지시하신 산에 솔로몬이 성전을 건축하였고, 이는 성전 되시는 그리스도에 대한 모형이었던 것입니다.
㉣ 그러므로 하나님과의 관계의 회복을 말씀하는 40-48장도, "한 목자"를 보내셔서 "화평의 언약을 세워서 영원한 언약이 되게"(37:24,26) 하시겠다는 "화평의 언약"을 말씀하신 다음에 주어지고 있다는 점을 유념해야 합니다.

② 예를 들어 성찬을 행하되 말씀이 없이 의미도 모르고 행한다면 어떻게 되는가를 생각해 보시기 바랍니다. 그러므로 언약을 망각한 체 제물을 드린다면 이는 이방인들이 행하는 우상숭배나 다를 바가 없다(사 66:3)고 책망합니다. 천지만물을 창조하신 천지의 대 주재자이신 하나님은 "이는 삼림의 짐승들과 뭇 산의 가축이 다 내 것이며, 내가 수소의 고기를 먹으며 염소의 피를 마시겠느냐"(시 50:10,13) 하십니다. 그런데 메시아언약을 망각한 체 제사 드림으로 "나는 수송아지나 어린 양이나 숫염소의 피를 기뻐하지 아니하노라"(사 1:11) 하시는 것입니다.

③ 지금 우리는 옛날이야기를 하는 것이 아닙니다. 오늘의 예배가 십자가 복음에 근거하여 드려지고 있느냐고 묻고 있는 것입니다. 설교의 중심에 그리스도가 복음이 자리 잡고 있느냐? 기도의 우선순위가 "그의 나라와 그의 의"를 구하고 있느냐? 그러므

로 예배의 회복이란 지금까지 없던 "새로운 규례"를 의미하는 것이 아닙니다. 하나님은 "너희는 길에 서서 보며 옛적 길 곧 선한 길이 어디인지 알아보고 그리로 가라 너희 심령이 평강을 얻으리라" 하셨으나 그들은 대답하기를 "우리는 그리로 가지 않겠노라"(렘 6:16)하고, "곧 그 옛길에서 넘어지게 하며 곁길 곧 닦지 아니한 길로 행하다"(렘 18:15)가 멸망을 한 것입니다. 그러므로 예배의 회복이란 메시아언약을 망각하고 우상을 숭배하던 "닦지 아니한 곁길"에서 옛적 길로 돌아와서 드리는 예배라는 점을 명심해야 합니다.

④ 이점이 그들이 지켜야 할 절기들을 말씀하는 21-25절에 분명히 나타나는데 무엇을 지키라 하시는가?

㉠ "첫째 달 열 나흗날에는 유월절을 칠일 동안 명절로 지키라"(21)

㉡ 이어지는 "칠일(七日) 절기"(21중)란 누룩없는 떡을 먹는 무교절이요

㉢ "칠월 십오일 절기"(25) 곧 초막절(레 23:34)을 지키라 하십니다.

유월절로 시작하여 초막절로 마치는 절기 등은 새로운 것이 아닙니다. 유월절이 주님의 초림으로 성취되었고, 초막절은 재림하심으로 초막에 머물던 광야생활을 청산하게 될 것에 대한 예표로 주어진 것입니다. 그런데 만일 메시아언약을 망각한 체 유월절, 초막절을 지킨다면 무슨 의미가 있겠는가?

⑤ 그러므로 메시아언약을 잊지 않게 하시기 위해서 절기만이 아니라 아침마다(46:13,14,15) 상번제를 드리라, "안식일(46:4), 월삭"(46:6, 매월 초하루)을 지키라 하시는 것입니다. 그럼에도 불구하고 구약교회는 메시아언약을 망각했고, 신약교회는 십자가 복음을 옆으로 밀어놓고 있는 것입니다. 왜 이렇게 되었는가? "그

리스도의 영광의 복음의 광채"를 비치지 못하게 하려는 이 세상 신(사탄)의 간계(고후 4:4)에 속고 있기 때문입니다. 그러므로 현대교회의 가장 시급한 일은 예배의 갱신과 회복이라 하겠습니다. 그리고 예배의 회복은 다름 아닌 "설교의 회복"에 있는 것입니다.

셋째 단원(46:16–24) **왕의 기업과 제사장의 부엌**

"주 여호와께서 이같이 말씀하셨느니라 군주가 만일 한 아들에게 선물을 준즉 그의 기업이 되어 그 자손에게 속하나니 이는 그 기업을 이어 받음이어니와"(46:16).

① 셋째 단원(46:16-24)은 주로 왕이 준수해야 할 규례와 제사장이 제물을 준비하는 부엌(19-24)에 관한 언급입니다.

㉠ "왕은 바깥 문 현관을 통하여 들어오라"(46:2)

㉡ 군주가 안식일에 드릴 번제(4)

㉢ 월삭에 드릴 제물(6)

㉣ 군주가 자원하여 드릴 감사제(12) 등을 말씀하십니다.

이렇게 말씀하는 의도는 군주는 나라의 머리와 같아서 솔선수범하라는 뜻에서일 것입니다. 그리고 왕만 바로 서 있으면 나라 전체가 바로 설 수 있기 때문일 것입니다. 이런 맥락에서 목회자만 바로 서 있다면 교회가 바로 설 수 있다고 말할 수 있는 것입니다.

② 그리고 45:8절에서 언급한 "왕의 기업"(46:16-18)에 대해 말

씀합니다.

㉠ "군주는 백성의 기업을 빼앗아 그 산업에서 쫓아내지 못할지니 군주가 자기 아들에게 기업으로 줄 것은 자기 산업으로만 할 것임이라"

㉡ "백성이 각각 그 산업을 떠나 흩어지지 않게 할 것이니라(18) 하십니다.

이처럼 군주에 대한 규례가 강조되어 있는 것은 역사서에서 보는 바대로 군주가 하나님 보시기에 합당하냐 여부에 따라 나라 전체가 좌우되기 때문일 것입니다.

③ "그 후에 그가 나를 데리고 문 곁 통행구를 통하여 북쪽을 향한 제사장의 거룩한 방에 들어가시니"(19) 하고, 이번에는 제사장에 대해서 언급하십니다.

㉠ "이는 제사장이 속건제와 속죄제 희생제물을 삶으며 소제제물을 구울 처소니"(20)

㉡ "성전에서 수종드는 자가 백성의 제물을 여기서 삶을 것이니라"(24)는 말씀으로 셋째 단원은 마치고 있습니다.

④ 이 점에서 주목하게 되는 것은 제사장이 속건제와 속죄제 희생제물을 "삶으며, 구울"(20) 처소라는 언급입니다. 이를 위해서 제사장들이 얼마나 정성을 기울였을 것인가를 생각한다면, 이는 설교자가 말씀을 준비하기 위해서 전심전력을 다해야 할 골방으로 적용이 된다고 하겠습니다. 또한 "군주와 제사장"에 대한 언급은 "왕 같은 제사장"이라 하신 우리와 무관하지 않은 것입니다. 특히 목회자들이 명심해야 할 말씀이라 하겠습니다.

⑤ 묵상해보겠습니다.

㉠ 신구약을 막론하고 하나님과의 교제가 어떻게 가능하여지는가에 대

해서

ⓛ 유월절로 시작하여 초막절로 마치는 절기의 구속사적 의미에 대해서

ⓒ 군주와 제사장에 대한 경계가 오늘의 우리에게는 어떻게 적용되는가에 대해서.

에스겔 47장 개관도표

주제 : 성전 동향한 문지방 밑에서 나오는 생명샘물

스며나와 강물이 된 생명수

1-12

1 그가 나를 데리고 성전 문에 이르니 **성전의 앞면이 동쪽을 향하였는데 그 문지방 밑에서 물이 나와 동쪽으로 흐르다가 성전 오른쪽 제단 남쪽으로 흘러 내리더라**

2 그가 또 나를 데리고 북문으로 나가서 바깥 길로 꺾여

① **동쪽을 향한 바깥 문에 이르시기로 본즉 물이 그 오른쪽에서 스며 나오더라**

3 그 사람이 손에 줄을 잡고 동쪽으로 나아가며 ② **천 척을 측량한 후에 내게 그 물을 건너게 하시니 물이 발목에 오르더니**

4 ③ **다시 천 척을 측량하고 내게 물을 건너게 하시니**
물이 무릎에 오르고
다시 천 척을 측량하고 내게 물을 건너게 하시니 물이 허리에 오르고

5 **다시 천 척을 측량하시니 물이 내가 건너지 못할 강이 된지라**
그 물이 가득하여 헤엄칠 만한 물이요 사람이 능히 건너지 못할 강이더라

6 그가 내게 이르시되 인자야 네가 이것을 보았느냐 하시고 나를 인도하여 강 가로 돌아가게 하시기로

7 내가 돌아가니 강 좌우편에 나무가 심히 많더라

8 그가 내게 이르시되 이 물이 동쪽으로 향하여 흘러 아라바로 내려가서 바다에 이르리니

④ **이 흘러 내리는 물로 그 바다의 물이 되살아나리라**

9 **이 강물이 이르는 곳마다 번성하는 모든 생물이 살고** 또 고기가 심히 많으리니
이 물이 흘러 들어가므로 바닷물이 되살아나겠고 이 강이 이르는 각처에 모든 것이 살 것이며

10 또 이 강 가에 어부가 설 것이니 엔게디에서부터 에네글라임까지 그물 치는 곳이 될 것이라 그 고기가
각기 종류를 따라 큰 바다의 고기 같이 심히 많으려니와

11 ⑤ **그 진펄과 개펄은 되살아나지 못하고 소금 땅이 될 것이며**

12 ⑥ **강 좌우 가에는 각종 먹을 과실나무가 자라서 그 잎이 시들지 아니하며 열매가 끊이지 아니하고 달마다 새 열매를 맺으리니 그 물이 성소를 통하여 나옴이라 그 열매는 먹을 만하고 그 잎사귀는 약 재료가 되리라**

기업으로 주신 경계

13-23

13 주 여호와께서 이같이 말씀하셨느니라 너희는 ⑦ **이 경계선대로 이스라엘 열두 지파에게 이 땅을 나누어 기업이 되게 하되 요셉에게는 두 몫이니라**

14 내가 옛적에 내 손을 들어 맹세하여 이 땅을 너희 조상들에게 주겠다고 하였나니 너희는 공평하게
나누어 기업을 삼으라 이 땅이 너희의 기업이 되리라

15 이 땅 경계선은 이러하니라 **북쪽은** 대해에서 헤들론 길을 거쳐 스닷 어귀까지니

16 곧 하맛과 브로다며 다메섹 경계선과 하맛 경계선 사이에 있는 시브라임과 하우란 경계선 곁에 있는 하셀
핫디곤이라

17 그 경계선이 바닷가에서부터 다메섹 경계선에 있는 하살에논까지요 그 경계선이 또 북쪽 끝에 있는 하맛
경계선에 이르렀나니 이는 그 북쪽이요

18 **동쪽은** 하우란과 다메섹과 및 길르앗과 이스라엘 땅 사이에 있는 요단 강이니 북쪽 경계선에서부터 동쪽
바다까지 측량하라 이는 그 동쪽이요

19 **남쪽은** 다말에서부터 므리봇 가데스 물에 이르고 애굽 시내를 따라 대해에 이르나니 이는 그 남쪽이요

20 **서쪽은** 대해라 남쪽 경계선에서부터 맞은쪽 하맛 어귀까지 이르나니 이는 그 서쪽이니라

21 **그런즉 너희가 이스라엘 모든 지파대로 이 땅을 나누어 차지하라**

22 너희는 이 땅을 나누되 제비 뽑아 너희와 너희 가운데에 머물러 사는 타국인 곧 너희 가운데에서 자녀를
낳은 자의 기업이 되게 할지니 **너희는 그 타국인을 본토에서 난**

⑧ **이스라엘 족속 같이 여기고 그들도 이스라엘 지파 중에서 너희와 함께 기업을 얻게 하되**

23 **타국인이 머물러 사는 그 지파에서 그 기업을 줄지니라 주 여호와의 말씀이니라**

47 장

성전 동향한 문지방 밑에서 나오는 생명샘물

[1]그가 나를 데리고 전 문에 이르시니 전의 전면이 동을 향하였는데 그 문지방 밑에서 물이 나와서 동으로 흐르다가 전 우편 제단 남편으로 흘러내리더라.

47장의 중심점은 "성전 동향한 문지방 밑에서 나오는 생명샘물"에 있습니다. 다시 상기시키면서 강조합니다만 47장의 "성전 문지방 밑에서 나오는 생명샘물"을 회복 문단(33-48장)의 맥락에서 파악해야 의미가 분명해진다는 점입니다.

㉠ 34장에서 "한 목자와 왕"을 세워주심으로 목자가 회복되어 "화평의 언약"이 세워지고

㉡ 37장에서 "허물과 죄로 죽었던 마른 뼈들이 살아나" 백성들이 회복

되는 것을 보았습니다. 그리고 그들이 돌아와서

ⓒ 40-42장에서 새 예루살렘 성전이 회복되고

ⓡ 43장에서는 "떠나셨던 하나님의 영광이 돌아와 성전에 충만함"으로 영광이 회복되었습니다. 그런 후에

ⓜ 44-46장에서 하나님과 교제인 "예배가 회복"되는 것을 보았습니다.

그렇다면 다음에 무엇이 올 것인가? 성전으로부터 은혜(恩惠)의 강수(江水)가 흘러나오는 문맥인 것입니다. 분명합니까? 도표를 보시면 "성전 동향한 문지방 밑에서 나오는 생명샘물"을 중심으로,

① "동향한 바깥문에 이르니 물이 스미어 나오더라"

② "천 척을 측량하니 물이 발목에 오르고"

③ "무릎에 오르고, 허리에 오르고, 능히 건너지 못할 강이 된지라" 합니다.

④ 그 물로 인하여 "바다의 물이 되살아남"을 얻는데

⑤ 그러나 "진펄은 되살아나지 못하고"

⑥ "강 좌우에 각종 과실나무가 달마다 열린다"고 말씀합니다.

⑦ 그런 후에 "땅을 나누어 주라" 하시면서

⑧ "타국인"에게도 동일하게 주라 하십니다. 이에 대한 구속사적 의미가 무엇일까요? 이를 두 단원으로 나누어 상고하겠습니다.

첫째 단원(1:12) **스미어 나와 강물이 된 생명수**

둘째 단원(13-23) **기업으로 주신 동서남북의 경계**

첫째 단원(1–12) **스미어 나와 강물이 된 생명수**

"그가 또 나를 데리고 북문으로 나가서 바깥 길로 꺾여 동쪽을 향한 바깥 문에 이르시기로 본즉 물이 그 오른쪽에서 스며 나오더라"(2).

① 첫째 단원의 중심점은 "스미어 나와 강물이 된 생명수"에 있습니다. "그가 또 나를 데리고 바깥 문에 이르시니"

㉠ "성전의 앞면이 동쪽을 향하였는데"

㉡ "그 문지방 밑에서 물이 나와 동쪽으로 흐르다가 성전 오른쪽 제단 남쪽으로 흘러내리더라"(1) 합니다.

이처럼 계속적으로 "동쪽으로 향한 문(門)"을 강조하고 있는데, 이것이 무심한 말씀이란 말인가? 이는 "동방 해 돋는 쪽에 진 칠 자는 유다의 진영"(민 2:3)이라 하신 그리스도께로 인도하는 말씀인 것입니다.

② 안내자가 에스겔을 데리고 동향한 바깥문에 이르시기로 본즉, "물이 그 오른쪽에서 스며 나오더라"(2) 합니다. 성전의 문지방 밑에서 발원(發源)한 물은 성전 뜰을 지나 "안 문"을 통과하여 "동쪽으로 향한 바깥문"으로 흘러나왔다는 것입니다. 그런데 "스며 나온다"는 묘사는 콸콸 흐르는 것과는 달리 아주 미약(微弱)한 것을 나타냅니다. 그런데 이 물이 나중에는 능히 건너지 못할 창일(漲溢)한 강물이 된다는 말씀입니다.

③ 이 점에서 새 언약의 일꾼들은 문자만 볼 것이 아니라 이처럼 "생명샘물"이 흘러나오는 것이 어떻게 해서 가능하여지는가까지 나아가야 하는 것입니다. 스가랴 선지자는 예언하기를 "그날에 죄와 더러움을 씻는 샘이 다윗의 족속과 예루살렘 주민을 위

하여 열리리라"(슥 13:1) 합니다. 이것이 "내 목자, 내 짝된 자를 치라"(슥 13:7), 즉 그리스도의 고난으로 말미암아 가능하여진다고 예언하고 있습니다. 그리고 스가랴서에서도 "그날에 생수가 예루살렘에서 솟아나서 절반은 동해로, 절반은 서해로 흐를 것이라 여름에도 겨울에도 그러하리라, 그날에 감람산은 그 한 가운데가 동서로 갈라져 매우 큰 골짜기가 되어서 산 절반은 북으로, 절반은 남으로 옮겨질"(슥 14:8,4) 것이라 합니다. 왜 갈라진다 하는가? 성전에서 흘러나오는 생명수가 동서로 흘러가도록 물길을 열어주기 위해서입니다. 이처럼 그리스도는 "연한 순 같고 마른 땅에서 나온 줄기"(사 53:2) 같고, 생명의 샘물은 스미어 나오는 "작은 일의 날"(슥 4:10)처럼 시작된다는 것입니다.

④ "그 사람이 손에 줄을 잡고 동쪽으로 나아가며 천 척을 측량한 후에 내게 그 물을 건너게 하시니 물이 발목에 오르더니 다시 천 척을 측량하고 내게 물을 건너게 하시니 물이 무릎에 오르고 다시 천 척을 측량하고 내게 물을 건너게 하시니 물이 허리에 오르고 다시 천 척을 측량하시니 물이 내가 건너지 못할 강이 된지라 그 물이 가득하여 헤엄칠 만한 물이요 사람이 능히 건너지 못할 강이더라"(3-5) 합니다. 이것이 유대인들에게 문자적으로 이루어질 말씀이란 말인가? 이는 복음의 시작은 "스미어 나오듯" 미약하지만 점점 번성하게 될 것을 나타냅니다. 이점을 다니엘서에서는 "우상을 친 돌은 태산을 이루어 온 세계에 가득하였나이다"(단 2:35)고 표현하고 있는 것입니다.

⑤ 주님은 말씀하십니다. "이 물을 마신 자마다 다시 목마르려니와 내가 주는 물을 마시는 자는 영원히 목마르지 아니하리니

내가 주는 물은 그 속에서 영생하도록 솟아나는 샘물이 되리라, 누구든지 목마르거든 내게로 와서 마시라 나를 믿는 자는 성경에 이름과 같이 그 배에서 생수의 강이 흘러나리라"(요 4:13-14, 7:37-38).

시작은 미약하였으나 창일하게 되리라

① "그가 내게 이르시되 인자야 네가 이것을 보았느냐 하시고 나를 인도하여 강가로 돌아가게 하시기로"(6), 이제 주목해야 할 점은 생명수의 효험(效驗)은 어떠하다고 말씀하는가 하는 점입니다. 먼저 "내가 돌아가니 강 좌우편에 나무가 심히 많더라"(7) 합니다. 이 말씀이 완성의 책인 계시록에서는 더욱 분명하게 드러납니다. 에스겔서에서는

㉠ "성전 문지방" 밑에서 흘러나오는 것으로 되어있으나 계시록에서는

㉡ "하나님과 및 어린양의 보좌로부터 나온다"(계 22:1)고 말씀합니다. 그렇습니다. "성전"이라 한 것은 의문에 속한 구약적인 표현일 뿐 생명수는 성전이라는 건물(建物)에서 흘러나오는 것이 아니라 "어린양"의 보좌(寶座)로부터 흘러나오는 것입니다.

㉢ 그러므로 예레미야 선지자로 말씀하시를 "내 백성이 두 가지 악을 행하였나니 곧 그들이 생수(生水)의 근원되는 나를 버린 것과 스스로 웅덩이를 판 것"(렘 2:11-13)이라 하십니다. 그들은 "생수의 근원"을 버리고 우상을 숭배하다가 심판을 당한 것입니다.

② 에스겔서는 그냥

㉠ "강 좌우편에 나무가 심히 많더라"(7) 한 것을 계시록에서는

㉡ "강 좌우에 생명나무가 있어 열두 가지 열매를 맺되"(계 22:2상)라고, 에스겔이 말한 나무가 "생명(生命)나무"라고 해설해주고 있습니

다.

이 점에서 다시 한번 해석의 원리를 말씀드려야 하겠습니다. 아시다시피 구약은 "언약 · 예언 · 그림자 · 모형" 등으로 주어진 것이요, 신약은 이것이 그리스도에게서 성취되었음을 증언하고 있습니다. 이를 믿는 자라면 성취된 "신약의 빛"을 받아 구약을 해석해야 바로 볼 수 있는 것입니다. 그런데 구약으로 신약을 해석하려 한다면 주객이 전도되는 것입니다. 그러므로 문자적인 해석이 가장 성경에 충실한 것 같으나 조심해야 할 점은 의문에 속한 유대주의 학자들이 하는 방식이라는 점입니다.

③ 에스겔서에서는

㉠ "그가 내게 이르시되 이 물이 동방으로 향하여 흘러 아라바로 내려가서 바다에 이르리니 이 흘러내리는 물로 그 바다의 물이 되살아남을 얻을 지라"고 "바닷물이 되살아"난다고 말씀하는데 계시록에서는

㉡ "만국(萬國)을 치료하기 위하여 있더라"(계 22:2하)고 말씀합니다. 이는 다름 아닌 아브라함에게 "네 씨로 말미암아 천하 만민(萬民)이 복을 얻으리니"(창 22:18) 하신 언약의 성취임을 나타냅니다. 이처럼 의문에 가려있던 복음이 이제는 밝히 드러난 것입니다.

④ "이 강물이 이르는 곳마다 번성하는 모든 생물이 살고 또 고기가 심히 많으리니 이 물이 흘러 들어가므로 바닷물이 되살아나겠고 이 강이 이르는 각처에 모든 것이 살 것이며"(9) 합니다. "소성(蘇醒)함을 얻겠고, 살고, 살 것이라" 합니다. 바다나 물고기가 아닙니다. "허물과 죄로 죽어서" 마른 뼈와 같이 되었던 심령들이 살아나게 될 것을 은유(隱喩)적으로 표현하고 있는 것입니다.

⑤ 그러나 "그 진펄과 개펄은 되살아나지 못하고 소금땅이 될

것이라"(11) 합니다. 사해(死海)를 소성시킬 능력이 있는 생명수인데 어찌하여 "진펄과 개펄"은 살아나지 못한다고 말씀하는가? 그것은 분명합니다. "생수의 근원"을 받아드리지 않고 거부하기 때문입니다. 이점을 스가랴서에서는 "땅에 있는 족속들 중에 그 왕 만군의 여호와께 경배하러 예루살렘에 올라오지 아니하는 자들에게는 비를 내리지 아니하실 것이라"(슥 14:17) 합니다. 이것이 "스미어 나와 강물이 되는 생명수"의 능력(能力)입니다. 얼마나 놀라운 복음시대에 대한 비전입니까!

둘째 단원(13-23) 기업으로 주신 동서남북의 경계

"주 여호와께서 이같이 말씀하셨느니라 너희는 이 경계선대로 이스라엘 열두 지파에게 이 땅을 나누어 기업이 되게 하되 요셉에게는 두 몫이니라"(13).

① 둘째 단원의 중심점은 "기업으로 주신 동서남북의 경계"에 있습니다. 기업이라는 주제를 문맥적으로 보면 성전에서 흘러나오는 물로 말미암아 땅이 기름지게 될 것을 가리킵니다. 이점을 시편 기자는 찬양하기를,

하나님의 강에 물이 가득하게 하시고
이같이 땅을 예비하신 후에 그들에게 곡식을 주시나이다
주께서 밭고랑에 물을 넉넉하게 대사
그 이랑을 평평하게 하시며
또 단비로 부드럽게 하시고

그 싹에 복을 주시나이다(시 65:9-10) 고 찬양합니다.

② 땅 분배는 여호수아서에서 이루어졌는데 여기서 다시 분배를 말씀하는 의도가 무엇인가? 이는 상실한 기업을 회복시켜주실 것을 말씀하는 문맥이기 때문입니다. 룻기서의 중심주제 중 하나가 "기업 무를 자"인데,

㉠ "기업 무를 자"란 빚 값으로 넘어간 땅이나

㉡ 종으로 팔린 자식을 가까운 친척이 회복시켜(레 25:25) 주라 하신 규례입니다. 인류의 시조는 죄 값으로 말미암아 하나님께서 주신 기업을 잃어버리고 말았습니다. 그리하여 사탄의 노예가 되어 일생에 매여 종노릇하는 우리를 그리스도께서

㉢ "형제라 부르시기를 부끄러워 아니하시고"(히 2:11), 즉 가까운 친척이 되어주셔서 잃어버렸던 기업을 회복시켜주신 것이 기쁜 소식 곧 복음인 것입니다. 본문은 이에 대한 예표라 할 수 있습니다.

③ "내가 옛적에 내 손을 들어 맹세하여 이 땅을 너희 조상들에게 주겠다고 하였나니 너희는 공평하게 나누어 기업을 삼으라 이 땅이 너희의 기업이 되리라"(14) 하십니다. "옛적에 너희 조상들에게 주겠다"고 약속하셨다는 것은 아브라함에게 메시아언약과 함께 세워주신 약속입니다.

④ 이 약속이 1차적으로는 여호수아를 통해서 성취되었으나, 바벨론으로 추방 당함으로 잃어버린 것을 이제 회복하여주실 것을 말씀하는 것입니다. 그런데 "만일 여호수아가 그들에게 안식을 주었더라면 그 후에 다른 날을 말씀하지 아니하셨으리라"(히 4:8) 하신 대로 궁극적인 회복은 예수 그리스도로 말미암아 성취될 기업인 것입니다.

기업무를 자가 되어주신 예수 그리스도

① 그 지계(地界)의 "북쪽(15)은, 동쪽(18)은, 남쪽(19)은, 서쪽"(20)은 하고 동서남북(東西南北)의 경계를 말씀합니다. 그리고 "너희는 이 땅을 나누되 제비 뽑아 너희와 너희 가운데에 머물러 사는 타국인 곧 너희 가운데에서 자녀를 낳은 자의 기업이 되게 할지니 너희는 그 타국인을 본토에서 난 이스라엘 족속같이 여기고 그들도 이스라엘 지파 중에서 너희와 함께 기업을 얻게 하되"(22) 하십니다.

② "이스라엘 족속같이 여겨, 너희와 함께 기업을 얻게 하라"는 말씀 안에는 참으로 놀라운 영적 논리가 함의되어 있는 하나님의 마음을 알아야만 하겠습니다. 왜냐하면 이 말씀이 "이는 이방인들이 복음으로 말미암아 그리스도 예수 안에서 함께 상속자가 되고 함께 지체가 되고 함께 약속에 참여하는 자가 됨이라"(엡 3:6)에서 성취될 말씀이기 때문입니다.

③ 47장을 마치기 전에 부언해야 할 말씀이 있습니다. 성전 "문지방 밑에서"(1), 즉 "어린양의 보좌"(계 22:1)로부터 흘러나오는 생명의 샘물이, 지금은 강단(講壇)으로부터 흘러나오고 있다는 점을 명심해야 한다는 점입니다. 다시 말하면 강단에서 "예수 그리스도와 그의 십자가에 못 박히신"(고전 2:2) 복음을 선포함으로 생수의 강이 흘러나오게 해야 한다는 말씀입니다. 그리하여 "허물과 죄로 죽었던 심령들"이 "살아나고, 살아나고, 되살아나게" 해야 할 책임이 설교자들에게 있다는 말씀입니다. 이것이 "성전 동향한 문지방 밑에서 나오는 생명샘물"입니다.

④ 묵상해보겠습니다.

㉠ 동향한 문지방 밑에서 나오는 생수의 구속사적 의미에 대해서

㉡ 스미어 나온 것이 창일한 강을 이룬다는 것에 대해서

㉢ 회복 문단의 전체문맥의 흐름에 대해서.

에스겔 48장 개관도표

주제 : 그 성읍의 이름을 여호와삼마라 하리라

<table>
<tr><td>성
소
는
그
중
앙
에
있
을
지
니
라</td><td>1-29
1 모든 지파의 이름은 이와 같으니라 북쪽 끝에서부터 헤들론 길을 거쳐 하맛 어귀를 지나서 다메섹 경계선에 있는 하살에논
까지 곧 북쪽으로 하맛 ③ 경계선에 미치는 땅 동쪽에서 서쪽까지는 단의 몫이요
2 단 경계선 다음으로 동쪽에서 서쪽까지는 아셀의 몫이요
3 아셀 경계선 다음으로 동쪽에서 서쪽까지는 납달리의 몫이요
4 납달리 경계선 다음으로 동쪽에서 서쪽까지는 므낫세의 몫이요
5 므낫세 경계선 다음으로 동쪽에서 서쪽까지는 에브라임의 몫이요
6 에브라임 경계선 다음으로 동쪽에서 서쪽까지는 르우벤의 몫이요
7 르우벤 경계선 다음으로 동쪽에서 서쪽까지는 유다의 몫이요
8 유다 경계선 다음으로 동쪽에서 서쪽까지는 ② 너희가 예물로 드릴 땅이라 너비는 이만 오천 척이요
길이는 다른 몫의 동쪽에서 서쪽까지와 같고 성소는 그 중앙에 있을지니
9 곧 너희가 여호와께 드려 예물로 삼을 땅의 길이는 이만 오천 척이요 너비는 만 척이라
10 이 드리는 거룩한 땅은 제사장에게 돌릴지니 북쪽으로 길이가 이만 오천 척이요 서쪽으로 너비는 만 척이요 동쪽으로 너비가
만 척이요 남쪽으로 길이가 이만 오천 척이라 그 중앙에 여호와의 성소가 있게 하고
11 이 땅을 사독의 자손 중에서 거룩하게 구별한 제사장에게 돌릴지어다 그들은 직분을 지키고 이스라엘 족속이 그릇될 때에
레위 사람이 그릇된 것처럼 그릇되지 아니하였느니라
12 땅의 예물 중에서 그들이 예물을 받을지니 레위인의 접경지에 관한 가장 거룩한 예물이니라
13 제사장의 경계선을 따라 레위 사람의 몫을 주되 길이는 이만 오천 척이요 너비는 만 척으로 할지니 이 구역의 길이가 이만
오천 척이요 너비가 각기 만 척이라
14 그들이 그 땅을 팔지도 못하며 바꾸지도 못하며 그 땅의 처음 익은 열매를 남에게 주지도 못하리니 이는 여호와께 거룩히
구별한 것임이라
15 이 이만 오천 척 다음으로 너비 오천 척은 ⑤ 속된 땅으로 구분하여 성읍을 세우며 거주하는 곳과 전원을 삼되
성읍이 그 중앙에 있게 할지니
16 그 크기는 북쪽도 사천오백 척이요 남쪽도 사천오백 척이요 동쪽도 사천오백 척이요 서쪽도 사천오백 척이며
17 그 성읍의 들은 북쪽으로 이백오십 척이요 남쪽으로 이백오십 척이요 동쪽으로 이백오십 척이요 서쪽으로 이백오십
척이며
18 예물을 삼아 거룩히 구별할 땅과 연접하여 남아 있는 땅의 길이는 동쪽으로 만 척이요 서쪽으로 만 척이라 곧 예물을 삼아
거룩하게 구별할 땅과 연접하였으며 그 땅의 소산을 성읍에서 일하는 자의 양식을 삼을지라
19 이스라엘 모든 지파 가운데에 그 성읍에서 일하는 자는 그 땅을 경작할지니라
20 그런즉 ① 예물로 드리는 땅의 합계는 길이도 이만 오천 척이요 너비도 이만 오천 척이라
너희가 거룩히 구별하여 드릴 땅은 성읍의 기지와 합하여 네모 반듯할 것이니라
21 거룩하게 구별할 땅과 성읍의 기지 좌우편에 남은 땅은 군주에게 돌릴지니 곧 거룩하게 구별할 땅의 동쪽을 향한 그
경계선 앞 이만 오천 척과 서쪽을 향한 그 경계선 앞 이만 오천 척이라 다른 몫들과 연접한 땅이니 이것을 군주에게 돌릴
것이며 거룩하게 구별할 땅과 성전의 성소가 그 중앙에 있으리라
22 그런즉 군주에게 돌려 그에게 속할 땅은 레위 사람의 기업 좌우편과 성읍의 기지 좌우편이며 유다 지경과 베냐민 지경 사이에
있을지니라
23 ④ 그 나머지 모든 지파는 동쪽에서 서쪽까지는 베냐민의 몫이요
24 베냐민 경계선 다음으로 동쪽에서 서쪽까지는 시므온의 몫이요
25 시므온 경계선 다음으로 동쪽에서 서쪽까지는 잇사갈의 몫이요
26 잇사갈 경계선 다음으로 동쪽에서 서쪽까지는 스불론의 몫이요
27 스불론 경계선 다음으로 동쪽에서 서쪽까지는 갓의 몫이며
28 갓 경계선 다음으로 남쪽 경계선은 다말에서부터 므리바가데스 샘에 이르고 애굽 시내를 따라 대해에 이르나니
29 이것은 너희가 제비 뽑아 이스라엘 지파에게 나누어 주어 기업이 되게 할 땅이요 또 이것들은 그들의 몫이니라 주
여호와의 말씀이니라</td></tr>
<tr><td>열
두
성
문</td><td>30-35
30 그 성읍의 출입구는 이러하니라 북쪽의 너비가 사천오백 척이라
31 그 성읍의 문들은 이스라엘 지파들의 이름을 따를 것인데 북쪽으로 문이 셋이라
⑤ 하나는 르우벤 문이요 하나는 유다 문이요 하나는 레위 문이며
32 동쪽의 너비는 사천오백 척이니 또한 문이 셋이라 하나는 요셉 문이요 하나는 베냐민 문이요 하나는 단 문이며
33 남쪽의 너비는 사천오백 척이니 또한 문이 셋이라 하나는 시므온 문이요 하나는 잇사갈 문이요 하나는 스불론 문이며
34 서쪽도 사천오백 척이니 또한 문이 셋이라 하나는 갓 문이요 하나는 아셀 문이요 하나는 납달리 문이며
35 그 사방의 합계는 만 팔천 척이라 그 날 후로는 그 성읍의 이름을 여호와삼마라 하리라</td></tr>
</table>

48 장

그 성읍의 이름을 여호와삼마라 하리라

[35]그 사방의 합계는 만 팔천 척이라 그 날 후로는 그 성읍의 이름을 여호와삼마라 하리라

드디어 마지막 장에 이르렀습니다. 마지막 장의 중심점은 "여호와삼마", 즉 여호와께서 거기 계시다는데 있습니다. 이는 성경의 마지막 책인 계시록의 결론(계 21:3,23)이기도 한데 가장 합당한 결론(結論)입니다. 왜냐하면 여호와께서 백성들과 함께 계시면 이것이 하나님께서 이루어 오신 하나님의 나라 회복이기 때문입니다. 재차 상기시키면서 강조합니다만 영광스러운 "여호와삼마"의 의미에 확고하기 위해서는 회복 문단(33-48장)의 문맥을 파악

해야 분명해진다는 점입니다.

㉠ 34장에서 우선적으로 "목자와 왕"을 세워주심으로 목자가 회복되어 "화평의 언약"이 세워지고

㉡ 37장에서 "허물과 죄로 죽었던 마른 뼈들이 살아나" 백성들이 회복되는 것을 보았습니다. 그런 후에

㉢ 40-42장에서 새 예루살렘 성전이 회복되고

㉣ 43장에서는 "떠나셨던 하나님의 영광이 돌아와 성전에 충만함"으로 영광이 회복되었습니다. 그런 후에

㉤ 44-46장에서 하나님과 교제인 "예배가 회복"되는 것을 보았습니다.

그리고 47장에서 성전으로부터 은혜(恩惠)의 강수(江水)가 흘러나와 살아나고, 되살아나, 기업을 분배받는 것을 보았습니다. 그렇다면 결론은 무엇인가? 여호와 하나님께서 그들과 함께 하신다는 그 성읍의 이름이 "여호와삼마라"인 것입니다. 얼마나 분명한 계시인가! 도표를 보시면 "여호와삼마"를 중심으로

① 기업으로 주신 땅의 중심부(中心部)에 장광(長廣)이 이만오천 척의 "예물로 드리는 땅"이 있는데

② "성소는 중앙(中央)에 있을지니라" 합니다.

③ 그 북쪽으로 "일곱 지파의 몫"이 주어지고

④ 그 남쪽으로 "다섯 지파의 몫"이 주어집니다.

⑤ 그리고 예물로 드린 땅 안에는 성전과 함께 성(城)도 있는데, 열두 문에는 "열두 지파의 이름"이 있습니다. 이는 계시록에 있는 하늘에서 내려온 "새 예루살렘 성"의 열두 문(계 21:12-13)과 부합합니다. 이를 두 단원으로 나누어 상고하겠습니다.

첫째 단원(1–29) **성소는 그 중앙에 있을지니라**

둘째 단원(30–35) **열두 지파 이름이 있는 열두 성문**

첫째 단원(1–29) **성소는 그 중앙에 있을지니라**

"유다 경계선 다음으로 동쪽에서 서쪽까지는 너희가 예물로 드릴 땅이라 너비는 이만 오천 척이요 길이는 다른 몫의 동쪽에서 서쪽까지와 같고 성소는 그 중앙에 있을지니"(8).

① 첫째 단원의 중심점은 "성소는 그 중앙에 있을지니라"는 말씀에 있습니다. "중앙"(中央)이라는 말이 두 번(8,10) 강조되어 있는데 출애굽 당시도 진을 칠 때에는 성막을 중심(中心)하여 진을 쳤습니다. 이는 하나님 중심 사상을 나타냅니다.

② 중심부분에는 장광이 이만오천 척의 네모반듯한 "예물로 드린 땅"이 있는데,

㉠ 그 "중앙에 여호와의 성소" 즉 하나님이 거하시는 집이 있고

㉡ 그 주변은 "제사장들"이 거할 곳이고

㉢ 그 위쪽으로는 "레위인"이 거할 곳이고

㉣ 아래쪽에는 속된 땅이 있는데 성읍에서 종사하는 자의 양식을 조달하는 공동경작지로 삼고

㉤ 그 속지 좌우로는 왕의 기업으로 삼으라 하십니다. 이것이 중심부에 위치한 예물로 드리는 땅의 용도(用途)입니다.

③ 그리고 성전을 중심으로 남북으로 열두 지파의 몫이 주어지는데, 북쪽으로 일곱 지파, 남쪽으로 다섯 지파입니다. 그런데 북쪽으로는 성전에서 제일 가까운 곳에 유다 지파의 몫이요, 남쪽

으로 제일 가까운 곳으로는 베냐민 지파의 몫으로 주어집니다. 우상숭배를 제일 처음 받아드린 단지파는 가장 먼 곳이 분배되었는데, 기업의 배치(配置)가 그동안 각 지파의 행위에 따른 것으로 여겨집니다.

④ 주목하게 되는 것은 땅을 분배받은 열두 지파의 이름과 열두 성문(城門)에 기록된 열두 지파의 이름이 동일하지 않다는 점입니다. 땅의 분배에는 레위 지파가 빠졌고, 문의 이름에는 레위 지파가 들어간 대신 에브라임과 므낫세 두 지파가 "요셉 문이요"(32) 하고 하나로 통합되어있습니다. 그런데 계시록 7장에 등장하는 열두 지파 이름에는 에브라임 대신 요셉 지파, 므낫세 지파라 말씀하면서 레위 지파가 들어있는 반면, "단 지파"가 빠져 있습니다. 그런가 하면 계시록 21장에 등장하는 열두 문에는 "그 문들 위에 이름을 썼으니 이스라엘 자손 열두 지파의 이름들이라"(계 21:12)고 말씀할 뿐 아예 이름이 없습니다. 이는 주제에 따라 열두 지파의 이름을 유기적으로 사용하고 있음을 시사해줍니다. 이로 보건대 이것이 문자적인 의미가 아님을 알게 됩니다.

⑤ 그러면 이제까지 말씀한 회복에 대한 기사가 신약의 성도들에게는 어떻게 적용되는가? 하나님은 이제까지 깨닫기에 충분할 정도로 말씀하셨습니다. 그래서 "나를 여호와인 줄 알리라"는 말씀을 70회 정도나 하신 것입니다. "에스겔서 파노라마"를 상고하면서 하나님이 "여호와" 곧 구원자 되심에 확고하게 되셨습니까? 에스겔서를 요약하면,

㉠ 예루살렘이 멸망하게 된 원인은 우상숭배요, 그 책임은 제사장, 선지자와 같은 지도자에게 있다는 것입니다. 그리고 우상을 숭배했다는

것은 다름이 아닌 메시아언약에 대한 반역이라는 점입니다. 신구약을 막론하고 심판받는 주원인은 메시아언약을 믿었느냐 여부에 달려있다는 점을 명심해야 하겠습니다.

㉡ 그런데 하나님의 백성들이 열국으로 추방당하게 됨으로 "내 거룩한 이름이 그들로 인하여 더러워졌나니" 하십니다. 그리하여 그들을 돌아오게 하시려는 구원계획에는 "너희를 위함이 아니요 나의 거룩한 이름, 큰 이름을 위함이라"(36:20-23)하고 하나님의 거룩하신 이름과 명예가 걸려있다고 말씀하십니다. 그런데 명심해야 할 점은 바벨론으로 사로잡혀간 자들이 돌아온다고 더럽힘을 받은 하나님의 이름이 온전히 회복되는 것이 아니라는 점입니다. 왜냐하면 근원적(根源的)으로 에덴에서 추방당한 아담의 후예들이 돌아와야 하기 때문입니다. 그래서 "이 땅이 황폐하더니 이제는 에덴동산같이 되었고"(36:35)라고 "에덴의 회복"임을 암시적(暗示的)으로 나타내고 있습니다.

㉢ 이 근원적인 회복을 위해서 "내가 한 목자를 그들 위에 세워 먹이게 하리니 그는 내 종 다윗이라 그가 목자와 왕이 되리라"(34:23-24). 그리고 "화평의 언약"(34:25, 37:26)을 세우리라 하신 것입니다. 이는 목자이면서 왕이신 메시아 예언이요, 그를 대속제물로 삼으셔서 잃어버린 자를 찾아 구원하시려는 계획인 것입니다.

㉣ 이점이 "내가 너희를 여러 나라 가운데에서 인도하여 내고 여러 민족 가운데에서 모아 데리고 고국 땅에 들어가서 맑은 물을 너희에게 뿌려서 너희로 정결하게 하고, 새 영을 너희 속에 두고, 새 마음을 너희에게 주며, 또 내 영을 너희 속에 두어, 너희가 내 백성이 되고 나는 너희 하나님이 되리라"(36:24-28) 하신 말씀에 분명히 나타납니다. "새 영(靈), 새 마음, 내 영"을 너희 속에 두리라 하심은 명백한 복음이지 의문(儀文)으로 되는 일이 아니기 때문입니다.

㉤ 이점이 "마른 뼈의 환상"을 통해서 강조되어 있는데, "이 뼈들이 능

히 살겠느냐" 물으십니다. 이는 자력구원(自力救援)의 불가능성을 나타냅니다. 그러므로 "내가 그 명령대로 대언하였더니 생기가 그들에게 들어가매 그들이 곧 살아 일어나서 일어나 서는데 극히 큰 군대더라"(37:10) 합니다. 이는 율법의 기능이 아니라 복음의 능력인 것입니다. 그러므로 사도 바울은 이를 염두에 두고 "허물과 죄로 죽었던 너희를 살리셨도다"고 증언합니다.

ⓑ 그런 후에 "내가 다시는 내 얼굴을 그들에게 가리지 아니하리니 이는 내가 내 영을 이스라엘 족속에게 쏟았음이라 주 여호와의 말씀이니라"(39:24,29) 하십니다. 이는 결정적인 말씀인데 왜냐하면 구약의 역사는 한마디로 얼굴을 가리신 시대(時代)였기 때문입니다. 이점을 지성소를 가로막고 있는 휘장이 증언(證言)합니다. 이 휘장이 그리스도의 구속으로 말미암아 열림으로 "내 얼굴을 그들에게 가리지 아니하리니" 하신 말씀이 응하여진 것입니다. 이런 의미에서 40-48장에 등장하는 회복된 성전에는 "휘장"에 대한 언급이 전혀 나타나지 않고 있는 것입니다.

ⓢ 이런 문맥에서 성전이 회복되고 하나님의 영광이 충만하고 생수의 강이 흐르고 "여호와삼마"라 하신다면 이는 바벨론에서의 귀환이나 이스라엘에 국한된 말씀이 아니라 하나님의 구원계획이요, 하나님의 나라 회복인 것입니다.

둘째 단원(30–35) 열두 지파 이름이 있는 열두 성문

"그 성읍의 출입구는 이러하니라 북쪽의 너비가 사천오백 척이라"(30).

① 둘째 단원의 중심점은 "열두 지파 이름이 있는 열두 성문"

에 있습니다. 성문(城門)은 동서남북으로 각각 셋씩 합하여 열두 문이 있습니다. 문의 이름에는 "레위 문"(31하)이 있는 반면, "므낫세와 에브라임"을 합하여 "요셉 문"이라고 하나로 되어있습니다.

② 핵심적인 말씀은 에스겔서의 총 결론인 "그날 후로는 그 성읍의 이름을 여호와삼마라 하리라"(35), 즉 "하나님이 거기 계시다"에 있습니다. "하나님이 거기 계시다"는 말은 백성들과 "함께" 거하신다는 뜻입니다. 인류 시조의 범죄로 말미암아 하나님과 함께 거하는 것이 파괴되었던 것이 그리스도의 구속으로 말미암아, "보라 하나님의 장막이 사람들과 함께 있으매 하나님이 그들과 함께 계시리니 그들은 하나님의 백성이 되고 하나님은 친히 그들과 함께 계셔서"(계 21:3) 한 "여호와삼마"가 회복이 되는 것입니다.

③ 이점을 이미 37장에서 "내가 그들과 화평의 언약을 세워서 <영원한 언약>이 되게 하고 또 그들을 견고하고 번성하게 하며 내 성소를 그 가운데 세워서 <영원히> 이르게 하리니 내 처소가 그들의 가운데 있을 것이며 나는 그들의 하나님이 되고 그들은 내 백성이 되리라 내 성소가 <영원토록> 그들의 가운데 있으리니"(37:26-28)하고 "영원토록" 함께 계시겠다고 말씀하신 바입니다.

④ 그렇다면 이는 영원한 하나님의 나라 회복인 것입니다. 그런데 문자주의자들은 이제까지 살펴본 말씀들이 종말에 이르러 이스라엘 민족에게 문자적으로 되어질 것으로 여기고 있습니다. 그리하여 지금 이슬람 사원이 있는 그 자리에 유대인들이 성전을

세우고 매일 제사 드리다가 적그리스도에 의하여 폐하여지고 환란을 당하게 되는데, 계시록 7장에 나오는 십사만사천 명이 그때 순교를 당하게 되는 유대인들이라고 주장합니다. 그러면서도 "단지파"가 빠진 것에 대해서는 명백한 설명을 제시하지 못하고 있습니다. 이렇게 주장을 하게 되는 것은 문자만을 볼뿐 창세기로부터 이루어 나오시는 하나님의 구원계획의 일관성(一貫性)과 점진성(漸進性)을 보지 못하기 때문입니다. 이를 지적하는 이유는 현대교회가 이에 영향을 받아 에스겔 · 다니엘 · 계시록 등을 곡해하고 있기 때문입니다.

이스라엘과 신약교회의 관계

① 이에 확고하기 위해서 이스라엘과 신약교회의 관계에 대해서 부언해야 하겠습니다. 문자주의자들은 성경에 등장하는 "이스라엘"이라는 말을 문자적으로 유대인에게 국한시켜 "구약교회와 신약교회"를 갈라놓고 있습니다. 그리하여 "선지서와 계시록"에 등장하는 종말적인 말씀을 대부분 신약교회와는 무관한 종말에 가서 유대인들에게 문자적으로 성취될 것으로 보고 있습니다. 한 예를 들면, 다니엘 9:24절에 등장하는 "일흔 이레"를 해석할 때 "기름 부음을 받은 자 곧 한 왕이 일어나기까지 일곱 이레와 예순두 이레가 지날 것이요"한 말씀은 주님의 탄생까지의 기간이고, 남은 "한 이레"는 주님 재림 직전에 유대인들에게 되어 질 전 3년 반, 후 3년 반의 7년이라고 주장합니다. 그러면 예순두 이레와 한 이레 사이에는 엄청난 단절(斷絶)이 있게 되는데 지금의 시

점으로만 보아도 이천 년 이상이나 공백이 있게 됩니다. 이것이 옳은 해석인가 하는 점입니다.

② 이처럼 문자적으로 본다면, "내가 이스라엘 집과 유다 집에 새 언약을 세우리니"(렘 31:31)하신 "새 언약"도 문자적으로 "이스라엘과 유다"에만 해당되고 신약교회와는 상관이 없단 말인가? 하나님께서 이스라엘을 "선민"으로 택하신 것은 이스라엘만을 구원하시기 위해서가 아닙니다. 아브라함과 다윗의 자손으로 그리스도를 보내셔서 천하 만민(萬民)을 구원하시기 위해서임을 망각하지 말아야 합니다. 그러므로 구약교회와 신약교회를 갈라놓는다면 하나님께서 이루어 오신 구원계획의 일관성(一貫性), 통일성을 파괴하는 것이 됩니다.

③ 계시록 12장에는 "하늘에 큰 이적이 보이니 해를 옷 입은 한 여자가 있는데, 그 발아래는 달이 있고 그 머리에는 열두 별의 면류관을 썼더라"고 한 "여자"가 등장합니다. "이 여자가 아이를 배어 해산하게 되매 아파서 애를 쓰며 부르짖더라"(계 12:1-2) 하는 "해산하려는 아이"가 그리스도입니다. 그러니까 그리스도는 구약교회에게 주어진 언약과 의문(儀文)이라는 "태"를 통하여 태어난 셈입니다. 그래서 "율법과 선지자에게 증거를 받은 것이라"(롬 3:21)고 말씀하는 것입니다.

④ 이방인들이 구원에 참여하게 될 것은 이미 아브라함에게 말씀하신 바입니다. 하나님께서 아브라함을 "이끌고 밖으로 나가 이르시되 하늘을 우러러 뭇별을 셀 수 있나 보라 또 그에게 이르시되 네 자손(子孫)이 이와 같으리라"(창 15:5) 하셨는데, 이 "자손"이 이스라엘에 국한된 것인가? 갈라디아 3:7-9절을 보십시오.

"그런즉 믿음으로 말미암은 자들은 아브라함의 자손인 줄 알지어다 또 하나님이 <이방>을 믿음으로 말미암아 의로 정하실 것을 성경이 미리 알고 먼저 아브라함에게 복음(福音)을 전하되 모든 <이방>이 너를 말미암아 복을 받으리라 하였느니라 그러므로 믿음으로 말미암은 자는 믿음이 있는 아브라함과 함께 복을 받느니라", 즉 영적 아브라함의 자손(子孫)들이라고 말씀합니다.

⑤ 그러므로 성경은 이스라엘 민족만 택하셨다고 말씀하는 것이 아니라 "곧 창세 전에 그리스도 안에서 우리를 택하사(엡 1:4), 하나님의 사랑하심을 받은 형제들아 너희를 택하심을 아노라(살전 1:4), 오직 너희는 택하신 족속이요 왕 같은 제사장들이요 거룩한 나라요 그의 소유가 된 백성이니"(벧전 2:9)라고 신약의 성도들도 "택함"을 받은 선민이라고 말씀합니다. 택하신 시점이 언제인가? "창세 전에 그리스도 안에서"! 그러니까 신약의 성도들도 하나님께서 아브라함에게 언약을 세워주실 때 그 "그리스도 안에, 언약 안에" 있었다는 것이 됩니다. 그러므로 하나님의 교회란 이스라엘 민족 중에서 택함을 받은 자들과 이방인들 중에 택함을 받은 자들의 공동체라 할 수 있는 것입니다.

신약의 성도들도 택함을 받은 족속이다

① 그러면 유대인의 특권이 무엇인가? 다시 말하면 선민으로 택하신 이유가 무엇인가? 크게 두 가지를 들 수 있는데, 첫째는 "그런즉 유대인의 나음이 무엇이며, 범사에 많으니 우선은 그들이 하나님의 말씀을 맡았음이니라"(롬 3:1-2) 한 하나님 계시의

말씀을 받아 기록하여 보존(保存)하였다가 후대에 전하여준 것입니다. 이것이 구약성경인데 이는 유대인의 특권 중 첫손에 꼽을 만한 업적이었던 것입니다. 만일 구약성경을 기록하여 전해줌이 없었다면 "예수가 그리스도"임을 입증(立證)할 증거를 상실하게 되었을 것이기 때문입니다.

② 둘째는 "조상들도 그들의 것이요 육신으로 하면 그리스도가 그들에게서 나셨으니"(롬 9:5) 한 아브라함과 다윗의 자손으로 그리스도를 보내시려는 통로(通路) 역할을 하는 일입니다. 그런데 이스라엘을 선민으로 택하셔서 이루시려는 두 가지 계획(計劃), 곧 그리스도를 탄생하게 하시려는 것과 구약성경을 전해줌으로 예수가 그리스도이심을 입증하게 하시려는 임무가 완수되었다는 말씀입니다.

③ 이런 맥락에서 그리스도가 우리에게 나타나심은 임기응변적으로 된 것이 아닙니다. 입증할 "언약 · 예언 · 모형 · 그림자" 등을 충분하리만큼 "옛적에 선지자들로 여러 부분과 여러 모양으로 말씀"(히 1:1)하신 후에 언약하신 그리스도를 보내주신 것입니다. 이점을 사도 바울은 "이 복음은 하나님이 선지자들을 통하여 그의 아들에 관하여 성경에 미리 약속하신 것이라"(롬 1:2)고 말씀합니다. 그러므로 구약의 역사는 "그리스도를 해산하기 위한 산고(産苦)"의 역사였던 것입니다. 그리고 "저희가 하나님의 말씀을 맡았음이라"는 점은 오늘날 설교자의 특권이라는 점입니다. 개혁자들이 부르짖은 "만인 제사장설"에 입각해 볼 때 설교자들이 성도들보다 나은 점이 무엇인가? "너희가 지식의 열쇠를 가져가고"(눅 11:52) 한 성경을 열어서 전해주는 임무입니다.

유대인의 존재이유

① 그리하여 이제는 "그는 우리의 화평이신지라 둘(유대인과 이방인)로 하나를 만드사 원수가 된 것 곧 중간에 막힌 담을 자기 육체로 허시고 법조문으로 된 계명의 율법을 폐하셨으니 이는 이 둘로 자기 안에서 한 새 사람을 지어 화평하게 하시고 또 십자가로 이 둘을 한 몸으로 하나님과 화목하게 하려 하심이라"(엡 2:14-16)고 말씀합니다. "둘로 하나를 만드사, 한 새 사람, 한 몸"이 되게 하셨다는 것입니다. 즉 구약교회와 신약교회가 "하나"가 되었다는 말씀입니다. 이는 종말의 어느 순간에 이렇게 된다는 것이 아닙니다.

② "이는 저로 말미암아 우리 둘(유대인과 이방인)이 한 성령 안에서 아버지께 나아감을 얻게 하려 하심이라"(엡 2:18).

㉠ 그리스도의 죽으시고 다시 사심과

㉡ 성령의 하나 되게 하심으로 오순절을 계기로 하나가 된 것입니다.

이처럼 그리스도께서 중간에 막힌 담을 허시고 하나로 만드셨는데 지금도 선민 이스라엘과 이방인의 구별이 있는 양 여긴다면 이는 새 언약을 부정하는 것이 되고 맙니다.

③ 그리하여 이제는 "하나님은 다만 유대인의 하나님이시냐 또한 이방인의 하나님은 아니시냐 진실로 이방인의 하나님도 되시느니라 할례자도 믿음으로 말미암아 또한 무할례자도 믿음으로 말미암아 의롭다 하실 하나님은 한 분이시니라"(롬 3:29-30)고 말씀합니다. 유대인이라는 특권으로 구원에 이르는 것이 아니라 누구든지 그리스도의 구속을 믿으면 구원이요, 배척하면 동일하게 멸망이라는 말씀입니다.

이방인도 믿음으로, 유대인도 믿음으로

① 이 점에서 혼동(混同)하지 말아야 할 것은 이스라엘 "민족"을 선민(選民)으로 택하신 것은 개인(個人)구원과 결부되어 있는 것이 아니라, 구원계획(救援計劃)과 결부되어 있다는 점입니다. 개인 구원은 이스라엘이나 이방인이나 차별(差別)없이 오직 그리스도의 대속을 믿느냐 믿지 않느냐에 있는 것입니다. 히브리서는 말씀하기를 "또 하나님이 누구에게 맹세하사 그의 안식에 들어오지 못하리라 하셨느냐 곧 순종하지 아니하던 자들에게가 아니냐 이로 보건대 그들이 믿지 아니하므로 능히 들어가지 못한 것이라"(히 3:18-19)고 개인은 들어가지 못한 자들이 있다고 말씀합니다. 그러나 하나님은 이스라엘을 선민으로 택하셔서 이루시려는 구원계획, 즉 아브라함과 다윗의 자손으로 그리스도를 보내시려는 계획은 중단 없이 이루신 것입니다.

② 여기서 다시 한번 구약시대의 구원 방도에 대해서 말씀드려야 하겠습니다. 이점에 확고해야 의문이 해소될 수 있을 것이기 때문입니다. 신구약 시대의 구원 방도(方途)가 다른 것이 아니라, 동일하게 "오직 예수 그리스도의 구속으로 말미암아"라는 점입니다. 다만 구약의 성도들은 메시아언약 안에서 앞으로 오실 그리스도를 바라봄으로 구원을 얻었고, 신약의 성도들은 이미 오신 그리스도를 믿는다는 점이 다를 뿐입니다. 그래서 하나님은 이를 잊지 않게 하시려고 구약 성도들에게는 제사제도와 유월절을 자손 대대로 지키라고 명하셨고, 신약의 성도들은 성찬을 주신 것입니다. 만일 구약시대의 구원 방도가 다른 것인 양 말한다면 그

리스도의 죽으심을 헛된 것(갈 2:21)으로 만드는 것이 됩니다. 왜냐하면 이미 구원의 방도가 있는데 그리스도께서 죽으셔야 할 이유가 없기 때문입니다.

③ 구원을 얻었다는 것은 하나님과의 관계가 회복되었음을 가리키는데 이는 메시아언약을 통해서만 가능해지는 것입니다. 하나님과의 관계는 언약의 관계요, 믿음이란 언약을 믿는 것을 가리킵니다. 하나님께서는 인류의 시조가 실패한 현장에서 "여자의 후손"이라는 원복음을 주셨습니다. 그러므로 언약이 주어지지 않으면 하나님과의 관계도 믿음도 성립되지 않는 것입니다. 그러므로 구약시대에도 "이스라엘"이라는 특권에 의하여 구원을 얻은 것이 아니라 메시아언약을 믿었느냐 믿지 않았느냐가 구원의 갈림길이 되었던 것입니다.

하나님과의 관계는 언약의 관계다

① 이점을 좀 더 말씀드린다면,

㉠ 아담으로부터 아브라함까지는 "여자의 후손"이라는 원복음을 믿음으로 하나님과의 관계, 즉 구원에 이를 수 있었고

㉡ 아브라함으로부터 다윗까지는 "아브라함 언약"에 의하여 하나님과의 관계가 성립되었고

㉢ 다윗부터 그리스도가 오시기까지는 "다윗 언약"에 의하여 구원에 이를 수 있었고

㉣ 그리스도의 초림으로부터 재림까지는 "새 언약"에 의하여 구원에 이를 수 있는 것입니다.

그리고 "원복음, 아브라함 언약, 다윗 언약, 새 언약"이 별개(別

個)의 언약이 아니라 동일한 메시아언약의 전진(前進)이라는 점입니다. 그러므로 모세가 받은 고난을 "그리스도를 위하여 받는 능욕"(히 11:26)이라는 논리가 성립되는 것입니다. 다만 성취와 완성을 향하여 전진하고 있을 뿐입니다. 그래서 바울은 증언하기를 "아브라함에게 복음을 전했다"고 말씀하면서 아브라함도 이를 믿음으로 의롭다함을 얻었다(갈 3:8-9)고 말씀하는 것입니다.

② 그러므로 에스겔 48장의 반영이라 할 수 있는 계시록 21장에서는 "그 문들 위에 이름을 썼으니 이스라엘 자손 열두 지파의 이름들이라" 말씀함과 동시에, "열두 기초석이 있고 그 위에는 어린양의 열두 사도의 열두 이름이 있더라"(계 21:12,14) 하고 구약교회와 신약교회가 새 예루살렘에서 하나가 된 모습을 보여줍니다. 이점을 바울 사도는 "너희는 사도들과 선지자들의 터 위에 세우심을 입은 자라 그리스도 예수께서 친히 모퉁잇돌이 되셨느니라 그의 안에서 건물마다 서로 연결하여 주 안에서 성전이 되어 가고 너희도 성령 안에서 하나님이 거하실 처소가 되기 위하여 그리스도 예수 안에서 함께 지어져 가느니라"(엡 2:20-22) 합니다.

③ 형제여, 하나님께서 에스겔 선지자에게 보여주신 메시아 왕국에 대한 비전은 지금도 "지어져 가고 있는" 진행(進行)형입니다. 그리스도께서 다시 오시는 날 완성(完成)될 것입니다. 그리하여 "그 성읍의 이름을 여호와삼마라 하리라"하실 것입니다. 아멘.

④ 묵상해보겠습니다.

㉠ 성소는 그 중앙에 있다는 의미에 대해서

㉡ 여호와삼마의 구속사적 의미를 아는 대로 말해봅시다.

㉢ 회복의 말씀이 이스라엘에 국한된 계시가 아니라는 점에 대해서

㉣ 에스겔서의 3대 주제인 “이스라엘의 심판(1-24장), 이방인 심판(25-32장), 회복”(33-48장)에 대해서.

에스겔서 파노라마 끝